INFORMATIVOS TRABALHISTAS

para a Advocacia Pública

EDUARDO MAGALHÃES
FELIPE FERNANDES
GUSTAVO ANDRADE
HENRIQUE MELO
RODRIGO MEDEIROS

INFORMATIVOS TRABALHISTAS

para a Advocacia Pública

2ª Edição
revista, ampliada
e atualizada

2022

EDITORA *Jus*PODIVM
www.editorajuspodivm.com.br

EDITORA
*Jus*PODIVM
www.editorajuspodivm.com.br

Rua Canuto Saraiva, 131 – Mooca – CEP: 03113-010 – São Paulo – São Paulo
Tel: (11) 3582.5757
• Contato: https://www.editorajuspodivm.com.br/sac

Copyright: Edições *Jus*PODIVM

Capa e Diagramação: Maitê Coelho e Cendi Coelho *(cendicoelho@gmail.com)*

I36 Informativos Trabalhistas para a Advocacia Pública / Eduardo Magalhães ... [et al.] – 2. ed., rev., atual. e ampl.- São Paulo: Editora JusPodivm, 2022.

656 p.

Inclui Bibliografia
ISBN 978-85-442-3828-8.

1.Direito do Trabalho. I. Magalhães, Eduardo. II. Fernandes, Felipe. III. Andrade, Gustavo. IV. Melo, Henrique. V. Medeiros, Rodrigo. VI. Título.

CDD 342.6

Sobre a autoria

AUTORES

- **Eduardo Magalhães**

  Procurador do Estado do Maranhão – Procuradoria Judicial Trabalhista
  Pós-Graduado em Direito Aplicado ao MPU pela ESMPU - DF
  Mestrando em Direito Público pela UFAL
  Professor e Coach para concursos públicos
  Autor de materiais jurídicos para concursos públicos
  Instagram: @eduphmagalhaes

- **Felipe Fernandes**

  Procurador do Estado de São Paulo – Procuradoria Judicial Trabalhista
  Mestre e Doutorando em Direito Público pela PUC - SP
  Membro da Equipe Aprovação PGE – Planejamento e Gestão do Estudo
  Professor
  Autor de materiais jurídicos para concursos públicos
  Instagram: @prof.felipefernandes

- **Gustavo Andrade**

  Procurador do Distrito Federal – Procuradoria de Pessoal Estatutário
  Membro da Equipe Aprovação PGE – Planejamento e Gestão do Estudo
  Professor e Coach para concursos públicos
  Autor de materiais jurídicos para concursos públicos
  Instagram: @prof.gustavoandrade

- **Henrique Melo**

  Procurador do Estado de São Paulo – Procuradoria Regional de Campinas - SP
  Membro da Equipe Aprovação PGE – Planejamento e Gestão do Estudo
  Professor e Coach para concursos públicos
  Autor de materiais jurídicos para concursos públicos

Rodrigo Medeiros
Procurador do Estado de São Paulo – Procuradoria Regional de Campinas - SP
Membro da Equipe Aprovação PGE – Planejamento e Gestão do Estudo
Professor e Coach para concursos públicos
Autor de materiais jurídicos para concursos públicos

Apresentação

As bancas de concursos públicos vêm adotando parâmetros cada vez mais rigorosos para a elaboração de suas provas, o que se reflete, dentre outras abordagens, pela cobrança do conhecimento do posicionamento dos tribunais pátrios acerca dos mais variados temas.

Uma das principais formas de explorar esses posicionamentos certamente são os informativos de jurisprudência, já fartamente abordados no âmbito do Supremo Tribunal Federal e do Superior Tribunal de Justiça, hoje também arguidos no que tange à produção do Tribunal Superior do Trabalho.

Trata-se de uma preocupação das carreiras com o ingresso de candidatos cada vez mais atualizados, o que, por um lado, torna o estudo mais dinâmico, mas, por outro, representa uma dificuldade adicional, sobretudo pela maior volatilidade dos entendimentos. Reflexo de uma sociedade cada vez mais complexa e em constante mutação, isso demanda dos alunos permanente atualização, o que nem sempre se demonstra simples, haja vista a velocidade e o volume de material.

Por essa razão, cientes da carência de uma obra com essa proposta no mercado, a fim de facilitar o estudo dos candidatos e profissionais do direito, **sintetizamos os principais informativos trabalhistas relacionados à Advocacia Pública**, alguns devido à abordagem direta de temas de direito público em toque com o direito do trabalho, outros por representarem situações de direito material que poderiam ocorrer no seio de um ente estatal ou uma dificuldade processual em relação à qual os advogados públicos potencialmente se deparariam.

Assim, com a **seleção de julgados** e com a **proposta de facilitação dos entendimentos neles consolidados, por meio de comentários**, apresentamos a presente obra, que se propõe um guia didático das decisões proferidas pelos tribunais superiores (STF, STJ e, sobretudo, TST) em matéria trabalhista, a qual será atualizada gratuitamente até a publicação da próxima edição em **www.informativostrabalhistas.com.br**.

Sumário

INFORMATIVOS DO TST

INFORMATIVOS DO STF E STJ

QUESTÕES PARA FIXAÇÃO

ÍNDICE REMISSIVO

Informativos do TST

Informativo nº 01

▸ ***DC. Exigência de aprovação da greve por assembleia (art. 4º da Lei n.º 7.783/89). Inobservância. Abusividade do movimento paredista. Não configuração. Requisito suprido pela ampla adesão e participação dos trabalhadores.***

A despeito da inexistência de prova da ocorrência de assembleia-geral regular, se os elementos dos autos permitirem a convicção de ter havido aprovação da greve pelos empregados envolvidos, considera-se suprida a formalidade prevista no art. 4º da Lei n.º 7.783/89, razão pela qual a inobservância do referido requisito não caracteriza a abusividade do movimento paredista.

Com esse entendimento, a SDC, por unanimidade, conheceu do recurso ordinário e, no mérito, por voto prevalente da Presidência, negou-lhe provimento. Vencidos os Ministros Walmir Oliveira da Costa, Fernando Eizo Ono e Márcio Eurico Vitral Amaral, que davam provimento ao apelo para declarar a abusividade da greve.

TST-RODC-2017400-02.2009.5.02.0000, SDC,
rel. Min. Mauricio Godinho Delgado, 12.3.2012.

BREVE COMENTÁRIO

A greve é fenômeno social que, para efeitos do direito do trabalho, pode ser definida como a paralisação coletiva, pacífica e temporária das atividades laborais (total ou parcialmente) com o objetivo de defender interesses profissionais[1]. A Lei nº 7.783/89 regulamenta o direito de greve e traz o seu conceito:

> Art. 2º Para os fins desta lei, considera-se legítimo exercício do direito de greve a suspensão coletiva, temporária e pacífica, total ou parcial, de prestação pessoal de serviços a empregador.

Trata-se de hipótese de suspensão do contrato de trabalho e, dentre os requisitos para o seu regular exercício, se destacam:

- A greve deve ser pacífica (art. 2º);
- Deve haver uma tentativa de negociação prévia (art. 3º da Lei nº 7.783/89 e OJ 11, SDC: "é abusiva a greve levada a efeito sem que as partes hajam tentado, direta e pacificamente, solucionar o conflito que lhe constitui o objeto";

1. CORREIA, Henrique. Direito do Trabalho para concursos de analista do TRT e MPU. 11. Ed. Salvador: Juspodivm. 2018. P. 1372.

- **O movimento deve ser aprovado em Assembleia Geral** (art. 4º da Lei nº 7.783/89);
- Caso se trate de paralisação de atividades essenciais, deve haver a comunicação prévia (72 horas antes - art. 13 da Lei nº 7.783/89);
- Deve ser garantido o funcionamento de um mínimo dos serviços (art. 9º da Lei nº 7.783/89 e OJ 38, SDC: "é abusiva a greve que se realiza em setores que a lei define como sendo essenciais à comunidade, se não é assegurado o atendimento básico das necessidades inadiáveis dos usuários do serviço, na forma prevista na Lei nº 7.783/89")[2].

Pois bem. Na hipótese, o TST se deparou com caso no qual houve a deflagração do movimento paredista sem a comprovação de que tenha sido realizada a Assembleia Geral, exigida nos termos do art. 4º da Lei nº 7.783/89.

Diante disso, o movimento deverá ser declarado abusivo?

Segundo o TST, não.

Conforme decidiu a Corte, **a despeito da inexistência de prova da ocorrência de assembleia-geral regular, se os elementos dos autos permitirem a convicção de ter havido aprovação da greve pelos empregados envolvidos, considera-se suprida a formalidade prevista no art. 4º da Lei n.º 7.783/89, razão pela qual a inobservância do referido requisito não caracteriza a abusividade do movimento paredista.**

Ou seja, na hipótese, não houve a comprovação da realização da Assembleia Geral, mas os elementos dos autos permitiram a convicção de que houve a aprovação dos empregados. Por essa razão, considerou-se que a deve não deveria ser declarada abusiva.

Responsabilidade civil objetiva. Configuração. Técnico em informática. Condução de veículo em rodovias intermunicipais. Óbito. Culpa exclusiva de terceiro. Teoria do risco da atividade econômica. Ação de regresso.

A SBDI-I, por maioria, negou provimento aos embargos, **mantendo a decisão da 8ª Turma, que reconhecera a responsabilidade objetiva da empregadora no caso em que o trabalhador, técnico em informática, cuja atividade envolvia a condução de veículo em rodovias intermunicipais, veio a falecer em decorrência de acidente automobilístico causado por culpa exclusiva de terceiro**.

Na espécie, asseverou o relator que **as más condições nas rodovias brasileiras são fato notório, razão pela qual o perigo ocasionado ao reclamante permite classificar o trabalho por ele exercido como atividade de risco. Assim, ainda que ausente culpa do empregador, a teoria do risco da atividade econômica atrai a responsabilidade da empresa pelos danos gerados, facultando-lhe, tão somente,**

2. FERNANDES, Felipe; ANDRADE, Gustavo; GOUVEIA, Raquel. *Direito e Processo do Trabalho para Advocacia Pública*. Salvador: Juspodivm, 2020, p. 904-905.

o ajuizamento de ação de regresso contra aquele que efetivamente provocou o dano objeto de reparação.

Vencidos os Ministros Ives Gandra, Brito Pereira e Renato de Lacerda Paiva.

TST-E-RR-1299000-69.2008.5.09.0016, SBDI-I, rel. Min. Aloysio Corrêa da Veiga, 16.2.2012.

BREVE COMENTÁRIO

Sobre a responsabilidade do empregador pelos danos decorrentes de acidentes sofridos por seus empregados ensina Mauricio Godinho Delgado:

> (...) o novo diploma civil fixa também no parágrafo único de seu art. 927 preceito de responsabilidade objetiva independente de culpa "quando a atividade normalmente desenvolvida pelo autor do dano implicar, por sua natureza, risco para os direitos de outrem". Ora, tratando-se de atividade empresarial, ou de dinâmica laborativa (independentemente da atividade da empresa), fixadoras de risco para os trabalhadores envolvidos, desponta a exceção ressaltada pelo parágrafo único do art. 927 do CCB/2002), tornando objetiva a responsabilidade empresarial pode danos acidentários (responsabilidade em face do risco)[3].

Como se vê, doutrina de envergadura defende que, **quando as atividades desenvolvidas pelo empregador forem fixadoras de risco para os trabalhadores envolvidos, a responsabilidade daquele por danos acidentários será objetiva**, tese que, na espécie, foi acolhida pelo TST.

No caso, tratou-se da situação de técnico em informática que, dentre suas atividades laborais, cumpria a condução de veículo em rodovias intermunicipais. Vindo ele a falecer em razão de acidente sofrido nesse mister, entendeu a Corte Laboral que a responsabilidade naquele caso era, de fato, **objetiva**.

É importante notar que foi reconhecida a culpa exclusiva de terceiro na ocorrência do acidente, o que, todavia, não afastou a responsabilidade da empresa, que, querendo, poderá ajuizar ação de regresso contra aquele (mas não se eximir da responsabilização perante a família).

Sobre o risco da atividade, pontuou o TST que as más condições nas rodovias brasileiras são fato notório, razão pela qual o perigo ocasionado ao reclamante permitiria classificar o trabalho por ele exercido como **atividade de risco**. Assim, ainda que ausente culpa do empregador, a teoria do risco da atividade econômica atrai a responsabilidade da empresa pelos danos gerados, facultando-lhe, tão somente, o ajuizamento de ação de regresso contra aquele que efetivamente provocou o dano objeto de reparação.

---

3. DELGADO, Mauricio Godinho. *Curso de Direito do Trabalho*. 17 ed. São Paulo: LTr, 2018, p. 741.

CEEE. Reconhecimento de vínculo e concessão de vantagens salariais dele decorrentes. Cumulação de pedidos de natureza declaratória e condenatória. Prescritibilidade somente do pedido condenatório. Art. 7º, XXIX, da CF. Imprescritibilidade do pedido declaratório. Art. 11, § 2º, da CLT.

Havendo cumulação de pedidos de natureza declaratória e condenatória, o pedido declaratório não se modifica, permanecendo imprescritível (art. 11, § 2º, da CLT), ao passo que o pedido condenatório fica sujeito aos prazos prescricionais previstos no art. 7º, XXIX, da CF.

Com esse entendimento, e invocando o decidido no processo TST-E-ED-RR-46540-86.1999.5.04.0008, a SBDI-I, à unanimidade, conheceu do recurso de embargos por divergência jurisprudencial e, no mérito, por maioria, vencidos parcialmente os Ministros Aloysio Corrêa da Veiga e Rosa Maria Weber e, totalmente, os Ministros Milton de Moura França e Brito Pereira, deu-lhe provimento para afastar a prescrição total e determinar o retorno dos autos à 5ª Turma para que prossiga no julgamento do recurso de revista quanto aos demais temas.

Na espécie, trata-se de reclamatória ajuizada contra a Companhia Estadual de Energia Elétrica (CEEE), visando ao reconhecimento de vínculo de emprego e à concessão de vantagens salariais dele decorrentes.

TST-E-ED-RR-111100-29.1996.5.04.0271, SBDI-I, rel. Min. Horácio Raymundo de Senna Pires, 23.2.2012.

BREVE COMENTÁRIO

O caso em tela consistiu em reclamação trabalhista ajuizada contra empresa estatal, visando ao reconhecimento de vínculo de emprego com aquela e à concessão de vantagens salariais dele decorrentes.

É importante notar que, na espécie, o TST não se manifestou sobre os requisitos para eventual formação de vínculo empregatício, limitando-se a tratar do aspecto da **prescrição**, o qual demonstra, portanto, a maior relevância neste julgado.

Sobre a prescrição, estabelece a Constituição da República de 1988:

> Art. 7º São direitos dos trabalhadores urbanos e rurais, além de outros que visem à melhoria de sua condição social:
>
> (...)
>
> XXIX - ação, quanto aos créditos resultantes das relações de trabalho, com prazo prescricional de cinco anos para os trabalhadores urbanos e rurais, até o limite de dois anos após a extinção do contrato de trabalho;

Desrespeitado o prazo acima, decidiu o TST que, havendo cumulação de pedidos de natureza declaratória e condenatória, o pedido declaratório não se modifica, permanecendo imprescritível (art. 11, § 2º, da CLT), ao passo que o pedido condenatório fica sujeito aos prazos prescricionais previstos no art. 7º, XXIX, da CF.

Em suma:

- **Pedidos de Natureza Declaratória → Imprescritíveis;**
- **Pedidos de Natureza Condenatória → Sujeição aos prazos prescricionais previstos no art. 7º, XXIX, CF.**

Informativo nº 04

DC. Exercício do direito de greve. Abusividade. Configuração. Comunicação apenas do "estado de greve". Art. 13 da Lei n.º 7.783/89. Inobservância.

Tendo em conta que o art. 13 da Lei n.º 7.783/89 exige que os empregadores e a população sejam avisados, com antecedência mínima de 72 horas, da data em que concretamente terá início a greve, a SDC, por maioria, deu provimento ao recurso ordinário para declarar a abusividade do movimento paredista na hipótese em que houve apenas a comunicação da realização de assembleia deliberando pelo chamado "estado de greve" da categoria.

Vencidos os Ministros Kátia Magalhães Arruda, relatora, e Mauricio Godinho Delgado, os quais mantinham a decisão do TRT, que não considerou a greve abusiva, por entender que o sindicato observou o prazo previsto no art. 13 da Lei de Greve ao emitir, com bastante antecedência, comunicado às empresas e à sociedade informando que a categoria encontrava-se em "estado de greve", aguardando o transcurso das 72 horas exigidas por lei.

TST-ReeNec-92400-15.2009.5.03.0000, SDC, rel. Min. Kátia Magalhães Arruda, red. p/acórdão Min. Fernando Eizo Ono, 9.4.2012.

BREVE COMENTÁRIO

Conforme já explicitado acima, o regular exercício do direito de greve pressupõe o atendimento a determinados requisitos. Recapitulando:

- A greve deve ser pacífica (art. 2º);
- Deve haver uma tentativa de negociação prévia (art. 3º da Lei nº 7.783/89 e OJ 11, SDC: "é abusiva a greve levada a efeito sem que as partes hajam tentado, direta e pacificamente, solucionar o conflito que lhe constitui o objeto";
- O movimento deve ser aprovado em Assembleia Geral (art. 4º da Lei nº 7.783/89);
- **Caso se trate de paralisação de atividades essenciais, deve haver a comunicação prévia (72 horas antes - art. 13 da Lei nº 7.783/89);**
- Deve ser garantido o funcionamento de um mínimo dos serviços (art. 9º da Lei nº 7.783/89 e OJ 38, SDC: "é abusiva a greve que se realiza em setores que a lei define como sendo essenciais à comunidade, se não é assegurado o atendimento básico das necessidades inadiáveis dos usuários do serviço, na forma prevista na Lei nº 7.783/89")[4].

No caso, houve a realização de Assembleia dos trabalhadores e a comunicação com a antecedência mínima (72 horas), sendo esta não tratou da efetiva paralisação dos serviços (greve), mas apenas a realização de um "estado de greve".

4. FERNANDES, Felipe; ANDRADE, Gustavo; GOUVEIA, Raquel. *Direito e Processo do Trabalho para Advocacia Pública*. Salvador: Juspodivm, 2020, p. 904-905.

Sobre o estado de greve, conceitua a doutrina[5]:

> Na verdade, o "estado de greve" não é um estado jurídico, mas sim um ambiente de natureza política criado pelas entidades sindicais com o objetivo de arregimentar os trabalhadores para a futura deflagração da greve. É uma situação de fato cujas consequências e repercussões jurídicas não estão previstas na Constituição Federal e na Lei n.º 7.783/89.
>
> Não existe previsão legal dispondo que o "estado de greve" suspende o contrato de trabalho, diversamente do que ocorre durante a greve. Como resultado, os contratos de trabalho permanecem inalterados, donde se extrai a obrigação dos empregados em realizar as atividades contratadas, assim como dos empregadores em efetuar o pagamento da contraprestação pecuniária.
>
> Como o "estado de greve" não suspende, ainda que parcialmente, a prestação dos serviços, não há que confundi-lo com outras modalidades de greve que são aceitas pela doutrina e jurisprudência, como as greves de zelo, greve relâmpago, greve tartaruga et cetera.

Ou seja, essa situação não se confunde com a greve propriamente dita. O estado de greve não envolve a efetiva paralisação dos serviços, podendo ser visto como uma fase preparatória ou de alerta.

No caso, todavia, tendo havido a comunicação em 72 horas de deliberação da categoria apenas pelo estado de greve, acabou ocorrendo a paralisação dos serviços.

Isso cumpre a exigência legal? Ou seja, a comunicação prévia (72 horas) de autorização para estado de greve poderia ser entendida como ciência prévia da própria greve?

Segundo o TST, não.

Desse modo, concluiu pela **abusividade do movimento paredista na hipótese em que houve a comunicação acerca apenas da realização de assembleia deliberando pelo estado de greve da categoria**.

Não foi cumprida, portanto, a exigência de comunicação prévia de realização de greve em serviços essenciais.

Informativo nº 06

- ***MS. Execução fiscal para cobrança de multa administrativa imposta por infração à legislação trabalhista. Determinação de penhora de numerário via BacenJud. Legalidade do ato coator. Aplicação analógica da Súmula nº 417, I, do TST.***

Em sede de execução definitiva de título executivo extrajudicial, *in casu*, execução fiscal para cobrança de multa administrativa imposta por infração à

5. LOURO, Henrique da Silva. *Os efeitos jurídicos decorrentes da aprovação do "estado de greve"*. Revista Jus Navigandi, ISSN 1518-4862, Teresina, ano 15, n. 2590, 4 ago. 2010. Disponível em: https://jus.com.br/artigos/17053. Acesso em: 6 jul. 2020.

legislação trabalhista, não viola direito líquido e certo o ato judicial que indefere a penhora de bens indicados e determina a constrição sobre dinheiro, via BacenJud, em contas bancárias da executada, porquanto atendida a gradação contida no art. 655 do CPC. Aplicação, por analogia, da Súmula nº 417, I, do TST. Com esse entendimento, a SBDI-II conheceu do reexame necessário e do recurso ordinário, e, no mérito, deu-lhes provimento para, reformando o acórdão recorrido, denegar a segurança.

Na hipótese, registrou-se, ainda, que a impetrante não demonstrou que o referido bloqueio inviabilizaria suas atividades, sendo inaplicável, portanto, o teor da Orientação Jurisprudencial n.º 93 da SBDI-I.

TST-RXOF eROMS-1353800-27.2007.5.02.0000, SBDI-II, rel. Min. Emmanoel Pereira, 17.4.2012.

BREVE COMENTÁRIO

Segundo o art. 889 da CLT, aos trâmites e incidentes do processo da execução são aplicáveis, naquilo em que não forem incompatíveis com os ditames da legislação trabalhista, os preceitos que regem o processo dos executivos fiscais para a cobrança judicial da dívida ativa da Fazenda Pública Federal.

Em outras palavras, nos casos pertinentes, são aplicáveis as disposições da Lei de Execução Fiscal naquilo que não contrariar a CLT. Uma das hipóteses em que essa se aplica é o caso de execução de multa administrativa imposta por infração à legislação trabalhista.

Essa modalidade foi analisada no caso em questão, no bojo do qual houve a constrição em contas bancárias da reclamada via BacenJud, diante do que esta ajuizou mandado de segurança para que fossem aceitos os bens que ela indicou à penhora, e não aquela constrição em dinheiro (dinheiro que estava na conta bancária alvo da medida).

O TST acolheu essa tese?

Não.

No caso, a Corte Laboral se ancorou no art. 655 do CPC de 1973, vigente à época, o qual, no entanto, teve sua tônica repetida no CPC de 2015, em seu art. 835, que estabeleceu o dinheiro no topo da lista de preferências executórias. Vejamos:

> Art. 835. A penhora observará, preferencialmente, a seguinte ordem:
>
> I - dinheiro, em espécie ou em depósito ou aplicação em instituição financeira;
>
> II - títulos da dívida pública da União, dos Estados e do Distrito Federal com cotação em mercado;
>
> III - títulos e valores mobiliários com cotação em mercado;
>
> IV - veículos de via terrestre;
>
> V - bens imóveis;
>
> VI - bens móveis em geral;
>
> VII - semoventes;
>
> VIII - navios e aeronaves;

IX - ações e quotas de sociedades simples e empresárias;

X - percentual do faturamento de empresa devedora;

XI - pedras e metais preciosos;

XII - direitos aquisitivos derivados de promessa de compra e venda e de alienação fiduciária em garantia;

XIII - outros direitos.

Diante disso, restou fixada a tese de que, em execução definitiva de título executivo extrajudicial, não viola direito líquido e certo o ato judicial que indefere a penhora de bens indicados e determina a constrição sobre dinheiro, via BacenJud, em contas bancárias da executada.

▸ ***AR. Política salarial. Lei federal. Empregado público estadual. Não incidência. Art. 22, I, da CF. Violação. Orientação Jurisprudencial nº 100 da SBDI-I.***

Viola a literalidade do art. 22, I, da CF decisão que afasta a aplicação de lei federal que trata de política salarial a empregado público estadual, pois compete privativamente à União legislar sobre direito do trabalho.

Inteligência da Orientação Jurisprudencial nº 100 da SBDI-I. Com esse entendimento, a SBDI-II, por unanimidade, deu provimento a recurso ordinário para, em juízo rescindente, julgar procedente pedido de corte rescisório por violação do art. 22, I, da CF, rescindindo parcialmente acórdão proferido pelo TRT da 2ª Região, e, em juízo rescisório, restabelecer a sentença de primeiro grau no ponto.

TST-RO-1265400-42.2004.5.02.0000, SBDI-II,
rel. Min. Emmanoel Pereira, 24.4.2012.

BREVE COMENTÁRIO

Imagine a seguinte situação:

Determinado ente estadual possui empregados públicos em seus quadros.

Um desses empregados ajuizou reclamação trabalhista postulando benefício salarial com base na aplicação de lei federal.

O Estado negou seu pedido por aduzir que, por se tratar de servidor daquela unidade federativa, a qual possui autonomia e capacidade de auto-organização, sua política salarial deveria se dar nos termos por ele regulamentados. O pleito também foi negado judicialmente, em decisão que transitou em julgado.

Diante da negativa em âmbito judicial, o empregado ajuizou ação rescisória para desconstituir aquela decisão, sob o fundamento de que teria havido ofensa ao art. 22, I da Constituição Federal, que estabelece a competência privativa da União para legislar sobre direito do trabalho.

O TST acatou o pedido do reclamante, acolhendo o argumento de que aquela decisão violaria a literalidade do dispositivo invocado, lembrando ainda a Orientação Jurisprudencial nº 100 da SBDI-I:

OJ 100, SDI-I. SALÁRIO. REAJUSTE. ENTES PÚBLICOS (título alterado e inserido dispositivo) - Res. 129/2005, DJ 20, 22 e 25.04.2005

Os reajustes salariais previstos em legislação federal devem ser observados pelos Estados-membros, suas Autarquias e Fundações Públicas nas relações contratuais trabalhistas que mantiverem com seus empregados.

Informativo nº 08

DC. Greve. Conflito de âmbito local. Competência funcional. Tribunal Regional do Trabalho.

Dispõe o art. 677 da CLT que a competência dos Tribunais Regionais do Trabalho, no caso de dissídio coletivo, é determinada pelo local onde este ocorrer, ficando a competência funcional originária da seção especializada em dissídios coletivos do TST limitada às hipóteses em que o dissídio coletivo, de natureza econômica ou de greve, for de âmbito suprarregional ou nacional, extrapolando, portanto, a jurisdição dos TRTs (art. 2º, "a", da Lei nº 7.701/88).

Com esse fundamento, e tendo em conta que, de acordo com a jurisprudência predominante no STF, é incabível o conflito de competência entre tribunais hierarquicamente organizados, a SDC, por unanimidade, conheceu do agravo regimental e, no mérito, negou-lhe provimento, mantendo decisão monocrática que declarou a competência funcional originária do TRT da 5ª Região para julgar dissídio coletivo de greve instaurado pela Prest Perfurações Ltda. em face do Sindicato dos Trabalhadores do Ramo Químico Petroleiro do Estado da Bahia. Ressaltou o Ministro relator que o sindicato suscitado tem base territorial estadual, a revelar, portanto, o âmbito local do conflito.

Ademais, não procede a alegação de que o caráter suprarregional ou nacional da negociação coletiva tradicionalmente entabulada pela empregadora atrairia a competência do TST, pois é atividade que precede o exercício da jurisdição.

TST-AIRO-1180-42.2010.5.05.0000, SDC, rel. Min. Walmir Oliveira da Costa, 15.5.2012.

BREVE COMENTÁRIO

A competência para processar e julgar dissídios coletivos é originária dos Tribunais.

Caso o conflito esteja adstrito à jurisdição de um único TRT, a competência será deste; caso extrapole a jurisdição de um TRT, caberá ao TST processar e julgar o dissídio.

Esse posicionamento é extraído da leitura dos arts. 677 da CLT e 2º, I, a da Lei nº 7.701/88:

> Art. 677 - A competência dos Tribunais Regionais determina-se pela forma indicada no art. 651 e seus parágrafos e, **nos casos de dissídio coletivo, pelo local onde este ocorrer**.
>
> Art. 2º - Compete à seção especializada em dissídios coletivos, ou seção normativa:
>
> I - originariamente:
>
> a) **conciliar e julgar os dissídios coletivos que excedam a jurisdição dos Tribunais Regionais do Trabalho e estender ou rever suas próprias sentenças normativas**, nos casos previstos em lei; (destacou-se)

No caso sob análise, o TST reafirmou essa posição ao manter decisão monocrática que declarou a competência funcional originária do respectivo TRT para julgar dissídio coletivo de greve instaurado por empresa em face de Sindicato que possuía base territorial estadual, o que revelaria o âmbito local daquele conflito.

Ademais, rechaçou a alegação de que o caráter suprarregional ou nacional da negociação coletiva tradicionalmente entabulada pela empregadora atrairia a competência do TST, pois seria atividade que precede o exercício da jurisdição.

Assim, por considerar matéria adstrita a um único TRT, declarou a competência daquele mesmo Tribunal para processar e julgar o dissídio de greve.

Informativo nº 10

▸ ***MS. Precatório. Sequestro. Doença grave. Análise do ato coator sob o prisma da norma vigente à época em que praticado.***

Ao entendimento de que o ato coator deve ser analisado sob o prisma da norma vigente à época em que praticado, a SBDI-II, no tópico, por maioria, deu provimento ao reexame necessário, a fim de cassar o ato da autoridade coatora que determinou a expedição de mandado de sequestro, junto à instituição financeira, para levantamento de créditos em favor de determinados reclamantes acometidos de doença grave, quando ainda não havia previsão de antecipação do pagamento dos créditos de natureza alimentícia, por motivo de doença grave, conforme passou a ser disciplinado no art. 100, § 2º, da CF, com a redação dada pela EC n.º 62, de 9.12.2009.

***In casu,* como o ato impugnado fora praticado em 6.8.2008, antes da mudança legislativa, entendeu a relatora que não se pode invocar legislação posterior para sustentar ordem de sequestro não contemplada na legislação vigente à época em que praticado, sendo, portanto, irrelevante perquirir acerca da gravidade da doença, critério adotado pelo juízo *a quo*.**

Vencidos os Ministros Luiz Philippe Vieira de Mello Filho, Alberto Luiz Bresciani de Fontan Pereira e Maria Cristina Irigoyen Peduzzi.

TST-RO-40200-75.2008.5.17.0000, SBDI-II, rel. Min. Maria de Assis Calsing, 29.5.2012.

BREVE COMENTÁRIO

Os débitos judiciais da Fazenda Pública são pagos por meio de precatórios, nos termos do art. 100 da Constituição da República:

> Art. 100. Os pagamentos devidos pelas Fazendas Públicas Federal, Estaduais, Distrital e Municipais, em virtude de sentença judiciária, far-se-ão exclusivamente na ordem cronológica de apresentação dos precatórios e à conta dos créditos respectivos, proibida a designação de casos ou de pessoas nas dotações orçamentárias e nos créditos adicionais abertos para este fim.

Desde a promulgação da Constituição, esse regime de pagamentos já passou por diversas alterações perpetradas por meio de Emendas Constitucionais.

Uma emenda que ganha destaque no presente caso é a emenda constitucional nº 62, de 2009, a qual trouxe a previsão de pagamento preferencial aos créditos de natureza alimentícia devidos a portadores de doença grave (ressalve-se que o dispositivo em questão foi posteriormente alterado pela EC 94/2016).

Ou seja, os créditos alimentares devidos a determinado grupo de pessoas (*in casu*, portadores de doenças graves), limitados a certo valor, deverão ser pagos com preferência sobre os demais.

Reputando que teria havido a inobservância dessa preferência, o credor ajuizou mandado de segurança, obtendo a ordem de sequestro de valores para pagamento do débito fazendário, destacando o órgão julgador que a doença que acometeria o credor, dada a sua gravidade, justificaria essa medida.

A Administração Pública se defendeu aduzindo que o ato impugnado, o qual supostamente teria preterido o reclamante, fora praticado antes da entrada em vigor da EC 62/2009, de modo que **ainda não havia a previsão de pagamento preferencial**. Como não havia a previsão de pagamento preferencial, não haveria como se falar em imposição de ordem preferencial.

Analisando os argumentos apresentados, o TST decidiu que, de fato, não se poderia invocar legislação posterior para sustentar ordem de sequestro não contemplada na legislação vigente à época da prática do ato, sendo, por essa razão, irrelevante perquirir acerca da gravidade da doença.

Desta feita, conclui-se: o mandado de segurança deve levar em consideração a legislação vigente na data da prática do ato indigitado como ilegal ou abusivo.

▸ ***AR. Acórdão proferido em agravo de instrumento em agravo de petição. Condenação ao pagamento de indenização por litigância de má-fé. Possibilidade jurídica da pretensão rescindente. Exclusão da condenação. Necessária a demonstração dos efetivos prejuízos sofridos pela parte contrária.***

Cabe ação rescisória para desconstituir acórdão do Tribunal Regional do Trabalho que negou provimento ao agravo de instrumento em agravo de petição, condenando a União ao pagamento de indenização decorrente do reconhecimento da litigância de má-fé, porquanto, no que tange à referida condenação, o acórdão assume contornos de decisão de mérito, viabilizando o corte rescisório com fulcro no art. 485, V, do CPC.

Assim, a SBDI-II, por maioria, conheceu do recurso ordinário e reexame necessário e, no mérito, deu-lhes provimento para afastar a impossibilidade jurídica da pretensão rescindente declarada pelo TRT. Ademais, tendo em conta que a matéria objeto do pretendido corte rescisório é eminentemente de direito, a Subseção passou a analisá-la de imediato (art. 515, § 3º, do CPC) para julgar procedente o pedido e, em juízo rescisório, absolver a União da condenação imposta, visto que, nos termos da jurisprudência dominante da Corte, a mera caracterização da litigância de má-fé não se mostra suficiente para ensejar a aplicação da indenização prevista no § 2º do art. 18 do CPC, por ser necessária a demonstração dos efetivos prejuízos sofridos pela parte contrária.

Vencidos os Ministros Luiz Philippe Vieira de Mello Filho e Alberto Luiz Bresciani de Fontan Pereira.

TST-ReeNec e RO-27-92.2010.5.15.0000, SBDI-II, rel. Min. Caputo Bastos, 29.5.2012.

BREVE COMENTÁRIO

A pergunta que se respondeu no presente acórdão foi: cabe ação rescisória para desconstituir decisão que negou provimento a agravo de instrumento em agravo de petição, condenando o agravante ao pagamento por multa de litigância de má-fé?

Vejamos.

É pressuposto da ação rescisória que ela tenha como objeto **decisão de mérito** transitada em julgado. É o que afirma a doutrina:

> (...) na sentença terminativa (sem resolução de mérito), gera-se a coisa julgada apenas formal, produzindo, em regra, efeitos somente dentro do processo. Assim, com o trânsito em julgado, a imutabilidade, nesse caso, normalmente fica restrita àquela relação processual, podendo, no entanto, ser modificada com o ajuizamento de outra ação.
>
> Em decorrência disso, o art. 966 do CPC/2015 impõe, como regra, que apenas a decisão de mérito está suscetível à ação rescisória. Noutras palavras, a regra é de que apenas na hipótese de coisa julgada material será cabível a ação rescisória, já que a coisa julgada formal, por vezes, possibilita o ajuizamento de outra ação[6].

É importante acrescentar que, com o advento do CPC/2015, "qualquer provimento jurisdicional de conteúdo decisório poderá ser rescindível[7]", sendo que a decisão em questão fora proferida ainda sob a égide do CPC/1973, mais restritivo.

Neste sentido, esclarece-se que, mesmo sob legislação mais restritiva, o TST reconheceu a possibilidade de desconstituição da decisão que negou provimento ao agravo de instrumento em agravo de petição, condenando a União ao pagamento de indenização decorrente do reconhecimento da litigância de má-fé.

Isso porque, para efeitos de análise do acórdão, no que se refere à condenação por litigância de má-fé, o acórdão assumiu contornos de decisão de mérito, habilitando, assim, o corte rescisório.

Informativo nº 13

- ***Execução. Prescrição intercorrente. Incidência. Afronta ao art. 5º, XXXVI, da CF. Configuração.***

A decisão que extingue a execução, com resolução de mérito, em virtude da incidência da prescrição intercorrente, afronta a literalidade do art. 5º, XXXVI, da CF, porquanto impede a produção dos efeitos materiais da coisa julgada, tornando sem efeito concreto o título judicial transitado em julgado.

---

6. MIESSA, Élisson. *Processo do Trabalho*. Salvador: Juspodivm, 2019, p. 1567-1568.
7. MIESSA, Élisson. *Processo do Trabalho*. Salvador: Juspodivm, 2019, p. 1568.

Com base nessa premissa, a SBDI-I, por unanimidade, conheceu do recurso de embargos, por divergência jurisprudencial, e, no mérito, deu-lhe provimento para, afastada a prescrição intercorrente decretada, não admitida pela Súmula n.º 114 do TST, determinar o retorno dos autos à Vara do Trabalho de origem, a fim de que prossiga na execução do feito, como entender de direito.

TST-E-RR-4900-08.1989.5.10.0002, SBDI-I, rel. Min. Lelio Bentes Corrêa, 14.6.2012.

BREVE COMENTÁRIO

Segundo a doutrina, prescrição intercorrente consiste naquela que ocorre "no curso do processo, após a propositura da ação, mais especificamente depois do trânsito em julgado, pois, na fase de conhecimento, se o autor não promover os atos do processo, o juiz extinguirá sem resolução do mérito[8]".

A decisão em questão é trazida, para fins de registro, de uma época em que TST e STF divergiam acerca da sua aplicação na Justiça do Trabalho.

Para ilustrar essa discordância, transcrevemos as Súmulas nº 114 do TST e 327 do STF, dotadas de redações diametralmente opostas:

> Súmula nº 327/STF: O Direito Trabalhista admite a prescrição intercorrente.
>
> Súmula nº 114/TST: É inaplicável na Justiça do Trabalho a prescrição intercorrente.

No entanto, conforme dito acima, tanto o julgado sob análise quanto o posicionamento do TST (acerca da inaplicabilidade) são trazidos apenas a título de registro, vez que, conforme alteração realizada pela lei nº 13.467/2017 (reforma trabalhista), a prescrição intercorrente passou a ser **expressamente admitida no processo do trabalho.** Cite-se:

> Art. 11-A. Ocorre a prescrição intercorrente no processo do trabalho no prazo de dois anos.
>
> § 1º A fluência do prazo prescricional intercorrente inicia-se quando o exequente deixa de cumprir determinação judicial no curso da execução.
>
> § 2º A declaração da prescrição intercorrente pode ser requerida ou declarada de ofício em qualquer grau de jurisdição.

Diante do exposto, é possível concluir pela superação do julgado analisado, bem como da Súmula nº 114 do TST, haja vista a expressa admissão legal da prescrição intercorrente no processo do trabalho.

▶ ***Prescrição. Interrupção. Reclamação trabalhista arquivada. Marco inicial para o reinício da contagem do prazo prescricional bienal e quinquenal.***

O ajuizamento anterior de reclamação trabalhista, ainda que arquivada, interrompe a prescrição bienal e quinquenal, para pedidos idênticos, sendo que o

8. SCHIAVI, Mauro. *A reforma trabalhista e o processo do trabalho: aspectos processuais da Lei n. 13.467/17.* 1. Ed. São Paulo. LTr Editora, 2017.

cômputo do biênio é reiniciado a partir do trânsito em julgado da decisão proferida na ação anteriormente ajuizada, enquanto que a prescrição quinquenal conta-se da data da propositura dessa primeira reclamação trabalhista (art. 219, § 1º, do CPC c/c art. 202, parágrafo único, do CC).

Com esse entendimento, a SBDI-I, por unanimidade, conheceu dos embargos por divergência jurisprudencial e, no mérito, por maioria, negou-lhes provimento. Vencido o Ministro Ives Gandra Martins Filho.

TST-E-ED-RR19800-17.2004.5.05.0161, SBDI-I, rel. Min. Renato de Lacerda Paiva, 14.6.2012.

BREVE COMENTÁRIO

Imagine a seguinte situação: um reclamante ajuizou reclamação trabalhista, a qual acabou sendo extinta sem resolução de mérito, atraindo a coisa julgada apenas formal daquela ação. Como se trata de coisa julgada meramente formal, não há óbice que ele ajuíze nova reclamação.

Tratando-se de reclamação idêntica, o ajuizamento da primeira ação terá acarretado a interrupção do prazo prescricional.

No entanto, é sabido que no processo do trabalho existe a prescrição bienal e a quinquenal, ou seja, extinto o contrato de trabalho, o reclamante terá dois anos para o ajuizamento da ação, a qual retroagirá para os últimos cinco anos contados da data do ajuizamento. Trata-se da redação do art. 7º XXIX, CF:

> Art. 7º São direitos dos trabalhadores urbanos e rurais, além de outros que visem à melhoria de sua condição social:
>
> (...)
>
> XXIX - ação, quanto aos créditos resultantes das relações de trabalho, com prazo prescricional de cinco anos para os trabalhadores urbanos e rurais, até o limite de dois anos após a extinção do contrato de trabalho;

Qual seria o marco para essa interrupção? Seria o mesmo para ambas?

Segundo o TST, em caso de interrupção, o cômputo do biênio é reiniciado a partir do trânsito em julgado da decisão proferida na ação anteriormente ajuizada, enquanto que a prescrição quinquenal se conta da data da propositura da primeira reclamação trabalhista.

Interrupção da Prescrição devido ao Ajuizamento de Ação Anterior:

Prescrição Bienal → reinicia-se da data do trânsito em julgado decisão que extinguiu a primeira ação.

Prescrição Quinquenal → reinicia-se da data do ajuizamento da primeira ação.

Informativo nº 15

▶ ***AR. Incompetência da Justiça do Trabalho. Cancelamento de ato administrativo que constitui crédito tributário.***

A SBDI-II, em face do disposto nos arts. 109 e 114 da Constituição Federal, concluiu pela incompetência da Justiça do Trabalho para determinar o

cancelamento de ato administrativo que constitui crédito tributário. Registrou, ainda, ser o decurso do prazo para interposição do recurso cabível suficiente para a comprovação do trânsito em julgado, tendo em vista a peculiaridade da sentença rescindenda, que, por meio de decisão interlocutória, pôs fim à relação tributária afeta à União, terceira estranha à lide e autora da ação rescisória. Com esses fundamentos, a Subseção, por unanimidade, negou provimento ao recurso ordinário, mantendo o acórdão do Tribunal *a quo*, em que se julgou procedente a ação rescisória para desconstituir a decisão rescindenda no tocante à determinação do cancelamento de inscrição em dívida ativa da União.

TST-RO-187-96.2010.5.05.0000, SBDI-II, rel. Min. Pedro Paulo Manus, 26.6.2012.

BREVE COMENTÁRIO

No caso, tendo a União identificando que as verbas declinadas por determinado reclamante em acordo judicial não se revestiriam de caráter indenizatório, lançou, de ofício, o imposto devido, o qual, não sendo pago, acarretou a inscrição dele na dívida ativa da União.

O reclamante requereu, perante a Justiça do Trabalho, o cancelamento de sua inscrição em dívida ativa, o que lhe foi deferido em decisão que transitou em julgado.

A União ajuizou ação rescisória para desconstituir essa decisão, a qual foi julgada procedente, objeto de recurso por parte do então reclamante.

O TST julgou improcedente o recurso, definindo que **é incompetente a Justiça do Trabalho para determinar o cancelamento de ato administrativo que constitui crédito tributário.**

Em outras palavras, carece a Justiça do Trabalho de competência para determinar o cancelamento de inscrição em dívida ativa.

Informativo nº 16

- ***MS impetrado por ente público. Segurança denegada. Reexame necessário. Cabimento. Existência de prejuízo ao erário.***

Não obstante o art. 13, parágrafo único, da Lei n.º 1.533/51, o art. 14, § 1º, da Lei n.º 12.016/09 e o item III da Súmula n.º 303 do TST estabelecerem que a sentença obrigatoriamente sujeita ao duplo grau de jurisdição é aquela que concede a segurança, o Órgão Especial, por maioria, conheceu do reexame necessário na hipótese em que denegada a segurança em *mandamus* impetrado por ente público. Prevaleceu o entendimento de que toda decisão que cause prejuízo ao erário, seja a pessoa jurídica de direito público impetrante ou impetrado, somente tem eficácia depois de reexaminada pelo órgão superior.

Vencidos os Ministros Renato de Lacerda Paiva, Maria Cristina Irigoyen Peduzzi, Alberto Luiz Bresciani de Fontan Pereira, Fernando Eizo Ono e Márcio Eurico Vitral Amaro.

TST-ReeNec e RO 8275200-96.2009.5.02.0000, Órgão Especial, rel. Min. Alberto Luiz Bresciani de Fontan Pereira, 6.8.2012.

BREVE COMENTÁRIO

Estabelece o art. 14 da Lei nº 12.016/2009:

> Art. 14. Da sentença, denegando ou concedendo o mandado, cabe apelação.
>
> § 1º Concedida a segurança, a sentença estará sujeita obrigatoriamente ao duplo grau de jurisdição.

Interpretando o dispositivo *a contrario sensu*, seria possível concluir que as decisões que denegam a segurança não estariam sujeitas ao duplo grau de jurisdição obrigatório.

O dispositivo em questão se prestaria a proteger o interesse público. Ou seja, na falta de recurso, a defesa do interesse público não restaria prejudicada, pois, obrigatoriamente, aquela decisão deveria ser reapreciada pela instância superior. Isso porque, via de regra, quem consta no polo passivo de mandado de segurança é uma autoridade pública (ou ente privado exercendo o múnus público).

Mas e se quem impetrou o mandado de segurança é ente público?

Neste caso, em uma interpretação lógico-sistemática, decidiu o TST pelo **conhecimento do reexame necessário na hipótese em que denegada a segurança em *mandamus* impetrado por ente público.**

Na espécie, prevaleceu o entendimento de que toda decisão que cause prejuízo ao erário, seja a pessoa jurídica de direito público impetrante ou impetrado, somente tem eficácia depois de reexaminada pelo órgão superior.

Precatório. Doença grave. Risco de morte ou de debilidade permanente. Sequestro de valores. Possibilidade. Limitação a três vezes o valor de requisição de pequeno valor. Credor falecido no curso do processo. Transferência da preferência aos sucessores.

A pessoa acometida de doença grave, a qual acarrete risco de morte ou iminente perigo de debilidade permanente e irreversível, não se submete à tramitação preferencial dos precatórios de créditos junto à Fazenda Pública prevista no § 2º do art. 100 da CF, sendo possível o denominado "sequestro humanitário", limitado, todavia, a três vezes a quantia de requisição de pequeno valor a que se refere os §§ 2º e 3º do art. 100 da CF.

Outrossim, o falecimento do credor no curso da ação em que se pleiteia a liberação dos valores não tem o condão de retornar o precatório à ordem cronológica original, transferindo aos sucessores a preferência adquirida em razão da doença.

Com esse entendimento, o Órgão Especial, por maioria, não conheceu do recurso ordinário no tocante aos valores já liberados, em função da perda de objeto, e conheceu e deu provimento parcial, no que diz respeito aos valores ainda não liberados, para limitar o sequestro ao triplo da requisição de pequeno valor, nos termos do § 2º do art. 100 da CF. Vencidos os Ministros Ives Gandra Martins Filho, Antônio José de Barros Levenhagen, Fernando Eizo Ono e Guilherme Augusto Caputo Bastos, os quais davam provimento ao recurso para denegar a segurança e não admitir o sequestro, ao argumento de que o benefício é personalíssimo, não se transferindo ao espólio.

TST-ReeNec e RO-8069000-57.2009.5.02.0000, Órgão Especial, Min. Dora Maria da Costa, 6.8.2012.

BREVE COMENTÁRIO

Conforme explanado acima, pessoas acometidas de certas condições se beneficiam de tramitação preferencial de precatórios sobre os demais, nos termos do §2º do art. 100 da Constituição da República:

> Art. 100. Os pagamentos devidos pelas Fazendas Públicas Federal, Estaduais, Distrital e Municipais, em virtude de sentença judiciária, far-se-ão exclusivamente na ordem cronológica de apresentação dos precatórios e à conta dos créditos respectivos, proibida a designação de casos ou de pessoas nas dotações orçamentárias e nos créditos adicionais abertos para este fim.
>
> (...)
>
> § 2º Os débitos de natureza alimentícia cujos titulares, originários ou por sucessão hereditária, tenham 60 (sessenta) anos de idade, ou sejam portadores de doença grave, ou pessoas com deficiência, assim definidos na forma da lei, serão pagos com preferência sobre todos os demais débitos, até o valor equivalente ao triplo fixado em lei para os fins do disposto no § 3º deste artigo, admitido o fracionamento para essa finalidade, sendo que o restante será pago na ordem cronológica de apresentação do precatório.

No entanto, considera o TST uma situação supralegal, na qual o credor não estaria submetido nem mesmo àquela ordem preferencial, fazendo jus ao recebimento imediato dos valores.

Trata-se de pessoa acometida de doença grave, a qual acarrete risco de morte ou iminente perigo de debilidade permanente e irreversível. Nesse caso, para o pagamento dos valores, seria possível o chamado "sequestro humanitário", limitado a três vezes a quantia de requisição de pequeno valor.

Foi isso o que restou consolidado no julgado em questão, acrescentando-se que, caso esse credor venha a falecer no curso da ação, isso não faz com que o precatório retorne à ordem cronológica original, promovendo-se, em verdade, a transferência aos sucessores da preferência adquirida em razão da doença.

Informativo nº 17

▶ ***DC. Greve. Abusividade. Não configuração. Dispensa coletiva. Exigência de negociação com o sindicato profissional.***

Ao contrário da dispensa individual, que se insere no poder potestativo do empregador, a dispensa coletiva tem relevante impacto econômico, social e jurídico sobre os trabalhadores, seus familiares, a comunidade empresarial, a população regional e o mercado econômico interno, configurando-se matéria

própria da negociação coletiva mediante a imprescindível participação do sindicado profissional, nos termos do art. 8º, III e VI, da CF.

Caberá à negociação ou à sentença normativa proferida nos autos de dissídio coletivo, caso as partes não cheguem a um acordo, fixar as condutas para o enfrentamento da crise econômica empresarial, amortizando o impacto da dispensa massiva sobre o conjunto dos trabalhadores afetados. Com esse entendimento, e não vislumbrando abusividade na greve deflagrada pelos empregados da CAF Brasil Indústria e Comércio S.A. com o objetivo de tentar regulamentar a despedida em massa, a SDC, por unanimidade, conheceu do recurso ordinário, no tópico, e no mérito, negou-lhe provimento.

TST-RO-173-02.2011.5.15.0000,SDC,
rel. Min. Mauricio Godinho Delgado, 13.8.2012.

BREVE COMENTÁRIO

O julgado em questão foi trazido para efeitos de registro, destacando-se que a Justiça do Trabalho exigia a intervenção do sindicato em casos de dispensa coletiva.

No entanto, é defensável que o entendimento nele consolidado se encontra superado em razão da inclusão do art. 477-A na CLT pela Lei nº 13.467/2017, o qual dispensa a autorização prévia de entidade sindical ou de celebração de convenção coletiva ou acordo coletivo de trabalho para sua efetivação:

> Art. 477-A. As dispensas imotivadas individuais, plúrimas ou coletivas equiparam-se para todos os fins, não havendo necessidade de autorização prévia de entidade sindical ou de celebração de convenção coletiva ou acordo coletivo de trabalho para sua efetivação.

Estabilidade. Art. 19 do ADCT. Contagem do quinquênio aquisitivo. Tempo de serviço prestado a sociedade de economia mista. Impossibilidade.

A estabilidade prevista no art. 19 do ADCT pressupõe a prestação de serviço por cinco anos continuados a entes da Administração pública direta, autárquica e fundacional, não aproveitando o tempo prestado a órgãos de esferas político-administrativas distintas.

Com esse entendimento, a SBDI-I, por unanimidade, conheceu dos embargos por violação do art. 19 do ADCT e, no mérito, deu-lhes provimento para restabelecer a sentença em que se julgou improcedente a ação em que o reclamante pleiteava o direito à estabilidade tendo em conta o tempo de serviço prestado à Companhia de Construções Escolares do Estado de São Paulo (Conesp), sociedade de economia mista.

Na espécie, o Ministro relator, conferindo novo enquadramento jurídico aos fatos registrados pela Turma, ressaltou que a premissa fática explicitada na decisão embargada, no sentido de que a Conesp teria a Fazenda Nacional como acionista majoritária, e, portanto, capital estatal, por si só não permitiria seu enquadramento na hipótese prevista no art. 19 do ADCT.

TST-EEDRR5644100-72.2002.5.02.0900, SBDI-I,
rel. Min. José Roberto Freire Pimenta, 9.8.2012.

BREVE COMENTÁRIO

Antes da Constituição da República de 1988, ainda sob a égide da Constituição de 1967/69, o concurso só era requisito para a investidura em cargos públicos; para empregos públicos, não se fazia necessário.

Disso resultou uma parcela de servidores (notadamente empregados), admitidos sem concurso público, de modo que, como forma de compatibilizar essas situações, o constituinte de 1988 garantiu que esses agentes, desde que estivessem trabalhando há mais de 05 (cinco) anos continuados da promulgação da Constituição Cidadã, seriam considerados estabilizados no serviço público, nos termos do art. 19 do Ato das Disposições Constitucionais Transitórias –ADCT. Vejamos:

> Art. 19. Os servidores públicos civis da União, dos Estados, do Distrito Federal e dos Municípios, da administração direta, autárquica e das fundações públicas, em exercício na data da promulgação da Constituição, há pelo menos cinco anos continuados, e que não tenham sido admitidos na forma regulada no art. 37, da Constituição, são considerados estáveis no serviço público.

O julgado em questão se debruçou sobre a expressão "continuados" para fixar que esse período se refere a trabalho prestado na **Administração direta, autárquica ou fundacional**, não se enquadrando nesta hipótese uma sociedade de economia mista.

Neste ponto, importante acrescentar que, em decisão posterior, o STF declarou que os empregados de fundações estatais de direito privado não fariam jus à estabilidade ora estudada (art. 19, ADCT).

Informativo nº 18

Remuneração do emprego público. Proventos de aposentadoria recebidos pelo regime geral da previdência social. Acumulação. Possibilidade.

A vedação de acumulação de proventos de aposentadoria com a remuneração de cargo, emprego ou função pública, descrita no art. 37, § 10, da CF, destina-se apenas aos servidores sujeitos a regime especial de previdência, a exemplo dos titulares de cargo efetivo da União, dos Estados, do Distrito Federal e dos Municípios, incluídas as suas autarquias e fundações, não alcançando os empregados públicos que percebem proventos de aposentadoria pelo regime geral da previdência social, nos termos do art. 201, § 7º, da CF.

Assim, a SBDI-I, por unanimidade, conheceu dos embargos por divergência jurisprudencial e, no mérito, negou-lhes provimento.

TST-E-RR-366000-19.2009.5.12.0038, SBDI-I, rel. Min. Aloysio Corrêa da Veiga, 16.8.2012.

BREVE COMENTÁRIO

Os servidores públicos, em algumas hipóteses, podem cumular cargos nos termos da Constituição Federal:

> Art. 37. A administração pública direta e indireta de qualquer dos Poderes da União, dos Estados, do Distrito Federal e dos Municípios obedecerá aos princípios de legalidade, impessoalidade, moralidade, publicidade e eficiência e, também, ao seguinte:
>
> (...)
>
> XVI – é vedada a acumulação remunerada de cargos públicos, exceto, quando houver compatibilidade de horários, observado em qualquer caso o disposto no inciso XI:
>
> a) a de dois cargos de professor;
>
> b) a de um cargo de professor com outro técnico ou científico;
>
> c) a de dois cargos ou empregos privativos de profissionais de saúde, com profissões regulamentadas;

Trata-se de forma a garantir que ele não se dividirá entre as mais variadas funções, de maneira a prejudicar sua atuação.

É importante notar que essa cumulação deve se dar com o respeito ao chamado "teto constitucional", previsto no inciso XI do art. 31, o qual dispõe que "a remuneração e o subsídio dos ocupantes de cargos, funções e empregos públicos da administração direta, autárquica e fundacional, dos membros de qualquer dos Poderes da União, dos Estados, do Distrito Federal e dos Municípios, dos detentores de mandato eletivo e dos demais agentes políticos e os proventos, pensões ou outra espécie remuneratória, percebidos cumulativamente ou não, incluídas as vantagens pessoais ou de qualquer outra natureza, não poderão exceder o subsídio mensal, em espécie, dos Ministros do Supremo Tribunal Federal, aplicando-se como limite, nos Municípios, o subsídio do Prefeito, e nos Estados e no Distrito Federal, o subsídio mensal do Governador no âmbito do Poder Executivo, o subsídio dos Deputados Estaduais e Distritais no âmbito do Poder Legislativo e o subsídio dos Desembargadores do Tribunal de Justiça, limitado a noventa inteiros e vinte e cinco centésimos por cento do subsídio mensal, em espécie, dos Ministros do Supremo Tribunal Federal, no âmbito do Poder Judiciário, aplicável este limite aos membros do Ministério Público, aos Procuradores e aos Defensores Públicos".

Sobre o tema, ressalvamos que o Supremo Tribunal Federal, historicamente, considerava que, ainda que o servidor público cumulasse dois cargos legalmente, o teto constitucional seria considerado em relação aos dois conjuntamente. Ou seja, somadas as duas remunerações, o teto incidiria em relação a essa soma. No entanto, posterior mudança de entendimento, decidiu a Suprema Corte que **o teto deve incidir em relação a cada um deles individualmente considerado.**

Outrossim, nos termos do art. 37, §10 da Constituição, é vedada a percepção simultânea de proventos de aposentadoria com a remuneração de cargo, emprego ou função pública (ressalvadas as hipóteses em que é admitida a cumulação), os cargos eletivos e os cargos em comissão declarados em lei de livre nomeação e exoneração.

Neste ponto, recordamos que os empregados públicos se aposentam junto ao Regime Geral da Previdência Social (gerido pelo INSS), ao passo que os estatutários se aposentam junto aos seus respectivos Regimes Próprios de Previdência (de competência de cada unidade federativa).

Em termos práticos, imagine a situação de empregado que cumula dois empregos públicos de professor (o que é admitido pela CF) mais uma aposentadoria pelo regime geral de previdência social. Seria possível essa cumulação ou encontraria óbice no art. 37, §10, CF?

O TST entendeu que essa cumulação seria possível, vez que **a vedação em questão se refere apenas ao Regime Próprio de Previdência Social, não atingindo a aposentadoria paga pelo INSS.**

Assim, fixou a tese:

A vedação de acumulação de proventos de aposentadoria com a remuneração de cargo, emprego ou função pública, descrita no art. 37, § 10, da CF, destina-se apenas aos servidores sujeitos a regime especial de previdência, a exemplo dos titulares de cargo efetivo da União, dos Estados, do Distrito Federal e dos Municípios, incluídas as suas autarquias e fundações, não alcançando os empregados públicos que percebem proventos de aposentadoria pelo regime geral da previdência social, nos termos do art. 201, § 7º, da CF.

Informativo nº 20

▸ ***Precatório. Pagamento com atraso. Juros de mora. Incidência desde a expedição. Súmula Vinculante 17 do STF.***

Os juros de mora não são devidos durante o chamado "período de graça", desde que o precatório seja pago no prazo constitucional. Efetuado o pagamento fora do prazo previsto no art. 100, § 1º, da CF, os juros moratórios devem ser computados desde a expedição do precatório, conforme inteligência da Súmula Vinculante 17 do STF.

Com esse entendimento, o Órgão Especial, por maioria, conheceu do recurso ordinário e, no mérito, negou-lhe provimento. Vencidos os Ministros Luiz Philippe Vieira de Mello Filho, Guilherme Augusto Caputo Bastos e Dora Maria da Costa.

TST-RO-2519-45.2011.5.07.0000, Órgão Especial,
rel. Min. Fernando Eizo Ono, 3.9.2012.

BREVE COMENTÁRIO

A redação do §1º do art. 100 da Constituição Federal se encontra hoje no §5º, haja vista as reformas constitucionais que o dispositivo sofreu. Vejamos:

> Art. 100. Os pagamentos devidos pelas Fazendas Públicas Federal, Estaduais, Distrital e Municipais, em virtude de sentença judiciária, far-se-ão exclusivamente na ordem cronológica de apresentação dos precatórios e à conta dos créditos respectivos, proibida a designação de casos ou de pessoas nas dotações orçamentárias e nos créditos adicionais abertos para este fim.
>
> (...)

> § 5º É obrigatória a inclusão, no orçamento das entidades de direito público, de verba necessária ao pagamento de seus débitos, oriundos de sentenças transitadas em julgado, constantes de precatórios judiciários apresentados até 1º de julho, fazendo-se o pagamento até o final do exercício seguinte, quando terão seus valores atualizados monetariamente.

Ou seja, não correm juros de mora entre a data da apresentação do precatório e a data do seu efetivo pagamento. Trata-se do "período de graça".

Essa é, também, a redação da Súmula Vinculante nº 17 do STF:

> Súmula Vinculante 17
>
> Durante o período previsto no parágrafo 1º do artigo 100 da Constituição, não incidem juros de mora sobre os precatórios que nele sejam pagos.

No entanto, caso seja desrespeitado o prazo para pagamento, os juros de mora deverão ser contados desde a expedição do precatório.

▸ *Concurso público. Candidato aprovado em posição superior ao número de vagas disponíveis no edital. Criação de cargos durante o prazo de validade do certame. Direito subjetivo à nomeação. Caracterização.*

O candidato aprovado em concurso público e classificado em posição superior ao número de vagas disponíveis no edital tem, apenas, a simples expectativa de ingresso no serviço público. Todavia, adquire direito subjetivo à nomeação se comprovado o surgimento de novas vagas durante o prazo de validade do certame, bem como o interesse da Administração Pública em preenchê-las.

Na hipótese, a presidência do TRT da 1ª Região, a despeito da criação de cargos pela Lei nº 11.877/08 e da destinação destes aos aprovados no concurso de 2008, conforme previsto na Resolução Administrativa nº 17/2007, resolveu não nomear os candidatos aprovados para o cargo de analista judiciário – área administrativa até a conclusão da pesquisa de carências de especialidades.

Assim, o Órgão Especial, por unanimidade, conheceu dos recursos ordinários e, no mérito, deu-lhes provimento para conceder parcialmente a segurança, com ordem de preenchimento de 39 cargos de analista judiciário – área administrativa, criados pela Lei nº 11.877/08, pelos candidatos aprovados e habilitados em idêntico cargo na forma do concurso público realizado em 2008, observada a ordem de classificação e o prazo de validade do certame.

TST-RO-102000-17.2009.5.01.0000, Órgão Especial,
rel. Min. Alberto Luiz Bresciani de Fontan Pereira, 3.9.2012.

BREVE COMENTÁRIO

Sobre o tema em questão, é importante fazer primeiramente uma ressalva: em julgamento do ano de 2020, o STF decidiu que "compete à Justiça comum processar e julgar controvérsias relacionadas à fase pré-contratual de seleção e de admissão de pessoal e eventual nulidade do certame em face da Administração Pública, direta e indireta, nas hipóteses em que adotado o regime celetista de contratação de pessoal.

STF. Plenário. RE 960429/RN, Rel. Min. Gilmar Mendes, julgado em 4 e 5/3/2020 (repercussão geral - Tema 992) (Info 968)[9]".

Ou seja, em princípio, não caberia mais à Justiça do Trabalho julgar a demanda em questão.

Não obstante, é digno de registro o julgado, pois traz posição semelhante àquela consolidada no âmbito do STF e STJ, no sentido de que o candidato aprovado em concurso público e classificado em posição superior ao número de vagas disponíveis no edital tem, apenas, a simples expectativa de ingresso no serviço público, sendo que adquire direito subjetivo à nomeação se comprovado: a) o surgimento de novas vagas durante o prazo de validade do certame e; b) o interesse da Administração Pública em preenchê-las.

Neste sentido, cite-se jurisprudência do STJ:

> O candidato aprovado em concurso público fora do número de vagas tem direito subjetivo à nomeação caso surjam novas vagas durante o prazo de validade do certame, desde que haja manifestação inequívoca da administração sobre a necessidade de seu provimento e não tenha restrição orçamentária, ou qualquer obstáculo financeiro. (MS 22.813-DF, Rel. Min. Og Fernandes, por maioria, julgado em 13/06/2018, DJe 22/06/2018)

Do mesmo modo o Supremo Tribunal Federal:

> O surgimento de novas vagas ou a abertura de novo concurso para o mesmo cargo, durante o prazo de validade do certame anterior, não gera automaticamente o direito à nomeação dos candidatos aprovados fora das vagas previstas no edital, ressalvadas as hipóteses de preterição arbitrária e imotivada por parte da administração, caracterizada por comportamento tácito ou expresso do Poder Público capaz de revelar a inequívoca necessidade de nomeação do aprovado durante o período de validade do certame, a ser demonstrada de forma cabal pelo candidato. Assim, o direito subjetivo à nomeação do candidato aprovado em concurso público exsurge nas seguintes hipóteses: a) quando a aprovação ocorrer dentro do número de vagas dentro do edital; b) quando houver preterição na nomeação por não observância da ordem de classificação; e c) **quando surgirem novas vagas, ou for aberto novo concurso durante a validade do certame anterior, e ocorrer a preterição de candidatos de forma arbitrária e imotivada por parte da administração** nos termos acima. Essa a tese que, por maioria, o Plenário fixou para efeito de repercussão geral. Na espécie, discutia-se a existência de direito subjetivo à nomeação de candidatos aprovados fora do número de vagas previstas no edital de concurso público, no caso de surgimento de novas vagas durante o prazo de validade do certame. Em 14.10.2014, a Corte julgou o mérito do recurso, mas deliberara pela posterior fixação da tese de repercussão geral — v. Informativo 803. O Ministro Luiz

9. CAVALCANTE, Márcio André Lopes. Cabe à Justiça Comum (estadual ou federal) julgar ações contra concurso público realizado por órgãos e entidades da Administração Pública para contratação de empregados celetistas. Buscador Dizer o Direito, Manaus. Disponível em: <https://www.buscadordizerodireito.com.br/jurisprudencia/detalhes/b25b911ffc2b76a647454e5a53edf8b5>. Acesso em: 07/07/2020.

> Fux (relator) destacou que o enunciado fora resultado de consenso entre os Ministros do Tribunal, cujo texto fora submetido anteriormente à análise. Vencido o Ministro Marco Aurélio, que se manifestava contra o enunciado, porque conflitava com as premissas lançadas pela corrente vitoriosa no julgamento do recurso extraordinário. Aduzia que a preterição se caracterizava quando, na vigência do concurso, convocava-se novo certame, a revelar a necessidade de se arregimentar mão de obra.
>
> (RE 837311/PI, rel. Min. Luiz Fux, 9.12.2015. RE-837311) (destacou-se).

- ***Honorários advocatícios. Ação de cobrança. Natureza civil. Incompetência da Justiça do Trabalho.***

A Justiça do Trabalho não é competente para julgar ação de cobrança de honorários advocatícios, pois se refere a contrato de prestação de serviços, relação de índole eminentemente civil, não guardando nenhuma pertinência com a relação de trabalho de que trata o art. 114, I, da CF.

Com esse entendimento, a SBDI-I, por unanimidade, conheceu dos embargos por divergência jurisprudencial e, no mérito, por maioria, deu-lhes provimento para restabelecer a decisão proferida pelo TRT, mediante a qual se acolhera a preliminar de incompetência material desta Justiça do Trabalho, e, anulando os atos decisórios praticados no processo, determinar a remessa dos autos à Justiça Comum Estadual, para que prossiga no feito como entender de direito.

Na espécie, ressaltou o Ministro relator ser razoável "cometer a Justiça comum a tarefa de dirimir controvérsia relativa à prestação de serviços levada a cabo por profissional autônomo que, senhor dos meios e das condições da prestação contratada, coloca-se em patamar de igualdade (senão de vantagem) em relação àquele que o contrata.

Tal seria o caso típico dos profissionais da engenharia, advocacia, arquitetura e medicina que exercem seus misteres de forma autônoma, mediante utilização de meios próprios e em seu próprio favor." Vencidos os Ministros Ives Gandra Martins Filho e Delaíde Miranda Arantes.

TST-E-RR-48900-38.2008.5.15.0051, SBDI-I, rel. Min. Lelio Bentes Corrêa,30.8.2012.

BREVE COMENTÁRIO

Imagine a situação em que um reclamante contrata um advogado e ajuíza reclamação trabalhista com o auxílio de seu patrono.

Caso haja uma lide entre advogado e cliente acerca do pagamento de honorários, a quem compete processar e julgar aquela demanda?

Segundo o TST, à Justiça Comum.

> Nesses termos, decidiu-se que a Justiça do Trabalho não é competente para julgar ação de cobrança de honorários advocatícios, pois se refere a contrato de prestação de serviços, relação de índole eminentemente civil, não guardando nenhuma pertinência com a relação de trabalho de que trata o art. 114, I, da CF.

Ação coletiva. Decisão com efeitos erga omnes. Execução individual. Art. 877 da CLT. Não incidência.

O art. 877 da CLT – segundo o qual é competente para a execução das decisões o Juiz ou o Presidente do Tribunal que tiver conciliado ou julgado originariamente o dissídio – não é aplicável à execução individual das decisões proferidas em ação coletiva, porquanto possui procedimento específico e regulamentado na Lei de Ação Civil Pública, combinada com o Código de Defesa do Consumidor, ambos plenamente compatíveis com o Processo do Trabalho.

Assim, na hipótese em que a exequente, domiciliada em Fortaleza/CE, aforou execução individualizada, dizendo-se beneficiada pelos efeitos *erga omnes* da coisa julgada produzida em ação coletiva que tramitou na Vara do Trabalho de Araucária/PR, a SBDI-II, por unanimidade, julgou procedente o conflito negativo de competência para declarar competente a Vara do Trabalho de Fortaleza/CE.

Ressaltou o Ministro relator que entendimento em sentido contrário imporia aos beneficiários da ação coletiva um ônus processual desarrazoado, o que tornaria ineficaz o pleno, rápido e garantido acesso à jurisdição e violaria a garantia constitucional do Devido Processo Legal Substancial.

TST-CC-1421-83.2012.5.00.0000, SBDI-II, rel. Min. Alexandre Agra Belmonte, 28.8.2012.

BREVE COMENTÁRIO

As ações civis públicas devem ser julgadas de acordo com o local do dano, nos seguintes termos:

> OJ 130 SDI II. AÇÃO CIVIL PÚBLICA. COMPETÊNCIA. LOCAL DO DANO. LEI Nº 7.347/1985, ART. 2º. CÓDIGO DE DEFESA DO CONSUMIDOR, ART. 93 (redação alterada na sessão do Tribunal Pleno realizada em 14.09.2012) - Res. 186/2012, DEJT divulgado em 25, 26 e 27.09.2012
>
> I - A competência para a Ação Civil Pública fixa-se pela extensão do dano.
>
> II - Em caso de dano de abrangência regional, que atinja cidades sujeitas à jurisdição de mais de uma Vara do Trabalho, a competência será de qualquer das varas das localidades atingidas, ainda que vinculadas a Tribunais Regionais do Trabalho distintos.
>
> III - Em caso de dano de abrangência suprarregional ou nacional, há competência concorrente para a Ação Civil Pública das varas do trabalho das sedes dos Tribunais Regionais do Trabalho.
>
> IV - Estará prevento o juízo a que a primeira ação houver sido distribuída.

Nos termos do art. 16 da Lei nº 7.347/85, a sentença civil fará coisa julgada erga omnes, nos limites da competência territorial do órgão prolator, exceto se o pedido for julgado improcedente por insuficiência de provas, hipótese em que qualquer legitimado poderá intentar outra ação com idêntico fundamento, valendo-se de nova prova.

Admite-se que a execução seja promovida tanto pelo ente coletivo que ajuizou a ação quanto pelos beneficiários individualmente considerados. É a redação do art. 97 do CDC:

> Art. 97. A liquidação e a execução de sentença poderão ser promovidas pela vítima e seus sucessores, assim como pelos legitimados de que trata o art. 82.

Sabendo que a execução pode ser promovida pelas vítimas dos danos, a resposta que o TST deu nesse caso foi: o juízo do processo de conhecimento se torna prevento para todas as execuções posteriores ou essas podem ser promovidas em outro juízo?

Segundo a Corte Laboral, a disposição constante do art. 877 da CLT, segundo a qual **é competente para a execução das decisões o Juiz ou o Presidente do Tribunal que tiver conciliado ou julgado originariamente o dissídio, não é aplicável à execução individual das decisões proferidas em ação coletiva.**

Assim, permitiu que sentença proferida pelo Juízo de Araucária/PR fosse executada em Fortaleza/CE, local de domicílio da exequente.

Informativo nº 22

Horas Extras. Habitualidade. Pagamento suspenso transitoriamente por força do Decreto nº 29.019/2008 do Distrito Federal. Indenização devida. Súmula nº 291 do TST.

A suspensão transitória de serviço suplementar prestado com habitualidade, por força do Decreto nº 29.019/2008 do Distrito Federal, assegura ao empregado o direito à indenização correspondente ao valor de um mês das horas suprimidas, total ou parcialmente, para cada ano ou fração igual ou superior a seis meses de prestação de serviço acima da jornada normal, a que se refere a Súmula nº 291 do TST.

Com esse entendimento, a SBDI-I, por unanimidade, conheceu dos embargos, por divergência jurisprudencial, e, no mérito, por maioria, negou-lhes provimento. Vencidos os Ministros Ives Gandra Martins Filho, relator, João Batista Brito Pereira, Dora Maria da Costa, Augusto César Leite de Carvalho e Maria Cristina Irigoyen Peduzzi, os quais davam provimento ao recurso por entender pela má aplicação da Súmula nº 291 do TST na medida em que o referido verbete não trata da hipótese de suspensão temporária de horas extras.

TST-E-RR-2706-06.2010.5.10.0000, SBDI-I, rel. Min. Ives Gandra Martins Filho, red. p/ acórdão Min. Aloysio Corrêa da Veiga, 20.9.2012.

BREVE COMENTÁRIO

A Súmula nº 291 do TST estabelece que a supressão total ou parcial, pelo empregador, de serviço suplementar prestado com habitualidade, durante pelo menos um ano, assegura ao empregado o direito à indenização correspondente ao valor de um mês das horas suprimidas, total ou parcialmente, para cada ano ou fração igual ou superior a seis meses de prestação de serviço acima da jornada normal. Cite-se:

Súmula nº 291 do TST

HORAS EXTRAS. HABITUALIDADE. SUPRESSÃO. INDENIZAÇÃO. (nova redação em decorrência do julgamento do processo TST-IUJERR 10700-45.2007.5.22.0101) - Res. 174/2011, DEJT divulgado em 27, 30 e 31.05.2011

A supressão total ou parcial, pelo empregador, de serviço suplementar prestado com habitualidade, durante pelo menos 1 (um) ano, assegura ao empregado o direito à indenização correspondente ao valor de 1 (um) mês das horas suprimidas, total ou parcialmente, para cada ano ou fração igual ou superior a seis meses de prestação de serviço acima da jornada normal. O cálculo observará a média das horas suplementares nos últimos 12 (doze) meses anteriores à mudança, multiplicada pelo valor da hora extra do dia da supressão.

Ou seja, a fim de garantir a estabilidade financeira do empregado, caso o empregador faça cessar abruptamente a prestação de horas extras habituais, esse deve pagar àquele uma indenização proporcional ao tempo de horas extras prestado (valor de um mês para cada ano ou fração igual ou superior a seis meses).

No caso, o Tribunal Superior analisou situação na qual houve a suspensão da prestação de horas extras de empregados públicos em virtude de Decreto do Distrito Federal.

A pergunta é: aplica-se a Súmula 291 à Administração Pública?

Segundo o TST, sim.

Assim, decidiu que a suspensão transitória de serviço suplementar prestado com habitualidade, por força de Decreto, assegura ao empregado o direito à indenização correspondente ao valor de um mês das horas suprimidas, total ou parcialmente, para cada ano ou fração igual ou superior a seis meses de prestação de serviço acima da jornada normal.

Informativo nº 23

- ***Concurso público. Pessoa portadora de necessidades especiais. Deficiência auditiva. Caracterização.***

As normas e princípios constitucionais insculpidos nos arts. 1º, II e III, e 3º, IV, da CF, interpretados juntamente com o art. 3º do Decreto nº 3.298/99 (com redação dada pelo Decreto nº 5.296/04), permitem concluir que a deficiência auditiva, ainda que não bilateral, conforme disposto no art. 4º, II, do Decreto nº 3.298/99, é suficiente para assegurar ao candidato inscrito em concurso público o direito de concorrer a uma das vagas destinadas aos portadores de necessidades especiais a que aludem os arts. 37, VIII, da CF e 5º, § 2º, da Lei nº 8.112/90.

Com esse entendimento, o Órgão Especial, por unanimidade, deu provimento parcial ao recurso ordinário da recorrente para reconhecer sua condição de portadora de deficiência auditiva, assegurando-lhe o direito à nomeação para o cargo de

Analista Judiciário – Área Judiciária, do quadro permanente do TRT da 21ª Região, em vaga reservada a portadores de necessidades especiais correspondente à classificação na listagem especial equivalente à nota por ela alcançada no concurso público.

TST-RO-11800-35.2011.5.21.0000, Órgão Especial, rel. Min. Brito Pereira, 1º.10.2012(No mesmo sentido, TST-ReeNec RO-29400-69.2011.5.21.0000, Órgão Especial, rel. Min. Dora Maria da costa, 1º.10.2012).

BREVE COMENTÁRIO

Sobre o tema em questão, é importante fazer primeiramente uma ressalva: em julgamento do ano de 2020, o STF decidiu que "compete à Justiça comum processar e julgar controvérsias relacionadas à fase pré-contratual de seleção e de admissão de pessoal e eventual nulidade do certame em face da Administração Pública, direta e indireta, nas hipóteses em que adotado o regime celetista de contratação de pessoal.

STF. Plenário. RE 960429/RN, Rel. Min. Gilmar Mendes, julgado em 4 e 5/3/2020 (repercussão geral - Tema 992) (Info 968)[10]".

Não obstante, digno o presente registro, pois se trata de julgado interessante do TST, por meio do qual, com base na legislação vigente, entendeu essa Corte que a deficiência auditiva, **ainda que não bilateral** (ou seja, a deficiência auditiva unilateral), conforme disposto no art. 4º, II, do Decreto nº 3.298/99, é suficiente para assegurar ao candidato inscrito em concurso público o direito de concorrer a uma das vagas destinadas aos portadores de necessidades especiais.

Importante notar que esse entendimento contraria frontalmente a Súmula nº 552 do STJ:

> Súmula nº 552/STJ: O portador de surdez unilateral não se qualifica como pessoa com deficiência para o fim de disputar as vagas reservadas em concursos públicos.

O enunciado em questão foi aprovado em 04/11/2015, ao passo que o julgado analisado se deu em 1º/10/2012. Ou seja, a Súmula veio em momento posterior.

No entanto, em vista da constante divergência entre STJ, STF e TST, é importante registrar que, em dado momento, a Corte Laboral admitiu a surdez unilateral como hipótese habilitadora da participação do candidato em concurso nas vagas para deficientes.

10. CAVALCANTE, Márcio André Lopes. Cabe à Justiça Comum (estadual ou federal) julgar ações contra concurso público realizado por órgãos e entidades da Administração Pública para contratação de empregados celetistas. Buscador Dizer o Direito, Manaus. Disponível em: <https://www.buscadordizerodireito.com.br/jurisprudencia/detalhes/b25b911ffc2b76a647454e5a53edf8b5>. Acesso em: 07/07/2020.

Informativo nº 25

▶ ***Associação Municipal de Apoio Comunitário – AMAC. Pessoa jurídica de direito público. Instituição de Plano de Cargos e Salários. Acordo coletivo de trabalho. Nulidade.***

Diante da impossibilidade de a pessoa jurídica de direito público, que mantenha empregados vinculados ao regime previsto na CLT, celebrar convenções e acordos coletivos de trabalho que lhe acarretem encargos financeiros diretos, a SDC, por unanimidade, negou provimento aos recursos ordinários, entendendo não merecer reforma o acórdão do Regional que pronunciou, de forma incidental, a natureza jurídica de direito público da Associação Municipal de Apoio Comunitário – AMAC, e julgou procedente a ação anulatória para declarar a nulidade, com efeitos "ex tunc", do acordo coletivo de trabalho celebrado entre a referida associação e o Sindicato dos Trabalhadores, Funcionários e Servidores Municipais da Administração Direta, Indireta, Fundações, Autarquias, Empresas Públicas e Associações Civis da Prefeitura do Município de Juiz de Fora – SINSERPU/JF.

Na espécie, restou consignado que a AMAC, por ser mantida por verbas orçamentárias sujeitas ao Tribunal de Contas do Estado e chefiada pelo prefeito municipal, constitui entidade de direito público, não obstante a natureza jurídica de direito privado que se lhe pretendeu imprimir seu estatuto.

Assim, o acordo coletivo de trabalho por ela celebrado com o exclusivo objetivo de instituir Plano de Cargos e Salários e regular matérias reservadas exclusivamente à lei municipal, é atípico, e, em consequência, eivado de nulidade absoluta, não havendo que se destacar nem mesmo as eventuais cláusulas de natureza social, na forma da nova redação da Orientação Jurisprudencial nº 5 da SDC.

TST-ROAA-146500-85.2007.5.03.0000, SDC, rel. Min. Fernando Eizo Ono, 9.10.2012.

BREVE COMENTÁRIO

O cerne do presente julgado pode ser explicado por meio da leitura da Orientação Jurisprudencial nº 5 da SDC:

> 05. 5. DISSÍDIO COLETIVO. PESSOA JURÍDICA DE DIREITO PÚBLICO. POSSIBILIDADE JURÍDICA. CLÁUSULA DE NATUREZA SOCIAL (redação alterada na sessão do Tribunal Pleno realizada em 14.09.2012) – Res. 186/2012, DEJT divulgado em 25, 26 e 27.09.2012.
>
> Em face de pessoa jurídica de direito público que mantenha empregados, cabe dissídio coletivo exclusivamente para apreciação de cláusulas de natureza social. Inteligência da Convenção nº 151 da Organização Internacional do Trabalho, ratificada pelo Decreto Legislativo nº 206/2010.

Da redação da orientação em questão, conclui-se que, em face de ente da Administração Pública, não cabe dissídio para discutir cláusulas econômicas.

Na espécie, houve a celebração de acordo coletivo de trabalho por meio do qual uma pessoa jurídica de direito público (formalmente de direito privado, mas materialmente de direito público) instituiu Plano de Cargos e Salários, regulando matérias reservadas exclusivamente à lei municipal.

Diante disso, o acordo foi declarado nulo, não havendo ressalva nem mesmo em relação às cláusulas de natureza social.

Informativo nº 30

Empresa de distribuição de energia elétrica. Atividade essencial. Imposição de obrigações complexas, custosas e definitivas. Exíguo lapso temporal. Potencial lesão ao interesse coletivo. Suspensão da antecipação de tutela. Deferimento.

O Órgão Especial, por unanimidade, negou provimento ao agravo regimental, mantendo decisão da Presidência do TST, que, com amparo nos arts. 4º, "caput" e § 1º, da Lei nº 8.437/92 e 251 do RITST, deferiu o pedido de suspensão da execução da tutela antecipatória concedida nos autos da ação civil pública em que impostas obrigações complexas, custosas e definitivas a serem executadas em exíguo lapso temporal por empresa de distribuição de energia elétrica, sob pena de multa.

No caso, **por se tratar de atividade essencial, vislumbrou-se que a execução da tutela concedida em segundo grau de jurisdição poderia acarretar risco de dano à ordem e à economia públicas, na medida em que estabelecida restrita forma de desenvolvimento dos serviços e apresentada tendência de diminuição da quantidade ou da qualidade dos serviços de atendimento ao público. Ademais, a aplicação da Lei Geral de Telecomunicações (Lei nº 9472/97), que autoriza a terceirização de atividades típicas das concessionárias, tem tratamento controvertido no TST, afastando, portanto, a verossimilhança em que fundada a decisão antecipatória.**

TST-AgRSLS-7021-85.2012.5.00.0000, Órgão Especial, rel. Min. João Oreste Dalazen. 14.11.2012.

BREVE COMENTÁRIO

O caso sob testilha trata do chamado pedido de suspensão de segurança ou pedido de suspensão de liminar, previsto no art. 4º da Lei nº 8.437/92:

> Art. 4º Compete ao presidente do tribunal, ao qual couber o conhecimento do respectivo recurso, suspender, em despacho fundamentado, a execução da liminar nas ações movidas contra o Poder Público ou seus agentes, a requerimento do Ministério Público ou da pessoa jurídica de direito público interessada, em caso de manifesto interesse público ou de flagrante ilegitimidade, e para evitar grave lesão à ordem, à saúde, à segurança e à economia públicas.

Segundo a doutrina majoritária, trata-se de incidente processual, o qual não demanda maiores formalidades:

> A legislação não prevê requisitos formais no pedido de contracautela(suspensão de segurança). Para sua análise, exige-se tão somente requerimento da pessoa jurídica que exerce munus público, formalizado em simples petição

dirigida ao presidente do tribunal ao qual couber o conhecimento do respectivo recurso na causa principal.

STJ. Corte Especial. AgInt no AgInt na SLS 2116-MG, Rel. Min. Laurita Vaz, julgado em 07/11/2018 (Info 644)[11].

É admitido o seu manejo por concessionária de serviço público, desde que em defesa do interesse público primário[12].

No caso, a medida foi requerida por empresa de distribuição de energia elétrica em razão da concessão de tutela antecipada que impôs, segundo o TST, obrigações complexas, custosas e definitivas a serem executadas em exíguo lapso temporal.

Considerou a Corte Laboral tratar-se de atividade essencial, de modo que a medida imposta poderia acarretar graves danos à ordem e à economia públicas, na medida em que estabelecida restrita forma de desenvolvimento dos serviços e apresentada tendência de diminuição da quantidade ou da qualidade dos serviços de atendimento ao público.

▸ *DC. Greve. Trabalhadores portuários avulsos. "Lockout". Não configuração.*

As normas que regem o chamado "lockout" (arts. 722 da CLT e 17 da Lei nº 7.789/83) possuem natureza proibitiva e punitiva, não admitindo interpretação extensiva ou aplicação por analogia.

Assim, tendo em conta que as referidas disposições de lei têm por destinatário inequívoco o empregador – a quem é vedado fechar de forma arbitrária o estabelecimento ou praticar ato injusto visando à paralisação total ou parcial das atividades, obstando o ingresso dos empregados na unidade produtiva com a finalidade de enfraquecer pleitos coletivos –, não se pode aplicá-las à relação entre o trabalhador portuário avulso e os operadores portuários, porque inexistente a figura do empregador.

Ainda que assim não fosse, a interpretação extensiva do disposto nos arts. 722 da CLT e 17 da Lei nº 7.789/83 exigiria, na hipótese, que o ato praticado pelos operadores portuários, qual seja o de deixar de requisitar, a partir de 14.3.2005, Encarregados de Turma de Capatazia, pudesse ser enquadrado como conduta arbitrária e temporária a gerar pressão sobre os trabalhadores avulsos com a finalidade de frustrar negociação coletiva em curso. Todavia, infere-se dos autos que, até a data em que praticado o ato que se busca equiparar ao "lockout", não havia negociação em curso ou conflito entre as partes.

---

11. CAVALCANTE, Márcio André Lopes. Para a formalização do pedido de suspensão de segurança, basta um requerimento em simples petição dirigida ao presidente do tribunal, sem maiores formalidades. Buscador Dizer o Direito, Manaus. Disponível em: https://www.buscadordizerodireito.com.br/jurisprudencia/detalhes/653c579e3f9ba5c03f2f2f8cf4512b39>. Acesso em: 07/07/2020.

12. Segundo o STJ: "empresas públicas ou privadas e as sociedades de economia mista que prestam serviços públicos podem formular pedido suspensivo que objetivem a salvaguarda dos valores tutelados na legislação de regência" (STJ, AgRg na SLS 2.123/BA, Rel. Ministra LAURITA VAZ, CORTE ESPECIAL, DJe de 26/10/2016). Nesse sentido: STJ, AgRg no AgRg na SLS 1.955/DF, Rel. Ministro FRANCISCO FALCÃO, CORTE ESPECIAL, DJe de 29/04/2015.

Ademais, a intenção dos operadores portuários foi a de substituir definitivamente os trabalhadores avulsos por aqueles com vínculo empregatício (arts. 16 e 26 da Lei nº 8.630/93), não restando preenchido o requisito da temporalidade.

E ainda que a referida substituição decorresse de retaliação pelo renovado ajuizamento de ações de cumprimento objetivando o pagamento de passivos trabalhistas, conforme alegado pelo sindicato suscitante, não se vislumbra o intuito de frustrar negociações ou arrefecer reivindicações da categoria. Com esse entendimento, a SDC, por unanimidade, negou provimento ao recurso ordinário, no tópico.

TST-RO-2006900-13.2005.5.02.0000, SDC, rel. Min. Fernando Eizo Ono, 13.11.2012.

BREVE COMENTÁRIO

Segundo Mauricio Godinho Delgado, o *lockout* consiste em "paralisação provisória das atividades da empresa, estabelecimento ou setor, realizada por determinação empresarial, com o objetivo de exercer pressões sobre os trabalhadores, frustrando negociação coletiva ou dificultando o atendimento a reivindicações coletivas obreiras[13]".

Existe previsão legal acerca do instituto:

> Art. 722, CLT. Os empregadores que, individual ou coletivamente, suspenderem os trabalhos dos seus estabelecimentos, sem prévia autorização do Tribunal competente, ou que violarem, ou se recusarem a cumprir decisão proferida em dissídio coletivo, incorrerão nas seguintes penalidades:
>
> Art. 17, Lei nº 7783/89. Fica vedada a paralisação das atividades, por iniciativa do empregador, com o objetivo de frustrar negociação ou dificultar o atendimento de reivindicações dos respectivos empregados (lockout).

Como se vê, trata-se de ação vedada pelo ordenamento jurídico e referente ao empregador.

A dúvida que o presente caso respondeu foi: é possível considerar *lockout* numa relação em que não consta um empregador propriamente dito?

Segundo o TST, não.

No caso, tratava-se de relação de trabalho avulso, tal como previsto na Lei nº 12.023/2009, que versa sobre as atividades de movimentação de mercadorias em geral e sobre o trabalho avulso.

Importante esclarecer que nessa relação não há um empregador. O que existe é uma relação entre três atores: o órgão gestor de mão de obra (OGMO), o operador portuário (que necessitará dos serviços) e o trabalhador portuário avulso (por exemplo, um estivador), que prestará aquele serviço.

Frise-se que não há vínculo de emprego entre o trabalhador avulso e o OGMO ou entre o trabalhador e o operador portuário, não obstante o art. 7º XXIV, CF garanta a igualdade de direitos entre o empregado permanente e o avulso.

---

13. DELGADO, Mauricio Godinho. *Curso de Direito do Trabalho*. 17 ed. São Paulo: LTr, 2018, p. 1687.

No caso, os operadores portuários pararam de solicitar os serviços dos trabalhadores avulsos, o que, segundo o TST, não poderia ser considerado *lockout*.

Conforme decidido, tendo em conta que as disposições legais sobre *lockout* têm por destinatário inequívoco o empregador, não podem ser aplicadas à relação entre o trabalhador portuário avulso e os operadores portuários, porque inexistente a figura desse.

No que tange aos contornos fáticos, decidiu-se que a interpretação extensiva do disposto nos arts. 722 da CLT e 17 da Lei nº 7.789/83 exigiria que o ato praticado pelos operadores portuários pudesse ser enquadrado como conduta arbitrária e **temporária** a gerar pressão sobre os trabalhadores avulsos com a finalidade de frustrar negociação coletiva em curso. Todavia, inferiu-se dos autos que não havia negociação em curso ou conflito entre as partes. Ademais, a intenção dos operadores portuários foi a de substituir **definitivamente** os trabalhadores avulsos por aqueles com vínculo empregatício (arts. 16 e 26 da Lei nº 8.630/93), não restando preenchido o requisito da temporalidade.

Informativo nº 34

- ***DC. Greve. Ministério Público do Trabalho. Ilegitimidade ativa "ad causam". Atividade não essencial.***

O Ministério Público do Trabalho não possui legitimidade ativa "ad causam" para ajuizar dissídio coletivo de greve em razão da paralisação coletiva dos empregados em empresas de transporte de valores, escolta armada, ronda motorizada, monitoramento eletrônico e via satélite, agentes de segurança pessoal e patrimonial, segurança e vigilância em geral da região metropolitana de Vitória/ES, pois tais serviços não estão previstos no art. 10 da Lei nº 7.783/89, que trata das atividades tidas como essenciais.

Incidência do art. 114, § 3º, da CF, com redação dada pela Emenda Constitucional nº 45/04. Com esse entendimento, a SDC, por maioria, declarou a extinção do processo, sem resolução do mérito, nos termos do art. 267, VI, do CPC, vencidos os Ministros Maurício Godinho Delgado, Walmir Oliveira da Costa e Kátia Magalhães Arruda, que entendiam pela legitimidade do MPT, uma vez que, tratando-se de vigilância patrimonial, resta patente o interesse público, ainda que não configurada atividade essencial.

TST-RO-700-65.2009.5.17.0000,SDC,
rel. Min. Fernando Eizo Ono, 11.12.2012.

BREVE COMENTÁRIO

O dissídio de greve se presta a levar ao Poder Judiciário a apreciação de movimento paredista, a fim de que esse possa se manifestar acerca de abusividade ou não.

Nos termos do art. 114, §3º da Constituição Federal, em caso de greve **em atividade essencial**, com possibilidade de lesão do interesse público, o Ministério

Público do Trabalho poderá ajuizar dissídio coletivo, competindo à Justiça do Trabalho decidir o conflito.

São considerados serviços essenciais pela Lei nº 7.783/89:

> Art. 10 São considerados serviços ou atividades essenciais:
>
> I – tratamento e abastecimento de água; produção e distribuição de energia elétrica, gás e combustíveis;
>
> II – assistência médica e hospitalar;
>
> III – distribuição e comercialização de medicamentos e alimentos;
>
> IV – funerários;
>
> V – transporte coletivo;
>
> VI – captação e tratamento de esgoto e lixo;
>
> VII – telecomunicações;
>
> VIII – guarda, uso e controle de substâncias radioativas, equipamentos e materiais nucleares;
>
> IX – processamento de dados ligados a serviços essenciais;
>
> X – controle de tráfego aéreo e navegação aérea; (Redação dada pela Lei nº 13.903, de 2019)
>
> XI compensação bancária.
>
> XII – atividades médico-periciais relacionadas com o regime geral de previdência social e a assistência social;
>
> XIII – atividades médico-periciais relacionadas com a caracterização do impedimento físico, mental, intelectual ou sensorial da pessoa com deficiência, por meio da integração de equipes multiprofissionais e interdisciplinares, para fins de reconhecimento de direitos previstos em lei, em especial na Lei nº 13.146, de 6 de julho de 2015 (Estatuto da Pessoa com Deficiência);
>
> XIV – outras prestações médico-periciais da carreira de Perito Médico Federal indispensáveis ao atendimento das necessidades inadiáveis da comunidade.
>
> XV – atividades portuárias.

Interpretando o dispositivo em questão, concluiu-se que o MPT só poderia ajuizar dissídio de greve no caso de paralisação de serviços essenciais.

Como o caso em tela versava sobre hipótese não prevista no art. 10 da Lei nº 7.783/89, o TST decidiu que carecia de legitimidade o *Parquet*.

Assim, fixou a seguinte tese:

O Ministério Público do Trabalho não possui legitimidade ativa "ad causam" para ajuizar dissídio coletivo de greve em razão da paralisação coletiva dos empregados em empresas de transporte de valores, escolta armada, ronda motorizada, monitoramento eletrônico e via satélite, agentes de segurança pessoal e patrimonial, segurança e vigilância em geral, pois tais serviços não estão previstos no art. 10 da Lei nº 7.783/89, que trata das atividades tidas como essenciais.

Informativo nº 40

▶ ***Dano moral. Divulgação da lista nominal dos servidores públicos e da correspondente remuneração mensal na internet. Prevalência do princípio da publicidade dos atos administrativos em detrimento do direito à intimidade, à privacidade e à segurança do empregado público.***

A divulgação, na internet, da lista dos cargos ocupados e dos valores da remuneração mensal pagos ao servidor público não configura dano moral, pois o princípio da publicidade dos atos administrativos deve prevalecer sobre o direito à intimidade, à privacidade e à segurança do agente público, conforme decidido pelo Tribunal Pleno do STF nos autos do processo nº SS- 3902-AgR-segundo/SP, rel. Min. Ayres Britto.

Com esse entendimento, a SBDI-I, por unanimidade, conheceu dos embargos, por divergência jurisprudencial, e, no mérito, negou-lhes provimento, mantendo decisão da Turma que excluiu da condenação o pagamento de indenização por danos morais decorrentes da disponibilização no sítio da Administração dos Portos de Paranaguá e Antonina – APPA, na internet, de relação com nomes, cargos e remunerações de seus empregados.

TST-E-RR-336000-02.2008.5.09.0411, SBDI-I,
rel. Min. Augusto César Leite de Carvalho, 21.3.2013.

BREVE COMENTÁRIO

Dentre os princípios da Administração Pública, destaca-se o da publicidade, de patamar constitucional, insculpido ao lado dos princípios da legalidade, impessoalidade, moralidade e eficiência, no *caput* do art. 37 da Constituição da República de 1988.

Dada a redação do texto constitucional e dispositivos correlatos, entende-se que a publicidade é a regra e o sigilo exceção no seio do Poder Público. Neste sentido, Rafael Carvalho Rezende Oliveira[14]:

> O princípio da publicidade impõe a divulgação e a exteriorização dos atos do Poder Público (art. 37 CRFB e art. 2.º da Lei 8.784/1999). A visibilidade (transparência) dos atos administrativos guarda estreita relação com o princípio democrático (art. 1.º da CRFB), possibilitando o exercício do controle social sobre os atos públicos. A atuação administrativa obscura e sigilosa é típica dos Estados autoritários. No Estado Democrático de Direito, a regra é a publicidade dos atos estatais; o sigilo é exceção. Ex.: a publicidade é requisito para produção dos efeitos dos atos administrativos, necessidade de motivação dos atos administrativos.

14. OLIVEIRA, Rafael Carvalho Rezende. *Curso de Direito Administrativo*. 8 ed. Rio de Janeiro: Método, 2020, p. 39-40.

Plasmado em tal princípio e com base na lei de acesso à informação, determinou-se a divulgação nominal dos valores recebidos a título de remuneração pelos servidores públicos (ativos, inativos e pensionistas).

O Supremo Tribunal Federal julgou constitucional referida divulgação:

> É legítima a publicação, inclusive em sítio eletrônico mantido pela Administração Pública, dos nomes de seus servidores e do valor dos correspondentes vencimentos e vantagens pecuniárias.
>
> STF. Plenário. ARE 652777/SP, Rel. Min. Teori Zavascki, julgado em 23/4/2015 (repercussão geral) (Info 782)[15]

E em relação aos empregados públicos, especificamente? Essa divulgação é também válida ou seria passível de indenização por dano moral?

Segundo o TST, a divulgação é válida e não gera direito ao pagamento de danos morais.

Conforme verificado no julgado ora analisado, a divulgação, na internet, da lista dos cargos ocupados e dos valores da remuneração mensal pagos ao servidor público não configura dano moral, pois o princípio da publicidade dos atos administrativos deve prevalecer sobre o direito à intimidade, à privacidade e à segurança do agente público.

Informativo nº 41

- ***Ação civil pública ajuizada em vara do trabalho da sede do TRT. Dano de abrangência nacional. Limitação da coisa julgada à área de jurisdição do Tribunal Regional. Contrariedade ao item III da Orientação Jurisprudencial nº 130 da SBDI-II. Configuração.***

No caso em que o objetivo da ação civil pública é coibir conduta ilícita da empresa que tem atividade em todo o território nacional, e não só nos estabelecimentos localizados na área de jurisdição da 90ª Vara do Trabalho da Capital do Estado de São Paulo, em que ajuizada a ação, contraria o item III da Orientação Jurisprudencial nº 130 da SBDI-II a decisão que define como limite territorial dos efeitos da coisa julgada a área de jurisdição do TRT da 2ª Região. Com esse entendimento, a SBDI-I, por unanimidade, conheceu dos embargos, por divergência jurisprudencial, e, no mérito, deu-lhes provimento para estender a todo o território nacional os efeitos da decisão proferida na ação civil pública.

TST-E-ED-RR-129600-12.2006.5.02.0090, SBDI-I, rel. Min. Brito Pereira, 4.4.2013.

15. CAVALCANTE, Márcio André Lopes. Possibilidade de divulgação de vencimentos dos servidores públicos com relação nominal. Buscador Dizer o Direito, Manaus. Disponível em: <https://www.buscadordizerodireito.com.br/jurisprudencia/detalhes/0e01938fc48a2cfb5f2217fbfb00722d>. Acesso em: 08/07/2020.

BREVE COMENTÁRIO

Para análise do presente julgado, partiremos da redação da Orientação Jurisprudencial nº 130 da SDI-II do TST. Vejamos:

> OJ 130 SDI II. AÇÃO CIVIL PÚBLICA. COMPETÊNCIA. LOCAL DO DANO. LEI Nº 7.347/1985, ART. 2º. CÓDIGO DE DEFESA DO CONSUMIDOR, ART. 93 (redação alterada na sessão do Tribunal Pleno realizada em 14.09.2012) - Res. 186/2012, DEJT divulgado em 25, 26 e 27.09.2012.
>
> I - A competência para a Ação Civil Pública fixa-se pela extensão do dano.
>
> II - Em caso de dano de abrangência regional, que atinja cidades sujeitas à jurisdição de mais de uma Vara do Trabalho, a competência será de qualquer das varas das localidades atingidas, ainda que vinculadas a Tribunais Regionais do Trabalho distintos.
>
> III - Em caso de dano de abrangência suprarregional ou nacional, há competência concorrente para a Ação Civil Pública das varas do trabalho das sedes dos Tribunais Regionais do Trabalho.
>
> IV - Estará prevento o juízo a que a primeira ação houver sido distribuída.

Nos termos do seu inciso I, a competência para processamento e julgamento de ações civis públicas é fixada de acordo com a extensão do dano, de maneira que:

> a) Tratando-se de dano de abrangência regional, que atinja cidades sujeitas à jurisdição de mais de uma Vara do Trabalho, a competência será de qualquer das varas das localidades atingidas, ainda que vinculadas a Tribunais Regionais do Trabalho distintos;
>
> b) Em caso de dano de abrangência suprarregional ou nacional, haverá competência concorrente para a Ação Civil Pública das varas do trabalho das sedes dos Tribunais Regionais do Trabalho.

Ou seja, existindo dano de abrangência nacional ou suprarregional, o autor poderá ajuizar ação civil pública nas Varas do Trabalho em que haja sede de TRT.

Na espécie, isso foi feito.

Ocorre que o Juízo decisório limitou os efeitos daquela decisão ao Tribunal Regional respectivo. Ou seja, não obstante tratar-se de dano de abrangência nacional, a sua reparação teria ficado restrita a um único TRT.

O TST discordou dessa posição e deu provimento ao recurso interposto para estender a todo o território nacional os efeitos da decisão proferida na ação civil pública.

Ou seja, a decisão proferida por um Juiz do Trabalho, por se tratar de dano nacional, respeitada a competência fixada no inciso III da OJ 130, SDC, terá efeitos em todo o território nacional.

Informativo nº 44

▸ ***Conselho de fiscalização do exercício profissional. Natureza jurídica. Autarquia. Privilégios do Decreto-Lei nº 779/69. Aplicação.***

Os conselhos de fiscalização do exercício profissional constituem autarquias especiais instituídas pelo Estado para a consecução de um fim de interesse público, qual seja, fiscalizar o exercício das profissões correspondentes. Sendo assim, a eles **se aplicam os privilégios de que trata o Decreto-Lei nº 779/69, inclusive no que diz respeito à dispensa de recolhimento de custas processuais e de depósito recursal e à concessão de prazo em dobro para recorrer.**

Com esse entendimento, a SBDI-I, por unanimidade, conheceu dos embargos, por divergência jurisprudencial e, no mérito, por maioria, negou-lhes provimento. Vencidos os Ministros Renato de Lacerda Paiva, José Roberto Freire Pimenta e Alexandre de Souza Agra Belmonte.

TST-E-RR-26500-89.2009.5.04.0022, SBDI-I, rel. Min. João Oreste Dalazen, 25.4.2013.

BREVE COMENTÁRIO

Segundo consolidado na doutrina e jurisprudência pátrias, "os conselhos de fiscalização profissionais possuem natureza jurídica de autarquia, sujeitando-se, portanto, ao regime jurídico de direito público[16]".

Neste ponto, ressalva apenas em relação à OAB, considerada entidade *sui generis*. Vejamos a lição de Alexandre Mazza[17]:

> [...] institucionalmente, a OAB sempre lutou para ter o melhor dos dois mundos, ou seja, os benefícios tributários de uma autarquia sem os rigores legais de uma entidade estatal, o que, em tese, seria algo impossível.
>
> Ocorre que o STF, no julgamento da ADIn 3.026/2006, firmou a orientação de que a OAB é "entidade *sui generis*", um "serviço público independente" destituído de natureza autárquica. Todavia, o caráter aberto dessa natureza "*sui generis*" não inviabiliza claramente a manutenção de vantagens institucionais da OAB.
>
> O STF negou a natureza autárquica da OAB, entendendo que falta à entidade personalidade jurídica de direito público, não tendo **nenhuma ligação com a Administração Pública.**

Pois bem. À exceção da OAB, portanto, os conselhos profissionais são considerados autarquias, pessoas jurídicas de direito público, de modo que, no processo do trabalho, a eles devem ser aplicadas as prerrogativas previstas no Decreto-Lei nº 779/69.

16. STJ, jurisprudência em teses nº 135, tese 1.

17. MAZZA, Alexandre. *Manual de Direito Administrativo*. 10 ed. São Paulo: Saraiva, 2020, p. 206-207.

Respeitando essa construção, decidiu o TST que os conselhos de fiscalização do exercício profissional constituem autarquias especiais, de modo que a eles se aplicam os privilégios de que trata o Decreto-Lei nº 779/69, inclusive no que diz respeito à **dispensa de recolhimento de custas processuais e de depósito recursal e à concessão de prazo em dobro para recorrer.**

Informativo nº 45

▶ ***Imposto de renda. Arrecadação pelo próprio ente público estadual beneficiário e destinatário do tributo. Repasse à União Federal. Desnecessidade. Integração imediata à receita estadual. Art. 157, I, da CF.***

A Constituição da República conferiu aos Estados e ao Distrito Federal *"o produto da arrecadação do imposto da União sobre renda e proventos de qualquer natureza, incidente na fonte, sobre rendimentos pagos, a qualquer título, por eles, suas autarquias e pelas fundações que instituírem e mantiverem"* (CF, art. 157, I). Desse modo, o Imposto de Renda diretamente arrecadado pelos Estados e pelo Distrito Federal incorpora-se imediatamente às suas receitas, não sendo necessário repassá-lo à União para um retorno futuro, pois o produto arrecadado não está sujeito à redistribuição ou transferência. Com esses fundamentos, o Órgão Especial, por maioria, deu provimento ao recurso ordinário para determinar que o valor relativo ao Imposto de Renda incidente sobre os honorários de sucumbência seja recolhido diretamente em favor do Estado do Ceará.

Vencidos os Ministros Walmir Oliveira da Costa, relator, e Brito Pereira, que negavam provimento ao recurso por entenderem que o recolhimento do tributo deveria ocorrer em favor da União, cabendo a esta, por seu turno, repassar ao Estado o produto da arrecadação.

TST-RO-839-59.2010.5.07.0000, Órgão Especial, rel. Walmir Oliveira da Costa, red. p/ acórdão Min. Fernando Eizo Ono, 6.5.2013.

BREVE COMENTÁRIO

Estabelece o art. 157, I, da Constituição Federal:

> Art. 157. Pertencem aos Estados e ao Distrito Federal:
>
> I – o produto da arrecadação do imposto da União sobre renda e proventos de qualquer natureza, incidente na fonte, sobre rendimentos pagos, a qualquer título, por eles, suas autarquias e pelas fundações que instituírem e mantiverem;

Da redação do dispositivo, extrai-se que o imposto de renda retido em pagamentos realizados pelos Estados e Distrito Federal (retido na fonte) será destinado a eles mesmos, e não à União.

No caso sob análise, verificou-se situação em que o estado membro foi sucumbente em processo judicial e, como consequência, teve que pagar honorários ao advogado da parte adversa.

Nesse caso, o imposto deverá ser recolhido em favor da União ou do próprio ente estadual?

O Tribunal Regional considerou que o imposto deveria ser recolhido em favor da União, vez que o advogado em questão não tinha prestado serviços ao estado, mas à parte adversa.

O TST discordou e reformou a decisão para determinar que o valor fosse recolhido diretamente em favor do Estado. Como fundamento, destacou que o Imposto de Renda diretamente arrecadado pelos Estados e pelo Distrito Federal se incorpora imediatamente às suas receitas, não sendo necessário repassá-lo à União para um retorno futuro, pois o produto arrecadado não está sujeito à redistribuição ou transferência.

Informativo nº 49

▸ ***Suspensão de prazo recursal. Ato de Tribunal Regional. Retomada da contagem. Inclusão de feriados e fins de semana.***

Tratando-se de suspensão de prazo recursal pré-estabelecida, fundada em ato de Tribunal Regional, é desnecessária a intimação da parte para a retomada da contagem do prazo, a qual ocorre imediatamente, independentemente de recair em feriado ou final de semana, prorrogando-se somente o termo final para o primeiro dia útil subsequente.

Com esse entendimento, o Órgão Especial, por maioria, não conheceu do recurso ordinário da União, por intempestivo. No caso dos autos, após as suspensões operadas pelo TRT, a contagem dos dois dias remanescentes do prazo foi reiniciada no dia 14/01/2012, sábado, findando-se no domingo, dia 15/01/2012, de modo que o termo final foi prorrogado para o primeiro dia útil seguinte, qual seja, 16/01/2012, segunda-feira.

Todavia, o recurso foi protocolado somente no dia 17/01/2012, terça-feira, estando intempestivo, portanto. Vencidos os Ministros João Oreste Dalazen, Alexandre Agra Belmonte, Brito Pereira e Delaíde Miranda Arantes.

TST-ReeNec e RO-29300-82.2005.5.01.0000, Órgão Especial, rel. Min. Hugo Carlos Scheuermann, 3.6.2013.

BREVE COMENTÁRIO

A questão resolvida no julgado em tela foi: caso haja a suspensão de prazo processual, as partes deverão ser intimadas quando esse voltar a correr?

Segundo o TST, não.

Tratando-se de suspensão de prazo recursal pré-estabelecida, fundada em ato de Tribunal Regional, é desnecessária a intimação da parte para a retomada da contagem do prazo, a qual ocorre imediatamente.

Caso ela venha a cair em feriado ou final de semana, prorroga-se o termo final para o primeiro dia útil subsequente.

Informativo nº 50

Exercício do direito de greve. Deflagração por ausência de pagamento dos salários. Descumprimento dos requisitos formais previstos na Lei nº 7.783/1989. Culpa recíproca. Declaração de não abusividade da greve. Indeferimento da garantia de emprego.

Na hipótese em que a greve foi deflagrada por ausência de pagamento dos salários, mas sem o cumprimento dos requisitos formais previstos no art. 4º e § 1º, da Lei nº 7.783/1989, a SDC, concluindo pela existência de culpa recíproca, decidiu, por unanimidade, conhecer do recurso ordinário e, no mérito, por maioria, dar-lhe provimento parcial para afastar a declaração de abusividade da greve, mas indeferir o pleito da garantia de emprego.

Vencidos, parcialmente, os Ministros Maria de Assis Calsing, relatora, e Fernando Eizo Ono.

TST-RO-9011-91.2011.5.02.0000, SDC,
rel. Min. Maria de Assis Calsing, 10.6.2013.

BREVE COMENTÁRIO

Conforme enunciamos acima, a greve é hipótese de suspensão do contrato de trabalho e, dentre os requisitos para o seu regular exercício, se destacam:

A greve deve ser pacífica (art. 2º);

Deve haver uma tentativa de negociação prévia (art. 3º da Lei nº 7.783/89 e OJ 11, SDC: "é abusiva a greve levada a efeito sem que as partes hajam tentado, direta e pacificamente, solucionar o conflito que lhe constitui o objeto";

O movimento deve ser aprovado em Assembleia Geral (art. 4º da Lei nº 7.783/89);

Caso se trate de paralisação de atividades essenciais, deve haver a comunicação prévia (72 horas antes - art. 13 da Lei nº 7.783/89);

Deve ser garantido o funcionamento de um mínimo dos serviços (art. 9º da Lei nº 7.783/89 e OJ 38, SDC: "é abusiva a greve que se realiza em setores que a lei define como sendo essenciais à comunidade, se não é assegurado o atendimento básico das necessidades inadiáveis dos usuários do serviço, na forma prevista na Lei nº 7.783/89")[18].

No caso, o sindicato dos trabalhadores não cumpriu todas as exigências legais.

No entanto, tratava-se de greve deflagrada em razão do não pagamento de salários.

---

18. FERNANDES, Felipe; ANDRADE, Gustavo; GOUVEIA, Raquel. *Direito e Processo do Trabalho para Advocacia Pública*. Salvador: Juspodivm, 2020, p. 904-905.

Face a isso, considerou o TST que teria havido culpa recíproca das partes (do sindicato, por não ter atendido os requisitos e do empregador, por não ter pago salários).

Assim, afastou a declaração de abusividade da greve, mas indeferiu o pleito formulado pelos grevistas, consistente no pedido de garantia de emprego.

Informativo nº 55

▶ ***Recurso de revista. Afronta direta e literal à Constituição Federal (art. 896, alínea "c", da CLT). Lei estadual. Interpretação necessária. Não conhecimento.***

Não se conhece de recurso de revista com supedâneo no art. 896, alínea "c", da CLT, se necessária a interpretação de normas estaduais para o exame de ofensa à literalidade da norma constitucional indicada (art. 37, X, da CF).

Com esse entendimento, e citando precedentes do STF, a SBDI-I, por unanimidade, conheceu dos embargos do reclamante, por divergência jurisprudencial, e, no mérito, por maioria, deu-lhes provimento para afastar o conhecimento do recurso de revista, restabelecendo o acórdão do Regional.

No caso, o Conselho de Reitores das Universidades do Estado de São Paulo (CRUESP) concedeu reajustes aos funcionários das Universidades Estaduais, deles não se beneficiando o reclamante, empregado da Faculdade de Medicina de São José do Rio Preto (FAMERP). O TRT, analisando a questão, deferiu os reajustes pleiteados com fundamento na Lei Estadual n.º 8.899/94 e no estatuto da FAMERP, o qual, em seu art. 65, estabelece que a política salarial da FAMERP será a mesma adotada pelo CRUESP. A Turma, por sua vez, conheceu e proveu o recurso de revista interposto pela FAMERP ao entendimento de que a fixação de aumentos remuneratórios de servidores públicos autárquicos com base em resolução de Conselho Universitário, sem lei específica, configuraria ofensa literal ao art. 37, X, da CF. Vencidos os Ministros Renato de Lacerda Paiva, Dora Maria da Costa, Alexandre de Souza Agra Belmonte e Brito Pereira.

TST-E-RR-1070-53.2010.5.15.0133, SBDI-I,
rel. Min. Aloysio Corrêa da Veiga, 15.8.2013.

BREVE COMENTÁRIO

No caso, a parte recorreu com fundamento em lei estadual, cuja interpretação, alegou, acarretaria violação à Constituição Federal, hipótese habilitadora do recurso de revista, nos termos do art. 896, *c*, CLT.

O TST não conheceu da revista por considerar que, se necessária a interpretação de normas estaduais para o exame de ofensa à literalidade da norma constitucional indicada, essa não é cabível.

Extrai-se do julgado que a violação deve ser direta ao texto constitucional, ao passo que a necessidade de interpretação primeiramente da lei estadual implicaria reflexividade da ofensa.

Informativo nº 58

Dissídio coletivo. Greve. Petrobras S/A. Contrato de prestação de serviços de construção civil. Ilegitimidade do Sindipetro/ES para liderar movimento grevista na qualidade de representante dos empregados da empresa terceirizada. Art. 511, §§ 1º e 2º, da CLT.

Nos termos do art. 511, §§ 1º e 2º, da CLT, a vinculação sindical dos empregados, ainda que terceirizados, deve ser definida pela atividade preponderante da empresa prestadora de serviços, porquanto a categoria profissional a qual pertence o trabalhador deve corresponder à categoria econômica a qual se vincula o empregador.

Com esse fundamento, a SDC, por maioria, deu provimento ao recurso ordinário em dissídio coletivo de greve interposto pela PROEN Projetos Engenharia Comércio e Montagens Ltda., para declarar a abusividade da greve deflagrada por seus empregados sob a liderança do Sindicato dos Trabalhadores na Indústria de Exploração, Perfuração, Extração e Produção de Petróleo nos Municípios de São Mateus, Linhares, Conceição da Barra e Jaguaré no Estado do Espírito Santo (Sindipetro/ES), e, em consequência, excluir da decisão normativa recorrida as obrigações impostas à PROEN.

Na espécie, reconheceu-se que, à época da greve em questão, a empregadora, por força de contrato de prestação de serviços com a Petrobras S/A, atuava, de forma preponderante, no ramo da construção civil e não na exploração ou extração de petróleo. Nessa perspectiva, afastou-se a legitimidade do Sindipetro/ES por ausência de paralelismo entre a categoria profissional por este representada e a categoria econômica da empresa prestadora de serviços, em observância ao princípio constitucional da unicidade sindical e tendo em vista a existência de sindicato representante dos trabalhadores da construção civil na mesma base territorial, qual seja, o Sindicato dos Trabalhadores na Indústria da Construção Civil, Terraplenagem, Estradas, Pontes e Construção de Montagem de Linhares, Rio Bananal, Jaguaré, Colatina e São Gabriel da Palha (Sintracon Linhares/ES).

Vencidos os Ministros Maurício Godinho Delgado, Katia Magalhães Arruda e Maria de Assis Calsing.

TST-RO-42600-28.2009.5.17.0000,SDC,
rel. Min. Fernando Eizo Ono, 9.9.2013.

BREVE COMENTÁRIO

No caso, o TST analisou greve de empregados terceirizados que trabalhavam junto à Petrobras, sociedade de economia mista brasileira voltada à exploração de petróleo.

O Sindicato por meio do qual os trabalhadores deflagraram o movimento foi o Sindicato dos Trabalhadores na Indústria de Exploração, Perfuração, Extração e Produção de Petróleo.

Ocorre que, segundo constatado, a empresa prestadora de serviços que os empregava, não obstante contratada pela Petrobras, tinha como atividade preponderante a construção civil.

Por essa razão, o TST considerou aquela greve abusiva.

Do julgado extrai-se, portanto, que o Sindicato por meio do qual os empregados declaram greve deve ter pertinência com a atividades por eles preponderantemente desenvolvidas (princípio constitucional da unicidade sindical).

Informativo nº 60

- ***Contribuição previdenciária. Execução provisória. Acordo firmado após a elaboração dos cálculos de liquidação e antes do trânsito em julgado da sentença. Inaplicabilidade da Orientação Jurisprudencial nº 376 da SBDI-I.***

Firmado acordo em sede de execução provisória, após a elaboração dos cálculos em liquidação, mas antes do trânsito em julgado da sentença, as contribuições previdenciárias devem incidir sobre a totalidade do valor acordado, não havendo falar em observância da proporcionalidade entre as parcelas de natureza salarial e aquelas de caráter indenizatório deferidas na decisão condenatória.

A aplicabilidade da Orientação Jurisprudencial nº 376 da SBDI-I é restrita às hipóteses de homologação do acordo após o trânsito em julgado da sentença. Com esses fundamentos, a SBDI-I, em sua composição plena, por unanimidade, conheceu do recurso de embargos da União, por divergência jurisprudencial, e, no mérito, por maioria, negou-lhe provimento. Vencido o Ministro João Oreste Dalazen e ressalvado o entendimento do Ministro Brito Pereira.

TST-E-RR-264300-36.2002.5.02.0066, SBDI-I, rel. Min. Delaíde Miranda Arantes, 26.9.2013.

BREVE COMENTÁRIO

A Orientação Jurisprudencial nº 376 da SDI-I do TST estabelece o seguinte:

> OJ 376, SDI-I. CONTRIBUIÇÃO PREVIDENCIÁRIA. ACORDO HOMOLOGADO EM JUÍZO APÓS O TRÂNSITO EM JULGADO DA SENTENÇA CONDENATÓRIA. INCIDÊNCIA SOBRE O VALOR HOMOLOGADO. (DEJT divulgado em 19, 20 e 22.04.2010)
>
> É devida a contribuição previdenciária sobre o valor do acordo celebrado e homologado após o trânsito em julgado de decisão judicial, respeitada a proporcionalidade de valores entre as parcelas de natureza salarial e indenizatória deferidas na decisão condenatória e as parcelas objeto do acordo.

Com efeito, no processo do trabalho, os dissídios individuais ou coletivos estão sempre sujeitos à conciliação (art. 764, CLT), sendo que, celebrado o acordo após o trânsito em julgado da sentença ou após a elaboração dos cálculos de liquidação não prejudicará os créditos da União (art. 832, §6º, CLT).

Combinando a OJ 376 com os dispositivos referenciados, conclui-se que, havendo composição após o trânsito em julgado, as verbas que do termo constarem deverão respeitar a proporção estabelecida na sentença para efeitos de incidência da contribuição previdenciária.

Isso é relevante porque, por exemplo, caso 60% das verbas fixadas na sentença fossem de caráter remuneratório e 40% de viés indenizatório, a contribuição previdenciária incidiria apenas sobre aquelas de caráter remuneratório (60% das verbas), isentas as indenizatórias. Ainda que o valor a ser pago venha a ser reduzido no acordo, a proporção deve seguir respeitada.

Por outro lado, destacamos a importância dessa discussão, em termos práticos, pois, caso todas as parcelas tivessem caráter indenizatório, a parte receberia um valor maior, visto que não haveria o abatimento da contribuição previdenciária; do contrário, um valor menor, já que haveria o abatimento do valor referente à contribuição previdenciária sobre 100% delas.

No entanto, pode ser que o acordo ocorra antes do trânsito em julgado, ainda em sede de execução provisória. Caso isso venha a acontecer, qual deve ser a proporção a ser respeitada? As partes são livres para estabelecer?

Não. Nesse caso, decidiu o TST que as contribuições previdenciárias incidirão sobre a **totalidade do valor acordado**, não havendo que falar em observância de qualquer proporcionalidade.

Informativo nº 62

Fazenda Pública. Condenação solidária. Juros de mora aplicáveis.

Nos termos do art. 281 do CC, nos casos de solidariedade passiva, "*o devedor demandado pode opor ao credor as exceções que lhe forem pessoais e as comuns a todos; não lhe aproveitando as exceções pessoais a outro codevedor*". Assim, no presente caso, os juros de mora previstos no art. 1º-F da Lei9.494/97, no montante de 6% ao ano, para as condenações impostas à Fazenda Pública, não beneficiam o codevedor, pessoa jurídica de direito privado, uma vez que se trata de privilégio exclusivo do ente público.

Com esse entendimento, a SBDI-I decidiu, por unanimidade, conhecer do recurso de embargos do reclamante, por divergência jurisprudencial e, no mérito, por maioria, dar-lhe provimento parcial para manter a aplicação dos juros de mora previstos no art. 1º-F da Lei 9.494/97 apenas à Fazenda Pública, caso demandada diretamente, afastando a extensão do benefício à codevedora, Companhia Paulista de Trens Metropolitanos (CPTM).

Vencidos os Ministros Ives Gandra da Silva Martins Filho, relator, Luiz Philippe Vieira de Mello Filho e Dora Maria da Costa que negavam provimento ao recurso ao argumento de que a determinação de incidência dos juros de mora de que trata o art. 1º-F da Lei nº 9.494/97 à condenação solidária imposta à Fazenda Pública de São Paulo e à CPTM encontra-se em harmonia com a Orientação Jurisprudencial nº 7 do Tribunal Pleno do TST.

TST-E-ED-RR-285400-80.2005.5.02.0021, SBDI-I, rel. Min. Ives Gandra da Silva Martins Filho, red. p/ acórdão Min. Aloysio Corrêa da Veiga, 10.10.2013.

BREVE COMENTÁRIO

O art. 1º-F da Lei nº 9.494/97 estabelece que os juros aplicáveis à Fazenda Pública terão caráter diferenciado. Primeiramente fixados à base de 6% ao ano, hoje correndo de acordo com os índices oficiais de remuneração básica e juros aplicados à caderneta de poupança por força da Redação dada pela Lei nº 11.960, de 2009.

Importante lembrar que o STF declarou constitucional essa fixação de juros[19].

Pois bem. Caso haja condenação solidária da Fazenda Pública e uma pessoa jurídica de direito privado, esta se aproveitaria do patamar diferenciado de juros aplicável à Administração Pública?

Segundo o TST, não.

Conforme decidido no julgado em questão, os juros de mora previstos no art. 1º-F da Lei 9.494/97, para as condenações impostas à Fazenda Pública, não beneficiam o codevedor, pessoa jurídica de direito privado, uma vez que se trata de privilégio exclusivo do ente público.

Por fim uma ressalva: a corré no processo em questão era a CPTM, sociedade de economia mista paulista, à qual, ainda assim, por se tratar de pessoa jurídica de direito privado, foi negada a extensão.

Informativo nº 63

- ***Dissídio coletivo. Greve. Pedido de pagamento de salários, cestas básicas e vales-transportes atrasados. Responsabilização solidária ou subsidiária de município em razão de convênio firmado com as instituições empregadoras para prestação de serviços de educação infantil. Impossibilidade jurídica do pedido. Orientação Jurisprudencial nº 5 da SDC.***

Nos termos da Orientação Jurisprudencial nº 5 da SDC, pessoa jurídica de direito público somente pode figurar como suscitado, em dissídio coletivo, se for empregador, e apenas se o objeto da sentença normativa não lhe puder acarretar encargo financeiro direto. Ademais, dissídio coletivo de greve é incompatível com a pretensão condenatória ou cominatória, exceto se tratar da regulação dos efeitos da paralisação dos empregados.

Assim, em sede de dissídio coletivo de greve, carece de possibilidade jurídica o pedido de condenação solidária ou subsidiária de município ao pagamento de salários, cestas básicas e vales-transportes atrasados, na condição de responsável pelo repasse de recursos financeiros às instituições empregadoras, por força de convênio firmado para a prestação de serviços de educação infantil.

19. "(...) quanto às condenações oriundas de relação jurídica não-tributária, a fixação dos juros moratórios segundo o índice de remuneração da caderneta de poupança é constitucional, permanecendo hígido, nesta extensão, o disposto no art. 1º-F da Lei nº 9.494/1997 com a redação dada pela Lei nº 11.960/2009". (STF. Plenário. RE 870947/SE Info 878)

Com esse entendimento, a SDC, por unanimidade, deu provimento ao recurso ordinário para extinguir o feito sem resolução de mérito em relação ao município, nos termos do art. 267, VI, do CPC.

TST-RO-52540-29.2012.5.02.0000, SDC, rel. Min. Fernando Eizo Ono,15.10.2013.

BREVE COMENTÁRIO

Conforme redação da OJ 5 da SDC do TST, em face de pessoas jurídicas de direito público que mantenham empregados, cabe dissídio coletivo exclusivamente para apreciação de cláusulas de natureza social.

A *contrario sensu*, interpreta-se que contra essas não cabem dissídios de natureza econômica.

Na espécie, foi analisado dissídio de greve no bojo do qual os trabalhadores requereram a condenação solidária ou subsidiária de município ao pagamento de salários, cestas básicas e vales-transportes atrasados, na condição de responsável pelo repasse de recursos financeiros às instituições empregadoras.

O TST negou o pleito sob três fundamentos: a) contra pessoa jurídica de direito público só cabe dissídio para apreciar cláusulas sociais; b) a pessoa jurídica de direito público deve ser efetivamente a empregadora dos trabalhadores; c) o dissídio de greve tem natureza eminentemente declaratória (se presta a declarar a abusividade ou não do movimento paredista)[20], sendo, portanto, incompatível com a pretensão condenatória ou cominatória, **exceto se tratar da regulação dos efeitos da paralisação dos empregados.**

▶ ***Ação rescisória. Sociedade de economia mista. Demissão imotivada. Impossibilidade. Reintegração do empregado. Submissão aos princípios previstos no art. 37,*** *caput*, ***da CF. Regulamento interno. Necessidade de motivação. Adesão ao contrato de trabalho. Súmula nº 51 do TST.***

O STF, nos autos do RE nº 589998, estabeleceu que os empregados de sociedades de economia mista e de empresas públicas admitidos por concurso público somente poderão ser demitidos mediante a motivação do ato de dispensa, porquanto necessária a observação dos princípios constitucionais que regem a administração pública direta e indireta, previstos no art. 37, *caput*, da CF. Ademais, verificada, no caso, a existência de dispositivo de norma interna do Banestado prevendo a obrigatoriedade da motivação para dispensa de empregados, tal cláusula adere ao contrato de trabalho, impossibilitando a dispensa imotivada a teor do preconizado pela Súmula n.º 51 do TST.

Com esses fundamentos, e não vislumbrando violação ao art. 173, § 1º, da CF, a SBDI-II, à unanimidade, negou provimento ao recurso ordinário por meio do qual se

20. Quanto a esta afirmação, reconhecemos a divergência doutrinária que entende que a decisão proferida no dissídio de greve teria natureza tanto declaratória quanto constitutiva. Por todos, Gustavo Filipe Barbosa Garcia *in* Manual de Processo do Trabalho, 3 ed. Salvador: Juspodivm, 2018, p. 612.

buscava reformar a decisão do TRT da 9ª Região que, ao julgar improcedente a ação rescisória, manteve o acórdão que determinou a reintegração do empregado do Banestado demitido imotivadamente.

TST-RO-219-22.2012.5.09.0000, SBDI-II, rel. Min. Cláudio Mascarenhas Brandão, 15.10.2013.

BREVE COMENTÁRIO

O acórdão em tela precisa ser contextualizado com o julgamento dos Embargos de Declaração opostos no bojo do Recurso Extraordinário nº 589998 (posterior a ele). Vejamos.

O posicionamento do STF no RE 589998 gerou alguma celeuma nos tribunais pátrios e as divergências se referiam, basicamente, à necessidade de motivação (ou não) do ato de dispensa dos empregados de empresas estatais.

Foi um julgamento longo, dotado de alguns intervalos temporais entre os votos, o que pode ter dificultado a interpretação do seu inteiro teor.

Aconteceu que, à época, doutrina e jurisprudência majoritárias interpretaram que a Suprema Corte teria estabelecido que o ato demissório dos empregados de empresas estatais (todas elas) necessitaria de motivação, vez todo ato emanado do Poder Público dela precisa. Uma ressalva importante: esse dever de motivar não se confunde com estabilidade.

O posicionamento em questão foi o adotado no julgado ora analisado.

No entanto, conforme dito, sempre houve alguma divergência no que tange à interpretação das razões do julgado do STF, o que levou à oposição de Embargos de Declaração, dos quais, no ano de 2018, surgiu tese mais restritiva.

Dentre as dúvidas levantadas nos aclaratórios, arguiu-se se a necessidade de motivação do ato de dispensa estaria limitada à ECT ou se deveria ser estendida a todas as empresas estatais, conforme se concluiu majoritariamente à época (o que é consignado no acórdão escrutinado).

Os ministros ressaltaram que até concordariam com a tese do dever geral e irrestrito de motivação imposto às estatais no ato de dispensa, mas entenderam inoportuno fixá-la no caso devido à imperiosidade de contraditório em relação às demais ou eventual necessidade de modulação dos efeitos da decisão.

Neste sentido, foram providos os Embargos de Declaração para esclarecer que a tese aplicada se limitaria aos empregados da ECT. Quanto à forma que se daria essa motivação, indicou o Ministro Barroso: "A ECT não precisa enquadrar seus motivos em alguma das hipóteses previstas na legislação trabalhista como justa causa para dispensa de empregados. Ela permanece, tal como os agentes privados, em condições de dispensar seus funcionários sem justa causa, assumindo as consequências trabalhistas atreladas a tanto. O que dela se exige é apenas a indicação por escrito dos motivos da dispensa, sem prévio processo administrativo ou contraditório".

Assim por ora, a tese referente à necessidade de motivação dos atos de dispensa em empresas estatais, restringe-se à Empresa Brasileira de Correios e

Telégrafos- EBCT, nos seguintes termos STF (julgado em 10/10/2018) – informativo 919): "A Empresa Brasileira de Correios e Telégrafos (ECT) tem o dever jurídico de motivar, em ato formal, a demissão de seus empregados".

A ressalva em questão é importante, pois o julgamento em tela foi realizado antes da apreciação dos Embargos de Declaração no RE 58998, o qual restringiu o dever de motivar à ECT.

Por derradeiro, há um fator que precisa ser levado em consideração no caso concreto que deu origem ao julgado sob análise: na espécie, havia uma cláusula que impunha à sociedade de economia mista o dever de motivação no ato de dispensa de seus empregados. O TST considerou que ela teria aderido ao contrato de trabalho do reclamante. Por essa razão, não obstante todo o contexto acima, é possível defender que o posicionamento em tela, por essa particularidade, não se encontra superado.

Informativo nº 66

▸ ***Hospital Nossa Senhora da Conceição S.A. Execução por regime de precatório. Aplicabilidade do art. 100 da CF. Sociedade de economia mista. Ausência de fins concorrenciais. Precedentes do STF.***

Aplica-se o regime de execução por precatório, disposto no art. 100 da CF, ao Hospital Nossa Senhora da Conceição S.A, sociedade de economia mista prestadora de ações e serviços de saúde, sem fins concorrenciais, em sintonia com precedentes do STF e com o entendimento proferido no RE nº 580264, em que reconhecida a repercussão geral. Conforme o entendimento da Suprema Corte, o Hospital Nossa Senhora da Conceição desenvolve atividades que correspondem à própria atuação do Estado, que não tem finalidade lucrativa, gozando, portanto de imunidade tributária (art. 150, VI, "a" da CF).

Ademais, é apenas formalmente uma sociedade de economia mista, pois se encontra vinculado ao Ministério da Saúde (Decreto nº 99.244/90 e Decreto nº 8.065/2013) e tem seu orçamento atrelado à União (que detém 99,99% de suas ações como resultado da desapropriação prevista nos Decretos nºs 75.403 e 75.457/75). Com esse posicionamento, a SBDI-I, por unanimidade, conheceu dos embargos, por divergência jurisprudencial e, no mérito, deu-lhes provimento para determinar que a execução se processe pelo regime de precatório.

TST-E-ED-RR-115400-27.2008.5.04.0008, SBDI-I, rel. Min. Aloysio Corrêa da Veiga, 14.11.2013.

BREVE COMENTÁRIO

No caso, o TST aplicou o entendimento consolidado no STF no sentido de que sociedades de economia mista prestadoras de serviços públicos não concorrenciais se submetem ao regime de precatório:

É inconstitucional determinação judicial que decreta a constrição de bens de sociedade de economia mista, prestadora de serviços públicos em regime não concorrencial, para fins de pagamento de débitos trabalhistas.

Diante desse entendimento, o Plenário, por maioria, julgou procedente a arguição de descumprimento de preceito fundamental.

O Tribunal entendeu que sociedade de economia mista prestadora de serviço público não concorrencial está sujeita ao regime de precatórios (CF, art. 100) e, por isso, impossibilitada de sofrer constrição judicial de seus bens, rendas e serviços, em respeito ao princípio da legalidade orçamentária (CF, art. 167, VI) e da separação funcional dos poderes (CF, art. 2º c/c art. 60, § 4º, III)[21].

Informativo nº 68

▸ ***Empregado público admitido antes da Constituição Federal de 1988. Ausência de submissão a concurso público. Lei municipal instituidora de Regime Jurídico Único. Impossibilidade de alteração automática do regime celetista para o estatutário. Art. 37, II, da CF. Violação. Competência material da Justiça do Trabalho.***

A existência de lei municipal instituidora de Regime Jurídico Único, de natureza administrativa, por si só, não transmuda automaticamente o vínculo jurídico estabelecido entre as partes, de celetista para estatutário, na hipótese de o empregado, admitido antes do advento da Constituição Federal de 1988, não ter se submetido a concurso público. Entendimento em sentido contrário afronta o disposto no art. 37, II, da CF.

Com esses fundamentos, e citando a jurisprudência da Corte e do STF, a SBDI-I, à unanimidade, conheceu dos embargos do reclamado, por divergência jurisprudencial e, no mérito, negou-lhes provimento, mantendo a decisão turmária que conheceu do recurso de revista da reclamante por violação do inciso II do art. 37 da Constituição e, no mérito, deu-lhe provimento para, em razão da permanência da reclamante no regime da CLT, reconhecer a competência material da Justiça do Trabalho para julgar o feito e determinar o retorno dos autos ao Regional a fim de que julgue o recurso ordinário do reclamado como entender de direito.

TST-E-RR-300-25.2010.5.13.0001, SBDI-I, rel. Min. João Oreste Dalazen, 28.11.2013.

BREVE COMENTÁRIO

Conforme explicamos acima, antes da Constituição da República de 1988, ainda sob a égide da Constituição de 1967/69, o concurso só era requisito para a investidura em cargos públicos; para empregos públicos não se fazia necessário.

21. STF. Plenário. ADPF 275/PB, Info 920.

Disso resultou uma parcela de servidores (notadamente empregados), admitidos sem concurso público, de modo que, como forma de compatibilizar essas situações, o constituinte de 1988 garantiu que esses agentes, desde que estivessem trabalhando há mais de 05 (cinco) anos continuados da promulgação da Constituição Cidadã, seriam considerados estabilizados no serviço público, nos termos do art. 19 do Ato das Disposições Constitucionais Transitórias –ADCT. Vejamos:

> Art. 19. Os servidores públicos civis da União, dos Estados, do Distrito Federal e dos Municípios, da administração direta, autárquica e das fundações públicas, em exercício na data da promulgação da Constituição, há pelo menos cinco anos continuados, e que não tenham sido admitidos na forma regulada no art. 37, da Constituição, são considerados estáveis no serviço público.

A pergunta que o TST respondeu nesse julgado foi: havendo a criação posterior de regime jurídico único na unidade federativa, aqueles empregados oriundos do regime anterior e estabilizados nos termos do art. 19 do ADCT passam automaticamente ao regime estatutário?

Segundo a Corte Laboral, que seguiu posicionamento do STF, não. A conversão não é automática, dependendo de lei específica.

Sobre isso, esclarece-se que é admitido que, por lei específica, esses servidores celetistas passem a um regime institucional, o que não se confunde, todavia, com a sua efetivação ou a ocupação de cargo efetivo. Cite-se jurisprudência do STF nesse sentido:

> Não há que confundir efetividade com estabilidade. Aquela é atributo do cargo, designando o funcionário desde o instante da nomeação; a estabilidade é aderência, é integração no serviço público, depois de preenchidas determinadas condições fixadas em lei, e adquirida pelo decurso de tempo. A vigente Constituição estipulou duas modalidades de estabilidade no serviço público: a primeira, prevista no art. 41 . A nomeação em caráter efetivo constitui-se em condição primordial para a aquisição da estabilidade, que é conferida ao funcionário público investido em cargo, para o qual foi nomeado em virtude de concurso público. A segunda, prevista no art. 19 do ADCT, é um favor constitucional conferido àquele servidor admitido sem concurso público há pelo menos cinco anos da promulgação da Constituição. Preenchidas as condições insertas no preceito transitório, o servidor é estável, mas não é efetivo, e possui somente o direito de permanência no serviço público no cargo em que fora admitido, todavia sem incorporação na carreira, não tendo direito a progressão funcional nela, ou a desfrutar de benefícios que sejam privativos de seus integrantes. (RE 167.635, Rel. Min. Maurício Corrêa, julgamento em 17-9-1996, Segunda Turma, DJ de 7-2-1997.)

Ou seja, são estáveis, mas não efetivos. Ainda, essa conversão de regime não é automática, dependendo de lei específica.

Informativo nº 70

Complementação de aposentadoria. Piso salarial em múltiplos de salário mínimo estabelecido em norma coletiva. Previsão em lei estadual. Impossibilidade de vinculação. Art. 7º, IV, da CF e Súmula Vinculante 4.

Não é possível a vinculação da complementação de aposentadoria ao piso salarial fixado em múltiplos de salário mínimo, ainda que exista lei estadual assegurando a observância da norma coletiva que estipulou a base de cálculo, tendo em vista o disposto no art. 7º, IV, da CF e na Súmula Vinculante 4.

Na hipótese, os reclamantes postulavam a condenação da Fazenda Pública do Estado de São Paulo, sucessora da extinta FEPASA, ao pagamento de diferenças de complementação de aposentadoria adotando-se como referência o piso salarial de 2,5 salários mínimos previsto em acordo coletivo de trabalho, nos termos do art. 4º, §2º, da Lei Estadual nº 9.343/1996, o que, conforme destacou o Ministro Renato de Lacerda Paiva, caracterizaria vinculação ao salário mínimo de forma transversa.

Com esses fundamentos, a SBDI-I, conheceu dos embargos, por divergência jurisprudencial, e, no mérito, por maioria, negou-lhes provimento. Vencido o Ministro Aloysio Corrêa da Veiga, relator.

TST-E-ED-RR-132000-64.2008.5.15.0058, SBDI-I, rel. Min. Aloysio Corrêa da Veiga, red. p/ acórdão Min. Renato de Lacerda Paiva, 12.12.2013.

BREVE COMENTÁRIO

No julgado em questão, o TST aplicou o entendimento no sentido de que o salário mínimo não pode ser utilizado como indexador, nos termos do art. 7º IV, CF e Súmula Vinculante nº 4:

> Art. 7º São direitos dos trabalhadores urbanos e rurais, além de outros que visem à melhoria de sua condição social:
>
> IV – salário mínimo, fixado em lei, nacionalmente unificado, capaz de atender a suas necessidades vitais básicas e às de sua família com moradia, alimentação, educação, saúde, lazer, vestuário, higiene, transporte e previdência social, com reajustes periódicos que lhe preservem o poder aquisitivo, **sendo vedada sua vinculação para qualquer fim**; (grifou-se)
>
> Súmula Vinculante 4: Salvo nos casos previstos na Constituição, o salário mínimo não pode ser usado como indexador de base de cálculo de vantagem de servidor público ou de empregado, nem ser substituído por decisão judicial.

Na espécie, as partes tentaram vincular o pagamento de complementação de aposentadoria ao piso salarial fixado em múltiplos de salário mínimo, o que foi declarado inválido pela Corte Superior.

Informativo nº 71

- ***Hospital Fêmina S.A. Grupo Hospitalar Conceição. Sociedade de economia mista prestadora de serviço público. Atividade sem fins lucrativos e em ambiente não concorrencial. Regime de execução por precatório. Aplicação.***

O STF, no julgamento do RE 580264, em que reconhecida a repercussão geral, entendeu que as empresas integrantes do Grupo Hospitalar Conceição gozam da imunidade tributária prevista no art. 150, VI, "a", da CF, sob os fundamentos de que a prestação de ações e serviços de saúde por sociedades de economia mista corresponde à própria atuação do Estado, desde que a empresa estatal não tenha por finalidade a obtenção de lucro e que seu capital social seja majoritariamente estatal.

Assim, estando consignado na decisão recorrida que o Hospital Fêmina S.A. pertence quase que exclusivamente à União (que detém 99,99% do capital social do Grupo Hospitalar Conceição), que integra a estrutura organizacional do Ministério da Saúde e que presta serviços exclusivamente pelo Sistema Único de Saúde – SUS e não obtém lucro, constata-se que as atividades desenvolvidas pelo referido hospital equiparam-se à atuação direta do Estado, razão pela qual a ele deve ser aplicado o regime de execução por precatório, disposto no art. 100 da CF.

Com esse entendimento, a SBDI-I, por unanimidade, conheceu dos embargos interpostos pelo reclamado, por divergência jurisprudencial, e, no mérito, deu-lhes provimento para, restabelecendo a decisão do Regional, determinar que a execução da decisão seja processada pelo regime de precatório. Ressalvou entendimento o Ministro João Oreste Dalazen.

TST-E-RR-131900-90.2007.5.04.0013, SBDI-I,
rel. Min. Brito Pereira, 6.2.2014.

BREVE COMENTÁRIO

O julgamento em tela se assemelha àquele tratado no Informativo nº 66, no qual o TST reconhece que sociedades de economia mista prestadoras de serviços públicos não concorrenciais se submetem ao regime de precatório, gozando ainda de imunidade tributária.

Informativo nº 72

- ***Dissídio coletivo. Greve. Estabilidade no emprego. Impossibilidade de extensão aos trabalhadores temporários.***

Na hipótese de greve não abusiva, não é possível conferir garantia de emprego a trabalhadores temporários, porque essa concessão ensejaria a conversão dos contratos por prazo determinado em indeterminado, ultrapassando os limites impostos pela Lei nº 6.019/74.

Com esse posicionamento, a SDC, por unanimidade, deu parcial provimento ao recurso ordinário, no tópico, para restringir a estabilidade provisória aos trabalhadores com contrato de trabalho por prazo indeterminado.

In casu, no julgamento do dissídio coletivo de greve ajuizado pela empresa Sanmina – SCI do Brasil Ltda. em face do Sindicato dos Trabalhadores nas Indústrias Metalúrgicas, Mecânicas e de Material Elétrico de Campinas e Região, o TRT da 15ª Região concedera a estabilidade aos trabalhadores, temporários ou não, desde a data do julgamento do dissídio coletivo de greve até 90 dias após a publicação do acórdão, limitado o período total a 120 dias.

TST-RO-1533-35.2012.5.15.0000, SDC,
rel. Min. Mauricio Godinho Delgado, 17.2.2014.

BREVE COMENTÁRIO

A Lei nº 6.019/74 estabelece o seguinte:

> Art. 2º Trabalho temporário é aquele prestado por pessoa física contratada por uma empresa de trabalho temporário que a coloca à disposição de uma empresa tomadora de serviços, para atender à necessidade de substituição transitória de pessoal permanente ou à demanda complementar de serviços.
>
> § 2º Considera-se complementar a demanda de serviços que seja oriunda de fatores imprevisíveis ou, quando decorrente de fatores previsíveis, tenha natureza intermitente, periódica ou sazonal.

Do dispositivo extrai-se que o trabalhador temporário é aquele contratado por uma empresa de trabalho temporário e colocado à disposição de uma empresa tomadora de serviços para atender à necessidade de substituição transitória de pessoal permanente ou à demanda complementar de serviços. Ou seja, não se trata de trabalhador permanente do negócio.

Por outro lado, não obstante o dissídio de greve tenha natureza eminentemente declaratória[22], é possível que ele trate da regulação dos efeitos da paralisação dos empregados.

Dentre esses efeitos, é comum que os grevistas peçam, dentre as reivindicações, a concessão de estabilidade àqueles que aderiram ao movimento paredista.

Nesse contexto, o TST analisou a possibilidade de conferência de estabilidade aos trabalhadores, restringindo essa prerrogativa àqueles contratados por prazo indeterminando, excluindo, portanto, os trabalhadores temporários.

Decidiu, em suma, que, na hipótese de greve não abusiva, não é possível conferir garantia de emprego a trabalhadores temporários, porque essa concessão ensejaria a conversão dos contratos por prazo determinado em indeterminado, ultrapassando os limites impostos pela Lei nº 6.019/74.

Por fim, lembramos que, caso o movimento fosse declarado abusivo, não poderia ser concedida qualquer vantagem ou garantia aos trabalhadores, nos termos da OJ 10 da SDSC:

22. Quanto a esta afirmação, reconhecemos a divergência doutrinária que entende que a decisão proferida no dissídio de greve teria natureza tanto declaratória quanto constitutiva. Por todos, Gustavo Filipe Barbosa Garcia *in* Manual de Processo do Trabalho, 3 ed. Salvador: Juspodivm, 2018, p. 612.

OJ 10, SDC. GREVE ABUSIVA NÃO GERA EFEITOS.

É incompatível com a declaração de abusividade de movimento grevista o estabelecimento de quaisquer vantagens ou garantias a seus partícipes, que assumiram os riscos inerentes à utilização do instrumento de pressão máximo.

Informativo nº 78

▶ ***Adicional de periculosidade. Lei Complementar nº 315/83 do Estado de São Paulo. Concessão aos servidores da administração pública centralizada. Impossibilidade de extensão aos empregados da Funap. Fundação pública estadual dotada de personalidade jurídica própria. Administração indireta.***

O art. 1º da Lei Complementar nº 315/83 do Estado de São Paulo prevê a concessão de adicional de periculosidade apenas para o servidor (estatutário ou celetista) da administração pública centralizada que exerça as suas atividades, de forma permanente, em estabelecimentos penitenciários. Excluem-se do alcance do referido dispositivo legal, portanto, os empregados da Fundação Professor Doutor Manoel Pedro Pimentel – Funap, porque se trata de fundação pública estadual, detentora de personalidade jurídica própria, integrante da administração indireta do estado.

Com esse entendimento, a SBDI-I, por unanimidade, conheceu dos embargos interpostos pelo reclamante, por divergência jurisprudencial, e, no mérito, por maioria, negou-lhes provimento. Vencidos os Ministros Guilherme Augusto Caputo Bastos, Rosa Maria Weber, Maria de Assis Calsing, Augusto César de Carvalho e Delaíde Miranda Arantes.

TST-E-RR-35200-69.2006.5.02.0069, SBDI-I,
rel. Min. Horácio Raymundo de Senna Pires, 3.4.2014.

BREVE COMENTÁRIO

O julgado em questão traça uma linha entre a Administração Pública Direta e Indireta para dizer que as vantagens instituídas no seio daquela (Direta) não podem ser estendidas a esta (Indireta).

Isso porque os entes da Administração Indireta possuem personalidade jurídica própria e regulamentação específica.

▶ ***Ação civil pública. Efeitos da sentença. Alcance territorial. Inciso II do art. 103 do CDC.***

É possível estender a todo território nacional os efeitos da sentença proferida em ação civil pública ajuizada perante a Vara do Trabalho de Juiz de Fora/MG, visto que a eficácia da decisão se rege, sob a ótica objetiva, pelo pedido e pela causa de pedir e, sob a ótica subjetiva, pelas partes no processo. Sendo certo que pelo alcance da lesão define-se a competência para o julgamento da ação civil pública, os efeitos da decisão proferida devem alcançar todos os interessados, sob pena de haver o ajuizamento de múltiplas ações civis sobre a mesma

matéria, as quais serão julgadas por juízes diversos, gerando o risco de decisões contraditórias e militando contra os princípios da economia processual e da segurança jurídica.

Assim, aplicando-se subsidiariamente a diretriz do inciso II do art. 103 do CDC, que define os efeitos ultra partes da coisa julgada, limitados ao grupo, categoria ou classe, quando se tratar da tutela de direitos coletivos ou individuais homogêneos, a SBDI-I decidiu, por maioria, vencido o Ministro Antônio José de Barros Levenhagen, conhecer do recurso de embargos interposto pelo Ministério Público do Trabalho, por divergência jurisprudencial e, no mérito, ainda por maioria, vencidos os Ministros Carlos Alberto Reis de Paula, relator, e Antônio José de Barros Levenhagen, dar-lhe provimento para restabelecer o acórdão do Regional, que **estendeu aos estabelecimentos do banco reclamando em todo o território nacional os efeitos da coisa julgada oriunda da sentença proferida pela Vara do Trabalho de Juiz de Fora/MG**.

Na espécie, postulou o MPT que o Banco Santander Banespa S.A. implementasse o Programa de Controle Médico Ocupacional, consignasse corretamente o registro dos horários de trabalho de seus empregados, concedesse intervalos intra e interjornadas, procedesse ao pagamento integral das horas extras devidas e se abstivesse de prorroga-las além do permitido em lei.

TST-E-ED-RR-32500-65.2006.5.03.0143, SBDI-I,
rel. Min. Carlos Alberto Reis de Paula, red. p/ acórdão Min. Lelio Bentes Corrêa, 3.4.2014.

BREVE COMENTÁRIO

O julgado em questão, com algumas peculiaridades, assemelha-se àquele analisado no Informativo nº 41, no qual o TST estendeu os efeitos da sentença proferida por uma Vara a todo o território nacional.

Na espécie, postulou o MPT que o Banco reclamado implementasse o Programa de Controle Médico Ocupacional, consignasse corretamente o registro dos horários de trabalho de seus empregados, concedesse intervalos intra e interjornadas, procedesse ao pagamento integral das horas extras devidas e se abstivesse de prorrogá-las além do permitido em lei.

O TST julgou pela extensão das medidas impostas em sentença aos estabelecimentos do banco reclamado em todo o território nacional.

Decidiu-se que seria possível estender os efeitos de decisão sob o fundamento de que a sua eficácia se regeria, sob a ótica objetiva, pelo pedido e pela causa de pedir e, sob a ótica subjetiva, pelas partes no processo.

Pontuou, assim, que o critério territorial se relaciona à extensão geográfica dentro da qual ao magistrado é possibilitado o exercício de sua função jurisdicional, e **não se confunde com a abrangência subjetiva da coisa julgada.** Ou seja, o caso não versaria sobre competência, mas sobre os limites subjetivos da coisa julgada.

Desse modo, os efeitos da decisão deveriam alcançar todos os interessados, sob pena de haver o ajuizamento de múltiplas ações civis sobre a mesma matéria, as quais serão julgadas por juízes diversos, gerando o risco de decisões contraditórias e militando contra os princípios da economia processual e da segurança jurídica.

Informativo nº 81

Agravo de Instrumento. Ausência de traslado da intimação pessoal da União. Presença de elementos que possibilitam inferir a tempestividade do recurso. Orientação Jurisprudencial Transitória nº 18 da SBDI-I, parte final.

Embora a certidão de intimação pessoal da União constitua peça essencial para a regular formação do instrumento de agravo, sua ausência pode ser relevada quando presentes nos autos outros elementos que possibilitem inferir a tempestividade do apelo.

No caso, constou do despacho de admissibilidade do recurso de revista a data da publicação da decisão recorrida (13.5.2010) e do protocolo do recurso (18.5.2010).

Tais elementos permitiram concluir que, mesmo na hipótese de se considerar a data da intimação pessoal a mesma em que ocorreu a publicação do acórdão, o recurso estava tempestivo porque interposto no prazo de oito dias contado em dobro. Ressaltou-se, ademais, que ainda que a intimação pessoal tenha ocorrido antes da publicação do acórdão, não há falar em intempestividade porque a decisão colegiada só produz efeitos após a publicação e porque a referida intimação é um privilégio que não pode ser utilizado em prejuízo do ente público.

Com esses fundamentos, a SBDI-I, por unanimidade, conheceu dos embargos interpostos pela União por contrariedade à Orientação Jurisprudencial Transitória nº 18 da SBDI-I, e, no mérito, deu-lhes provimento para determinar o retorno dos autos à Turma, a fim de que prossiga no exame do agravo de instrumento como entender de direito.

TST-E-Ag-AIRR-1504-21.2010.5.09.0000, SBDI-I, rel. Min. Delaíde Miranda Arantes, 8.5.2014.

BREVE COMENTÁRIO

Na espécie, a União interpôs agravo de instrumento, mas não juntou a certidão de sua intimação pessoal (peça obrigatória), a fim de comprovar a tempestividade do recurso.

No entanto, foi possível inferir a regularidade do apelo por outros elementos dos autos, tais como a data da publicação da decisão recorrida e do protocolo do recurso. Por essa razão, o recurso foi considerado regular.

E se a intimação pessoal tivesse ocorrido antes da publicação? Esse fato não traria a possibilidade de o prazo da União ter acabado antes?

Segundo TST, não.

Isso porque a decisão só produz efeitos após a publicação, vez que a intimação pessoal é um privilégio que não pode ser utilizado em prejuízo do ente público.

Informativo nº 82

SÚMULA Nº 455

EQUIPARAÇÃO SALARIAL. SOCIEDADE DE ECONOMIA MISTA. ART. 37, XIII, DA CF/1988. POSSIBILIDADE. **(conversão da Orientação Jurisprudencial nº 353 da SBDI-1 com nova redação)**

À sociedade de economia mista não se aplica a vedação à equiparação prevista no art. 37, XIII, da CF/1988, pois, ao admitir empregados sob o regime da CLT, equipara-se a empregador privado, conforme disposto no art. 173, § 1º, II, da CF/1988.

BREVE COMENTÁRIO

A Súmula em questão representa muito bem o "corte" que o TST faz em relação aos entes da Administração Pública: empresas públicas e sociedades de econômica mista são tratadas muito próximas do empregador privado ao passo que aos entes da administração direta, autárquica e fundacional se reconhece maior influxo de normas de direito público.

Assim, esse Tribunal Superior reconhece o pedido de equiparação salarial em sociedades de economia mista, mas o veda em entidades de direito público. Vejamos a Súmula nº 455 em contraste com a Orientação Jurisprudencial nº 297 da SDI-I:

> Súmula nº 455 do TST
>
> EQUIPARAÇÃO SALARIAL. SOCIEDADE DE ECONOMIA MISTA. ART. 37, XIII, DA CF/1988. POSSIBILIDADE. (conversão da Orientação Jurisprudencial nº 353 da SBDI-1 com nova redação) – Res. 194/2014, DEJT divulgado em 21, 22 e 23.05.2014.
>
> À sociedade de economia mista não se aplica a vedação à equiparação prevista no art. 37, XIII, da CF/1988, pois, ao admitir empregados sob o regime da CLT, equipara-se a empregador privado, conforme disposto no art. 173, § 1º, II, da CF/1988.
>
> OJ 297, SDI-I. EQUIPARAÇÃO SALARIAL. SERVIDOR PÚBLICO DA ADMINISTRAÇÃO DIRETA, AUTÁRQUICA E FUNDACIONAL. ART. 37, XIII, DA CF/1988 (DJ 11.08.2003)
>
> O art. 37, inciso XIII, da CF/1988, veda a equiparação de qualquer natureza para o efeito de remuneração do pessoal do serviço público, sendo juridicamente impossível a aplicação da norma infraconstitucional prevista no art. 461 da CLT quando se pleiteia equiparação salarial entre servidores públicos, independentemente de terem sido contratados pela CLT.

Ação Civil Pública. Multa diária. Art. 11 da Lei nº 7.347/85. Aplicação por descumprimento futuro de obrigações de fazer e de não fazer. Possibilidade.

Deve ser mantida a multa diária prevista no art. 11, da Lei 7.347/85, imposta pelo descumprimento futuro de obrigações de fazer e de não fazer, relativas a

ilícitos praticados pela empresa – *in casu*, a submissão de trabalhadores a revistas íntimas e outras irregularidades referentes ao ambiente de trabalho –, ainda que constatada a reparação e a satisfação das recomendações e exigências determinadas pelo Ministério Público do Trabalho no curso da ação civil pública. Não convém afastar a aplicação da *astreinte* imposta com o intuito de prevenir o descumprimento da determinação judicial e a violação à lei, porque a partir da reparação do ilícito pela empresa a tutela reparatória converte-se em tutela inibitória, preventiva de eventual descumprimento, não dependendo da existência efetiva de dano.

Com esse entendimento, a SBDI-I decidiu, por unanimidade, conhecer dos embargos interpostos pelo MPT, por divergência jurisprudencial e, no mérito, dar-lhes provimento para, reformando a decisão recorrida, restabelecer o acórdão do TRT que determinou que a reclamada se abstivesse de proceder à revista íntima dos seus empregados, mantendo todas as providências já tomadas relativamente aos pedidos formulados na exordial, sob pena de multa diária de R$1.000,00 para cada descumprimento detectado, revertida ao Fundo de Amparo ao Trabalhador (FAT).

TST-E-ED-RR-656-73.2010.5.05.0023, SBDI-I, rel. Min. Augusto César Leite de Carvalho, 15.5.2014.

BREVE COMENTÁRIO

Imagine a seguinte situação: determinada empresa foi condenada a não praticar certas condutas (no caso, a realização de revista íntima em seus funcionários), sob pena de multa diária. De pronto, ela adotou todas as medidas para cumprir o quanto imposto judicialmente.

A postura da empresa, consistente em efetivamente não praticar mais as condutas censuradas, faz com que o pedido de condenação em *astreintes* tenha seu objeto perdido ou essas podem ser mantidas para o caso de ela vir a descumprir a ordem no futuro?

Segundo o TST, as *astreintes* podem ser mantidas.

Desse modo, reformou decisão para restabelecer acórdão que determinou que a reclamada se abstivesse de realizar revista íntima, mantendo todas as providências já tomadas, sob pena de multa diária para cada descumprimento detectado.

Informativo nº 83

- ***Desvio de função. Empregado público que exerce atividade típica de servidor público estatutário. Regimes jurídicos distintos. Diferenças salariais. Devidas. Aplicação do princípio da isonomia. Orientação Jurisprudencial nº 125 da SBDI-I.***

Não obstante o art. 37, II, da CF impeça a admissão e o reenquadramento no serviço público sem prévia aprovação em concurso público e o inciso XIII do mesmo dispositivo constitucional vede a equiparação de quaisquer espécies remuneratórias, para efeito de remuneração de pessoal do serviço público, havendo identidade entre as atividades realizadas por servidor público estatutário e aquelas

exercidas por empregado público em flagrante desvio de função, é devido o pagamento das diferenças salariais respectivas, sob pena de enriquecimento ilícito da Administração Pública. Inteligência da Orientação Jurisprudencial nº 125 da SBDI-I e observância do critério da isonomia.

Na espécie, o reclamante fora contratado pelo SERPRO para o cargo de auxiliar de informática, tendo exercido as funções de Técnico do Tesouro Nacional ao prestar serviços na Secretaria da Receita Federal. Com esse entendimento, a SBDI-I, em sua composição plena, por unanimidade, conheceu dos embargos interpostos pelo SERPRO, por má aplicação da Orientação Jurisprudencial nº 125 da SBDI-I, e, no mérito, por maioria, negou-lhes provimento. Vencidos os Ministros Ives Gandra Martins Filho, relator, Antonio José de Barros Levenhagen, Brito Pereira, Renato de Lacerda Paiva e Guilherme Augusto Caputo Bastos, que davam provimento ao recurso para restabelecer a sentença que concluiu pela impossibilidade de deferimento das diferenças salariais quando o trabalhador laborou em desvio de função em regimes jurídicos diversos, em razão do disposto no art. 37, XIII, da CF.

TST-E-ED-RR-210900-27.2000.5.09.0020, SBDI-I, rel. Min. Ives Gandra da Silva Martins Filho, red. p/ acórdão Min. João Oreste Dalazen, 22.5.2014.

BREVE COMENTÁRIO

Conforme vimos no Informativo nº 82, o TST não admite a equiparação salarial no seio da Administração pública direta, autárquica e fundacional, nos termos da OJ 297 da SDI-I.

No entanto, caso seja reconhecido efetivo desvio de função, pelo qual empregado público passa a desempenhar as tarefas de servidor estatutário, não obstante não seja possível a equiparação, o Tribunal reconhece a possibilidade do pagamento das respectivas diferenças, conforme inteligência da Orientação Jurisprudencial nº 125 da SDI-I:

> OJ 125, SDI-I. DESVIO DE FUNÇÃO. QUADRO DE CARREIRA (alterado em 13.03.2002)
>
> O simples desvio funcional do empregado não gera direito a novo enquadramento, mas apenas às diferenças salariais respectivas, mesmo que o desvio de função haja iniciado antes da vigência da CF/1988.

Assim, fixou a tese:

> Não obstante o art. 37, II, da CF impeça a admissão e o reenquadramento no serviço público sem prévia aprovação em concurso público e o inciso XIII do mesmo dispositivo constitucional vede a equiparação de quaisquer espécies remuneratórias, para efeito de remuneração de pessoal do serviço público, havendo identidade entre as atividades realizadas por servidor público estatutário e aquelas exercidas por empregado público em flagrante desvio de função, é **devido o pagamento das diferenças salariais respectivas, sob pena de enriquecimento ilícito da Administração Pública.**

Informativo nº 85

Dissídio coletivo. Greve. Celebração de ajuste entre as partes. Ratificação do interesse na declaração de abusividade da greve. Extinção do processo sem resolução do mérito. Impossibilidade.

A celebração de ajuste entre as partes no curso de processo de dissídio coletivo de greve, com o consequente encerramento desta, não importa, necessariamente, em extinção do feito sem resolução do mérito, por falta de interesse processual, uma vez que os abusos cometidos no exercício desse direito sujeitam os responsáveis às penas de lei, nos termos do § 2º do art. 9º da CF. Assim, havendo ratificação da pretensão de declaração de abusividade do movimento paredista, permanece o interesse processual da parte na obtenção do provimento declaratório, somente alcançável judicialmente, especialmente na hipótese em que houve supostos excessos na condução da greve e alegação de desrespeito a ordem judicial expedida para regular os efeitos da paralisação. Com esse entendimento, a SDC, por unanimidade, deu provimento ao recurso ordinário interposto pelo Sindicato da Indústria da Construção Civil do Ceará – Sinduscon/CE para afastar o decreto de extinção do processo sem resolução do mérito, por falta de interesse processual, e determinar o retorno dos autos ao Tribunal Regional de origem, a fim de que prossiga no julgamento do dissídio coletivo de greve como entender de direito.

TST-RO-3675-34.2012.5.07.0000, SDC,
rel. Min. Fernando Eizo Ono, 9.6.2014.

BREVE COMENTÁRIO

Conforme já fixamos, o dissídio de greve possui natureza eminentemente declaratória[23], qual seja, a de declarar a abusividade do movimento paredista.

Ocorre que as partes podem se compor no curso da greve.

Isso faz com que se perca, automaticamente, o interesse processual quanto ao pedido de declaração de abusividade dantes realizado?

Segundo o TST, não.

Conforme fixou, a celebração de ajuste entre as partes no curso de processo de dissídio coletivo de greve, com o consequente encerramento desta, não importa, necessariamente, em extinção do feito sem resolução do mérito, por falta de interesse processual, uma vez que os abusos cometidos no exercício desse direito sujeitam os responsáveis às penas de lei, nos termos do § 2º do art. 9º da CF.

Importante notar que, na espécie, houve ratificação do pedido inicialmente realizado e o TST apenas destacou que a perda do interesse processual não se tratava de medida necessária, o que deixa em aberto alguma possibilidade hermenêutica.

23. Quanto a esta afirmação, reconhecemos a divergência doutrinária que entende que a decisão proferida no dissídio de greve teria natureza tanto declaratória quanto constitutiva. Por todos, Gustavo Filipe Barbosa Garcia *in* Manual de Processo do Trabalho, 3 ed. Salvador: Juspodivm, 2018, p. 612.

Dissídio coletivo. Greve. Nomeação para reitor da Pontifícia Universidade Católica de São Paulo – PUC. Protesto com motivação política. Abusividade material da paralisação.

Embora a Constituição da República, em seu art. 9º, assegure o direito de greve de forma ampla, os interesses suscetíveis de serem defendidos por meio do movimento paredista dizem respeito a condições próprias de trabalho profissional ou de normas de higiene, saúde e segurança no ambiente de trabalho. No caso em exame, professores e auxiliares administrativos da Pontifícia Universidade Católica de São Paulo – PUC se utilizaram da greve como meio de protesto pela não nomeação, para o cargo de reitor, do candidato que figurou no topo da lista tríplice, embora admitam que a escolha da candidata menos votada observou as normas regulamentares. Portanto, a greve não teve por objeto a criação de normas ou condições contratuais ou ambientais de trabalho, mas se tratou de movimento de protesto, com caráter claramente político, extrapolando o âmbito laboral e denotando a abusividade material da paralisação, tornando-se irrelevante analisar os aspectos formais da greve. Com esse entendimento, a SDC, por unanimidade, conheceu do recurso ordinário, e, no mérito, por maioria, deu-lhe parcial provimento para declarar a abusividade material da greve e determinar a compensação de 100% dos dias não trabalhados em relação aos empregados auxiliares de administração escolar. Vencidos os Ministros Mauricio Godinho Delgado, Maria de Assis Calsing e Kátia Magalhães Arruda, que negavam provimento ao recurso.

TST-RO-51534-84.2012.5.02.0000, SDC,
rel. Min. Walmir Oliveira da Costa, 9.6.2014.

BREVE COMENTÁRIO

Em várias oportunidades o TST já decidiu que a greve é um movimento legítimo dos trabalhadores para reivindicação de direitos.

Em contrapartida, também já ressalvou inúmeras vezes que, se essas reivindicações se revestirem apenas de contornos políticos, o movimento paredista não será amparado pelo Direito.

Assim, fixou que a greve com nítido caráter político é abusiva, na medida em que o empregador, conquanto seja diretamente por ela afetado, não dispõe do poder de negociar e pacificar o conflito. Isso será tratado, por exemplo, no Informativo 157/TST (TST-RO-1393- 27.2013.5.02.0000).

No caso sob análise, aplicou essa lógica para declarar abusivo movimento grevista de professores e auxiliares administrativos de universidade utilizado meio de protesto pela não nomeação, para o cargo de reitor, do candidato que figurou no topo da lista tríplice.

Destacou-se como fundamento que a paralisação não teve por objeto a criação de normas ou condições contratuais ou ambientais de trabalho, mas se tratou de movimento de protesto, com caráter claramente político, extrapolando o âmbito laboral e denotando a abusividade material da paralisação, tornando-se irrelevante analisar os aspectos formais da greve.

Informativo nº 88

▸ ***Município de Colatina/ES. Plano de cargos e salários instituído mediante lei municipal. Aplicação limitada aos professores admitidos após a sua vigência. Pretensão de aplicação dos benefícios aos professores admitidos antes da introdução do novo PCS. Princípio da isonomia. Prescrição parcial. Inaplicabilidade das Súmulas nº 275, II, e 294 do TST.***

Não se aplica a prescrição total, de que tratam as Súmulas nº 275, II, e 294 do TST, na hipótese em que, com fundamento no princípio da isonomia, professores pleiteiam enquadramento, e respectivas diferenças salariais, decorrente da implantação do novo plano de cargos e salários, instituído por lei municipal, a qual limitou a sua aplicação àqueles admitidos após seu advento. O caso dos autos diz respeito à Lei nº 4.414/98 do Município de Colatina/ES que, além de estabelecer normas gerais e especiais alusivas ao magistério, instituiu o Plano de Cargos e Salários, criando um quadro de pessoal permanente para aqueles que ingressassem na carreira após seu advento, assegurando a esses novos professores promoções e ascensão funcional, e mantendo o quadro de pessoal anterior, que seria extinto na medida em que vagassem os cargos. Entendeu-se que, estando em discussão o direito dos empregados a condições mais favoráveis consagradas em norma superveniente, resta inafastável a conclusão de que a pretensão se origina de suposta violação que se renova mês a mês, sempre que recusada sua aplicação. Ademais, a controvérsia não gira em torno de alteração do pactuado no contrato de trabalho, mas, sim, de recusa do empregador de aplicar as regras por ele instituídas. Com esse entendimento, a SBDI-I, conheceu dos embargos interpostos pela reclamante, por divergência jurisprudencial, e, no mérito, por maioria, deu-lhes provimento para, afastada a prescrição total decretada, restabelecer a decisão proferida pelo Tribunal Regional. Vencidos os Ministros Renato de Lacerda Paiva e Ives Gandra Martins Filho.

TST-E-ED-42400-93.2003.5.17.0141, SBDI-I,
rel. Min. Lelio Bentes Corrêa, 4.9.2014

BREVE COMENTÁRIO

Ensinam Pablo Stolze e Rodolfo Pamplona que a prescrição é a perda da pretensão de reparação do direito violado, em virtude da inércia de seu titular, dentro do prazo previsto em lei.

No Direito do Trabalho, a prescrição encontra previsão constitucional no art. 7º, XXIX, nos seguintes termos:

> Art. 7º São direitos dos trabalhadores urbanos e rurais, além de outros que visem à melhoria de sua condição social:
>
> XXIX – ação, quanto aos créditos resultantes das relações de trabalho, com prazo prescricional de cinco anos para os trabalhadores urbanos e rurais, até o limite de dois anos após a extinção do contrato de trabalho;

O art. 11 da CLT possui redação semelhante:

> Art. 11. A pretensão quanto a créditos resultantes das relações de trabalho prescreve em cinco anos para os trabalhadores urbanos e rurais, até o limite de dois anos após a extinção do contrato de trabalho.

Como podemos ver, os dispositivos acima tratam de duas modalidades de prescrição: a bienal e a quinquenal. Enquanto aquela tem sua contagem em dois anos PRA FRENTE, a partir da extinção do contrato de trabalho, esta ocorre em 5 anos PRA TRÁS, a partir do ajuizamento da ação.

A prescrição pode se dar ainda de forma total ou parcial. A total atinge, como o próprio nome revela, a totalidade da pretensão em relação a uma parcela, inclusive seus efeitos futuros, atingindo assim o próprio fundo de direito. Já a prescrição parcial atinge apenas a exigibilidade de uma dada parcela, renovando-se mês a mês, não atingindo o fundo de direito.

Cabe aqui uma observação importante: a prescrição bienal será sempre total, ao passo que a prescrição quinquenal pode ser total ou parcial.

Afirma o professor Ricardo Resende que, inicialmente, a jurisprudência trabalhista acolheu o entendimento que a prescrição seria parcial quando se tratasse de parcelas sucessivas, ao passo que seria total quando decorresse de ato único do empregador. No entanto, diante da dificuldade de se definir o que seria ato único, o TST adotou como critério diferenciador o título jurídico instituidor da parcela. Nesse sentido foi a súmula 294 do TST-E-ED-RR19800:

> SÚMULA Nº 294 – PRESCRIÇÃO. ALTERAÇÃO CONTRATUAL. TRABALHADOR URBANO
>
> Tratando-se de ação que envolva pedido de prestações sucessivas decorrente de alteração do pactuado, a prescrição é total, exceto quando o direito à parcela esteja também assegurado por preceito de lei.

Assim, nos termos da súmula acima, sempre que o direito à parcela esteja assegurado também em lei, a prescrição seria parcial. Ao revés, se assegurada apenas por cláusula contratual ou regulamentar, a prescrição seria total.

A reforma trabalhista adotou o entendimento sumulado acima, com o acréscimo de que também é aplicável para os casos de descumprimento. Nesse sentido:

> Art. 11. A pretensão quanto a créditos resultantes das relações de trabalho prescreve em cinco anos para os trabalhadores urbanos e rurais, até o limite de dois anos após a extinção do contrato de trabalho.
>
> § 2º Tratando-se de pretensão que envolva pedido de prestações sucessivas decorrente de alteração **ou descumprimento** do pactuado, a prescrição é total, exceto quando o direito à parcela esteja também assegurado por preceito de lei

Agora voltando ao caso concreto, temos que o município de Colatina/ES instituiu PCS para os professores, aplicável apenas a partir de sua vigência, ou seja, com efeitos *ex nunc*. O Município alegou que o pleito estaria prescrito, sendo aplicável a súmula 275, II, ao caso:

SÚMULAS Nº 275 - PRESCRIÇÃO. DESVIO DE FUNÇÃO E REENQUADRAMENTO

I - Na ação que objetive corrigir desvio funcional, a prescrição só alcança as diferenças salariais vencidas no período de 5 (cinco) anos que precedeu o ajuizamento.

II - Em se tratando de pedido de reenquadramento, a prescrição é total, contada da data do enquadramento do empregado

Ao se debruçar sobre o caso, o TST entendeu que o pedido não se enquadra à súmula acima. Para o TST, não se confunde com mero pedido de reenquadramento a pretensão ao afastamento de regra alegadamente anti-isonômica erigida na lei municipal que introduziu novo Plano de Cargos e Salários, consagrando condições mais benéficas aos professores, e limitou sua aplicação àqueles admitidos após o advento do novo plano.

Isso porque o pedido não era de mero reenquadramento, mas sim de isonomia, a fim de que fosse afastada a regra limitadora da lei para atingir apenas os professores admitidos após a vigência da lei.

Informativo nº 93

▸ ***Precatório. Juros da mora. Incidência no período compreendido entre os cálculos de liquidação e a expedição do precatório. Impossibilidade. Atraso no pagamento não caracterizado.***

Não incidem juros moratórios no período compreendido entre os cálculos de liquidação e a expedição do precatório ou requisição de pequeno valor. Considerando o entendimento já pacificado nesta Corte e no Supremo Tribunal Federal acerca da não incidência dos juros da mora entre a expedição do precatório e o seu efetivo pagamento, quando observado o prazo previsto no § 5º do art. 100 da CF, não há falar em juros de mora no período compreendido entre os cálculos de liquidação e a expedição do precatório, pois enquanto não decorrido o prazo constitucional não se evidencia o atraso no cumprimento da obrigação por parte da Fazenda Pública. Com esses fundamentos, o Órgão Especial, à unanimidade, deu provimento ao recurso ordinário interposto pelo INSS para determinar a não incidência de juros de mora no período compreendido entre os cálculos de liquidação e a expedição do precatório ou requisição de pequeno valor. Ressalvou entendimento o Ministro Ives Gandra da Silva Martins Filho.

TST-RO-1837-57.2012.5.09.0014,Órgão Especial, rel. Min. Alexandre Agra Belmonte, 3.11.2014

BREVE COMENTÁRIO

Os precatórios inscritos até 1º de julho devem ser pagos até o final do exercício seguinte, corrigidos monetariamente. Nesse sentido é o art. 100, § 5º, da CF/88:

§ 5º É obrigatória a inclusão, no orçamento das entidades de direito público, de verba necessária ao pagamento de seus débitos, oriundos de sentenças

> transitadas em julgado, constantes de precatórios judiciários apresentados até 1º de julho, fazendo-se o pagamento até o final do exercício seguinte, quando terão seus valores atualizados monetariamente

Nesse período, compreendido entre 1º e julho até o final do exercício seguinte, incide apenas a correção monetária, não se falando aqui de juros de mora. Nesse sentido é a súmula vinculante 17:

> SV 17-STF: Durante o período previsto no parágrafo 1º (atual § 5º) do artigo 100 da Constituição, não incidem juros de mora sobre os precatórios que nele sejam pagos.

Esse período é conhecido como "período de graça" e não está sujeito à incidência de juros de mora.

No julgado aqui tratado, o TST afastou a incidência de juros de mora no período compreendido entre a realização dos cálculos e a expedição de precatório. Esse entendimento, no entanto, está superado.

O STF decidiu nos autos do RE 579431 (Tema 96 de RG) que há incidência de juros no período anterior à expedição de precatório.

> JUROS DA MORA - FAZENDA PÚBLICA - DÍVIDA -REQUISIÇÃO OU PRECATÓRIO. Incidem juros da mora entre a data da realização dos cálculos e a da requisição ou do precatório.

Dessa forma, entre a data da realização dos cálculos e da requisição ou precatório, incidem juros de mora. No período posterior, compreendido entre 1º de julho e o final do exercício seguinte, incide apenas a correção monetária, sem incidência de juros. Após esse período de graça, voltam a incidir os juros de mora.

Informativo nº 95

▶ ***Contrato nulo. Empregado contratado sem concurso público. Súmula nº 363 do TST. Horas extras. Base de cálculo.***

Conforme a Súmula nº 363 do TST, é assegurado ao empregado contratado após a Constituição de 1988, sem prévia aprovação em concurso público, o recebimento da contraprestação pactuada, na proporção das horas efetivamente trabalhadas, as quais deverão equivaler, pelo menos, ao valor da hora do salário mínimo, em atenção ao disposto no art. 7º, IV, da CF. Assim, não é possível admitir que, na hipótese em que pactuada contraprestação em valor maior do que o salário mínimo, seja adotado, como base de cálculo das horas trabalhadas além da jornada de trabalho, outro valor senão aquele avençado. Com esse entendimento, a SBDI-I decidiu, por unanimidade, não conhecer do recurso de embargos interposto pela reclamada.

TST-E-ED-RR-89900-57.2005.5.10.0020, SBDI-I, rel. Min. José Roberto Freire Pimenta, 13.11.2014

BREVE COMENTÁRIO

Os litígios entre servidor de regime jurídico administrativo afastam a competência da Justiça do Trabalho. Tal tese foi firmada em sede cautelar na ADI 3.395-6, como segue:

> INCONSTITUCIONALIDADE. Ação direta. Competência. Justiça do Trabalho. Incompetência reconhecida. **Causas entre o Poder Público e seus servidores estatutários. Ações que não se reputam oriundas de relação de trabalho**. Conceito estrito desta relação. Feitos da competência da Justiça Comum. Interpretação do art. 114, inc. I, da CF, introduzido pela EC 45/2004. Precedentes. Liminar deferida para excluir outra interpretação. O disposto no art. 114, I, da Constituição da República, não abrange as causas instauradas entre o Poder Público e servidor que lhe seja vinculado por relação jurídico-estatutária" (ADI 3395 MC/DF, Pleno, Rel. Min. Cezar Peluso, j. 05/04/2006, DJ de 10/11/2006, p. 49). (grifos nossos)

No entanto, a jurisprudência fixou a ideia de "contrato nulo" firmado com a administração pública. Nulo seria aquele contrato firmado com a administração que desrespeitou as regras do art. 37, II, da CF/88, bem como suas exceções, quais sejam, os cargos de livre nomeação e exoneração e os casos de contratos temporários, previstos do inciso IX do mesmo artigo.

Os contratos declarados nulos não geram quaisquer efeitos jurídicos válidos, a não ser o direito à percepção dos salários referentes ao período efetivamente trabalhado e ao levantamento dos eventuais depósitos efetuados no Fundo de Garantia por Tempo de Serviço – FGTS, nos termos do art. 19-A da Lei nº 8.036/90 e súmula 363 do TST:

> Art.19-A. É devido o depósito do FGTS na conta vinculada do trabalhador cujo contrato de trabalho seja declarado nulo nas hipóteses previstas no art. 37, § 2º, da Constituição Federal, quando mantido o direito ao salário.
>
> **SÚMULA Nº 363 – CONTRATO NULO. EFEITOS**
>
> A contratação de servidor público, após a CF/1988, sem prévia aprovação em concurso público, encontra óbice no respectivo art. 37, II e § 2º, somente lhe conferindo direito ao pagamento da contraprestação pactuada, em relação ao número de horas trabalhadas, respeitado o valor da hora do salário mínimo, e dos valores referentes aos depósitos do FGTS.

No caso aqui analisado, entendeu o TST que a base de cálculo para as horas extras devidas ao empregado contratado após a Constituição de 1988, sem prévia aprovação em concurso público, deve ser o valor da hora pactuado, e não o salário mínimo.

Informativo nº 99

▸ ***Servidor público submetido ao regime da CLT. Empregado que nunca foi submetido à jornada de trabalho inicialmente contratada. Determinação de retorno à jornada original. Alteração lícita. Orientação Jurisprudencial nº 308 da SBDI-I.***

O restabelecimento da jornada original de trabalho de servidor público, submetido ao regime da CLT, não importa alteração ilícita do contrato de trabalho, ainda que isso implique aumento da carga horária sem contrapartida salarial. Com efeito, é a lei que determina a jornada do servidor, e eventual redução, ainda que por tempo prolongado ou mesmo desde o início do contrato de trabalho, não se incorpora ao seu patrimônio jurídico. A teoria do fato consumado não é aplicável em contrariedade à lei, que resguarda o interesse público, indisponível por natureza. Incide, portanto, o entendimento consolidado pela Orientação Jurisprudencial nº 308 da SBDI-I, em obediência aos princípios constitucionais da legalidade, moralidade, impessoalidade e eficiência do serviço público (art. 37 da CF). Com esses fundamentos, a SBDI-I, por maioria, conheceu dos embargos interpostos pelo reclamado por contrariedade à Orientação Jurisprudencial nº 308 da SBDI-I, e, no mérito, deu-lhes provimento para restabelecer a sentença que julgou lícita a alteração da jornada de trabalho da reclamante para quarenta horas semanais, pactuada à época da contratação e prevista em lei estadual. Vencidos os Ministros Renato de Lacerda Paiva, Augusto César Leite de Carvalho, José Roberto Freire Pimenta e Alexandre de Souza Agra Belmonte.

TST-E-RR-368500-43.2009.5.04.0018, SBDI-I, rel. Min. Márcio Eurico Vitral Amaro, 5.2.2015

BREVE COMENTÁRIO

Sabemos a atuação da Administração Pública deve ser pautar em observância ao princípio da legalidade. De acordo com tal princípio, e seguindo as lições de Celso Antonio Bandeira de Mello, o princípio da legalidade implica "subordinação completa do administrador à lei".

No âmbito privado, as alterações contratuais são lícitas quando, nos termos do art. 468 da CLT, têm consentimento do empregado (em regra) e dela não resultem prejuízo para este. Essa regra vale igualmente para as alterações na jornada de trabalho.

No entanto, não é o que acontece na Administração Pública. Aqui, o administrador está em completa submissão aos comandos legais, devendo prevalecer a disposição da lei quanto à jornada de trabalho. Nesse sentido é a OJ 308 da SDI:

> OJ-SDI1-308 JORNADA DE TRABALHO. ALTERAÇÃO. RETORNO À JORNADA INICIALMENTE CONTRATADA. SERVIDOR PÚBLICO (DJ 11.08.2003)
>
> O retorno do servidor público (administração direta, autárquica e fundacional) à jornada inicialmente contratada não se insere nas vedações do art. 468 da CLT, sendo a sua jornada definida em lei e no contrato de trabalho firmado entre as partes.

Informativo nº 101

▸ ***Fundação de Saúde Pública de Novo Hamburgo. Custas e depósito recursal. Isenção. Entidade sem fins lucrativos, de interesse público e financiada por verbas públicas. Deserção. Afastamento.***

As prerrogativas dos arts. 790-A da CLT e 1º, IV, do Decreto-Lei nº 779 aplicam-se às fundações que, embora instituídas como de direito privado, exercem atividades voltadas ao interesse público, sem finalidade lucrativa e financiadas exclusivamente por verbas públicas. Desse modo, a Fundação de Saúde Pública de Novo Hamburgo (FSNH), sucessora do Hospital Municipal de Novo Hamburgo, instituída pela Lei Municipal nº 1.980/2009 como entidade jurídica sem fins lucrativos, de interesse coletivo e de utilidade pública, que presta serviços de saúde em caráter integral, cumprindo contratos de gestão com o Município de Novo Hamburgo e atuando exclusivamente no âmbito do Sistema Único de Saúde (SUS), está isenta do pagamento de custas e do recolhimento do depósito recursal. Com esse entendimento, a SBDI-I, por unanimidade, conheceu dos embargos da Fundação, por divergência jurisprudencial, e, no mérito, deu-lhes provimento para, afastada a deserção, determinar o retorno dos autos ao TRT de origem, a fim de que prossiga no exame do recurso ordinário como entender de direito.

TST-E-RR-869-11.2011.5.04.0302, SBDI-I,
rel. Min.Alexandre Agra Belmonte, 5.3.2015

BREVE COMENTÁRIO

De acordo com o art. 790-A da CLT e art. 1º, IV, do Decreto Lei 779, as entidades da Administração Pública são isentas de custas e depósito recursal. Vejamos:

> Art. 790-A. São isentos do pagamento de custas, além dos beneficiários de justiça gratuita:
>
> I – a União, os Estados, o Distrito Federal, os Municípios e respectivas autarquias e fundações públicas federais, estaduais ou municipais que não explorem atividade econômica;
>
> Art. 1º Nos processos perante a Justiça do Trabalho, constituem privilégio da União, dos Estados, do Distrito Federal, dos Municípios e das autarquias ou fundações de direito público federais, estaduais ou municipais que não explorem atividade econômica:
>
> IV – a dispensa de depósito para interposição de recurso;

Interpretando esses dispositivos, entendeu o TST que entidade fundacional financiada exclusivamente por verbas públicas, cuja atividade primordial não envolva exploração econômica, ainda que denominada de fundação privada, beneficia-se do privilégio dessas isenções.

Informativo nº 104

- ***Ação civil pública. Prática de arbitragem nos dissídios individuais trabalhistas. Período posterior à dissolução dos contratos de trabalho. Inaplicabilidade. Arts. 114, §§ 1º e 2º, da CF, e 1º da Lei nº 9.307/1996. Imposição de obrigação de se abster.***

O instituto da arbitragem não se aplica como forma de solução de conflitos individuais trabalhistas, seja sob a ótica do art. 114, §§ 1º e 2º, da CF, seja à luz do art. 1º da Lei nº 9.307/1996, pois a intermediação da câmara de arbitragem (pessoa jurídica de direito privado) não é compatível com o modelo de intervencionismo estatal norteador das relações de emprego no Brasil. Quando se trata de Direito Individual do Trabalho, o princípio tuitivo do emprego inviabiliza qualquer tentativa de se promover a arbitragem, alcançando, inclusive, o período pós-contratual, ou seja, a homologação da rescisão, a percepção das verbas daí decorrentes e até mesmo eventual celebração de acordo. Com esses fundamentos, a SBDI-I, por maioria, conheceu dos embargos interpostos pelo Ministério Público do Trabalho, por divergência jurisprudencial, e, no mérito, deu-lhes provimento para, reformando a decisão que chancelara a atividade de arbitragem em relação ao período posterior à dissolução do contrato de trabalho, desde que respeitada a livre manifestação de vontade do ex-empregado e garantido o acesso irrestrito ao Poder Judiciário, condenar a reclamada a se abster de promover amplamente a arbitragem envolvendo direitos individuais trabalhistas, inclusive após a cessação do contrato de trabalho e no que tange à tentativa e/ou à efetiva formalização de acordos entre empregados, ou ex-empregados, e empregadores. Vencido o Ministro Ives Gandra Martins Filho.

TST-E-ED-RR-25900-67.2008.5.03.0075, SBDI-I,
rel. Min. João Oreste Dalazen, 16.4.2015

BREVE COMENTÁRIO

Os direitos trabalhistas são irrenunciáveis. Dada sua característica de irrenunciabilidade, alguns dos meios alternativos de solução de litígios não se aplicam quando têm como objeto essa espécie de direitos.

No julgado aqui analisado, entendeu o TST pela inviabilidade da instituição de arbitragem "envolvendo direitos individuais trabalhistas, inclusive após a cessação do contrato de trabalho e no que tange à tentativa e/ou à efetiva formalização de acordos entre empregados, ou ex-empregados, e empregadores".

A arbitragem é espécie de equivalente jurisdicional, ao lado da mediação, conciliação. É regida pela lei 9307/96. Nela as partes elegem um terceiro de sua confiança que será responsável por solucionar o conflito. A decisão desde terceiro é imperativa e torna-se imutável e indiscutível, não sendo passível de revisão jurisdicional, salvo para revisão de vícios formais, por meio de ação anulatória.

De acordo com o art. 1º a lei da arbitragem, as pessoas capazes de contratar poderão valer-se da arbitragem para dirimir litígios relativos a direitos patrimoniais disponíveis. Assim, a arbitragem só pode ser utilizada para dirimir conflitos cujos direitos sejam de natureza patrimonial disponível, o que não ocorre, em regra, com os direitos individuais trabalhistas.

Vale, no entanto, destacar que a reforma trabalhista inseriu o art. 507-A, o qual permite a arbitragem quando o empregado perceber remuneração superior a duas vezes o teto do RGPS. Vejamos:

> Art. 507-A. Nos contratos individuais de trabalho cuja remuneração seja superior a duas vezes o limite máximo estabelecido para os benefícios do Regime Geral de Previdência Social, poderá ser pactuada cláusula compromissória de arbitragem, desde que por iniciativa do empregado ou mediante a sua concordância expressa, nos termos previstos na Lei no 9.307, de 23 de setembro de 1996. (Incluído pela Lei nº 13.467, de 2017)

Concurso público para formação de cadastro reserva. Advogado. Contratação de advogados terceirizados. Preterição de candidatos aprovados. Direito à nomeação imediata.

Há direito à nomeação imediata de candidato aprovado em concurso público para formação de cadastro de reserva quando constatada a terceirização dos serviços afetos às atribuições do cargo previsto no certame. No caso, prevaleceu o entendimento de que a preterição dos candidatos aprovados para o cargo de advogado do Banco do Nordeste S.A, decorrente da contratação de escritórios de advocacia por via de licitação e no prazo de vigência do concurso, violou o princípio constitucional do concurso público (art. 37, II, da CF). Ademais, demonstrada a necessidade de provimento do cargo descrito no edital, deve-se convolar a expectativa de direito do candidato aprovado em direito subjetivo à sua nomeação. Nesse contexto, a SBDI-I, por maioria, conheceu dos embargos interpostos pelo Banco do Nordeste do Brasil S.A. – BNB, por divergência jurisprudencial, vencidos os Ministros Hugo Carlos Scheuermann, Renato de Lacerda Paiva e Lelio Bentes Corrêa. No mérito, ainda por maioria, a Subseção negou provimento ao recurso, vencidos os Ministros Márcio Eurico Vitral Amaro, relator, Ives Gandra Martins Filho, Renato de Lacerda Paiva, Luiz Philippe Vieira de Mello Filho e José Roberto Freire Pimenta.

TST-E-ED-RR-2167-67.2011.5.22.0001, SBDI-I,
rel. Min. Márcio Eurico Vitral Amaro, red. p/acórdão
Min. Augusto César Leite de Carvalho, 16.4.2015

BREVE COMENTÁRIO

Os candidatos a concursos públicos aprovados além do número de vagas previstas em edital (cadastro de reserva) possuem apenas expectativa de direito à nomeação, dentro do prazo de validade do certame. No entanto, o STF fixou tese em repercussão geral (Tema 784) algumas situações nas quais a mera expectativa de direito se convola em direito subjetivo.

> **"O surgimento de novas vagas ou a abertura de novo concurso para o mesmo cargo, durante o prazo de validade do certame anterior, não gera automaticamente o direito à nomeação dos candidatos aprovados fora das**

vagas previstas no edital, ressalvadas as hipóteses de preterição arbitrária e imotivada por parte da administração, caracterizada por comportamento tácito ou expresso do Poder Público capaz de revelar a inequívoca necessidade de nomeação do aprovado durante o período de validade do certame, a ser demonstrada de forma cabal pelo candidato. Assim, o direito subjetivo à nomeação do candidato aprovado em concurso público exsurge nas seguintes hipóteses:

I - Quando a aprovação ocorrer dentro do número de vagas dentro do edital;

II - Quando houver preterição na nomeação por não observância da ordem de classificação;

III - Quando surgirem novas vagas, ou for aberto novo concurso durante a validade do certame anterior, e ocorrer a preterição de candidatos de forma arbitrária e imotivada por parte da administração nos termos acima.

[Tese definida no **RE 837.311**, *rel. min.* **Luiz Fux**, *P, j. 9-12-2015, DJE 72 de 18-4-2016, Tema 784.]"*

No julgado aqui analisado, o TST se deparou com a situação na qual havia candidatos aprovados em cadastro de reserva para o cargo de advogado, no entanto, o Banco do Nordeste S.A, mantinha contrato com escritório de advocacia. Assim, dentro do prazo de validade do certame, entendeu o TST que essa situação preteria a convocação dos candidatos aprovados, gerando assim direito subjetivo à nomeação.

Vale, por fim, destacar que, não obstante esse processo tenha tramitado na Justiça do Trabalho, o STF entende que compete à Justiça Comum dirimir controvérsias relativas à fase pré-contratual.

No RE 960429, destaca o Min. Gilmar Mendes que o concurso público é um processo administrativo que visa à admissão do empregado. Controvérsias relativas à fase pré-contratual devem ser pautadas por normas de direito público, prevalecendo a competência da Justiça Comum (estadual ou federal). Isso porque, antes da admissão, sequer existe uma relação regida pela Consolidação das Leis do Trabalho (CLT).

Assim, na fase pré-contratual há apenas uma expectativa do candidato de que a relação seja concretizada, caso venha a ser contratado. Apenas depois de iniciada a relação de trabalho é que se instaura a competência da Justiça do Trabalho.

Informativo nº 111

- ***Competência da justiça do trabalho. Estado do Piauí. Empregada admitida antes da Constituição de 1988. Transposição automática do regime celetista para o estatutário. Impossibilidade. Ausência de concurso público.***

A Justiça do Trabalho é competente para examinar pedido de empregado público admitido antes da promulgação da Constituição de 1988, sob regime celetista, e sem concurso público, não obstante a superveniência de legislação

estadual que institui regime jurídico único. Na hipótese, consoante entendimento já consagrado pelo Supremo Tribunal Federal no julgamento da ADI 1.150-2, entendeu-se que o fato de o Estado do Piauí instituir regime jurídico único, por meio da Lei Complementar Estadual nº 13, de 3.1.1994, não convola em vínculo estatutário, de forma automática, o contrato trabalhista anterior, sobretudo em decorrência da ausência de concurso público, na forma do art. 37, II, § 2º, da Constituição. Desse modo, tem-se que a reclamante permaneceu na condição de empregada, mesmo após a edição da norma estadual, porque embora estável, nos termos do art. 19 do ADCT, não se submeteu a concurso público. Sob esse fundamento, a SBDI-I, à unanimidade, conheceu dos embargos interpostos pelo reclamado, por divergência jurisprudencial, e, no mérito, por maioria, negou-lhes provimento, vencido os Ministros Luiz Philippe Vieira de Mello Filho, Walmir Oliveira da Costa, José Roberto Freire Pimenta e Hugo Carlos Scheuermann.

TST-E-RR-846-13.2010.5.22.0104, SBDI-I,
rel. Min. Augusto César Leite e Carvalho, 18.6.2015.

BREVE COMENTÁRIO

Para ingressar nos quadros da administração, deve-se observar as regras do art. 37, II, da CF/88, que tratam do concurso público de provas ou provas e títulos. O próprio texto constitucional prevê algumas exceções, tais como os cargos de livre nomeação e exoneração e os casos de contratação temporária.

No entanto, sob a égide da CF 67/69, o concurso público era requisito apenas para os cargos públicos, não sendo necessário para empregos públicos. Era a redação do art. 97.

> Art. 97. Os cargos públicos serão acessíveis a todos os brasileiros que preencham os requisitos estabelecidos em lei.
>
> § 1º A primeira investidura em cargo público dependerá de aprovação prévia, em concurso público de provas ou de provas e títulos, salvo os casos indicados em lei.
>
> § 2º Prescindirá de concurso a nomeação para cargos em comissão, declarados em lei, de livre nomeação e exoneração.

Essa situação levou à coexistência de diversos servidores admitidos sem concurso público. Com o advento da CF/88, o constituinte garantiu que os servidores admitidos sob a égide da CF 67/69 que estivessem trabalhando há mais de 05 anos da promulgação da CF/88 fossem considerados estáveis no serviço público. Vejamos o art. 19 do ADCT.

> Art. 19. Os servidores públicos civis da União, dos Estados, do Distrito Federal e dos Municípios, da administração direta, autárquica e das fundações públicas, em exercício na data da promulgação da Constituição, há pelo menos cinco anos continuados, e que não tenham sido admitidos na forma regulada no art. 37, da Constituição, são considerados estáveis no serviço público.

Essa estabilidade, no entanto, não converteu esses servidores em efetivos, permanecendo regidos pela CLT. Ocorre que o art. 39 da CF/88 determinou que a

Administração Pública adotasse Regime Jurídico Único. A fim de tentar compatibilizar o comando constitucional à realidade, alguns entes públicos editaram leis específicas que converteram os empregados estabilizados em servidores efetivos.

O STF, ao se debruçar sobre o assunto, analisou as Adins 180 e 1150. Nelas, decidiu-se que seria possível a passagem desses servidores do regime celetista para o estatutário, mas isso não significa uma equiparação de vantagens nem uma efetivação no cargo.

Ao se debruçar sobre o tema, o TST analisou a arguição de inconstitucionalidade 105100-93.1996.5.04.0018. Vejamos:

> **ARGUIÇÃO DE INCONSTITUCIONALIDADE. EMBARGOS. RECURSO DE REVISTA. CLÁUSULA DE RESERVA DE PLENÁRIO (ART. 97 DA CONSTITUIÇÃO FEDERAL). CONSTITUCIONALIDADE DO ART. 276, "CAPUT", DA LEI COMPLEMENTAR ESTADUAL 10.098/94. ESTADO DO RIO GRANDE DO SUL. SERVIDORES PÚBLICOS CELETISTAS ESTABILIZADOS. ART. 19 DO ADCT. AUSÊNCIA DE PRÉVIA APROVAÇÃO EM CONCURSO PÚBLICO. VALIDADE DA INSTITUIÇÃO DO REGIME JURÍDICO ÚNICO ESTATUTÁRIO. EXTINÇÃO DO REGIME CELETISTA. INCONSTITUCIONALIDADE DE PROVIMENTO AUTOMÁTICO EM CARGO PÚBLICO EFETIVO DE EX-CELETISTAS ESTABILIZADOS.** 1. A presente arguição de inconstitucionalidade de lei ou de ato do Poder Público tem por escopo a fiscalização da compatibilidade do art. 276, *caput*, da Lei Complementar 10.098 de 03 de fevereiro de 1994 do Estado do Rio Grande do Sul com a Constituição Federal. O dispositivo em questão tem a seguinte redação: "ficam submetidos ao regime jurídico instituído por esta lei, na qualidade de servidores públicos, os servidores estatutários da Administração Direta, das autarquias e das fundações de direito público, inclusive os interinos e extranumerários, bem como os servidores estabilizados vinculados à Consolidação das Leis do Trabalho, aprovada pelo Decreto-Lei nº 5452, de 1º de maio de 1943". O cerne da questão consiste em discernir se a expressão "servidores estabilizados vinculados à Consolidação das Leis do Trabalho" avistável no *caput* do dispositivo em voga foi prejudicada pela declaração de inconstitucionalidade, na ADI 1.150/RS, da expressão "operando-se automaticamente a transposição dos seus ocupantes", contida no §2º do mesmo artigo de lei. 2. Depreende-se do acórdão relativo à referida ação de controle concentrado que a Suprema Corte limitou-se a negar a possibilidade de provimento automático dos cargos efetivos criados na forma do §2º do art. 276 da Lei Complementar nº 10.098/1994 pelos servidores celetistas estabilizados nos termos do art. 19 do ADCT, porém não considerou inconstitucional a transmudação de regime desses trabalhadores. 3. Realmente, a inconstitucionalidade verificada pelo Supremo Tribunal Federal no art. 276, §2º, da Lei Complementar nº 10.098/1994 não reside propriamente na mudança de regime jurídico, de celetista para estatutário, mas no provimento automático (ou derivado) dos recém-criados cargos de provimento efetivo mencionados na indigitada norma por agentes que não foram previamente aprovados nos concursos públicos mencionados no art. 37, II, da Carta Magna e 19, I, do ADCT. 4. Não por outra razão, o Ministro Neri da Silveira, em voto-vista apresentado no julgamento da

mencionada ação de controle concentrado, esclareceu que esses ex-empregados celetistas e novos servidores estatutários ficam "sem prover cargo". Segundo consta do aludido voto-vista, "é certo [...] que, mesmo estabilizados pelo art. 19 do ADCT, não podem esses servidores, que estão amparados pelo regime único dos servidores, conforme a regra geral do *caput* do art. 276 da Lei gaúcha nº 10.098/1994, ser providos em cargo de provimento efetivo" – sem prévia aprovação em concurso público na forma do art. 37, II, da Constituição ou 19, I, do ADCT, acrescente-se. Desta forma, "esses servidores não são mais celetistas, mas estatutários, embora fiquem sem prover cargo, até o concurso de efetivação para os cargos novos resultantes da transformação a que se refere o §2º do art. 276 em foco". 5. O referido entendimento foi repisado em julgamento unânime da Primeira Turma da Suprema Corte nos autos do AI 431258 AgR/RS. Na ocasião, sob a relatoria do Ministro Roberto Barroso, a Suprema Corte reafirmou de forma categórica sua jurisprudência acerca do art. 276, *caput*, da Lei Complementar nº 10.098/1994: "aplica-se o regime estatutário aos servidores celetistas não concursados e estáveis, observadas as diretrizes do art. 19 do ADCT". 6. Nessa quadra, faz-se necessário esclarecer que o Supremo Tribunal Federal, em inúmeros julgados, diferencia os institutos da estabilidade e da efetividade. Com efeito, a Suprema Corte admite a figura dos "servidores estáveis, mas não efetivos", vale dizer, estabilizados na forma do art. 19 do ADCT, porém não ocupantes de cargos públicos de provimento efetivo. 7. Já no voto condutor proferido nos autos da ADI 180/RS, da lavra do Ministro Nelson Jobim, em que se aferiu a compatibilidade de dispositivo do ADCT da Constituição do Estado do Rio Grande do Sul com a Carta Magna, ficou claro que "a norma estadual assegurou aos servidores civis estabilizados na forma do artigo 19 do [ADCT/CF] a organização em quadro especial em extinção", vedando-se, todavia, a equiparação das vantagens que lhes forem devidas àquelas dos ocupantes de cargos efetivos. Diante de tal precedente, não há como supor que a declaração de inconstitucionalidade do §2º do art. 276 da Lei Complementar Estadual nº 10.098/1994 enunciada na ADI 1.150/RS, por arrastamento, comprometeu a normatividade do "*caput*" do mesmo dispositivo legal. 8. Realmente, houve validamente mudança de regime jurídico, de celetista para estatutário, com todas as repercussões jurídicas daí decorrentes. Contudo, diante da decisão proferida pelo STF na ADI 1.150/RS, isso não ensejou o provimento automático de cargos públicos efetivos por tais servidores, estabilizados nos termos do art. 19 do ADCT e que não prestaram os concursos mencionados no art. 37, II, da Constituição e 19, I, do ADCT. Desse modo, não há inconstitucionalidade a ser declarada no *caput* do art. 276 da Lei Complementar nº 10.098/1994 do Estado do Rio Grande do Sul. **Arguição de inconstitucionalidade rejeitada.**

Podemos aqui concluir que é possível a migração de regime de emprego estabilizado para estatutário, por meio de lei específica, mas não a transposição de cargos nem a equiparação de vantagens.

No julgado aqui analisado, o TST entendeu que compete à Justiça do Trabalho julgar a causa de servidor admitido sem concurso público sob a égide da CF 67/69. Essa tem sido a posição quase unânime na prática da Justiça do Trabalho e deve ser adotada em provas de concurso público voltadas para a área trabalhista.

No entanto, o STF sinaliza mudança de entendimento. No Conflito de Competência 8018, o STF decidiu que compete à Justiça Comum o processamento e julgamento da generalidade dos casos de conversão de regime. Assim se pronunciou o STF:

> CONFLITO DE COMPETÊNCIA. JUSTIÇA DO TRABALHO VERSUS JUSTIÇA COMUM. CONFLITO NEGATIVO SUSCITADO PELA JUSTIÇA COMUM. SERVIDOR PÚBLICO. RELAÇÃO JURÍDICO-ADMINISTRATIVA. REGIME JURÍDICO ÚNICO ESTABELECIDO PELA LEI MUNICIPAL 57/1998. COMPETÊNCIA DA JUSTIÇA COMUM. CONFLITO CONHECIDO PARA DECLARAR A COMPETÊNCIA DA JUSTIÇA COMUM. DETERMINAÇÃO DE REMESSA DOS AUTOS AO JUÍZO COMPETENTE
>
> Vistos, relatados e discutidos estes autos, os Ministros do Supremo Tribunal Federal, em Plenário, sob a Presidência do Senhor Ministro DIAS TOFFOLI, em conformidade com a ata de julgamento e as notas taquigráficas, por maioria, acordam em conhecer do conflito de competência e declarar a competência da Justiça comum para processar e julgar a causa, nos termos do voto do Ministro ALEXANDRE DE MORAES, Redator para o acórdão, vencidos o Ministros MARCO AURÉLIO (Relator), DIAS TOFFOLI, EDSON FACHIN e ROSA WEBER.Ausentes, justificadamente, os Ministros CELSO DE MELLO e CÁRMEN LÚCIA.

O tema ainda não é pacífico, sendo comum encontrar decisões divergentes tanto no STF quanto no TST.

▶ ***Agravo de instrumento. Recurso ordinário. Deserção. Conselho de fiscalização profissional. Privilégios da Fazenda Pública.***

Os conselhos de fiscalização profissional são autarquias em regime especial, sendo-lhes aplicáveis os privilégios da Fazenda Pública, previstos no Decreto Lei nº 779/69. Assim, estão dispensados do recolhimento de custas processuais e de depósito recursal. Sob esse entendimento, a SBDI-II, por unanimidade, conheceu do agravo de instrumento e, no mérito, deu-lhe provimento para, afastada a deserção do apelo, submeter o recurso ordinário do autor a julgamento do colegiado na primeira sessão subsequente à publicação da certidão de provimento do agravo.

TST-AIRO-11086-96.2012.5.01.0000, SBDI-II,
rel. Min. Emmanoel Pereira, 23.6.2015

BREVE COMENTÁRIO

De acordo com o art. 790-A da CLT e art. 1º, IV, do Decreto Lei 779, as entidades da Administração Pública são isentas de custas e depósito recursal. Vejamos:

> Art. 790-A. São isentos do pagamento de custas, além dos beneficiários de justiça gratuita:
>
> I – a União, os Estados, o Distrito Federal, os Municípios e respectivas autarquias e fundações públicas federais, estaduais ou municipais que não explorem atividade econômica;

> Art. 1º Nos processos perante a Justiça do Trabalho, constituem privilégio da União, dos Estados, do Distrito Federal, dos Municípios e das autarquias ou fundações de direito público federais, estaduais ou municipais que não explorem atividade econômica:
>
> IV – a dispensa de depósito para interposição de recurso;

Interpretando esses dispositivos, entendeu o TST que Conselhos de Fiscalização Profissional, por serem autarquias em regime especial e serem parte da Administração Pública Indireta, estão dispensados do recolhimento de custas processuais e de depósito recursal.

Informativo nº 115

Dispensa imotivada. Decreto estadual nº 21.325/91. Sucessão do BEC – Banco do Estado do Ceará S/A pelo Banco Bradesco S/A. Dever de motivação. Ilegalidade. Reintegração indevida.

O Banco Bradesco S/A não tem obrigação de motivar a dispensa de ex-empregada admitida pelo extinto BEC – Banco do Estado do Ceará S/A antes da privatização. No caso, a empregada foi admitida antes da sucessão do extinto BEC pelo Banco Bradesco S/A, e dispensada imotivadamente, inobservando o quanto disposto no Decreto estadual nº 21.325/91 – que estendia aos entes da Administração Pública indireta estadual o dever de motivar o ato de dispensa de seus empregados. Referido decreto afigura-se ilegal, pois não poderia o Estado do Ceará, unilateralmente, exorbitando da condição de acionista controlador, ao arrepio da Lei nº 6.404/76, sobrepor-se aos órgãos de administração da Sociedade Anônima e criar, mediante decreto, obrigação para a Companhia, que detém personalidade jurídica própria. De outro lado, ainda que se desconsiderasse a manifesta ilegalidade, o decreto cuidava de regra de Direito Administrativo por que deveria pautar-se "órgão administrativo" que praticasse, como tal, "atos administrativos", não havendo como transpor para o banco privado sucessor obrigações decorrentes de tal regra. Ademais, todas as obrigações de índole trabalhista impostas ao ente público sucedido, nesta qualidade, mediante fonte heterônoma, mesmo impostas por lei, não se transmitem pela sucessão do empregador. Consumada a sucessão, dada a distinta natureza da personalidade jurídica do sucessor, rigorosamente o regime jurídico híbrido desaparece e sobrevém um empregador submetido a regime jurídico puramente privado. Sob esse entendimento, decidiu o Tribunal Pleno, por unanimidade, conhecer do recurso de embargos, por divergência jurisprudencial, e, no mérito, por maioria, dar-lhe provimento para restabelecer o acórdão regional que rejeitou o pedido de reintegração no emprego. Vencidos os Ministros Hugo Carlos Scheuermann, relator, Maria Helena Mallmann, Maurício Godinho Delgado, Kátia Magalhães Arruda, Augusto César Leite de Carvalho, José Roberto Freire Pimenta, Delaíde Alves Miranda Arantes e Ives Gandra da Silva Martins Filho.

TST-E-RR-44600-87.2008.5.07.0008, Tribunal Pleno, rel. Hugo Carlos Scheuermann, red. p/acórdão Min. João Oreste Dalazen, 25.8.2015.

BREVE COMENTÁRIO

Esse interessante julgado trata da necessidade de motivação do ato demissional de empregado público. Vejamos.

Uma empresa pública, Banco do Estado do Ceará, foi sucedido pelo Banco Bradesco SA. Em verdade, o Banco Bradesco se tornou o acionista majoritário do Banco do Estado do Ceará em leilão na Bolsa de Valores.

Anteriormente a sua privatização, o Banco do Estado do Ceará tinha como acionista controlador o próprio Estado do Ceará. Este, por sua vez, havia editado o Decreto Estadual nº 21.325/91, que estendia aos entes da Administração Pública indireta estadual o dever de motivar o ato de dispensa de seus empregados.

No caso analisado, uma funcionária do antigo Banco do Estado do Ceará, controlado agora pelo Banco Bradesco SA, foi demitida sem o devido ato motivacional exigido pelo Decreto Estadual em referência. Em reclamação trabalhista, a funcionária pleiteou a anulação do ato demissional com base no Decreto Estadual 21.325/91.

Ao se debruçar sobre o caso, entendeu o TST que o referido Decreto era ilegal. Para o TST, a condição de acionista controlador não daria ao Estado do Ceará poderes de, unilateralmente, impor ao Banco do Estado o dever de motivar suas decisões. Isso porque o banco, não obstante integre a Administração Indireta, é instituição financeira submetida aos ditames da Lei 6.404/76 (Lei das Sociedades por Ações).

Em continuidade, a par do Decreto Estadual, entendeu o TST que a sucessão do banco estadual por banco privado afastaria obrigações de índole trabalhista impostas ao ente público sucedido.

Esse entendimento foi expressamente consagrado na reforma trabalhista, como podemos observar no art. 448-A da CLT:

> **Art. 448**-A. Caracterizada a sucessão empresarial ou de empregadores prevista nos arts. 10 e 448 desta Consolidação, as obrigações trabalhistas, inclusive as contraídas à época em que os empregados trabalhavam para a empresa sucedida, são de responsabilidade do sucessor. (Incluído pela Lei nº 13.467, de 2017)
>
> **Parágrafo único**. A empresa sucedida responderá solidariamente com a sucessora quando ficar comprovada fraude na transferência. (Incluído pela Lei nº 13.467, de 2017)

Assim, entendeu o TST pela validade do ato demissional desprovido de motivação.

Cabe aqui uma observação. O TST possui o entendimento, consagrado na OJ 247 da SDI-1, que empregados de empresa pública e sociedade de economia mista podem ser demitidos sem motivação. No entanto, no caso dos Correios, o ato demissional deve ser motivado, por essa empresa pública gozar do mesmo tratamento destinado à Fazenda Pública. Nesse sentido:

> 247. SERVIDOR PÚBLICO. CELETISTA CONCURSADO. DESPEDIDA IMOTIVADA. EMPRESA PÚBLICA OU SOCIEDADE DE ECONOMIA MISTA. POSSIBILIDADE (alterada - Res. nº 143/2007) - DJ 13.11.2007
>
> I - A despedida de empregados de empresa pública e de sociedade de economia mista, mesmo admitidos por concurso público, independe de ato motivado para sua validade;
>
> II - A validade do ato de despedida do empregado da Empresa Brasileira de Correios e Telégrafos (ECT) está condicionada à motivação, por gozar a empresa do mesmo tratamento destinado à Fazenda Pública em relação à imunidade tributária e à execução por precatório, além das prerrogativas de foro, prazos e custas processuais.

A necessidade de motivação pelos Correios foi confirmada pelo STF, no RE589998:

> DIREITO CONSTITUCIONAL E DIREITO DO TRABALHO. EMBARGOS DE DECLARAÇÃO EM RECURSO EXTRAORDINÁRIO. DISPENSA SEM JUSTA CAUSA DE EMPREGADOS DA ECT. ESCLARECIMENTOS ACERCA DO ALCANCE DA REPERCUSSÃO GERAL. ADERÊNCIA AOS ELEMENTOS DO CASO CONCRETO EXAMINADO.
>
> 1. No julgamento do RE 589998, realizado sob o regime da repercussão geral, esta Corte estabeleceu que a Empresa Brasileira de Correios e Telégrafos - ECT tem o dever de motivar os atos de dispensa sem justa causa de seus empregados. Não houve, todavia, a fixação expressa da tese jurídica extraída do caso, o que justifica o cabimento dos embargos. 2. O regime da repercussão geral, nos termos do art. 543-A, § 7º, do CPC/1973 (e do art. 1.035, § 11, do CPC/2015), exige a fixação de uma tese de julgamento. Na linha da orientação que foi firmada pelo Plenário, atese referida deve guardar conexão direta com a hipótese objeto de julgamento.3. A questão constitucional versada no presente recurso envolvia a ECT, empresa prestadora de serviço público em regime de exclusividade, que desfruta de imunidade tributária recíproca e paga suas dívidas mediante precatório. Logo, a tese de julgamento deve estar adstrita a esta hipótese. 4. A fim de conciliar a natureza privada dos vínculos trabalhistas com o regime essencialmente público reconhecido à ECT, não é possível impor-lhe nada além da exposição, por escrito, dos motivos ensejadores da dispensa sem justa causa. Não se pode exigir, em especial, instauração de processo administrativo ou a abertura de prévio contraditório.5. Embargos de declaração providos em parte para fixar a seguinte tese de julgamento: A Empresa Brasileira de Correios e Telégrafos - ECT tem o dever jurídico de motivar, em ato formal, a demissão de seus empregados.

Vale, por fim, destacar que o Tema "Dispensa Imotivada de Empregados de Estatais" é objeto de análise no RE 688267. Em 12/06/2019, o Min. Alexandre de Moraes determinou a suspensão, em todo o território nacional, de processos que tratem sobre o tema.

Informativo nº 118

- **Conselhos de Fiscalização Profissional. Natureza jurídica de autarquia especial. Aplicabilidade dos privilégios concedidos à Fazenda Pública pelo Decreto-Lei nº 779/1969.**

Os conselhos de fiscalização profissional, a partir do julgamento da ADI 1.717-6/DF pelo Supremo Tribunal Federal, passaram a ser considerados entidades autárquicas especiais e tiveram reconhecida a sua natureza paraestatal. Por conseguinte, foram beneficiados com as mesmas prerrogativas processuais concedidas à Fazenda Pública, como a dispensa de depósitos recursais e o pagamento de custas somente ao final do processo, nos termos do Decreto-Lei nº 779/69. Sob esse entendimento, a SBDI-1, à unanimidade, conheceu do recurso de embargos do reclamado, por divergência jurisprudencial, e, no mérito, deu-lhe provimento para determinar o retorno do feito à 6ª Turma desta Corte a fim de que, afastada a deserção do recurso de revista, prossiga no exame do agravo de instrumento, como entender de direito.

TST- E-Ag-AIRR 244200-80.2007.5.02.0035, SBDI-1, relator Ministro Cláudio Mascarenhas Brandão, 17.09.2015.

BREVE COMENTÁRIO

De acordo com o art. 790-A da CLT e art. 1º, IV, do Decreto Lei 779, as entidades da Administração Pública são isentas de custas e depósito recursal. Vejamos:

> Art. 790-A. São isentos do pagamento de custas, além dos beneficiários de justiça gratuita:
>
> I – a União, os Estados, o Distrito Federal, os Municípios e respectivas autarquias e fundações públicas federais, estaduais ou municipais que não explorem atividade econômica;
>
> Art. 1º Nos processos perante a Justiça do Trabalho, constituem privilégio da União, dos Estados, do Distrito Federal, dos Municípios e das autarquias ou fundações de direito público federais, estaduais ou municipais que não explorem atividade econômica:
>
> IV – a dispensa de depósito para interposição de recurso.

Interpretando esses dispositivos, entendeu o TST que Conselhos de Fiscalização Profissional, por serem autarquias em regime especial e serem parte da Administração Pública Indireta, estão dispensados do recolhimento de custas processuais e de depósito recursal.

Informativo nº 119

- ***Matéria afetada ao Tribunal Pleno. Servidor público celetista. Administração pública direta, autárquica e fundacional. Concurso público. Contrato de experiência. Dispensa imotivada. Impossibilidade. Observância dos princípios constitucionais da impessoalidade e da motivação.***

A despedida de servidor público celetista da administração pública direta, autárquica e fundacional, admitido por concurso público e em contrato de

experiência, deve ser motivada. A observância do princípio constitucional da motivação visa a resguardar o empregado de possível quebra do postulado da impessoalidade por parte do agente estatal investido no poder de dispensar. Sob esse fundamento, o Tribunal Pleno, por unanimidade, conheceu do recurso de embargos, por divergência jurisprudencial, e, no mérito, deu-lhe provimento, para julgar procedentes os pedidos da reclamante de restauração da relação de emprego e de pagamento dos salários e demais vantagens do período compreendido entre a dispensa e a efetiva reintegração.

TST-E-ED-RR 64200-46.2006.5.02.0027,Tribunal Pleno, rel. Ministro Alberto Luiz Bresciani de Fontan Pereira , 29.9.2015.

BREVE COMENTÁRIO

Julgado semelhante ao estudado no Informativo 115.

Sabemos que os atos da Administração Pública devem ser devidamente motivados. Mesmo no caso de servidores regidos pelas regras privadas da CLT, deve a Administração respeito ao princípio da motivação.

No caso de servidor público celetista da administração pública direta, autárquica e fundacional, sua demissão deve ser motivada, ainda que essa demissão se dê durante o período de experiência.

Observe-se que o TST possui o entendimento, consagrado na OJ 247 da SDI-1, que empregados de empresa pública e sociedade de economia mista podem ser demitidos sem motivação. Nesse sentido:

> 247. SERVIDOR PÚBLICO. CELETISTA CONCURSADO. DESPEDIDA IMOTIVADA. EMPRESA PÚBLICA OU SOCIEDADE DE ECONOMIA MISTA. POSSIBILIDADE (alterada - Res. nº 143/2007) - DJ 13.11.2007
>
> I - A despedida de empregados de empresa pública e de sociedade de economia mista, mesmo admitidos por concurso público, independe de ato motivado para sua validade;
>
> II - A validade do ato de despedida do empregado da Empresa Brasileira de Correios e Telégrafos (ECT) está condicionada à motivação, por gozar a empresa do mesmo tratamento destinado à Fazenda Pública em relação à imunidade tributária e à execução por precatório, além das prerrogativas de foro, prazos e custas processuais.

Vale destacar que os servidores celetistas da Administração direta, autárquica e fundacional são detentores de estabilidade. Nesse sentido a súmula 390 do TST:

> **SÚMULA 390 - ESTABILIDADE. ART. 41 DA CF/1988. CELETISTA. ADMINISTRAÇÃO DIRETA, AUTÁRQUICA OU FUNDACIONAL. APLICABILIDADE. EMPREGADO DE EMPRESA PÚBLICA E SOCIEDADE DE ECONOMIA MISTA. INAPLICÁVEL**
>
> I - O servidor público celetista da administração direta, autárquica ou fundacional é beneficiário da estabilidade prevista no art. 41 da CF/1988. (ex-OJs nºs 265 da SBDI-1 - inserida em 27.09.2002 - e 22 da SBDI-2 - inserida em 20.09.2000)

II - Ao empregado de empresa pública ou de sociedade de economia mista, ainda que admitido mediante aprovação em concurso público, não é garantida a estabilidade prevista no art. 41 da CF/1988. (ex-OJ nº 229 da SBDI-1 - inserida em 20.06.2001)

O TST segue o entendimento de que, por serem detentores de estabilidade na forma do art. 41 da CF/88, a demissão de servidores celetistas da Administração direta, autárquica e fundacional deve ser motivada. Não é o que ocorre para os empregados de empresas públicas e sociedades de economia mista. Vejamos:

RECURSO DE REVISTA INTERPOSTO NA VIGÊNCIA DA LEI Nº 13.015/2014. DISPENSA IMOTIVADA. EMPREGADO DE SOCIEDADE DE ECONOMIA MISTA. LICITUDE.

1. Segundo a diretriz fixada na Súmula nº 390, II, e na Orientação Jurisprudencial nº 247, I, da SBDI-1, ambas desta Corte Superior, **aos empregados de empresa pública e de sociedade de economia mista não é garantida a estabilidade prevista no art. 41 da Carta Magna. Assim, ainda que admitidos mediante aprovação em concurso público, a despedida independe de ato motivado para sua validade.**

2. Sinale-se que, ao julgar os embargos de declaração interpostos pela Empresa de Correios e Telégrafos no RE 589.998/PI, o Pleno do Supremo Tribunal Federal deu-lhes provimento parcial, fixando a seguinte tese de repercussão geral: **"A Empresa Brasileira de Correios e Telégrafos (ECT) tem o dever jurídico de motivar, em ato formal, a demissão de seus empregados", restringindo, portanto, a aplicação da tese aos empregados da ECT.**

3. O Tribunal Regional, ao declarar nula a dispensa do autor e condenar o reclamado - sociedade de economia mista - à respectiva reintegração, por concluir pela necessidade de motivação da dispensa do empregado, divergiu do entendimento desta Corte Superior. Recurso de revista conhecido e provido.

(RR-115-63.2014.5.04.0561. Rel. Ministro Walmir Oliveira da Costa. DJe em 10/05/2019)

Informativo nº 125

Jornada de quatro, seis ou oito horas. Salário mínimo da categoria profissional. Pagamento independente das horas trabalhadas. Impossibilidade. Orientação Jurisprudencial nº 358 da SBDI-I. Princípio da isonomia.

É lícito o pagamento de salário proporcional à jornada de trabalho, ainda que inferior ao mínimo legal e/ou convencional, posto que não podem ser remunerados de forma idêntica os trabalhadores que desempenham as mesmas atividades, mas se sujeitam a jornadas distintas. Incidência da Orientação Jurisprudencial nº 358 da SBDI-I e do princípio da isonomia insculpido no art. 5º, caput, da CF. No caso em apreço, a Turma de origem, ao julgar recurso de revista interposto pelo Ministério Público do Trabalho em ação civil pública, entendeu ilícita a adoção de jornada móvel e variável, pois os empregados não sabiam quando seriam ativados, ficando submetidos ao arbítrio da empregadora por 44 horas semanais. Assim, declarou a nulidade de todo o regime de trabalho e determinou à empresa que garantisse o pagamento do salário profissional independentemente do número de horas trabalhadas. Todavia, em virtude de acordo de abrangência nacional firmado nos autos do processo nº 1040-74.2012.5.06.0011, perante a 11ª Vara do Trabalho do Recife/PE, a jornada móvel e variável foi substituída por jornada fixa de quatro, seis ou oito horas, não mais subsistindo o argumento utilizado pela Turma para determinar o pagamento do piso da categoria de forma indistinta. Assim, a SBDI-I, por maioria, conheceu dos embargos por contrariedade à Orientação Jurisprudencial nº 358 da SBDI-I, vencidos os Ministros Aloysio Corrêa da Veiga, Márcio Eurico Vitral Amaro, José Roberto Freire Pimenta, Hugo Carlos Scheuermann e Cláudio Mascarenhas Brandão. No mérito, a Subseção deu provimento ao recurso para excluir da condenação a determinação para que a reclamada garanta "o pagamento do salário mínimo da categoria profissional, de acordo com a Convenção Coletiva do Trabalho, independentemente do número de horas trabalhadas", julgando-se improcedente a presente ação no particular.

TST-E-ED-RR-9891900-16.2005.5.09.0004, SBDI-I,
rel. Min. Renato de Lacerda Paiva, 26.11.2015

BREVE COMENTÁRIO

A garantia de salário mínimo legal tem previsão constitucional no art. 7º, IV da CF/88.

> Art. 7º São direitos dos trabalhadores urbanos e rurais, além de outros que visem à melhoria de sua condição social:
>
> (...)
>
> IV – salário mínimo , fixado em lei, nacionalmente unificado, capaz de atender a suas necessidades vitais básicas e às de sua família com moradia, alimentação, educação, saúde, lazer, vestuário, higiene, transporte e previdência social, com reajustes periódicos que lhe preservem o poder aquisitivo, sendo vedada sua vinculação para qualquer fim.

No serviço público, é comum que o salário-base do empregado seja inferior ao mínimo, incidindo sobre ele inúmeras gratificações. Ocorre que a garantia do salário mínimo não observa somente o salário base, mas sim todas as parcelas salariais devidas. Nesse sentido a súmula vinculante 16 e a OJ 272 da SDI:

> SÚMULA VINCULANTE 16
>
> Os artigos 7º, IV, e 39, § 3º (redação da EC 19/98), da Constituição, referem-se ao total da remuneração percebida pelo servidor público.
>
> OJ 272/TST-SDI-I – Salário mínimo. Salário-base inferior. Diferenças. Indevidas.
>
> A verificação do respeito ao direito ao salário-mínimo não se apura pelo confronto isolado do salário-base com o mínimo legal, mas deste com a soma de todas as parcelas de natureza salarial recebidas pelo empregado diretamente do empregador.

O salário mínimo fixado em lei é aquele de uma jornada padrão de 8 horas diárias e 44 semanais. Caso o empregado cumpra uma jornada parcial, seu salário será proporcional, salvo se beneficiário de jornada reduzida fixada por norma jurídica. Nesse sentido a OJ 358 da SDI:

> OJ 358. SALÁRIO MÍNIMO E PISO SALARIAL PROPORCIONAL À JORNADA REDUZIDA. POSSIBILIDADE. EMPREGADO SERVIDOR PÚBLICO.
>
> I - Havendo contratação para cumprimento de jornada reduzida, inferior à previsão constitucional de oito horas diárias ou quarenta e quatro semanais, é lícito o pagamento do piso salarial ou do salário mínimo proporcional ao tempo trabalhado.
>
> II - Na Administração Pública direta, autárquica e fundacional não é válida remuneração de empregado público inferior ao salário mínimo, ainda que cumpra jornada de trabalho reduzida. Precedentes do Supremo Tribunal Federal.

Foi esse o sentido do julgado aqui analisado. Para o TST, em virtude da OJ 358 e do princípio da isonomia, não podem ser remunerados de forma idêntica os trabalhadores que desempenham as mesmas atividades, mas se sujeitam a jornadas distintas.

Informativo nº 127

▸ ***Complementação de aposentadoria. Diferenças. Ex-empregado da Rede Ferroviária Federal – RFFSA. Sucessão pela União. Incompetência da Justiça do Trabalho.***

A Justiça do Trabalho é incompetente para processar e julgar pleitos de diferenças de complementação de aposentadoria de ex-empregado da empresa Trens Urbanos de Porto Alegre S/A – Trensurb, subsidiária da extinta Rede Ferroviária Federal – RFFSA, sucedida pela União. O Supremo Tribunal Federal definiu a competência da justiça comum para o julgamento da matéria, diante da eficácia vinculante no exame da ADI 3.395-MC/DF, que suspendeu toda e qualquer interpretação atribuída ao art. 114, I, da CF, que inclua na competência da Justiça do Trabalho a apreciação de causas instauradas entre o Poder Público e os servidores a ele vinculados por típica relação de caráter estatutário ou jurídico-administrativo. Sob esse fundamento, a SBDI-I, por unanimidade, conheceu dos embargos interpostos pela reclamante, por divergência jurisprudencial, e, no mérito, negou-lhes provimento, mantendo incólume a decisão turmária que concluiu pela incompetência da Justiça do Trabalho para julgar a demanda.

TST-E-ED-RR-71-58.2013.5.04.0018, SBDI-I,
rel. Min. Guilherme Augusto Caputo Bastos, 17.12.2015

BREVE COMENTÁRIO

Os litígios entre servidor de regime jurídico administrativo afastam a competência da Justiça do Trabalho. Tal tese foi firmada em sede cautelar na ADI 3.395-6, como segue:

> INCONSTITUCIONALIDADE. Ação direta. Competência. Justiça do Trabalho. Incompetência reconhecida. Causas entre o Poder Público e seus servidores estatutários. Ações que não se reputam oriundas de relação de trabalho. Conceito estrito desta relação. Feitos da competência da Justiça Comum. Interpretação do art. 114, inc. I, da CF, introduzido pela EC 45/2004. Precedentes. Liminar deferida para excluir outra interpretação. O disposto no art. 114, I, da Constituição da República, não abrange as causas instauradas entre o Poder Público e servidor que lhe seja vinculado por relação jurídico-estatutária" (ADI 3395 MC/DF, Pleno, Rel. Min. Cezar Peluso, j. 05/04/2006, DJ de 10/11/2006, p. 49). (grifos nossos)

O Supremo Tribunal Federal, no julgamento do Recurso Extraordinário nº 586453, encerrado em 20/2/2013, firmou o entendimento de que compete à Justiça comum processar e julgar as ações nas quais são postulados direitos referentes à complementação de aposentadoria de ex-empregado, a cargo de entidade de previdência privada instituída com essa finalidade específica, sob o fundamento da ausência de relação de trabalho com o ex-empregado. No entanto, modulou os efeitos dessa decisão para permitir que a JT continuasse a julgar as causas que já tivessem sentença até aquela data.

Todavia, o caso aqui analisado se diferencia na medida em que se trata de diferenças de complementações de aposentadoria de ferroviário da empresa Trens Urbanos de Porto Alegre S/A – TRENSURB, subsidiária da extinta Rede Ferroviária Federal (RFFSA), que foi sucedida pela União.

A jurisprudência do Supremo Tribunal Federal assentou posicionamento no sentido da incompetência Justiça do Trabalho para conhecer e julgar pleitos de complementação de aposentadoria de ferroviários da antiga Rede Ferroviária Federal (RFFSA) e também das suas subsidiárias, entre as quais se inclui a TRENSURB, por se tratar de matéria afeta à Justiça Comum. Nesse sentido:

> PROCESSUAL CIVIL E CONSTITUCIONAL. AGRAVO REGIMENTAL NA RECLAMAÇÃO. COMPLEMENTAÇÃO DE APOSENTADORIA. EX-EMPREGADO DA REDE FERROVIÁRIA FEDERAL S/A. ADI 3.395 MC. COMPETÊNCIA DA JUSTIÇA COMUM. AGRAVO REGIMENTAL A QUE SE NEGA PROVIMENTO.
>
> 1. É de competência da Justiça Comum o processo e julgamento dos dissídios entre o Poder Público e seus servidores subordinados a regime jurídico estatutário, a teor do que decidiu o STF na ADI (MC) 3.395, Min. Cezar Peluso, DJ de 10.11.06.
>
> 2. Em se tratando de pagamento de complementação de aposentadoria de ex-empregado da extinta RFFSA, a competência para apreciar a causa é da Justiça Comum, conforme a jurisprudência desta Corte. Precedente: Rcl 12.571-ED, Rel. Min. Dias Toffoli, Pleno, DJe 6/11/2013. 3. Agravo regimental a que se nega provimento." (Rcl 16.164 AgR, Rel. Min. Luiz Fux, Primeira Turma, DJe de 13/10/2014)

Assim, causas relacionadas à complementação de aposentadoria de ex-empregado a cargo de entidade de previdência privada instituída com essa finalidade, compete à Justiça Comum. Da mesma forma, as causas relacionadas aos pleitos de complementação de aposentadoria de ferroviários da antiga Rede Ferroviária Federal (RFFSA) e também das suas subsidiárias, entre as quais se inclui a TRENSURB.

Informativo nº 130

- ***Dissídio coletivo de natureza econômica. Greve deflagrada no curso da instrução processual. Comum acordo. Desnecessidade.***

É possível a apreciação de dissídio coletivo de natureza econômica, ainda que ausente o comum acordo, se houver deflagração de greve por qualquer das partes no curso da instrução processual. No caso, o sindicato da categoria profissional instaurou dissídio coletivo de natureza econômica sem a concordância do sindicato patronal, havendo deflagração de greve pelos trabalhadores antes mesmo da audiência de conciliação. Ressaltou-se que a ocorrência de movimento paredista, superveniente ao ajuizamento do dissídio e anterior à decisão de mérito, supera a exigência do mútuo acordo, cabendo à Justiça do Trabalho decidir sobre a procedência das reivindicações (art. 8º da Lei 7.783/89). Sob esse entendimento, a SDC, por maioria, negou provimento ao recurso, quanto à preliminar de mérito arguida, vencida a Ministra Dora Maria da Costa.

TST-RO-381-24.2014.5.17.0000, SDC,
rel. Min. Mauricio Godinho Delgado. 14.3.2016

BREVE COMENTÁRIO

Nas lições de Felipe Fernandes, as demandas na Justiça do Trabalho podem versar sobre conflitos individuais ou coletivos. Quando versarem sobre conflitos coletivos, no intuito de criar e modificar normas e condições gerais de trabalho, além de declarar o alcance de uma norma jurídica ou resolver sobre a abusividade de uma greve, as partes poderão se valer dos Dissídios Coletivos.

Esses Dissídios podem ser de natureza econômica, jurídica, de greve, originários ou de revisão.

Os de natureza econômica, tratados no presente julgado, visam à fixação de normas e condições para uma categoria. O dissídio de cunho jurídico tem como finalidade a interpretação de cláusulas de sentenças normativas, de instrumentos de negociação coletiva, acordos e convenções coletivas, de disposições legais particulares de categoria profissional ou econômica e de atos normativos. Os dissídios de greve visam declarar a abusividade de uma greve. Os dissídios originários ocorrem quando inexistentes normas e condições especiais de trabalho. Já os dissídios de revisão visam reavaliar normas e condições preexistentes que hajam se tornado injustas ou ineficazes pela modificação das circunstâncias que as ditaram.

Élisson Miessa nos apresenta os pressupostos para o ajuizamento de Dissídios Coletivos. São eles: a tentativa de uma negociação prévia e comum acordo, autorização em assembleia, respeito à época própria para o ajuizamento, fundamentação das cláusulas reivindicadas e cumprimento do Estatuto.

O comum acordo é previsto no art. 114, § 2º da CF/88. Frustrada a negociação, os interessados poderão, de comum acordo, submeter seu pleito ao Poder Judiciário.

No julgado aqui analisado, houve deflagração de greve durante o curso da instrução processual. Na situação concreta, o sindicato da categoria profissional instaurou dissídio coletivo de natureza econômica sem a concordância do sindicato patronal. Ocorre que, no curso da instrução processual, houve a deflagração de greve pelos trabalhadores. Nessa situação, a jurisprudência da SDC entende que o dissídio coletivo deve ser apreciado, considerando-se que a greve superveniente ao ajuizamento do dissídio, e anterior à decisão de mérito, supera a necessidade do "mútuo consenso" para a instauração da instância. A título de exemplo, citamos:

> RECURSO ORDINÁRIO EM DISSÍDIO COLETIVO DE NATUREZA ECONÔMICA, INTERPOSTO PELA SUSCITADA, EMPRESA DE PESQUISA AGROPECUÁRIA E EXTENSÃO RURAL DE SANTA CATARINA - EPAGRI. DEFLAGRAÇÃO DE GREVE NO DECORRER DA AÇÃO. 1. AUSÊNCIA DE COMUM ACORDO. ART. 114, § 2º, DA CONSTITUIÇÃO FEDERAL. **Esta Seção Especializada acolheu a tese divergente de que, conquanto se trate de dissídio coletivo de natureza econômica, uma vez que houve a deflagração da greve, ainda na fase de instrução do processo, deve ser superada a exigência do comum acordo.** Assim, vencida esta Relatora, nega-se provimento ao recurso ordinário da EPAGRI, no que concerne à extinção do processo, sem resolução de mérito, por ausência de comum acordo no ajuizamento do dissídio coletivo, prosseguindo-se no julgamento da ação, com a análise dos demais temas trazidos no recurso. " (RO - 346-05.2014.5.12.0000 , Relatora Ministra: Dora Maria da Costa, Data de Julgamento: 19/10/2015, Seção Especializada em Dissídios Coletivos, Data de Publicação: DEJT 29/10/2015).

Assim, entendeu o TST pela possibilidade de instauração de dissídio coletivo de natureza econômica quando houver deflagração de movimento paredista no decorrer da instrução processual.

Informativo nº 131

- ***Incompetência da Justiça do Trabalho. Demanda envolvendo a administração pública e servidor. Admissão sem concurso público. Relação jurídico-administrativa. Competência da Justiça comum.***

A Justiça do Trabalho é incompetente para processar e julgar demanda na qual resultou caracterizada a admissão de servidor, após a Constituição da República de 1988, sem prévia submissão a concurso público. Com efeito, consoante decidido pelo STF, no julgamento do AgReg nº 7.217/MG, cabe à Justiça comum o prévio exame acerca da existência, da validade e da eficácia do vínculo jurídico-administrativo existente entre servidor e Administração Pública, eis que, para o reconhecimento do liame trabalhista, deverá o julgador, anteriormente, averiguar a presença, ou não, de eventual vício a macular a relação administrativa. Sob esse fundamento, a SBDI-I, por maioria, conheceu dos embargos interpostos pela reclamante, por divergência jurisprudencial, e, no mérito, negou-lhes provimento. Vencidos os Ministros João Oreste Dalazen, Brito Pereira, Márcio Eurico Vitral Amaro, Alexandre de Souza Agra Belmonte e Cláudio Mascarenhas Brandão, que davam provimento aos embargos para, reformulando a decisão recorrida, reconhecer a competência da Justiça do Trabalho para processar e julgar a lide.

TST-E-ED-RR-629-39.2011.5.22.0102, SBDI-I, rel. Min. Renato de Lacerda Paiva, 31.3.2016

BREVE COMENTÁRIO

Para ingressar nos quadros da administração, deve-se observar as regras do art. 37, II, da CF/88, que tratam do concurso público de provas ou provas e títulos. O próprio texto constitucional prevê algumas exceções, tais como os cargos de livre nomeação e exoneração e os casos de contratação temporária.

Os litígios entre servidor de regime jurídico administrativo afastam a competência da Justiça do Trabalho. Tal tese foi firmada em sede cautelar na ADI 3.395-6, como segue:

> INCONSTITUCIONALIDADE. Ação direta. Competência. Justiça do Trabalho. Incompetência reconhecida. **Causas entre o Poder Público e seus servidores estatutários. Ações que não se reputam oriundas de relação de trabalho**. Conceito estrito desta relação. Feitos da competência da Justiça Comum. Interpretação do art. 114, inc. I, da CF, introduzido pela EC 45/2004. Precedentes. Liminar deferida para excluir outra interpretação. O disposto no art. 114, I, da Constituição da República, não abrange as causas instauradas entre o Poder Público e servidor que lhe seja vinculado por relação jurídico-estatutária" (ADI 3395 MC/DF, Pleno, Rel. Min. Cezar Peluso, j. 05/04/2006, DJ de 10/11/2006, p. 49). (grifos nossos)

No entanto, a jurisprudência fixou a ideia de "contrato nulo" firmado com a administração pública. Nulo seria aquele contrato firmado com a administração que desrespeitou as regras do art. 37, II, da CF/88, bem como suas exceções, quais sejam, os cargos de livre nomeação e exoneração e os casos de contratos temporários, previstos do inciso IX do mesmo artigo.

Para o STF, cabe à Justiça Comum apreciar eventual nulidade do vínculo e as consequências daí oriundas. No julgamento do ARE 1179455, o STF decidiu que compete à Justiça Comum o processamento e julgamento dos casos em que haja admissão sem concurso após a CF/88, ainda que se pleiteiem direitos tipicamente trabalhistas. Assim se pronunciou o STF:

> Compete à Justiça comum julgar conflitos entre Município e servidor contratado depois da CF/88, ainda que sem concurso público, pois, uma vez vigente regime jurídico-administrativo, este disciplinará a absorção de pessoal pelo poder público. Logo, eventual nulidade do vínculo e as consequências daí oriundas devem ser apreciadas pela Justiça comum, e não pela Justiça do Trabalho.
>
> (STF. Plenário. ARE 1179455 AgR/PI, rel. orig. Min. Rosa Weber, red. p/ o ac. Min. Roberto Barroso, julgado em 5/5/2020.)

Esse julgado foi apresentado no informativo 976 do STF.

Informativo nº 136

- ***Ocupante de cargo em comissão de livre nomeação e exoneração regido pela CLT. Exoneração. Pagamento das verbas rescisórias. Impossibilidade. Devidos apenas os depósitos do FGTS.***

O empregado contratado para ocupar cargo em comissão de livre nomeação e exoneração, sob o regime da CLT, não tem direito à multa de 40% sobre o FGTS, ao aviso prévio, ao seguro desemprego e à multa do art. 477 da CLT. No caso, o reclamante exerceu cargo em comissão no Conselho Regional de Engenharia e Agronomia de Santa Catarina – CREA/SC, razão pela qual postulou o pagamento de verbas rescisórias. Todavia, o empregado ocupante de cargo em comissão admitido sem concurso público e sujeito à dispensa *ad nutum* não tem direito ao pagamento das verbas rescisórias advindas da relação trabalhista com a Administração Pública, sendo-lhe devidos apenas os depósitos do FGTS. Sob esse fundamento, a SBDI-I, por unanimidade, conheceu do recurso de embargos, por divergência jurisprudencial, e, no mérito, por maioria, deu-lhe provimento para julgar improcedente a pretensão deduzida, restabelecendo o acórdão do Regional, no tópico. Vencidos os Ministros Augusto César Leite de Carvalho e Cláudio Mascarenhas Brandão.

TST-E-ED-RR-300-42.2013.5.12.0035, SBDI-I, rel. Min. Aloysio Corrêa da Veiga, 12.5.2016

BREVE COMENTÁRIO

Os cargos em comissão são aqueles declarados em lei de livre nomeação e exoneração, conforme art. 37, II da CF/88.

As autarquias em regime especial, como por exemplo os Conselhos Regionais, podem instituir cargos em comissão, igualmente de livre nomeação e exoneração. No informativo 211, adiante, veremos que as estatais estão dispensadas de lei formal para a criação de cargos em comissão.

No presente jugado, um ex-empregado exercente de apenas de cargo em comissão pleiteou a concessão de verbas rescisórias. Para o TST, o fato de o ex-empregado ter sido dispensado sem justa causa não lhe garante o pagamento de nenhuma verba rescisória, visto que exercente de cargo em comissão de livre nomeação e exoneração.

Informativo nº 137

- **OJ Nº 389 DA SBDI-I**

MULTA PREVISTA NO ART. 1.021, §§ 4º E 5º, DO CPC DE 2015. ART. 557, § 2º, DO CPC DE 1973. RECOLHIMENTO. PRESSUPOSTO RECURSAL. BENEFICIÁRIO DA JUSTIÇA GRATUITA E FAZENDA PÚBLICA. PAGAMENTO AO FINAL. **(nova redação em decorrência do CPC de 2015)**

Constitui ônus da parte recorrente, sob pena de deserção, depositar previamente a multa aplicada com fundamento nos §§ 4º e 5º, do art. 1.021, do CPC de

2015 (§ 2º do art. 557 do CPC de 1973), à exceção da Fazenda Pública e do beneficiário de justiça gratuita, que farão o pagamento ao final. ***Matéria afetada ao Tribunal Pleno. Concessionária de serviço público. Terceirização ilícita. Dano moral coletivo. Configuração.***

A utilização de mão de obra terceirizada na atividade fim é conduta irregular que atinge os interesses difusos de toda a coletividade de trabalhadores, pois em desacordo com a legislação de proteção ao trabalhador, na medida em que gera perda econômica, exacerba os malefícios à saúde e causa instabilidade no emprego e desestímulo à produtividade. Tratando-se de concessionária de serviço público, os malefícios são ainda maiores, pois a terceirização da atividade fim de empresa estatal gera a substituição indevida de empregados públicos, em flagrante violação à regra do concurso público prevista no art. 37, II, da CF. Assim, no caso em que o TRT, nos autos de ação civil pública ajuizada pelo Ministério Público do Trabalho, reconheceu a terceirização ilícita na área fim da empresa estatal tomadora de serviços, mas indeferiu a pretensão de indenização por danos morais coletivos, deve prevalecer a decisão da turma do TST que condenou tomadora e prestadora de serviços ao pagamento de indenização por danos morais coletivos a ser revertida ao Fundo de Amparo ao Trabalhador (FAT). Sob esses fundamentos, o Tribunal Pleno, por unanimidade, conheceu de recurso de embargos, por divergência jurisprudencial, e, no mérito, por maioria, negou-lhe provimento. Vencido o Ministro Ives Gandra Martins Filho.

TST-E-ED-RR-117400-47.2005.5.14.0001, Tribunal Pleno, rel. Min. Cláudio Mascarenhas Brandão, 30.5.2016

BREVE COMENTÁRIO

No presente julgado temos dois assuntos relevantes para a Fazenda Pública. Um trata das prerrogativas da Fazenda no processo e outro trata de terceirização.

Das decisões monocráticas do relator é cabível o recurso de agravo interno, previsto no art. 1021 do CPC/15. De acordo com os §§ 4º e 5º, é possível que o agravante pague multa por interpor recurso manifestamente inadmissível ou improcedente, sendo o pagamento da multa condição para interpor outros recursos.

> § 4º Quando o agravo interno for declarado manifestamente inadmissível ou improcedente em votação unânime, o órgão colegiado, em decisão fundamentada, condenará o agravante a pagar ao agravado multa fixada entre um e cinco por cento do valor atualizado da causa.
>
> § 5º A interposição de qualquer outro recurso está condicionada ao depósito prévio do valor da multa prevista no § 4º, à exceção da Fazenda Pública e do beneficiário de gratuidade da justiça, que farão o pagamento ao final.

Como podemos extrair pela leitura do dispositivo, a Fazenda Pública também está sujeita ao pagamento da multa prevista no § 4º. No entanto, a interposição de novo recurso não está condicionada ao seu pagamento antecipado. O pagamento da multa pela Fazenda é feito ao final do processo.

Outro ponto em destaque no presente informativo é a questão da terceirização. Aqui, o TST afirmou que a terceirização na atividade fim de concessionária de serviço público é ilegal, mantendo a condenação da tomadora e prestadora de serviços ao pagamento de indenização por danos morais coletivos.

A terceirização é caracterizada por uma relação triangular formada entre um tomador de serviços, uma empresa prestadora de serviços e um empregado, contratado por esta.

As empresas firmam um contrato civil entre elas (contrato de terceirização de serviços) e o empregado firma um contrato de trabalho com a empresa prestadora de serviços, passando a laborar nas dependências do tomador.

Historicamente, o TST admitia a terceirização apenas da atividade-meio, ou seja, aquela não ligada ao escopo principal da empresa.

No bojo da reforma trabalhista, foi alterada a Lei nº 6.019 para passar a ser permitida a terceirização da atividade-fim. Vejamos a redação do art. 4º-A do diploma em questão.

> Art. 4º-A Considera-se prestação de serviços a terceiros a transferência feita pela contratante da execução de quaisquer de suas atividades, inclusive sua atividade principal, à pessoa jurídica de direito privado prestadora de serviços que possua capacidade econômica compatível com a sua execução.

Não obstante essa alteração legislativa, o entendimento do TST foi levado ao STF, que decidiu pela licitude da terceirização de atividade-fim, mesmo antes dessa mudança do texto legal, fixando a seguinte tese:

> É lícita a terceirização ou qualquer outra forma de divisão do trabalho entre pessoas jurídicas distintas, independentemente do objeto social das empresas envolvidas, mantida a responsabilidade subsidiária da empresa contratante.

Assim, fixou-se que é lícita a terceirização de toda e qualquer atividade, meio ou fim, não se configurando relação de emprego entre a contratante e o empregado da contratada.

Dessa forma, o julgado aqui analisado encontra-se superado, no que tange a ilegalidade da terceirização de atividade fim.

Informativo nº 139

▸ ***Matéria remetida ao Tribunal Pleno. Art. 77, II, do RITST. Ação coletiva. Sindicato. Substituição Processual. Execução contra a Fazenda Pública. Individualização do crédito de cada substituído. Possibilidade. Expedição de Requisição de Pequeno Valor (RPV).***

No caso de ação coletiva em que o sindicato atua como substituto processual na defesa de direitos individuais homogêneos, não configura quebra do valor da execução, vedada pelo art. 100, § 8º, da CF, o pagamento individualizado do crédito devido pela Fazenda Pública aos substituídos. Entendimento consolidado pelo STF nos autos do processo STF-ARE 925754/PR, com repercussão geral reconhecida, que, não obstante se refira à hipótese de execução individual da

sentença condenatória genérica, também se aplica à situação em apreço, em que a execução é coletiva. Em ambos os casos, a titularidade do crédito judicialmente concedido não pertence ao sindicato, mas aos empregados que ele substitui, de modo que é possível considerar o valor deferido a cada um deles, individualmente, para fins de expedição da Requisição de Pequeno Valor (RPV). Sob esses fundamentos, o Tribunal Pleno, por unanimidade, conheceu do recurso ordinário e da remessa necessária, e, no mérito, negou-lhes provimento, mantendo a decisão que denegara a segurança por entender que o Município de Salvador/BA não tem direito líquido e certo à execução do valor global do crédito constante do título judicial.

TST-ReeNec e RO-118-88.2015.5.05.0000, Tribunal Pleno, rel. Min. Maria de Assis Calsing, 27.6.2016

BREVE COMENTÁRIO

O Sindicato, cumprindo sua função constitucional prevista no art. 8º, III da CF, pode agir em juízo como autor legitimado extraordinário (substituto processual) ou, ao revés, como representante processual. Na Substituição processual, o autor pleiteia, em nome próprio, direito alheio, nos termos do art. 18 e parágrafo único do CPC. Já na Representação processual, o representante age em nome e no interesse de outrem.

A CF/88 veda o fracionamento de precatórios para fins de enquadramento como RPV.

> Art. 100. Os pagamentos devidos pelas Fazendas Públicas Federal, Estaduais, Distrital e Municipais, em virtude de sentença judiciária, far-se-ão exclusivamente na ordem cronológica de apresentação dos precatórios e à conta dos créditos respectivos, proibida a designação de casos ou de pessoas nas dotações orçamentárias e nos créditos adicionais abertos para este fim.
>
> (...)
>
> § 8º É vedada a expedição de precatórios complementares ou suplementares de valor pago, bem como o fracionamento, repartição ou quebra do valor da execução para fins de enquadramento de parcela do total ao que dispõe o § 3º deste artigo

No entanto, no julgado aqui tratado, o Sindicato atua como legitimado extraordinário (substituto processual). Disso decorre que a titularidade do crédito judicialmente concedido não pertence ao sindicato, mas aos empregados que ele substitui. Dessa forma, não incide a vedação do art. 100, § 8º, da CF/88.

Informativo nº 140

- ***Incompetência da Justiça do Trabalho. Ação civil pública. Reajuste dos honorários repassados pelas operadoras de plano de saúde aos médicos credenciados. Relação de trabalho não configurada.***

A Justiça do Trabalho é incompetente para processar e julgar ação civil pública na qual se postula o reajuste dos honorários repassados pelas operadoras de

plano de saúde aos médicos credenciados, pois a relação entre eles não possui natureza trabalhista. As operadoras de plano de saúde, ligadas à chamada autogestão, atuam como intermediadoras entre os interesses dos usuários e dos prestadores de serviço, ao passo que os médicos credenciados não prestam serviço diretamente às operadoras, mas aos beneficiários/usuários, não havendo falar, portanto, em relação de trabalho nos moldes do art. 114, I, da CF. Sob esses fundamentos, a SBDI-I, por unanimidade, não conheceu do recurso de embargos da Conab, mas conheceu dos recursos de embargos interpostos pela Cassi, Geap, Petrobras e Embratel, e, no mérito, deu-lhes provimento para restabelecer o acórdão do Regional que manteve a sentença que julgou extinto o processo, sem resolução de mérito, por incompetência da Justiça do Trabalho para apreciar o pedido de correção de honorários médicos de profissionais vinculados às gestoras de plano de saúde.

TST-E-ED-RR-1485-76.2010.5.09.0012, SBDI-I, rel. Min. Guilherme Augusto Caputo Bastos, 30.6.2016

BREVE COMENTÁRIO

Para a configuração da relação de trabalho, com base na exegese do inciso I do artigo 114 da Constituição, faz-se necessário que haja efetiva prestação de trabalho de uma parte em benefício da outra.

No presente julgado, o Sindicato dos Médicos no Estado do Paraná ajuizou ação civil pública, na qual postula o reajuste dos honorários repassados pelas operadoras dos planos de saúde, ligadas à chamada autogestão, aos médicos credenciados.

O objeto das operadoras de plano de saúde é a comercialização de planos de saúde, atuando como agentes intermediadores entre os interesses dos prestadores de serviços (médicos credenciados) e os beneficiários. As referidas operadoras cobram mensalidades dos usuários, obrigando-se, por meio de contrato, a repassar aos médicos credenciados os valores devidos pelos reais tomadores de serviços – os beneficiários.

O serviço desempenhado pelos profissionais de saúde da rede credenciada não se dá em prol das operadoras de planos de saúde, mas sim dos usuários, não havendo falar, portanto, em relação de trabalho para fins de atrair a competência da Justiça do Trabalho para processar e julgar o feito.

Com base nesse entendimento, o TST afastou a competência da Justiça do Trabalho para apreciar a causa.

Informativo nº 142

SÚMULA Nº 303 DO TST

FAZENDA PÚBLICA. REEXAME NECESSÁRIO **(nova redação em decorrência do CPC de2015)**

I – Em dissídio individual, está sujeita ao reexame necessário, mesmo na vigência da Constituição Federal de 1988, decisão contrária à Fazenda Pública, salvo quando a condenação não ultrapassar o valor correspondente a: a) 1.000 (mil) salários mínimos para a União e as respectivas autarquias e fundações de direito público; b) 500 (quinhentos) salários mínimos para os Estados, o Distrito Federal, as respectivas autarquias e fundações de direito público e os Municípios que constituam capitais dos Estados; c) 100 (cem) salários mínimos para todos os demais Municípios e respectivas autarquias e fundações de direito público.

I – Também não se sujeita ao duplo grau de jurisdição a decisão fundada em: a) súmula ou orientação jurisprudencial do Tribunal Superior do Trabalho; b) acórdão proferido pelo Supremo Tribunal Federal ou pelo Tribunal Superior do Trabalho em julgamento de recursos repetitivos; c) entendimento firmado em incidente de resolução de demandas repetitivas ou de assunção de competência; d) entendimento coincidente com orientação vinculante firmada no âmbito administrativo do próprio ente público, consolidada em manifestação, parecer ou súmula administrativa.

III – Em ação rescisória, a decisão proferida pelo Tribunal Regional do Trabalho está sujeita ao duplo grau de jurisdição obrigatório quando desfavorável ao ente público, exceto nas hipóteses dos incisos anteriores. (ex-OJ nº 71 da SBDI-1 – inserida em 03.06.1996).

IV – Em mandado de segurança, somente cabe reexame necessário se, na relação processual, figurar pessoa jurídica de direito público como parte prejudicada pela concessão da ordem. Tal situação não ocorre na hipótese de figurar no feito como impetrante e terceiro interessado pessoa de direito privado, ressalvada a hipótese de matéria administrativa. (ex-OJs nºs 72 e 73 da SBDI-1 – inseridas, respectivamente, em 25.11.1996 e 03.06.1996).

Informativo nº 143

▸ ***Mandado de segurança. Concurso público. Candidata inscrita como portadora de necessidades especiais (PNE). Esclerose múltipla. Incapacitação não aferida no momento da avaliação médica. Enquadramento. Impossibilidade.***

O acometimento de moléstia grave, por si só, não enseja o enquadramento de candidata a cargo público em vaga reservada aos portadores de necessidades especiais (PNE). No caso, embora o laudo elaborado pela equipe médica tenha reconhecido que a impetrante possui esclerose múltipla, também registrou que, no momento da avaliação, seu quadro clínico não revelou incapacitação hábil a justificar a condição de portadora de deficiência, nos termos do art. 4º do Decreto nº 3.284/90. Sob esses fundamentos, o Órgão Especial, por unanimidade, negou provimento ao recurso ordinário, mantendo incólume a decisão da Corte de origem que denegara a segurança pretendida por não vislumbrar ilegalidade no ato que negou o enquadramento da impetrante como pessoa portadora de necessidades especiais.

TST-RO-166-46.2015.5.23.0000, Órgão Especial, rel. Min.Augusto César Leite de Carvalho, 5.9.2016

BREVE COMENTÁRIO

No julgado aqui analisado, o TST se deparou com a situação na qual uma candidata às vagas PNE apresentou laudo médico que atestava esclerose múltipla. No entanto, registrou que a candidata não revelou incapacidade hábil a justificar a condição de PNE.

A CF/88, em seu art. 37, VIII, determinou a reserva de um percentual das vagas destinados às pessoas com deficiência. Assim dispõe:

> Art. 37. A administração pública direta e indireta de qualquer dos Poderes da União, dos Estados, do Distrito Federal e dos Municípios obedecerá aos princípios de legalidade, impessoalidade, moralidade, publicidade e eficiência e, também, ao seguinte:
>
> [...]
>
> VIII – a lei reservará percentual dos cargos e empregos públicos para as pessoas portadoras de deficiência e definirá os critérios de sua admissão;

A lei 8.112/90, por exemplo, reservou um percentual de até 20% das vagas para pessoas com deficiência, conforme dispõe o art. 5º, § 2º:

> Art. 5º (...)
>
> § 2º Às pessoas portadoras de deficiência é assegurado o direito de se inscrever em concurso público para provimento de cargo cujas atribuições sejam compatíveis com a deficiência de que são portadoras; para tais pessoas serão reservadas até 20% (vinte por cento) das vagas oferecidas no concurso.

Como se pode observar, a lei fala em "até" 20%. Significa que esse é o percentual máximo.

No âmbito federal, o direito de reserva de vagas foi regulamentado pelo Decreto nº 3.298/1999, o qual dispõe sobre a Política Nacional para a Integração da Pessoa Portadora de Deficiência. O art. 4º do referido Decreto dispõe o que considera pessoas com deficiência. Outros diplomas que tratam sobre a política de inclusão de pessoas com deficiência são as Leis 7.853/89 e 13.146/15.

O Estatuto da Pessoa com Deficiência (Lei 13.146/15), por exemplo, em seu art. 2º, considera pessoa com deficiência aquela que tem impedimento de longo prazo de natureza física, mental, intelectual ou sensorial, o qual, em interação com uma ou mais barreiras, pode obstruir sua participação plena e efetiva na sociedade em igualdade de condições com as demais pessoas.

Nesse julgado, para o TST, o fato de constar no laudo médico que a candidata não revelou incapacidade hábil a justificar a condição de PNE, é suficiente para negar a segurança pleiteada, por não haver direito líquido e certo que garanta à candidata a inscrição como PNE.

Vale, por fim, destacar que, não obstante esse processo tenha tramitado na Justiça do Trabalho, o STF entende que compete à Justiça Comum dirimir controvérsias relativas à fase pré-contratual.

No RE 960429, destaca o Min. Gilmar Mendes que o concurso público é um processo administrativo que visa à admissão do empregado. Controvérsias relativas à fase pré-contratual devem ser pautadas por normas de direito público, prevalecendo a competência da Justiça Comum (estadual ou federal). Isso porque, antes da admissão, sequer existe uma relação regida pela Consolidação das Leis do Trabalho (CLT).

Assim, na fase pré-contratual há apenas uma expectativa do candidato de que a relação seja concretizada, caso venha a ser contratado. Apenas depois de iniciada a relação de trabalho é que se instaura a competência da Justiça do Trabalho.

Informativo nº 145

Mandado de segurança. Licença para o exercício de comércio ambulante em local público municipal administrado por concessionária de rodovia estadual. Incompetência absoluta da Justiça do Trabalho. Declaração de ofício.

A controvérsia em torno do direito de uso do espaço público municipal localizado em rodovia estadual administrada por concessionária, para o exercício de comércio ambulante, foge à competência da Justiça do Trabalho, especialmente na hipótese em que a insurgência é dirigida contra atos do Município, que negou a licença para o comércio, e da concessionária, que teria colocado pedras do local onde a atividade vinha se desenvolvendo, e não contra o empregador ou o tomador dos serviços. Sob esses fundamentos, a SBDI-II, por unanimidade, negou provimento ao recurso ordinário e, de ofício, declarou a incompetência absoluta da Justiça do Trabalho para o exame da pretensão mandamental, determinando o retorno dos autos à Corte de origem, a fim de que seja providenciada a remessa do feito ao setor de distribuição das Varas do Tribunal de Justiça de São Paulo em Cubatão/SP, na forma do art. 12, § 2º, da Lei nº 11.419/2006 c/c art. 64, § 3º, do CPC de 2015.

TST-RO-1000407-85.2015.5.02.0000, SBDI-II,
rel. Min. Douglas Alencar Rodrigues, 20.9.2016

BREVE COMENTÁRIO

Compete à Justiça do Trabalho dirimir controvérsias relativas às relações de trabalho.

No julgado aqui analisado, direito de uso do espaço público municipal, não há relação de trabalho evidente para atrair a competência da especializada.

Isso porque a relação entre o Município, a concessionária e o pleiteante não é regida pelo Direito do Trabalho, e sim pelo Direito Administrativo.

Assim, foge da competência da Justiça do Trabalho apreciar a demanda instaurada.

Informativo nº 149

▸ ***Hospital Nossa Senhora da Conceição S.A. Garantia de Emprego. Período eleitoral. Art. 73, V, da Lei nº 9.504/92. Aplicação.***

Aplica-se ao Hospital Nossa Senhora da Conceição S.A. a vedação à dispensa de servidores públicos sem justa causa no período de três meses que antecedem as eleições até a posse dos eleitos, prevista no art. 73, V, da Lei nº 9.504/92. O referido hospital, embora seja formalmente uma sociedade de economia mista, presta serviço público de saúde, atendendo exclusivamente pelo SUS, com 99,9% de suas ações com direito a voto pertencentes à União, está vinculado à estrutura do Ministério da Saúde e não atua em ambiente concorrencial, nem possui objetivo de distribuir lucros a seus acionistas. Sob esse fundamento, a SBDI-I, por unanimidade, conheceu do recurso de embargos, por divergência jurisprudencial e, no mérito, deu-lhe provimento para restabelecer a sentença, no aspecto em que se condenou o reclamado ao pagamento da indenização substitutiva equivalente aos salários e reflexos relativos ao período de estabilidade pré-eleitoral.

TST-E-ED-RR-12396-27.2010.5.04.0000, SBDI-I,
rel. Min. José Roberto Freire Pimenta, 17.11.2016

BREVE COMENTÁRIO

A lei 9.504/92 estabelece normas para as eleições, dentre elas as vedações direcionadas para os agentes públicos. O art. 73, V, da lei em referência, trata de algumas dessas condutas. Vejamos:

> Art. 73. São proibidas aos agentes públicos, servidores ou não, as seguintes condutas tendentes a afetar a igualdade de oportunidades entre candidatos nos pleitos eleitorais: (...)
>
> V – nomear, contratar ou de qualquer forma admitir, demitir sem justa causa, suprimir ou readaptar vantagens ou por outros meios dificultar ou impedir o exercício funcional e, ainda, *ex officio*, remover, transferir ou exonerar servidor público, na circunscrição do pleito, nos três meses que o antecedem e até a posse dos eleitos, sob pena de nulidade de pleno direito, ressalvados: a) a nomeação ou exoneração de cargos em comissão e designação ou dispensa de funções de confiança; b) a nomeação para cargos do Poder Judiciário, do Ministério Público, dos Tribunais ou Conselhos de Contas e dos órgãos da Presidência da República; c) a nomeação dos aprovados em concursos públicos homologados até o início daquele prazo; d) a nomeação ou contratação necessária à instalação ou ao funcionamento inadiável de serviços públicos essenciais, com prévia e expressa autorização do Chefe do Poder Executivo; e) a transferência ou remoção *ex officio* de militares, policiais civis e de agentes penitenciários;"

Tais normas, obviamente, são direcionadas aos agentes públicos. No caso do Hospital Nossa Senhora da Conceição S.A., restou consignado que a União detém a titularidade de 99,99% de suas ações, prestando serviços de saúde e atendendo exclusivamente pelo Sistema Único de Saúde (SUS), sendo mantido mediante repasse de verba específica do orçamento da União.

O Hospital Nossa Senhora da Conceição encontra-se vinculado ao Ministério da Saúde por força do disposto no artigo 146 do Decreto nº 99.244/90, que dispõe sobre a reorganização e o funcionamento dos órgãos da Presidência da República e dos Ministérios. O artigo 2º, inciso IV, alínea "c", item 1, do anexo I do Decreto nº 8.065/2013 especifica, ainda, que o aludido hospital integra a estrutura organizacional do Ministério da Saúde na condição de sociedade de economia mista.

O Hospital em referência não atua em ambiente concorrencial nem possui objetivo de distribuir lucros aos seus acionistas. Verifica-se, portanto, que o Hospital Conceição, apesar de ser formalmente uma sociedade de economia mista, constitui "instrumento de ação da União na área da saúde", visto que presta serviço público de saúde, atendendo exclusivamente pelo SUS, com 99,9% de suas ações com direito ao voto pertencente à União.

Com esses fundamentos, entendeu o TST que as vedações do art. 73, V, da Lei 9504/92 aplicam-se ao Hospital Nossa Senhora da Conceição S.A., sendo vedada a dispensa sem justa causa no período de três meses que antecedem as eleições até a posse dos eleitos.

▶ ***Conflito negativo de competência. Competência territorial. Art. 651,*** *caput* ***e § 3º, da CLT. Pretensão deduzida por candidata aprovada em concurso público. Fase pré-contratual. Terceirização dos serviços no prazo de validade do concurso na região em que foi aprovada.***

Questões alusivas à competência territorial devem ser resolvidas com base nas regras inscritas no art. 651, caput e § 3º, da CLT, segundo as quais deve ser observado o foro da prestação de serviços ou o foro da contratação. No caso concreto, busca a reclamante ser admitida nos quadros do Banco do Brasil em virtude de ter logrado aprovação em concurso público, alegando ter havido preterição na ordem de convocação dos candidatos aprovados, em face da contratação de trabalhadores temporários e terceirizados em atividade fim do banco. Não obstante a discussão anteceda a própria constituição do vínculo laboral, a solução que se impõe é a de considerar competente, por extensão, o foro do local em que os serviços deveriam ser prestados ou, sucessivamente, do local em que iniciadas as medidas para a contratação, com a inscrição no concurso público, já que figura no polo passivo instituição financeira com atuação em âmbito nacional. De outra sorte, ainda que se afaste a incidência do art. 651 da CLT, permanece a competência do local da sede da agência em que a trabalhadora poderá vir a ser lotada, nos termos do art. 100, IV, "b", do CPC de 1973. Com esses fundamentos, a SBDI- II, por unanimidade, admitiu o conflito negativo de competência para declarar a competência da Vara do Trabalho de Votuporanga/SP, local sede da microrregião de habilitação da reclamante no certame.

TST-CC-328-55.2016.5.10.0004, SBDI-II,
rel. Min. Douglas Alencar Rodrigues, 8.11.2016

BREVE COMENTÁRIO

A competência territorial, ou competência em razão do lugar consta no artigo 651 da CLT e tem como características ser relativa, prorrogável e não ser passível de reconhecimento de ofício pelo juiz.

O caput do artigo 651, tem como regra o local da prestação de serviços. No entanto, a própria CLT apresenta exceções, como veremos a seguir:

> Art. 651 – A competência das Juntas de Conciliação e Julgamento é determinada pela localidade onde o empregado, reclamante ou reclamado, prestar serviços ao empregador, ainda que tenha sido contratado noutro local ou no estrangeiro.
>
> § 1º – Quando for parte de dissídio agente ou viajante comercial, a competência será da Junta da localidade em que a empresa tenha agência ou filial e a esta o empregado esteja subordinado e, na falta, será competente a Junta da localização em que o empregado tenha domicílio ou a localidade mais próxima.
>
> § 2º – A competência das Juntas de Conciliação e Julgamento, estabelecida neste artigo, estende-se aos dissídios ocorridos em agência ou filial no estrangeiro, desde que o empregado seja brasileiro e não haja convenção internacional dispondo em contrário.
>
> § 3º – Em se tratando de empregador que promova realização de atividades fora do lugar do contrato de trabalho, é assegurado ao empregado apresentar reclamação no foro da celebração do contrato ou no da prestação dos respectivos serviços.

Como podemos ver, o § 3º aduz que, quando o empregador realize atividades fora do lugar da contratação, é assegurado ao empregado apresentar sua reclamação no foro da celebração do contrato ou no da prestação dos respectivos serviços.

No caso do julgado, candidata a concurso público de sociedade de economia mista com atuação nacional pode ajuizar sua reclamação tanto no foro do local em que os serviços deveriam ser prestados quanto no local em que iniciadas as medidas para a contratação, com a inscrição no concurso público.

Aqui cabe uma observação: a subseção I, Especializada em Dissídios Individuais, SBDI-I, no informativo 185, afirmou ser possível reconhecer como competente o foro do domicílio do reclamante quando a atribuição da competência ao local de prestação de serviços ou da contratação obstaculizar o direito de ação. Para a SDI-1, quando a ré contratar e promover a prestação dos serviços em diferentes localidades do território nacional é possível a aplicação ampliativa do § 3º do artigo 651 da CLT e se permite ao autor o ajuizamento da ação no local do seu domicílio.

Vale, por fim, destacar que, não obstante esse processo tenha tramitado na Justiça do Trabalho, o STF entende que compete à Justiça Comum dirimir controvérsias relativas à fase pré-contratual.

No RE 960429, destaca o Min. Gilmar Mendes que o concurso público é um processo administrativo que visa à admissão do empregado. Controvérsias relativas à fase pré-contratual devem ser pautadas por normas de direito público, prevalecendo a competência da Justiça Comum (estadual ou federal). Isso porque, antes da admissão, sequer existe uma relação regida pela Consolidação das Leis do Trabalho (CLT).

Assim, na fase pré-contratual há apenas uma expectativa do candidato de que a relação seja concretizada, caso venha a ser contratado. Apenas depois de iniciada a relação de trabalho é que se instaura a competência da Justiça do Trabalho.

Informativo nº 150

- ***Terceirização. Isonomia salarial entre empregados da empresa prestadora de serviços e os da tomadora de serviços. Orientação Jurisprudencial nº 383 da SBDI-I. Exigência de identidade de funções e não de tarefas.***

A Orientação Jurisprudencial nº 383 da SBDI-I, ao garantir aos trabalhadores irregularmente contratados, mediante empresa interposta, as mesmas verbas trabalhistas asseguradas aos empregados do tomador de serviços, exige a identidade de funções, e não de tarefas. Dessa forma, dá-se efetividade ao princípio constitucional da isonomia e evita-se que a terceirização de serviços seja utilizada como prática discriminatória. No caso, a Celg Distribuição S.A. possui em seu quadro de pessoal eletricistas contratados mediante concurso público e também eletricistas de empresas terceirizadas, todos eles trabalhando como eletricistas e prestando serviços ligados à sua atividade fim e em seu benefício, razão pela qual o fato de o TRT ter registrado que os empregados da tomadora realizavam tarefas mais especializadas que os empregados da prestadora de serviço não afastam o direito à isonomia salarial. Sob esse entendimento, a SBDI-I, por maioria, conheceu dos embargos, no tópico, por contrariedade à Orientação Jurisprudencial nº 383 da SBDI-I, e, no mérito, deu-lhes provimento para restabelecer a decisão do Regional quanto à condenação das reclamadas ao pagamento de diferenças salariais e reflexos decorrentes da isonomia do reclamante com os eletricistas empregados da Celg Distribuição S.A. Vencidos os Ministros Guilherme Augusto Caputo Bastos, relator, e Márcio Eurico Vitral Amaro.

TST-E-RR-11623-36.2013.5.18.0016, SBDI-I, rel. Min. Guilherme Augusto Caputo Bastos, red. p/ acórdão Min. José Roberto Freire Pimenta, 1º.12.2016

BREVE COMENTÁRIO

Nesse julgado, é interessante que façamos uma diferença entre terceirização e intermediação de mão de obra.

Terceirização (lícita) ou prestação de serviços é, nos termos do art. 4º-A da Lei 6.019/74, a transferência feita pela contratante da execução de quaisquer de suas atividades, inclusive sua atividade principal, à pessoa jurídica de direito privado prestadora de serviços que possua capacidade econômica compatível com a sua execução. Já na intermediação (terceirização ilícita) não temos a contratação da execução do serviço, mas da mão de obra do trabalhador.

Na terceirização lícita, nos termos do art. 4º, § 2º, da Lei 6.019/74, não se configura vínculo empregatício entre os trabalhadores, ou sócios das empresas prestadoras de serviços, qualquer que seja o seu ramo, e a empresa contratante.

Não obstante essa disposição, o art. 2º da CLT permite que seja reconhecido o vínculo direto, se presentes os elementos da relação de emprego. Nesse sentido é a súmula 331 do TST, I:

> ***Súmula nº 331 do TST***
>
> **CONTRATO DE PRESTAÇÃO DE SERVIÇOS. LEGALIDADE (nova redação do item IV e inseridos os itens V e VI à redação) – Res. 174/2011, DEJT divulgado em 27, 30 e 31.05.2011**
>
> I – A contratação de trabalhadores por empresa interposta é ilegal, formando-se o vínculo diretamente com o tomador dos serviços, salvo no caso de trabalho temporário (Lei nº 6.019, de 03.01.1974).

O STF, no Recurso Extraordinário (RE) 958252, com repercussão geral, reconheceu a constitucionalidade do instituto da terceirização em toda e qualquer atividade e afastou a interpretação conferida pelo TST à matéria na Súmula 331. No entanto, permanece vedada a intermediação de mão de obra, podendo ser reconhecido o vínculo com o empregador. Se presentes a pessoalidade e a subordinação, o trabalhador será empregado direto do tomador de serviços.

No âmbito da Administração Pública, não há possibilidade de reconhecimento de vínculo empregatício, devido à exigência de concurso público para o ingresso no serviço público. Assim dispõe a súmula 331, II:

> **Súmula nº 331 do TST**
>
> **CONTRATO DE PRESTAÇÃO DE SERVIÇOS. LEGALIDADE (nova redação do item IV e inseridos os itens V e VI à redação) – Res. 174/2011, DEJT divulgado em 27, 30 e 31.05.2011**
>
> II – A contratação irregular de trabalhador, mediante empresa interposta, não gera vínculo de emprego com os órgãos da Administração Pública direta, indireta ou fundacional (art. 37, II, da CF/1988).

Não obstante essa previsão, a jurisprudência confere a esses trabalhadores os mesmos direitos dos empregados que exerçam as mesmas funções no mesmo local de trabalho, pelo princípio da isonomia. Esse é o sentido da OJ 383 da SDI-1:

> **383.TERCEIRIZAÇÃO. EMPREGADOS DA EMPRESA PRESTADORA DE SERVIÇOS E DA TOMADORA. ISONOMIA. ART. 12, "A", DA LEI Nº 6.019, DE 03.01.1974. (mantida) – Res. 175/2011, DEJT divulgado em 27, 30 e 31.05.2011**
>
> A contratação irregular de trabalhador, mediante empresa interposta, não gera vínculo de emprego com ente da Administração Pública, não afastando, contudo, pelo princípio da isonomia, o direito dos empregados terceirizados às mesmas verbas trabalhistas legais e normativas asseguradas àqueles contratados pelo tomador dos serviços, desde que presente a igualdade de funções. Aplicação analógica do art. 12, "a", da Lei nº 6.019, de 03.01.1974.

O enunciado do art. 12 da Lei 6.019/74 merece ser citado. Vejamos:

> Art. 12 – Ficam assegurados ao trabalhador temporário os seguintes direitos:
>
> a) remuneração equivalente à percebida pelos empregados de mesma categoria da empresa tomadora ou cliente calculados à base horária, garantida, em qualquer hipótese, a percepção do salário mínimo regional;

Aqui, cabe ressaltar que a súmula 363 do TST garante ao trabalhador, nos casos de contratação nula, apenas o direito à contraprestação pactuada e ao FGTS:

> **SÚMULA Nº 363 – CONTRATO NULO. EFEITOS**
>
> A contratação de servidor público, após a CF/1988, sem prévia aprovação em concurso público, encontra óbice no respectivo art. 37, II e § 2º, somente lhe conferindo direito ao pagamento da contraprestação pactuada, em relação ao número de horas trabalhadas, respeitado o valor da hora do salário mínimo, e dos valores referentes aos depósitos do FGTS.

Os diplomas devem ser compatibilizados, de modo que o empregado de empresa interposta deverá receber as mesmas verbas dos empregados da Administração Pública, limitado ao pagamento da contraprestação pactuada, em relação ao número de horas trabalhadas, respeitado o valor da hora do salário mínimo, e dos valores referentes aos depósitos do FGTS.

Para além do que foi aqui exposto, o TST entendeu, no informativo aqui estudado, que a isonomia prevista na OJ 383 tem aplicação quando houver identidade de funções, e não de tarefas.

Note-se que a OJ 383 fala em igualdade de funções, e não de tarefas. Nas lições de Maurício Godinho Delgado, "tarefa é atribuição ou atos singulares no contexto da prestação laboral, ao passo que função é um feixe unitário de tarefas, ou seja, um conjunto de tarefas que se reúnem em um todo unitário, de modo a situar o trabalhador em um posicionamento específico no universo da divisão de trabalho." Igualmente não interessa a denominação do cargo, mas sim a função desempenhada. Nesse sentido é a nova redação do art. 461 da CLT, promovida pela Lei 13.467/17.

> Art. 461. Sendo idêntica a função, a todo trabalho de igual valor, prestado ao mesmo empregador, no mesmo estabelecimento empresarial, corresponderá igual salário, sem distinção de sexo, etnia, nacionalidade ou idade.

Não se pode confundir identidade de funções com similitude de funções. A lei exige que as funções sejam idênticas. Nesse sentido, a súmula 6, II, do TST.

> EQUIPARAÇÃO SALARIAL. ART. 461 DA CLT **(redação do item VI alterada) – Res. 198/2015, republicada em razão de erro material – DEJT divulgado em 12, 15 e 16.06.2015**
>
> III – A equiparação salarial só é possível se o empregado e o paradigma exercerem a mesma função, desempenhando as mesmas tarefas, não importando se os cargos têm, ou não, a mesma denominação. (ex-OJ da SBDI-1 nº 328 – DJ 09.12.2003)

Alice Monteiro, no entanto, adverte que essa identidade é relativa. Não descaracteriza-se a identidade de funções se houver pluralidade de atribuições. O importante é que as funções sejam substancialmente idênticas.

No caso do informativo analisado, a antiga empresa pública Companhia Energética de Goiás – Celg D (inserida no Programa Nacional de Desestatização e arrematada pela Enel Brasil em 2016) possuía, em seu quadro de pessoal, eletricistas contratados mediante concurso público e também eletricistas de empresas terceirizadas. Todos eles trabalham como eletricistas e prestam serviços ligados à atividade-fim e em benefício da segunda reclamada.

Para o reconhecimento da isonomia salarial, é necessário que entre os empregados terceirizados e os contratados diretamente pela tomadora de serviços haja apenas igualdade de funções, e não que as tarefas executadas pelos empregados sejam idênticas. Portanto, a isonomia salarial entre o empregado contratado pela tomadora de serviços e o terceirizado decorre da identidade de funções, e não de tarefas.

Com base nesse entendimento, o TST reconheceu a isonomia entre os trabalhadores e condenou a empresa pública ao pagamento de diferenças salariais e reflexos delas decorrentes.

Por fim, e com a finalidade de complementar os estudos, registramos que, para o TST, uma vez configurada a fraude na terceirização no âmbito da Administração Pública, o ente público tomador de serviços deve ser responsabilizado de forma solidária pelos créditos trabalhistas do empregado, com fulcro no artigo 942 do CC, segundo o qual todos aqueles que violam direito de outrem responderão solidariamente pela reparação. No caso, se houver fraude na terceirização, afasta-se a aplicação da regra da subsidiariedade prevista no item IV da Súmula 331 do TST, para aplicar a regra da solidariedade.

Informativo nº 155

- ***Ação rescisória. Servidor público municipal celetista submetido a concurso público. Dispensa com fundamento no art. 21, parágrafo único, da LRF. Inexistência de procedimento administrativo em que assegurado o devido processo legal e o direito à ampla defesa. Retorno ao trabalho. Aplicação dos arts. 169 e 182 do Código Civil.***

Conforme precedentes do Supremo Tribunal Federal, o servidor público celetista da administração direta, autárquica ou fundacional ou o empregado de empresa pública ou de sociedade de economia mista, ainda que admitidos por meio de aprovação em concurso público, não têm direito à estabilidade do art. 41 da CF, a não ser que a contratação tenha se dado anteriormente à Emenda Constitucional nº 19/1998. Todavia, também de acordo com o entendimento consolidado pela Suprema Corte, viola o art. 5º, LV, da CF a dispensa de servidor municipal nomeado após aprovação em concurso público, ainda que em estágio probatório, com fundamento no art. 21, parágrafo único, da Lei de

Responsabilidade Fiscal, quando não assegurado o contraditório e a ampla defesa em procedimento administrativo. Sob esses fundamentos, a SBDI-II, por unanimidade, conheceu do recurso ordinário em ação rescisória e, no mérito, negou-lhe provimento, assentando que, a despeito de não se tratar de servidor público estável, na forma do art. 41 da CF, a dispensa, sem o precedente procedimento administrativo, é nula, razão pela qual se determina o retorno ao trabalho, com pagamento dos salários vencidos e vincendos desde a data da dispensa, nos termos dos arts. 169 e 185 do Código Civil, ficando, no entanto, assegurado ao Município empregador o direito de renovar o despedimento, desde que observe a exigência do prévio procedimento administrativo em que assegurado o devido processo legal e o direito à ampla defesa. Vencidos os Ministros Luiz Philippe Vieira de Mello Filho e Ives Gandra Martins Filho.

TST-RO-5904-64.2012.5.07.0000, SBDI-II,
rel. Min. Douglas Alencar Rodrigues, 21.3.2017

BREVE COMENTÁRIO

Para ingressar nos quadros da administração, deve-se observar as regras do art. 37, II, da CF/88, que tratam do concurso público de provas ou provas e títulos. O próprio texto constitucional prevê algumas exceções, tais como os cargos de livre nomeação e exoneração e os casos de contratação temporária.

Após três anos de efetivo exercício e aprovação em avaliação especial de desempenho, é garantida ao servidor ocupante de cargo efetivo a prerrogativa da estabilidade. Vale destacar que a estabilidade prevista no art. 41 da CF é conferida ao detentor de cargo efetivo.

O TST possui entendimento de que os servidores celetistas da Administração direta, autárquica e fundacional são detentores de estabilidade. Nesse sentido a súmula 390 do TST.

> **SÚMULA 390 - ESTABILIDADE. ART. 41 DA CF/1988. CELETISTA. ADMINISTRAÇÃO DIRETA, AUTÁRQUICA OU FUNDACIONAL. APLICABILIDADE. EMPREGADO DE EMPRESA PÚBLICA E SOCIEDADE DE ECONOMIA MISTA. INAPLICÁVEL**
>
> I - O servidor público celetista da administração direta, autárquica ou fundacional é beneficiário da estabilidade prevista no art. 41 da CF/1988. (ex-OJs nºs 265 da SBDI-1 - inserida em 27.09.2002 - e 22 da SBDI-2 - inserida em 20.09.2000)
>
> II - Ao empregado de empresa pública ou de sociedade de economia mista, ainda que admitido mediante aprovação em concurso público, não é garantida a estabilidade prevista no art. 41 da CF/1988. (ex-OJ nº 229 da SBDI-1 - inserida em 20.06.2001)

Essa estabilidade, no entanto, encontra exceções. O servidor, ainda que estável, pode vir a perder o cargo nas hipóteses de sentença judicial transitada em jugado, em processo administrativo disciplinar em que lhe seja assegurada ampla defesa, mediante procedimento de avaliação periódica de desempenho e nos casos de descumpridos os limites da LRF com folha de pagamento.

Especificamente quanto ao limite de despesa de pessoal, dispõe o art. 169 da CF:

> Art. 169. A despesa com pessoal ativo e inativo da União, dos Estados, do Distrito Federal e dos Municípios não poderá exceder os limites estabelecidos em lei complementar.
>
> (...)
>
> § 3º Para o cumprimento dos limites estabelecidos com base neste artigo, durante o prazo fixado na lei complementar referida no caput, a União, os Estados, o Distrito Federal e os Municípios adotarão as seguintes providências: (Incluído pela Emenda Constitucional nº 19, de 1998)
>
> I – redução em pelo menos vinte por cento das despesas com cargos em comissão e funções de confiança; (Incluído pela Emenda Constitucional nº 19, de 1998)
>
> II – exoneração dos servidores não estáveis. (Incluído pela Emenda Constitucional nº 19, de 1998) (Vide Emenda Constitucional nº 19, de 1998)
>
> § 4º Se as medidas adotadas com base no parágrafo anterior não forem suficientes para assegurar o cumprimento da determinação da lei complementar referida neste artigo, o servidor estável poderá perder o cargo, desde que ato normativo motivado de cada um dos Poderes especifique a atividade funcional, o órgão ou unidade administrativa objeto da redução de pessoal. (Incluído pela Emenda Constitucional nº 19, de 1998)
>
> § 5º O servidor que perder o cargo na forma do parágrafo anterior fará jus a indenização correspondente a um mês de remuneração por ano de serviço. (Incluído pela Emenda Constitucional nº 19, de 1998)
>
> § 6º O cargo objeto da redução prevista nos parágrafos anteriores será considerado extinto, vedada a criação de cargo, emprego ou função com atribuições iguais ou assemelhadas pelo prazo de quatro anos. (Incluído pela Emenda Constitucional nº 19, de 1998)

A lei a que se refere o art. 169 é a LC 101/00, ou LRF. Conforme dispõe o art. 19 da LRF, os percentuais de receita corrente líquida devem observar os seguintes limites.

> Art. 19. Para os fins do disposto no *caput* do art. 169 da Constituição, a despesa total com pessoal, em cada período de apuração e em cada ente da Federação, não poderá exceder os percentuais da receita corrente líquida, a seguir discriminados:
>
> I – União: 50% (cinquenta por cento);
>
> II – Estados: 60% (sessenta por cento);
>
> III – Municípios: 60% (sessenta por cento).

Assim, ultrapassados esses limites, o ente público deverá adotar as medidas do ar. 196, § 3º. Caso essas medidas não sejam suficientes, poderá o servidor estável ser exonerado. É a Lei 9.801/99 que prevê as normas gerais para perda de cargo público por excesso de despesa.

A LRF dispõe ainda de casos nos quais o aumento de despesa é considerado nulo. A antiga redação do art. 21, por exemplo, assim previa:

> Art. 21. É nulo de pleno direito o ato que provoque aumento da despesa com pessoal e não atenda:
>
> I – as exigências dos arts. 16 e 17 desta Lei Complementar, e o disposto no inciso XIII do art. 37 e no § 1º do art. 169 da Constituição;
>
> II – o limite legal de comprometimento aplicado às despesas com pessoal inativo.
>
> Parágrafo único. Também é nulo de pleno direito o ato de que resulte aumento da despesa com pessoal expedido nos cento e oitenta dias anteriores ao final do mandato do titular do respectivo Poder ou órgão referido no art. 20.

Como podemos observar, é nulo o ato que resulte aumento de despesa com pessoal expedido nos 180 dias anteriores ao final do mandato do titular de Poder.

No presente informativo, o TST analisou a necessidade de ser instaurado processo administrativo, com contraditório, para a exoneração de servidor admitido por concurso público, tendo em vista que sua nomeação foi realizada nos 180 dias anteriores ao final do mandato de prefeito.

No caso, o juízo acolheu a tese da nulidade da nomeação, suscitada pelo Município de Cariús, por violação literal ao Art. 21, § único, da Lei, de Responsabilidade Fiscal, porque efetivada em período inferior aos 180 dias que antecederam o término do mandado do então Prefeito. Para o Regional, a nomeação de servidor para exercício de cargo público gerou aumento nas despesas com pessoal.

O servidor, sentindo-se lesado, ajuizou ação rescisória no TRT, alegando que foi violado o contraditório e da ampla defesa. O Regional, por sua vez, julgou procedente a Ação Rescisória, por afronta aos incisos LIV e LV do art. 5º da Constituição Federal, para desconstituir a sentença de primeiro grau e condenar o Município de Cariús a reintegrar o autor no seu emprego antes ocupado, bem como a pagar-lhe os salários e demais vantagens alusivas ao período de afastamento.

O Município recorreu ao TST. Ao se deparar com a questão, o Superior manteve o Acórdão Regional. Para o TST, viola a cláusula inscrita no art. 5º, LV, da Constituição Federal, a dispensa do servidor nomeado após aprovação em concurso público, ainda que em estágio probatório, com fundamento no art. 21, parágrafo único, da Lei de Responsabilidade Fiscal, quando não assegurado o contraditório e a ampla defesa em procedimento administrativo. Esse entendimento se aplica ainda que o servidor não seja estável. O disposto na LRF bem como a prerrogativa de sanar as irregularidades detectadas não dispensa a Administração Pública de observar as garantias constitucionalmente asseguradas. A ausência de processo administrativo ou a inobservância aos princípios do contraditório e da ampla defesa tornam nulo o ato de demissão de servidor público estável ou não.

Há precedentes do STF afastando a exoneração *ex officio* inclusive quando o servidor foi admitido de forma irregular.

CONSTITUCIONAL E ADMINISTRATIVO. AGRAVO REGIMENTAL NO RECURSO EXTRAORDINÁRIO. CONCURSO PÚBLICO. ANULAÇÃO, PELO MUNICÍPIO, EM FACE DE IRREGULARIDADES APONTADAS PELO TRIBUNAL DE CONTAS ESTADUAL. SERVIDORES PÚBLICOS_ ADMITIDOS POR MEIO DA SEÇÃO IRREGULAR. EXONERAÇÃO EX OFFICIO SEM OBSERVÂNCIA DOS PRINCÍPIOS DO CONTRADITÓRIO E DA AMPLA DEFESA. IMPOSSIBILIDADE. PRECEDENTE DO PLENÁRIO DO STF SOB A SISTEMÁTICA DA REPERCUSSÃO GERAL.

(RE 594.296- RG, MIN. DIAS TOFFOLI, TEMA 138). AGRAVO REGIMENTAL A QUE SE NEGA PROVIMENTO." (STF-RE 478371, Rel. Min. Teori Zavascki, 2ª Turma, DJe 28/5/2014)

Assim, concluiu o TST pela nulidade do ato de exoneração.

Obs. a redação o art. 21 da LRF foi alterada pela LC 173/20, mas a nulidade do o ato do qual resulte aumento da despesa com pessoal nos 180 dias anteriores ao final do mandato do titular de Poder ou órgão permanece.

Informativo nº 156

- ***Matéria afetada ao Tribunal Pleno. Gestante. Contrato nulo. Ausência de prévia aprovação em concurso público. Estabilidade provisória. Indevida. Incidência da Súmula nº 363 do TST.***

Não é possível estender a garantia provisória de emprego à empregada gestante dispensada em razão do reconhecimento da nulidade do contrato firmado com ente público, sem prévia aprovação em concurso público. Incidência dos estritos termos da Súmula nº 363 do TST que, diante da invalidade da contratação, assegura apenas o pagamento das horas trabalhadas e das contribuições ao FGTS, por expressa previsão de lei. Ao caso concreto não se aplica a Convenção nº 103 da OIT, que consagra o direito das empregadas gestantes à licença-maternidade e veda a dispensa nesse período, nem a jurisprudência do Supremo Tribunal Federal no que concerne ao alcance da estabilidade prevista no art. 10, II, "b", do ADCT, pois ambas as situações pressupõem a validade da relação jurídica estabelecida entre as partes, condição não verificada na hipótese. Sob esse entendimento, o Tribunal Pleno, por maioria, conheceu do recurso de embargos, por divergência jurisprudencial, vencidos os Ministros Hugo Carlos Scheuermann, Cláudio Mascarenhas Brandão, Alberto Luiz Bresciani de Fontan Pereira, Maria de Assis Calsing, Márcio Eurico Vitral Amaro e Kátia Magalhães Arruda. No mérito, ainda por maioria, decidiu-se negar provimento ao recurso, vencidos os Ministros Delaíde Miranda Arantes, relatora, Lelio Bentes Corrêa, Mauricio Godinho Delgado e Augusto César Leite de Carvalho.

TST-E-ED-RR-175700-88.2007.5.04.0751, Tribunal Pleno, rel. Min. Delaíde Miranda Arantes, red. p/ acórdão Min. Aloysio Corrêa da Veiga, 17.4.2017

BREVE COMENTÁRIO

É garantida à gestante o direito à permanência no emprego desde a confirmação da gravidez até 5 meses após o parto. Essa é a previsão do art. 10, II, b, do ADCT.

> Art. 10. Até que seja promulgada a lei complementar a que se refere o art. 7°, I, da Constituição:
>
> II - fica vedada a dispensa arbitrária ou sem justa causa:
>
> a) do empregado eleito para cargo de direção de comissões internas de prevenção de acidentes, desde o registro de sua candidatura até um ano após o final de seu mandato;
>
> b) da empregada gestante, desde a confirmação da gravidez até cinco meses após o parto.

Importante esclarecer que o TST sedimentou, na súmula 244, a teoria objetiva para a estabilidade da gestante, segundo a qual o desconhecimento da gravidez não afasta a referida estabilidade.

> Súmula n° 244 do TST
>
> GESTANTE. ESTABILIDADE PROVISÓRIA (redação do item III alterada na sessão do Tribunal Pleno realizada em 14.09.2012) - Res. 185/2012, DEJT divulgado em 25, 26 e 27.09.2012
>
> I - O desconhecimento do estado gravídico pelo empregador não afasta o direito ao pagamento da indenização decorrente da estabilidade (art. 10, II, "b" do ADCT).
>
> II - A garantia de emprego à gestante só autoriza a reintegração se esta se der durante o período de estabilidade. Do contrário, a garantia restringe-se aos salários e demais direitos correspondentes ao período de estabilidade.
>
> III - A empregada gestante tem direito à estabilidade provisória prevista no art. 10, inciso II, alínea "b", do Ato das Disposições Constitucionais Transitórias, mesmo na hipótese de admissão mediante contrato por tempo determinado.

No julgamento do Recurso Extraordinário (RE) 629053, com repercussão geral reconhecida, o STF reiterou o entendimento já pacificado no TST:

> DIREITO À MATERNIDADE. PROTEÇÃO CONSTITUCIONAL CONTRA DISPENSA ARBITRÁRIA DA GESTANTE. EXIGÊNCIA UNICAMENTE DA PRESENÇA DO REQUISITO BIOLÓGICO. GRAVIDEZ PREEXISTENTE À DISPENSA ARBITRÁRIA. MELHORIA DAS CONDIÇÕES DE VIDA AOS HIPOSSUFICIENTES, VISANDO À CONCRETIZAÇÃO DA IGUALDADE SOCIAL. DIREITO À INDENIZAÇÃO. RECURSO EXTRAORDINÁRIO DESPROVIDO.1. O conjunto dos Direitos sociais foi consagrado constitucionalmente como uma das espécies de direitos fundamentais, s e caracterizando como verdadeiras liberdades positivas, de observância obrigatória em um Estado Social de Direito, tendo por finalidade a melhoria das condições de vida aos hipossuficientes, visando à concretização da igualdade social, e são consagrados como fundamentos do Estado democrático, pelo art. 1°, IV, da Constituição Federal.2. A Constituição Federal proclama importantes direitos em seu artigo 6°, entre eles a proteção à maternidade, que é a ratio para inúmeros

> outros direitos sociais instrumentais, tais como a licença-gestante e, nos termos do inciso I do artigo 7º, o direito à segurança no emprego, que compreende a proteção da relação de emprego contra despedida arbitrária ou sem justa causa da gestante.3. A proteção constitucional somente exige a presença do requisito biológico: gravidez preexistente a dispensa arbitrária, independentemente de prévio conhecimento ou comprovação.4. A proteção contra dispensa arbitrária da gestante caracteriza-se como importante direito social instrumental protetivo tanto da mulher, ao assegurar-lhe o gozo de outros preceitos constitucionais – licença maternidade remunerada, princípio da paternidade responsável –;quanto da criança, permitindo a efetiva e integral proteção ao recém-nascido, possibilitando sua convivência integral com a mãe, nos primeiros meses de vida, de maneira harmônica e segura – econômica e psicologicamente, em face da garantia de estabilidade no emprego –,consagrada com absoluta prioridade, no artigo 227 do texto constitucional, como dever inclusive da sociedade (empregador).5. Recurso Extraordinário a que se nega provimento com a fixação da seguinte tese: A incidência da estabilidade prevista no art. 10, inc. II, do ADCT, somente exige a anterioridade da gravidez à dispensa sem justa causa.

No entanto, a estabilidade da gestante não encontra amparo quando se está diante de contrato nulo, ou seja, quando o ingresso no serviço público se deu em desrespeito ao art. 37, II, da CF/88.

Os contratos declarados nulos não geram quaisquer efeitos jurídicos válidos, a não ser o direito à percepção dos salários referentes ao período efetivamente trabalhado e ao levantamento dos eventuais depósitos efetuados no Fundo de Garantia por Tempo de Serviço – FGTS, nos termos do art. 19-A da Lei nº 8.036/90 e súmula 363 do TST.

> Art.19-A. É devido o depósito do FGTS na conta vinculada do trabalhador cujo contrato de trabalho seja declarado nulo nas hipóteses previstas no art. 37, § 2º, da Constituição Federal, quando mantido o direito ao salário.
>
> **SÚMULA Nº 363 – CONTRATO NULO. EFEITOS**
>
> A contratação de servidor público, após a CF/1988, sem prévia aprovação em concurso público, encontra óbice no respectivo art. 37, II e § 2º, somente lhe conferindo direito ao pagamento da contraprestação pactuada, em relação ao número de horas trabalhadas, respeitado o valor da hora do salário mínimo, e dos valores referentes aos depósitos do FGTS.

No caso aqui analisado, entendeu o TST que a gestante não tem direito à estabilidade, quando em situação irregular na Administração Pública.

▸ ***Licença-maternidade. Prorrogação para 180 dias. Lei estadual. Concessão do benefício somente às servidoras gestantes submetidas ao regime estatutário. Extensão do direito às servidoras celetistas. Impossibilidade.***

A prorrogação da licença-maternidade para 180 dias, concedida por lei estadual às servidoras públicas estatutárias do Estado de São Paulo, não se estende às servidoras públicas celetistas, porquanto submetidas a regimes jurídicos distintos e consequente direitos diversos. Assim, se a lei estadual estabelece a

prorrogação da licença-maternidade às servidoras da Administração direta e das autarquias submetidas ao regime estatutário, inviável impor ao estado empregador a extensão do benefício à servidora submetida ao regime da CLT com base no princípio da isonomia. Sob esses fundamentos, a SBDI-I, por unanimidade, conheceu dos embargos, por divergência jurisprudencial, e, no mérito, por maioria, deu-lhes provimento para restabelecer o acordão prolatado pelo Tribunal Regional, que julgara improcedente o pedido de prorrogação da licença-maternidade para 180 dias. Vencidos os Ministros Aloysio Corrêa da Veiga, Walmir Oliveira da Costa, Augusto César Leite de Carvalho e José Roberto Freire Pimenta.

TST-E-ED-RR-71-08.2013.5.02.0085, SBDI-I, rel. Min.Márcio Eurico Vitral Amaro, 6.4.2017

BREVE COMENTÁRIO

A Lei Complementar Estadual nº 1.054/08 (fls. 28/29) alterou dispositivos do Estatuto dos Funcionários Públicos Civis do Estado de São Paulo. No art. 1º da referida Lei nº 1.054/08 há a previsão de que "à funcionária gestante será concedida, mediante inspeção médica, licença de 180 (cento e oitenta) dias com vencimento ou remuneração".

No informativo aqui estudado, uma empregada contratada pelo Hospital das Clínicas da Faculdade de Medicina da Universidade de São Paulo pretendeu a extensão do benefício previsto na LCE 1.054/08.

Ocorre que o art. 4º delimita o âmbito subjetivo de aplicação deste art. 1º da Lei nº 1.054/08, ao estabelecer que:

> "O disposto no artigo 1º desta lei complementar aplica-se:
>
> I – aos servidores da Administração direta e das autarquias, submetidas ao regime estatutário, bem como aos militares;
>
> II – aos servidores do Poder Judiciário, do Tribunal de Contas, do Ministério Público e da Defensoria Pública, bem como aos servidores do Quadro da Secretaria da Assembleia Legislativa".

O TST entendeu que é defeso conceder, judicialmente, benefícios previstos exclusivamente para os servidores submetidos ao regime de trabalho da CLT aos estatutários, bem como a situação inversa. Informam esse entendimento o princípio da separação dos poderes e a incomunicabilidade dos regimes.

Informativo nº 158

- ***Engenheiro. Salário profissional. Lei nº 4.950-A/66. Servidor público contratado sob o regime da CLT. Inaplicabilidade.***

O salário profissional de engenheiro previsto na Lei nº 4.950-A/66 não se aplica ao servidor público de fundação pública estadual, contratado sob o regime da CLT, porquanto sua remuneração deve observar os arts. 37, X, e 169, § 1º, da Constituição, que preveem a necessidade de prévia dotação orçamentária

e autorização em lei específica para a concessão de vantagem ou aumento de remuneração. Sob esses fundamentos, a SBDI-I, por unanimidade, conheceu dos embargos, por divergência jurisprudencial, e, no mérito, por maioria, negou-lhes provimento, mantendo a decisão turmária que excluíra da condenação o pagamento das diferenças salariais deferidas com base na Lei nº 4.950-A/66 e reflexos. Vencidos os Ministros Alexandre Agra Belmonte, relator, Emmanoel Pereira, Aloysio Corrêa da Veiga, Augusto César Leite de Carvalho, José Roberto Freire Pimenta e Cláudio Mascarenhas Brandão.

TST-E-RR-872-97.2010.5.04.0011, SBDI-I, rel. Min. Alexandre Agra Belmonte, red. p/ acórdão Min. Márcio Eurico Vitral Amaro, 4.5.2017

BREVE COMENTÁRIO

Outro caso que trata da incomunicabilidade de regimes diversos. No presente julgado, um engenheiro pretendeu a implantação do piso salarial previsto na lei 4.950-A/66.

Ocorre que a lei em comento trata dos engenheiros em geral e de empresas públicas e sociedades de economia mista.

No tocante às fundações públicas, ainda que a contratação tenha se dado sob o regime da CLT, elas integram a Administração Pública, devendo observar o art. 37, X, e 169, § 1º, da Constituição, que preveem a necessidade de prévia dotação orçamentária e autorização em lei específica para a concessão de vantagem ou aumento de remuneração. Assim, o TST entendeu que não é cabível a implantação pleiteada.

Informativo nº 164

OJ Nº 318 DA SBDI-I

AUTARQUIA. FUNDAÇÃO PÚBLICA. LEGITIMIDADE PARA RECORRER. REPRESENTAÇÃO PROCESSUAL. **(incluído o item II e alterada em decorrência do CPC de 2015)**

I – Os Estados e os Municípios não têm legitimidade para recorrer em nome das autarquias e das fundações públicas.

II – Os procuradores estaduais e municipais podem representar as respectivas autarquias e fundações públicas em juízo somente se designados pela lei da respectiva unidade da federação (art. 75, IV, do CPC de 2015) ou se investidos de instrumento de mandato válido.

BREVE COMENTÁRIO

Entendemos que essa OJ encontra-se superada. No julgamento das Ações Diretas de Inconstitucionalidade 5262, 5215 e 4449, o STF confirmou entendimento de que a representação judicial e a consultoria jurídica no âmbito dos estados e no Distrito Federal são únicas e devem ser conduzidas pela Procuradoria-Geral do ente federado, conforme prevê o artigo 132 da Constituição Federal.

> Art. 132. Os Procuradores dos Estados e do Distrito Federal, organizados em carreira, na qual o ingresso dependerá de concurso público de provas e títulos, com a participação da Ordem dos Advogados do Brasil em todas as suas fases, exercerão a representação judicial e a consultoria jurídica das respectivas unidades federadas. (Redação da EC 19/1998)

Na ADI 5262, o objeto eram dispositivos da Constituição de Roraima que tratavam da ocupação de cargos jurídicos nas autarquias e fundações públicas do estado. A ADI 5215, por sua vez, teve por objeto a Emenda Constitucional Estadual 50/2014, que criou em Goiás o cargo de procurador autárquico, em estrutura paralela à Procuradoria do Estado. Por fim, na ADI 4449, o objeto era a EC Estadual 37/2010 do Estado de Alagoas, a qual alterou a Constituição Estadual para limitar as atividades da Procuradoria-Geral do Estado à administração direta, institucionalizando as procuradorias autárquicas.

Para o Supremo, o art. 132 da CF prevê o princípio da unicidade orgânica das Procuradorias Estaduais, ou unicidade da representação judicial. Dessa forma, a representação judicial e a consultoria jurídica no âmbito dos estados e no Distrito Federal é única e deve ser conduzida pela Procuradoria-Geral do ente federado.

Vale destacar aqui, em relação à ADI 5215, que o Min. Roberto Barroso considerou constitucional a existência de procuradorias autárquicas nas universidades. Para ele, as universidades estaduais também podem criar e organizar procuradorias jurídicas, em razão de sua autonomia didático-científica, administrativa, financeira e patrimonial (art. 207, *caput*, CF/88). Em suas palavras, "*tais órgãos jurídicos exercem um papel fundamental na defesa dos interesses das universidades, inclusive em face dos próprios Estados-membros que as constituíram.*" Portanto, na ADI 5215, ficou registrado o entendimento de que a existência dessas procuradorias não viola o art. 132 da Constituição.

Não obstante essa ressalva específica na ADI 5215, a tese geral fixada foi a de que "É inconstitucional a criação de Procuradorias Autárquicas no âmbito dos Estados e do Distrito Federal, em razão da violação à unicidade orgânica da advocacia pública estadual".

Informativo nº 165

Contribuição previdenciária. Incidência sobre terço constitucional de férias usufruídas. Impossibilidade. Natureza indenizatória da parcela.

Não incide contribuição previdenciária sobre o terço constitucional de férias usufruídas, conforme decidido pelo STJ no julgamento de incidente de recurso repetitivo (Tema Repetitivo nº 478). Ademais, o art. 28, § 9º, 'd', da Lei nº 8.212/91, com a redação da Lei nº 9.528/97, expressamente exclui da base de cálculo da contribuição previdenciária as importâncias recebidas a título de férias indenizadas e o respectivo adicional constitucional, diante da natureza indenizatória das parcelas. Portanto, apesar de incidir contribuição previdenciária sobre as férias gozadas, por se tratar de verba de natureza salarial, não cabe idêntico raciocínio para o terço constitucional de férias, já que tal parcela não se destina à retribuição pelos serviços prestados, nem pelo tempo à disposição do empregador, ostentando natureza indenizatória. Sob esses fundamentos, a SBDI-I, por unanimidade, conheceu do recurso de embargos, por divergência jurisprudencial, e, no mérito, negou-lhe provimento para manter a decisão turmária que afastara a incidência da contribuição previdenciária sobre o terço constitucional de férias gozadas.

TST-E-RR-403-87.2012.5.06.0023, SBDI-I,
rel. Min. Hugo Carlos Scheuermann, 21.9.2017

BREVE COMENTÁRIO

No presente informativo o TST aplicou o entendimento de que não incide contribuição previdenciária sobre parcelas indenizatórias.

O STJ, no Tema Repetitivo nº 479 (e não 478, como diz o informativo), fixou o seguinte entendimento:

> "A importância paga a título de terço constitucional de férias possui natureza indenizatória/compensatória, e não constitui ganho habitual do empregado, razão pela qual sobre ela não é possível a incidência de contribuição previdenciária (a cargo da empresa)"

Não obstante o erro no julgado, o Tema Repetitivo 478 segue a mesma linha:

> "Não incide contribuição previdenciária sobre valores pagos a título de aviso prévio indenizado, por não se tratar de verba salarial".

Assim, não há de se falar em contribuição previdenciária sobre parcela de natureza indenizatória/compensatória.

Informativo nº 168

▶ ***Embargos de declaração. Alegação de fato superveniente. Documento com data anterior ao ajuizamento da reclamação trabalhista. Inovação ilegal no estado de fato da lide. Litigância de má-fé. Configuração.***

Considera-se litigância de má-fé o fato de a parte, em sede de embargos de declaração, sob a alegação de existência de fato superveniente, apresentar documento com data anterior ao ajuizamento da reclamação trabalhista, sem alegar o justo impedimento a que se refere a Súmula nº 8 do TST. Assim, configurada a inovação ilegal no estado de fato da lide, a SBDI-I, por maioria, reputou o embargante litigante de má-fé e o condenou ao pagamento à embargada de multa de 2% sobre o valor atualizado da causa, nos termos do art. 81, *caput*, do CPC de 2015. Vencidos os Ministros Luiz Philippe Vieira de Mello Filho e Márcio Eurico Vitral Amaro.

TST-ED-E-RR-17554-76.2014.5.16.0004, SBDI-I,
Min. Walmir Oliveira da Costa, 16.11.2017

BREVE COMENTÁRIO

O CPC/15 consagrou expressamente, em seu art. 5º, o princípio da boa-fé processual:

> Art. 5º Aquele que de qualquer forma participa do processo deve comportar-se de acordo com a boa-fé.

O dispositivo em tela trata da boa-fé de forma objetiva. Isso significa que não se vai perquirir intenção das partes. A conduta da boa-fé é objetiva.

A exemplo do CPC, a CLT trouxe, em seu art. 793-A, disposições acerca da litigância de má-fé. O Referido dispositivo assevera que responderá por perdas e danos aquele que litigar de má-fé como reclamante, reclamado ou interveniente.

Outrossim, de acordo com o art. 793-B da CLT, considera-se ato de má-fé a afirmação de fato que a parte sabe ser inverídica,

> Art. 793-B. Considera-se litigante de má-fé aquele que:
>
> II – alterar a verdade dos fatos.

No caso aqui analisado, o TST entendeu que a conduta da parte que apresente embargos de declaração para alegar existência de fato superveniente e apresentar documento com data anterior ao ajuizamento da reclamação trabalhista, sem alegar o justo impedimento a que se refere a Súmula nº 8 do TST, atua de má-fé.

De acordo com a súmula 8 do TST:

> **JUNTADA DE DOCUMENTO (mantida) – Res. 121/2003, DJ 19, 20 e 21.11.2003**
>
> A juntada de documentos na fase recursal só se justifica quando provado o justo impedimento para sua oportuna apresentação ou se referir a fato posterior à sentença.

Previsão semelhante é a do art. 435 do CPC/15:

> Art. 435. É lícito às partes, em qualquer tempo, juntar aos autos documentos novos, quando destinados a fazer prova de fatos ocorridos depois dos articulados ou para contrapô-los aos que foram produzidos nos autos.
>
> Parágrafo único. Admite-se também a juntada posterior de documentos formados após a petição inicial ou a contestação, bem como dos que se tornaram conhecidos, acessíveis ou disponíveis após esses atos, cabendo à parte que os produzir comprovar o motivo que a impediu de juntá-los anteriormente e incumbindo ao juiz, em qualquer caso, avaliar a conduta da parte de acordo com o art. 5º.

Como podemos observar da leitura do art. acima, a conduta de juntar documento posteriormente deve ser analisada sob o aspecto da boa-fé. No caso apresentado no informativo, entendeu o TST que a juntada de documento sem comprovação de fato impeditivo se traduz em inovação ilegal no estado de fato da lide, sendo cabível a condenação ao pagamento de multa, nos termos do art. 81, *caput*, do CPC de 2015.

Ação civil pública. Sociedade de advogados. Admissão de advogados como associados para dissimular relações de emprego. Conselho Federal da Ordem dos Advogados do Brasil. Ingresso como assistente simples. Possibilidade.

A SBDI-II, por unanimidade, conheceu de recurso ordinário em mandado de segurança e, no mérito, por maioria, deu-lhe provimento para reconhecer a possibilidade de o Conselho Federal da Ordem dos Advogados do Brasil participar como assistente simples em ação civil pública ajuizada em desfavor de sociedade de advogados, cuja controvérsia diz respeito à possibilidade de advogados serem admitidos como associados com o intuito de dissimular relações de emprego. Na hipótese, a **segurança foi denegada pela Corte Regional sob o fundamento de que a pretensão do Conselho não era a de defender em Juízo interesses coletivos ou individuais de advogados, ou intervir em processo em que advogado fosse indiciado, acusado ou ofendido, mas, sim, prestar assistência jurídica à sociedade dos advogados demandada na ação principal. Todavia, prevaleceu o entendimento de que há interesse do Conselho Federal da OAB, tendo em vista a natureza abstrata do provimento decorrente de ações civis públicas e o fato de a matéria discutida no processo matriz estar relacionada à própria forma de organização dos escritórios e das sociedades de advogados. Vencidos os Ministros Douglas Alencar Rodrigues, relator, Lelio Bentes Corrêa e Alberto Luiz Bresciani de Fontan Pereira.**

TST-RO-259-46.2016.5.06.0000, SBDI-II, rel. Min. Douglas Alencar Rodrigues, red. p/ acórdão Min. Ives Gandra Martins Filho, 17.10.2017

BREVE COMENTÁRIO

A figura do assistente é espécie de intervenção de terceiros. O CPC/15 a prevê em seu art. 119:

> Art. 119. Pendendo causa entre 2 (duas) ou mais pessoas, o terceiro juridicamente interessado em que a sentença seja favorável a uma delas poderá intervir no processo para assisti-la.
>
> Parágrafo único. A assistência será admitida em qualquer procedimento e em todos os graus de jurisdição, recebendo o assistente o processo no estado em que se encontre.

Leciona Daniel Amorim Assumpção Neves que o pressuposto da assistência é a existência de um interesse jurídico do terceiro na solução do processo, não bastando que seja um interesse apenas econômico, moral ou de qualquer outra natureza.

No caso em tela, pretendeu o Conselho Federal da OAB ingressar, como assistente, em processo no qual se discutia a possibilidade de advogados serem admitidos como associados com o intuito de dissimular relações de emprego.

Cabe à Ordem dos Advogados do Brasil regulamentar a forma de organização das sociedades de advocacia, conforme art. 15 da Lei 8.906/94:

> Art. 15. Os advogados podem reunir-se em sociedade simples de prestação de serviços de advocacia ou constituir sociedade unipessoal de advocacia, na forma disciplinada nesta Lei e no regulamento geral.

Para o TST, o objeto dessa ação civil pública possui natureza especial, o que permite a defesa de interesses coletivos em sentido amplo (metaindividuais), gerando consequências mais significativas por revelar a defesa da ordem jurídica. Eventual procedência da referida demanda permitiria a reiteração de diversas outras ações civis públicas no mesmo sentido, impondo debates sobre a organização das sociedades de advogados e podendo implicar a limitação da autonomia atribuída pelo legislador à Ordem dos Advogados do Brasil.

Assim, entendeu o TST que o CFOAB possui interesse jurídico para ingressar como assistente no processo.

Informativo nº 169

Litigância de má-fé. Violação do dever de lealdade processual. Arestos colacionados nos embargos inservíveis. Súmula nº 337, I, "a", e IV, do TST. URL completa indicada apenas em sede de agravo. Indução do julgador a erro.

Considera-se litigante de má-fé, por violação do dever de lealdade processual, a parte que, nos embargos, colaciona arestos inservíveis, nos termos da Súmula nº 337, I, "a", e IV, do TST (não há indicação de datas e da fonte de publicação, as cópias juntadas não estão autenticadas e as URLs são incompletas), mas, nas razões do agravo interposto contra a decisão que denegara seguimento aos embargos, transcreve as URLs de maneira completa e afirma a validade dos paradigmas indicados, induzindo o julgador ao erro. Sob esse entendimento, a SBDI-I, por unanimidade, negou provimento ao agravo e aplicou à agravante a multa de 2% sobre o valor corrigido da causa, por litigância de má-fé, nos termos dos arts. 80, II e V, e 81 do CPC de 2015, reversível ao autor.

TST-Ag-E-ED-RR-178000-36.2003.5.01.0043, SBDI-I, rel. Min. Cláudio Mascarenhas Brandão, 23.11.2017

BREVE COMENTÁRIO

O CPC/15 consagrou expressamente, em seu art. 5º, o princípio da boa-fé processual:

> Art. 5º Aquele que de qualquer forma participa do processo deve comportar-se de acordo com a boa-fé.

O dispositivo em tela trata da boa-fé de forma objetiva. Isso significa que não se vai perquirir intenção das partes. A conduta da boa-fé é objetiva.

A exemplo do CPC, a CLT trouxe, em seu art. 793-A, disposições acerca da litigância de má-fé. O Referido dispositivo assevera que responderá por perdas e danos aquele que litigar de má-fé como reclamante, reclamado ou interveniente.

Outrossim, de acordo com o art. 793-B da CLT, considera-se ato de má-fé a afirmação de fato que a parte sabe ser inverídica,

> Art. 793-B. Considera-se litigante de má-fé aquele que:
>
> II – alterar a verdade dos fatos.

No caso aqui analisado, o TST entendeu que a conduta da parte que apresente embargos de declaração para alegar existência de divergência jurisprudencial colacionando arrestos inservíveis para depois, em agravo, juntar as URLs de maneira completa e afirma a validade dos paradigmas indicados, induzindo o julgador ao erro.

De acordo com a súmula 337 do TST:

> COMPROVAÇÃO DE DIVERGÊNCIA JURISPRUDENCIAL. RECURSOS DE REVISTA E DE EMBARGOS (incluído o item V) - Res. 220/2017, DEJT divulgado em 21, 22 e 25.09.2017.
>
> I - Para comprovação da divergência justificadora do recurso, é necessário que o recorrente:
>
> a) Junte certidão ou cópia autenticada do acórdão paradigma ou cite a fonte oficial ou o repositório autorizado em que foi publicado; e
>
> b) Transcreva, nas razões recursais, as ementas e/ou trechos dos acórdãos trazidos à configuração do dissídio, demonstrando o conflito de teses que justifique o conhecimento do recurso, ainda que os acórdãos já se encontrem nos autos ou venham a ser juntados com o recurso.
>
> II - A concessão de registro de publicação como repositório autorizado de jurisprudência do TST torna válidas todas as suas edições anteriores.
>
> III - A mera indicação da data de publicação, em fonte oficial, de aresto paradigma é inválida para comprovação de divergência jurisprudencial, nos termos do item I, "a", desta súmula, quando a parte pretende demonstrar o conflito de teses mediante a transcrição de trechos que integram a fundamentação do acórdão divergente, uma vez que só se publicam o dispositivo e a ementa dos acórdãos;
>
> IV - É válida para a comprovação da divergência jurisprudencial justificadora do recurso a indicação de aresto extraído de repositório oficial na internet, desde que o recorrente:
>
> a) transcreva o trecho divergente;
>
> b) aponte o sítio de onde foi extraído; e
>
> c) decline o número do processo, o órgão prolator do acórdão e a data da respectiva publicação no Diário Eletrônico da Justiça do Trabalho.
>
> V - A existência do código de autenticidade na cópia, em formato pdf, do inteiro teor do aresto paradigma, juntada aos autos, torna-a equivalente ao documento original e também supre a ausência de indicação da fonte oficial de publicação.

Como podemos observar da leitura da súmula acima, a divergência deve ser demonstrada no momento da interposição do recurso. No caso apresentado no informativo, entendeu o TST que ao juntar as URLs de maneira completa e afirma a validade dos paradigmas indicados apenas no momento do agravo, o recorrente induz o julgador ao erro, sendo cabível a condenação ao pagamento de multa, nos termos do art. 81, *caput*, do CPC de 2015.

ECT. Equiparação à Fazenda Pública. Juros de mora. Art. 1º- F da Lei nº 9.494/97. Orientação Jurisprudencial nº 7 do Tribunal Pleno. Aplicabilidade.

Aplicam-se à Empresa de Correios e Telégrafos – ECT os juros de mora previstos no art. 1º-F da Lei nº 9.494/97 e na Orientação Jurisprudencial nº 7 do Tribunal Pleno, pois equiparada à Fazenda Pública. Ademais, o STF, ao apreciar o tema nº 810 da Repercussão Geral (RE-870947/SE), decidiu, de forma vinculante, que, "quanto às condenações oriundas de relação jurídica não-tributária, a fixação dos juros moratórios segundo o índice de remuneração da caderneta de poupança é constitucional, permanecendo hígido, nesta extensão, o disposto no art. 1º-F da Lei nº 9.494/97 com a redação dada pela Lei nº 11.960/09." Sob esses fundamentos, a SBDI-I, por maioria, conheceu do recurso de embargos, por divergência jurisprudencial e por contrariedade à Orientação Jurisprudencial nº 7 do Tribunal Pleno, e, no mérito, por unanimidade, deu-lhe provimento para determinar a aplicação do art. 1º-F da Lei nº 9.494/1997. Vencido, no conhecimento, o Ministro Brito Pereira, relator.

TST-E-RR–2900-58.2009.5.08.0012, SBDI-I, rel. Min. Brito Pereira, 23.11.2017

BREVE COMENTÁRIO

À Empresa de Correios e Telégrafos – ECT foram deferidas as mesmas prerrogativas da Fazenda Pública. De acordo com o art. 12 do Decreto-Lei 509/69.

> Art. 12 – A ECT gozará de isenção de direitos de importação de materiais e equipamentos destinados aos seus serviços, dos privilégios concedidos à Fazenda Pública, quer em relação a imunidade tributária, direta ou indireta, impenhorabilidade de seus bens, rendas e serviços, quer no concernente a foro, prazos e custas processuais.

O STF firmou entendimento, no julgamento do RE 220.907/RO de que a ECT é empresa pública, prestadora de serviço público, que integra o conceito de Fazenda Pública.

Nesse sentido, aplica-se também à ECT os juros de mora previstos no art. 1º-F da Lei nº 9.494/97 e na Orientação Jurisprudencial nº 7 do Tribunal Pleno:

> Art. 1º-F. Nas condenações impostas à Fazenda Pública, independentemente de sua natureza e para fins de atualização monetária, remuneração do capital e compensação da mora, haverá a incidência uma única vez, até o efetivo pagamento, dos índices oficiais de remuneração básica e juros aplicados à caderneta de poupança.
>
> **7. JUROS DE MORA. CONDENAÇÃO DA FAZENDA PÚBLICA. (nova redação) – Res. 175/2011, DEJT divulgado em 27, 30 e 31.05.2011**
>
> I – Nas condenações impostas à Fazenda Pública, incidem juros de mora segundo os seguintes critérios:
>
> a) 1% (um por cento) ao mês, até agosto de 2001, nos termos do § 1º do art. 39 da Lei n.º 8.177, de 01.03.1991;
>
> b) 0,5% (meio por cento) ao mês, de setembro de 2001 a junho de 2009, conforme determina o art. 1º-F da Lei nº 9.494, de 10.09.1997, introduzido pela Medida Provisória nº 2.180-35, de 24.08.2001.

> II - A partir de 30 de junho de 2009, atualizam-se os débitos trabalhistas da Fazenda Pública, mediante a incidência dos índices oficiais de remuneração básica e juros aplicados à caderneta de poupança, por força do art. 5º da Lei n.º 11.960, de 29.06.2009.
>
> III - A adequação do montante da condenação deve observar essa limitação legal, ainda que em sede de precatório.

Vale lembrar que no julgamento da ADIn 5348 o STF entendeu pela inconstitucionalidade da aplicação dos índices da caderneta de poupança como critério de atualização monetária nas condenações da Fazenda Pública.

Obs. O TST possui entendimento de que, no caso das condenações da Fazenda Pública de forma subsidiária, não se aplica o art. 1º-F da Lei nº 9.494/97, nos termos da OJ 382 da SDI-1:

> Orientação Jurisprudencial n. 382 da SDI-I do TST382. JUROS DE MORA. ART. 1º-F DA LEI N. 9.494, DE 10.09.1997. INAPLICABILIDADE À FAZENDA PÚBLICA QUANDO CONDENADA SUBSIDIARIAMENTE.
>
> A Fazenda Pública, quando condenada subsidiariamente pelas obrigações trabalhistas devidas pela empregadora principal, não se beneficia da limitação dos juros, prevista no art. 1º-F da Lei n. 9.494, de 10.09.1997.

▶ *Ação civil pública. Nulidade de cláusula de convenção coletiva. Inadequação da via eleita. Necessidade de ajuizamento de ação anulatória.*

Dos termos do art. 3º da Lei nº 7.347/85 depreende-se que a ação civil pública ostenta natureza eminentemente cominatória, ou seja, visa à imposição de condenação pecuniária ou ao cumprimento de uma obrigação de fazer ou de não fazer. Assim, não constitui o meio adequado para postular a declaração de nulidade de cláusula de norma coletiva, a qual desafia o ajuizamento de ação anulatória perante o juízo competente. Sob esse fundamento, a SBDI-I, por unanimidade, conheceu do recurso de embargos, por divergência jurisprudencial, e, no mérito, deu-lhe provimento para julgar incabível a ação civil pública, restabelecendo o acórdão do Tribunal Regional.

TST-E-RR-281-80.2014.5.01.0302, SBDI-I,
rel. Min. Hugo Carlos Scheuermann, 23.11.2017

BREVE COMENTÁRIO

Uma das causas de extinção do processo sem resolução de mérito é a ausência de interesse de agir. Traduz-se na utilidade da prestação jurisdicional que a parte busca ao movimentar o Poder Judiciário. Para ter interesse de agir, a parte deve demonstrar a necessidade de obtenção da tutela jurisdicional e a adequação entre o pedido e a prestação.

A Ação Civil Pública se destina à tutela de interesses e direitos difusos, coletivos e individuais homogêneos, ou seja, direitos metaindividuais. Tem viés eminentemente cominatório, ou seja, é um instrumento processual utilizado com a finalidade de impor obrigações de fazer, não fazer ou pagar.

No caso do informativo aqui tratado, a ACP pretendeu a declaração de nulidade de cláusula de norma coletiva. Para o TST, a ACP é meio inadequado para a prestação jurisdicional pretendida. Segundo o Tribunal Superior, a ação cabível seria a anulatória, esta sim meio correto para impugnar negócios jurídicos, a exemplo das CCT's.

Assim, entendeu o TST que, pela inadequação da via eleita, não haveria interesse jurídico no ajuizamento da ACP para pleitear anulação de norma coletiva, extinguindo a ação com fundamento no artigo 485, VI, do CPC.

Informativo nº 170

▶ ***Matéria afetada ao Tribunal Pleno. Art. 77, II, do RITST/2008. Dispensa em massa de trabalhadores. Ajuizamento de dissídio coletivo de natureza jurídica. Inadequação da via eleita. Configuração de dissídio individual plúrimo. Extinção do processo sem resolução de mérito.***

É incabível o ajuizamento de dissídio coletivo de natureza jurídica para obter o reconhecimento da nulidade da dispensa em massa e a condenação da suscitada à reintegração dos trabalhadores e ao pagamento dos respectivos consectários legais. No caso, consignou-se que o provimento pretendido era condenatório, configurando, portanto, hipótese de ajuizamento de dissídio individual plúrimo, de competência da Vara do Trabalho, visto que o dissídio coletivo de natureza jurídica é limitado à interpretação de norma autônoma ou heterônoma específica de uma categoria, nos moldes do disposto na Orientação Jurisprudencial nº 7 da SDC. Sob esse fundamento, o Tribunal Pleno, por maioria, negou provimento ao recurso ordinário interposto pelo sindicato profissional, mantendo a extinção do processo, sem resolução do mérito, por inadequação da via eleita em matéria de dispensa coletiva. Vencidos os Ministros Kátia Magalhães Arruda, relatora, Augusto César Leite de Carvalho, José Roberto Freire Pimenta, Delaíde Miranda Arantes, Hugo Carlos Scheuermann, Cláudio Mascarenhas Brandão, Maria Helena Mallmann, Lelio Bentes Corrêa, Alberto Luiz Bresciani de Fontan Pereira, Walmir Oliveira da Costa e Mauricio Godinho Delgado.

TST-RO-10782-38.2015.5.03.0000, Tribunal Pleno, rel. Min. Kátia Magalhães Arruda, red. p/ acórdão Min. Maria Cristina Irigoyen Peduzzi, 18.12.2017

BREVE COMENTÁRIO

Nas lições de Felipe Fernandes, as demandas na Justiça do Trabalho podem versar sobre conflitos individuais ou coletivos. Quando versarem sobre conflitos coletivos, no intuito de criar e modificar normas e condições gerais de trabalho, além de declarar o alcance de uma norma jurídica ou resolver sobre a abusividade de uma greve, as partes poderão se valer dos Dissídios Coletivos.

Esses Dissídios podem ser de natureza econômica, jurídica, de greve, originários ou de revisão.

Os de natureza econômica visam à fixação de normas e condições para uma categoria. O dissídio de cunho jurídico, tratado neste informativo, tem como finalidade a interpretação de cláusulas de sentenças normativas, de instrumentos de negociação coletiva, acordos e convenções coletivas, de disposições legais particulares de categoria profissional ou econômica e de atos normativos. Os dissídios de greve visam declarar a abusividade de uma greve. Os dissídios originários ocorrem quando inexistentes normas e condições especiais de trabalho. Já os dissídios de revisão visam reavaliar normas e condições preexistentes que hajam se tornado injustas ou ineficazes pela modificação das circunstâncias que as ditaram.

Élisson Miessa nos apresenta os pressupostos para o ajuizamento de Dissídios Coletivos. São eles: a tentativa de uma negociação prévia e comum acordo, autorização em assembleia, respeito à época própria para o ajuizamento, fundamentação das cláusulas reivindicadas e cumprimento do Estatuto.

O comum acordo é previsto no art. 114, § 2º da CF/88. Frustrada a negociação, os interessados poderão, de comum acordo, submeter seu pleito ao Poder Judiciário.

No julgado aqui analisado, o Sindicato dos Metalúrgicos de Belo Horizonte, Contagem e Região instaurou Dissídio Coletivo de Natureza Jurídica em face de uma dispensa em massa promovida pela empresa Vallourec Tubos do Brasil S.A.. No Dissídio, o Sindicato requereu a declaração de nulidade das dispensas, a reintegração dos empregados dispensados, assegurando-lhes a fruição do plano de saúde, e o impedimento de novas demissões mediante a imposição de multa para o caso.

Para o TST, o Dissídio Coletivo não é a via adequada para tratar da dispensa coletiva de trabalhadores, já que não há pedido de interpretação de normas autônomas ou heterônomas específicas de uma categoria. Nesse sentido a OJ 7 da SDC.

> ORIENTAÇÃO JURUSPRUDENCIAL Nº 7 – DISSÍDIO COLETIVO. NATUREZA JURÍDICA. INTERPRETAÇÃO DE NORMA DE CARÁTER GENÉRICO. INVIABILIDADE.
>
> Não se presta o dissídio coletivo de natureza jurídica à interpretação de normas de caráter genérico, a teor do disposto no art. 313, II, do RITST.

Não havendo norma autônoma ou heterônoma específica da categoria a ser interpretada, não há que se falar em Dissídio Coletivo Jurídico para analisar dispensa coletiva. A hipótese seria de Dissídio Individual para tutelar interesse concreto do trabalhador.

Por fim, vale lembrar que a dispensa coletiva, plúrima ou individual se equiparam para todos os fins, conforme art. 477-A da CLT.

> Art. 477-A. As dispensas imotivadas individuais, plúrimas ou coletivas equiparam-se para todos os fins, não havendo necessidade de autorização prévia de entidade sindical ou de celebração de convenção coletiva ou acordo coletivo de trabalho para sua efetivação.

▶ ***Mandado de segurança. Cópias não autenticadas. Declaração de autenticidade firmada na petição inicial não reconhecida pela Corte de origem. Excesso de formalismo. Aplicação do princípio da instrumentalidade das formas.***

Verifica-se excesso de formalismo quando o TRT despreza a declaração de autenticidade firmada pelo impetrante na petição inicial em razão de conter uma impropriedade ao mencionar que "as peças trasladadas são cópias fiéis do original dos presentes autos" ao invés de se referir às cópias juntadas com a exordial. No caso, aplica-se o princípio da instrumentalidade das formas, podendo-se considerar, portanto, que a declaração de autenticidade abrange todas as peças que instruíram o mandado de segurança, restando atendidas, por analogia, as exigências do art. 830 da CLT. Sob esse fundamento, a SBDI-II, por unanimidade, conheceu do recurso ordinário, e, no mérito, por maioria, deu-lhe provimento para, afastando a extinção do feito sem resolução do mérito, determinar o retorno dos autos ao Tribunal Regional de origem, a fim de que julgue o mandado de segurança, como entender de direito. Vencido o Ministro Renato de Lacerda Paiva.

TST-RO-12126-94.2010.5.15.0000, SBDI-II,
rel. Min. Delaíde Miranda Arantes, 5.12.2017

BREVE COMENTÁRIO

No informativo aqui estudado, temos a aplicação do princípio da instrumentalidade das formas. De acordo com esse princípio, os atos processuais devem ser vistos como instrumentos para se alcançar um determinado fim, e não como fim em si mesmos. Da mesma forma, o CPC/15 consagrou em seu art. 6º a primazia da decisão de mérito.

> Art. 6º Todos os sujeitos do processo devem cooperar entre si para que se obtenha, em tempo razoável, decisão de mérito justa e efetiva.

Ainda que haja algum vício, se o ato atinge sua finalidade sem causar prejuízo às partes, não se deve tê-lo como nulo. Nesse sentido temos, ainda no CPC/15, os arts. 188 e 276.

> **Art. 188** Os atos e os termos processuais independem de forma determinada, salvo quando a lei expressamente a exigir, considerando-se válidos os que, realizados de outro modo, lhe preencham a finalidade essencial.
>
> **Art. 276 Quando a lei prescrever determinada forma sob pena de nulidade, a decretação desta não pode ser requerida pela parte que lhe deu causa.**

A CLT também consagra o princípio em tela, no seu art. 794.

> **Art. 794 Nos processos sujeitos à apreciação da Justiça do Trabalho só haverá nulidade quando resultar dos atos inquinados manifesto prejuízo às partes litigantes.**

No caso do informativo aqui analisado, o TRT desprezou a declaração de autenticidade firmada por impetrante em mandado de segurança, por ter o impetrante afirmado que "as peças trasladadas são cópias fiéis do original dos presentes autos" ao invés de (SIC)[24] se referir às cópias juntadas com a exordial.

Para o TST, houve um excesso de formalismo do Regional. O art. 830 da CLT permite ao advogado declarar autêntica determinada cópia de documento:

> Art. 830. O documento em cópia oferecido para prova poderá ser declarado autêntico pelo próprio advogado, sob sua responsabilidade pessoal.

A utilização de uma expressão no lugar de outra não tem o condão de invalidar a declaração de autenticidade feita pelo advogado. Dessa forma, entendeu o TST pela aplicação do art. 794 da CLT e confirmar a declaração de autenticidade.

Informativo nº 171

▶ ***Direito Processual do Trabalho.* Execução. Agravo de petição do exequente. Delimitação de valores prevista no art. 897, § 1º, da CLT. Inexigibilidade.**

A delimitação dos valores impugnados a que alude o art. 897, § 1º, da CLT é pressuposto de admissibilidade do agravo de petição e visa a execução imediata da parte incontroversa, razão pela qual somente é exigível do executado.

O exequente, via de regra, pretende obter um acréscimo ao valor já apurado, de modo que o descumprimento da referida norma não acarreta qualquer prejuízo ao prosseguimento da execução.

Sob esse entendimento, a SBDI-I, por unanimidade, conheceu dos embargos, por divergência jurisprudencial, e, no mérito, por maioria, deu-lhes provimento para, afastada a necessidade de delimitação de valores, determinar o retorno dos autos ao TRT para que prossiga no exame do agravo de petição do exequente, como entender de direito.

Vencidos os Ministros Cláudio Mascarenhas Brandão, Alexandre Agra Belmonte, Guilherme Augusto Caputo Bastos, Walmir Oliveira da Costa e Ives Gandra Martins Filho.

TST-E-RR-143500-80.2004.5.01.0342, SBDI-I,
rel. Min. Hugo Carlos Scheuermann, 8.2.2018 (Informativo Nº 171)
Execução. Agravo de petição do exequente. Delimitação de valores prevista no art. 897, § 1º, da CLT. Inexigibilidade.

BREVE COMENTÁRIO

O agravo de petição é o recurso cabível na execução em processo do trabalho.

O art. 897, §1º da CLT estabelece o seguinte:

> *Art. 897 – Cabe agravo, no prazo de 8 (oito) dias:*
>
> *a) **de petição, das decisões do Juiz ou Presidente, nas execuções;***

24. Aqui deveria ter sido utilizada a locução prepositiva "em vez de", cujo significado é de substituição: "as peças trasladadas são cópias fiéis do original dos presentes autos" em vez de se referir às cópias juntadas com a exordial.

> *b) de instrumento, dos despachos que denegarem a interposição de recursos.*
>
> *§ 1º - O agravo de petição só será recebido quando o agravante delimitar, justificadamente, as matérias e os valores impugnados, permitida a execução imediata da parte remanescente até o final, nos próprios autos ou por carta de sentença. (grifou-se)*

Como se denota da literalidade do texto, a parte agravante (em geral, o executado) deve delimitar os valores que considera controvertidos naquela execução, para que, assim, apenas essa fração do pleito executório seja levada ao Tribunal.

Por que?

Isso permite que a parte exequente (em geral o trabalhador/reclamante) consiga executar o valor incontroverso dos autos, garantindo-se a celeridade necessária à vista do caráter alimentar do crédito trabalhista.

Por valor incontroverso entenda-se todo aquele montante da execução que "sobra" quando abatido o valor controvertido indicado no Agravo de Petição.

Mas e quando esse recurso for interposto pelo reclamante/exequente? Ele precisa delimitar os valores controvertidos?

Segundo a SDI-1 do TST, não.

Reconhecendo que essa indicação do valor controvertido se presta à imediata execução do valor incontroverso (em favor do exequente, portanto), fixou o TST que o descumprimento da referida norma não acarreta qualquer prejuízo ao prosseguimento da execução.

Desse modo, o exequente não precisa delimitar os valores controvertidos quando interpuser Agravo de Petição.

- ***Direito Processual do Trabalho.* Ação rescisória ajuizada sob a égide do CPC de 1973. Ilegitimidade ativa ad causam do Distrito Federal para requerer a desconstituição de decisão proferida em reclamação trabalhista ajuizada em face da Caesb. Interesse meramente econômico. Terceiro juridicamente indiferente.**

O Distrito Federal não possui legitimidade para propor ação rescisória para desconstituir decisão proferida em reclamação trabalhista ajuizada em face da Companhia de Saneamento do Distrito Federal - Caesb, sociedade de economia mista distrital.

No caso, a decisão rescindenda reconheceu, com base no Plano de Cargos e Salários de 2002, o direito ao reenquadramento, com vinculação da remuneração aos subsídios dos Procuradores do Distrito Federal e consectários salariais vencidos e vincendos, a grupo de cinco advogados da Caesb, contratados entre os anos de 2007 e 2008, **não tendo o Distrito Federal participado da lide**.

Ainda que o Distrito Federal defenda sua qualidade de terceiro juridicamente interessado para a propositura da ação rescisória, verifica-se que sua única preocupação é a preservação do seu patrimônio, ameaçado pela condenação da Caesb, fato que demonstra a existência de **interesse puramente econômico não abrangido pela legislação processual civil que regula a matéria (art. 487, II, do CPC de 1973)**.

Assim, não tendo o Distrito Federal integrado o polo passivo da demanda originária, nem sequer participado como assistente ou terceiro interessado, não se subordina, diretamente, à eficácia do comando condenatório transitado em julgado, não se enquadrando em nenhuma das categorias de **terceiro juridicamente interessado**, pertencendo, na verdade, à classe dos terceiros juridicamente indiferentes. Sob esse fundamento, a SBDI-II, por unanimidade, conheceu da remessa necessária e do recurso ordinário do Distrito Federal e, no mérito, por maioria, negou-lhes provimento, mantendo, portanto, a extinção da ação rescisória, sem resolução do mérito, por ilegitimidade ativa *ad causam*.

Vencidos os Ministros Douglas Alencar Rodrigues, relator, Delaíde Miranda Arantes e Ives Gandra Martins Filho.

TST- ReeNec e RO-35-34.2015.5.10.0000, SBDI-II, rel. Min. Douglas Alencar Rodrigues, red. p/ acórdão Min. Renato de Lacerda Paiva, 6.2.2018 (Informativo Nº 171)

BREVE COMENTÁRIO

O julgado em tela foi firmado sob a sistemática do Código de Processo Civil de 1973 - CPC/73, mas é defensável que sua lógica também pode ser aplicada sob a égide do CPC/2015. **Vejamos.**

Primeiramente, esclarecemos que, conforme doutrina majoritária, a ação rescisória tem natureza jurídica de "ação autônoma específica" e tem por objetivo "a desconstituição da sentença de mérito transitada em julgado"[25].

Ou seja, a parte que se vir prejudicada por uma sentença, desde que enquadrada por uma das hipóteses previstas na legislação pátria, poderá, no prazo de 02 (dois) anos ajuizar ação com o fito de desconstituir aquela decisão viciada transitada em julgado.

Em relação ao terceiro prejudicado, o art. 487 do CPC/73, consagrado em dispositivo semelhante no CPC/2015[26], estabelecia que tem interesse aquele que não foi parte no processo, mas possui **INTERESSE JURÍDICO** para tanto. Cite-se:

> *Art. 487. Tem legitimidade para propor a ação:*
>
> *(...)*
>
> *II - o terceiro juridicamente interessado;*

Assim, para que terceiro possa vir a ajuizar ação rescisória, não obstante não tenha feito parte da ação originária, **deve ter interesse jurídico no resultado da demanda, diferente do interesse meramente econômico.**

25. GARCIA, Gustavo Filipe Barbosa. Manual de Processo do Trabalho. Salvador: Juspodivm, 2018, p. 612-613.

26. Art. 967, CPC/2015. Têm legitimidade para propor a ação rescisória: (...) II - o terceiro juridicamente interessado.

Ou seja, não basta uma consequência de cunho econômico em sua esfera patrimonial, faz-se necessário que aquela decisão transitada em julgado afete seu patrimônio jurídico de forma efetiva.

Dito isso, analisemos o caso sobre o qual se debruçou o TST para dar origem ao precedente:

Trabalhadores ajuizaram reclamação trabalhista em face de uma empresa estatal do Distrito Federal no bojo da qual pleitearam o reenquadramento, com vinculação da remuneração aos subsídios dos Procuradores do Distrito Federal e consectários salariais vencidos e vincendos. A empresa perdeu a demanda.

A dúvida é: o Distrito Federal teria legitimidade (ou melhor, interesse jurídico) para buscar desconstituir aquela decisão transitada em julgado por meio da ação rescisória?

Segundo o TST, não.

Decidiu a Corte Laboral que, na espécie, não haveria qualquer interferência no patrimônio jurídico do Distrito Federal, vez que esse não se subordina, diretamente, à eficácia do comando condenatório transitado em julgado.

Desse modo, o interesse seria meramente econômico, de sorte que o ente distrital careceria de legitimidade para a ação rescisória, sendo considerado um "terceiro juridicamente indiferente".

Informativo nº 172

- ***Direito Processual do Trabalho.* Hospital das Clínicas de Porto Alegre. Ausência de recolhimento de depósito recursal. Deserção não configurada. Gozo dos mesmos privilégios concedidos à Fazenda Pública.**

O Hospital das Clínicas de Porto Alegre – HCPA, **empresa pública federal** criada pela Lei nº 5.604/70 com o objetivo de administrar e prestar serviços de assistência médico-hospitalar à Universidade Federal do Rio Grande do Sul, a outras instituições e à comunidade em geral, está dispensado do recolhimento de depósito recursal.

O art. 15 da Lei nº 5.604/70 dispõe que "o HCPA gozará de isenção de tributos federais e de todos os favores legais atribuídos à natureza de seus objetivos", ao passo que a Medida Provisória nº 2.216-37/2001 inseriu a esse dispositivo o parágrafo único, segundo o qual "aplica-se ao HCPA o regime de impenhorabilidade de seus bens, serviços e rendas".

Assim, **se o referido hospital goza dos mesmos privilégios concedidos à Fazenda Pública, submetendo-se ao regime especial de execução das dívidas trabalhistas por precatório ou requisição de pequeno valor, nos termos do art. 100 da CF, além da impenhorabilidade dos seus bens, é logicamente incompatível a exigência do depósito recursal como garantia do juízo**.

Sob esses fundamentos, a SBDI-I, por unanimidade, conheceu do recurso de embargos, por divergência jurisprudencial, e, no mérito, deu-lhe provimento para afastar a deserção do recurso de revista do HCPA e determinar o retorno dos autos à Turma para que examine o apelo conforme entender de direito.

TST-E-ED-RR-1157-40.2013.5.04.0026, SBDI-I, rel. Min. José Roberto Freire Pimenta, 1º.3.2018. (Informativo Nº 172)

BREVE COMENTÁRIO

Como se sabe, a Administração Pública, quando em juízo, goza das chamadas prerrogativas processuais.

Isso se dá em razão da atuação protetiva do patrimônio público que os agentes estatais exercem quando lhe representam, dentre outras formas, processualmente.

Na espécie, o TST se debruçou sobre a possibilidade de extensão (ou reconhecimento) dessas prerrogativas a uma empresa pública federal, a qual, por lei já gozava de regime especial de execução das dívidas trabalhistas por meio de precatório ou de requisição de pequeno valor, nos termos do art. 100 da CF, além da impenhorabilidade dos seus bens.

Explique-se: quando condenada em juízo, a Administração Pública não paga a dívida logo após o fim da execução, por meio de um depósito nos autos, tal como fazem as empresas privadas. Esse débito será incluído em uma "fila", junto com as demais condenações judiciais, e será pago após inclusão no orçamento de mais trâmites legais. O instrumento para tanto é o precatório ou a requisição de pequeno valor, a depender da monta que alcance o débito.

No precedente sob análise especificamente, analisou-se a compatibilidade de exigência do depósito recursal, que tem natureza de garantia do juízo e é considerado um pressuposto de admissibilidade recursal, e o pagamento pela sistemática acima explanada.

Ressalve-se que além da dispensa do depósito recursal, a Fazenda Pública é dispensada do recolhimento de custas, nos termos do art. 790-A, I, da CLT:

> *Art. 790-A. São isentos do pagamento de custas, além dos beneficiários de justiça gratuita:*
>
> *I – a União, os Estados, o Distrito Federal, os Municípios e respectivas autarquias e fundações públicas federais, estaduais ou municipais que não explorem atividade econômica;*

Pois bem, o questionamento foi o seguinte: **apesar de se tratar de uma empresa pública federal, essa pagava seus débitos por meio de precatório ou RPV, seria compatível essa situação com a exigência do depósito recursal?**

Segundo entendeu o TST, não.

Se o depósito recursal tem natureza de garantia do Juízo, sendo que a empresa em questão se submetia ao regime de precatórios, não faria sentido determinar o depósito nos autos para que depois, em caso de condenação, fosse o valor levantado e o ente estatal pagasse nos termos do art. 100 da Constituição Federal.

Fixou-se, assim, a seguinte tese: **se o referido hospital goza dos mesmos privilégios concedidos à Fazenda Pública, submetendo-se ao regime especial de execução das dívidas trabalhistas por precatório ou requisição de pequeno valor, nos termos do art. 100 da CF, além da impenhorabilidade dos seus bens, é logicamente incompatível a exigência do depósito recursal como garantia do juízo.**

Informativo nº 173

▶ ***Direito do Trabalho.* Plano de saúde. Suspensão após 180 dias de afastamento por auxílio-doença ou acidente de trabalho. Norma coletiva. Invalidade.**

Não é válida norma coletiva que estabelece a suspensão do plano de saúde pago pela empresa após 180 dias de afastamento do empregado em decorrência de auxílio-doença ou de acidente de trabalho.

Embora a suspensão do contrato, a que se refere o art. 475 da CLT, importe na sustação temporária dos principais efeitos do pacto laboral, **preserva-se o vínculo de emprego e o dever de cumprir as obrigações não vinculadas diretamente à prestação de serviços, a exemplo do plano de saúde, nos termos da Súmula nº 440 do TST**.

Ademais, embora se deva observar o princípio da autonomia das vontades coletivas (art. 7º, XXVI, da CF), este não pode prevalecer se violar o princípio da igualdade (art. 5º, II, da CF) e causar prejuízo ao trabalhador afastado, como ocorreu no caso em apreço, em que o empregado foi excluído do plano de saúde justamente no momento em que se encontrava incapacitado para o trabalho, em gozo de aposentadoria por invalidez decorrente de acidente de trabalho.

Sob esses fundamentos, a SBDI-I, por unanimidade, conheceu do recurso de embargos, por divergência jurisprudencial, e, no mérito, por maioria, deu-lhe provimento para restabelecer o acórdão do TRT. Vencidos os Ministros Renato de Lacerda Paiva e Márcio Eurico Vitral Amaro.

TST-E-ARR-1513-39.2012.5.02.0442, SBDI-I,
rel. Min. Hugo Carlos Scheuermann, 8.3.2018 (Informativo Nº 173)

BREVE COMENTÁRIO

No direito do trabalho, diferencia-se a suspensão da interrupção do contrato de trabalho.

No primeiro caso, não há a prestação de serviços, mas também não há a percepção de salário.

Exemplo disso é a greve ou as faltas injustificadas. Não se trabalha e não se recebe.

Por outro lado, na interrupção do contrato de trabalho, não há a prestação de serviços, mas, ainda assim, o empregado faz jus à remuneração. Exemplo típico são as férias.

O afastamento do empregado em gozo de auxílio-doença, a partir do 15º dia, é considerado causa de suspensão do contrato de trabalho. Isso porque, a partir dessa data, o empregado já não receberá mais salário do empregador, mas benefício previdenciário do INSS.

Poderia, então, Sindicato firmar norma coletiva que considerasse suspenso o plano de saúde após o 180º dia?

Segundo o TST, não.

Como fundamento, fixou a Corte que, embora a suspensão do contrato, a que se refere o art. 475 da CLT, importe na sustação temporária dos principais efeitos do pacto laboral, **preserva-se o vínculo de emprego e o dever de cumprir as obrigações não vinculadas diretamente à prestação de serviços, a exemplo do plano de saúde, nos termos da Súmula nº 440 do TST.**

O dispositivo invocado estabelece o seguinte:

> *Art. 475 – O empregado que for aposentado por invalidez terá suspenso o seu contrato de trabalho durante o prazo fixado pelas leis de previdência social para a efetivação do benefício.*

Atente para esse detalhe: **a aposentadoria por invalidez é considerada causa de suspensão do contrato de trabalho**.

Já a Súmula nº 440 do TST diz o seguinte:

> *Súmula nº 440 do TST*
>
> *AUXÍLIO-DOENÇA ACIDENTÁRIO. APOSENTADORIA POR INVALIDEZ. SUSPENSÃO DO CONTRATO DE TRABALHO. RECONHECIMENTO DO DIREITO À MANUTENÇÃO DE PLANO DE SAÚDE OU DE ASSISTÊNCIA MÉDICA*
>
> ***Assegura-se o direito à manutenção de plano de saúde ou de assistência médica oferecido pela empresa ao empregado, não obstante suspenso o contrato de trabalho em virtude de auxílio-doença acidentário ou de aposentadoria por invalidez**. (grifou-se)*

Observe: a legislação e a jurisprudência laborais, analisadas em conjunto, levam à conclusão de que o afastamento por acidente de trabalho (após o 15º dia) e a aposentadoria por invalidez não extinguem o contrato de trabalho, mas o suspendem, restando, todavia, algumas obrigações ao empregador, tal como o pagamento do plano de saúde.

À luz desses dispositivos, decidiu o TST que **é nula a cláusula coletiva que isenta do empregador do pagamento de plano de saúde ao empregado afastado em gozo de auxílio doença ou auxílio acidente após o 180º dia.**

Informativo nº 174

TESES JURÍDICAS FIRMADAS PELO TRIBUNAL SUPERIOR DO TRABALHO

A SBDI-I, por maioria, definiu as seguintes teses jurídicas para o Tema Repetitivo nº 0012 – SERPRO. PRÊMIO DE PRODUTIVIDADE. SUPRESSÃO. PRESCRIÇÃO:

I) **As leis estaduais e municipais referentes às relações trabalhistas no âmbito das empresas são equiparadas a regulamentos de empresas, em face da competência privativa da União para legislar sobre Direito do Trabalho. O mesmo ocorre com leis federais de efeitos concretos referentes à administração pública federal indireta. Por conseguinte, a pretensão originada em alterações nelas promovidas consistentes em supressão de parcelas devidas a empregados são sujeitas à prescrição total, nos termos da Súmula nº 294 deste Tribunal**;

II) A Lei nº 5.615/1970, em virtude de dispor sobre o Serviço Federal de Processamento de Dados (SERPRO), possui efeitos concretos; III) Sobre a pretensão ao recebimento do prêmio de produtividade previsto no art. 12 da Lei nº 5.615/1970 incide a prescrição parcial a que alude a ressalva constante da parte final da Súmula nº 294 desta Corte até 11/9/1997, dia anterior à vigência da Medida Provisória 1.549-34 (sucessivamente reeditada até a sua conversão na Lei nº 9.649/1998).

Após a vigência dessa Medida Provisória, mediante a qual foi extinta a parcela e, portanto, extinto o direito, tem incidência a prescrição total, tendo em vista que, após essa data, o direito ao benefício deixou de ser previsto em lei de efeitos concretos, sendo irrelevante a circunstância de o empregado já ter recebido a parcela na vigência da norma anterior.

Vencidos os Ministros Augusto César Leite de Carvalho, José Roberto Freire Pimenta e Hugo Carlos Scheuermann.

TST-E-RR-21703-30.2014.5.04.0011, SBDI-I, rel. Min. Brito Pereira, 22.3.2018 (Informativo Nº 174)

BREVE COMENTÁRIO

O julgado sob análise é muito interessante.

Primeiramente, ele esclarece o posicionamento do TST acerca da validade das leis editadas por estados e municípios, referentes a seus empregados.

Lembramos que, nos termos do art. 22, I, CF, trata-se de matéria de competência legislativa da União, sendo que, segundo entende a Corte Laboral, as leis estaduais e municipais referentes às relações trabalhistas no âmbito das empresas são equiparadas a regulamentos de empresas, em face da competência privativa da União para legislar sobre Direito do Trabalho[27].

27. Art. 22. Compete privativamente à União legislar sobre:

I – direito civil, comercial, penal, processual, eleitoral, agrário, marítimo, aeronáutico, espacial e do trabalho.

Assim, eventual lei municipal até pode tratar do regime de empregados daquele município, mas, haja vista a competência constitucionalmente estabelecida, será equiparada ao regulamento de uma empresa privada.

Esse mesmo entendimento é aplicado quando se tratar de leis federais de efeitos concretos referentes à administração pública federal indireta.

Em virtude desse raciocínio, entendeu o TST que pretensão originada em alterações nelas promovidas consistentes em supressão de parcelas devidas a empregados são sujeitas à prescrição total, nos termos da Súmula nº 294 desse Tribunal.

> *Súmula nº 294 do TST*
>
> *PRESCRIÇÃO. ALTERAÇÃO CONTRATUAL. TRABALHADOR URBANO*
>
> *Tratando-se de ação que envolva pedido de prestações sucessivas decorrente de alteração do pactuado, a prescrição é total, exceto quando o direito à parcela esteja também assegurado por preceito de lei.*

Ou seja, considera-se aquela lei uma alteração do pactuado, de modo a incidir a prescrição total.

Sobre o tema, oportuno lembrar que esse entendimento foi legalmente consagrado (e aprofundado) por meio da Lei nº 13.467, a qual alterou o art. 11 da CLT para estabelecer o seguinte:

> *Art. 11. A pretensão quanto a créditos resultantes das relações de trabalho prescreve em cinco anos para os trabalhadores urbanos e rurais, até o limite de dois anos após a extinção do contrato de trabalho.*
>
> *(...)*
>
> *§ 2º Tratando-se de pretensão que envolva pedido de prestações sucessivas decorrente de alteração ou descumprimento do pactuado, a prescrição é total, exceto quando o direito à parcela esteja também assegurado por preceito de lei.*

Dessarte, aplica-se a prescrição total em casos referentes à alteração do "regulamento" de uma empresa estatal por meio de lei.

Informativo nº 175

- ***Direito Administrativo.*** **Magistrado. Ajuda de custo. Despesas de transporte e mudança de dependentes. Deslocamento para localidade diversa daquela para a qual o magistrado foi removido. Ausência de previsão legal.**

As normas que regem a concessão de ajuda de custo para atender às despesas de mudança e transporte do magistrado e de seus dependentes (art. 65, I, da Loman, Decreto nº 4.004/2001, arts. 53 a 57 da Lei nº 8.112/90 e Resolução CSJT nº 112/2012) vinculam esse direito à mudança de domicílio para a nova sede (ou nova localidade de exercício), de forma que não há, na legislação, nenhuma previsão de concessão de ajuda de custo para cobrir despesas com mudança e transporte dos dependentes do magistrado para localidade diversa daquela para a qual fora removido.

Sob esse entendimento, o Órgão Especial, por maioria, deu provimento ao recurso ordinário da União para indeferir a segurança pleiteada por magistrada que teve negado administrativamente o pedido de pagamento de duas cotas de ajuda de custo referentes à mudança de domicílio de seu cônjuge e de sua filha menor para cidade distinta daquela em que passou a residir em razão de remoção. Vencida a Ministra Maria Helena Mallmann.

TST-RO-102-63.2015.5.22.0000, Órgão Especial, rel. Min. Brito Pereira, 2.4.2018 (Informativo Nº 175)

BREVE COMENTÁRIO

O precedente em tela não versa exatamente sobre direito do trabalho, mas sobre as normas que regem a Magistratura e a sua interpretação.

Na espécie, um magistrado do trabalho impetrou mandado de segurança, a fim de obter o pagamento de duas cotas de ajuda de custo referentes à mudança de domicílio de seu cônjuge e de sua filha menor para cidade distinta daquela em que passou a residir em razão de remoção.

Ou seja, o magistrado foi removido para determinada localidade e seu cônjuge e o seu dependente foram para outra.

A dúvida que remanesceu foi se ele teria direito ao pagamento da ajuda de custo em favor de seus dependentes.

Interpretando o dispositivo, o Tribunal entendeu que não, fixando a seguinte tese:

> **As normas que regem a concessão de ajuda de custo para atender às despesas de mudança e transporte do magistrado e de seus dependentes (art. 65, I, da Loman, Decreto nº 4.004/2001, arts. 53 a 57 da Lei nº 8.112/90 e Resolução CSJT nº 112/2012) vinculam esse direito à mudança de domicílio para a nova sede (ou nova localidade de exercício), de forma que não há, na legislação, nenhuma previsão de concessão de ajuda de custo para cobrir despesas com mudança e transporte dos dependentes do magistrado para localidade diversa daquela para a qual fora removido.**

Direito Processual do Trabalho. Ação civil pública. Multa coercitiva. Astreinte. Limitação temporal. Impossibilidade.

A SBDI-I, por maioria, conheceu de embargos, por divergência jurisprudencial, e, no mérito, deu-lhes provimento para **restabelecer a sentença proferida em ação civil pública na parte em que fixou astreinte sem a limitação temporal de sessenta dias**, caso haja descumprimento da obrigação de fazer reconhecida em juízo.

A cominação de multa coercitiva pelo descumprimento da obrigação de fazer tem como propósito compelir o devedor a realizar a prestação devida, configurando-se meio indireto de execução. Nos termos do art. 537 do CPC de 2015, a astreinte pode ser concedida tanto na fase de conhecimento quanto na fase de execução, sendo possível, também, aumentar-lhe ou reduzir-lhe o valor, a qualquer momento, desde que necessário à efetividade da determinação judicial.

Assim, **não se pode admitir que o juiz da fase de conhecimento fixe um limite temporal para a aplicação da multa coercitiva, sob pena de retirar do Juízo da execução, responsável pelo cumprimento do julgado, instrumento imprescindível à efetividade da determinação judicial, e de esvaziamento do disposto no § 4º do art. 537 do CPC de 2015, no que determina a incidência da multa enquanto não cumprida a decisão que a tiver cominado**.

No caso concreto, a sentença julgou parcialmente procedente a ação civil pública ajuizada pelo Ministério Público do Trabalho contra o Município de Bodoquena/MS para estabelecer a obrigação de fazer, de natureza continuada, consistente no fornecimento de Equipamento de Proteção Individual – EPI, treinamento adequado, água potável e veículo apropriado à coleta de lixo aos trabalhadores do serviço público de limpeza urbana municipal, sob pena de multa diária em caso de descumprimento. Todavia, o acórdão do Tribunal Regional, mantido pelo acórdão turmário, julgou parcialmente procedente o pedido para reduzir o valor da multa aplicada e limitá-la ao período de sessenta dias.

Vencidos os Ministros Maria Cristina Irigoyen Peduzzi, Brito Pereira, Márcio Eurico Vitral Amaro e Breno Medeiros.

TST-E-ED-RR-747-09.2013.5.24.0031, SBDI-I,
rel. Min. Augusto César Leite de Carvalho, 5.4.2018 (Informativo Nº 175)

BREVE COMENTÁRIO

As astreintes são meios de execução indireta, consistentes na imposição de multa pelo não cumprimento de uma obrigação pelas partes.

No precedente analisado, o juiz de primeiro grau fixou uma multa pelo não cumprimento da obrigação de fazer sem limitação temporal, ou seja, enquanto a parte não cumprisse a obrigação, estaria sujeita ao pagamento de multa.

O Tribunal Regional competente, todavia, limitou a aplicação dessa multa ao lapso de sessenta dias.

O TST entendeu ser uma espécie de intromissão indevida do Tribunal na decisão do juiz de primeiro grau, o qual ficaria responsável pela execução, além de esvaziar o conteúdo da norma referente à constrição do réu a cumprir suas obrigações decorrentes do processo, vez que, passados os sessenta dias, não haveria mais qualquer "incentivo" para que o devedor se desincumbisse.

Assim, estabeleceu-se tese no sentido de que **não se pode admitir que o juiz da fase de conhecimento fixe um limite temporal para a aplicação da multa coercitiva, sob pena de retirar do Juízo da execução, responsável pelo cumprimento do julgado, instrumento imprescindível à efetividade da determinação judicial, e de esvaziamento do disposto no § 4º do art. 537 do CPC de 2015, no que determina a incidência da multa enquanto não cumprida a decisão que a tiver cominado não se pode admitir que o juiz da fase de conhecimento fixe um limite temporal para a aplicação da multa coercitiva, sob pena de retirar do Juízo da execução, responsável pelo cumprimento do julgado, instrumento imprescindível à**

efetividade da determinação judicial, e de esvaziamento do disposto no § 4º do art. 537 do CPC de 2015, no que determina a incidência da multa enquanto não cumprida a decisão que a tiver cominado.

- ***Direito Processual do Trabalho.*** **Incompetência da Justiça do Trabalho. Admissão sem concurso público após a Constituição de 1988. Lei do respectivo ente público estabelecendo o regime estatutário.**

A competência para processar e julgar ação movida por servidor público contratado na vigência da Constituição de 1988, sem prévia aprovação em concurso público, depende da natureza do regime jurídico adotado pelo ente público para seus servidores. Se de natureza administrativa ou estatutária, a competência é da Justiça comum. De outra sorte, se o vínculo for regido pelas disposições da CLT, a competência é da Justiça do Trabalho.

Sob esse entendimento, a SBDI-I, por unanimidade, conheceu dos embargos do Município de Boa Vista do Tupim/BA, e, no mérito, por maioria, deu- lhes provimento para declarar a incompetência da Justiça do Trabalho para processar e julgar a lide, determinando a remessa dos autos à Justiça comum, nos termos do art. 64, § 3º, do CPC de 2015, visto que registrado na decisão embargada que o regime jurídico adotado pelo Município é o estatutário.

Vencidos os Ministros Cláudio Mascarenhas Brandão, relator, e José Roberto Freire Pimenta.

TST-E-ED-RR-1114-36.2013.5.05.0201, SBDI-I, rel. Min. Cláudio Mascarenhas Brandão, red. p/ acórdão Min. Márcio Eurico Vitral Amaro, 12.4.2018 (Informativo Nº 176)

BREVE COMENTÁRIO

No caso, trata-se da situação de servidor admitido após a CF/88 sem a prévia aprovação em concurso público, em relação ao qual o TST estabeleceu a tese genérica de que a competência para processamento e julgamento de suas ações vai depender da natureza do vínculo que ele tiver: se celetista, Justiça do Trabalho; se jurídico-institucional, Justiça Comum.

Correlatamente, importante lembrar a tese fixada no âmbito do STF, no que se refere especificamente aos **servidores temporários**, admitidos com base na legislação das respectivas unidades federativas, cujo suporte constitucional é o art. 37, IX CF:

> Art.37..omissis..
>
> IX- a lei estabelecerá os casos de contratação por tempo determinado para atender a necessidade temporária de excepcional interesse público.

Nos termos do art. 37, II, CF, o ingresso na Administração Pública, via de regra, só será válido após a prévia aprovação em concurso público. No entanto, a própria Constituição de 1988, trouxe algumas hipóteses em que essa regra é excepcionada (uma delas é o artigo em tela).

Note-se que se trata de situação excepcional: contratação por tempo determinado devido a uma necessidade temporária de excepcional interesse público.

Diante do julgado acima, conclui-se que, segundo a jurisprudência, "o art. 37, IX, da Constituição do Brasil autoriza contratações, sem concurso público, desde que indispensáveis ao atendimento de necessidade temporária de excepcional interesse público, quer para o desempenho das atividades de caráter eventual, temporário ou excepcional, quer para o desempenho das atividades de caráter regular e permanente[28]".

Por outro lado, caberá aos entes federativos a elaboração de suas respectivas leis sobre o tema, nas quais serão previstas as hipóteses em que a contratação temporária será permitida ("a lei estabelecerá os casos de contratação por tempo determinado").

Essas leis podem, ainda, prever a forma e a realização de um procedimento simplificado.

Vê-se, assim, que se trata de exceção à regra do concurso público, admitida com base em dispositivo originário da Constituição, a ser regulamentado por lei de cada ente.

Nesses casos, a competência para processamento e julgamento é da Justiça Comum:

> Contratação de servidores temporários e competência - A justiça comum é competente para processar e julgar causas em que se discuta a validade de vínculo jurídico-administrativo entre o poder público e servidores temporários. Esse o entendimento do Plenário que, em conclusão e por maioria, deu provimento a agravo regimental e julgou procedente pedido formulado em reclamação ajuizada com o objetivo de suspender ação civil pública proposta pelo Ministério Público do Trabalho perante vara trabalhista. No caso, o "parquet" pretendia a anulação de contratações e de credenciamentos de profissionais - ditos empregados públicos - sem a prévia aprovação em concurso público. Alegava- se afronta ao que decidido pelo STF na ADI 3.395 MC/DF (DJU de 10.11.2006), tendo em conta que o julgamento da lide competiria à justiça comum — v. Informativo 596. O Colegiado asseverou que a orientação firmada na decisão paradigma seria no sentido de competir à justiça comum o julgamento de litígios baseados em contratação temporária para o exercício de função pública, instituída por lei local em vigência antes ou depois da CF/1988. Isso não atrairia a competência da justiça trabalhista a alegação de desvirtuamento do vínculo. Assim, a existência de pedidos fundados na CLT ou no FGTS não descaracterizaria a competência da justiça comum. Por fim, o Tribunal deliberou anular os atos decisórios até então proferidos pela justiça laboral e determinar o envio dos autos da ação civil pública à justiça comum competente. Vencidos os Ministros Marco Aurélio (relator) e Rosa Weber, que

28. BRASIL. Supremo Tribunal Federal. Ação Direta de Inconstitucionalidade n. 3068 DF. Relator: Min. Marco Aurélio. Brasília, 25 de agosto de 2004.

negavam provimento ao agravo. Rcl 4351 MC-AgR/PE, rel. orig. Min. Marco Aurélio, red. p/ o acórdão Min. Dias Toffoli, 11.11.2015. (Rcl-4351 MC-AgR).

É importante notar que, segundo TST, o entendimento fixado no acórdão em questão não conflita com aquele adotado pelo STF, pois **o caso não tratou de servidor temporário**, mas de simples ingresso na Administração Pública sem concurso público, sob vínculo celetista.

Informativo nº 177

▸ ***Direito do Trabalho.*** **Fundação de Atendimento Sócio-Educativo do Rio Grande do Sul – FASE. Reajuste de 11,84% concedido apenas a alguns empregados. Equiparação salarial. Impossibilidade. Orientação Jurisprudencial nº 297 da SBDI-I.**

Da diretriz firmada no art. 37, XIII, da CF, extrai-se que **é vedada a pretensão de equiparação salarial entre servidores públicos pertencentes aos quadros da Administração direta, autárquica ou fundacional, inclusive quando contratados pelo regime celetista**.

O objetivo da norma é assegurar e conformar a atuação da Administração Pública ao regime jurídico-administrativo a que está submetida, em especial, ao princípio da legalidade.

Sob esse entendimento, e afastando a alegada contrariedade à Orientação Jurisprudencial nº 297 da SBDI-I, a referida Subseção, por unanimidade, não conheceu do recurso de embargos interpostos pela reclamante contra a decisão que dera provimento ao recurso de revista da Fundação de Atendimento Sócio-Educativo do Rio Grande do Sul – FASE para restabelecer a sentença que julgou improcedente o pedido de diferenças relativas ao reajuste salarial de 11,84% aplicado a outros empregados de mesmo cargo e função, formulado com base no princípio da isonomia.

TST-E-ED-RR-20098-28.2014.5.04.0018, SBDI-I, rel. Min. Cláudio Mascarenhas Brandão, 3.5.2018 (Informativo Nº 177)

BREVE COMENTÁRIO

No precedente em questão, vemos situação muito comum de empregados que trabalham nas diversas esferas da Administração Pública: a busca por equiparação salarial com base na isonomia.

No caso, determinados servidores públicos (empregados celetistas) receberam determinado reajuste e os demais ajuizaram ação buscando a extensão desse a eles.

No entanto, existe óbice a esse tipo de pretensão, primeiramente em virtude do sistema orçamentário estabelecido na Constituição da República de 1988. Vejamos primeiramente a redação do artigo 169:

> *Art. 169. A despesa com pessoal ativo e inativo da União, dos Estados, do Distrito Federal e dos Municípios não poderá exceder os limites estabelecidos em lei complementar.*

> *§ 1º **A concessão de qualquer vantagem ou aumento de remuneração**, a criação de cargos, empregos e funções ou alteração de estrutura de carreiras, bem como a admissão ou contratação de pessoal, a qualquer título, pelos órgãos e entidades da administração direta ou indireta, inclusive fundações instituídas e mantidas pelo poder público, **só poderão ser feitas**:*
>
> *I – se houver **prévia dotação orçamentária** suficiente para atender às projeções de despesa de pessoal e aos acréscimos dela decorrentes;*
>
> *II – se houver **autorização específica na lei de diretrizes orçamentárias**, ressalvadas as empresas públicas e as sociedades de economia mista. (grifou-se)*

Lembramos que eventual procedência na demanda representaria um aumento que não estaria previsto em lei orçamentária, não havendo, ainda, prévia dotação orçamentária para ele.

Ainda, a Constituição Federal traz previsões específicas acerca da necessidade de uma Lei Orçamentária:

> *Art. 165. Leis de iniciativa do Poder Executivo estabelecerão:*
>
> *I – o plano plurianual;*
>
> *II – as diretrizes orçamentárias;*
>
> *III – os orçamentos anuais.*
>
> *(...)*
>
> *§ 5º A lei orçamentária anual compreenderá:*
>
> *I – o orçamento fiscal referente aos Poderes da União, seus fundos, órgãos e entidades da administração direta e indireta, inclusive fundações instituídas e mantidas pelo Poder Público;*
>
> *II – o orçamento de investimento das empresas em que a União, direta ou indiretamente, detenha a maioria do capital social com direito a voto;*
>
> *III – o orçamento da seguridade social, abrangendo todas as entidades e órgãos a ela vinculados, da administração direta ou indireta, bem como os fundos e fundações instituídos e mantidos pelo Poder Público.*

Forçoso ainda lembrar, o posicionamento sumulado consagrado no STF, o qual também veda a equiparação entre servidores públicos:

> *Súmula Vinculante 37*
>
> *Não cabe ao Poder Judiciário, que não tem função legislativa, aumentar vencimentos de servidores públicos sob o fundamento de isonomia.*

Desse modo, por respeito a todo esse sistema é que o TST indeferiu o pedido de equiparação salarial formulado por empregados públicos, fixando tese no sentido de que **é vedada a pretensão de equiparação salarial entre servidores públicos pertencentes aos quadros da Administração direta, autárquica ou fundacional, inclusive quando contratados pelo regime celetista.**

Informativo nº 178

- ***Direito do Trabalho*. Complementação de aposentadoria. Regulamento aplicável. Acórdão turmário que afasta a prescrição. Decisão de mérito. Incidência da modulação prevista no item IV da Súmula nº 288 do TST.**

A decisão de Turma que afasta a prescrição insere-se no conceito de "decisão de mérito" a que alude a Súmula nº 288, IV, do TST, na redação conferida pelo Tribunal Pleno em 12.4.2016 no julgamento do processo TST-E-ED-RR-235-20.2010.5.20.0006.

Por conseguinte, o acórdão recorrido que não aplica a modulação dos efeitos, não obstante a Turma haja proferido decisão sobre prescrição antes de 12.4.2016, contraria o item IV da Súmula 288 do TST.

Na espécie, em 2.5.2012, a Turma conheceu do recurso de revista do reclamante, por contrariedade à Súmula nº 327 do TST, e, no mérito, deu-lhe provimento para afastar a prescrição total do direito de ação quanto ao pleito de diferenças de complementação de aposentadoria, determinando o retorno dos autos à Vara de origem, para prosseguimento do feito.

Os autos retornaram ao TST e, em 26.10.2016, a Turma não conheceu do recurso de revista do reclamante, sob o fundamento de que "a Corte de origem, ao estabelecer que a complementação de aposentadoria do reclamante deveria ser regida pelo regulamento vigente à época da aposentadoria, decidiu em sintonia com a nova redação da Súmula 288 do TST."

Assim, a SBDI-I, por unanimidade, conheceu dos embargos, por divergência jurisprudencial, e, no mérito, **deu-lhes provimento para, afastada a incidência do item III da Súmula nº 288 do TST, determinar o retorno dos autos à Vara do Trabalho de origem para que a julgue a demanda à luz do entendimento consubstanciado na Súmula nº 288, I, do TST, na antiga redação.**

TST-E-ED-ARR-397-56.2010.5.01.0034, SBDI-I,
rel. Min. Márcio Eurico Vitral Amaro, 17.5.2018.
(Informativo Nº 178)

BREVE COMENTÁRIO

No regulamento de algumas empresas ou na legislação de determinados entes federativos (a exemplo do estado de São Paulo), havia a previsão da chamada "complementação de aposentadoria", benefício a ser pago a empregados aposentados, a fim de que seus proventos na inatividade se equiparassem àqueles dos servidores da atividade, consistindo seu valor, grosso modo, na diferença entre aquilo que é pago pelo Instituto Nacional de Seguridade Social - INSS, e quanto recebe um trabalhador em atividade naquela empresa.

Ocorre que muitas vezes essas empresas passam por transformações em seus quadros, com a respectiva implementação de plano cargos e salários, o que leva a alguns ruídos, em especial pelo fato de trabalhadores buscarem parâmetro estabelecido em regulamento posterior.

Exemplo[29]: João se aposentou no cargo de MAQUINISTA X, recebendo R$ 3.000,00 (três mil reais) de aposentadoria do INSS e R$ 2.000,00 (dois mil reais) a título de complementação de aposentadoria, vez que o salário na ativa é de R$ 5.000,00 (cinco mil reais). Com a transformação do plano da empresa, seu cargo passou a ser denominado MAQUINISTA Z, que recebe R$ 7.000,00 (sete mil reais) em atividade, de modo que o valor de sua complementação deveria ser reajustado em R$ 2.000,00 (dois mil reais), caso fosse esse considerado como parâmetro. É a partir dessa divergência que é ajuizada boa parte das demandas dessa natureza.

No que se refere ao julgado sob análise, devemos considerar o seguinte:

O TST possui dois enunciados de jurisprudência que foram invocados no julgado e merecem leitura para uma melhor compreensão, quais sejam a Súmula nº 327 e a Súmula nº 288. Vejamos o que elas dizem:

> *Súmula nº 327 do TST*
>
> *COMPLEMENTAÇÃO DE APOSENTADORIA. DIFERENÇAS. PRESCRIÇÃO PARCIAL*
>
> *A pretensão a diferenças de complementação de aposentadoria sujeita-se à prescrição parcial e quinquenal, salvo se o pretenso direito decorrer de verbas não recebidas no curso da relação de emprego e já alcançadas pela prescrição, à época da propositura da ação.*
>
> *Súmula nº 288 do TST*
>
> *COMPLEMENTAÇÃO DOS PROVENTOS DA APOSENTADORIA*
>
> *I – A complementação dos proventos de aposentadoria, instituída, regulamentada e paga diretamente pelo empregador, sem vínculo com as entidades de previdência privada fechada, **é regida pelas normas em vigor na data de admissão do empregado, ressalvadas as alterações que forem mais benéficas** (art. 468 da CLT).*
>
> *II – Na hipótese de coexistência de dois regulamentos de planos de previdência complementar, instituídos pelo empregador ou por entidade de previdência privada, a opção do beneficiário por um deles tem efeito jurídico de renúncia às regras do outro.*
>
> *III – **Após a entrada em vigor das Leis Complementares nºs 108 e 109, de 29/05/2001, reger-se-á a complementação dos proventos de aposentadoria pelas normas vigentes na data da implementação dos requisitos para obtenção do benefício, ressalvados o direito adquirido do participante que anteriormente implementara os requisitos para o benefício e o direito acumulado do empregado que até então não preenchera tais requisitos**.*
>
> *IV – O entendimento da primeira parte do item III aplica-se aos processos em curso no Tribunal Superior do Trabalho em que, em 12/04/2016, ainda não haja sido proferida decisão de mérito por suas Turmas e Seções.*

29. Esse exemplo é apenas para simplificar o melhor entendimento do tema, vez que cada regulamento pode ter cláusulas específicas que levem a valores e condições diversas.

O inciso I da Súmula 288 determina que a complementação dos proventos de aposentadoria, instituída, regulamentada e paga diretamente pelo empregador, sem vínculo com as entidades de previdência privada fechada, é regida pelas normas em vigor na **data de admissão do empregado**, ressalvadas as alterações que forem mais benéficas.

No entanto, o inciso III traz uma ressalva: após a entrada em vigor das Leis Complementares nºs 108 e 109, de 29/05/2001 (que dispõem sobre previdência complementar), reger-se-á a complementação dos proventos de aposentadoria pelas **normas vigentes na data da implementação dos requisitos para obtenção do benefício (e não mais pelas normas em vigor na data da admissão)**, ressalvados o direito adquirido do participante que anteriormente implementara os requisitos para o benefício e o direito acumulado do empregado que até então não preenchera tais requisitos.

Note-se a diferença:

ANTES DAS LC 108 E 109	DEPOIS DAS LC 108 E 109
normas em vigor na **data de admissão do empregado**	**normas vigentes na data da implementação dos requisitos para obtenção do benefício**

Como a tendência é que essas normas mudem para pior, é comum que empregados busquem o enquadramento a que faziam jus na época de sua admissão.

Isso gerou grande celeuma no Judiciário Trabalhista, sendo, em 14/12/2016, proferido julgamento paradigmático que levou à alteração da Súmula nº 288 do TST, a qual passou a ter a redação acima transcrita.

Esclarecemos que a mudança de paradigma se refere basicamente ao entendimento consagrado no inciso III, segundo o qual, **após a entrada em vigor das Leis Complementares nºs 108 e 109, de 29/05/2001, reger-se-á a complementação dos proventos de aposentadoria pelas normas vigentes na data da implementação dos requisitos para obtenção do benefício**.

Antes disso, basicamente, havia apenas os incisos I e II na Súmula nº 288, de modo que a complementação dos proventos da aposentadoria deveria ser regida pelas normas em vigor na data da admissão do empregado.

No entanto, restou a dúvida: a partir de quando essa mudança de paradigma deve ser aplicada? Imediatamente após a edição dessas leis?

Segundo o TST, não. Essa mudança de paradigma deve ser aplicada aos processos em curso no Tribunal Superior do Trabalho em que, em 12/04/2016, ainda não houvesse sido proferida decisão de mérito por suas Turmas e Seções.

O caso sob análise foi além para indagar: decisão do TST que afastou a prescrição para aplicar a Súmula nº 327 é decisão de mérito?

Segundo o TST, sim. A decisão de Turma que afasta a prescrição insere-se no conceito de "decisão de mérito" a que alude a Súmula nº 288, IV, do TST. Desse modo, processo sob essas condições deve ser julgado de acordo com o entendimento originário da Súmula nº 288 do TST, considerando-se, portanto, a legislação em vigor na data da admissão do empregado para fins de complementação de aposentadoria.

Informativo nº 179

Direito Processual do Trabalho. Arguição de inconstitucionalidade. Art. 25, § 1º, da Lei nº 8.978/95. Instauração do incidente. Determinação expressa do Supremo Tribunal Federal.

Em cumprimento à decisão proferida nos autos do processo STF-Rcl-25508/MT, a Ministra Maria de Assis Calsing determinou a instauração do incidente de arguição de inconstitucionalidade do art. 25, § 1º, da Lei nº 8.978/95 e a remessa dos autos ao Tribunal Pleno.

Na hipótese, a Energisa Mato Grosso – Distribuidora de Energia S.A. ajuizou reclamação contra decisão da Quarta Turma que, ao analisar recurso de revista, declarou a ilicitude da terceirização de atividades na área fim da empresa e reconheceu o vínculo de emprego diretamente com a referida concessionária de serviço público.

Ao julgar procedente o pedido para anular a decisão proferida, o Ministro Alexandre de Moraes consignou que, **embora a Turma do TST não tenha declarado expressamente a inconstitucionalidade incidental, afastou a aplicação da Lei nº 8.978/95 sem a incidência do art. 97 da CF, em desrespeito à cláusula de reserva de plenário (Súmula Vinculante 10). Assim, determinou expressamente que a "autoridade reclamada submeta a análise da questão constitucional incidental ao órgão competente, em conformidade com o art. 97 da Constituição Federal e a Súmula Vinculante 10**, uma vez que o órgão fracionário já se posicionou pela declaração de inconstitucionalidade".

TST- ArgInc-534-74.2014.5.23.0005, Tribunal Pleno, rel. Min. Maria de Assis Calsing, 2.4.2018 e 28.5.2018 (Informativo Nº 179)

BREVE COMENTÁRIO

O art. 97 da Constituição Federal estabelece a chamada cláusula de reserva de plenário:

> *Art. 97. Somente pelo voto da maioria absoluta de seus membros ou dos membros do respectivo órgão especial poderão os tribunais declarar a inconstitucionalidade de lei ou ato normativo do Poder Público.*

Assim, por uma questão de colegialidade e segurança jurídica, os Tribunais só podem declarar a inconstitucionalidade de um dispositivo pela maioria absoluta de seus membros (de modo que a matéria deverá ir ao Pleno, como regra) ou pela maioria absoluta dos membros do órgão especial.

Ocorre que é muito comum aos Tribunais não declarar expressamente a inconstitucionalidade de dispositivo legal, mas afastarem a sua aplicação, o que poderia ser considerada uma "declaração implícita" de inconstitucionalidade.

Diante dessa situação, o STF editou a Súmula Vinculante nº 10, que dispõe o seguinte:

> *SÚMULA VINCULANTE 10*
>
> *Viola a cláusula de reserva de plenário (CF, artigo 97) a decisão de órgão fracionário de Tribunal que embora não declare expressamente a inconstitucionalidade de lei ou ato normativo do poder público, afasta sua incidência, no todo ou em parte.*

No precedente em análise, o TST não declarou expressamente a inconstitucionalidade de dispositivo de lei, mas afastou sua aplicação.

Desse modo, diante de Reclamação oferecida a ele, o STF determinou o retorno dos autos à Corte Laboral para que fosse respeitado o procedimento previsto no art. 97, CF, com a respectiva instauração de incidente de inconstitucionalidade, a ser julgado por maioria absoluta do Tribunal Pleno[30].

Informativo nº 180

▸ *Direito Processual do Trabalho*. Preposto. Condição de empregado. Inobservância apenas na audiência inaugural. Irregularidade de representação. Configuração. Súmula nº 377 do TST

Contraria a Súmula nº 377 do TST a decisão turmária que afasta a aplicação da referida súmula ao fundamento de que a exigência a respeito de o preposto ser empregado da empresa somente se justifica no caso de audiência única, ou seja, aquela que não foi fracionada.

Na hipótese, a Turma, mantendo o acórdão do Tribunal Regional, entendeu que, no caso de fracionamento da audiência, não há falar em irregularidade de representação quando a reclamada se faz substituir por preposto que não seja seu empregado apenas na audiência inaugural, em que não se colhe o depoimento das partes litigantes.

Tal interpretação, todavia, extrapola os limites da súmula em análise, pois **a audiência é una (art. 849 da CLT), e ainda que o fracionamento seja permitido, ele não retira a obrigação de a reclamada estar regularmente representada.**

Assim, sendo incontroverso, no caso em apreço, que o preposto que compareceu à sessão inaugural da audiência não era empregado da empresa, o que equivale à sua ausência por irregularidade de representação, a SBDI-I, por maioria, conheceu dos embargos por contrariedade à Súmula nº 377 do TST, e, no mérito, deu-lhes provimento para determinar o retorno dos autos à Vara de origem, a fim de que julgue os

30. A título de exemplo, no mesmo informativo, o TST acolheu a instauração de incidente de inconstitucionalidade do Art. 702, I, "f", e §§ 3º e 4º, da CLT, incluídos pela Lei nº 13.467/2017: "A SBDI-I, por unanimidade, decidiu acolher a arguição de inconstitucionalidade da alínea "f" do inciso I e dos §§ 3º e 4º do art. 702 da CLT, incluídos pela Lei nº 13.467/2017, suscitada na sessão de julgamento realizada em 22.3.2018, e determinar a remessa dos autos ao Tribunal Pleno. TST-E- RR-696-25.2012.5.05.0463, SBDI-I, rel. Min. Márcio Eurico Vitral Amaro, 24.5.2018".

pedidos da inicial, desconsiderando a defesa escrita da empresa e levando em conta os efeitos da revelia e a consequente confissão ficta quanto às matérias de fato.

Vencido o Ministro Walmir Oliveira da Costa.

TST-E-ED-RR-41900-77.2006.5.23.0004, SBDI-I, rel. Min. Walmir Oliveira da Costa, red. p/ acórdão Min. Cláudio Mascarenhas Brandão, 7.6.2018 (Informativo Nº 180)

BREVE COMENTÁRIO

Conforme discorremos anteriormente, nos termos do art. 849 da CLT, as audiências na Justiça do Trabalho deverão ser unas, mas, devido à complexidade, é comum que os juízes as fracionem em sessões de conciliação/iniciais/inaugurais, de instrução e de julgamento.

No precedente em análise, há duas linhas centrais que devem ser consideradas: a) houve fracionamento da audiência; b) à sessão inaugural compareceu preposto que não era empregado da empresa.

Sobre a possibilidade de fracionamento da audiência (a princípio, una), está esclarecida a praxe trabalhista.

Agora, devemos discorrer sobre a figura do preposto.

A Súmula nº 377 do TST estabelece o seguinte:

> *Súmula nº 377 do TST*
>
> *PREPOSTO. EXIGÊNCIA DA CONDIÇÃO DE EMPREGADO*
>
> *Exceto quanto à reclamação de empregado doméstico, ou contra micro ou pequeno empresário, o preposto deve ser necessariamente empregado do reclamado. Inteligência do art. 843, § 1º, da CLT e do art. 54 da Lei Complementar nº 123, de 14 de dezembro de 2006.*

Esse entendimento, que impunha a obrigatoriedade de o preposto ser empregado da empresa como regra geral, foi superado pela Reforma Trabalhista, que alterou o art. 843 da CLT, afastando expressamente a necessidade dessa condição. Vejamos:

> *Art. 843 – Na audiência de julgamento deverão estar presentes o reclamante e o reclamado, independentemente do comparecimento de seus representantes salvo, nos casos de Reclamatórias Plúrimas ou Ações de Cumprimento, quando os empregados poderão fazer-se representar pelo Sindicato de sua categoria.*
>
> *§ 1º É facultado ao empregador fazer-se substituir pelo gerente, ou qualquer outro preposto que tenha conhecimento do fato, e cujas declarações obrigarão o proponente.*
>
> *§ 2º Se por doença ou qualquer outro motivo poderoso, devidamente comprovado, não for possível ao empregado comparecer pessoalmente, poderá fazer-se representar por outro empregado que pertença à mesma profissão, ou pelo seu sindicato.*
>
> *§ 3º* ***O preposto a que se refere o § 1º deste artigo não precisa ser empregado da parte reclamada****. (grifou-se)*

No entanto, o precedente sob análise versa sobre situação anterior à Reforma Trabalhista e consistiu basicamente no seguinte: haja vista o fracionamento da audiência, tendo comparecido preposto que não era empregado da empresa à audiência inicial, o Tribunal Regional afastou a revelia da empresa, por considerar que não haveria prejuízo, visto que não houve a colheita de depoimento pessoal desse.

O TST se opôs ao entendimento regional e fixou tese no sentido de que: a audiência é una (art. 849 da CLT), e ainda que o fracionamento seja permitido, ele não retira a obrigação de a reclamada estar regularmente representada. Assim, se o preposto que compareceu à sessão inaugural da audiência não era empregado da empresa, o que equivale à sua ausência por irregularidade de representação, deve ser desconsiderada a defesa escrita da empresa e levado em conta os efeitos da revelia e a consequente confissão ficta quanto às matérias de fato.

▸ ***Direito do Trabalho*. Servidor público. Reajuste geral anual. Art. 37, X, da CF. Concessão em abonos fixos. Deferimento de diferenças salariais correspondentes à distorção apurada. Impossibilidade. Súmula Vinculante 37.**

Conforme atual entendimento do Supremo Tribunal Federal, **o deferimento de diferenças salariais correspondentes à distorção apurada em razão da concessão de reajuste geral anual realizado por meio de pagamento de abonos em valores fixos, fundado na inobservância do art. 37, X, parte final, da CF, esbarra no óbice previsto na Súmula Vinculante 37**, segundo a qual "não cabe ao Poder Judiciário, que não tem função legislativa, aumentar vencimentos de servidores públicos sob o fundamento de isonomia".

Sob esse fundamento, a SBDI-I, por unanimidade, conheceu dos embargos por contrariedade à Súmula Vinculante 37 e, no mérito, deu-lhes provimento para excluir da condenação o pagamento de diferenças salariais decorrentes da inobservância do art. 37, X, da CF concedidas aos servidores do Município de Mococa/SP.

TST-E-RR-10673-87.2014.5.15.0141, SBDI-I,
rel. Min. Márcio Eurico Vitral Amaro, 7.6.2018 (Informativo Nº 180)

BREVE COMENTÁRIO

Aos servidores públicos é garantida a irredutibilidade de subsídios.

No entanto, polêmica antiga é instaurada quando se cinde essa expressão em valores reais e nominais.

No que tange ao valor nominal, é pacífica a jurisprudência no sentido de que, como regra, os servidores não poderão ter o valor numérico de seus vencimentos rebaixados. Assim, o servidor que ganha R$ 3.000,00 (três mil reais) não pode ter seu salário reduzido para R$ 2.000,00 (dois mil reais).

Sobre os valores reais, o assunto já passa a se revestir de alguma polêmica, em especial devido à redação do art. 37, X, CF, que garante a chamada revisão geral anual:

> *Art. 37. A administração pública direta e indireta de qualquer dos Poderes da União, dos Estados, do Distrito Federal e dos Municípios obedecerá aos princípios de legalidade, impessoalidade, moralidade, publicidade e eficiência e, também, ao seguinte:*
>
> *(...)*
>
> *X – a remuneração dos servidores públicos e o subsídio de que trata o § 4º do art. 39 somente poderão ser fixados ou alterados por lei específica, observada a iniciativa privativa em cada caso, assegurada revisão geral anual, sempre na mesma data e sem distinção de índices;*

Ou seja, a fim de garantir essa irredutibilidade real, o constituinte originário garantiu que, anualmente, os salários dos servidores deveriam ser reajustados, a fim de garantir-lhes o poder de compra, em vista da desvalorização que esses sofrem em decorrência de processos inflacionários.

No entanto, nem sempre a Administração Pública respeita essa determinação constitucional.

A pergunta é: haja vista o comando constitucional, o Poder Judiciário pode conferir reajustes aos servidores públicos a título de revisão geral anual?

A jurisprudência pátria consagrou o entendimento de que a irredutibilidade de vencimentos de que trata o texto constitucional é apenas no que se refere ao valor nominal da remuneração do servidor público, de sorte que não pode ele obter pela via judicial reajustes de acordo com índices inflacionários (o que representaria, de fato, irredutibilidade em termos reais), haja vista a necessidade de lei específica para tanto.

Cite-se a jurisprudência do Supremo Tribunal Federal:

> *AGRAVO REGIMENTAL EM RECURSO EXTRAORDINÁRIO. SERVIDORES PÚBLICOS DO ESTADO DE SÃO PAULO. INFLAÇÃO. IRREDUTIBILIDADE DE VENCIMENTOS. GARANTIA CONSTITUCIONAL DA QUAL NÃO DECORRE O DIREITO À REVISÃO GERAL DE QUE TRATA O INCISO X DO ART. 37 DA CARTA DE OUTUBRO (REDAÇÃO ORIGINÁRIA). NECESSIDADE DE LEI ESPECÍFICA. IMPOSSIBILIDADE DE O PODER JUDICIÁRIO FIXAR O ÍNDICE OU DETERMINAR QUE O EXECUTIVO O FAÇA. JURISPRUDÊNCIA DO STF. A garantia constitucional da irredutibilidade de vencimentos não autoriza o Poder Judiciário a fixar índice de revisão geral, na forma do inciso X do art. 37 da Magna Carta (redação originária), dada a necessidade de lei específica, cujo processo legislativo é de iniciativa privativa do Chefe do Poder Executivo. Não altera esse entendimento o suposto fato de as leis específicas editadas pelo ente federado terem concedido aumentos inferiores aos índices inflacionários apurados no período. Mesmo que reconheça mora do Chefe do Poder Executivo, o Judiciário não pode obrigá-lo a apresentar projeto de lei que trate da revisão geral anual da remuneração dos servidores, prevista no inciso X do art. 37 da Lei Maior. Ressalva do entendimento pessoal do Relator. Precedentes: ADI 2.061, Relator Ministro Ilmar Galvão; MS 22.439, Relator Ministro Maurício Corrêa; MS 22.663, Relator Ministro Néri da Silveira; AO 192, Relator*

Ministro Sydney Sanches; e RE 140.768, Relator Ministro Celso de Mello. Agravo regimental desprovido[31].

Quanto à impossibilidade de o Poder Judiciário interferir na fixação do patamar remuneratório de servidores públicos, o STF possui, inclusive, Súmula Vinculante:

SÚMULA VINCULANTE 37

Não cabe ao Poder Judiciário, que não tem função legislativa, aumentar vencimentos de servidores públicos sob o fundamento de isonomia.

Diante desse quadro jurisprudencial, no precedente em análise, o TST fixou tese no sentido de que o deferimento de diferenças salariais correspondentes à distorção apurada em razão da concessão de reajuste geral anual realizado por meio de pagamento de abonos em valores fixos, fundado na inobservância do art. 37, X, parte final, da CF, esbarra no óbice previsto na Súmula Vinculante 37.

▸ *Direito do Trabalho.* Indenização por dano moral e material. Morte do trabalhador em razão de suposta moléstia profissional. Ação ajuizada pelos sucessores em nome próprio. Direito personalíssimo e autônomo. Natureza cível. Prescrição do Código Civil.

A ação em que viúva e filhos de empregado falecido pleiteiam, em nome próprio, o pagamento de indenização por danos morais e materiais decorrentes da morte de seu ente familiar por suposta doença ocupacional adquirida no curso do contrato de emprego se submete à prescrição prevista no art. 206, § 3º, do Código Civil.

Ainda que a competência para o julgamento da ação seja da Justiça do Trabalho, nos termos do art. 114, VI, da CF e da Súmula nº 392 do TST, trata-se de direito personalíssimo e autônomo dos familiares da vítima, de natureza eminentemente civil, e que se distingue do dano sofrido pelo próprio trabalhador.

Sob esse entendimento, a SBDI-I, por unanimidade, conheceu dos embargos da reclamada, por divergência jurisprudencial, e, no mérito, negou-lhes provimento para manter a decisão turmária que conhecera do recurso de revista por violação do art. 206, § 3º, do Código Civil para dar-lhe provimento e afastar a prescrição declarada pelo TRT.

TST-E-RR-10248-50.2016.5.03.0165, SBDI-I,
rel. Min. Luiz Philippe Vieira de Mello Filho, 7.6.2018 (Informativo Nº 180)

BREVE COMENTÁRIO

Primeiramente, importante notar que compete à Justiça do Trabalho processar e julgar as demandas decorrentes de danos morais e materiais ajuizadas em decorrência de evento danoso causado em decorrência da relação de trabalho:

31. BRASIL. Supremo Tribunal Federal. Recurso Extraordinário n. 327621 SP. Relator: Min. Carlos Ayres Britto. Brasília, 27 de outubro de 2006.

DANO MORAL E MATERIAL. RELAÇÃO DE TRABALHO. COMPETÊNCIA DA JUSTIÇA DO TRABALHO

Nos termos do art. 114, inc. VI, da Constituição da República, a Justiça do Trabalho é competente para processar e julgar ações de indenização por dano moral e material, decorrentes da relação de trabalho, inclusive as oriundas de acidente de trabalho e doenças a ele equiparadas, ainda que propostas pelos dependentes ou sucessores do trabalhador falecido.

Caso haja algum dano, trabalhadores ou familiares (a depender do caso) poderão ajuizar demanda para buscar o pagamento de indenização. Para tanto, todavia, deverão respeitar o prazo prescricional.

A prescrição trabalhista opera nos termos do art. 7º, XXIX, CF:

Art. 7º São direitos dos trabalhadores urbanos e rurais, além de outros que visem à melhoria de sua condição social:

(...)

XXIX – ação, quanto aos créditos resultantes das relações de trabalho, com prazo prescricional de cinco anos para os trabalhadores urbanos e rurais, até o limite de dois anos após a extinção do contrato de trabalho;

Nos termos do dispositivo, o empregado tem até dois anos após o fim da relação de emprego para pleitear as verbas que entender devidas, fazendo jus àquelas englobadas no lapso retroativo de cinco anos contados da data do ajuizamento da demanda.

Imagine agora o seguinte caso: João trabalhava para uma empresa, desenvolveu doença ocupacional e acabou por falecer em virtude dela. Seus familiares agora buscam o pagamento de indenização decorrente desse evento danoso, sendo que ajuizaram a ação dois anos e meio após o fim da relação.

A pretensão estará prescrita?

Segundo o TST, não, haja vista que, para casos como esse, não se aplica a prescrição trabalhista, mas a prescrição civil, nos termos do art. 206, §3º, do Código Civil, a qual opera não em dois, mas em três anos.

Assim, fixou a seguinte tese: a ação em que viúva e filhos de empregado falecido pleiteiam, em nome próprio, o pagamento de indenização por danos morais e materiais decorrentes da morte de seu ente familiar por suposta doença ocupacional adquirida no curso do contrato de emprego se submete à prescrição prevista no art. 206, § 3º, do Código Civil. Ainda que a competência para o julgamento da ação seja da Justiça do Trabalho, nos termos do art. 114, VI, da CF e da Súmula nº 392 do TST, trata-se de direito personalíssimo e autônomo dos familiares da vítima, de natureza eminentemente civil, e que se distingue do dano sofrido pelo próprio trabalhador.

Direito do Trabalho. Dispensa discriminatória. Conversão da readmissão em indenização dobrada. Art. 4º, II, da Lei nº 9.029/1995. Incidência da Súmula nº 28 do TST.

A Súmula nº 28 do TST, que, no caso de conversão da reintegração em indenização dobrada, garante o direito aos salários até a data da primeira decisão que determinou a referida conversão, aplica-se também à hipótese de rompimento da relação de trabalho por ato discriminatório, a que se refere o art. 4º da Lei nº 9.029/1995. A tese consagrada na referida súmula diz respeito aos efeitos concretos da conversão de qualquer reintegração em indenização, independentemente de seus motivos determinantes, pois o fato jurídico relevante, que delimita o marco temporal para o pagamento do salário, é a inexistência da relação de emprego e da contraprestação de serviços, o que ocorreu, no caso, com a prolação da sentença condenatória que deferiu a indenização substitutiva da readmissão (inciso II do art. 4º da Lei nº 9.029/1995).

Sob esse entendimento, a SBDI-I, por unanimidade, conheceu dos embargos, no tópico, por divergência jurisprudencial, e, no mérito, por maioria, negou-lhes provimento. Vencidos os Ministros José Roberto Freire Pimenta, Augusto César Leite de Carvalho, Renato de Lacerda Paiva e Cláudio Mascarenhas Brandão.

TST- E-ED-RR-941-95.2010.5.01.0017, SBDI-I,
rel. Min. Aloysio Corrêa da Veiga, 7.6.2018 (Informativo Nº 180)

BREVE COMENTÁRIO

A lei nº 9.029/1995 estabelece o seguinte:

> *Art. 1º É proibida a adoção de qualquer prática discriminatória e limitativa para efeito de acesso à relação de trabalho, ou de sua manutenção, por motivo de sexo, origem, raça, cor, estado civil, situação familiar, deficiência, reabilitação profissional, idade, entre outros, ressalvadas, nesse caso, as hipóteses de proteção à criança e ao adolescente previstas no inciso XXXIII do art. 7º da Constituição Federal.*
>
> *Art. 2º Constituem crime as seguintes práticas discriminatórias:*
>
> *I - a exigência de teste, exame, perícia, laudo, atestado, declaração ou qualquer outro procedimento relativo à esterilização ou a estado de gravidez;*
>
> *II - a adoção de quaisquer medidas, de iniciativa do empregador, que configurem;*
>
> *a) indução ou instigamento à esterilização genética;*
>
> *b) promoção do controle de natalidade, assim não considerado o oferecimento de serviços e de aconselhamento ou planejamento familiar, realizados através de instituições públicas ou privadas, submetidas às normas do Sistema Único de Saúde (SUS).*
>
> *Pena: detenção de um a dois anos e multa.*

Sobre a dispensa, fixa:

> *Art. 4º O rompimento da relação de trabalho por ato discriminatório, nos moldes desta Lei, além do direito à reparação pelo dano moral, faculta ao empregado optar entre:*

> *I – a reintegração com ressarcimento integral de todo o período de afastamento, mediante pagamento das remunerações devidas, corrigidas monetariamente e acrescidas de juros legais;*
>
> *II – a percepção, em dobro, da remuneração do período de afastamento, corrigida monetariamente e acrescida dos juros legais.*

Ou seja, nos termos do dispositivo acima transcrito, a parte que for vítima de dispensa discriminatória poderá optar entre a reintegração com o ressarcimento referente ao período de afastamento ou somente pela percepção, em dobro, da remuneração referente ao período afastada.

A Súmula nº 28 do TST, por sua vez, reza que, no caso de se converter a reintegração em indenização dobrada, o direito aos salários é assegurado até a data da primeira decisão que determinou essa conversão:

> *Súmula nº 28 do TST*
>
> *INDENIZAÇÃO*
>
> *No caso de se converter a reintegração em indenização dobrada, o direito aos salários é assegurado até a data da primeira decisão que determinou essa conversão.*

No precedente sob análise, decidiu o TST que **o entendimento cristalizado no enunciado 28 também se aplica às dispensas com base discriminatória**, tratando-se, pois, de regra geral: a tese consagrada na referida súmula diz respeito aos efeitos concretos da conversão de qualquer reintegração em indenização, independentemente de seus motivos determinantes, pois o fato jurídico relevante, que delimita o marco temporal para o pagamento do salário, é a inexistência da relação de emprego e da contraprestação de serviços, o que ocorreu, no caso, com a prolação da sentença condenatória que deferiu a indenização substitutiva da readmissão.

▸ *Direito Processual do Trabalho*. Ação rescisória. Matéria controvertida. Ausência de jurisprudência pacífica no âmbito da SBDI- I e de todas as Turmas do TST. Súmula nº 83 do TST. Incidência.

O TST, flexibilizando os comandos da Súmula nº 83 da Corte, firmou o entendimento de que **o marco divisor para afastar a controvérsia a respeito da interpretação de norma infraconstitucional é o fato de a matéria estar pacificada na SBDI-I e nas oito Turmas do TST, no momento do trânsito em julgado da decisão rescindenda, mesmo que não editada súmula ou orientação jurisprudencial a respeito do tema**.

Na hipótese, todavia, à época em que proferido o acórdão rescindendo, a tese acerca da necessidade, ou não, de comprovação da inexequibilidade da devedora principal, para os fins de redirecionamento da execução para a responsável subsidiária nos casos de falência da responsável principal, não estava pacificada, pois ausentes precedentes da SBDI-I e da 3ª Turma acerca do mérito da questão, além de também haver controvérsia no âmbito dos Tribunais Regionais. Assim, ante o óbice da Súmula nº 83 do TST, a SBDI-II, por unanimidade, conheceu do recurso ordinário, e, no mérito, por maioria, deu-lhe provimento para julgar improcedente a ação rescisória.

Vencidos os Ministros Douglas Alencar Rodrigues, relator, Maria Helena Mallmann, Delaíde Miranda Arantes e Alexandre Agra Belmonte.

TST-RO-8573-11.2011.5.04.0000, SBDI-II, rel. Min. Douglas Alencar Rodrigues, red. p/ acórdão Min. Renato de Lacerda Paiva, 12.6.2018 (Informativo Nº 180)

BREVE COMENTÁRIO

A ação rescisória é prevista no Código de Processo Civil, aplicável subsidiariamente ao processo do trabalho, e tem natureza jurídica de "ação autônoma de impugnação", com o objetivo de "preservar o respeito à ordem jurídica positiva[32]".

Tem por objeto a desconstituição de decisão de mérito transitada em julgado, de modo que pressupõe a existência de coisa Julgada Material e deve ser ajuizada no prazo de até 02 (dois) anos do trânsito em julgado.

Segundo a interpretação do TST, não é cabível essa ação quando se tratar de matéria controvertida nos Tribunais, fixando-se como marco para caracterizar a controvérsia ou não do tema a data de sua inclusão em Orientação Jurisprudencial do TST.

> *Súmula nº 83 do TST*
>
> *AÇÃO RESCISÓRIA. MATÉRIA CONTROVERTIDA*
>
> *I - Não procede pedido formulado na ação rescisória por violação literal de lei se a decisão rescindenda estiver baseada em texto legal infraconstitucional de interpretação controvertida nos Tribunais. (ex-Súmula nº 83 - alterada pela Res. 121/2003, DJ 21.11.2003)*
>
> *II - O marco divisor quanto a ser, ou não, controvertida, nos Tribunais, a interpretação dos dispositivos legais citados na ação rescisória é a data da inclusão, na Orientação Jurisprudencial do TST, da matéria discutida. (ex-OJ nº 77 da SBDI-2 - inserida em 13.03.2002)*

No precedente analisado, o TST realizou leve temperamento dessa súmula ao considerar que o marco divisor para afastar a controvérsia a respeito da interpretação de norma infraconstitucional é o fato de a matéria estar pacificada na SBDI-I e nas oito Turmas do TST, no momento do trânsito em julgado da decisão rescindenda, mesmo que não editada súmula ou orientação jurisprudencial a respeito do tema.

32. GARCIA, Gustavo Filipe Barbosa. Manual de Processo do Trabalho. Salvador: Juspodivm, 2018, p. 612-613.

Informativo nº 181

- ***Direito Processual do Trabalho.* Incidente de Resolução de Demanda Repetitiva. Não conhecimento pelo TRT. Recurso ordinário. Não cabimento. Art. 987 do CPC de 2015.**

Não cabe recurso ordinário contra decisão de TRT que não admite Incidente de Resolução de Demanda Repetitiva – IRDR.

Embora o IRDR seja compatível com o processo do trabalho, nos termos da IN 39 do TST, o art. 987 do CPC de 2015 admite a interposição de recurso de natureza extraordinária apenas quando houver o julgamento do mérito do incidente. Sob esse entendimento, o Órgão Especial, por unanimidade, não conheceu do recurso ordinário.

TST-RO-21242- 23.2016.5.04.0000, Órgão Especial, rel. Min. Maria Helena Mallmann, 6.8.2018 (Informativo Nº 181)

BREVE COMENTÁRIO

O incidente de resolução de demandas repetitivas foi previsto no Código de Processo Civil de 2015 e aplica-se ao processo do trabalho de forma subsidiária.

Ele deverá ser julgado nos respectivos tribunais (Tribunais Regionais do Trabalho, no caso da Justiça do Trabalho) e deles caberá recurso quando houver julgamento de mérito.

Ocorre que, nos termos do art. 987 do CPC, no processo civil, são cabíveis recurso extraordinário ou especial, a depender da matéria:

> *Art. 987. Do julgamento do mérito do incidente caberá recurso extraordinário ou especial, conforme o caso.*

Desse modo, fixou o TST a tese no sentido de que, no processo do trabalho, não caberá recurso ordinário da decisão proferida por TRT em IRDR.

No processo do trabalho, quando houver julgamento de mérito do incidente, deverá a parte manejar recurso de revista, quando cabível. Trata-se da inteligência do §2º do art. 8º da Instrução Normativa nº 39 do TST:

> *Art. 8º Aplicam-se ao Processo do Trabalho as normas dos arts. 976 a 986 do CPC que regem o incidente de resolução de demandas repetitivas (IRDR).*
>
> *(...)*
>
> *§ 2º Do julgamento do mérito do incidente caberá recurso de revista para o Tribunal Superior do Trabalho, dotado de efeito meramente devolutivo, nos termos dos arts. 896 e 899 da CLT.*

- ***Direito do Trabalho.* Pagamento de salário após o quinto dia útil. Previsão em norma coletiva. Invalidade. Afronta ao art. 459, §1º, da CLT. Multa devida.**

A cláusula de convenção coletiva que autoriza o pagamento dos salários até o dia dez do mês seguinte ao trabalhado viola frontalmente o art. 459, § 1º, da CLT.

A vontade negocial das partes não é absoluta, uma vez que deve se submeter ao princípio da reserva legal. Assim, não se pode conferir validade à cláusula que autoriza o pagamento de salários em data posterior àquela expressamente prevista em lei. Sob esse fundamento, a SBDI-I, por unanimidade, conheceu dos embargos, por divergência jurisprudencial, e, no mérito, por maioria, deu-lhes provimento para restabelecer a condenação em multa por atraso no pagamento dos salários, conforme determinado em sentença e mantido pelo TRT. Vencidos os Ministros Guilherme Augusto Caputo Bastos, Breno Medeiros, Maria Cristina Irigoyen Peduzzi e Brito Pereira.

TST-E-ED-RR-86400- 85.2008.5.15.0101, SBDI-I, rel. Min. Alberto Luiz Bresciani de Fontan Pereira, 23.8.2018 (Informativo Nº 182)

BREVE COMENTÁRIO

O art. 459, §1º da CLT estabelece que:

> *Art. 459 - O pagamento do salário, qualquer que seja a modalidade do trabalho, não deve ser estipulado por período superior a 1 (um) mês, salvo no que concerne a comissões, percentagens e gratificações.*
>
> *§ 1º Quando o pagamento houver sido estipulado por mês, deverá ser efetuado, o mais tardar, até o quinto dia útil do mês subsequente ao vencido.*

O TST analisou norma coletiva que estipulou o pagamento do salário em lapso superior (até o dia dez do mês seguinte) ao estabelecido em lei (até o quinto dia útil), decidindo pela sua invalidade.

Segundo o Tribunal, a vontade negocial das partes não é absoluta, uma vez que deve se submeter ao princípio da reserva legal, de modo que não se pode conferir validade à cláusula que autoriza o pagamento de salários em data posterior àquela expressamente prevista em lei.

Informativo nº 183

- ***Direito Processual do Trabalho*. Negativa de prestação jurisdicional. Preliminar acolhida. Retorno dos autos ao Tribunal Regional. Exame dos temas remanescentes do recurso de revista anteriormente interposto, julgados prejudicados. Ratificação das razões recursais. Possibilidade. Princípio da instrumentalidade das formas.**

Quando acolhida a preliminar de negativa de prestação jurisdicional, com determinação de retorno dos autos ao Regional e prejudicialidade dos temas remanescentes, pode a parte recorrente apenas ratificar as razões recursais anteriores, desde que observado o prazo recursal e não tenha havido alteração da situação jurídica.

A mera reiteração das insurgências já expostas no recurso de revista é suficiente para demonstrar o interesse no julgamento do apelo quanto aos temas remanescentes, admitindo-se, portanto, a aplicação do princípio da instrumentalidade das formas, nos termos do art. 277 do CPC de 2015.

Ademais, no caso concreto, o excesso de formalismo implicaria violação dos princípios do contraditório e da ampla defesa, consagrados no art. 5º, LV, da CF, além de caracterizar a insuficiente prestação jurisdicional.

Sob esses fundamentos, a SBDI-I, por unanimidade, conheceu dos embargos do reclamante, por divergência jurisprudencial, e, no mérito, negou-lhes provimento.

TST-E-ED-RR-241900-80.2006.5.04.0341, SBDI-I,
rel. Min. José Roberto Freire Pimenta, 6.9.2018 (Informativo Nº 183)

BREVE COMENTÁRIO

Imagine a seguinte situação, Maria interpôs recurso de revista no qual alega que teria havido a negativa da prestação jurisdicional, bem como outras matérias no mérito do recurso.

O Tribunal Superior do Trabalho julgou aquele recurso de revista, reconheceu a nulidade e determinou a remessa dos autos à instância inferior para que suprisse a falha reconhecida.

Uma vez julgado o quanto prejudicado, Maria poderia simplesmente reiterar as razões do mérito recursal expendidas naquele recurso de revista anterior ou deve interpor novo recurso de revista?

Segundo o TST, quando acolhida a preliminar de negativa de prestação jurisdicional, com determinação de retorno dos autos ao Regional e prejudicialidade dos temas remanescentes, pode a parte recorrente apenas ratificar as razões recursais anteriores, desde que observado o prazo recursal e não tenha havido alteração da situação jurídica.

São requisitos, portanto: a) observado o prazo recursal na reiteração; b) a situação jurídica tenha restado inalterada.

Conforme decidiu a Corte Laboral, a mera reiteração das insurgências já expostas no recurso de revista é suficiente para demonstrar o interesse no julgamento do apelo quanto aos temas remanescentes, admitindo-se, portanto, a aplicação do princípio da instrumentalidade das formas, nos termos do art. 277 do CPC de 2015. Cite-se:

> *Art. 277. Quando a lei prescrever determinada forma, o juiz considerará válido o ato se, realizado de outro modo, lhe alcançar a finalidade.*

▶ ***Direito Processual do Trabalho*. Conhecimento do recurso de revista por contrariedade a precedente normativo do TST. Possibilidade.**

É possível o conhecimento de recuso de revista por contrariedade a precedente normativo do TST, pois, embora o art. 896, "a", da CLT, com redação dada pela Lei nº 13.015/2014, refira-se a "súmula de jurisprudência uniforme", pode-se afirmar que jurisprudência uniformizada é gênero, do qual súmulas, orientações jurisprudenciais e precedentes normativos são espécies.

Ademais, se a Orientação Jurisprudencial nº 219 da SBDI-I admite invocar orientação jurisprudencial do TST para conhecimento de recurso de revista ou de embargos, independentemente da origem do verbete (SBDI-I, SBDI-II, Tribunal Pleno/Órgão Especial ou SDC), não se justifica inadmitir o recurso por contrariedade a precedente normativo, simplesmente pelo fato de consolidar entendimento jurisprudencial firmado no âmbito dos dissídios coletivos.

Assim, a SBDI-I, por unanimidade, conheceu dos embargos da reclamada, por divergência jurisprudencial e, no mérito, por maioria, negou-lhes provimento, mantendo, portanto, a decisão turmária que conhecera do recurso de revista por contrariedade ao Precedente Normativo nº 119 do TST e dera-lhe provimento para condenar a reclamada a restituir ao reclamante os valores descontados a título de contribuição assistencial sem sua expressa autorização.

Vencidos os Ministros Ives Gandra Martins Filho e Walmir Oliveira da Costa.

TST-E-RR-2294-39.2012.5.02.0029, SBDI-I,
rel. Min. Aloysio Corrêa da Veiga, 6.9.2018 (Informativo Nº 183)

BREVE COMENTÁRIO

O TST, em sua jurisprudência, possui uma seção reservada aos chamados Precedentes Normativos. Esses podem, inclusive, ser acessados no site do Tribunal: http://www.tst.jus.br/precedentes-normativos.

O art. 896, a, da CLT traz uma das hipóteses de interposição de recurso de revista:

> *Art. 896 - Cabe Recurso de Revista para Turma do Tribunal Superior do Trabalho das decisões proferidas em grau de recurso ordinário, em dissídio individual, pelos Tribunais Regionais do Trabalho, quando:*
>
> *a) derem ao mesmo dispositivo de lei federal interpretação diversa da que lhe houver dado outro Tribunal Regional do Trabalho, no seu Pleno ou Turma, ou a Seção de Dissídios Individuais do Tribunal Superior do Trabalho, ou* ***contrariarem súmula de jurisprudência uniforme dessa Corte ou súmula vinculante do Supremo Tribunal Federal****; (grifou-se)*

A parte final do dispositivo habilita a interposição de recurso de revista frente a decisão que contrariar Súmula do TST ou Súmula Vinculante do STF.

O que aconteceu no julgado analisado foi o reconhecimento de que, não obstante a CLT não se refira expressamente a "precedentes normativos", mas apenas a súmulas, aqueles podem ser adotados para fins de cotejamento quando a parte buscar interpor recurso de revista.

Segundo o TST, é possível o conhecimento de recuso de revista por contrariedade a precedente normativo do TST, pois, embora o art. 896, "a", da CLT, com redação dada pela Lei nº 13.015/2014, refira-se a "súmula de jurisprudência uniforme", pode-se afirmar que jurisprudência uniformizada é gênero, do qual súmulas, orientações jurisprudenciais e precedentes normativos são espécies.

Desse modo, não apenas os precedentes normativos podem ser utilizados para essa finalidade, mas também as orientações jurisprudenciais.

Direito Processual do Trabalho. Ação rescisória. Violação do art. 5º, XXXVI, da CF. Configuração. Conflito entre coisas julgadas na fase de liquidação de sentença. Prevalência da primeira decisão.

A SBDI-II, por unanimidade, conheceu parcialmente de recurso ordinário e, no mérito, por maioria, julgou parcialmente procedente o pedido de corte rescisório, por ofensa ao art. 5º, XXXVI, da CF, para, em juízo rescindente, desconstituir a coisa julgada quanto aos critérios para apuração da multa dissidial e, em juízo rescisório, determinar a adoção do salário base como parâmetro de cálculo da parcela, restabelecendo-se a decisão primitiva passada em julgado.

Na espécie, prevaleceu o entendimento de que **a sentença proferida na fase de conhecimento foi silente quanto à base de cálculo da multa dissidial, prevista em norma coletiva, razão pela qual coube ao Juízo da execução definir, em sede de embargos de declaração em embargos à execução, o salário base do reclamante como parâmetro de cálculo. Contudo, após o trânsito em julgado da referida decisão, o debate ressurgiu em posterior agravo de petição, ao qual foi dado provimento para fixar como base de cálculo da multa a remuneração do empregado, em flagrante afronta à coisa julgada formada na primeira decisão**.

Vencidas as Ministras Delaíde Miranda Arantes, relatora, e Maria Helena Mallmann, que não vislumbravam violação do art. 5º, XXXVI, da CF ao fundamento de que a sentença transitada em julgado na fase de conhecimento estabeleceu a remuneração como base de cálculo da multa, de modo que a decisão em agravo de petição, que manteve o mesmo parâmetro, ao invés de afrontar a coisa julgada, estava em consonância com ela.

TST-RO-210- 32.2016.5.05.0000, SBDI-II,
rel. Min. Delaíde Miranda Arantes, red. p/ acórdão Min. Douglas Alencar Rodrigues, 28.8.2018 (Informativo Nº 183)

BREVE COMENTÁRIO

No julgado sob análise, verificou o TST a formação de coisa julgada em execução.

Isso porque a sentença definitiva havia sido proferida no processo de conhecimento, silente em relação à base de cálculo da multa a ser aplicada.

Em execução, o juízo acabou por firmá-la.

Ocorre que, em decisão posterior, foi modificado aquele parâmetro.

O TST reconheceu que essa segunda decisão desafiou a coisa julgada formada na primeira, desconstituindo-a.

Sobre o tema, oportuno lembrar a OJ 107 da SDI-II, a qual também reconhece a possibilidade de coisa julgada em sede de execução:

> *OJ 107, SDI-II, TST. Embora não haja atividade cognitiva, a decisão que declara extinta a execução, nos termos do art. 924, incisos I a IV c/c art. 925 do CPC de 2015 (art. 794 c/c 795 do CPC de 1973), extingue a relação processual e a obrigacional, sendo passível de corte rescisório.*

Informativo nº 185

▸ *Direito Processual do Trabalho.* Ação anulatória. Pedido de condenação ao pagamento de honorários advocatícios em razão da sucumbência do Ministério Público do Trabalho. Impossibilidade. Art. 18 da Lei nº 7.347/1985. Aplicação por analogia.

Não cabe condenação de honorários advocatícios na ação anulatória em que a parte sucumbente na ação é o Ministério Público do Trabalho, salvo comprovada má-fé.

Aplica-se, por analogia, o art. 18 da Lei nº 7.347/1985 (lei da ação civil pública), uma vez que o Parquet, ao ajuizar a ação anulatória, não defende interesse próprio, mas atua em favor dos direitos dos trabalhadores, exercendo sua função de defesa da ordem jurídica, do regime democrático, dos interesses sociais e dos interesses individuais indisponíveis, cumprindo a função que lhe foi constitucionalmente atribuída (art. 127 da CF e art. 83, IV, da LC nº 75/1993).

Sob esse entendimento, a SDC, por unanimidade, conheceu do recurso ordinário e, no mérito, negou-lhe provimento, mantendo, portanto, o indeferimento do pagamento de honorários sucumbenciais pelo MPT.

TST-RO-513-28.2017.5.08.0000, SDC, rel. Min. Dora Maria da Costa, 8.10.2018)

BREVE COMENTÁRIO

Decidiu o TST que não cabe condenação de honorários advocatícios na ação anulatória em que a parte Sucumbente na ação é o Ministério Público do Trabalho, salvo comprovada má-fé.

Na espécie, aplicou-se, por analogia, o art. 18 da Lei nº 7.347/1985 (lei da ação civil pública), que dispõe o seguinte:

> *Art. 18. Nas ações de que trata esta lei, não haverá adiantamento de custas, emolumentos, honorários periciais e quaisquer outras despesas, nem condenação da associação autora, salvo comprovada má-fé, em honorários de advogado, custas e despesas processuais.*

Segundo o TST, o Parquet, ao ajuizar a ação anulatória, não defende interesse próprio, mas atua em favor dos direitos dos trabalhadores, exercendo sua função de defesa da ordem jurídica, do regime democrático, dos interesses sociais e dos interesses individuais indisponíveis, cumprindo a função que lhe foi constitucionalmente atribuída (art. 127 da CF e art. 83, IV, da LC nº 75/1993).

Desse modo, afastou o pagamento de honorários advocatícios.

Informativo nº 186

▸ *Direito Processual do Trabalho.* Agravo não conhecido por irregularidade de representação. Produção de efeitos processuais, apesar de o apelo ser considerado inexistente. Segundo agravo interposto no mesmo dia. Impossibilidade de exame. Preclusão consumativa. Princípio da unirrecorribilidade.

A interposição de recurso eivado de irregularidade de representação processual, ainda que considerado inexistente, produz efeitos processuais, acarretando a preclusão consumativa.

Desse modo, **a interposição do segundo apelo não possui o condão de sanar os vícios que contaminaram o primeiro recurso, porquanto nem sequer é passível de exame.**

Na hipótese, a reclamada, ao impugnar a decisão monocrática que denegou seguimento ao seu agravo de instrumento, interpôs dois agravos internos na mesma data, havendo diferença de horas na protocolização.

A Turma não conheceu do primeiro agravo, visto que assinado por advogados sem poderes nos autos, reputando- o inexistente, nos termos da então vigente Súmula nº 164 do TST. Além disso, deixou de examinar o segundo agravo, com fundamento no princípio da unirrecorribilidade e na preclusão consumativa.

Assim, a SBDI-I, por unanimidade, conheceu dos embargos interpostos pela reclamada, por divergência jurisprudencial, e, no mérito, por maioria, negou-lhes provimento.

Vencidos os Ministros Márcio Eurico Vitral Amaro e Breno Medeiros.

TST-E-ED-Ag-AIRR-150700- 20.2009.5.02.0057, SBDI-I, rel. Min. Alexandre de Souza Agra Belmonte, 8.11.2018

BREVE COMENTÁRIO

Os recursos são, grosso modo, medidas cabíveis para o questionamento das decisões proferidas em um processo.

Esses são regidos por uma série de princípios e pressupostos, intrínsecos e extrínsecos, dentre os quais se destaca a regularidade de representação como um pressuposto extrínseco. A respeito dela, é digna de nota a Súmula nº 383 do TST:

> Súmula nº 383 do TST
>
> RECURSO. MANDATO. IRREGULARIDADE DE REPRESENTAÇÃO. CPC DE 2015, ARTS. 104 E 76, § 2º
>
> I – É inadmissível recurso firmado por advogado sem procuração juntada aos autos até o momento da sua interposição, salvo mandato tácito. Em caráter excepcional (art. 104 do CPC de 2015), admite-se que o advogado, independentemente de intimação, exiba a procuração no prazo de 5 (cinco) dias após a interposição do recurso, prorrogável por igual período mediante despacho do juiz. Caso não a exiba, considera-se ineficaz o ato praticado e não se conhece do recurso.
>
> II – Verificada a irregularidade de representação da parte em fase recursal, em procuração ou substabelecimento já constante dos autos, o relator ou o órgão competente para julgamento do recurso designará prazo de 5 (cinco) dias para que seja sanado o vício. Descumprida a determinação, o relator não conhecerá do recurso, se a providência couber ao recorrente, ou determinará o desentranhamento das contrarrazões, se a providência couber ao recorrido (art. 76, § 2º, do CPC de 2015).

Ou seja, interposto o recurso por advogado sem procuração nos autos e sem mandato tácito, mantida a irregularidade, o recurso não será conhecido, nos termos da jurisprudência do TST, considerado **inexistente**.

Se esse recurso é inexistente, quer dizer que a parte poderá se valer de outro, igual e frente à mesma decisão, vez que aquele, para todos os efeitos não "existiu" nos autos?

Não.

Segundo o TST, a interposição do primeiro recurso, não obstante seu não conhecimento, gera alguns efeitos, dentre eles, a preclusão consumativa, segundo a qual a parte que já cometeu determinados atos processuais (tal como o ato de recorrer) não tem a possibilidade de efetuá-los novamente naquele momento.

Sobre os recursos, assevera-se que a parte não tem a sua disposição a possibilidade de interpor dois recursos em face da mesma decisão, ante o princípio da unirrecorribilidade recursal.

Desse modo, fixou o TST a seguinte tese: A interposição de recurso eivado de irregularidade de representação processual, ainda que considerado inexistente, produz efeitos processuais, acarretando a preclusão consumativa.

- ***Direito Processual do Trabalho*. Mandado de segurança. Cabimento. Decisão interlocutória que contraria a jurisprudência pacífica, reiterada e notória do TST. Não incidência da Orientação Jurisprudencial nº 92 da SBDI-II.**

Cabe mandado de segurança contra decisão que, embora ostente caráter interlocutório, contraria a jurisprudência pacífica, reiterada e notória do TST.

Na espécie, **o *writ* foi impetrado pelo Ministério Público do Trabalho contra acórdão proferido em recurso ordinário pelo TRT da 5ª Região, que anulou de ofício sentença prolatada em ação civil pública e determinou o retorno dos autos à Vara de origem para que fossem chamados à lide os litisconsortes passivos necessários** (empregados ocupantes de funções de confiança potencialmente atingidos pelo pedido de declaração de nulidade dos contratos firmados com ente público sem prévia aprovação em concurso público).

Ocorre que, **conforme entendimento firmado pelo TST, não há litisconsórcio passivo necessário entre a pessoa natural ou jurídica demandada e os sujeitos que possam ser atingidos pelos efeitos da decisão proferida em ação civil pública voltada à defesa de direitos e interesses difusos e coletivos. O litisconsórcio na ação civil pública apenas se viabiliza em relação aos demais legitimados ativos para o debate coletivo (art. 5º, §§ 1º e 5º, da Lei nº 7.347/1985).**

Assim, **a SBDI-II, por unanimidade, conheceu do recurso ordinário e, no mérito, por maioria, deu-lhe provimento para conceder a segurança, cassar o acórdão proferido na ação civil pública e determinar o retorno dos autos ao TRT da 5ª Região para o regular processamento do recurso ordinário.**

Vencidas as Ministras Maria Helena Mallmann e Delaíde Miranda Arantes, que consideravam incabível a impetração, nos termos da Orientação Jurisprudencial nº 92 da SBDI-II.

TST-RO-144- 28.2011.5.05.0000, SBDI-II,
rel. Min. Douglas Alencar Rodrigues, 6.11.2018

BREVE COMENTÁRIO

No processo do trabalho opera o princípio da irrecorribilidade imediata das decisões interlocutórias, conforme consagrado na Súmula nº 214 do TST:

> Súmula 214/TST
>
> Na Justiça do Trabalho, nos termos do art. 893, § 1º, da CLT, **as decisões interlocutórias não ensejam recurso imediato**, salvo nas hipóteses de decisão:
>
> a) de Tribunal Regional do Trabalho contrária à Súmula ou Orientação Jurisprudencial do Tribunal Superior do Trabalho;
>
> b) suscetível de impugnação mediante recurso para o mesmo Tribunal;
>
> c) que acolhe exceção de incompetência territorial, com a remessa dos autos para Tribunal Regional distinto daquele a que se vincula o juízo excepcionado, consoante o disposto no art. 799, § 2º, da CLT. (grifou-se)

Na espécie, fora proferida decisão interlocutória pelo Tribunal Regional do Trabalho, a qual determinou o retorno dos autos à primeira instância. Essa decisão, por ser interlocutória, não habilitaria recurso de imediato.

Frente a ela, o Ministério Público do Trabalho impetrou mandado de segurança no TST.

Esse mandado de segurança deve ser conhecido?

Segundo decidiu o TST, sim, vez que cabe mandado de segurança contra decisão que, embora ostente caráter interlocutório, contraria a jurisprudência pacífica, reiterada e notória do TST.

No caso, em específico, duas teses devem ser lembradas:

> a) **Tese formal**: Em razão da excepcionalidade do caso concreto, e na ausência de outro instrumento processual eficaz, cabível o mandado de segurança em face de decisão que, embora ostente caráter interlocutório, contraria a jurisprudência pacífica, reiterada e notória do TST;
>
> b) **Tese material**: não há litisconsórcio passivo necessário entre a pessoa natural ou jurídica demandada e os sujeitos que possam ser atingidos pelos efeitos da decisão proferida em ação civil pública voltada à defesa de direitos e interesses difusos e coletivos. O litisconsórcio na ação civil pública apenas se viabiliza em relação aos demais legitimados ativos para o debate coletivo (art. 5º, §§ 1º e 5º, da Lei nº 7.347/1985). Desse modo, desnecessário citar todos os envolvidos.

Informativo nº 187

- ***Direito do Trabalho. Embasa. PCCS/86. Promoções por merecimento. Revogação pelo PCCS/98. Incidência da prescrição total. Súmula nº 294 do TST.***

A pretensão a diferenças salariais por inobservância dos critérios de promoção por merecimento previstos no PCCS/86 da Empresa Baiana de Águas e Saneamento S.A. – Embasa **sujeita-se à prescrição total a que se refere a Súmula nº 294 do TST.**

A inequívoca revogação do PCCS/86 pelo PCCS/98 **afasta a aplicação da prescrição parcial (Súmula nº 452 do TST), pois não subsiste a lesão sucessiva, que se renovava mês a mês, pela inobservância dos critérios de promoção estabelecidos no extinto plano de cargos e salários da empresa.**

Sob esses fundamentos, a SBDI-I, em sua composição plena, decidiu, por maioria, conhecer do recurso de embargos, por contrariedade à Súmula nº 294 do TST, e, no mérito, dar-lhes provimento para restabelecer o acórdão do Regional, no que declarou a incidência da prescrição total sobre o pedido de diferenças salariais decorrentes da não concessão das promoções por merecimento previstas no PCCS/86.

Vencidos os Ministros Augusto César Leite de Carvalho, Luiz Philippe Vieira de Mello Filho, Alberto Luiz Bresciani de Fontan Pereira, José Roberto Freire Pimenta e Hugo Carlos Scheuermann, os quais não conheciam dos embargos para manter a prescrição parcial declarada pela decisão turmária, ao fundamento de que a pretensão decorre do descumprimento de cláusula regulamentar que se incorporou ao contrato de trabalho do reclamante e que, porquanto, não se tornou ineficaz com a edição do regulamento posterior (Súmula nº 51 do TST).

TST-E-ARR-353-57.2015.5.05.0161, SBDI-I,
rel. Min. João Oreste Dalazen, 12.11.18

BREVE COMENTÁRIO

O julgado em tela lembra situação tratada no Informativo 174.

Trata-se de hipótese de aplicação da Súmula nº 294 do TST, que versa sobre a prescrição total:

> *Súmula nº 294 do TST*
>
> *PRESCRIÇÃO. ALTERAÇÃO CONTRATUAL. TRABALHADOR URBANO*
>
> *Tratando-se de ação que envolva pedido de prestações sucessivas decorrente de alteração do pactuado, a prescrição é total, exceto quando o direito à parcela esteja também assegurado por preceito de lei.*

O precedente em tela versou sobre a supressão de um plano de cargos e salários devido a revogação sua por outro.

Imagine a seguinte situação: João é servidor de determinada empresa e busca discutir sua não promoção, a qual deveria ter ocorrido, nos termos do plano de cargos e salários anterior (revogado). Essa alteração ocorre há muito tempo, mas afirma o empregado que a lesão se renovaria mês a mês, visto que, a cada não pagamento do salário nos moldes pretendidos, essa interromperia a prescrição.

O empregador alega que a pretensão estaria prescrita, vez que esse PCS já foi revogado há mais de cinco anos.

Qual tese o TST acatou?

Em caso semelhante, a tese do empregador. Assim, julgou que a pretensão a diferenças salariais por inobservância dos critérios de promoção por merecimento previstos no PCCS/86 da Empresa Baiana de Águas e Saneamento S.A. - Embasa sujeita-se à prescrição total a que se refere a Súmula nº 294 do TST.

A inequívoca revogação do PCCS/86 pelo PCCS/98 afasta a aplicação da prescrição parcial (Súmula nº 452 do TST), pois não subsiste a lesão sucessiva, que se renovava mês a mês, pela inobservância dos critérios de promoção estabelecidos no extinto plano de cargos e salários da empresa.

Sobre o tema, oportuno lembrar que esse entendimento foi legalmente consagrado (e aprofundado) por meio da Lei nº 13.467, a qual alterou o art. 11 da CLT para estabelecer o seguinte:

> *Art. 11. A pretensão quanto a créditos resultantes das relações de trabalho prescreve em cinco anos para os trabalhadores urbanos e rurais, até o limite de dois anos após a extinção do contrato de trabalho.*
>
> *(...)*
>
> *§ 2º Tratando-se de pretensão que envolva pedido de prestações sucessivas decorrente de alteração ou descumprimento do pactuado, a prescrição é total, exceto quando o direito à parcela esteja também assegurado por preceito de lei.*

▸ ***Direito Processual do Trabalho. Questão de ordem. Fato superveniente. Arguição em sede de embargos após a interposição do recurso. Exame condicionado ao preenchimento dos requisitos extrínsecos e intrínsecos do apelo.***

Em sede de embargos, o exame de arguição de fato superveniente relevante ao deslinde da controvérsia, surgido quando já interposto o recurso, está condicionado ao conhecimento do apelo.

Em outras palavras, **conquanto se admita a invocação de fato novo até mesmo na instância extraordinária (Súmula nº 394 do TST), a verificação da adequação do fato ao desenlace da discussão exige o enfrentamento do mérito, razão pela qual é inafastável o prévio preenchimento dos requisitos extrínsecos e intrínsecos do recurso.**

Sob esse entendimento, a SBDI- I, em sua composição plena, ao analisar questão de ordem, decidiu, por maioria, não examinar o fato novo suscitado pela embargante (ante o não conhecimento dos embargos), e estabelecer **a tese de que só é possível o conhecimento de fato superveniente se conhecido o recurso.**

Vencidos os Ministros Cláudio Mascarenhas Brandão, relator, Ives Gandra Martins Filho, Maria Cristina Irigoyen Peduzzi, Alberto Luiz Bresciani de Fontan Pereira, Guilherme Augusto Caputo Bastos e Márcio Eurico Vitral Amaro.

TST-E-ARR-693-94.2012.5.09.0322, SBDI-I, rel. Min. Cláudio Mascarenhas Brandão, 12.11.2018

BREVE COMENTÁRIO

O art. 894 da CLT prevê o recurso de Embargos, interponível ao TST:

> Art. 894, CLT. No Tribunal Superior do Trabalho cabem embargos, no prazo de 8 (oito) dias:
>
> I - de decisão não unânime de julgamento que:
>
> a) conciliar, julgar ou homologar conciliação em dissídios coletivos que excedam a competência territorial dos Tribunais Regionais do Trabalho e estender ou rever as sentenças normativas do Tribunal Superior do Trabalho, nos casos previstos em lei; e
>
> II - das decisões das Turmas que divergirem entre si ou das decisões proferidas pela Seção de Dissídios Individuais, ou contrárias a súmula ou orientação jurisprudencial do Tribunal Superior do Trabalho ou súmula vinculante do Supremo Tribunal Federal.

Essa figura recursal possui natureza extraordinária, de modo que se faz necessário o preenchimento de alguns requisitos específicos para o seu regular conhecimento e processamento.

Por outro lado, a Súmula nº 394 permite a alegação de fato novo, inclusive aos recursos, admitindo o TST que isso se dê mesmo na instância extraordinária:

> Súmula nº 394 do TST
>
> FATO SUPERVENIENTE. ART. 493 DO CPC DE 2015. ART. 462 DO CPC DE 1973.
>
> O art. 493 do CPC de 2015 (art. 462 do CPC de 1973), que admite a invocação de fato constitutivo, modificativo ou extintivo do direito, superveniente à propositura da ação, é aplicável de ofício aos processos em curso em qualquer instância trabalhista. Cumpre ao juiz ou tribunal ouvir as partes sobre o fato novo antes de decidir.

No entanto, não será o fato novo alegado de qualquer forma que habilitará o apelo extraordinário.

Antes disso, faz-se necessário que o recurso já tenha sido conhecido pelo TST: conquanto se admita a invocação de fato novo até mesmo na instância extraordinária (Súmula nº 394 do TST), a verificação da adequação do fato ao desenlace da discussão exige o enfrentamento do mérito, razão pela qual é inafastável o prévio preenchimento dos requisitos extrínsecos e intrínsecos do recurso.

Assim, de nada adiantará existir fato novo e relevante para a causa se a parte deixou de cumprir um dos pressupostos recursais, como, por exemplo, o recolhimento de custas ou o prequestionamento.

▸ ***Direito do Trabalho. Administração dos Portos de Paranaguá e Antonina (APPA). Norma Coletiva. Plano de dispensa incentivada (PDI). Cláusula de quitação geral do contrato de trabalho. Validade. Ineficácia das ressalvas opostas no termo de rescisão contratual quanto às ações judiciais ajuizadas até 31.7.2014. Aplicação da tese fixada pelo STF no RE 590.415/SC.***

Não tem eficácia a ressalva oposta em termo de rescisão contratual, na hipótese em que havia ajuste coletivo prevendo a quitação ampla e geral do contrato de trabalho em caso de adesão de empregado da Administração dos Portos de Paranaguá e Antonina (APPA) a plano de dispensa incentivada. Aplica-se ao caso a tese fixada pelo STF no RE 590.415/SC.

Na espécie, registrou-se que o empregado concordou com o disposto em item do regulamento do PDI que não permitia ressalvas, além de ter assinado formulário de ratificação da adesão dando plena quitação ao contrato de trabalho.

Ademais, o ajuste coletivo foi fruto de amplo debate entre as partes convenentes, devendo prevalecer sobre o ato unilateral firmado pelo reclamante quando da homologação do termo de rescisão, que ressalvou da quitação os direitos postulados nas ações judiciais trabalhistas ajuizadas até 31.7.2014.

Sob esses fundamentos, a SBDI-I, em sua composição plena, decidiu, por unanimidade, conhecer dos embargos, por divergência jurisprudencial, e, no mérito, por maioria, negar-lhes provimento.

Vencidos os Ministros Luiz Philippe Vieira de Mello Filho, Renato de Lacerda Paiva, Lelio Bentes Corrêa, José Roberto Freire Pimenta e Brito Pereira, os quais proviam os embargos sob o entendimento de que a existência de ressalva no termo de rescisão contratual estabelece os limites da quitação traçada no PDI, de modo que se fosse de interesse da reclamada incluir na quitação as ações judiciais em curso, deveria ter feito tal registro de forma expressa ou não ter acatado o pedido de adesão do empregado ao plano de dispensa.

TST-E-RR-920-84.2012.5.09.0322, SBDI-I,
rel. Min. Hugo Carlos Scheuermann, 12.11.2018

BREVE COMENTÁRIO

Aos sindicatos e empregadores é facultado a firmação de Planos de Dispensa Incentivada (PDI), por meio dos quais as agremiações e os empresários firmam termos de dispensa, com cláusulas pré-determinadas, aos quais os empregados poderão aderir se quiserem.

Nesses planos, é possível que já sejam estabelecidas, de antemão, todas as parcelas às quais os empregados aderentes farão jus.

Questionou-se no STF a constitucionalidade de cláusula que exclua a possibilidade de o empregado ressalvar, individualmente, determinadas verbas em se contrato de trabalho. O Pretório Excelso fixou o seguinte:

> A transação extrajudicial que importa rescisão de contrato de trabalho, em razão de adesão voluntária do empregado a plano de dispensa incentivada, enseja

quitação ampla e irrestrita de todas as parcelas objeto do contrato de emprego, caso essa condição tenha constado expressamente do acordo coletivo que aprovou o plano, bem como dos demais instrumentos celebrados com o empregado. STF. Plenário. RE 590415/SC e RE 590415 AgR/SC, Rel. Min. Roberto Barroso, julgados em 30/4/2015 (Info 783/STF).

No mesmo julgamento, ressaltou o STF que "no âmbito do direito coletivo do trabalho não se verificaria a mesma situação de assimetria de poder presente nas relações individuais de trabalho", de modo que "a autonomia coletiva da vontade não se encontraria sujeita aos mesmos limites da autonomia individual".

A dúvida que se pôs foi: pode o empregado aderir ao Plano de Dispensa Incentivada e, ainda assim, ressalvar individualmente que gostaria de receber determinadas verbas (excluídas pelo PDI)?

O TST, ratificando a tese do Supremo, fixou que não tem eficácia a ressalva oposta em termo de rescisão contratual, na hipótese em que havia ajuste coletivo prevendo a quitação ampla e geral do contrato de trabalho em caso de adesão de empregado da Administração dos Portos de Paranaguá e Antonina (APPA) a plano de dispensa incentivada.

Informativo nº 188

Direito Processual do Trabalho. Ação civil pública. Adequação do meio ambiente do trabalho. Servidores estaduais estatutários. Competência da Justiça do Trabalho. Súmula nº 736 do STF.

Conforme entendimento consagrado pelo Supremo Tribunal Federal nos autos do processo STF-Rcl 3303/PI, **a restrição da competência da Justiça do Trabalho para julgar as causas de interesse de servidores públicos, resultante do decidido na ADI 3395/DF-MC, não alcança as ações civis públicas propostas pelo Ministério Público do Trabalho cuja causa de pedir seja o descumprimento de normas de segurança, saúde e higiene dos trabalhadores.**

No caso, aplica-se a Súmula nº 736 do STF, pois **a ação se volta à tutela da higidez do local de trabalho e não do indivíduo em si, de modo que é irrelevante o tipo de vínculo jurídico existente entre os servidores e o ente público.**

Sob esse fundamento, a SBDI-I, por unanimidade, conheceu dos embargos, por divergência jurisprudencial, e, no mérito, deu-lhes provimento para declarar a competência da Justiça do Trabalho, decretar a nulidade dos atos decisórios e determinar o retorno dos autos à Vara do Trabalho de origem, a fim de que prossiga no julgamento como entender de direito.

TST-E-ED-RR-60000-40.2009.5.09.0659, SBDI-I, rel. Min. Walmir Oliveira da Costa, 22.11.2018

BREVE COMENTÁRIO

Para a melhor compreensão do presente julgamento, necessário se faz destacar o posicionamento do Supremo Tribunal Federal na ADI 3395/DF-MC:

> "INCONSTITUCIONALIDADE. Ação direta. Competência. Justiça do Trabalho. Incompetência reconhecida. Causas entre o Poder Público e seus servidores estatutários. Ações que não se reputam oriundas de relação de trabalho. Conceito estrito desta relação. Feitos da competência da Justiça Comum. Interpretação do art. 114, inc. I, da CF, introduzido pela EC 45/2004. Precedentes. Liminar deferida para excluir outra interpretação. O disposto no art. 114, I, da Constituição da República **não abrange as causas instauradas entre o Poder Público e servidor que lhe seja vinculado por relação jurídico-estatutária.**"(ADIN-MC 3.395/DF, STF, Rel. Min. Cezar Peluso, Plenário, DJ. 10/11/2006) [Grifei]

Assim, não caberá à Justiça do Trabalho analisar as causas instauradas entre o Poder Público e o servidor que lhe seja vinculado por relação jurídico-estatuário.

Mas se a lide tratar acerca das normas trabalhistas relativas à segurança, higiene e saúde dos trabalhadores?

O Supremo Tribunal Federal possui o enunciado sumulado de número 736 que estabelece que: "*Compete à justiça do trabalho julgar as ações que tenham como causa de pedir o descumprimento de normas trabalhistas relativas à segurança, higiene e saúde dos trabalhadores.*"

Inclusive, restou decidido no bojo da Reclamação 3303/PI que **as ações civis públicas** movidas em face do Poder Público **visando a observância das normas de saúde, higiene e segurança no âmbito do Instituto Médico Legal, ainda que se tratasse de órgão, público**, deveriam ser decididas pela Justiça do Trabalho.

Eis a ementa:

> EMENTA: CONSTITUCIONAL. RECLAMAÇÃO. ADI 3.395-MC. AÇÃO CIVIL PÚBLICA PROPOSTA NA JUSTIÇA DO TRABALHO, PARA IMPOR AO PODER PÚBLICO PIAUIENSE A OBSERVÂNCIA DAS NORMAS DE SAÚDE, HIGIENE E SEGURANÇA DO TRABALHO NO ÂMBITO DO INSTITUTO MÉDICO LEGAL. IMPROCEDÊNCIA. 1. Alegação de desrespeito ao decidido na ADI 3.395-MC não verificada, **porquanto a ação civil pública em foco tem por objeto exigir o cumprimento, pelo Poder Público piauiense, das normas trabalhistas relativas à higiene, segurança e saúde dos trabalhadores.** 2. Reclamação improcedente. Prejudicado o agravo regimental interposto.

No caso ora analisado (**que envolvia a adequação do meio ambiente do trabalho dos servidores estaduais estatutários da Universidade Estadual do Centro-Oeste**), o TST, alinhando-se ao quanto decidido pelo Supremo Tribunal Federal, reconheceu a competência da Justiça do Trabalho, determinando o retorno dos autos à Vara do Trabalho de origem, a fim de que esta prosseguisse no julgamento.

O fundamento constante no julgado é de que:

> *"Com efeito, considerando que o que se tutela na presente demanda é a higidez do local de trabalho –* ***e não o indivíduo em si*** *– é irrelevante a qualificação do vínculo jurídico que os servidores possuam com o ente público, pelo o que aplicável à hipótese o entendimento consubstanciado na Súmula nº 736 do STF"*

Uma observação adicional sobre o tema é relevante.

Existem casos envolvendo pleito de **adicional de insalubridade** por parte de servidores estatutários que geram debates no que tange a justiça competente.

Há aqueles que entendem que o não pagamento (ou pagamento a menor) do adicional de insalubridade enquadra-se nas normas relativas à higiene, segurança e saúde dos trabalhadores, fazendo incidir, assim, a Súmula 736 do Supremo Tribunal Federal. Lado outro, existe quem entenda tratar-se de competência da Justiça Comum por dois motivos: 1) o pleito não se relaciona com as normas relativas à higiene, segurança e saúde dos trabalhadores e; 2) com base no quanto decidido na ADI 3395/DF-MC.

A título ilustrativo, transcreve-se decisão recente proferida pelo Superior Tribunal de Justiça em sede de Conflito de Competência:

> CONFLITO DE COMPETÊNCIA Nº 160.368 – DF (2018/0211998-5)
>
> RELATORA : MINISTRA ASSUSETE MAGALHÃES
>
> SUSCITANTE : JUÍZO DA 1A VARA DO TRABALHO DE BRASÍLIA – DF
>
> SUSCITADO : JUÍZO DE DIREITO DA 2A VARA DA FAZENDA PÚBLICA DE BRASÍLIA – DF
>
> INTERES. : DANNIEL EUFRASIO GONCALVES FERREIRA
>
> ADVOGADO : AMANDA ALE FRANZOSI – DF019496
>
> INTERES. : DISTRITO FEDERAL
>
> DECISÃO
>
> Trata-se de Conflito Negativo de Competência instaurado entre o JUÍZO DA 1ª VARA DO TRABALHO DE BRASÍLIA/DF, suscitante, e o JUÍZO DE DIREITO DA 2ª VARA DA FAZENDA PÚBLICA DE BRASÍLIA/DF, suscitado, nos autos da ação proposta por DANNIEL EUFRASIO GONCALVES FERREIRA, em desfavor do DISTRITO FEDERAL.
>
> Inicialmente, o Juízo de Direito declinou da competência para conhecer e julgar a demanda, nos seguintes termos:
>
> "Nos termos do enunciado de súmula 736 do Supremo Tribunal Federal: 'Compete à Justiça do Trabalho julgar as ações que tenham como causa de pedir o descumprimento de normas trabalhistas relativas à segurança, higiene e saúde dos trabalhadores'. Se não bastasse, em decisão recente do c.
>
> TST declarou a competência da Justiça do Trabalho para causas envolvendo meio ambiente do trabalho, mesmo que envolvam servidores estatutários (RR-16400- 66.2009.5.15.0023)" (fl. 50e).
>
> O Juízo do Trabalho, igualmente, reconheceu a incompetência para o feito e suscitou o presente Conflito de Competência, nos seguintes termos:

"Data maxima venia, perfilho por entendimento diverso daquele firmado pelo Exmo. Juiz da 2ª Vara de Fazenda Pública do DF, tendo em vista que o Excelso STF já se manifestou no sentido de que o artigo 114, I, da CF/88, com redação inserida pela EC n. 45, não se aplica a lides envolvendo servidores e o ente público ao qual estejam vinculados por relação jurídico-estatutária, conforme ADI n. 3.395. Assim, concluo que não se aplica ao caso concreto o disposto na Súmula n. 736 daquela Excelsa Corte" (fl. 3e).

O Ministério Público Federal manifestou-se pela competência do Juízo de Direito da 2ª Vara da Fazenda Pública de Brasília – DF (fls. 178/180e).

De início, conheço do Conflito, porquanto se trata de controvérsia instaurada entre Juízes vinculados a Tribunais distintos, a teor do que preceitua o art. 105, I, d, da Constituição da República.

Em face do advento da Emenda Constitucional 45/2004, a competência para conhecer das ações oriundas da relação de trabalho, abrangidos entes de direito público externo e da Administração Pública Direta e Indireta da União, dos Estados, do Distrito Federal e dos Municípios, passou a ser da Justiça do Trabalho.

O STF, ao examinar a questão nos autos da ADI 3.395/DF, em 05/04/2006, referendou liminar anteriormente concedida, que suspendera qualquer interpretação do inciso I do art. 114 da CF, alterado pela EC 45/2004, que atribuísse à Justiça do Trabalho a apreciação de causas instauradas entre o Poder Público e seus servidores, a ele vinculados por típica relação de ordem estatutária ou de caráter jurídico-administrativo.

Portanto, se o vínculo estabelecido entre o Poder Público e o servidor for estatutário, a competência para análise das controvérsias trabalhistas será da Justiça Comum (estadual ou federal), ao passo que, se o vínculo trabalhista for regido pela CLT, caberá à Justiça laboral.

In casu, o autor, servidor público estatutário, ocupante do cargo de agente de atividades penitenciárias, ajuizou ação, em face do Distrito Federal, com a finalidade de garantir o direito ao recebimento do adicional de insalubridade.

Verifica-se que não há que se falar em aplicação da Súmula 736/STF, tendo em vista que tal entendimento somente se aplica aos casos de ações coletivas, o que não se evidencia na hipótese dos autos.

Nesse contexto, considerando que a pretensão da parte autora refere-se a direitos, na qual a relação jurídica entre as partes é de cunho administrativo, a competência para processamento e julgamento do feito é da Justiça Comum Estadual.

A propósito:

"PROCESSUAL CIVIL. AGRAVO REGIMENTAL NO CONFLITO NEGATIVO DE COMPETÊNCIA. VÍNCULO JURÍDICO-ADMINISTRATIVO. COMPETÊNCIA DA JUSTIÇA COMUM. 1. Do que consta dos autos, embora a reclamante objetive o recebimento de verbas de natureza trabalhista, constata-se que o vínculo existente entre a Administração Pública e a autora é o jurídico-estatutário, cuja competência para o julgamento da demanda é do Juízo Comum Estadual, considerando a existência da Lei Municipal n. 4/1990. 2.

Agravo regimental não provido" (STJ, AgRg no CC 134.298/MA, Rel. Ministro BENEDITO GONÇALVES, PRIMEIRA SEÇÃO, DJe de 01/07/2015).

"CONFLITO DE COMPETÊNCIA. SERVIDOR PÚBLICO MUNICIPAL. REFORMA CONSTITUCIONAL. EMENDA 45/2004. ART. 114, INCISO I, DA CF/88. VÍNCULO ESTATUTÁRIO. CONFLITO CONHECIDO PARA DECLARAR COMPETENTE A JUSTIÇA COMUM. 1. A definição da competência ratione materiae deve ser feita de forma prévia, antes de qualquer outro juízo sobre a demanda, devendo levar em consideração a causa de pedir e o pedido apresentados na petição inicial, e não em face de eventual procedência ou improcedência, da legitimidade das partes, ou de qualquer outro juízo sobre a causa. Precedente. 2. No caso, é de ser reconhecida a competência do Juízo Comum Estadual, na medida em que a Autora postula direitos relativos ao regime estatutário estabelecidos pela Lei Municipal instituidora do vínculo jurídico-administrativo entre a Administração e seus servidores, sendo certo que a Autora foi admitida nos quadros da municipalidade em data anterior à instituição do regime jurídico único. 3. Segundo o entendimento sufragado na Súmula nº 137/STJ, 'Compete à Justiça Comum Estadual processar e julgar ação de servidor público municipal, pleiteando direitos relativos ao vínculo estatutário'. 4. O Supremo Tribunal Federal suspendeu toda e qualquer interpretação dada ao inciso I do art. 114 da Constituição Federal, na redação dada pela EC nº 45/2004, que inclua na competência da Justiça do Trabalho o exame de causas que entre o Poder Público e seus servidores, a ele vinculados por típica relação de ordem estatutária ou de caráter jurídico-administrativo. 5. Conflito conhecido para declarar a competência do Juízo de Direito de Umbuzeiro PB" (STJ, CC 100.671/PB, Rel. Ministra LAURITA VAZ, TERCEIRA SEÇÃO, DJe 02/02/2009).

No mesmo sentido, os seguintes julgados monocráticos: STJ, CC 160.020/DF, Rel. Ministro HERMAN BENJAMIN, DJe de 04/09/2018, CC 159.608/DF, Rel. Ministro OG FERNANDES, DJe de 20/08/2018, CC 159.944/DF, Rel. Ministro SÉRGIO KUKINA, DJe de 06/08/2018, CC 157.699/DF, Rel. Ministro FRANCISCO FALCÃO, DJe de 30/04/2018.

Ante o exposto, conheço do Conflito para, à luz das peculiaridades do caso concreto, declarar competente o Juízo de Direito da 2ª Vara da Fazenda Pública de Brasília/DF, o suscitado.

Dê-se ciência aos Juízos envolvidos e ao Ministério Público Federal.

Brasília (DF), 06 de setembro de 2018.

Ministra ASSUSETE MAGALHÃES

Relatora

Ao que parece, o entendimento proferido no julgado analisado pelo TST, constante no Informativo 188, filia-se ao posicionamento adotado pelo STJ, vez que, no trecho anteriormente destacado, **faz expressa referência de que a competência da Justiça do Trabalho alcança as demandas que visam a higidez do ambiente de trabalho, e não o indivíduo em si.**

Assim, muito importante distinguir se o caso concreto trata de uma ação coletiva na qual se busca a proteção do ambiente de trabalho como um todo ou apenas de pleito em que se busca o reconhecimento de um direito individual, como por exemplo, o adicional de insalubridade.

Direito Processual do Trabalho. Mandado de segurança. Execução provisória. Decisão que ao mesmo tempo determina a citação do executado e o bloqueio de valores via Bacen-Jud. Ordens judiciais incompatíveis. Ausência de fundamentos que justifiquem a medida. Ilegalidade do ato.

Ofende direito líquido e certo do devedor a decisão judicial que determina a citação para pagamento ou garantia da execução em 48 horas e, ao mesmo tempo, ordena o imediato bloqueio de valores via Bacen-Jud, com base no poder geral de cautela previsto no art. 927 do CPC de 2015.

No caso, houve cumulação de ordens judiciais incompatíveis, pois **o bloqueio suprimiu da parte a possibilidade de indicação de bens à penhora em 48 horas, sem qualquer lastro fático que autorizasse o procedimento adotado pelo Juízo coator.**

Sob esse entendimento, a SBDI-II, por unanimidade, conheceu do recurso ordinário e, no mérito, por maioria, deu-lhes parcial provimento para determinar a devolução dos valores apreendidos, retomando-se o curso da execução como o Juízo entender de direito.

Vencidas as Ministras Maria Helena Mallmann, relatora, e Delaíde Miranda Arantes, que negavam provimento ao recurso, visto que o art. 854 do CPC de 2015 autoriza o bloqueio *online* sem prévia ciência do ato pelo executado.

TST-RO-11374-14.2017.5.03.0000, SBDI-II, rel. Min. Maria Helena Mallmann, red. p/ acórdão Min. Douglas Alencar Rodrigues, 27.11.2018

BREVE COMENTÁRIO

Imagine que um empregador tenha sido condenado por sentença transitada em julgado ao pagamento de determinadas parcelas.

O empregado, por seu turno, visando dar efetividade ao julgado proferido, inicia o procedimento executório em face do empregador.

O juiz recebe a petição e, dando prosseguimento ao feito executivo, intima o executado (empregador) para, nos termos no artigo XXX, pagar o valor devido ou garantir a execução no prazo de 48 horas.

Além disso, buscando a máxima efetividade e o resguardo da prestação jurisdicional, determina, com base no poder geral de cautela, previsto no artigo 927 do Código de Processo Civil, o imediato bloqueio de valores via Bacen-Jud do executado.

O procedimento adotado pelo juiz está correto?

Na visão do TST, não.

De acordo com o TST, houve cumulação de ordens judiciais incompatíveis, pois **o bloqueio suprimiu da parte a possibilidade de indicação de bens à penhora em 48 horas, sem qualquer lastro fático que autorizasse o procedimento adotado pelo Juízo coator.**

Assim, neste momento processual, não existiria **justo motivo** para a adoção de medida tão gravosa como o bloqueio de valores via Bacen-Jud, o qual deverá ser aplicado, por exemplo, nos casos em que o executado se mantiver inerte ou houver fundadas razões de dilapidação do seu patrimônio.

Informativo nº 189

- ***Direito do Trabalho.*** **BESC. Programa de Demissão Incentivada (PDI/2001). Negociação coletiva. Cláusula de quitação geral do contrato de emprego. Inclusão da indenização por danos morais.**

A adesão voluntária do empregado ao Programa de Demissão Incentivada (PDI/2001), instituído pelo Banco do Estado de Santa Catarina – BESC, implica o reconhecimento da quitação ampla e irrestrita de todas as parcelas objeto do contrato de emprego (conforme previsto no acordo coletivo que aprovou o plano), incluindo o pedido de indenização por danos morais.

No caso, entendeu-se que o referido pedido, decorrente do transporte irregular de valores, **está vinculado ao extinto contrato de emprego**, pois tem como causa de pedir suposto ato ilícito praticado pelo empregador, sujeitando-se, portanto, à ampla quitação decorrente da adesão ao PDI.

Sob esse fundamento, a SBDI-I, à unanimidade, conheceu do recurso de embargos interpostos pelo reclamante, por divergência jurisprudencial, e, no mérito, negou-lhe provimento, mantendo a decisão turmária mediante a qual se julgara improcedentes os pedidos formulados na reclamação trabalhista.

TST-E-RR-446485-88.2007.5.12.0001, SBDI-I,
rel. Min. Hugo Carlos Scheuermann, 13.12.2018

BREVE COMENTÁRIO

O cerne do julgado em questão foi o seguinte: as empresas podem estabelecer Programas de Demissão Incentivada – PDI, que englobem a quitação ampla e irrestrita das parcelas referentes ao contrato de trabalho, inclusive danos morais?

Segundo decidiu o TST, sim.

Desse modo, a Superior Corte Laboral indeferiu pedido formulado por empregado aderente ao PDI que buscava a indenização por danos morais em razão de situação vivida em decorrência do contrato de trabalho (transporte irregular de valores).

Sobre o tema, é importante notar que a Reforma Trabalhista trouxe dispositivo expresso, o qual consagra o posicionamento em tela:

> Art. 477-B. Plano de Demissão Voluntária ou Incentivada, para dispensa individual, plúrima ou coletiva, previsto em convenção coletiva ou acordo coletivo de trabalho, enseja quitação plena e irrevogável dos direitos decorrentes da relação empregatícia, salvo disposição em contrário estipulada entre as partes.

▶ *Direito Processual do Trabalho.* Peticionamento eletrônico. Interposição de recurso de revista. Ausência de assinatura manual ou eletrônica. Resolução nº 139/07 do TRT da 8ª Região. Regularidade da representação processual.

Ainda que ausente a assinatura manual ou eletrônica do subscritor do recurso de revista, é regular o apelo interposto via peticionamento eletrônico que segue as orientações do TRT encarregado de recebê-lo.

No caso, a falta de assinatura não pode ser atribuída à parte, mas ao TRT da 8ª Região que, ao interpretar a Lei nº 11.419/2006, editou a Resolução nº 139/2017 e substituiu a necessidade de assinatura do subscritor por cadastro prévio no Tribunal e por senha pessoal e intransferível. Tal resolução, inclusive, equiparou a senha à identificação eletrônica e estabeleceu uma presunção relativa quanto à existência de assinatura daquele que acessou o sistema e se identificou. Assim, ante a regulamentação adotada no Tribunal de origem e a ausência de qualquer irregularidade detectada no juízo de admissibilidade, não pode o TST surpreender a parte e ter por inexistente o recurso.

Sob esse entendimento, a SBDI-I, por unanimidade, conheceu dos embargos, por divergência jurisprudencial, e, no mérito, por maioria, deu-lhes provimento para, afastada a irregularidade quanto à subscrição do apelo, determinar o retorno dos autos à Turma de origem para que prossiga no exame do recurso de revista como entender de direito.

Vencidos os Ministros Walmir Oliveira da Costa, relator, Cláudio Mascarenhas Brandão, Guilherme Augusto Caputo Bastos e Márcio Eurico Vitral Amaro.

TST-E-ED-RR-123600-84.2009.5.08.0005, SBDI-I, rel. Min. Walmir Oliveira da Costa, red. p/ acórdão Min. Luiz Philippe Vieira de Mello Filho, 13.12.2018

BREVE COMENTÁRIO

O caso em tela versa sobre situação peculiar, mas é importante seu estudo, pois as bancas podem utilizar a narrativa do caso específico para questões de cunho geral.

Na espécie, determinado TRT editou Resolução que previa a substituição da necessidade de assinatura do subscritor de recurso por cadastro prévio no Tribunal e por senha pessoal e intransferível.

Em razão dessa resolução, certo advogado recorrente não assinou digitalmente o recurso interposto.

O apelo deverá ser conhecido?

Segundo o TST, sim.

Isso porque, no caso, a falta de assinatura não poderia ser atribuída à parte, mas ao próprio TRT, que, ao interpretar a Lei nº 11.419/2006, editou Resolução que substituiu a necessidade de assinatura do subscritor por cadastro prévio no Tribunal e por senha pessoal e intransferível.

Ante a regulamentação adotada no Tribunal de origem e a ausência de qualquer irregularidade detectada no juízo de admissibilidade, não poderia o TST surpreender a parte e ter por inexistente o recurso.

▸ *Direito Processual do Trabalho.* Ação rescisória. Violação à coisa julgada. Configuração. Sentença criminal condenatória transitada em julgado em momento anterior ao trânsito em julgado da decisão rescindenda que declarou a nulidade da dispensa do reclamante. Unidade da jurisdição. Não subsistência da decisão proferida na seara trabalhista.

Os fatos reconhecidos em sentença criminal condenatória transitada em julgado *não podem* ser rediscutidos na seara trabalhista, ante o princípio da unidade da jurisdição.

No caso, a coisa julgada que se formou no processo criminal, em que constatado o crime cometido pelo empregado (ato de improbidade), com a consequente pena de perda do emprego público, operou-se anteriormente ao trânsito em julgado do acórdão rescindendo que, ao analisar as razões que ensejaram a justa causa, concluiu pela nulidade da dispensa do reclamante.

Assim, **a decisão penal se sobrepõe à sentença trabalhista, de modo que esta não pode subsistir com conteúdo decisório oposto àquele que transitou em julgado na esfera criminal.**

Sob esse entendimento, a SBDI-II, por unanimidade, conheceu e negou provimento ao recurso ordinário, mantendo, portanto, a decisão do Tribunal Regional que, com fundamento no art. 485, IV, do CPC de 1973, julgou procedente o pedido de corte rescisório para reconhecer a justa causa praticada pelo empregado.

TST-RO-9301-70.2010.5.01.0000, SBDI-II,
rel. Min. Alexandre de Souza Agra Belmonte, 11.12.2018

BREVE COMENTÁRIO

Imagine a seguinte situação: João foi acusado da prática de ato de improbidade na empresa em que trabalhava; suponhamos o roubo de um computador.

Em razão da prática desse ato, tanto foi processado na esfera criminal quanto demitido por justa causa, nos termos do art. 482, a, da CLT (esfera trabalhista).

Condenado na esfera criminal, em decisão que transitou em julgado, poderia a Justiça do Trabalho, em decisão posterior, rever aqueles fatos para efeitos de desconstituir a justa causa?

Segundo o TST decidiu, não, fixando a seguinte tese: **a decisão penal se sobrepõe à sentença trabalhista, de modo que esta não pode subsistir com conteúdo decisório oposto àquele que transitou em julgado na esfera criminal.**

Informativo nº 190

Dissídio coletivo. Greve. Movimento deflagrado contra a privatização das empresas que compõem o sistema Eletrobras. Motivação estritamente política. Abusividade.

É abusivo o movimento grevista deflagrado pela categoria profissional contra a privatização das empresas que compõem o sistema Eletrobras, pois não se verifica dissídio trabalhista, ou seja, conflito entre empresa e trabalhadores.

A política de privatização do setor elétrico não é de autoria da Eletrobras, nem das empresas estatais, mas do poder público, de modo que as reivindicações dos trabalhadores não podem ser negociadas pelas empresas.

Assim, vislumbrando a ocorrência de greve com motivação estritamente política, a SDC, por maioria, julgou procedente o pedido de abusividade do movimento, vencidos os Ministros Mauricio Godinho Delgado, relator, e Kátia Magalhães Arruda.

TST-DCG-1000418-66.2018.5.00.0000, SDC,
rel. Min. Mauricio Godinho Delgado, red. p/ acórdão Min.
Ives Gandra da Silva Martins Filho, 11.2.2019

BREVE COMENTÁRIO

A greve é um fenômeno social regulado pelo direito e consiste, basicamente, na paralisação dos trabalhadores como forma de fazer pressão ao empregador, a fim de ver suas reivindicações atendidas.

No entanto, se essas reivindicações se revestirem apenas de contornos políticos, considerou o TST que o movimento paredista não é amparado pelo Direito, sob o fundamento de que a greve com nítido caráter político é abusiva, na medida em que o empregador, conquanto seja diretamente por ela afetado, não dispõe do poder de negociar e pacificar o conflito. Isso foi tratado no Informativo 157/TST (TST-RO-1393- 27.2013.5.02.0000).

Pois bem.

O TST, se valendo dessa interpretação, analisou a greve deflagrada por trabalhadores do setor elétrico com vistas a se opor à privatização de empresas do Sistema Eletrobras.

Nesse caso, de greve contra privatização, o movimento é legítimo?

Segundo o TST, não.

A Corte Superior considerou aquele movimento de motivação estritamente política e, portanto, abusivo, vez que a política de privatização do setor elétrico não é de autoria da Eletrobras, nem das empresas estatais, mas do poder público, de modo que as reivindicações dos trabalhadores não podem ser negociadas pelas empresas.

Mandado de segurança. Representante sindical. Inquérito para apuração de falta grave. Prazo decadencial de 30 dias. Termo inicial. Afastamento do empregado de suas funções sem caráter punitivo e sem redução de proventos.

O afastamento do empregado de suas funções, sem caráter punitivo e sem redução de proventos, **tem a mesma natureza preventiva da suspensão a que alude o art. 853 da CLT**.

Portanto, o prazo decadencial de trinta dias para a instauração do inquérito para apuração de falta grave contra empregado garantido com estabilidade (representante sindical) deve ser **contado a partir do afastamento** de suas funções, independentemente do pagamento dos salários do período, e não a partir do momento em que houve suspensão sem pagamento de salário.

Sob esse fundamento, a SBDI-II, por unanimidade, conheceu do recurso ordinário e, no mérito, negou-lhe provimento para manter o acórdão do Tribunal Regional que concedeu a segurança para determinar a reintegração imediata do empregado nas condições vigentes quando de sua suspensão, visto que o inquérito judicial fora instaurado quando já extrapolados tanto o prazo da CLT, quanto o prazo previsto na norma interna do empregador. Vencidos os Ministros Douglas Alencar Rodrigues, Alexandre Agra Belmonte, Luiz José Dezena da Silva e Renato de Lacerda Paiva.

TST-RO-10811-88.2015.5.03.0000, SBDI-II,
rel. Min. Delaíde Miranda Arantes , 12.2.2019

BREVE COMENTÁRIO

O art. 8º, VIII, CF garante estabilidade provisória ao dirigente sindical, assegurando que é vedada a dispensa do empregado sindicalizado a partir do registro da candidatura a cargo de direção ou representação sindical e, se eleito, ainda que suplente, até um ano após o final do mandato, salvo se cometer falta grave nos termos da lei.

Isso não quer dizer que ele não pode ser dispensado de qualquer forma. No entanto, o ato demissório está condicionado à prática de uma falta grava, comprovada por meio de uma ação própria chamada inquérito judicial para apuração de falta grave. Essa é, inclusive, a redação da Súmula n 379 do TST:

Súmula 379, TST. DIRIGENTE SINDICAL. DESPEDIDA. FALTA GRAVE. INQUÉRITO JUDICIAL. NECESSIDADE O dirigente sindical somente poderá ser dispensado por falta grave mediante a apuração em inquérito judicial, inteligência dos arts. 494 e 543, §3º, da CLT.

O empregador poderá suspender o empregado, devendo, todavia, ajuizar a ação em questão no prazo de 30 (trinta) dias, conforme redação do art. 853 da CLT:

> Art. 853 – Para a instauração do inquérito para apuração de falta grave contra empregado garantido com estabilidade, o empregador apresentará reclamação por escrito à Junta ou Juízo de Direito, dentro de 30 (trinta) dias, contados da data da suspensão do empregado.

E se o empregado não for efetivamente suspenso, mas apenas afastado de suas funções, medida sem caráter punitivo e sem redução de proventos?

Segundo o TST, nesse caso, o prazo decadencial de 30 (trinta) dias será contado a partir desse afastamento das funções (e não de eventual suspensão).

Assim fixou a seguinte tese:

O prazo decadencial de trinta dias para a instauração do inquérito para apuração de falta grave contra empregado garantido com estabilidade (representante sindical) deve ser contado a partir do afastamento de suas funções, independentemente do pagamento dos salários do período, e não a partir do momento em que houve suspensão sem pagamento de salário

Informativo nº 191

Ação anulatória. Atestados médicos e odontológicos. Exigência de indicação do código referente à Classificação Internacional de Doenças – CID. Nulidade de cláusula de norma coletiva.

É nula cláusula de norma coletiva que **condiciona** a validade de atestados médicos e odontológicos apresentados pelos empregados **à indicação do código referente à Classificação Internacional de Doenças – CID.**

Tal exigência obriga o trabalhador a divulgar informações acerca de seu estado de saúde para exercer seu direito de justificar a ausência ao trabalho por motivo de doença, em afronta às regulamentações do Conselho Federal de Medicina e às garantias constitucionais de inviolabilidade da intimidade, da vida privada, da honra e da imagem (art. 5º, X, da CF).

Sob esses fundamentos, a SDC, por unanimidade, conheceu do recurso ordinário, e, por maioria, negou-lhe provimento para manter a decisão do Tribunal Regional que declarara nula a cláusula em apreço. Vencidos os Ministros Ives Gandra Martins Filho, Dora Maria da Costa e Guilherme Augusto Caputo Bastos.

TST-RO-213-66.2017.5.08.0000, SDC,
rel. Min. Kátia Magalhães Arruda, 19.2.2019. (*Cf. Informativos TST nºs 114 e 126)

BREVE COMENTÁRIO

Nos termos do art. 12 do Decreto 27.048/1949, que aprova o regulamento da Lei nº 605, de 5 de janeiro de 1949, as faltas do empregado poderão ser justificadas por meio de atestado médico:

> Art. 12..omissis..
>
> § 1º A doença será comprovada mediante atestado passado por médico da emprêsa ou por ela designado e pago.
>
> § 2º Não dispondo a emprêsa de médico da instituição de previdência a que esteja filiado o empregado, por médico do Serviço Social da Indústria ou do Serviço Social do Comércio, por médico de repartição federal, estadual ou municipal, incumbido de assunto de higiene ou saúde, ou, inexistindo na localidade médicos nas condições acima especificados, por médico do sindicato a que pertença o empregado ou por profissional da escolha dêste.

À época do julgado estava vigente o Decreto nº 27.048/1949, que foi revogado posteriormente pelo Decreto nº 10.854/2021, cuja redação, todavia, é semelhante. Vejamos:

> Art. 159. Para fins do disposto no art. 158, consideram-se motivos justificados:
>
> (...)
>
> Parágrafo único. A ausência do empregado por motivo de doença deverá ser comprovada por meio da apresentação de atestado médico, nos termos do disposto na Lei nº 605, de 1949.

A legislação não traz exigência específica quanto à necessidade de declaração da doença que acometeria o empregado, o que seria feito por meio da indicação do código referente à Classificação Internacional de Doenças - CID.

Poderia uma norma coletiva determinar isso?

Segundo o TST, não.

Conforme julgou a Corte Laboral, tal exigência obrigaria o trabalhador a divulgar informações acerca de seu estado de saúde para exercer seu direito de justificar a ausência ao trabalho por motivo de doença, em afronta às regulamentações do Conselho Federal de Medicina e às garantias constitucionais de inviolabilidade da intimidade, da vida privada, da honra e da imagem (art. 5º, X, da CF).

Assim, fixou que é nula cláusula de norma coletiva que condiciona a validade de atestados médicos e odontológicos apresentados pelos empregados à indicação do código referente à Classificação Internacional de Doenças - CID.

Sociedade de economia mista. Empregado público. Contratação sem concurso público sob o regime da CLT. Cargo em comissão de livre nomeação e exoneração. Verbas rescisórias decorrentes da dispensa imotivada. Indevidas.

Conforme a jurisprudência pacífica da SBDI-I e das Turmas do TST, os empregados públicos contratados **sem concurso público, sob o regime da CLT**, para o exercício de cargo em comissão, de livre nomeação e exoneração, **não têm direito ao pagamento das verbas rescisórias decorrentes da dispensa imotivada.**

Sob esse entendimento, a SBDI-I, em sua composição plena, por maioria, não conheceu do recurso de embargos em que empregada da Companhia Paulista de Trens Metropolitanos - CPTM, sociedade de economia mista, admitida para o exercício de cargo em comissão, sem concurso, pleiteava o recebimento da indenização de 40% do FGTS e do aviso-prévio indenizado em decorrência de sua demissão sem justa causa.

Vencidos os Ministros Luiz Philippe de Mello Filho, relator, Walmir Oliveira da Costa, Augusto César Leite de Carvalho e José Roberto Freire Pimenta, os quais conheciam e davam provimento ao recurso para restabelecer a decisão do TRT que mantivera a sentença quanto ao direito da reclamante ao pagamento das verbas rescisórias pleiteadas, visto que os empregados em comissão das estatais são regidos pela CLT (art.

173, § 1º, II, da CF) e não houve derrogação expressa ou implícita dos direitos trabalhistas mínimos ali previstos.

TST-E-ARR-1642-58.2015.5.02.0080, SBDI-I, rel. Min. Luiz Philippe Vieira de Mello Filho, red. p/ acórdão Min. Maria Cristina Irigoyen Peduzzi, 21.2.2019

BREVE COMENTÁRIO

Os cargos em comissão são aqueles declarados em lei de livre nomeação e exoneração, conforme art. 37, II da CF/88.

Também as empresas estatais podem instituir cargos em comissão, igualmente de livre nomeação e exoneração. No informativo 211, adiante, veremos que as estatais estão dispensadas de lei formal para a criação de cargos em comissão.

No presente jugado, um ex-empregado exercente de apenas de cargo em comissão pleiteou a concessão de verbas rescisórias. Para o TST, o fato de o ex-empregado ter sido dispensado sem justa causa não lhe garante o pagamento de nenhuma verba rescisória, visto que exercente de cargo em comissão de livre nomeação e exoneração.

Informativo nº 192

- **Incidente de Recursos de Revista Repetitivos. "Tema nº 0014 – Direito ao pagamento do intervalo intrajornada. Concessão parcial. Aplicação analógica do artigo 58, § 1º, da CLT."**

O Tribunal Pleno, por maioria, definiu a seguinte tese jurídica para o Tema Repetitivo nº 0014 – DIREITO AO PAGAMENTO DO INTERVALO INTRAJORNADA. CONCESSÃO PARCIAL. APLICAÇÃO ANALÓGICA DO ARTIGO 58, § 1º, DA CLT (casos anteriores à Lei nº 13.467/2017): a redução eventual e ínfima do intervalo intrajornada, assim considerada aquela de **até 5 (cinco) minutos no total**, somados os do início e término do intervalo, decorrentes de pequenas variações de sua marcação nos controles de ponto, **não atrai a incidência do art. 71, § 4º, da CLT.**

A extrapolação desse limite acarreta as consequências jurídicas previstas na lei e na jurisprudência.

Vencidos os Ministros Ives Gandra Martins Filho, Maria Cristina Irigoyen Peduzzi, Renato de Lacerda Paiva, Emmanoel Pereira, Dora Maria da Costa, Guilherme Augusto Caputo Bastos, Walmir Oliveira da Costa, Douglas Alencar Rodrigues e Breno Medeiros.

TST-IRR-1384-61.2012.5.04.0512, Tribunal Pleno, rel. Min. Kátia Magalhães Arruda, 25.3.2019

BREVE COMENTÁRIO

O julgado em questão se reveste de alguma importância, pois trata de fixação de tese jurídica em tema repetitivo.

No caso, o TST analisou se reduções ínfimas do intervalo intrajornada (até cinco minutos no total) gerariam as consequências jurídicas previstas no §4º do art. 71 da CLT:

> Art. 71 - Em qualquer trabalho contínuo, cuja duração exceda de 6 (seis) horas, é obrigatória a concessão de um intervalo para repouso ou alimentação, o qual será, no mínimo, de 1 (uma) hora e, salvo acordo escrito ou contrato coletivo em contrário, não poderá exceder de 2 (duas) horas.
>
> § 4º A não concessão ou a concessão parcial do intervalo intrajornada mínimo, para repouso e alimentação, a empregados urbanos e rurais, implica o pagamento, de natureza indenizatória, apenas do período suprimido, com acréscimo de 50% (cinquenta por cento) sobre o valor da remuneração da hora normal de trabalho.

Ressaltando: a supressão do intervalo intrajornada ao empregado gera em favor dele o direito de receber pagamento, de natureza indenizatória, **do período suprimido**, com acréscimo de 50% (cinquenta por cento) sobre o valor da remuneração da hora normal de trabalho.

E se o período suprimido for considerado ínfimo (inferior a cinco minutos no total)?

Neste caso lembramos da existência da norma insculpida no §1º do art. 58 da CLT, que estabelece que não serão descontadas nem computadas como jornada extraordinária as variações de horário no registro de ponto não excedentes de cinco minutos, observado o limite máximo de dez minutos diários.

Ao analisar a supressão do intervalo intrajornada, o TST aplicou analogicamente esse dispositivo, fixando a seguinte tese:

A redução eventual e ínfima do intervalo intrajornada, assim considerada aquela de até 5 (cinco) minutos no total, somados os do início e término do intervalo, decorrentes de pequenas variações de sua marcação nos controles de ponto, não atrai a incidência do art. 71, § 4º, da CLT.

Informativo nº 193

- **Honorários advocatícios. Advogados empregados do Banco do Brasil S.A. Ação ajuizada em face da Associação dos Advogados do Banco do Brasil (ASABB). Cobrança da cota parte não recebida durante o gozo de licença-saúde. Competência da Justiça do Trabalho.**

A Justiça do **Trabalho é competente para processar e julgar ação em que advogados empregados do Banco do Brasil S.A.** pleiteiam a cota parte dos honorários sucumbenciais relativa ao período em que estiveram em gozo de licença-saúde, **não repassada pela entidade responsável por gerir o fundo comum dos honorários sucumbenciais recebidos pelo banco empregador** (Associação dos Advogados do Banco do Brasil – Asabb).

Na hipótese, prevaleceu o entendimento de que, independentemente de ter havido intermediação da Associação, a competência é da Justiça do Trabalho porque a controvérsia em torno do direito ou não ao recebimento da verba pleiteada está alicerçada na situação funcional dos reclamantes perante o Banco, que é o responsável pelo repasse dos recursos a serem geridos pela Asabb, e concede as informações a respeito do desempenho dos associados em seus respectivos contratos de trabalho.

Sob esse fundamento, a SBDI-I, por unanimidade, conheceu dos embargos, por divergência jurisprudencial, e, no mérito, por maioria, deu-lhes provimento para firmar a competência da Justiça do Trabalho. Vencidos os Ministros Guilherme Augusto Caputo Bastos, relator, Márcio Eurico Vitral Amaro, Hugo Carlos Scheuermann, Breno Medeiros, Maria Cristina Irigoyen Peduzzi e Brito Pereira.

TST-E-RR-159700-88.2010.5.16.0002, SBDI-I, rel. Min. Guilherme Augusto Caputo Bastos, red. p/ acórdão Min. Augusto César Leite de Carvalho, 28.3.2019

BREVE COMENTÁRIO

Observe a seguinte situação: os advogados empregados do Banco do Brasil possuem o direito ao recebimento dos honorários sucumbenciais decorrentes das ações nas quais atuaram, sendo que esses ficam em um fundo comum e são repassados aos beneficiados pela gestora de tal fundo, a Associação da categoria.

Alguns advogados, todavia, não perceberam honorários referentes a determinado lapso temporal, pois estavam em gozo de licença-saúde no período em questão.

Diante disso, resolveram ajuizar ação em face da entidade de classe. Devem fazê-lo na Justiça Comum ou na Justiça do Trabalho?

Segundo o TST, na Justiça do Trabalho.

Isso porque, independentemente de ter havido intermediação da Associação, **a controvérsia acerca do direito ou não ao recebimento da verba está alicerçada na situação funcional dos reclamantes perante o Banco**, que é o **responsável pelo repasse dos recursos a serem geridos pela Asabb**, e concede as informações a respeito do desempenho dos associados em seus respectivos contratos de trabalho.

Informativo nº 194

Ação anulatória. Acordo coletivo de trabalho. Sistema de registro de ponto por exceção. Validade.

A SDC, por maioria, deu provimento a recurso ordinário para **considerar válida cláusula constante de acordo coletivo** de trabalho que estabeleceu sistema de controle de jornada por exceção, no qual o empregado anota no registro de ponto somente situações excepcionais, como faltas, saídas antecipadas, atrasos, licenças e horas extras.

Prevaleceu o entendimento de que o **art. 74, §2º, da CLT**, ao atribuir ao empregador a obrigação de formar prova pré-constituída a respeito da jornada de trabalho de seus empregados, **possui natureza eminentemente processual.**

Não se trata, portanto, de matéria de ordem pública, que asseguraria ao trabalhador determinado regime de marcação de ponto. Assim, não há óbice a que os sujeitos coletivos negociem a forma pela qual o controle será realizado, desde que garantida aos empregados a verificação dos dados inseridos no sistema. Vencidos os Ministros Mauricio Godinho Delgado, relator, e Aloysio Corrêa da Veiga.

TST-AIRO-277-95.2015.5.17.0000, SDC, rel. Min. Mauricio Godinho Delgado, red. p/ acórdão Min. Ives Gandra da Silva Martins Filho, 8.4.2019

BREVE COMENTÁRIO

O julgado em questão merece análise, pois a matéria sobre a qual versa foi trazida, de forma semelhante, na chamada Lei de Liberdade Econômica.

Ele trata do chamado registro de ponto por exceção, no qual o empregado anota somente situações excepcionais, como faltas, saídas antecipadas, atrasos, licenças e horas extras.

Fazemos um parêntese para destacar que, conforme dito acima, esse tipo de anotação foi consagrado no ordenamento jurídico formal pela Lei nº 13.784/2019, que incluiu o §4º ao art. 74 da CLT, que dispõe o seguinte:

> Art. 74. O horário de trabalho será anotado em registro de empregados.
>
> § 4º Fica permitida a utilização de registro de ponto por exceção à jornada regular de trabalho, mediante acordo individual escrito, convenção coletiva ou acordo coletivo de trabalho.

O julgado, todavia, se refere a situação anterior. Desse modo, questionou-se a validade desse tipo de registro por meio de previsão em cláusula coletiva.

Segundo o TST, sim, é válida cláusula constante de **acordo coletivo** de trabalho que estabeleceu sistema de controle de jornada por exceção, mesmo antes da alteração legislativa.

- **Dispensa discriminatória. Configuração. Empregado portador de câncer. Presunção de preconceito ou de estigma. Aplicação da Súmula nº 443 do TST.**

Presume-se **discriminatória e arbitrária a dispensa sem justa causa de empregado portador de neoplasia de próstata**, nos termos da Súmula nº 443 do TST, pois o câncer é doença grave comumente associada a estigmas.

Assim, **cabe ao empregador o ônus** de demonstrar que a dispensa do empregado não teve causa, ainda que indireta, com a respectiva enfermidade.

Na espécie, não houve a comprovação de que a demissão se deu por motivos outros que não o fato de o reclamante ser acometido de neoplasia prostática, pois argumentos tais como o corte de gastos e o aumento dos índices de lucro da empresa não se sobrepõem aos princípios enumerados no art. 170 da CF, a exemplo da valorização do trabalho humano, da existência digna e da função social da empresa.

Ademais, restou consignado nos autos que à época da prestação dos serviços a empresa alcançou recordes de produção e de crescimento, tendo o reclamante contribuído de maneira relevante para o sucesso do empreendimento. Sob esses fundamentos, a SBDI-I, em sua composição plena, por unanimidade, conheceu dos embargos por divergência jurisprudencial e, no mérito, por maioria, negou-lhes provimento.

Vencidos os Ministros Márcio Eurico Vitral Amaro, relator, Breno Medeiros e Alexandre Luiz Ramos, os quais davam provimento ao recurso para restabelecer o acórdão do Regional que entendera não configurada a dispensa discriminatória, ao fundamento de que o câncer de próstata, embora grave, não se insere no conceito de doença que suscita estigma ou preconceito.

TST-E-ED-RR-68-29.2014.5.09.0245, SBDI-I, rel. Min.Márcio Eurico Vitral Amaro, red. p/ acórdão Min. Cláudio Mascarenhas Brandão, 4.4.2019

BREVE COMENTÁRIO

A Súmula nº 443 do TST prevê o seguinte:

> Súmula nº 443 do TST
>
> DISPENSA DISCRIMINATÓRIA. PRESUNÇÃO. EMPREGADO PORTADOR DE DOENÇA GRAVE. ESTIGMA OU PRECONCEITO. DIREITO À REINTEGRAÇÃO – Presume-se discriminatória a despedida de empregado portador do vírus HIV ou de outra doença grave que suscite estigma ou preconceito. Inválido o ato, o empregado tem direito à reintegração no emprego.

Muito embora ela seja mais lembrada em casos de empregados portadores do vírus HIV, fato é que ela protege contra a dispensa discriminatória obreiros acometidos por quaisquer doenças graves que suscitem estigma ou preconceito.

Nos termos da literalidade do enunciado, caso seja demitido em razão de sua moléstia, o empregado terá direito à reintegração, ressalvando-se que não se trata de presunção absoluta, podendo o empregador demonstrar que a dispensa do empregado não teve causa, ainda que indireta, com a respectiva enfermidade.

No caso em tela, o empregado era portador de neoplasia maligna (câncer), oportunidade na qual o TST entendeu que o empregado acometido por essa doença também estaria protegido contra a discriminação combatida conforme o entendimento sumulado.

Assim, presumiu discriminatória e arbitrária a dispensa sem justa causa de empregado portador de neoplasia de próstata, nos termos da Súmula n° 443 do TST, pois o câncer é doença grave comumente associada a estigmas.

Informativo nº 195

Ação civil pública. Descumprimento da legislação trabalhista. Dano moral coletivo. Configuração.

A sistemática inobservância de normas trabalhistas, oriunda de irregularidades praticadas pelo empregador, transgride valores fundamentais à própria coletividade, dando ensejo à reparação **por dano moral coletivo, independentemente da demonstração efetiva do dano.**

No caso, entendeu-se que a conduta ilícita praticada pelas empresas rés (não recolhimento do FGTS, ausência de assinatura da CTPS, contratos de experiência por prazo superior ao legal e pagamento de salários de forma complessiva) **transcendeu a esfera individual dos empregados prejudicados**, uma vez que não só fragilizou a proteção constitucional dada à dignidade da pessoa humana e ao valor social do trabalho, mas também fomentou uma lógica perversa em que os bons empregadores se sentem compelidos a depreciar as condições de trabalho de seus empregados como forma de se manterem competitivos no mercado.

Sob esses fundamentos, a SBDI-I, por maioria, conheceu do recurso de embargos, por divergência jurisprudencial, e, no mérito, deu-lhes provimento para condenar as rés ao pagamento de indenização por dano moral coletivo, no valor de R$ 200.000,00 (duzentos mil reais), revertida ao Fundo de Amparo ao Trabalhador (FAT). Vencidos os Ministros Breno Medeiros, Alexandre Luiz Ramos e Maria Cristina Irigoyen Peduzzi.

TST-E-ED-ED-ARR-3224600-55.2006.5.11.0019, SBDI-I,
rel. Min. Alberto Luiz Bresciani de Fontan Pereira, 9.5.2019

BREVE COMENTÁRIO

O julgado em questão pode ser analisado de forma bem sucinta.

O descumprimento de normas trabalhistas pode gerar a condenação do empregador ao pagamento de dano moral coletivo?

Segundo o TST, nos termos desse julgado, sim.

É preciso demonstrar o dano efetiva do dano?

Não.

Conforme decidiu a Corte Laboral, a sistemática inobservância de normas trabalhistas, oriunda de irregularidades praticadas pelo empregador, transgride valores fundamentais à própria coletividade, dando ensejo à reparação por dano moral coletivo, **independentemente da demonstração efetiva do dano**.

Por fim, é importante destacar que, não obstante o TST não tenha utilizado essa expressão, a prática em tela se assemelha àquilo que a doutrina vem chamando de "dumping social", que teria como efeito colateral o fomento a uma lógica perversa em que os bons empregadores se sentem compelidos a depreciar as condições de trabalho de seus empregados como forma de se manterem competitivos no mercado.

Informativo nº 196

- **Adicional de insalubridade. Recolhimento de lixo em condomínio residencial. Hipótese não contemplada no Anexo 14 da NR 15 da Portaria nº 3.214/78 do Ministério do Trabalho. Lixo doméstico não equiparado ao lixo urbano. Súmula nº 448, II, do TST. Não incidência.**

Não enseja o pagamento do adicional de insalubridade o recolhimento de lixo das unidades de condomínio residencial, por não se tratar de hipótese contemplada no Anexo 14 da NR 15 de Portaria nº 3.214/78 do Ministério do Trabalho.

Para fins de deferimento do referido adicional deve-se considerar não o volume de lixo recolhido, mas a sua natureza ou origem.

Assim, o lixo oriundo de apartamentos ou casas de condomínio residencial, ainda que em grande quantidade, não se equipara ao lixo urbano produzido em banheiros em que há grande circulação de pessoas, pois não intensifica a exposição do empregado a agentes infecciosos.

Inaplicável, portanto, o item II da Súmula nº 448 do TST. Sob esses fundamentos, a SBDI-I, por unanimidade, conheceu dos embargos, por divergência jurisprudencial, e, no mérito, por maioria, deu-lhes provimento para restabelecer a decisão do TRT que excluíra da condenação o pagamento do adicional de insalubridade e reflexos. Vencidos os Ministros Cláudio Mascarenhas Brandão e Alberto Luiz Bresciani de Fontan Pereira.

TST-E-RR-635-17.2012.5.15.0131, SBDI-I,
rel. Min. José Roberto Freire Pimenta, 23.5.2019

BREVE COMENTÁRIO

O caso em tela merece análise, pois eventualmente as bancas de concurso invocam esse tipo de entendimento. Vamos lá.

A Súmula nº 448 do TST, em seu inciso II, orienta o seguinte:

> Súmula nº 448 do TST
>
> ATIVIDADE INSALUBRE. CARACTERIZAÇÃO. PREVISÃO NA NORMA REGULAMENTADORA Nº 15 DA PORTARIA DO MINISTÉRIO DO TRABALHO Nº 3.214/78. INSTALAÇÕES SANITÁRIAS. (conversão da Orientação Jurisprudencial nº 4 da SBDI-1 com nova redação do item II) – Res. 194/2014, DEJT divulgado em 21, 22 e 23.05.2014.
>
> II – A higienização de instalações sanitárias de uso público ou coletivo de grande circulação, e a respectiva coleta de lixo, por não se equiparar à limpeza em residências e escritórios, enseja o pagamento de adicional de insalubridade em grau máximo, incidindo o disposto no Anexo 14 da NR-15 da Portaria do MTE nº 3.214/78 quanto à coleta e industrialização de lixo urbano.

Ou seja, o empregado que higieniza ou recolhe o lixo de instalações sanitárias de uso público ou coletivo de grande circulação deve receber o adicional de insalubridade.

O TST faz uma diferenciação entre esse tipo de serviço e a limpeza de residências e escritórios (naqueles, há direito à percepção do adicional; nestes, não).

Pois bem.

E no caso do empregado que realiza esse tipo de serviço em um condomínio residencial (espaço onde há considerável circulação de pessoas)?

Nesse caso, entendeu o TST que ele **não** fará jus ao pagamento do adicional de insalubridade.

Isso porque o lixo oriundo de apartamentos ou casas de condomínio residencial, ainda que em grande quantidade, não se equipara ao lixo urbano produzido em banheiros em que há grande circulação de pessoas, pois não intensifica a exposição do empregado a agentes infecciosos.

Ação civil pública. Dano moral coletivo. Greve. Ajuizamento simultâneo de interditos proibitórios. Abuso do direito de ação. Não configuração.

O mero ajuizamento simultâneo de **vários interditos proibitórios** por diversas instituições financeiras **não configura, por si só, dano moral coletivo.**

No caso, não restou evidenciado exercício abusivo do direito de ação e, consequentemente, conduta antissindical.

Conforme registrado pelo acórdão do Tribunal Regional, o objetivo das ações consistiu unicamente em resguardar o livre acesso, no interior das agências bancárias, de clientes e empregados não integrantes do movimento paredista, inserindo-se, portanto, na prerrogativa de livre uso e gozo da posse, de modo que o ajuizamento dos interditos proibitórios pode ser considerado plenamente legítimo.

Ademais, não se vislumbra abusividade no ajuizamento de vinte e um interditos se considerada a amplitude da base territorial do sindicato autor da ação civil pública (quase duas mil agências bancárias em Belo Horizonte e região) e o número de instituições financeiras que se utilizaram da ação possessória (seis bancos).

Por fim, reforça a ausência de conduta abusiva o fato de o TRT também ter registrado que oito liminares foram concedidas no bojo das ações possessórias ajuizadas.

Sob esses fundamentos, a SBDI-I, por maioria, conheceu do recurso de embargos, por divergência jurisprudencial, e, no mérito, também por maioria, deu-lhes provimento para restabelecer o acórdão do Tribunal Regional que julgara improcedente o pedido de indenização por dano moral coletivo. Vencidos, no conhecimento, os Ministros Augusto César Leite de Carvalho, relator, Hugo Carlos Scheuermann e Cláudio Mascarenhas Brandão; e, no mérito, os Ministros Augusto César Leite de Carvalho, relator, José Roberto Freire Pimenta, Hugo Carlos Scheuermann, Cláudio Mascarenhas Brandão e Luiz Philippe Vieira de Mello Filho.

TST-E-ED-ED-RR-253840-90.2006.5.03.0140, SBDI-I, rel. Min. Augusto César Leite de Carvalho, red. p/ acórdão Min. Ives Gandra da Silva Martins Filho, 23.5.2019

BREVE COMENTÁRIO

Os interditos proibitórios são espécie de ação possessória que visa a proteger a posse daquele que tenha justo receio de ser molestado de turbação ou esbulho iminente e possui previsão legal no art. 567 do CPC/2015:

> Art. 567. O possuidor direto ou indireto que tenha justo receio de ser molestado na posse poderá requerer ao juiz que o segure da turbação ou esbulho iminente, mediante mandado proibitório em que se comine ao réu determinada pena pecuniária caso transgrida o preceito.

Eles podem ser manejados, por exemplo, nas hipóteses em que trabalhadores ocupam bens e imóveis do empregador, o qual poderá proteger sua posse por meio dos interditos proibitórios.

Nos termos do art.114, II, da Constituição da República, a Justiça do Trabalho é competente para processá-los e julgá-los:

> Art. 114. Compete à Justiça do Trabalho processar e julgar:
>
> II – as ações que envolvam exercício do direito de greve;

No caso em tela, o Tribunal Superior do Trabalho se deparou com situação na qual os empregadores manejaram vários interditos proibitórios simultaneamente.

Tratou-se de movimento paredista que abrangeu várias unidades bancárias de diferentes bancos, em razão do qual os empregadores manejaram várias ações, a fim de ver garantido o acesso de população e demais empregados às agências.

A entidade de classe considerou aquilo abuso do direito de ação e ato antissindical, requerendo a condenação dos empregadores ao pagamento de dano moral coletivo.

O TST, todavia, julgou que o objetivo das ações consistiu unicamente em resguardar o livre acesso, no interior das agências bancárias, de clientes e empregados não integrantes do movimento paredista, inserindo-se, portanto, na prerrogativa de livre uso e gozo da posse, de modo que o ajuizamento dos interditos proibitórios foi considerado plenamente legítimo.

Outrossim, destacando um aspecto fático, não vislumbrou abusividade no ajuizamento de vinte e um interditos se considerada a amplitude da base territorial do sindicato autor da ação civil pública (quase duas mil agências bancárias em Belo Horizonte e região) e o número de instituições financeiras que se utilizaram da ação possessória (seis bancos).

Diante disso, em suma, fixou-se que o mero ajuizamento simultâneo de vários interditos proibitórios por diversas instituições financeiras não configura, por si só, dano moral coletivo.

Terceirização. Banco. Call center. Atividade-fim. Licitude da terceirização em todas as etapas do processo produtivo. Entendimento consagrado pelo STF em sede de repercussão geral.

RECURSO DE REVISTA. ACÓRDÃO PUBLICADO ANTERIORMENTE À LEI 13.015/14. TERCEIRIZAÇÃO DE SERVIÇOS. ATIVIDADE-FIM. BANCO E EMPRESA DE TELECOMUNICAÇÕES. VÍNCULO EMPREGATÍCIO DIRETAMENTE COM OS TOMADORES DOS SERVIÇOS NÃO CONFIGURADO. ADEQUAÇÃO AO ENTENDIMENTO CONSAGRADO PELO C. STF – TEMAS 725 E 739 DE REPERCUSSÃO GERAL NO C. STF – ADPF 324, RE 958.252 E

ARE 791.932. 1. Há muito prevaleceu no âmbito desta Corte Superior o entendimento de que é ilícita a terceirização de serviços especializados, ligados à atividade-fim do tomador dos serviços, identificada no objeto social do contrato social das empresas envolvidas. Nessa linha de argumentação, entendia-se que a contratação de trabalhadores por empresa interposta seria ilegal, formando-se o vínculo empregatício diretamente entre o empregado contratado e a empresa tomadora dos serviços. Inteligência da Súmula nº 331 do c.TST.

2. Revisitando posicionamento consagrado pelo c. TST, em 30/8/2018, a Suprema Corte, nos autos da ADPF 324/DF e do RE 958.252, submetido à sistemática da repercussão geral - Tema nº 725 -, tendo em conta os princípios constitucionais da livre iniciativa (art. 170) e da livre concorrência (art. 170, IV), a dignidade da pessoa humana (art. 1º), os direitos trabalhistas assegurados pela Constituição Federal (art. 7º), o direito de acesso do trabalhador à previdência social, à proteção à saúde e à segurança no trabalho, declarou a inconstitucionalidade da Súmula nº 331, I, do c. TST, reconhecendo a licitude da terceirização em todas as etapas do processo produtivo, seja meio ou fim. Ao examinar o Tema nº 725 da Tabela de Repercussão Geral, no RE nº 958.252, fixou a seguinte tese jurídica: "É lícita a terceirização ou qualquer outra forma de divisão do trabalho entre pessoas jurídicas distintas, independentemente do objeto social das empresas envolvidas, mantida a responsabilidade subsidiária da empresa contratante". Na mesma oportunidade, ao julgar a ADPF nº 324, firmou a seguinte tese, com efeito vinculante para todo o Poder Judiciário: "1. É lícita a terceirização de toda e qualquer atividade, meio ou fim, não se configurando relação de emprego entre a contratante e o empregado da contratada. 2. Na terceirização, compete à contratante: i) verificar a idoneidade e a capacidade econômica da terceirizada; e ii) responder subsidiariamente pelo descumprimento das normas trabalhistas, bem como por obrigações previdenciárias, na forma do art. 31 da Lei 8.212/1993".

3. A jurisprudência então caminhava no sentido de que a previsão do art. 94, II, da Lei 9.472/97, segundo o qual, "no cumprimento de seus deveres, a concessionária poderá, observadas as condições e limites estabelecidos pela Agência: (...) contratar com terceiros o desenvolvimento de atividades inerentes, acessórias ou complementares ao serviço, bem como a implementação de projetos associados", não se traduzia em autorização para a contratação pela tomadora dos serviços de trabalhadores para exercer tarefas ligadas à sua atividade-fim, sob pena de caracterização de terceirização ilícita de mão-de-obra.

4. Em 11.10.2018, entretanto, o c. STF, examinando o Tema nº 739 da Tabela de Repercussão Geral - possibilidade de recusa de aplicação do art. 94, II, da Lei 9.472/1997, em razão dos termos da Súmula 331/TST, sem observância da regra de reserva de plenário -, nos autos do ARE nº 791.932, fixou a seguinte tese: "É nula a decisão de órgão fracionário que se recusa a aplicar o art. 94, II, da Lei 9.472/1997, sem observar a cláusula de reserva de Plenário (CF, art. 97), observado o artigo 949 do CPC."

5. **Em suma, o c. STF reconheceu a legalidade irrestrita da terceirização de serviços, podendo a contratação de trabalhadores se dar de forma direta ou por empresa interposta e para exercer indiscriminadamente atividades ligadas à área**

fim ou meio das empresas, não se configurando em tais circunstâncias relação de emprego entre a contratante e o empregado da contratada, remanescendo, contudo, a responsabilidade subsidiária do tomador dos serviços no caso de descumprimento das obrigações trabalhistas assumidas pela empresa contratada, bem como pelas obrigações previdenciárias, na forma do art. 31 da Lei 8.212/1993, além de firmar que é plenamente possível a terceirização de atividades precípuas das concessionárias de serviços de telecomunicações.

6. Na hipótese dos autos, o eg. Tribunal Regional concluiu que a terceirização de serviços se deu de forma lícita, de modo que não reconheceu o vínculo empregatício diretamente com os tomadores de serviços, em total conformidade com a atual jurisprudência do c. STF e do c. TST. Óbice da Súmula nº 333 do c. TST e do artigo 896, § 7º, da CLT. 7. Recurso de revista não conhecido.

TST-RR-1169-88.2011.5.03.0014, 3ª Turma,
rel. Min. Alexandre Agra Belmonte, julgado em 22.5.2019

BREVE COMENTÁRIO

Na espécie, o TST se deparou com pedido de formação de vínculo empregatício diretamente entre os empregados contratados por meio de empresa terceirizada para trabalhar no call center de um banco sob o argumento, basicamente, de que esses trabalhariam na atividade-fim da instituição financeira.

Fazemos uma digressão para lembrar que a terceirização é caracterizada por uma relação triangular formada entre um tomador de serviços, uma empresa prestadora de serviços e um empregado, contratado por esta.

As empresas firmam um contrato civil entre elas (contrato de terceirização de serviços) e o empregado firma um contrato de trabalho com a empresa prestadora de serviços, passando a laborar nas dependências do tomador.

Historicamente, o TST admitia a terceirização apenas da atividade-meio, ou seja, aquela não ligada ao escopo principal da empresa.

No bojo da reforma trabalhista, foi alterada a Lei nº 6.019 para passar a ser permitida a terceirização da atividade-fim. Vejamos a redação do art. 4º-A do diploma em questão.

> Art. 4º-A Considera-se prestação de serviços a terceiros a transferência feita pela contratante da execução de quaisquer de suas atividades, inclusive sua atividade principal, à pessoa jurídica de direito privado prestadora de serviços que possua capacidade econômica compatível com a sua execução.

Não obstante essa alteração legislativa, o entendimento do TST foi levado ao STF, que decidiu pela licitude da terceirização de atividade-fim, mesmo antes dessa mudança do texto legal, fixando a seguinte tese:

> É lícita a terceirização ou qualquer outra forma de divisão do trabalho entre pessoas jurídicas distintas, independentemente do objeto social das empresas envolvidas, mantida a responsabilidade subsidiária da empresa contratante.

Assim, fixou-se que é lícita a terceirização de toda e qualquer atividade, meio ou fim, não se configurando relação de emprego entre a contratante e o empregado da contratada.

Na terceirização, compete à contratante:

i) verificar a idoneidade e a capacidade econômica da terceirizada; e

ii) responder subsidiariamente pelo descumprimento das normas trabalhistas, bem como por obrigações previdenciárias, na forma do art. 31 da Lei 8.212/1993

No julgamento sob análise, o TST adotou integralmente o posicionamento do STF para dizer que este reconheceu a legalidade irrestrita da terceirização de serviços, podendo a contratação de trabalhadores se dar de forma direta ou por empresa interposta e para exercer indiscriminadamente atividades ligadas à área fim ou meio das empresas, não se configurando em tais circunstâncias relação de emprego entre a contratante e o empregado da contratada, remanescendo, contudo, a responsabilidade subsidiária do tomador dos serviços no caso de descumprimento das obrigações trabalhistas assumidas pela empresa contratada, bem como pelas obrigações previdenciárias, na forma do art. 31 da Lei 8.212/1993, além de firmar que é plenamente possível a terceirização de atividades precípuas das concessionárias de serviços de telecomunicações.

Diante disso, conclui-se que, segundo o TST, é lícita a terceirização de atividade-fim.

Terceirização. Atividade-fim. Pedido de renúncia da ação formulado pela reclamante apenas quanto à reclamada prestadora dos serviços. Litisconsórcio passivo necessário unitário entre as reclamadas (tomadora e prestadora dos serviços). Vedação à interpretação ampliativa da renúncia. Impossibilidade de homologação.

Terceirização. Instituição financeira. Call center. Atividade-fim. Licitude da terceirização em todas as etapas do processo produtivo. Entendimento consagrado pelo STF em sede de repercussão geral.

(...) B) RECURSO DE REVISTA INTERPOSTO PELA PRIMEIRA RECLAMADA, ATENTO BRASIL. 1. QUESTÃO PRELIMINAR: PEDIDO DE RENÚNCIA AO DIREITO EM QUE SE FUNDA A AÇÃO EM RELAÇÃO À PRIMEIRA RECLAMADA (ATENTO BRASIL) APRESENTADO PELA RECLAMANTE. IMPOSSIBILIDADE DE HOMOLOGAÇÃO. NATUREZA DA RELAÇÃO CONTROVERTIDA. LITISCONSÓRCIO NECESSÁRIO UNITÁRIO. VEDAÇÃO À INTERPRETAÇÃO AMPLIATIVA DA RENÚNCIA. 1.1. Trata-se de pedido de renúncia formulado pela reclamante ao direito em que se funda a ação exclusivamente em relação à primeira reclamada, Atento Brasil, ora recorrente, com a consequente perda do objeto do recurso e baixa imediata dos autos para o prosseguimento da execução contra o segundo reclamado.

1.2. Considerando que a pretensão gira em torno de um direito disponível, seria imperativa a mera homologação do pedido formulado pela reclamante de renúncia ao direito em que se funda a ação.

1.3. Contudo, a natureza da relação jurídica controvertida evidencia a existência de litisconsórcio necessário unitário entre os reclamados, de modo que a homologação da renúncia ao direito material em que se funda a ação aproveitaria a todos os litisconsortes, porquanto a decisão proferida nos autos deve ser uniforme em relação às referidas partes.

1.4. Dessa forma, considerando que o pedido de renúncia foi direcionado apenas à primeira reclamada e sendo vedada a interpretação ampliativa da renúncia, por força do art. 114 do Código Civil, fica inviabilizada a homologação do pedido de renúncia formulado pela reclamante. Pedido não homologado.

2. LICITUDE DA TERCEIRIZAÇÃO. RECONHECIMENTO PELO SUPREMO TRIBUNAL FEDERAL. ADPF 324 E RE 958252. REPERCUSSÃO GERAL.

2.1. O Supremo Tribunal Federal, no último dia 30/8/2018, ao julgar a Arguição de Descumprimento de Preceito Fundamental n° 324 e o Recurso Extraordinário n° 958252, com repercussão geral reconhecida, decidiu que é lícita a terceirização em todas as etapas do processo produtivo, seja meio ou fim.

2.2. A tese de repercussão geral aprovada no recurso extraordinário foi a de que "é licita a terceirização ou qualquer outra forma de divisão do trabalho entre pessoas jurídicas distintas, independentemente do objeto social das empresas envolvidas, mantida a responsabilidade subsidiária da empresa contratante".

2.3. Como se observa, nos moldes do entendimento exarado pelo Supremo Tribunal Federal, é licita a terceirização ou qualquer outra forma de divisão do trabalho entre pessoas jurídicas distintas, independentemente do objeto social das empresas envolvidas, razão pela qual, a liberdade de contratar é conciliável com a terceirização, mormente diante da ausência de legislação que impeça as empresas de contratarem mão de obra, bem como da inexistência de dispositivo legal que defina o que é atividade fim e/ou atividade meio.

2.4. Logo, e em face dos princípios constitucionais da livre iniciativa (CF, art. 170) e da livre concorrência (CF, art. 170, IV), tem-se por lícita qualquer forma de terceirização, sobretudo porque a terceirização aquece o mercado de trabalho e gera maior produtividade.

2.5. Entretanto, não obstante a licitude da terceirização em todas as etapas do processo produtivo, seja meio ou fim, por certo que na hipótese de descumprimento das obrigações trabalhistas por parte da empresa contratada, a empresa tomadora dos serviços será responsabilizada de forma subsidiária pelo pagamento da remuneração e das demais verbas trabalhistas devidas, sendo certo, ainda, que a conclusão do Supremo Tribunal Federal de licitude da terceirização não impede que eventuais abusos decorrentes da referida terceirização sejam apreciados e decididos pelo Poder Judiciário, de modo a garantir os direitos trabalhistas dos trabalhadores terceirizados, pois o remate da licitude da terceirização não pode resultar na precarização das relações de trabalho, tampouco na desproteção do trabalhador. Recurso de revista conhecido e provido.

(TST-RR-357-35.2015.5.05.0019, 8ª Turma, rel. Min. Dora Maria da Costa, julgado em 22.5.2019)

BREVE COMENTÁRIO

No julgado acima, verificamos que o TST considera lícita a terceirização da atividade-fim da empresa tomadora de serviços.

Não obstante, caso a empresa prestadora não honre suas obrigações trabalhistas para com seus empregados, estes poderão ajuizar ação contra as duas empresas (prestadora e tomadora), sendo que a tomadora (a segunda reclamada) responderá apenas subsidiariamente pelos débitos.

Ou seja, caso a primeira reclamada (prestadora) não pague a condenação e sejam esgotados os meios executórios contra ela, a execução se voltará contra a segunda.

A dúvida que surgiu no caso foi: o reclamante pode renunciar ao direito em face da primeira reclamada (prestadora de serviços), optando pelo curso da ação apenas em face da segunda (tomadora)?

Segundo o TST, não.

Julgou a Corte Laboral que, não obstante a pretensão gire em torno de um direito disponível, a natureza da relação jurídica controvertida implica a existência **de litisconsórcio necessário unitário** entre os reclamados, de modo que a homologação da renúncia ao direito material em que se funda a ação aproveitaria a todos os litisconsortes, porquanto a decisão proferida nos autos deve ser uniforme em relação às referidas partes.

Dessa forma, considerando que o pedido de renúncia foi direcionado apenas à primeira reclamada e sendo vedada a interpretação ampliativa da renúncia, por força do art. 114 do Código Civil, restou inviabilizada a homologação do pedido de renúncia.

Informativo nº 198

Terceirização. Empresa de telefonia. Tese fixada pelo STF em repercussão geral. *Distinguishing*.

"RECURSO DE REVISTA. RECURSO EXTRAORDINÁRIO. REPERCUSSÃO GERAL. RETRATAÇÃO. ART. 1.039 DO CPC. TERCEIRIZAÇÃO. TÉCNICO EM COMUTAÇÃO. EMPRESA DE TELEFONIA. TESE FIXADA PELO SUPREMO TRIBUNAL FEDERAL. ADPF 324, RE 928.252 E RE 791.932. DISTINGUISHING. SUBORDINAÇÃO DIRETA AO TOMADOR DOS SERVIÇOS. VÍNCULO DE EMPREGO CARACTERIZADO. JUÍZO DE RETRATAÇÃO NÃO EXERCIDO.

1. **Em que pese o posicionamento firmado pelo Supremo Tribunal Federal** no julgamento da ADPF 324 e do RE 958.252 e do RE 791.932, de repercussão geral, no sentido de que "é lícita a terceirização ou qualquer outra forma de divisão do trabalho entre pessoas jurídicas distintas, independentemente do objeto social das empresas envolvidas, mantida a responsabilidade subsidiária da empresa contratante", no caso, verifica-se **distinção fático-jurídica (distinguishing)** em relação à tese ali fixada,

uma vez que o reconhecimento do vínculo de emprego não resultou apenas do labor do autor em atividade-fim da tomadora dos serviços, mas da constatação da "presença de subordinação do autor em face da primeira ré, para quem prestava serviços diretamente, utilizando-se do espaço e equipamentos desta, nos mesmos moldes que antes fazia, quando era diretamente contratado pela primeira ré até o ano de 1999".

2. Verifica-se, assim, que o caso dos autos não se amolda à hipótese dirimida pelo STF, razão pela qual não há retratação a ser feita nos moldes do art. 1039 do CPC/2015 (art. 543-B, § 3º, CPC/73).

3. Impõe-se, nesse contexto, a manutenção do acórdão em que não conhecido o recurso de revista da primeira reclamada. Acórdão mantido."

TST-RR-62900-79.2007.5.09.0072, 1ª Turma, rel. Min. Hugo Carlos Scheuermann, julgado em 5.6.2019

BREVE COMENTÁRIO

Conforme vimos anteriormente (Informativo nº 196), em vista do posicionamento do STF, o TST passou a considerar válida a terceirização da atividade-fim de empresa.

No entanto, há situações em que esse entendimento pode ser afastado por se tratar de hipótese distinta (é o chamado *distinguishing*).

Como se sabe, empregado, nos termos do art. 3º da CLT, é aquela pessoa física que presta serviços com habitualidade, pessoalidade, onerosidade e subordinação.

Qualquer pessoa que trabalhe nessas condições será considerada empregado, ainda que não haja qualquer acordo formal ou expresso entre as partes (lembramos da possibilidade de contrato tácito).

No caso de terceirização de serviços, ainda que se trate de terceirização de atividade-fim, aquele empregado "terceirizado" não trabalhará com pessoalidade nem com subordinação em relação à tomadora.

Caso isso ocorra, poderá, sim, ser reconhecido o vínculo de emprego (veja que o problema não é a atividade-fim, mas a caracterização de todos os elementos da relação de emprego).

Basicamente, foi o que decidiu o TST no caso sob análise.

Execução. Empresa em recuperação judicial. Ausência de depósito recursal. Lei nº 13.467/2017.

"(...) B) RECURSO DE REVISTA. EXECUÇÃO. EMPRESA EM RECUPERAÇÃO JUDICIAL. DESERÇÃO. AUSÊNCIA DE GARANTIA DO JUÍZO. RECURSO INTERPOSTO APÓS A VIGÊNCIA DA LEI Nº 13.467/17. Com efeito, o art. 47 da Lei n° 11.101/2005 preceitua que a recuperação judicial de uma empresa é um meio utilizado para evitar sua falência, tratando-se de uma tentativa para recuperar aquela atividade evitando o fechamento e as consequentes demissões e não pagamento dos credores, a evidenciar que se encontra financeiramente incapaz de arcar com as despesas do processo. In casu, o Tribunal Regional entendeu que a dicção do art. 899, § 10, da CLT, que autoriza a isenção do depósito recursal em relação às empresas em recuperação judicial, somente se aplica na fase de cognição processual, de modo que não conheceu do agravo de petição interposto pela executada, por ausência de garantia do juízo, nos termos do art. 884 da CLT.

Entretanto, tem-se que a executada não possui recursos para a garantia do juízo, tendo em vista o deferimento da recuperação judicial, não havendo dúvidas, outrossim, que os pagamentos dos débitos da empresa são realizados mediante habilitação no juízo da recuperação judicial. Por conseguinte, exigir da executada a garantia do juízo resultaria no comprometimento do próprio plano de recuperação judicial, o qual tem a finalidade de viabilizar o soerguimento da empresa.

Dessa forma, observa-se que a decisão recorrida foi de encontro aos princípios do contraditório e da ampla defesa, insculpidos no inciso LV do art. 5° da CF, mormente diante dos termos dos arts. 47, 49 e 52, III, da Lei nº 11.101/2005 e 899, § 10, da CLT, e tendo em vista que, antes da expedição da certidão de crédito, para habilitação no juízo universal, é preciso enfrentar as impugnações apresentadas a fim de que haja o acerto dos cálculos de liquidação. Recurso de revista conhecido e provido."

TST-RR-10193-45.2017.5.03.0107, 8ª Turma, rel. Min. Dora Maria da Costa, julgado em 5.6.2019

BREVE COMENTÁRIO

O depósito recursal tem natureza de garantia do juízo, devendo a recorrente depositar o valor total da condenação ou, caso esse ultrapasse um teto estabelecido em norma do poder judiciário atualizado a cada ano, o valor desse teto.

Empresas em recuperação judicial são dispensadas desse ônus, nos termos do §10 do art. 899 da CLT (introduzido pela Lei nº 13.467/2017):

> Art. 899 – Os recursos serão interpostos por simples petição e terão efeito meramente devolutivo, salvo as exceções previstas neste Título, permitida a execução provisória até a penhora.
>
> § 10. São isentos do depósito recursal os beneficiários da justiça gratuita, as entidades filantrópicas e as empresas em recuperação judicial.

Lembramos que a recuperação judicial tem por objetivo viabilizar a superação da situação de crise econômico-financeira do devedor, a fim de permitir a manutenção da fonte produtora, do emprego dos trabalhadores e dos interesses dos credores, promovendo, assim, a preservação da empresa, sua função social e o estímulo à atividade econômica (Art. 47, L. 11.101/2005).

Ocorre que o art. 884 da CLT condiciona, como regra, a discussão da execução à garantia do Juízo:

> Art. 884 – Garantida a execução ou penhorados os bens, terá o executado 5 (cinco) dias para apresentar embargos, cabendo igual prazo ao exeqüente para impugnação.

Diante disso, pergunta-se: caso empresa em recuperação judicial deseje interpor recurso nessa fase (agravo de petição, por exemplo), ela deverá garantir o juízo ou será beneficiada pela norma insculpida no art. 899, §10 da CLT?

Segundo o TST, a isenção em questão se estende à fase de execução.

Neste sentido, decidiu que, se a empresa se encontra em recuperação judicial, tem-se que ela não possui recursos para a garantia do juízo, devendo o pagamento de seus débitos ser realizado mediante habilitação no juízo da recuperação judicial. Por conseguinte, exigir da executada a garantia do juízo resultaria no comprometimento do próprio plano de recuperação judicial, o qual tem a finalidade de viabilizar o soerguimento da empresa.

Deste modo, empresa em recuperação judicial é isenta de depósito recursal também na fase de execução.

Ação anulatória. Auto de infração lavrado por órgão incompetente.

"(A) RECURSO DE REVISTA INTERPOSTO PELO MUNICÍPIO DE JUNDIAÍ. AÇÃO ANULATÓRIA DE AUTO DE INFRAÇÃO. COMPETÊNCIA DO CENTRO DE REFERÊNCIA EM SAÚDE DO TRABALHADOR (CEREST) PARA AUTUAÇÃO E APLICAÇÃO DE PENALIDADE. A Constituição Federal, em seu art. 21, XXIV, disciplina que compete à União "organizar, manter e executar a inspeção do trabalho", e o art. 14, XIX, "c", da Lei n° 9.649/1998 determina que compete ao Ministério do Trabalho e Emprego a fiscalização do trabalho, bem como a aplicação das sanções previstas em normas legais ou coletivas. Nesse sentido, os arts. 626 a 634 da CLT disciplinam o procedimento de fiscalização do trabalho, bem como a autuação e imposição de multas.

Dessa forma, nos moldes dos preceitos acima mencionados, a fiscalização e a eventual autuação da empresa, e, por conseguinte, a aplicação de multa em razão do descumprimento de normas de segurança e medicina do trabalho, são de **competência exclusiva dos auditores fiscais do trabalho.**

Não obstante seja garantia constitucional inserta no art. 7º, XXII, da CF, a redução dos riscos inerentes ao trabalho, por meio de normas de saúde, higiene e segurança, além de a Constituição Federal assegurar um meio ambiente de trabalho saudável, é certo que as disposições constitucionais e legais mencionadas pelo Município de Jundiaí não conferem competência ao Centro de Referência em Saúde do Trabalhador – CEREST, órgão municipal vinculado à Secretaria de Saúde, para fiscalizar as empresas, lavrar auto de infração, assim como aplicar a multa cabível quando constatado que não foram observadas as normas relativas à segurança, saúde e medicina do trabalho.

Nesse contexto, revela-se acertada a decisão do Tribunal Regional que declarou a nulidade do auto de infração, tendo em vista a **incompetência do seu emissor, e, por conseguinte, concluiu que a multa dele derivada perdeu o seu valor impositivo.** (...)"

TST-RR-10420-06.2015.5.15.0096, 8ª Turma,
rel. Min. Dora Maria da Costa, julgado em 5.6.2019

BREVE COMENTÁRIO

De acordo com o art. 21, XXIV da CF/88, compete à união exercer a fiscalização do trabalho, nesses termos:

> Art. 21. Compete à União:
>
> XXIV – organizar, manter e executar a inspeção do trabalho;

Não obstante a observância das normas trabalhistas seja de todos os que firmam relações de trabalho, seja na Administração Pública, seja na iniciativa privada, a competência para fiscalizar e autuar é da União.

Nesse julgado, houve a lavratura de um auto de infração por parte de órgão municipal. O TST decidiu, acertadamente, que o Município não possui atribuição para fiscalizar e autuar atos contrários à legislação trabalhista. Houve, no caso, uma invasão de competência administrativa da União.

Por fim, vale destacar que compete à Justiça do Trabalho processar e julgar as ações que questionem a lavratura de autos de infração por parte dos órgãos de fiscalização do trabalho.

> Art. 114. Compete à Justiça do Trabalho processar e julgar:
>
> VII – as ações relativas às penalidades administrativas impostas aos empregadores pelos órgãos de fiscalização das relações de trabalho.

Informativo nº 199

- **Adicional de periculosidade. Devido. Médica radiologista. Exposição à radiação ionizante. Portaria nº 518/2003 do Ministério do Trabalho. Orientação Jurisprudencial nº 345 da SBDI-I.**

O Quadro de Atividades e Operações Perigosas, aprovado pela Comissão Nacional de Energia Nuclear – CNEN, adotado pela Portaria nº 518/2003 do Ministério do Trabalho, considera atividade de risco **não apenas aquela que importa a operação direta de equipamentos emissores de radiação, como também a simples exposição, ainda que por tempo reduzido.**

Nos termos da referida portaria, não há níveis seguros de exposição à radiação, de modo que qualquer contato do trabalhador com raios ionizantes é potencialmente prejudicial à saúde. Assim, ante o risco potencial, médica radiologista contratada para trabalhar no setor de radiologia do hospital tem direito ao adicional de periculosidade a que se refere a Orientação Jurisprudencial nº 345 da SBDI-I, ainda que adentrasse apenas de forma eventual nas salas de irradiação.

Sob esse entendimento, a SBDI-I, por unanimidade, conheceu dos embargos, por divergência jurisprudencial, e, no mérito, negou-lhes provimento, mantendo, portanto, a condenação da reclamada ao pagamento de adicional de periculosidade no montante de 30% sobre o salário-base da autora, com reflexos.

Vencidos os Ministros Guilherme Augusto Caputo Bastos e Maria Cristina Irigoyen Peduzzi.

TST-E-ED-ED-RR-61400-27.2006.5.05.0006, SBDI-I, rel. Min. José Roberto Freire Pimenta, 13.6.2019

BREVE COMENTÁRIO

O julgado em tela é esclarecedor, pois estabelece uma orientação quanto à percepção de adicional de periculosidade por profissionais que laboram em locais expostos a radiação ionizante.

A Orientação Jurisprudencial nº 345 da SBDI-1 do TST fixa o seguinte:

> 345. ADICIONAL DE PERICULOSIDADE. RADIAÇÃO IONIZANTE OU SUBSTÂNCIA RADIOATIVA. DEVIDO (DJ 22.06.2005)
>
> A exposição do empregado à radiação ionizante ou à substância radioativa enseja a percepção do adicional de periculosidade, pois a regulamentação ministerial (Portarias do Ministério do Trabalho nºs 3.393, de 17.12.1987, e 518, de 07.04.2003), ao reputar perigosa a atividade, reveste-se de plena eficácia, porquanto expedida por força de delegação legislativa contida no art. 200, "caput", e inciso VI, da CLT. No período de 12.12.2002 a 06.04.2003, enquanto vigeu a Portaria nº 496 do Ministério do Trabalho, o empregado faz jus ao adicional de insalubridade.

Em alguns casos, remanescia a discussão: apenas aqueles profissionais que operam os equipamentos têm direito à percepção do adicional ou qualquer um que adentre as dependências também teria?

Segundo o TST, considera-se atividade de risco não apenas aquela que importa a operação direta de equipamentos emissores de radiação, como também a **simples exposição, ainda que por tempo reduzido.**

Neste sentido, ante o risco potencial, médica radiologista contratada para trabalhar no setor de radiologia do hospital tem direito ao adicional de periculosidade a que se refere a Orientação Jurisprudencial nº 345 da SBDI-I, ainda que adentrasse apenas de forma eventual nas salas de irradiação.

Diante do exposto, empregado sujeito a simples exposição à radiação ionizante, ainda que por tempo reduzido, faz jus à percepção do adicional de periculosidade.

Terceirização. Atividade-fim. Fraude. Ilicitude.

"AGRAVO. AGRAVO DE INSTRUMENTO EM RECURSO DE REVISTA INTERPOSTO PELO RECLAMANTE. NÃO REGIDO PELA LEI 13.015/2014. JULGAMENTO ANTERIOR PELA TURMA. DEVOLUÇÃO DOS AUTOS PARA VERIFICAÇÃO DA POSSIBILIDADE DE JUÍZO DE RETRATAÇÃO. ARTIGO 543-B DO CPC/1973 (ART. 1.041, CAPUT, §1º, DO CPC/2015). TERCEIRIZAÇÃO ILÍCITA. RECONHECIMENTO DO VÍNCULO EMPREGATÍCIO DIRETAMENTE COM A EMPRESA TOMADORA DE SERVIÇOS. PRESENTES OS REQUISITOS DOS ARTS. 2º E 3º DA CLT. SÚMULA 331, I, DO TST.

1. O Tribunal Regional concluiu pela ilicitude da terceirização de serviços, ao fundamento de que houve fraude na intermediação de mão-de-obra. Consignou que as

atividades desenvolvidas pela Reclamante estão inseridas na atividade-fim da tomadora de serviços, bem como que restaram comprovados os elementos configuradores da relação de emprego. Nesse contexto, a Corte de origem manteve a sentença em que reconhecido o vínculo empregatício com a segunda Reclamada (TNL PCS S.A.), com amparo na Súmula 331, itens I e III, parte final, do TST.

2. Interposto agravo regimental pela segunda Reclamada, em face da decisão em que negado provimento ao agravo de instrumento, este Colegiado, nos termos do acórdão às fls. 722/728, negou-lhe provimento, sob o fundamento de que o acórdão do Tribunal Regional, no sentido de considerar ilícita a terceirização, encontrava-se em consonância com a Súmula 331, I, do TST.

3. O Plenário do Supremo Tribunal Federal, em 30/8/2018, ao julgar a Arguição de Descumprimento de Preceito Fundamental 324 e o Recurso Extraordinário 958.252, com repercussão geral e efeito vinculante, firmou entendimento no sentido de ser lícita a terceirização de toda e qualquer atividade, meio ou fim, não se estabelecendo relação de emprego entre o tomador de serviços e o empregado da empresa prestadora.

4. No caso concreto, todavia, ainda que se considere lícito o objeto da terceirização, o fato é que restou evidenciada a existência de onerosidade, pessoalidade, habitualidade e subordinação direta capaz de atrair o reconhecimento do vínculo de emprego direto com a tomadora, nos termos da Súmula 331, I, do TST. De se notar que o STF, ao reconhecer lícita a possibilidade de terceirização das atividades finalísticas ou das componentes do "core business" das empresas, não chancelou a fraude advinda da assunção pela empresa contratante do poder diretivo inerente à figura do empregador. Afinal, essa singular situação de fraude não foi considerada no julgamento proferido pela excelsa Corte, nem tampouco as Leis 13.429/2017 e 13.467/2017 impuseram a revogação dos artigos 2º, 3º e 9º, todos da CLT, nos quais, além de fixados os conceitos de empregador e empregado, está assentada a nulidade absoluta de todos os atos que impeçam a vigência dos dispositivos da legislação social. **Em síntese, a possibilidade de ampla terceirização, reconhecida pela Excelsa Corte e pelo legislador ordinário, não autoriza a fusão das figuras do contratante de serviços terceirizados e da própria empresa de prestação desses serviços.** Desse modo, para se alcançar conclusão em sentido diverso, seria necessário revolver fatos e provas, o que não é possível ante o óbice de que trata a Súmula 126 deste TST.

5. Logo, deve ser mantida a decisão em que negado provimento ao agravo de instrumento da segunda Reclamada, sem efetuar o juízo de retratação de que trata o art. 543-B, § 3º, do CPC/1973 (art. 1.041, § 1º, do CPC/2015), determinando-se a devolução dos autos à Vice-Presidência desta Corte, para que prossiga no exame de admissibilidade do recurso extraordinário, como entender de direito."

TST-AIRR-1043-96.2012.5.03.0048, 5ª Turma,
rel. Min. Douglas Alencar Rodrigues, julgado 12.6.2019

BREVE COMENTÁRIO

O julgado em tela é mais um que versa sobre a terceirização de serviços e reafirma que, não obstante seja lícita a terceirização de atividade-fim, essa não impossibilita o reconhecimento vínculo direto com a tomadora de serviços quando configurados os requisitos da relação de emprego.

Neste sentido, ressalvou o TST que, ainda que se considerasse lícito o objeto da terceirização, no caso sob análise evidenciou-se a existência de onerosidade, pessoalidade, habitualidade e subordinação direta capaz de atrair o reconhecimento do vínculo de emprego direto com a tomadora, nos termos da Súmula 331, I, do TST.

Pontou que o STF, ao reconhecer lícita a possibilidade de terceirização das atividades finalísticas ou das componentes do "core business" das empresas, não chancelou a fraude advinda da assunção pela empresa contratante do poder diretivo inerente à figura do empregador.

A possibilidade de ampla terceirização, reconhecida pela Excelsa Corte e pelo legislador ordinário, não autoriza a fusão das figuras do contratante de serviços terceirizados e da própria empresa de prestação desses serviços.

Em suma: é lícita a terceirização de atividade-fim, mas, caso configurados os elementos da relação de emprego (em especial pessoalidade e subordinação afora os demais), será formado o vínculo direto com a tomadora de serviços.

Transcendência econômica. Arresto de grande quantia de ente público sem liquidação do débito. Controvérsia a respeito do valor devido.

"AGRAVO DE INSTRUMENTO EM RECURSO DE REVISTA. ACÓRDÃO PUBLICADO NA VIGÊNCIA DA LEI Nº 13.467/2017. ART. 896-A DA CLT. TRANSCENDÊNCIA ECONÔMICA CARACTERIZADA. TUTELA CAUTELAR EM CARÁTER ANTECEDENTE. DEFERIMENTO. BLOQUEIO DE VALOR EXTRAÍDO DE CRÉDITO DA EMPRESA PRESTADORA DE SERVIÇOS PERANTE O ENTE PÚBLICO. EXISTÊNCIA DE CONTROVÉRSIA NO ÂMBITO DO TJDFT ACERCA DO VALOR DEVIDO EM FAVOR DA EMPRESA.

Caracterizada a existência de transcendência econômica, uma vez que houve arresto de quantia significativa de entidade pública mediante tutela provisória em caráter antecedente, no valor de R$ 4.187.870,57 (quatro milhões, cento e oitenta e sete mil, oitocentos e setenta reais e cinquenta e sete centavos), sem que o débito para com a prestadora de serviços tenha sido liquidado, dá-se provimento ao agravo de instrumento, por possível ofensa ao art. 62 da Lei nº 4.320/64, para determinar o prosseguimento do recurso de revista. Agravo de instrumento provido.

RECURSO DE REVISTA. ACÓRDÃO PUBLICADO NA VIGÊNCIA DA LEI Nº 13.015/2014 – TUTELA CAUTELAR EM CARÁTER ANTECEDENTE. DEFERIMENTO. BLOQUEIO DE VALOR EXTRAÍDO DE CRÉDITO DA EMPRESA PRESTADORA DE SERVIÇOS PERANTE O ENTE PÚBLICO. EXISTÊNCIA DE CONTROVÉRSIA NO ÂMBITO DO TJDFT ACERCA DO VALOR DEVIDO EM FAVOR DA EMPRESA.

Cinge-se a controvérsia à possibilidade de bloqueio, mediante tutela cautelar antecedente, de crédito devido pelo DETRAN à empresa SEARCH, empregadora dos substituídos, na circunstância de estar pendente de julgamento processo, em trâmite no TJDFT, para definição exata do referido débito.

O Tribunal Regional interpretou o conteúdo do documento, em que a recorrente informou a existência de controvérsia acerca da quantificação exata do crédito devido em favor da empresa por ela contratada, pendente de julgamento no TJDFT, como reconhecimento da dívida no valor em que disponibilizado ao juízo.

Tal informação, entretanto, não se confunde com o reconhecimento do valor em si, mas apenas da dívida. Com efeito, o art. 62 da Lei nº 4.320/64 impõe ao ente público que o pagamento de despesa somente se efetue após a sua regular liquidação, o que é, justamente, o objeto da ação que tramita no TJDFT.

Não obstante o valor retido se origine de crédito da empregadora dos substituídos, é certo que também constitui dívida do ente público para com ela, cujo bloqueio representa, para este, o seu efetivo pagamento, sem o cumprimento da exigida liquidação.

Releva notar que, não obstante a tutela cautelar tenha sido posteriormente extinta, sem resolução do mérito, o juízo de piso determinou a transferência do valor de forma equitativa entre as ações principais individualizadas, aspecto fático que reforça a impropriedade da manutenção do bloqueio efetuado. Recurso de revista conhecido e provido."

TST-RR-568-62.2017.5.10.0019, 5ª Turma,
rel. Min. Breno Medeiros, julgado em 19.6.2019

BREVE COMENTÁRIO

Esse julgado trata de tema comum no cotidiano da Advocacia Pública. Trata-se do sequestro de verbas públicas por decisão judicial.

No caso apresentado, a empresa SERACH e o DETRAN litigavam na justiça comum sobre créditos devidos por este àquela. É comum que as empresas contratadas pela Administração atrasem pagamento de seus empregados sob a alegação de que houve atraso no repasse dos valores dos contratos firmados com a Administração.

É do conhecimento de todos que as dívidas dos entes públicos são pagas mediante a expedição de precatório ou RPV. No caso em tela, a dívida entre o Detran e a empresa era certa, havendo discussão apenas ao valor devido.

O TRT entendeu que, por ser a dívida certa, poderia haver o sequestro do montante apontado pela empresa. O TST, por sua vez e com base no art. 62 da Lei 4.320/64, reformou o acórdão do Regional. Isso porque o reconhecimento de dívida não se confunde com sua quantificação, devendo a Administração efetuar o pagamento apenas após sua regular liquidação:

> Art. 62. O pagamento da despesa só será efetuado quando ordenado após sua regular liquidação.
>
> In casu, a dívida era certa, mas não era líquida.

Com base nesse entendimento, o TST entendeu ser indevido o sequestro de verbas públicas para garantir o pagamento dos empregados da empresa SEARCH.

Informativo nº 200

Advogado empregado. Regime de dedicação exclusiva. Art. 20 da Lei nº 8.906/1994. Configuração. Previsão em edital do concurso público.

O edital de concurso público contendo a previsão de que o candidato aprovado no cargo de advogado será contratado para trabalhar oito horas diárias equivale a ajuste contratual expresso do regime de dedicação exclusiva a que se refere o art. 20 da Lei nº 8.906/1994 e o art. 12 do Regulamento Geral da OAB.

Segundo **o princípio da vinculação ao edital do concurso público**, o contrato de trabalho firmado pelas partes é regido pelas normas constantes do edital do certame a que submetido o advogado, de modo que, no caso, prevalece a jornada de trabalho de oito horas.

Sob esse entendimento, a SBDI-I, por unanimidade, conheceu dos embargos, por divergência jurisprudencial, e, no mérito, por maioria, negou-lhes provimento, mantendo, portanto, a decisão turmária que considerou válida a jornada prevista no edital do concurso público e reconheceu ser indevido o pagamento de horas extras excedentes à quarta diária a advogado empregado contratado após a vigência da Lei nº 8.906/1994. Vencidos os Ministros Luiz Philippe Vieira de Mello Filho, Cláudio Mascarenhas Brandão, Alberto Luiz Bresciani de Fontan Pereira, José Roberto Freire Pimenta e Brito Pereira.

TST-E-RR-2408-70.2013.5.22.0001, SBDI-I,
rel. Min. Hugo Carlos Scheuermann, 27.6.2019

BREVE COMENTÁRIO

No presente julgado o TST entendeu que a previsão editalícia quanto à jornada de trabalho equivale a um ajuste contratual.

O Estatuto da OAB, lei 8.906/94, trata do advogado empregado em seu capítulo V. De acordo com o art. 20 da referida lei, a jornada de trabalho do advogado é de no máximo 4 horas diárias contínuas e 20 semanais, podendo este se submeter ao regime de dedicação exclusiva:

> Art. 20. A jornada de trabalho do advogado empregado, no exercício da profissão, não poderá exceder a duração diária de quatro horas contínuas e a de vinte horas semanais, salvo acordo ou convenção coletiva ou em caso de dedicação exclusiva.
>
> § 1º Para efeitos deste artigo, considera-se como período de trabalho o tempo em que o advogado estiver à disposição do empregador, aguardando ou executando ordens, no seu escritório ou em atividades externas, sendo-lhe reembolsadas as despesas feitas com transporte, hospedagem e alimentação.
>
> § 2º As horas trabalhadas que excederem a jornada normal são remuneradas por um adicional não inferior a cem por cento sobre o valor da hora normal, mesmo havendo contrato escrito.

§ 3º As horas trabalhadas no período das vinte horas de um dia até as cinco horas do dia seguinte são remuneradas como noturnas, acrescidas do adicional de vinte e cinco por cento.

No caso em tela, pretendeu o reclamante o pagamento das horas que excederam a 4ª hora. No entanto, para o TST, o princípio da vinculação ao edital faz com que as disposições edilícias sejam consideradas ajustes contratuais, entendendo-se assim que a disposição que prevê a jornada de oito horas diárias equivale à contratação do advogado em regime de dedicação exclusiva.

Nesse sentido, conclui o TST que é válida a previsão de jornada em edital de concurso público.

Ação coletiva. Pedido de desistência dos substituídos. Desnecessidade de anuência do sindicato-autor. Transcendência jurídica reconhecida.

"AÇÃO COLETIVA – PEDIDO DE DESISTÊNCIA DOS SUBSTITUÍDOS – POSSIBILIDADE. TRANSCENDÊNCIA.

O processamento do recurso de revista na vigência da Lei 13.467/2017 exige que a causa ofereça **transcendência com relação aos reflexos gerais de natureza econômica, política, social ou jurídica, a qual deve ser analisada de ofício e previamente pelo Relator** (artigos 896-A, da CLT, 246 e 247 do RITST). A causa apresenta transcendência jurídica, nos termos art. 896-A, § 1º, IV, da CLT, uma vez que se discute a possibilidade de desistência, por parte dos substituídos, em ação coletiva ajuizado pelo Sindicato, em relação a qual é escassa a jurisprudência desta Corte Superior, traduzindo novidade para o fim de elevar o seu exame em torno da interpretação da legislação trabalhista. Constatada a transcendência jurídica da causa e demonstrada divergência jurisprudencial, deve ser processado o recurso de revista. Agravo de instrumento de que se conhece e a que se dá provimento.

RECURSO DE REVISTA. LEI 13.467/2017. AÇÃO COLETIVA – PEDIDO DE DESISTÊNCIA DE PARTE DOS SUBSTITUÍDOS – POSSIBILIDADE. TRANSCENDÊNCIA.

O Sindicato, na qualidade de substituto processual, possui legitimidade extraordinária ampla para defesa dos direitos coletivos ou individuais da categoria (art. 8º, III, da CF). Contudo, não obstante o Sindicato figure como parte no processo, **os substituídos permanecem titulares do direito material e, portanto, possuem a prerrogativa de desistirem da ação se assim lhes aprouver sem a necessidade de anuência do Sindicato-autor**.

De outro lado, não há na decisão regional prova ou indício de que as declarações de desistência apresentadas pela empresa tenham decorrido de pressão da reclamada que acarretassem o reconhecimento de vício de consentimento. Transcendência reconhecida, recurso de revista de que se conhece e a que se dá provimento."

TST-ARR-10795-82.2015.5.03.0179, 6ª Turma,
rel. Des. Conv. Cilene Ferreira Amaro Santos, julgado em 26.6.2019

BREVE COMENTÁRIO

O art. 8º, III, CF estabelece o seguinte:

> Art. 8º É livre a associação profissional ou sindical, observado o seguinte:
>
> III — ao sindicato cabe a defesa dos direitos e interesses coletivos ou individuais da categoria, inclusive em questões judiciais ou administrativas;

Do dispositivo extraiu-se que os Sindicatos podem mover ações em benefício dos membros da respectiva categoria, tratando-se de caso de legitimidade extraordinária (substituição processual), razão pela qual **não se exige autorização expressa dos titulares do direito**.

Segundo o STJ:

> O sindicato, como substituto processual, tem legitimidade para defender judicialmente interesses coletivos de toda a categoria, e não apenas de seus filiados, sendo dispensável a juntada da relação nominal dos filiados e de autorização expressa.
>
> (AgRg no REsp 1195607/RJ, Rel. Min. Castro Meira, Segunda Turma, julgado em 10/04/2012)

Sobre o tema, conveniente ainda lembrar a OJ 359 da SDI-1 do TST:

> OJ 359 da SDI I SUBSTITUIÇÃO PROCESSUAL. SINDICATO. LEGITIMIDADE. PRESCRIÇÃO. INTERRUPÇÃO
>
> A ação movida por sindicato, na qualidade de substituto processual, interrompe a prescrição, ainda que tenha sido considerado parte ilegítima "ad causam".

Como se vê, o Sindicato não precisa de autorização expressa dos filiados e membros da categoria para o ajuizamento de ações.

O que acontece, todavia, se o Sindicato ajuizar a ação, mas os empregados substituídos desejem desistir dela? Eles podem?

Segundo o TST, sim.

Segundo a Corte, não obstante o Sindicato figure como parte no processo, os substituídos permanecem titulares do direito material e, portanto, possuem a prerrogativa de desistirem da ação se assim lhes aprouver sem a necessidade de anuência do Sindicato-autor.

Assim, os empregados podem desistir da ação e não precisam da anuência do Sindicato para tanto.

Estabilidade provisória. Cipeiro. Demissão após o registro da candidatura, mas antes da eleição posteriormente anulada.

"(...) RECURSO INTERPOSTO SOB A ÉGIDE DO CPC/73 E ANTERIORMENTE À ENTRADA EM VIGOR DA LEI Nº 13.015/2014 – ESTABILIDADE PROVISÓRIA – EMPREGADO DEMITIDO APÓS O REGISTRO DE SUA CANDIDATURA PARA A CIPA MAS ANTERIORMENTE À ELEIÇÃO EM VIRTUDE DE ANULAÇÃO DA ELEIÇÃO – CONDUTA OBSTATIVA DE DIREITO.

1. É incontroverso nos autos que a reclamante candidatou-se a integrar a CIPA e que a eleição realizada em 16/6/2009 foi anulada por decisão da comissão eleitoral em virtude de irregularidades havidas no dia da eleição, como, por exemplo, a ausência do quórum de 50% dos empregados da reclamada, além da denúncia de que as urnas teriam ficado desguarnecidas de supervisão e controle, permitindo-se que os empregados votassem quantas vezes quisessem. É incontroverso, ainda, que a reclamante foi demitida sem justa causa em 11/9/2009 e que a nova eleição para a CIPA ocorreu em junho de 2010.

2. A reclamante, ao registrar sua candidatura a membro da CIPA, tinha a legítima expectativa de participar do processo eleitoral até o seu desfecho. Surgidas intercorrências no curso do processo eleitoral - o que é natural e previsível - deveriam elas ter sido superadas pela comissão eleitoral a fim de que o processo eleitoral tivesse seguimento e chegasse a bom termo.

Registre-se que a comissão eleitoral é integrada por trabalhadores indicados pelos empregados e pelo empregador e o seu âmbito de atuação é o próprio ambiente de trabalho. Neste contexto, a conduta patronal de demitir a reclamante, logo após a anulação da eleição e antes mesmo que o processo eleitoral pudesse ser retomado, configurou prática obstativa de aquisição de direito, conforme previsto no art. 129 do Código Civil.

Trata-se, ainda, de inequívoco rompimento da boa-fé objetiva, pois a expectativa despertada na reclamante, de participar do processo eleitoral a membro da CIPA até a proclamação do resultado, encontra respaldo no art. 422 do Código Civil, que prevê o dever de as partes contratantes agirem umas com as outras com lealdade e transparência, respeitando os legítimos interesses e expectativas que naturalmente defluem das várias situações surgidas no curso das relações contratuais mantidas entre as partes. Registre-se que a lentidão da comissão eleitoral em definir os rumos do processo eleitoral não pode afetar os direitos da reclamante. Recurso de revista conhecido e provido."

TST-RR-1351-89.2010.5.02.0482, 7ª Turma,
rel. Min. Luiz Philippe Vieira de Mello Filho, julgado em 26.6.2019

BREVE COMENTÁRIO

O art. 10, II, a dos Atos das Disposições Constitucionais Transitórias - ADCT, garante o seguinte:

> Art. 10. Até que seja promulgada a lei complementar a que se refere o art. 7º, I, da Constituição:
>
> II - fica vedada a dispensa arbitrária ou sem justa causa:
>
> a) do empregado eleito para cargo de direção de comissões internas de prevenção de acidentes, desde o registro de sua candidatura até um ano após o final de seu mandato;

De acordo com o dispositivo, o empregado eleito para cargo de direção nas comissões internas de prevenções de acidentes, as chamadas CIPA´s, tem direito à garantia da estabilidade provisória desde o registro de sua candidatura até um ano após o final de seu mandato.

Ponto importante: a CIPA tem composição híbrida, formada por representantes dos empregados (eleitos) e do empregador (indicados), sendo que **apenas os trabalhadores eleitos representantes dos empregados gozam de estabilidade.**

Os suplentes também gozam dessa prerrogativa, nos termos da Súmula nº 339 do TST:

> Súmula nº 339 do TST. CIPA. SUPLENTE. GARANTIA DE EMPREGO. CF/1988
>
> I – O suplente da CIPA goza da garantia de emprego prevista no art. 10, II, "a", do ADCT a partir da promulgação da Constituição Federal de 1988.
>
> II – A estabilidade provisória do cipeiro não constitui vantagem pessoal, mas garantia para as atividades dos membros da CIPA, que somente tem razão de ser quando em atividade a empresa. Extinto o estabelecimento, não se verifica a despedida arbitrária, sendo impossível a reintegração e indevida a indenização do período estabilitário.

Com efeito, a proteção em tela se presta a garantir que o empregado cipeiro desempenhe com isenção e independência essas importantes funções dentro da empresa.

Lembramos que não se trata de garantia absoluta, podendo a despedida se fundar em motivo disciplinar, técnico, econômico ou financeiro (art. 165, CLT). Parte da doutrina a chama de "estabilidade relativa", a qual **dispensa o ajuizamento de inquérito judicial para apuração de falta grave** como pressuposto de sua validade.

Agora imagine a seguinte situação: um empregado resolveu se candidatar à CIPA, sendo que a eleição na qual ele concorreu inicialmente foi anulada. Nesse meio tempo, entre a anulação do primeiro pleito e a designação de novas eleições, o empregador o demitiu sem observar qualquer dos motivos acima.

O TST considerou válida essa demissão?

Não.

Segundo o Tribunal, a conduta patronal de demitir o empregado, logo após a anulação da eleição e antes mesmo que o processo eleitoral pudesse ser retomado, configurou prática obstativa de aquisição de direito, conforme previsto no art. 129 do Código Civil.

Considerou ainda tratar-se de inequívoco rompimento da boa-fé objetiva, pois a expectativa despertada no trabalhador, de participar do processo eleitoral a membro da CIPA até a proclamação do resultado, encontra respaldo no art. 422 do Código Civil, que prevê o dever de as partes contratantes agirem umas com as outras com lealdade e transparência, respeitando os legítimos interesses e expectativas que naturalmente defluem das várias situações surgidas no curso das relações contratuais mantidas entre as partes.

Petrobras. Responsabilidade subsidiária. Súmula nº 331, IV, do TST. Prevalência da Lei nº 9.478/97 e do Decreto nº 2.745/98 em detrimento da Lei nº 8.666/93. Período anterior ao advento da Lei nº 13.303/16.

"AGRAVO DE INSTRUMENTO EM RECURSO DE REVISTA EM FACE DE DECISÃO PUBLICADA NA VIGÊNCIA DA LEI Nº 13.015/2014. RESPONSABILIDADE SUBSIDIÁRIA. PETROBRAS. LEI Nº 9.478/97 E DECRETO Nº 2.745/98. PREVALÊNCIA. O artigo 67 da Lei nº 9.478/97 dispõe acerca dos contratos celebrados pela Petrobras para aquisição de bens e serviços. Por sua vez, o Decreto nº 2.745/98 regulamentou o procedimento a ser adotado, em tais situações.

Observa-se que ambos são posteriores à Lei nº 8.666/93 e possuem maior especificidade em procedimentos licitatórios envolvendo a ré. Logo, sobrepõem-se à Lei Geral de Licitações, não havendo que se falar, no feito, em aplicação do artigo 71, § 1º, da Lei nº 8.666/93.

Ademais, o referido Decreto estabelece expressamente, em seu item 7.1.1, que "os contratos da Petrobras reger-se-ão pelas normas de direito privado e pelo princípio da autonomia da vontade".

Portanto, nos termos da regulamentação específica, dispensa-se a comprovação da culpa para aferição da responsabilização subsidiária da recorrente. Incide o entendimento consubstanciado no item IV da Súmula nº 331 desta Corte. Registre-se que, atualmente, o artigo 67 da Lei nº 9.478/97 encontra-se revogado pela Lei nº 13.303/16 (Lei das Estatais), que adotou, em seu artigo 77, § 1º, as mesmas disposições do § 1º do artigo 71 da Lei nº 8.666/93, no sentido de não responsabilização das empresas públicas e sociedades de economia mista pelo inadimplemento dos encargos trabalhistas, fiscais e comerciais resultantes da execução do contrato.

Na presente demanda, a contratação ocorreu sob a égide da mencionada Lei de 1997 e o contrato de trabalho vigorou de 15/05/2014 a 03/11/2015, portanto, antes do advento da Lei nº 13.303/16. Logo, abarca o denominado procedimento especial. Precedentes. Agravo de instrumento conhecido e não provido."

TST-AIRR-12498-69.2015.5.01.0481, 7ª Turma,
rel. Min. Cláudio Mascarenhas Brandão, julgado em 26.6.2019

BREVE COMENTÁRIO

O julgado em tela envolve questão interessante, pois trata da necessidade de demonstração de culpa (ou não) da Petrobras em casos de inadimplência de verbas trabalhistas em contratos de terceirização de serviços. Vejamos.

A Petrobras é uma empresa estatal, pessoa jurídica de direito privado, exploradora de atividade econômica e, como tal, regida pelo art. 173 da Constituição da República, que estabelece o seguinte:

> Art. 173. Ressalvados os casos previstos nesta Constituição, a exploração direta de atividade econômica pelo Estado só será permitida quando necessária aos imperativos da segurança nacional ou a relevante interesse coletivo, conforme definidos em lei.

> § 1º A lei estabelecerá o estatuto jurídico da empresa pública, da sociedade de economia mista e de suas subsidiárias que explorem atividade econômica de produção ou comercialização de bens ou de prestação de serviços, dispondo sobre:
>
> II – a sujeição ao regime jurídico próprio das empresas privadas, inclusive quanto aos direitos e obrigações civis, comerciais, trabalhistas e tributários;
>
> III – licitação e contratação de obras, serviços, compras e alienações, observados os princípios da administração pública;

A Lei nº 9.478/97, que dispõe sobre a política energética nacional, as atividades relativas ao monopólio do petróleo, institui o Conselho Nacional de Política Energética e a Agência Nacional do Petróleo possuía alguns dispositivos que tratavam desse regime de contratação da Petrobras.

Os dispositivos em questão foram **revogados pela Lei nº 13.303/2016**, o Estatuto das Estatais, mas estavam em vigor para efeitos do julgado sob análise. Dentre esses dispositivos se destacou o artigo 67 (revogado), que dispunha o seguinte:

> Art. 67. Os contratos celebrados pela PETROBRÁS, para aquisição de bens e serviços, serão precedidos de procedimento licitatório simplificado, a ser definido em decreto do Presidente da República.

Esse dispositivo era regulamentado pelo Decreto nº 2.745/98, que estabelece expressamente, em seu item 7.1.1, que "os contratos da Petrobras reger-se-ão pelas normas de direito privado e pelo princípio da autonomia da vontade".

Segundo observou o TST, esses diplomas consolidariam as normas de regência das contratações da Petrobras, dada a sua especialidade, razão pela qual restariam **afastados os dispositivos da Lei nº 8.666/93.**

Assim, considerou o TST que, nos termos dessa regulamentação específica, por não se aplicarem os dispositivos da Lei nº 8.666/93, estaria dispensada a comprovação da culpa para imposição da responsabilização subsidiária da Petrobras em casos de inadimplência de verbas trabalhistas em contratos de terceirização de serviços.

Ou seja, seria um tratamento diferente daquele dado à Administração Pública direta, autárquica e fundacional, vez que essa seria regida pela Lei nº 8.666/93, da qual consta o art. 71, §1º, que estabelece que: "A inadimplência do contratado, com referência aos encargos **trabalhistas**, fiscais e comerciais não transfere à Administração Pública a responsabilidade por seu pagamento, nem poderá onerar o objeto do contrato ou restringir a regularização e o uso das obras e edificações, inclusive perante o Registro de Imóveis".

Lembrando que esse dispositivo é o "causador" de tamanha celeuma quanto à responsabilidade subsidiária da Administração Pública. Ele foi objeto da ADC/16, no bojo da qual foi julgado constitucional, ressalvando-se, todavia, que a Administração Pública, para que não fosse condenada subsidiariamente, deveria demonstrar que não agiu de forma culposa de modo a permitir a inadimplência da empresa contratada. O tema voltou ao STF, no julgamento do RE nº 760.931, no qual decidiram os ministros que o empregado é quem deveria demonstrar essa conduta culposa. Em momento posterior, a SDI-1 do TST julgou em sentido contrário, decidindo que quem deveria demonstrar comprovar que não houve conduta culposa seria, de fato, a Administração Pública. Em fevereiro de 2020, o Instituto de Recursos Humanos de Pernambuco – IRH/PE, opôs Reclamação Constitucional frente a decisão do TST que reconheceu sua responsabilidade subsidiária com base nesses fundamentos. Foi concedida tutela provisória de urgência para suspender os efeitos do acórdão apenas no tópico referente à responsabilidade subsidiária da Administração Pública. Como vemos, a discussão permanece e deve ser analisada de forma mais aprofundada pelo STF em breve.

Feita a digressão acima, destacamos que, em resumo, o art. 71, §1º, da Lei nº 8.666/93 é o dispositivo utilizado como fundamento para a demonstração de culpa do Poder Pública como requisito à imposição de sua responsabilização subsidiária. Como ele não se aplicaria à Petrobras, desnecessária a demonstração de culpa.

No entanto, é importante lembrar que, conforme afirmado, o dispositivo em tela (art. 67 da Lei nº 9.478/97) foi revogado pelo Estatuto das Estatais, que trouxe dispositivo semelhante àquele encartado no art. 71, §1º da Lei de Licitações. Vejamos:

> Art. 77. O contratado é responsável pelos encargos trabalhistas, fiscais e comerciais resultantes da execução do contrato.
>
> § 1º A inadimplência do contratado quanto aos encargos trabalhistas, fiscais e comerciais não transfere à empresa pública ou à sociedade de economia mista a responsabilidade por seu pagamento, nem poderá onerar o objeto do contrato ou restringir a regularização e o uso das obras e edificações, inclusive perante o Registro de Imóveis.

Desse modo, agora, a demonstração de culpa entra como um elemento à responsabilização da Petrobras (afora todas as discussões atuais sobre a quem cabe a demonstração da culpa conforme dito acima), mas, na época da regência das leis acima citadas, não seria necessário.

Informativo nº 201

- **Precatório. Segundo pedido de revisão de cálculos. Argumentos que poderiam ter sido deduzidos na primeira oportunidade. Preclusão consumativa. Configuração. Orientação Jurisprudencial nº 2, "a", do Tribunal Pleno.**

Em sede de **precatório não se admite a apresentação de um segundo pedido de revisão de cálculos para trazer argumentos que poderiam ter sido deduzidos na primeira oportunidade.**

A Orientação Jurisprudencial nº 2, "a", do Tribunal Pleno determina que o pedido de revisão de cálculos deve especificar claramente todas as incorreções e discriminar o montante correto, sob pena de preclusão. No caso, a executada (União) opôs dois embargos à execução (em 1993 e em 1998) e dois pedidos de revisão de cálculo (em 2010 e em 2015), e apenas neste último, em 2015, veiculou a tese de que a condenação deveria se limitar ao início do regime jurídico único da Lei nº 8.112/90.

Admitir diversos pedidos de revisão de cálculos **levaria ao prosseguimento indefinido do processo de precatório**, em contrariedade ao princípio da celeridade (art. 5º, LXXVIII, da CF). Assim, sob esses fundamentos, o Órgão Especial, por maioria, negou provimento ao recurso ordinário da União para manter a decisão de indeferimento do pedido de revisão de cálculos, ainda que por fundamentos diversos. Vencido o Ministro Alexandre Luiz Ramos.

TST-RO-4000-52.2015.5.16.0000, Órgão Especial, rel. Min. Maria Cristina Irigoyen Peduzzi, 5.8.2019

BREVE COMENTÁRIO

Prevê a lei 9494/97 que as contas elaboradas para aferir o valor dos precatórios podem ser objeto de revisão por parte do Presidente do Tribunal. Assim dispõe o art. 1º-E da referida lei:

> Art. 1º-E. São passíveis de revisão, pelo Presidente do Tribunal, de ofício ou a requerimento das partes, as contas elaboradas para aferir o valor dos precatórios antes de seu pagamento ao credor. (Incluído pela Medida provisória nº 2.180-35, de 2001)

No processo do trabalho, o TST editou a OJ 2 do Tribunal Pleno. De acordo com o verbete, são as seguintes condições que autorizam a revisão dos cálculos:

> **OJ-TP/OE-2 PRECATÓRIO. REVISÃO DE CÁLCULOS. LIMITES DA COMPETÊNCIA DO PRESIDENTE DO TRT (DJ 09.12.2003)**
>
> O pedido de revisão dos cálculos, em fase de precatório, previsto no art. 1º-E da Lei nº 9.494/97, apenas poderá ser acolhido desde que: a) o requerente aponte e especifique claramente quais são as incorreções existentes nos cálculos, discriminando o montante que seria correto, pois do contrário a incorreção torna-se abstrata; b) o defeito nos cálculos esteja ligado à incorreção material ou à utilização de critério em descompasso com a lei ou com o título executivo judicial; e c) o critério legal aplicável ao débito não tenha sido objeto de debate nem na fase de conhecimento, nem na fase de execução.

No presente julgado, o TST entendeu que a apresentação de mais de um pedido de revisão de cálculos seria contrário ao princípio da celeridade. Para a Corte trabalhista, no momento em que a União apresentou o segundo pedido de revisão, tendo anteriormente apresentado dois embargos à execução e um pedido de revisão, a matéria alegada no segundo pedido de revisão teria precluído. Não seria cabível, assim, a apresentação de tese nova no segundo pedido de revisão.

Ação civil pública. Ministério Público do Trabalho. Legitimidade ativa. Pedido de abstenção de exigência de jornada acima do limite legal permitido e

observância dos intervalos interjornadas. Ação fundada em autos de infração referentes a uma única empregada. Não modificação da natureza coletiva da ação.

O Ministério Público do Trabalho tem **legitimidade** para ajuizar **ação civil pública** pleiteando a **abstenção da empresa empregadora de exigir o cumprimento de jornada além do limite legal e a concessão regular do intervalo entre duas jornadas previsto no art. 66 da CLT**, mesmo na hipótese em que a ação esteja fundada apenas em três autos de infração, dois deles referindo-se aos direitos discutidos, mas limitados a uma única empregada.

O fato de haver a comprovação de lesão a apenas uma trabalhadora não desnatura o caráter coletivo da demanda, pois o que se busca não é o ressarcimento da empregada, mas a observância das normas relativas à duração do trabalho e dos respectivos intervalos interjornadas, em defesa do ordenamento jurídico e, de forma secundária, do conjunto de empregados da reclamada.

Sob esse entendimento, a SBDI-I, por maioria, conheceu dos embargos, por divergência jurisprudencial, vencidos os Ministros Augusto César Leite de Carvalho, Luiz Philippe Vieira de Mello Filho, Walmir Oliveira da Costa, José Roberto Freire Pimenta, Hugo Carlos Scheuermann e Cláudio Mascarenhas Brandão.

No mérito, também por maioria, a Subseção negou provimento ao recurso para manter a decisão turmária que reconhecera a legitimidade ativa do MPT para ajuizar a presente ação, vencidos os Ministros Maria Cristina Irigoyen Peduzzi, relatora, Guilherme Augusto Caputo Bastos, Márcio Eurico Vitral Amaro e Breno Medeiros.

TST-E-RR-2713-60.2011.5.02.0040, SBDI-I,
rel. Min. Maria Cristina Irigoyen Peduzzi, red. p/ acórdão Min. José Roberto Freire Pimenta 8.8.2019

BREVE COMENTÁRIO

O artigo 83 da Lei Complementar nº 75/1993 elenca as formas de atuação judicial do Ministério Público do Trabalho nos seguintes termos:

> Art. 83. Compete ao Ministério Público do Trabalho o exercício das seguintes atribuições junto aos órgãos da Justiça do Trabalho:
>
> I – promover as ações que lhe sejam atribuídas pela Constituição Federal e pelas leis trabalhistas;
>
> II – manifestar-se em qualquer fase do processo trabalhista, acolhendo solicitação do juiz ou por sua iniciativa, quando entender existente interesse público que justifique a intervenção;
>
> III – promover a ação civil pública no âmbito da Justiça do Trabalho, para defesa de interesses coletivos, quando desrespeitados os direitos sociais constitucionalmente garantidos;
>
> IV – propor as ações cabíveis para declaração de nulidade de cláusula de contrato, acordo coletivo ou convenção coletiva que viole as liberdades individuais ou coletivas ou os direitos individuais indisponíveis dos trabalhadores;
>
> V – propor as ações necessárias à defesa dos direitos e interesses dos menores, incapazes e índios, decorrentes das relações de trabalho;

> VI – recorrer das decisões da Justiça do Trabalho, quando entender necessário, tanto nos processos em que for parte, como naqueles em que oficiar como fiscal da lei, bem como pedir revisão dos Enunciados da Súmula de Jurisprudência do Tribunal Superior do Trabalho;
>
> VII – funcionar nas sessões dos Tribunais Trabalhistas, manifestando-se verbalmente sobre a matéria em debate, sempre que entender necessário, sendo-lhe assegurado o direito de vista dos processos em julgamento, podendo solicitar as requisições e diligências que julgar convenientes;
>
> VIII – instaurar instância em caso de greve, quando a defesa da ordem jurídica ou o interesse público assim o exigir;
>
> IX – promover ou participar da instrução e conciliação em dissídios decorrentes da paralisação de serviços de qualquer natureza, oficiando obrigatoriamente nos processos, manifestando sua concordância ou discordância, em eventuais acordos firmados antes da homologação, resguardado o direito de recorrer em caso de violação à lei e à Constituição Federal;
>
> X – promover mandado de injunção, quando a competência for da Justiça do Trabalho;
>
> XI – atuar como árbitro, se assim for solicitado pelas partes, nos dissídios de competência da Justiça do Trabalho;
>
> XII – requerer as diligências que julgar convenientes para o correto andamento dos processos e para a melhor solução das lides trabalhistas;
>
> XIII – intervir obrigatoriamente em todos os feitos nos segundo e terceiro graus de jurisdição da Justiça do Trabalho, quando a parte for pessoa jurídica de Direito Público, Estado estrangeiro ou organismo internacional.

Como se extrai do dispositivo, o MPT poderá ajuizar ações civis públicas para a defesa de interesses coletivos.

O TST, todavia, se deparou com situação sui generis: ação civil pública ajuizada pelo MPT em decorrência de apenas três autos de infração limitados a uma única empregada (os autos versavam sobre o cumprimento de jornada além do limite legal e a concessão do intervalo entre duas jornadas).

Isso se enquadraria dentre as hipóteses de atuação do Parquet Laboral? Ou melhor, o fato de os autos se referirem a apenas uma empregada não descaracterizaram a coletividade dos direitos?

Segundo o TST, não.

Conforme decidido pelo Tribunal Superior, o fato de haver a comprovação de lesão a apenas uma trabalhadora não desnatura o caráter coletivo da demanda, pois o que se busca não é o ressarcimento da empregada, mas a observância das normas relativas à duração do trabalho e dos respectivos intervalos interjornadas, **em defesa do ordenamento jurídico** e, de forma secundária, **do conjunto de empregados da reclamada**.

▶ ***"RECURSO DE REVISTA. ACÓRDÃO PUBLICADO NA VIGÊNCIA DA LEI Nº 13.467/2017. CONTRIBUIÇÃO SINDICAL. DESCONTO. AUTORIZAÇÃO INDIVIDUAL, PRÉVIA E EXPRESSA TRANSCENDÊNCIA JURÍDICA RECONHECIDA.***

Com o advento da reforma trabalhista (Lei nº 13.467/2017), tornou-se **facultativo o recolhimento da contribuição sindical,** cujos descontos dependem de prévia e expressa autorização do trabalhador.

Muito embora o art. 579 da CLT, alterado pela reforma trabalhista, não tenha, inicialmente, feito referência expressa à necessidade de a autorização ser dada de forma individualizada, tal interpretação se coaduna com o espírito da lei, que, ao transformar a contribuição sindical em facultativa, dependente de autorização prévia e expressa, pretendeu resguardar o princípio constitucional da liberdade de associação sindical, preconizado nos arts. 5º, XX, 8º, V, da Constituição Federal e que, inclusive, já norteava as questões atinentes à cobrança de contribuição assistencial e confederativa em face de empregados não sindicalizados.

Portanto, a autorização coletiva, ainda que aprovada em assembleia geral, não supre a autorização individual prévia e expressa de cada empregado. Recurso de revista conhecido e não provido."

TST-RR-373-97.2018.5.07.0028, 5ª Turma,
rel. Min. Breno Medeiros, julgado em 7.8.2019

BREVE COMENTÁRIO

A Lei nº 13.467/2017 alterou a sistemática da contribuição sindical. Assim dispõe a CLT:

> Art. 545. Os empregadores ficam obrigados a descontar da folha de pagamento dos seus empregados, desde que por eles devidamente autorizados, as contribuições devidas ao sindicato, quando por este notificados.
>
> Art. 578. As contribuições devidas aos sindicatos pelos participantes das categorias econômicas ou profissionais ou das profissões liberais representadas pelas referidas entidades serão, sob a denominação de contribuição sindical, pagas, recolhidas e aplicadas na forma estabelecida neste Capítulo, desde que prévia e expressamente autorizadas.
>
> Art. 579. O desconto da contribuição sindical está condicionado à autorização prévia e expressa dos que participarem de uma determinada categoria econômica ou profissional, ou de uma profissão liberal, em favor do sindicato representativo da mesma categoria ou profissão ou, inexistindo este, na conformidade do disposto no art. 591 desta Consolidação.

Com a reforma trabalhista, a autorização de que trata os dispositivos acima deve ser dada de forma expressa e individual pelo trabalhador, não sendo suficiente a autorização em assembleia. Com essa interpretação, entendeu o TST que a autorização coletiva não supre a individual.

Por fim, vale lembrar que na ADI 5794, o STF declarou a constitucionalidade dos dispositivos da Reforma Trabalhista que instituíram a facultatividade do pagamento de contribuição sindical.

Trabalho do preso. Incompetência da Justiça do Trabalho.

"(...) III. RECURSO DE REVISTA INTERPOSTO NA VIGÊNCIA DA LEI 13.015/2014. JUSTIÇA DO TRABALHO. INCOMPETÊNCIA PARA PROCESSAR E JULGAR AÇÕES QUE VERSAM SOBRE O LABOR REALIZADO PELO PRESIDIÁRIO NO CUMPRIMENTO DA PENA. RELAÇÃO JURÍDICA REGIDA PELA LEI Nº 7.214/84 (LEI DE EXECUÇÃO PENAL). ADI-MC 3684/STF.

1. O Tribunal Regional reformou a sentença para reconhecer **a competência desta Justiça Especializada para processar e julgar ações que versem acerca do trabalho realizado pelo presidiário durante o cumprimento da pena.**

2. A Lei 7.210/84 (Lei de Execução Penal - LEP), que trata sobre a execução da pena do condenado e do internado e da sua reintegração à sociedade, dispõe acerca do trabalho - interno ou externo -, realizado pelo presidiário, registrando que possui finalidade educativa, produtiva e de integração à sociedade. Prevê, ainda, que, além de constituir direito e dever do preso, o trabalho integra a própria pena, estabelecendo, de forma criteriosa, questões relativas à remuneração, indenizações, jornada de trabalho, segurança e higiene do ambiente laboral, dentre outras, e discorrendo, também, que ao trabalho do presidiário não se aplica a Consolidação das Leis do Trabalho.

3. De fato, toda relação estabelecida entre o presidiário e o Estado – estabelecimento prisional ou empresa privada autorizada pelo Estado – está regida pela Lei de Execução Penal, ainda que decorra da prestação laboral, não competindo a esta Justiça Especializada, portanto, processar e julgar feitos que versem acerca de pedidos relativos aos serviços prestados pelo apenado.

4. Aliás, o excelso Supremo Tribunal Federal, no julgamento da ADI 3684 MC, em 01/02/2007, reconheceu a incompetência da Justiça do Trabalho para processar e julgar ações de natureza penal, firmando que "O disposto no artigo 114, incs. I, IV e IX, da Constituição da República, acrescidos pela Emenda Constitucional nº 45, não atribui à Justiça do Trabalho competência para processar e julgar ações penais" (STF, ADI 3684 MC / DF, Tribunal Pleno, Relator Ministro Cezar Peluso, DJ 03/08/2007).

5. Refoge, portanto, à competência da Justiça do Trabalho processar e julgar as ações penais e, por conseguinte, as questões alusivas aos efeitos da pena, dentre elas, os pedidos decorrentes do trabalho do presidiário, devidamente regulado pela Lei 7.210/84 (Lei de Execução Penal - LEP). Julgados desta Corte. Recurso de revista conhecido e provido."

TST-RR-1009-10.2011.5.09.0010, 5ª Turma,
rel. Min. Douglas Alencar Rodrigues, julgado em 7.8.2019

BREVE COMENTÁRIO

O julgado trata sobre a competência da Justiça do Trabalho para processar e julgar ações que versem sobre as condições laborais dos apenados.

O STF possui entendimento sumulado acerca da competência da Justiça do Trabalho para apreciar ações que tratem do meio ambiente do trabalho. Nesse sentido:

Súmula nº 736 do STF

> É competente a Justiça do Trabalho para julgar as ações que tenham como causa de pedir o descumprimento de normas trabalhistas relativas à segurança, higiene e saúde dos trabalhadores.

No entanto, no que tange ao trabalho do preso, este é integra a própria pena. A Lei de Execução Penal dispensa a aplicação da Consolidação das Leis do Trabalho aos apenados que exercem labor, pois, conforme disposto no artigo 28, caput e § 2º do dispositivo supracitado, este tem a finalidade educativa e produtiva, de modo a cumprir a função ressocializadora dos internos e garantir a dignidade da pessoa humana.

Com base nisso, entendeu o TST que carece a Justiça do Trabalho competência para apreciar ações que versem sobre o trabalho dos presos, por ser esse assunto de natureza penal.

Adicional de periculosidade. Pagamento voluntário a vigias e porteiros. Possibilidade de supressão.

"(...) RECURSO DE REVISTA DA RECLAMADA - INSTRUÇÃO NORMATIVA Nº 40 DO TST - MGS S.A. - ADMINISTRAÇÃO PÚBLICA INDIRETA - ADICIONAL DE PERICULOSIDADE - ATIVIDADES DE SEGURANÇA PESSOAL E PATRIMONIAL - VIGIAS E PORTEIROS - PARCELA PAGA VOLUNTARIAMENTE PELO EMPREGADOR - INTERPRETAÇÃO EQUIVOCADA DA NORMA - POSSIBILIDADE DE SUPRESSÃO - PRINCÍPIO DA SEGURANÇA JURÍDICA - PROTEÇÃO DA CONFIANÇA JUSTIFICADA - BOA-FÉ OBJETIVA - REVOGAÇÃO DO ATO ADMINISTRATIVO.

1. O **adicional de periculosidade** é salário condicional retributivo e está intrínseca e intimamente relacionado com a prestação de serviços em caráter perigoso, **não se incorporando definitivamente ao salário.**

2. O adicional de periculosidade previsto no art. 193, II, da CLT e no Anexo 3 da NR-16, aprovado pela Portaria nº 1.885/2013 do Ministério do Trabalho e Emprego, se destina ao empregado vigilante regido pela Lei nº 7.102/1983, que atua na proteção dos bens e pessoas sob a sua guarda contra ação criminosa, com aprovação em curso de formação específico, aptidão em exames de saúde física e mental e registro no Departamento de Polícia Federal.

3. Os vigias e porteiros, por não realizarem fiscalização ostensiva, não portarem arma de fogo e estarem dispensados de qualquer curso técnico especial, não têm direito à percepção do adicional de periculosidade, não se enquadrando nos itens 2, "a" e "b", e 3 e no quadro do Anexo 3 da NR-16.

4. No caso, a reclamada em 1º/12/2013, imediatamente após a edição da Portaria nº 1.885/2013 do Ministério do Trabalho e Emprego (Anexo 3 da NR-16), passou a pagar espontaneamente a seus empregados na função de vigia e de porteiro o adicional de periculosidade. No dia 1º/9/2015, em decorrência da edição da Súmula nº 44 do 3º Tribunal Regional do Trabalho, a reclamada suprimiu o referido adicional de periculosidade que estava sendo pago aos vigias e porteiros.

5. O princípio da segurança jurídica, refletido no princípio da legalidade, exige a clareza e a certeza do texto de lei. A norma deve ser clara, objetiva e racionalmente elaborada, sem subjetivismos ou arbitrariedades por parte do legislador.

6. O princípio da proteção da confiança se destina a resguardar a confiança justificada. O indivíduo, com base em alguma norma jurídica, acredita fundamentadamente na regularidade e na correção de seus atos praticados, que acabam frustrados posteriormente por alguma manifestação estatal.

7. O princípio da boa-fé objetiva impõe um dever de conduta e obriga as partes a se comportarem com recíproca cooperação, a fim de preservar os interesses comuns (econômicos e sociais) existentes no contrato. É a ética da igualdade e solidariedade.

8. A interpretação legal adotada pela empresa, dentro da razoabilidade e da plausibilidade, não é capaz de gerar direito adquirido para os empregados, quando, posteriormente, a exegese do preceito normativo se consolida no Poder Judiciário em sentido contrário, bem como se verifica a inexistência do direito dos trabalhadores. Não é aceitável penalizar a empresa que almeja o cumprimento da lei, ainda que de forma açodada, e concede benefício aos seus empregados. Entender em sentido contrário acabaria por encorajar o descumprimento da lei quando o destinatário da norma encontrar qualquer brecha interpretativa.

9. O ato empresarial da reclamada praticado com base na confiança deve ser protegido e não pode gerar efeitos além dos pretendidos – estrito cumprimento da norma. O adicional de periculosidade, que a reclamada pagou acreditando estar seguindo corretamente a legislação, não integra permanentemente a remuneração dos empregados substituídos (vigias e porteiros).

10. Como se não bastasse, as sociedades de economia mista e as empresas públicas exploradoras de atividade econômica, apesar de ostentaram natureza jurídica de direito privado, se submetem a um regime jurídico híbrido e estão sujeitas aos princípios da legalidade, impessoalidade, isonomia e moralidade.

11. Na forma do art. 53 da Lei nº 9.784/1999, a Administração Pública tem o dever-poder de rever os seus próprios atos e pode revogar o ato administrativo por motivos de oportunidade e conveniência do ente público (controle de mérito do ato), especialmente quando mais favorável para a sociedade e adequado ao mundo jurídico.

12. Na presente situação, o pagamento do adicional de periculosidade pela reclamada aos vigias e porteiros apresentava todos os requisitos de validade, todavia, como se verificou posteriormente, a sua manutenção era inconveniente, em razão do equívoco na sua concessão. Logo, imperiosa a revogação do ato anterior concessivo da parcela, visto que seu pagamento não atende mais ao interesse público e contraria a jurisprudência trabalhista.

13. Por conseguinte, considerando o princípio da segurança jurídica, a proteção da confiança justificada do empregador, a boa-fé nas relações de trabalho e a adequada revogação do ato administrativo, o adicional de periculosidade pago aos empregados substituídos (portaria e vigilância desarmada) entre dezembro de 2013 e setembro

de 2015 não integra definitivamente o contrato de trabalho, além de ser válida sua supressão unilateral pela reclamada. Recurso de revista conhecido e provido."

TST-ARR-11153-26.2015.5.03.0186, 7ª Turma,
rel. Min. Luiz Philippe Vieira de Mello Filho, julgado em 7.8.2019

BREVE COMENTÁRIO

O TST decidiu que empresa pública que concedeu equivocadamente adicional de periculosidade em favor de seus vigias e porteiros poderia suprimir o pagamento da verba, de modo que esta não integra definitivamente o contrato de trabalho dos empregados. Expliquemos o caso de forma mais detida.

O adicional de periculosidade postulado na hipótese sob análise está previsto no art. 193, II, da CLT:

> Art. 193. São consideradas atividades ou operações perigosas, na forma da regulamentação aprovada pelo Ministério do Trabalho e Emprego, aquelas que, por sua natureza ou métodos de trabalho, impliquem risco acentuado em virtude de exposição permanente do trabalhador a: (Redação dada pela Lei nº 12.740, de 2012)
>
> I – inflamáveis, explosivos ou energia elétrica;
>
> II – **roubos ou outras espécies de violência física nas atividades profissionais de segurança pessoal ou patrimonial**.
>
> § 1º – O trabalho em condições de periculosidade assegura ao empregado um adicional de 30% (trinta por cento) sobre o salário sem os acréscimos resultantes de gratificações, prêmios ou participações nos lucros da empresa. (grifou-se)

Segundo o Anexo 3 da NR-16, aprovado pela Portaria nº 1.885/2013 do Ministério do Trabalho e Emprego, esse se destina ao empregado vigilante regido pela Lei nº 7.102/1983, ou seja, aquele que atua na proteção dos bens e pessoas sob a sua guarda contra ação criminosa, com aprovação em curso de formação específico, aptidão em exames de saúde física e mental e registro no Departamento de Polícia Federal.

Os vigias e porteiros, por não realizarem fiscalização ostensiva, não portarem arma de fogo e estarem dispensados de qualquer curso técnico especial, não têm direito à percepção do adicional de periculosidade, não se enquadrando nas hipóteses previstas na legislação.

Interpretando equivocadamente a norma, a empresa, imediatamente após a edição da Portaria nº 1.885/2013 do Ministério do Trabalho e Emprego (Anexo 3 da NR-16), passou a pagar espontaneamente a seus empregados na função de vigia e de porteiro o adicional de periculosidade.

Posteriormente, por meio da Súmula nº 44 do Tribunal Regional do Trabalho da 3ª Região (tribunal em cuja competência está localizada a empresa), a jurisprudência esclareceu quais atividades estariam enquadradas pela norma:

> **Súmula nº 44**
>
> **Adicional de periculosidade. Inciso II do art. 193 da CLT. Vigia.**

> É indevido o pagamento do adicional de periculosidade previsto no inciso II do art. 193 da CLT (inserido pela Lei n. 12.740/12) ao vigia, cuja atividade, diversamente daquela exercida pelo vigilante (Lei n. 7.102/83), não se enquadra no conceito de "segurança pessoal ou patrimonial" contido no item 2 do Anexo 3 da NR-16, que regulamentou o referido dispositivo. (RA 193/2015, disponibilização: DEJT/TRT-MG/Cad. Jud. 25, 26 e 27/08/2015; republicado em razão de erro material: disponibilização:

Diante desse esclarecimento jurisprudencial, a empresa pública suprimiu o pagamento do adicional de periculosidade que vinha sendo realizado aos vigias e porteiros.

O TST julgou válida essa ação, pois a interpretação legal adotada pela empresa, dentro da razoabilidade e da plausibilidade, não gerou direito adquirido aos empregados, quando, posteriormente, a exegese do preceito normativo se consolidou no Poder Judiciário em sentido contrário, verificando-se a inexistência de direito aos trabalhadores.

Pontuou que não seria aceitável penalizar o empregador que apenas almejou o cumprimento da lei, ainda que de forma açodada, e concedeu benefício aos seus empregados.

É importante destacar que o TST trouxe ainda um argumento interessante por se tratar de ente da Administração Pública Indireta (empresa pública).

Segundo reconheceu a Corte Laboral, na forma do art. 53 da Lei nº 9.784/1999, a Administração Pública tem o dever-poder de rever os seus próprios atos e pode revogar o ato administrativo por motivos de oportunidade e conveniência do ente público (controle de mérito do ato), especialmente quando mais favorável para a sociedade e adequado ao mundo jurídico.

Asseverou, assim, que, na situação analisada, o pagamento do adicional de periculosidade aos vigias e porteiros apresentava todos os requisitos de validade, todavia, como se verificou posteriormente, a sua manutenção era inconveniente, em razão do equívoco na sua concessão. Logo, tornou-se imperiosa a revogação do ato anterior concessivo da parcela, visto que seu pagamento passou a não atender mais ao interesse público e contrariar a jurisprudência trabalhista.

Concluiu, dessarte, que, considerando o princípio da segurança jurídica, a proteção da confiança justificada do empregador, a boa-fé nas relações de trabalho e a adequada revogação do ato administrativo, o adicional de periculosidade pago aos empregados (portaria e vigilância desarmada) não integra definitivamente o contrato de trabalho, sendo válida sua supressão unilateral pela reclamada.

Informativo nº 202

Greve. Serviços essenciais. Multa por descumprimento de ordem judicial que estabelecia quantitativos mínimos de trabalhadores para operar o metrô de Belo Horizonte/MG. Manutenção.

A SDC, por unanimidade, conheceu de recurso ordinário e, no mérito, por maioria, negou-lhe provimento para manter a multa de R$ 250.000,00 aplicada ao Sindmetro/MG pelo descumprimento da liminar concedida pelo TRT da 3ª Região que estabelecia quantitativos mínimos de trabalhadores para operarem o Metrô de Belo Horizonte/MG durante greve ocorrida em 28.4.2017.

No caso, embora o movimento paredista tenha durado apenas um dia, prevaleceu o entendimento de que o valor fixado para a multa era razoável e proporcional ao caso concreto, pois se trata de serviço essencial cuja paralisação total causou manifesto prejuízo à população.

Ademais, o sindicato recorrente, além de se esquivar do recebimento da liminar que determinava os percentuais de trens em funcionamento durante a paralisação, descumpriu a ordem judicial sem justificativa plausível, em descompasso com a lealdade e a boa-fé processuais.

Vencidos parcialmente os Ministros Lelio Bentes Corrêa, Mauricio Godinho Delgado e Kátia Magalhães Arruda.

TST-RO-10488-15.2017.5.03.0000, SDC,
rel. Min. Ives Gandra da Silva Martins Filho, 12.8.2019

BREVE COMENTÁRIO

O art. 9º da CF/88 assegura aos trabalhadores o direito de greve, competindo-lhes decidir sobre a oportunidade de exercê-lo e sobre os interesses que devam por meio dele defender. No entanto, o § 1º desse mesmo art. aduz que a lei definirá os serviços ou atividades essenciais e disporá sobre o atendimento das necessidades inadiáveis da comunidade. A lei que trata do exercício do direito de greve e define as atividades essenciais é a Lei 7.783/89.

O art. 10 da lei citada elenca quais são os serviços considerados essenciais. Vejamos:

> Art. 10 São considerados serviços ou atividades essenciais:
>
> I – tratamento e abastecimento de água; produção e distribuição de energia elétrica, gás e combustíveis;
>
> II – assistência médica e hospitalar;
>
> III – distribuição e comercialização de medicamentos e alimentos;
>
> IV – funerários;
>
> V – transporte coletivo;
>
> VI – captação e tratamento de esgoto e lixo;
>
> VII – telecomunicações;
>
> VIII – guarda, uso e controle de substâncias radioativas, equipamentos e materiais nucleares;
>
> IX – processamento de dados ligados a serviços essenciais;
>
> X – controle de tráfego aéreo;

> X – controle de tráfego aéreo e navegação aérea; e (Redação dada pela Medida Provisória nº 866, de 2018) (Revogada pela Medida Provisória nº 883, de 2019) (Vigência Encerrada)
>
> X – controle de tráfego aéreo;
>
> X – controle de tráfego aéreo e navegação aérea; e (Redação dada pela Medida Provisória nº 866, de 2018)
>
> X – controle de tráfego aéreo e navegação aérea;
>
> XI compensação bancária.
>
> XII – atividades médico-periciais relacionadas com o regime geral de previdência social e a assistência social;
>
> XIII – atividades médico-periciais relacionadas com a caracterização do impedimento físico, mental, intelectual ou sensorial da pessoa com deficiência, por meio da integração de equipes multiprofissionais e interdisciplinares, para fins de reconhecimento de direitos previstos em lei, em especial na Lei nº 13.146, de 6 de julho de 2015 (Estatuto da Pessoa com Deficiência); e
>
> XIV – outras prestações médico-periciais da carreira de Perito Médico Federal indispensáveis ao atendimento das necessidades inadiáveis da comunidade.
>
> XV – atividades portuárias. (Incluído pela Medida Provisória nº 945, de 2020).

Como podemos perceber, esses serviços, por serem considerados essenciais, mereceram um tratamento legal diferenciado para que possa ser deflagrada a greve. Por exemplo, o art. 11, da Lei 7.783/89 dispõe que nesses serviços ditos essenciais, os sindicatos, os empregadores e os trabalhadores ficam obrigados, de comum acordo, a garantir, durante a greve, a prestação dos serviços indispensáveis ao atendimento das necessidades inadiáveis da comunidade. Outro diferencial é que em caso de greve em serviços ou atividades essenciais, as entidades sindicais ou os trabalhadores devem comunicar a decisão aos empregadores e aos usuários com antecedência mínima de 72 (setenta e duas) horas da paralisação (art. 13).

No julgado aqui analisado, houve greve dos operários de Metrô de Belo Horizonte/MG. Em razão do comunicado de greve, a Companhia Brasileira de Trens Urbanos – CBTU ajuizou ação cautelar inominada, como medida preparatória da ação declaratória de abusividade de greve, em face da entidade Sindical SINDIMETRO-MG. A liminar concedida pela Justiça do Trabalho determinou o funcionamento de pelo menos 80% dos trens em horários pré-estabelecidos. Ocorre que, mesmo diante da decisão judicial, o Sindicato deflagrou a greve houve paralisação total em 28/04/2017.

Em razão dessa paralisação total, foi aplicada multa ao Sindicato da categoria. Ao conhecer do recurso, o TST entendeu que a aplicação da multa foi correta. Para o TST, ainda que a paralisação tenha ocorrido por apenas um dia, houve manifesto prejuízo à população, que ficou desguarnecida do serviço essencial de transporte coletivo, além de atitude contrária à lealdade e boa-fé processuais por parte do Sindicato, que se esquivou do recebimento da notificação da decisão liminar e descumpriu a determinação judicial.

Dissídio coletivo de greve. Abusividade do movimento paredista. Servidores celetistas de autarquia estadual. Incompetência da Justiça do Trabalho.

Conforme decidido pelo STF, em sede de repercussão geral, **"a Justiça Comum Federal ou Estadual é competente para julgar a abusividade de greve de servidores públicos celetistas da administração direta, autarquias e fundações de direito público"** (Tema 544 – RE nº 846854/SP).

Assim, a Justiça do Trabalho é incompetente para apreciar dissídio coletivo de greve em que se discute a abusividade do movimento paredista deflagrado por servidores celetistas do Hospital das Clínicas da Faculdade de Medicina de Ribeirão Preto da Universidade de São Paulo, autarquia estadual.

No caso, registrou-se que, embora a decisão recorrida seja anterior à publicação do acórdão da repercussão geral, a tese fixada é aplicável ex tunc porque não houve modulação dos efeitos. Sob esses fundamentos, a SDC, por maioria, acolheu a preliminar de incompetência absoluta da Justiça do Trabalho e determinou a remessa dos autos à Justiça Comum Estadual. Vencidos os Ministros Mauricio Godinho Delgado e Lelio Bentes Corrêa.

TST-ReeNec e RO-6371-79.2016.5.15.0000, SDC, rel. Min. Ives Gandra da Silva Martins Filho, 12.8.2019

BREVE COMENTÁRIO

Nesse julgado, o TST apenas reafirmou o entendimento do STF de que não compete à Justiça do Trabalho processar e julgar causas relacionadas à greve quando se tratar de servidores celetistas da Administração Pública Direta, Autárquica e Fundacional. Nesse sentido, o STF firmou tese em repercussão geral (tema 544):

> EMENTA: CONSTITUCIONAL. DIREITOS SOCIAIS. COMPETÊNCIA PARA O JULGAMENTO DA LEGALIDADE DE GREVE DE SERVIDORES PÚBLICOS CELETISTAS. JUSTIÇA COMUM. FIXAÇÃO DE TESE DE REPERCUSSÃO GERAL.
>
> **1.** É competência da justiça comum, federal ou estadual, conforme o caso, o julgamento de dissídio de greve promovida por servidores públicos, na linha do precedente firmado no MI 670 (Rel. Min. MAURÍCIO CORRÊA, Rel. p/ acórdão Min. GILMAR MENDES, Tribunal Pleno, DJe de 30/10/2008).
>
> **2.** As Guardas Municipais executam atividade de segurança pública (art. 144, § 8º, da CF), essencial ao atendimento de necessidades inadiáveis da comunidade (art. 9º, § 1º, CF), pelo que se submetem às restrições firmadas pelo Supremo Tribunal Federal no julgamento do ARE 654.432 (Rel. Min. EDSON FACHIN, redator para acórdão Min. ALEXANDRE DE MORAES, Tribunal Pleno, julgado em 5/4/2017).
>
> **3.** A essencialidade das atividades desempenhadas pelos servidores públicos conduz à aplicação da regra de competência firmada pelo Supremo Tribunal Federal no MI 670, mesmo em se tratando de servidores contratados pelo Estado sob o regime celetista.
>
> **4.** Negado provimento ao recurso extraordinário e fixada a seguinte tese de repercussão geral: "A Justiça Comum Federal ou Estadual é competente para

julgar a abusividade de greve de servidores públicos celetistas da administração direta, autarquias e fundações de direito público". (RE 846.854)

Dano moral. Configuração. Contratação de pessoal para o exercício de cargos para os quais há candidatos aprovados em concurso público. Transcendência. Desnecessidade de prova do dano sofrido. Dano in re ipsa.

"(...) II-RECURSO DE REVISTA. RECLAMANTE. LEIS NOS 13.015/2014 E 13.467/2017. DANOS MORAIS. APROVAÇÃO EM CONCURSO PÚBLICO. CONTRATAÇÃO PRECÁRIA DE PESSOAL PARA EXERCÍCIO DAS MESMAS ATRIBUIÇÕES DO CARGO PARA O QUAL FOI REALIZADO O CERTAME. PRETERIÇÃO DOS CANDIDATOS APROVADOS. TRANSCENDÊNCIA.

1 – Há transcendência política quando se verifica em exame preliminar o desrespeito à jurisprudência do TST quanto ao tema decidido no acordão recorrido.

2 – Havendo transcendência, segue-se na análise dos demais pressupostos de admissibilidade, quanto ao tema transcendente.

3 – O TRT, a partir do fato incontroverso de que houve preterição de candidato aprovado em concurso público para cadastro de reserva, concluiu que essa conduta da empresa é reprovável, mas não configuraria dano moral.

4 – A jurisprudência majoritária desta Corte já se posicionou no sentido de que, **no prazo de validade do concurso público, o candidato aprovado em cadastro de reserva é detentor de mera expectativa de direito à nomeação**, ressalvadas as hipóteses de haver preterição na ordem de classificação no certame ou de ser identificada a contratação de pessoal terceirizado para executar as mesmas atividades do cargo descritas no edital, casos nos quais fica demonstrado o desvio de finalidade e converte-se a expectativa de direito em direito subjetivo à nomeação, ainda que o candidato tenha sido aprovado fora do número de vagas.

5 – Extrai-se do trecho do acórdão recorrido indicado pela parte no recurso de revista que o TRT negou provimento ao recurso ordinário do reclamante, no que se refere aos danos morais oriundos de sua indevida preterição, ao argumento de ser necessária prova do dano para amparar a indenização postulada.

6- No entanto, a indenização por dano moral tem sido admitida não apenas em casos de ofensa à honra objetiva (que diz respeito à consideração perante terceiros), mas também de afronta à honra subjetiva (sentimento da própria dignidade moral), a qual se presume.

7 – De acordo com a jurisprudência pacífica, o que se exige é a prova dos fatos que ensejam o pedido de indenização por danos morais (art. 818 da CLT e 373, I, do CPC), e não a prova dos danos imateriais, esta, de resto, impossível. Portanto, o dano moral verifica-se in re ipsa (a coisa fala por si).

8 – **Desse modo, diante da patente terceirização ilícita de empregados em detrimento de candidatos aprovados, dentro do prazo de validade do certame, resta configurado o desvio de finalidade do ato administrativo e a consequente preterição do reclamante, suficiente a ensejar a reparação civil.**

9 – Assim, o TRT, ao indeferir o pedido de indenização por danos morais ao reclamante, sob o fundamento de ser imprescindível a prova do dano sofrido pelo empregado, decidiu em desacordo com a jurisprudência desta Corte Superior, estando evidenciado o dano moral in re ipsa (a coisa fala por si).

10 – Na hipótese, considerando a gravidade e extensão do dano, a culpa da reclamada e o caráter pedagógico da condenação, conclui-se que a fixação do quantum debeatur em R$ 10.000,00 (dez mil reais) mostra-se justa e razoável.

11 – Recurso de revista a que se dá provimento.

TST-RR-1746-53.2015.5.10.0007, 6ª Turma,
rel. Min. Kátia Magalhães Arruda, julgado em 14.8.2019

BREVE COMENTÁRIO

O STF firmou tese de Repercussão Geral (Tema 784) que trata do direito à nomeação de candidatos aprovados fora das vagas previstas em edital. Vejamos:

> O surgimento de novas vagas ou a abertura de novo concurso para o mesmo cargo, durante o prazo de validade do certame anterior, não gera automaticamente o direito à nomeação dos candidatos aprovados fora das vagas previstas no edital, ressalvadas as hipóteses de preterição arbitrária e imotivada por parte da administração, caracterizada por comportamento tácito ou expresso do Poder Público capaz de revelar a inequívoca necessidade de nomeação do aprovado durante o período de validade do certame, a ser demonstrada de forma cabal pelo candidato. Assim, o direito subjetivo à nomeação do candidato aprovado em concurso público exsurge nas seguintes hipóteses:
>
> I - Quando a aprovação ocorrer dentro do número de vagas dentro do edital; II - Quando houver preterição na nomeação por não observância da ordem de classificação; III - Quando surgirem novas vagas, ou for aberto novo concurso durante a validade do certame anterior, e ocorrer a preterição de candidatos de forma arbitrária e imotivada por parte da administração nos termos acima.
>
> [Tese definida no RE 837.311, rel. min. Luiz Fux, P, j. 9-12-2015, DJE 72 de 18-4-2016, Tema 784.]

No caso apresentado, o TST entendeu que a contratação de pessoal terceirizado convola a mera expectativa de direito em direito subjetivo à nomeação.

Entendeu ainda que, provados os fatos ocorridos, o dano moral pela preterição se configura *in re ipsa.*

Intermediação ilícita de mão de obra. Reconhecimento de vínculo de emprego diretamente com o tomador dos serviços. Litisconsórcio passivo necessário com a prestadora de serviços. Não configuração.

"RECURSO DE REVISTA INTERPOSTO SOB A ÉGIDE DA LEI Nº 13.015/2014 – CHAMAMENTO AO PROCESSO – LITISCONSÓRCIO PASSIVO NECESSÁRIO – AUSÊNCIA Esta Eg. Corte firmou o entendimento de que o pedido de reconhecimento de vínculo de emprego diretamente com o tomador dos serviços, por alegada intermediação ilícita de mão de obra, não exige a integração da prestadora de serviços na lide para o desenvolvimento válido e regular do processo. Julgados. (...)".

TST-RR-785-03.2013.5.04.0023, 8ª Turma, rel. Min. Maria Cristina Irigoyen Peduzzi, julgado em 14.8.2019

BREVE COMENTÁRIO

Ocorre o litisconsórcio quando duas ou mais pessoas litigam, no mesmo processo, em conjunto, ativa ou passivamente, conforme art. 113 do CPC/15.

> Art. 113. Duas ou mais pessoas podem litigar, no mesmo processo, em conjunto, ativa ou passivamente, quando:
>
> I – entre elas houver comunhão de direitos ou de obrigações relativamente à lide;
>
> II – entre as causas houver conexão pelo pedido ou pela causa de pedir;
>
> III – ocorrer afinidade de questões por ponto comum de fato ou de direito.

O litisconsórcio pode ser necessário ou facultativo. Nos moldes do art. 114, será o litisconsórcio necessário quando, por disposição de lei ou quando, pela natureza da relação jurídica controvertida, a eficácia da sentença depender da citação de todos que devam ser litisconsortes.

No presente julgado, entendeu o TST que não há litisconsórcio passivo necessário entre o prestador e o tomador de serviços quando o reclamante requer o reconhecimento de vínculo direto com o tomador, por alegada intermediação ilícita de mão de obra.

Informativo nº 203

Dispensa por justa causa. Empresa de grande porte. Integrante da Administração Pública Indireta. Imediaticidade da punição. Mitigação.

O requisito da **imediaticidade** para a aplicação da dispensa por justa causa **pode ser mitigado** quando a reclamada for empresa de **grande porte e tenha uma complexa estrutura organizacional.**

Neste caso, justifica-se o prazo maior para a apuração da conduta faltosa, especialmente se o empregador for ente ou órgão da Administração Pública Indireta, de quem se exige procedimento administrativo formal para a dispensa de empregados.

Na espécie, a conduta improba do empregado do Banco do Brasil S.A. foi detectada em 15/7/2005, o procedimento interno foi concluído em 3/11/2005 e encaminhado ao Gerente de Divisão em Brasília/DF em 14/11/2005, que aplicou a penalidade da dispensa por justa causa em 14/8/2006.

A dilatação razoável do prazo para a aplicação da penalidade não pode ser tida como perdão tácito, pois este ocorreria apenas se o empregador, ciente do ato faltoso, não demonstrasse interesse em apurá-lo, e não quando, cautelosamente, instaura processo para embasar a formação do convencimento sobre a medida mais correta e justa a ser tomada.

Sob esses fundamentos, a SBDI-I, por unanimidade, conheceu dos embargos interpostos pelo reclamado, por divergência jurisprudencial, e, no mérito, deu-lhes provimento para julgar improcedentes os pedidos de nulidade da dispensa por justa causa e de pagamento das verbas rescisórias correlatas.

TST-E-ED-ARR-92100-41.2008.5.09.0026, SBDI-I, rel. Min. José Roberto Freire Pimenta, 29.8.2019

BREVE COMENTÁRIO

O empregador tem o poder disciplinar sobre a atividade de seus empregados, podendo aplicar punições ao trabalhador faltoso.

Para a aplicação da justa causa, o empregador deve observar alguns requisitos, quais sejam: a imediatidade, a proporcionalidade entre a falta e a punição, a não discriminação e o *non bis in idem*.

O presente julgado trata da imediaticidade e a Administração Pública.

No requisito da imediaticidade, não pode haver o transcurso de um longo tempo entre o conhecimento da falta pelo empregador e a aplicação da penalidade, sob pena de configurar perdão tácito. Assim, logo que o empregador tomar conhecimento da prática do ato faltoso, deve providenciar a aplicação da penalidade.

Quando se está no âmbito da Administração, esse requisito é mitigado. Isso porque, para o TST, quando o empregador for ente ou órgão da Administração Pública Indireta, exige-se procedimento administrativo formal para a dispensa de empregados.

A necessidade de procedimento com contraditório permite que o prazo para a aplicação de penalidade seja dilatado, afastando-se assim a possibilidade de haver perdão tácito, quando houver uma demora razoável para a instauração de procedimento e aplicação de penalidade.

Ação rescisória. Desconstituição do capítulo atinente às custas processuais no processo matriz. Ilegitimidade passiva da União. Interesse meramente econômico.

A União é parte ilegítima para figurar no polo passivo de ação rescisória cujo propósito é desconstituir capítulo atinente às **custas processuais do processo matriz do qual não fizera parte.**

O argumento de que haveria legitimidade do ente público em razão de ser o destinatário das custas processuais não prevalece, pois o interesse, no caso, é meramente econômico.

Se assim não fosse, a União teria que integrar obrigatoriamente todas as ações rescisórias, ainda que não se discutisse o capítulo referentes às custas, e todas as demais ações, simplesmente pela razão de ser a detentora das custas processuais e de elas serem arbitradas, por força de lei, em praticamente todos os processos.

Sob esse entendimento, a SBDI-II, por unanimidade, conheceu do recurso ordinário e, por maioria, de ofício, declarou extinto o processo sem resolução de mérito em relação à União, por ilegitimidade passiva. Vencidos os Ministros Douglas Alencar Rodrigues, Evandro Valadão e Renato de Lacerda Paiva.

TST-RO-10196-96.2013.5.02.0000, SBDI-II, rel. Min. Maria Helena Mallmann, 27.8.2019

BREVE COMENTÁRIO

As custas processuais possuem natureza jurídica de tributo, consistindo em taxa paga pelo jurisdicionado ao Estado em retribuição à prestação jurisdicional. São tributos destinados aos Estados (no caso Poder Judiciário Estadual) ou à União (Poder Judiciário da União).

O julgado aqui tratado versa sobre a legitimidade da União para compor um dos polos de ação rescisória.

Num primeiro momento, poderíamos pensar que, por ser o ente destinatário das custas recolhidas na Justiça do Trabalho, a União teria legitimidade e interesse processual para figurar num dos polos de uma ação que questionasse as custas.

No entanto, decidiu o TST que uma legitimidade ampla dessa forma, permitiria que a União integrasse qualquer relação processual em que as custas fossem objeto de discussão.

Assim, o TST afastou a legitimidade da União para integrar o polo passivo de ação rescisória que questione as custas processuais.

Promoções por merecimento. Avaliação realizada. Recusa do reclamado em juntar documentos que comprovassem que o empregado não mereceria a promoção. Direito a diferenças salariais.

"(...) DIFERENÇAS SALARIAIS DECORRENTES DA POLÍTICA DE GRADES. PROMOÇÃO POR MERECIMENTO. JUNTADA DE DOCUMENTOS. INÉRCIA DO RECLAMADO. ACÓRDÃO REGIONAL QUE CONSIDEROU O RECLAMADO CONFESSO EM RAZÃO DA RECUSA NA JUNTADA DAS AVALIAÇÕES FEITAS.

1. Cinge-se a controvérsia em se definir se o autor faz jus às diferenças salariais decorrentes de promoções por merecimento, instituída pelo Banco por meio da adoção da intitulada "política de grades".

2. A matéria relativa a promoções por merecimento, encontra-se pacificada pela Subseção de Dissídios Individuais (SBDI-1), no sentido de que as promoções por merecimento, pelo seu caráter subjetivo e comparativo, ligado à avaliação profissional dos empregados aptos a concorrer à progressão, estão condicionadas aos critérios estabelecidos no regulamento empresarial, cuja análise está exclusivamente a cargo da empregadora, o que torna a avaliação de desempenho requisito indispensável à sua concessão.

3. Ocorre que as premissas fáticas extraídas do acórdão recorrido diferem daquelas que embasaram o leading case em questão. Com efeito, a hipótese retratada nos autos não se refere à omissão da empresa em realizar a avaliação de desempenho do empregado para fins de concessão de promoções de merecimento. Ao revés, in casu, há a particularidade fática de que o reclamado efetivamente realizou as avaliações

do autor, mas quedou-se inerte quanto à juntada da totalidade dos documentos que eventualmente comprovariam que o empregado não era merecedor das promoções em exame, mesmo após ser intimado a realizar a prova. É o que se extrai da fundamentação do acórdão Regional, in verbis: "solicitadas as informações sobre grades do reclamante, as tabelas de referência salarial e as avaliações de desempenho do obreiro (...) o banco juntou apenas avaliações funções referentes a alguns poucos períodos do contrato de trabalho (...) e não forneceu os demais documentos ao perito oficial, nem justificou o motivo de não apresentá-los, conquanto expressamente advertido da aplicação das penas do art. 359 do Código de Processo Civil (...). E Arremata a Corte de origem: "Diante da não apresentação desses documentos (...) a o juízo de origem, corretamente, adotou a presunção de que o autor auferiu sempre as melhores notas nas avaliações de desempenho, no período não abrangido pelos documentos juntados pelo reclamado e deferiu as diferenças salariais decorrentes da progressão por mérito (...)".

4. Verificado o distinguishing, reputam-se preenchidos os requisitos necessários à concessão de diferenças salariais decorrentes de promoções por merecimento. Precedentes, inclusive da segunda Turma: ARR – 10505-64.2015.5.03.0180 , Relatora Ministra: Delaíde Miranda Arantes, Data de Julgamento: 27/02/2019, 2ª Turma, Data de Publicação: DEJT 01/03/2019. Recurso de revista não conhecido. (...)"

TST-752-38.2013.5.03.0153, 2ª Turma,
rel. Min. Maria Helena Mallmann, julgado em 28.8.2019

BREVE COMENTÁRIO

O julgado em questão traz assuntos de pertinência para o campo material e processual do Trabalho. Como se vê, trata-se do caso de empregado que se sentido lesado com o resultado de sua avaliação de desempenho, perdendo assim a chance de ser promovido, conforme o regulamento da empresa.

Primeiramente, vamos entender o conceito de promoção. Promoção significa a ascensão de alguém a um cargo, posto ou nível de categoria superior ao que ocupa, normalmente com o correspondente aumento salarial.

A doutrina costuma dividir a promoção em três espécies: horizontal e vertical. A promoção horizontal ocorre quando a empresa oferece ao profissional a possibilidade de um aumento salarial, sem que ele mude de nível hierárquico. Pode ocorrer por meio de mudança de cargo, setor ou mesmo de padrão dentro da mesma classe. Pode se dar por antiguidade ou por merecimento.

A promoção vertical ocorre quando o empregado passa a ocupar um nível superior, com mais responsabilidades e com um incremento salarial normalmente maior que os da promoção horizontal.

A concessão de direitos por meio de norma empresarial, em regra, representa ato de liberalidade do empregador, todavia, editado regulamento que concede de direitos, deve este ser seguido, sob pena de ofensa ao art. 122 do CC/02.

O TST possui entendimento de que a promoção por merecimento deve, respeitado o regulamento empresarial, ser precedida de avaliação de desempenho. Veja-se:

> RECURSO DE REVISTA. PROGRESSÕES POR MERECIMENTO. REGULAMENTO DE PESSOAL DA CONAB. AVALIAÇÃO DE DESEMPENHO. REQUISITO INDISPENSÁVEL. A Eg. SBDI-1 desta Corte, em sessão plenária realizada no dia 8.11.2012, decidiu que, em face do seu caráter subjetivo e comparativo, ligado à avaliação profissional dos empregados aptos a concorrer ao procedimento de progressão, as promoções por merecimento estão condicionadas aos critérios estabelecidos no regulamento empresarial, cuja análise está exclusivamente a cargo da empregadora, que torna a avaliação de desempenho um requisito indispensável para sua concessão. Ressalva de ponto de vista do Relator. Recurso de revista conhecido e desprovido. (RR-1355-27.2010.5.04.0012, Rel. Min. Alberto Luiz Bresciani de Fontan Pereira, Data de Julgamento: 3/4/2013, 3ª Turma, Data de Publicação: 12/4/2013)

No caso em tela, o TST entendeu que o entendimento da SBDI quanto à promoção não foi desrespeitado, porque houve a respectiva avaliação. O que o TST observou foi a ausência da produção de prova por parte da empresa reclamada.

De acordo com o art. 818 da CLT e 373 do CPC, o ônus da prova incumbe:

> Art. 373. O ônus da prova incumbe:
>
> I - ao autor, quanto ao fato constitutivo de seu direito;
>
> II - ao réu, quanto à existência de fato impeditivo, modificativo ou extintivo do direito do autor.

A empresa reclamada foi intimada para apresentar a avaliação de desempenho do reclamante, permanecendo inerte. Não tendo se desincumbido de seu ônus, entende o TST que houve presunção de veracidade do afirmado pelo reclamante.

Briga envolvendo dois colegas de trabalho. Dispensa por justa causa aplicada apenas a um dos empregados. Tratamento diferenciado. Conduta discriminatória.

"(...) B) RECURSO DE REVISTA. PROCESSO SOB A ÉGIDE DA LEI 13.015/2014 E ANTERIOR À LEI 13.467/2017. JUSTA CAUSA. NÃO CONFIGURAÇÃO. TRATAMENTO DIFERENCIADO A EMPREGADOS EM IDÊNTICA SITUAÇÃO. AFRONTA AO PRINCÍPIO DA ISONOMIA. DISPENSA DISCRIMINATÓRIA. REVERSÃO. Para o Direito brasileiro, "justa causa" é o motivo relevante, previsto legalmente, que autoriza a resolução do contrato de trabalho por culpa do sujeito comitente da infração – no caso, o empregado. Trata-se, portanto, de modalidade de extinção contratual por infração obreira apta a quebrar a fidúcia necessária para a continuidade do vínculo de emprego.

Analisando-se os critérios de aplicação de penalidades no caso de infrações obreiras, verifica-se que existe um mínimo de limite à sua incidência, consubstanciado na observância de três grupos de requisitos a serem examinados conjuntamente em cada caso concreto: objetivos (concernentes à caracterização da conduta obreira que se pretende censurar), subjetivos (relativos ao envolvimento – ou não – do trabalhador na respectiva conduta) e circunstanciais (que dizem respeito à atuação disciplinar do empregador em face da falta e do obreiro envolvidos).

Destaca-se ainda que, por força do princípio da continuidade da relação de emprego (Súmula 212/TST), presume-se a ruptura contratual mais onerosa para o empregador (dispensa injusta), caso evidenciado o rompimento do vínculo. Nessa diretriz, incumbe ao empregador o ônus da prova de conduta do empregado apta a configurar a justa dispensa, nos moldes dos arts. 818 da CLT; e 373, II, do CPC/2015 (art. 333, II, CPC/1973). Na hipótese, a Corte Regional deu provimento ao recurso patronal, reformando a sentença que havia revertido a justa causa aplicada ao Reclamante.

É incontroverso que o Obreiro se envolveu em uma briga, fato reconhecido por ele próprio, que afirmou ter brigado com seu colega de trabalho, agredindo-o fisicamente. Porém, a despeito de dois empregados da Reclamada terem participado da briga, apenas o Reclamante foi punido com justa causa, não tendo sido relatada qualquer punição para o outro empregado.

Ocorre que, pelo contexto fático delineado pelo TRT, a decisão regional se baseia apenas no relato de uma das partes diretamente envolvidas, não tendo a empresa buscado apurar, efetivamente, a realidade do que ocorreu entre os seus empregados.

Assim, não se pode vislumbrar a dinâmica do ocorrido, tampouco inferir que as agressões partiram do Reclamante ou que não tenha havido qualquer agressão e/ou provocação por parte do colega de trabalho que alegou ter sido agredido. A propósito, o depoente indicado pela empresa declarou não ter presenciado a briga, conforme trecho do seu depoimento transcrito no acórdão: "...que o depoente não presenciou a briga entre o reclamante e o Sr. Marcos; o Sr. Marcos não foi dispensado; que informaram ao depoente que o reclamante havia agredido o Sr. Marcos; que o depoente conversou com ambos e o reclamante ficou calado; que o depoente pediu para ambos aguardarem e foi ao RH; quando do retorno do depoente, o reclamante já havia passado o cartão de ponto e ido embora; que viu o Sr. Marcos limpando sua boca, que estava sagrando, e o reclamante estava no vestiário; que não sabe se o Sr. Marcos revidou à briga (...) que apenas o Sr. Marcos estava no local para se explicar" (g.n.).

A Reclamada, portanto, ao exercitar o seu poder punitivo, fê-lo de forma desproporcional, acabando por ferir o princípio da isonomia, já que puniu com a penalidade máxima apenas um dos envolvidos, relevando a participação do outro, concretizando, assim, tratamento discriminatório. Nesse contexto, impõe-se reconhecer que, de fato, inexiste qualquer critério objetivo ou razoável apto a justificar o tratamento diferenciado a empregados em idêntica situação, o que configura afronta ao princípio constitucional da igualdade substancial e da não discriminação.

A diretriz ora traçada emana do princípio constitucional da isonomia (art. 5º, caput), não se podendo olvidar que o cuidado do empregador pela manutenção deste pilar fundamental nas relações empregatícias deve ser prática cotidiana, por explícito mandamento constitucional. Cumpre ressaltar que o marco constitucional de 1988 lançou um divisor nítido na temática antidiscriminatória: de um lado, verifica-se o período anterior a 1988, com referências jurídicas relativamente tímidas e dispersas; de outro lado, desponta um largo e consistente sistema de proteções jurídicas contra discriminações empregatícias, que tem caráter abrangente e diversificado, valendo-se de um parâmetro normativo geral da Constituição Federal, insculpido no inciso IV do seu art. 3º: "Art. 3º Constituem objetivos fundamentais da República Federativa do Brasil: (...) IV – promover o bem de todos, sem preconceitos de origem, raça, sexo, cor, idade e quaisquer outras formas de discriminação." Como se sabe, presume-se discriminatória a ruptura arbitrária do contrato de trabalho, quando não comprovado um motivo justificável.

Esse entendimento pode ser abstraído do contexto geral de normas do nosso ordenamento jurídico, que entende o trabalhador como indivíduo inserto numa sociedade que vela pelos valores sociais do trabalho, pela dignidade da pessoa humana e pela função social da propriedade (arts. 1º, III e IV e 170, III e VIII, da CF). Não se olvide, outrossim, que faz parte do compromisso do Brasil, também na ordem internacional (Convenção 111 da OIT), o rechaçamento a toda forma de discriminação no âmbito laboral.

No contexto dos autos, portanto, a Reclamada não comprovou de forma robusta (ônus que lhe competia) que, ao aplicar a penalidade, tenha agido de forma proporcional diante dos fatos ocorridos. Ao contrário, houve **relativização quanto à reprovação dos atos praticados pelos empregados, o que revela sua conduta discriminatória em relação ao Reclamante.** Recurso de revista conhecido e provido."

TST-RR-1000998-63.2017.5.02.0069, 3ª Turma,
rel. Min. Mauricio Godinho Delgado, julgado em 21.8.2019

BREVE COMENTÁRIO

O art. 482 da CLT traz algumas hipóteses nas quais o empregador pode aplicar justa causa ao empregado. Dentre elas, está a agressão física. Vejamos:

> Art. 482 – Constituem justa causa para rescisão do contrato de trabalho pelo empregador:
>
> j) ato lesivo da honra ou da boa fama praticado no serviço contra qualquer pessoa, ou ofensas físicas, nas mesmas condições, salvo em caso de legítima defesa, própria ou de outrem;

Um dos requisitos que o empregador deve observar para aplicar a punição por justa causa é o da não-discriminação. Dessa forma, é vedado ao empregador aplicar penas diferentes (ou não aplicar pena) a empregados que cometeram falta idêntica.

No caso do julgado aqui tratado, não houve legítima defesa, o que faria entrar na exceção do art. 482 acima citado.

Dessa forma, aplicação de pena deve ser dada a ambos os empregados.

Segurança de bingo. Local destinado a atividade ilícita. Reconhecimento do vínculo de emprego. Possibilidade. Serviços prestados não vinculados à contravenção.

"(...) SEGURANÇA DE ESTABELECIMENTO QUE EXPLORA ATIVIDADE CLANDESTINA DE BINGO. RECONHECIMENTO DO CONTRATO DE TRABALHO. Cinge-se a controvérsia sobre o reconhecimento do vínculo de emprego do trabalhador que exerce o cargo de segurança em local que explora atividade clandestina de bingo.

Em controvérsia semelhante a respeito do "jogo do bicho", o Tribunal Pleno desta Corte Superior, reunido no dia 7/12/2006, julgou o Incidente de Uniformização Jurisprudencial (IUJ), suscitado nos autos do processo nº TST-E-RR-621145/2000, tendo decidido manter o entendimento consubstanciado na Orientação Jurisprudencial nº 199 da Subseção I Especializada em Dissídios Individuais, no sentido de que não há contrato de trabalho, ante a ilicitude do objeto. Há, porém, que se identificar, primeiramente, se a atividade do tomador de serviços é ilícita e o serviço é igualmente ilícito, porque inerente à atividade, logo, o objeto do contrato é ilícito, recaindo no art. 166 do CCB.

Existem casos em que a atividade é ilegal ou ilícita, mas o serviço prestado não diz respeito diretamente ao seu desenvolvimento, cuida-se, não de trabalho ilícito, mas sim de trabalho vulgarmente chamado de proibido, são serviços como segurança, faxineiros, garçons, ou seja, de pessoas que casualmente estão trabalhando em estabelecimento ilegal, mas que poderiam perfeitamente executar o mesmo trabalho em locais lícitos.

Negar a proteção do direito a esses trabalhadores seria injusto perante a ordem jurídica, porque corresponderia a beneficiar o empresário que atua ilegalmente, sonegando ao trabalhador honesto seus direitos trabalhistas.

Assim, há de se reconhecer a validade do contrato de trabalho do empregado que, a despeito de prestar serviço em local destinado a atividade ilícita, não realiza atividade diretamente vinculada à contravenção legal, como é o caso dos autos, em que o autor exercia a atividade de segurança. Nesse esteio, estando o trabalho do reclamante em conformidade com a lei, dissociado da atividade fim do bingo, é certo que o recorrente não pode se favorecer da própria torpeza para não arcar com as obrigações trabalhistas. Portanto, correta a decisão do Regional que reconheceu o vínculo de emprego. Agravo de instrumento conhecido e desprovido."

TST-AIRR-1021-85.2016.5.11.0012, 3ª Turma,
rel. Min. Alexandre Agra Belmonte, julgado em 28.8.2019

BREVE COMENTÁRIO

Parte da doutrina diferencia o trabalho ilícito do proibido. Trabalho ilícito seria aquele que compõe um tipo penal ou concorre para a realização de conduta definida como crime. Trabalho proibido é o trabalho irregular, o qual é vedado pela lei mas não constitui crime.

Exemplo de trabalho proibido seria o menor de 18 anos em atividade noturna. Exemplo de trabalho ilícito seria a contratação de assassino de aluguel.

Para Ricardo Resende (2020) o trabalho ilícito retira do obreiro qualquer proteção trabalhista. Já o trabalho proibido merece total proteção, não se retirando o empregado seus direitos daí decorrentes.

Nesse sentido, o TST possui a OJ 199, a qual trata do trabalho em jogo do bicho. Vejamos:

> **199. JOGO DO BICHO. CONTRATO DE TRABALHO. NULIDADE. OBJETO ILÍCITO (título alterado e inserido dispositivo) - DEJT divulgado em 16, 17 e 18.11.2010**
>
> É nulo o contrato de trabalho celebrado para o desempenho de atividade inerente à prática do jogo do bicho, ante a ilicitude de seu objeto, o que subtrai o requisito de validade para a formação do ato jurídico.

Observe-se que no julgado analisado o TST diferenciou o trabalho prestado do objeto explorado. No caso da OJ 199, a nulidade do contrato de trabalho está relacionada à atividade inerente à exploração do jogo do bicho. Seria o caso de trabalho ilícito.

No julgado ora analisado, o reclamante exercia atividade lícita, não obstante a atividade do seu empregador seja ilícita. Deve-se observar que o trabalho prestado pelo empregado não está relacionado nem é inerente à exploração de práticas ilícitas, o que o faz desaguar no trabalho lícito.

Por fim, vale apresentar os ensinamentos de José Augusto Rodrigues Pinto (citado por Ricardo Resende). O autor defende a ideia da teoria da dosagem da pena para aferir se o trabalho é ou não lícito. Para essa teoria, a participação e o conhecimento do empregado quanto à atividade desenvolvida podem ou não tornar seu trabalho ilícito.

Assim, se o empregado não sabe da atividade desenvolvida e não contribui para sua consecução, devem ser-lhes atribuídos todos os direitos trabalhistas. Se o empregado sabe, mas não participa, terá direito apenas aos salários. Por fim, se o empregado sabe da ilicitude e concorre para sua consecução, nenhum direito lhe assiste.

Não obstante os ensinamentos acima tratados, o entendimento predominante na doutrina e na jurisprudência é o de que se o trabalho executado for lícito, o contrato será válido e todos os direitos trabalhistas garantidos.

Por fim, vale dizer que essas lições tem repercussão no âmbito trabalhista. Claro que o conhecimento da ilicitude do objeto, por parte do empregado, poderá ter repercussões na seara penal.

Incompetência da Justiça do Trabalho. Ação civil pública. Imposição de políticas públicas para a erradicação do trabalho infantil.

"(...) AÇÃO CIVIL PÚBLICA. INCOMPETÊNCIA DA JUSTIÇA DO TRABALHO. IMPLEMENTAÇÃO DE POLÍTICAS PÚBLICAS. ERRADICAÇÃO DO TRABALHO INFANTIL. Cinge-se a controvérsia acerca da competência desta Justiça Especializada para apreciar Ação Civil Pública ajuizada pelo Ministério Público do Trabalho que objetiva a imposição de realização de políticas públicas pelo Município do Recife, com vistas a erradicar o trabalho infantil.

É certo que à luz do artigo 1º, III e IV, da Constituição, a dignidade da pessoa humana e os valores sociais do trabalho constituem direitos fundamentais. E, com base na preservação desses direitos o Ministério Público, como representante da sociedade, no desempenho de sua função, pretende a adoção de medidas tendentes à erradicação do trabalho infantil (art. 7º, XXXIII, da CF).

De outro lado, não se pode olvidar que, não obstante a Emenda Constitucional nº 45 de 2004 tenha ampliado significativamente a competência da Justiça do Trabalho, passando a estabelecer em seu artigo 114, I e IX, a competência para processar e julgar ações oriundas da relação de trabalho e outras controvérsias dela decorrentes, a **matéria objeto de debate não se caracteriza como derivada de relação de trabalho**.

Isso porque o objeto da presente ação possui nítido **conteúdo social**, consistente tanto na prevenção e erradicação do trabalho infantil, como na redução das desigualdades e a profissionalização de adolescentes e jovens, **cabendo ao Município, que detém autonomia político-administrativa, a realização de medidas administrativas**, tais como: a garantia de verba suficiente para implementação adequada do programa de erradicação do trabalho infantil, a fiscalização e a regularização do trabalho, a promoção de parcerias permanentes com outras entidades, bem como encaminhamento de projetos de lei, questões que não se confundem na competência material da Justiça do Trabalho. Precedentes. Recurso de revista conhecido e provido."

TST-RR-44-21.2013.5.06.0018, 5ª Turma,
rel. Min. Breno Medeiros, julgado em 21.8.2019

BREVE COMENTÁRIO

A CF atribuiu ao Ministério Público a defesa da ordem jurídica, do regime democrático e dos interesses sociais e individuais indisponíveis.

Nesse sentido, pode o MP utilizar-se de ACP para impor à Administração condutas tendentes a promover políticas públicas em prol dos direitos fundamentais. Nesse sentido, o MP deverá atuar quando a inércia da Administração ou o mau funcionamento do serviço público estiverem impedindo a concretização do próprio direito constitucional.

A título de estudo, destacamos o voto do Min. Celso de Mello na ARE 639337:

> [...] É certo – tal como observei no exame da ADPF 45/DF, Re. Min. Celso de Melo (Informativo STF nº 345/2004) – que não se inclui, ordinariamente, no âmbito das funções institucionais do Poder Judiciário – e nas desta Suprema Corte, em especial – a atribuição de formular e implementar políticas públicas (JOSE CARLOS VIEIRA DE ANDRADE, 'Os direitos Fundamentais na Constituição Portuguesa de 1976', p. 207, item n. 05, 1987, Almedina, Coimbra), pois, nesse domínio, o encargo, reside, primariamente, nos Poderes Legislativo e Executivo.
>
> Impende assinalar, contudo, que tal incumbência poderá atribuir-se, embora excepcionalmente, ao Poder Judiciário, se e quando os órgãos estatais competentes, por descumprirem encargos políticos-jurídicos que sobre eles incidem em caráter impositivo, vierem a comprometer, com tal comportamento, a

> eficácia de e a integridade de direitos individuais e/ou coletivos impregnados de estatura constitucional, como sucede na espécie ora em exame.
>
> Tenho para mim, desse modo, presente tal contexto, que os Municípios (à semelhança das demais entidades políticas) não poderão demitir-se do mandato constitucional, juridicamente vinculante, que lhes foi outorgado pelo art. 208 da Constituição, e que representa fator de limitação da discricionariedade político-administrativa do Poder Público, cujas opções, tratando-se de proteção à criança e ao adolescente, não podem ser exercidas de modo a comprometer, como apoio em juízo de simples conveniência ou de mera oportunidade, a eficácia desse direito básico de índole social.
>
> [...]
>
> Na realidade, o Supremo Tribunal Federal, ao suprir as omissões inconstitucionais dos órgãos estatais e ao adotar medidas que objetivem restaurar a Constituição violada pela inércia dos Poderes do Estado, nada mais faz senão cumprir a sua missão institucional e demonstrar, com esse gesto, o respeito incondicional que tem pela autoridade da Lei Fundamental da República.
>
> A colmatação de omissões inconstitucionais, realizada em sede jurisdicional, notadamente quando emanada desta Corte Suprema, torna-se uma necessidade institucional, quando os órgãos do Poder Público se omitem ou retardam, excessivamente, o cumprimento de obrigações a que estão sujeitos por expressa determinação do próprio estatuto constitucional, ainda mais se se tiver presente que o Poder Judiciário, tratando-se de comportamentos estatais ofensivos à Constituição, não pode se reduzir a uma posição de pura passividade.
>
> [...]

Em tema de implementação de políticas governamentais, previstas e determinadas no texto constitucional, notadamente nas áreas de educação infantil (RTJ 199/1219-1220) e de saúde pública (RTJ 174/687 – RTJ 175/1212-1213), a Corte Suprema brasileira tem proferido decisões que neutralizam os efeitos nocivos, lesivos e perversos resultantes de inatividade governamental, em situações nas quais a omissão do Poder Público representava um inaceitável insulto a direitos básicos assegurados pela própria Constituição da República, mas cujo exercício estava sendo inviabilizado por contumaz (e irresponsável) inércia do aparelho estatal.

O Supremo Tribunal Federal, em referidos julgamentos, colmatou a omissão governamental e conferiu real efetividade a direitos essenciais, dando-lhes concreção e, desse modo, viabilizando o acesso das pessoas à plena fruição de direitos fundamentais, cuja realização prática lhes estava sendo negada, injustamente, por arbitrária abstenção do Poder Público.

Quando estamos atuando na Justiça do Trabalho, a esta compete apenas processar e julgar os casos delimitados no art. 114 da CF. No caso do julgado analisado neste informativo, uma ACP foi proposta impor ao Município a realização de medidas administrativas tendentes a combater o trabalho infantil.

O TST, ao analisar a questão, entendeu que tal imposição demandaria a construção de políticas públicas em várias etapas, tais como a fiscalização e a regularização do trabalho, a promoção de parcerias permanentes com outras entidades, bem como encaminhamento de projetos de lei, questões que não se confundem na competência material da Justiça do Trabalho.

Assim, decidiu o TST que não caberia à Justiça do Trabalho apreciar causas desse tipo, visto que não oriunda de relação de trabalho.

Grupo econômico. Reconhecimento com base na relação de coordenação entre as empresas. Transcendência política reconhecida. Violação do art. 5º, II, da CF. Configuração.

"(...) II – RECURSO DE REVISTA SUBMETIDO À LEI Nº 13.467/2017. TRANSCENDÊNCIA POLÍTICA. EXISTÊNCIA. PROCEDIMENTO SUMARÍSSIMO. GRUPO ECONÔMICO. IMPOSSIBILIDADE DE RECONHECIMENTO COM BASE APENAS NA EXISTÊNCIA DE RELAÇÃO DE COORDENAÇÃO ENTRE AS EMPRESAS. Na esteira do atual entendimento da Subseção I Especializada em Dissídios Individuais do TST, **a formação de grupo econômico entre empresas pressupõe a existência de controle e fiscalização por uma empresa líder, não sendo suficiente a mera ocorrência de sócios em comum ou a relação de coordenação entre as pessoas jurídicas.**

O Tribunal Regional, ao manter a responsabilidade solidária da recorrente com base no artigo 2º, § 2º, da CLT, ao fundamento de que estaria presente a coordenação entre as empresas, incorreu em violação do princípio da legalidade, na medida em que instituída obrigação sem previsão legal. Precedente da SBDI-1 reconhecendo a violação do artigo 5º, inciso II, da Constituição Federal. Recurso de revista conhecido e provido."

TST-RR-10338-24.2017.5.03.0165, 5ª Turma,
rel. Min. Emmanoel Pereira, julgado em 21.8.2019

BREVE COMENTÁRIO

A reforma trabalhista tentou clarificar as relações entre empresas integrantes de grupo econômico. Assim dispõe o art. 2º da CLT:

> Art. 2º – Considera-se empregador a empresa, individual ou coletiva, que, assumindo os riscos da atividade econômica, admite, assalaria e dirige a prestação pessoal de serviço.
>
> § 2º Sempre que uma ou mais empresas, tendo, embora, cada uma delas, personalidade jurídica própria, estiverem sob a direção, controle ou administração de outra, ou ainda quando, mesmo guardando cada uma sua autonomia, integrem grupo econômico, serão responsáveis solidariamente pelas obrigações decorrentes da relação de emprego. (Redação dada pela Lei nº 13.467, de 2017)
>
> § 3º Não caracteriza grupo econômico a mera identidade de sócios, sendo necessárias, para a configuração do grupo, a demonstração do interesse integrado, a efetiva comunhão de interesses e a atuação conjunta das empresas dele integrantes. (Incluído pela Lei nº 13.467, de 2017)

Como se vê, a mera existência de sócios em comum não é suficiente para que se constituam as empresas em grupos econômicos. Com essas considerações, o TST reformou Acórdão, afirmando que decisão contrária ao disposto no art. 2º citado acima violaria o princípio da legalidade.

Grupo econômico. Reconhecimento com base na relação de coordenação entre as empresas. Possibilidade.

"AGRAVOS EM RECURSO DE REVISTA COM AGRAVOS INTERPOSTOS DE DECISÃO PUBLICADA NA VIGÊNCIA DA LEI Nº 13.015/2014. EXECUÇÃO. GRUPO ECONÔMICO POR COORDENAÇÃO. CARACTERIZAÇÃO. POSSIBILIDADE. NULIDADE DO ACÓRDÃO RECORRIDO. NEGATIVA DE PRESTAÇÃO JURISDICIONAL. NÃO CONFIGURAÇÃO. As agravantes não logram afastar os fundamentos da decisão agravada.

Em relação ao reconhecimento de grupo econômico, **esta Corte uniformizadora de jurisprudência vem firmando entendimento no sentido da possibilidade da configuração de grupo econômico "por coordenação", mesmo diante da ausência de hierarquia entre as empresas integrantes do grupo, desde que comunguem dos mesmos interesses**. Assim, não se cogita em afronta ao artigo 2º, §2º, do Texto Consolidado, o qual disciplina apenas uma das modalidades de formação do grupo econômico, não impedindo que sua configuração possa se estabelecer por outros critérios, razão pela qual, na espécie, as empresas integrantes do grupo econômico devem responder solidariamente pelo adimplemento dos débitos trabalhistas. Precedentes do TST nesse sentido, alguns proferidos em execuções contra as ora agravantes.

No que tange à pretensa nulidade do julgado por incompleta prestação jurisdicional, o exame dos autos revela que a Corte a quo proferiu decisão completa, válida e devidamente fundamentada, não prosperando a arguição de nulidade, assomando-se constituir mero inconformismo contra decisão desfavorável à parte. Não se divisa, portanto, violação direta e literal aos artigos 5º, II, XXXV, LIV e LV, e 93, IX, da Constituição Federal, na forma imposta pelo §2º do artigo 896 da CLT e a Súmula nº 266 do TST. Agravos conhecidos e não providos."

TST-Ag-ARR-206-03.2013.5.03.0114, 7ª Turma,
rel. Min. Cláudio Mascarenhas Brandão, julgado em 21.8.2019

BREVE COMENTÁRIO

A reforma trabalhista tentou clarificar as relações entre empresas integrantes de grupo econômico. Assim dispõe o art. 2º da CLT:

> Art. 2º – Considera-se empregador a empresa, individual ou coletiva, que, assumindo os riscos da atividade econômica, admite, assalaria e dirige a prestação pessoal de serviço.
>
> § 2º Sempre que uma ou mais empresas, tendo, embora, cada uma delas, personalidade jurídica própria, estiverem sob a direção, controle ou administração de outra, ou ainda quando, mesmo guardando cada uma sua autonomia, integrem grupo econômico, serão responsáveis solidariamente pelas obrigações decorrentes da relação de emprego. (Redação dada pela Lei nº 13.467, de 2017)
>
> § 3º Não caracteriza grupo econômico a mera identidade de sócios, sendo necessárias, para a configuração do grupo, a demonstração do interesse integrado, a efetiva comunhão de interesses e a atuação conjunta das empresas dele integrantes. (Incluído pela Lei nº 13.467, de 2017)

No que tange aos grupos econômicos, estes podem ser grupos verticais (por subordinação) ou horizontais (por coordenação). Grupos verticais estão sob a direção, administração ou controle de uma empresa (a estrutura é piramidal). Grupos horizontais se relacionam por meio de uma unidade de objetivos.

Foi esse entendimento que fundamentou o julgado aqui analisado. Para o TST, a relação de coordenação é apta para configurar um grupo econômico.

- **Vestimenta padronizada. Exigência. Desproporcionalidade entre o custo e o salário recebido. Abuso do poder diretivo. Configuração.**

"(...) RECURSO DE REVISTA DO RECLAMANTE EM FACE DE DECISÃO PUBLICADA NA VIGÊNCIA DA LEI Nº 13.015/2014. EXIGÊNCIA DE VESTIMENTA PADRONIZADA. DRESS CODE. TRAJE SOCIAL. INDENIZAÇÃO. PRINCÍPIO DA ALTERIDADE. PODER DIRETIVO DO EMPREGADOR. LIMITES. Não há dúvidas de que o estabelecimento de dress code (ou código de vestimenta) se insere no poder diretivo do empregador de conduzir sua atividade da forma que melhor lhe aprouver, conforme o disposto no artigo 2º da CLT. Tal direito, contudo, deve ser exercido em observância aos princípios da razoabilidade e proporcionalidade e em respeito à dignidade do empregado.

Assim, entende-se que na sua definição, o empregador deve observar: a) a razoabilidade da exigência em si, materializada na compatibilidade da vestimenta com a função exercida, critério que varia de acordo com os costumes da profissão, tempo, lugar e demais circunstâncias do caso concreto; e b) em se tratando de peça de vestuário de uso não comum no dia-a-dia, à proporcionalidade entre o seu custo e a remuneração do empregado, de modo que os valores despendidos não represente comprometimento significativo do seu salário, a caracterizar a transferência ilegal dos riscos do negócio.

A análise, portanto, é casuística, a depender dos elementos fáticos de cada caso. A exigência de terno e gravata para advogados em escritórios de advocacia, ou para executivos em grandes empresas, por exemplo, é diferente da mesma determinação para trabalhadores de outros ramos. No presente caso, constou do quadro fático que a reclamada exigia a utilização de traje social, costume composto de terno, camisa de manga longa, calça social, sapatos e gravata.

A própria ré afirmou em contestação que o maior salário do autor, contratado para a função de "auxiliar operacional", foi de R$ 1.601,94. Ainda, descreveu que suas atividades consistiam em: "- Inibição, pela mera força de sua presença, a ocorrência de furto e roubo; – Observação da entrada e saída de clientes e funcionários das lojas/escritórios, visando detectar eventuais problemas.". Quanto ao primeiro critério, verifica-se que a exigência se mostra razoável, considerando ser comum o uso do referido traje por profissionais da área descrita pela reclamada, especialmente no ambiente em que o autor trabalhava – joalheria de luxo. Por outro lado, ao contrário do decidido pelo Tribunal Regional, ainda que o traje social seja composto de roupas de uso comum, com grande variedade de oferta no mercado, não se trata de indumentária indispensável, utilizada no dia-a-dia pela maioria dos trabalhadores nos diversos ramos de atividade.

Ao contrário, hoje, constitui exceção à regra, restrito aos ambientes formais e de negócios, sendo que até mesmo nestes tem sido relativizado. Ademais, considerando a remuneração informada pela ré (R$1.601,94) e que, por certo, o autor necessitava de mais de um traje para executar suas atividades diárias, resulta patente, no presente caso, a desproporcionalidade entre o custo da referida vestimenta e o salário recebido. Caracterizado, portanto, o abuso do poder diretivo e a transferência ilegal dos riscos do empreendimento. Recurso de revista conhecido e provido."

TST-ARR-1328-76.2012.5.04.0011, 7ª Turma,
rel. Min. Cláudio Mascarenhas Brandão, julgado em 28.8.2019

BREVE COMENTÁRIO

O poder diretivo do empregador permite que este conduza os negócios da atividade empresarial da forma como melhor lhe aprouver. Nesse sentido, pode o empregador exigir certos tipos de vestimentas de seus empregados.

A reforma trabalhista veio a positivar esse poder do empregador. Nesse sentido é o art. 456-A da CLT:

> Art. 456-A. Cabe ao empregador definir o padrão de vestimenta no meio ambiente laboral, sendo lícita a inclusão no uniforme de logomarcas da própria empresa ou de empresas parceiras e de outros itens de identificação relacionados à atividade desempenhada. (Incluído pela Lei nº 13.467, de 2017)
>
> Parágrafo único. A higienização do uniforme é de responsabilidade do trabalhador, salvo nas hipóteses em que forem necessários procedimentos ou produtos diferentes dos utilizados para a higienização das vestimentas de uso comum.

No julgado acima analisado, o TST entendeu que a aplicação deste art., ou seja, a exigência de certos tipos de vestimenta no ambiente de trabalho, deve ser condizente com o padrão remuneratório do empregado (caso esteja a cargo deste o ônus com a vestimenta).

Para o TST, o empregador deve observar: a) a razoabilidade da exigência em si, materializada na compatibilidade da vestimenta com a função exercida, critério que varia de acordo com os costumes da profissão, tempo, lugar e demais circunstâncias do caso concreto; e b) em se tratando de peça de vestuário de uso não comum no dia a dia, à proporcionalidade entre o seu custo e a remuneração do empregado, de modo que os valores despendidos não represente comprometimento significativo do seu salário, a caracterizar a transferência ilegal dos riscos do negócio.

No caso em tela, entendeu o TST que exigir traje social para alguém que exercer a função de "auxiliar operacional", cargo de remuneração módica, não atende os requisitos de razoabilidade e proporcionalidade. Nesse sentido, entendeu que estaria caracterizado o abuso do poder diretivo e a transferência ilegal dos riscos do empreendimento.

Agência Nacional de Transportes Terrestres (ANTT). Concessão de autorização para o fretamento de transportes rodoviários coletivos mediante comprovação do cumprimento da legislação trabalhista aplicável aos motoristas.

Impossibilidade. Atuação restrita à atividade comercial das empresas de transporte.

"(...) B) RECURSO DE REVISTA INTERPOSTO PELO PARQUET. AÇÃO CIVIL PÚBLICA. AUTORIZAÇÃO/PERMISSÃO PARA FRETAMENTO DE TRANSPORTES RODOVIÁRIOS COLETIVOS. CUMPRIMENTO DE NORMAS TRABALHISTAS.

1. A Agência Nacional de Transportes Terrestres – ANTT é um órgão governamental que regulamenta as prestações de serviços de transportes terrestres e as atividades referentes à exploração de ferrovias e rodovias federais.

2. Por sua vez, consoante os termos do art. 22 da Lei n° 10.233/2001, constituem a esfera de atuação da ANTT o transporte ferroviário de passageiros e cargas ao longo do Sistema Nacional de Viação; a exploração da infraestrutura ferroviária e o arrendamento dos ativos operacionais correspondentes; o transporte rodoviário interestadual e internacional de passageiros; o transporte rodoviário de cargas; a exploração da infraestrutura rodoviária federal; o transporte multimodal; e o transporte de cargas especiais e perigosas em rodovias e ferrovias.

3. Como se observa, a ANTT tem como objetivo supervisionar e regular as atividades e prestações de serviços de transportes, além de implementar as políticas estipuladas pelo Ministério da Infraestrutura no que se refere ao referido setor.

4. Assim, não obstante a ANTT fiscalize o transporte rodoviário de cargas e passageiros, zelando para que passageiros e cargas estejam em segurança, mormente diante da determinação da alínea "a" do inciso II do art. 20 da lei mencionada no sentido da garantia da movimentação de pessoas e bens em cumprimento a padrões de segurança, **não há como expandir a competência à Agência Reguladora para fins de controlar o cumprimento da jornada e dos descansos devidos aos motoristas.**

5. Ocorre que, nos moldes delineados pela instância ordinária, a atuação da ANTT se restringe à atividade comercial das empresas voltadas à prestação de serviços alusivas a transportes e não acerca dos trabalhadores que laboram na execução das atividades empresariais, não havendo falar que somente deve autorizar/permitir o fretamento de transportes coletivos mediante comprovação do cumprimento da legislação trabalhista no tocante ao tempo de direção e de descanso dos motoristas. Recurso de revista não conhecido. (...)"

TST-ARR-897-65.2016.5.10.0001, 8ª Turma,
rel. Min. Dora Maria da Costa, julgado em 28.8.2019

BREVE COMENTÁRIO

O entendimento exarado nesse julgado é relativamente simples.

A ANTT é autarquia federal responsável pela regulação das atividades de exploração da infraestrutura ferroviária e rodoviária federal e de prestação de serviços de transporte terrestre.

Suas atribuições estão previstas no art. 22 da Lei n° 10.233/2001.

Para o TST, não obstante seja atribuição da ANTT fiscalizar o transporte rodoviário de cargas e passageiros, não cabe à autarquia a fiscalização quanto ao cumprimento do tempo de direção e de descanso dos motoristas. Para o TST,

> "a atuação da ANTT se restringe à atividade comercial das empresas voltadas à prestação de serviços alusivas a transportes e não acerca dos trabalhadores que laboram na execução das atividades empresariais".

Informativo nº 204

Descumprimento de liminar. Abusividade da greve *Astreintes*. Destinação da multa. Valor devido ao exequente.

Nos termos do art. 537, § 2º, do CPC de 2015, o valor das astreintes é devido ao exequente, de modo que a sua destinação não pode ser fixada de acordo com a discricionariedade do magistrado.

Assim, a decisão judicial que determina que a multa aplicada em razão do descumprimento de liminar seja paga a instituições beneficentes, ainda que louvável, contraria o disposto no art. 537, § 2º, do CPC de 2015, pois **não atende ao critério objetivo nele fixado.**

Sob esse fundamento, a SDC, por maioria, deu provimento ao recurso ordinário adesivo para determinar que o valor total da multa arbitrada pelo Tribunal Regional, decorrente do descumprimento da liminar que declarou abusiva a greve, seja revertido ao exequente, no caso, o sindicato patronal. Vencidos os Ministros Mauricio Godinho Delgado e Lelio Bentes Corrêa.

TST-RO-8-53.2017.5.11.0000, SDC,
rel. Min. Ives Gandra da Silva Martins Filho, 9.9.2019

BREVE COMENTÁRIO

As astreintes configuram um mecanismo de execução indireta, cuja finalidade é coagir o devedor ao cumprimento da obrigação mediante a imposição de multa pecuniária.

De acordo com o art. 537, § 2º, do CPC de 2015, o valor das astreintes será direcionado ao exequente. Nesse sentido:

> Art. 537. A multa independe de requerimento da parte e poderá ser aplicada na fase de conhecimento, em tutela provisória ou na sentença, ou na fase de execução, desde que seja suficiente e compatível com a obrigação e que se determine prazo razoável para cumprimento do preceito.
>
> § 2º O valor da multa será devido ao exequente.

Para o TST, a destinação do valor da multa não pode ser fixada de forma discricionária pelo magistrado. Isso porque o CPC adotou critério objetivo de destinação, qual seja, o exequente.

Para fins de conhecimento, o enunciado 490 do FPPC dispõe ainda que a multa coercitiva podem ser objeto de negócio processual quanto sua inexecução.

490. São admissíveis os seguintes negócios processuais, entre outros: pacto de inexecução parcial ou total de multa coercitiva; pacto de alteração de ordem de penhora; pré-indicação de bem penhorável preferencial (art. 848, II); pré-fixação de indenização por dano processual prevista nos arts. 81, §3º, 520, inc. I, 297, parágrafo único (cláusula penal processual); negócio de anuência prévia para aditamento ou alteração do pedido ou da causa de pedir até o saneamento (art. 329, inc. II).

Dano moral. Configuração. Atividade externa de limpeza urbana. Ausência de sanitários e refeitórios. Não fornecimento de água potável. NR nº 24 do antigo Ministério do Trabalho. Incidência

A Norma Regulamentar nº 24 do antigo Ministério do Trabalho, que garante condições sanitárias e de alimentação minimamente razoáveis, é aplicável aos trabalhadores que realizam atividade externa de limpeza urbana.

Ademais, **é do empregador o risco do empreendimento** (art. 2º, caput, da CLT), razão pela qual cabe a ele arcar com os custos inerentes à atividade empresarial, incluindo aqueles relativos ao dever de manter um meio ambiente de trabalho saudável e higiênico, em atenção à dignidade dos seus empregados.

Assim, resta configurado o dano moral quando a empresa reclamada deixa de providenciar aos trabalhadores ativados na coleta de lixo acesso a condições laborais mínimas para o atendimento das necessidades fisiológicas e de higiene pessoal.

No caso, restou consignado que, antes da empresa adquirir um ônibus para as refeições, os trabalhadores levavam marmitas as quais eram acondicionadas sobre os pneus do caminhão, esquentadas em lata contendo álcool e consumidas na rua.

As necessidades fisiológicas eram feitas em árvores e terrenos baldios, as mãos podiam ser lavadas em um galão com água que ficava no caminhão, mas sem toalhas ou sabonetes, e não havia água potável e fresca em quantidade suficiente para a equipe.

Sob esse entendimento, a SBDI-I, por unanimidade, conheceu do recurso de embargos, por divergência jurisprudencial, e, no mérito, por maioria, negou-lhe provimento para manter a condenação da reclamada ao pagamento de indenização por danos morais. Vencidos os Ministros Breno Medeiros, Alexandre Luiz Ramos e Renato de Lacerda Paiva.

TST-E-RR-1438-04.2011.5.09.0195, SBDI-I,
rel. Min. José Roberto Freire Pimenta, 5.9.2019

BREVE COMENTÁRIO

Entende-se por meio ambiente de trabalho o espaço onde as pessoas exercem rotineiramente suas atividades laborais. Trata-se de direito fundamental do trabalhador, conforme art. 7º da CF:

> Art. 7º. São direitos dos trabalhadores urbanos e rurais, além de outros que visem à melhoria de sua condição social:
>
> XXII – redução dos riscos inerentes ao trabalho, por meio de normas de saúde, higiene e segurança;

A CF, ao tratar das atribuições do SUS, não olvidou de citar o meio ambiente do trabalho. Assim dispõe o art. 200:

> Art. 200. Ao sistema único de saúde compete, além de outras atribuições, nos termos da lei:
>
> VIII - colaborar na proteção do meio ambiente, nele compreendido o do trabalho.

No julgado acima tratado, o empregador, empresa de limpeza urbana, foi condenado ao pagamento de indenização a título de danos morais justamente por não observar as regras contidas na NR 24 do TEM, a qual trata das condições sanitária e de conforto nos locais de trabalho.

Isso porque, conforme o art. 157 da CLT, são deveres do empregador:

> Art. 157 - Cabe às empresas:
>
> I - cumprir e fazer cumprir as normas de segurança e medicina do trabalho;
>
> II - instruir os empregados, através de ordens de serviço, quanto às precauções a tomar no sentido de evitar acidentes do trabalho ou doenças ocupacionais;
>
> III - adotar as medidas que lhes sejam determinadas pelo órgão regional competente;
>
> IV - facilitar o exercício da fiscalização pela autoridade competente.

Como decidiu o TST, o cumprimento dos deveres elencados no art. 157 da CLT integra o conceito de alteridade nas relações empregatícias, ou seja, é do empregador o ônus de arcar com os riscos da atividade econômica por ele desenvolvida (art. 2º, caput, da CLT).

Com base nisso, entendeu o TST que o descumprimento das normas relativas ao meio ambiente de trabalho pode ensejar a condenação em dano moral.

Atleta profissional. Direito de imagem. Contraprestação habitual em quantias mensais fixas. Inexistência de correspondência entre os pagamentos e o uso da imagem. Desproporcionalidade do valor contratado. Fraude à legislação trabalhista. Configuração.

O direito de imagem do atleta profissional pode ser explorado mediante contrato personalíssimo de natureza civil, desde que fixado sob condições que sejam inconfundíveis com as do contrato especial de trabalho desportivo, nos termos do art. 87-A da Lei nº 9.615/1998.

Portanto, **tal ajuste não possui natureza salarial, tampouco configura contrato de trabalho, salvo nas hipóteses em que restar configurada a intenção de fraude à legislação trabalhista** (art. 9º da CLT).

No caso, o TRT concluiu que houve intenção fraudulenta não apenas pelo fato de o pagamento da contraprestação ter ocorrido habitualmente em quantias mensais fixas (motivo que, por si só, não seria suficiente para o reconhecimento da natureza salarial da parcela paga), mas também pela inexistência de correlação entre o pagamento e o uso efetivo da imagem do atleta, e pela manifesta desproporcionalidade quanto ao valor contratado, que correspondia a 400% do salário anotado na CTPS.

Sob esses fundamentos, a SBDI-I, por unanimidade, conheceu do recurso de embargos, por divergência jurisprudencial, e, no mérito, por maioria, negou-lhe provimento para manter a conclusão do TRT e da Turma quanto à configuração de fraude, uma vez que o pagamento efetuado a título de direito de imagem tinha por objetivo desvirtuar a aplicação da legislação trabalhista. Vencidos os Ministros Márcio Eurico Vitral Amaro, Guilherme Augusto Caputo Bastos, Walmir Oliveira da Costa e Breno Medeiros.

TST-E-RR-358-48.2014.5.12.0055, SBDI-I,
rel. Min. Alberto Luiz Bresciani de Fontan Pereira, 5.9.2019

BREVE COMENTÁRIO

Esse interessante julgado tem relação direta com um dos princípios basilares do Direito do Trabalho, qual seja, o princípio da primazia da realidade. O princípio da primazia da realidade enfatiza a realidade dos fatos e não o que está formalizado no contrato de trabalho.

A lei 9.615/98 trata das condições gerais de desporto. De acordo com seu art. 87-A, o direito ao uso da imagem do atleta pode ser por ele cedido ou explorado, mediante ajuste contratual de natureza civil e com fixação de direitos, deveres e condições inconfundíveis com o contrato especial de trabalho desportivo. Esse ajuste, por ser oriundo de contrato de natureza civil, não possui natureza salarial.

No julgado em questão, o TST desconsiderou o contrato ante os indícios de fraude à legislação trabalhista. Para o Tribunal, o pagamento da contraprestação ter ocorrido habitualmente em quantias mensais fixas, a inexistência de correlação entre o pagamento e o uso efetivo da imagem do atleta e manifesta desproporcionalidade quanto ao valor contratado configurariam uma tentativa de burla ao Direito do Trabalho, restando configurada assim a natureza salarial do ajuste.

- **Competência da Justiça do Trabalho. Ação civil pública. Contratação temporária por ente público. Termo de Ajustamento de Conduta. Execução.**

Nos termos do art. 876 da CLT, a Justiça do Trabalho é competente para a execução de multa, em razão do inadimplemento, por ente público, de obrigação prevista em Termo de Ajustamento de Conduta (TAC) firmado perante o Ministério Público do Trabalho.

No caso, o Município de Votuporanga/SP descumpriu o compromisso de contratar por tempo determinado somente para atender a necessidade temporária de excepcional interesse público, mediante prévia aprovação em processo seletivo.

Segundo a jurisprudência do STF, **a execução de TAC não se confunde com o decidido na ADI 3395-MC, que afastou a competência da Justiça do Trabalho para processar e julgar causas instauradas entre o Poder Público e o servidor vinculado a ele por relação jurídico-administrativa.**

Assim, a SBDI-I, por unanimidade, conheceu dos embargos, por divergência jurisprudencial, e, no mérito, por maioria, deu-lhes provimento para determinar o retorno dos autos ao TRT de origem para que, superada a arguição de incompetência, julgue os agravos de petição das partes como entender de direito. Vencidos os Ministros Aloysio Corrêa da Veiga, relator, Breno Medeiros, Alexandre Luiz Ramos, Renato de Lacerda Paiva e Brito Pereira.

TST-E-ED-RR-1156-17.2011.5.15.0027, rel. Min. Aloysio Corrêa da Veiga, red. p/ acórdão Min. Augusto César Leite de Carvalho, 5.9.2019

BREVE COMENTÁRIO

Os litígios entre servidor de regime jurídico administrativo afastam a competência da Justiça do Trabalho. Tal tese foi firmada em sede cautelar na ADI 3.395-6, como segue:

> INCONSTITUCIONALIDADE. Ação direta. Competência. Justiça do Trabalho. Incompetência reconhecida. **Causas entre o Poder Público e seus servidores estatutários. Ações que não se reputam oriundas de relação de trabalho**. Conceito estrito desta relação. Feitos da competência da Justiça Comum. Interpretação do art. 114, inc. I, da CF, introduzido pela EC 45/2004. Precedentes. Liminar deferida para excluir outra interpretação. O disposto no art. 114, I, da Constituição da República, não abrange as causas instauradas entre o Poder Público e servidor que lhe seja vinculado por relação jurídico-estatutária" (ADI 3395 MC/DF, Pleno, Rel. Min. Cezar Peluso, j. 05/04/2006, DJ de 10/11/2006, p. 49). (grifos nossos)

Tal entendimento se aplica aos contratos de trabalho temporário, tendo em vista que esses não são regidos pela CLT, e sim por lei especial.

O STF possui entendimento que, mesmo quando se afirme devidas verbas rescisórias, FGTS ou outros encargos similares, dada a questão de fundo, não se reconhece a competência desta especializada. Nesse sentido a RCL 4.351/PE:

> Administrativo e Processual Civil. Dissídio entre servidor temporário e o poder público. ADI nº 3.395/DF-MC. Competência da Justiça comum. Reclamação julgada procedente.
>
> 1. **Compete à Justiça comum pronunciar-se sobre a existência, a validade e a eficácia das relações entre servidores e o poder público fundadas em vínculo jurídico-administrativo temporário.**
>
> 2. Não descaracteriza a competência da Justiça comum o fato de se requererem verbas rescisórias, FGTS e outros encargos de natureza símile, dada a prevalência da questão de fundo, a qual diz respeito à própria natureza da relação jurídico-administrativa, ainda que desvirtuada ou submetida a vícios de origem.
>
> 3. Agravo regimental provido e reclamação julgada procedente para se anularem os atos decisórios proferidos pela Justiça do Trabalho e se determinar o envio dos autos de referência à Justiça comum.
>
> (RCL 4351/PE. Rel. Min. Marco Aurélio. DJE nº 68 em 13/04/2016)

Não obstante esse seja o entendimento prevalecente, o caso do julgado analisado é diferente. No caso, foi firmado um TAC entre o MPT e Município, no qual este se obrigou a contratar por tempo determinado somente para atender a necessidade temporária de excepcional interesse público, mediante prévia aprovação em processo seletivo.

Não obstante a matéria objeto do TAC, a competência para a execução deste é da Justiça do Trabalho. Nesse sentido é o art. 876 da CLT:

> Art. 876 - As decisões passadas em julgado ou das quais não tenha havido recurso com efeito suspensivo; os acordos, quando não cumpridos; **os termos de ajuste de conduta firmados perante o Ministério Público do Trabalho** e os termos de conciliação firmados perante as Comissões de Conciliação Prévia serão executada pela forma estabelecida neste Capítulo.

Dessa forma, o TST entendeu que, mesmo se tratando da matéria em questão (servidores temporários), a competência para executar o TAC é da Justiça do Trabalho.

Apex. Serviço social autônomo. Dispensa imotivada. Possibilidade.

"AGRAVO INTERNO. AGRAVO DE INSTRUMENTO EM RECURSO DE REVISTA. DECISÃO MONOCRÁTICA. APEX. SERVIÇO SOCIAL AUTÔNOMO. DESPEDIDA IMOTIVADA. A decisão monocrática proferida nestes autos merece ser mantida. No tocante à despedida imotivada, a reclamada APEX (Agência Brasileira de Promoção de Exportações e Investimentos), conforme seu estatuto, é de uma associação civil, sem fins lucrativos, de direito privado, instituída na forma de serviço social autônomo.

Nesses termos, o posicionamento adotado pelo TRT foi no sentido de que a ré se trata de entidade paraestatal, e que, portanto, a dispensa de seus empregados não precisa ser motivada. Conforme a jurisprudência emanada do STF, no âmbito do Recurso Extraordinário (RE) 789874, as entidades que compõem os serviços sociais autônomos, por possuírem natureza jurídica de direito privado e não integrarem a administração direta e indireta, não estão sujeitas à regra prevista no artigo 37, II, da Constituição Federal, mesmo que desempenhem atividades de interesse público em cooperação com o Estado. Precedentes. Agravo interno a que se nega provimento."

TST-Ag-AIRR-179-66.2015.5.10.0013, 5ª Turma, rel. Min. Emmanoel Pereira, julgado em 4.9.2019

BREVE COMENTÁRIO

Os entes do Sistema S fazem parte do chamado 3º setor. Tal setor é integrado por pessoas de direito privado que podem atuar por meio de delegação do Estado, mediante fomento público.

O Terceiro Setor não faz parte do Estado e não integra a Administração Pública. Estão as entidades desse setor submetias essencialmente as normas de direito privado. Já decidiu o STF que as entidades do sistema S não se submetem a regra do concurso público. Nesse sentido:

> ADMINISTRATIVO E CONSTITUCIONAL. SERVIÇOS SOCIAIS AUTÔNOMOS VINCULADOS A ENTIDADES SINDICAIS. SISTEMA "S". AUTONOMIA ADMINISTRATIVA. RECRUTAMENTO DE PESSOAL. REGIME JURÍDICO DEFINIDO NA LEGISLAÇÃO INSTITUIDORA. SERVIÇO SOCIAL DO TRANSPORTE. NÃO SUBMISSÃO AO PRINCÍPIO DO CONCURSO PÚBLICO (ART. 37, II,DA CF).1. Os serviços sociais autônomos integrantes do denominado Sistema "S", vinculados a entidades patronais de grau superior e patrocinados basicamente por recursos recolhidos do próprio setor produtivo beneficiado, ostentam natureza de pessoa jurídica de direito privado e não integram a Administração Pública, embora colaborem com ela na execução de atividades de relevante significado social. Tanto a Constituição Federal de 1988, como a correspondente legislação de regência (como a Lei 8.706/93, que criou o Serviço Social do Trabalho - SEST) asseguram autonomia administrativa a essas entidades, sujeitas, formalmente, apenas ao controle finalístico, pelo Tribunal de Contas, da aplicação dos recursos recebidos. Presentes essas características, não estão submetidas à exigência de concurso público para a contratação de pessoal, nos moldes do art. 37, II, da Constituição Federal. Precedente: ADI 1864, Rel. Min. Joaquim Barbosa, DJe de 2/5/2008 (RE 789.874)

Da mesma forma, as entidades do Sistema S não precisam de motivação para dispensar seus empregados. Esse foi o entendimento do TST no presente julgado. Para a Corte Trabalhista, por não integrarem a Administração Pública, as entidades do Sistema S não estão sujeitas à regra prevista no artigo 37, II, da Constituição Federal, mesmo que desempenhem atividades de interesse público em cooperação com o Estado, não precisando assim motivar a dispensa de seus empregados.

Informativo nº 205

Questão controvertida remetida ao Tribunal Pleno. Art. 72 do RITST. Magistério público da educação básica. Carga horária semanal. Distribuição. Tempo em sala de aula e em atividades extraclasse. Limites estabelecidos no art. 2º, § 4º da Lei nº 11.738/2008. Não observância. Adicional de horas extras. Devido.

Aos **profissionais do magistério público da educação básica** é devido o pagamento do **adicional de 50% para as horas trabalhadas em sala de aula além do limite de jornada** previsto no art. 2º, § 4º, da Lei nº 11.738/2008, quando não extrapolado o limite semanal de duração da jornada de trabalho.

O referido dispositivo fixou o limite máximo de 2/3 (dois terços) da carga horária para o desempenho das atividades de interação com os educandos, destinando o 1/3 (um terço) restante para as demais atividades extraclasse, e teve sua constitucionalidade reconhecida no julgamento do processo nº STF-ADI-4167/DF, cujos efeitos foram modulados e restritos ao trabalho prestado a partir de 27.4.20011.

Ademais, não há falar em conflito entre o § 4º do art. 2º da Lei nº 11.738/2008 e o art. 320, caput, da CLT, pois este se limita a tratar do critério de remuneração dos professores a partir do número de aulas semanais, abrangendo as horas extraclasse, ao passo que o art. 2º, § 4º, da Lei nº 11.738/2008 apenas disciplina a distribuição das duas atividades (classe e extraclasse) dentro da jornada de trabalho.

Sob esse entendimento, o Tribunal Pleno, por unanimidade, conheceu do recurso de embargos, por divergência jurisprudencial, e, no mérito, por maioria, negou-lhes provimento, mantendo, portanto, a condenação ao pagamento do adicional de horas extraordinárias ante a não observância da proporcionalidade entre as atividades em sala de aula e o tempo destinado às atividades extraclasse.

Vencidos os Ministros Ives Gandra da Silva Martins Filho, Maria Cristina Irigoyen Peduzzi, Dora Maria da Costa, Guilherme Augusto Caputo Bastos, Márcio Eurico Vitral Amaro, Douglas Alencar Rodrigues, Breno Medeiros e Evandro Valadão.

TST-E-RR-10314-74.2015.5.15.0086, Tribunal Pleno, rel. Min. Luiz Philippe Vieira de Mello Filho, 16.9.2019

BREVE COMENTÁRIO

A Lei 11.738/08 instituiu o piso salarial dos profissionais do magistério público da educação básica.

O Julgado apresentado neste informativo questiona o pagamento de horas extraordinárias para os profissionais que extrapolem o limite legal previsto no art. 2º, § 4º, da Lei. Assim aduz o dispositivo:

> Art. 2º O piso salarial profissional nacional para os profissionais do magistério público da educação básica será de R$ 950,00 (novecentos e cinqüenta reais) mensais, para a formação em nível médio, na modalidade Normal, prevista no art. 62 da Lei no 9.394, de 20 de dezembro de 1996, que estabelece as diretrizes e bases da educação nacional.
>
> § 4º Na composição da jornada de trabalho, observar-se-á o limite máximo de 2/3 (dois terços) da carga horária para o desempenho das atividades de interação com os educandos.

Pela lei em questão, os profissionais do magistério público devem dedicar até 2/3 da carga horária para atividades intraclasse. A ADI 4167 declarou constitucional a reserva de 1/3 para atividades extraclasse, como se observa:

> Ementa: **CONSTITUCIONAL. FINANCEIRO. PACTO FEDERATIVO E REPARTIÇÃO DE COMPETÊNCIA. PISO NACIONAL PARA OS PROFESSORES DA EDUCAÇÃO BÁSICA.**
>
> **CONCEITO DE PISO: VENCIMENTO OU REMUNERAÇÃO GLOBAL. RISCOS FINANCEIRO E ORÇAMENTÁRIO.**
>
> **JORNADA DE TRABALHO: FIXAÇÃO DO TEMPO MÍNIMO PARA DEDICAÇÃO A ATIVIDADES EXTRACLASSE EM 1/3 DA JORNADA.**
>
> **ARTS. 2º, §§ 1º E 4º, 3º, CAPUT, II E III E 8º, TODOS DA LEI 11.738/2008. CONSTITUCIONALIDADE. PERDA PARCIAL DE OBJETO.**

> 1. Perda parcial do objeto desta ação direta de inconstitucionalidade, na medida em que o cronograma de aplicação escalonada do piso de vencimento dos professores da educação básica se exauriu (arts. 3º e 8º da Lei 11.738/2008).
>
> 2. É constitucional a norma geral federal que fixou o piso salarial dos professores do ensino médio com base no vencimento, e não na remuneração global. Competência da União para dispor sobre normas gerais relativas ao piso de vencimento dos professores da educação básica, de modo a utilizá-lo como mecanismo de fomento ao sistema educacional e de valorização profissional, e não apenas como instrumento de proteção mínima ao trabalhador.
>
> 3. É constitucional a norma geral federal que reserva o percentual mínimo de 1/3 da carga horária dos docentes da educação básica para dedicação às atividades extraclasse.
>
> Ação direta de inconstitucionalidade julgada improcedente. Perda de objeto declarada em relação aos arts. 3º e 8º da Lei 11.738/2008.

No julgado em análise, o TST entendeu que, ultrapassado o limite de 2/3 previstos em lei para atividades de interação com os educandos, é devido o pagamento do adicional de 50% para as horas trabalhadas em sala de aula além do limite de jornada previsto no art. 2º, § 4º, da Lei citada.

Por fim, entendeu o TST que não há de se confundir o disposto no art. 2º, § 4º, da Lei 11.738/08 com o disposto no art. 320 da CLT. Este apenas estipula a forma como deve se dar a remuneração dos professores, sendo esta pelo número de aulas semanais:

> Art. 320 - A remuneração dos professores será fixada pelo número de aulas semanais, na conformidade dos horários.

Diferentemente, o art. 2º, § 4º, da Lei 11.738/08 limita a jornada das atividades intraclasse, não tendo relação com o art. 320 da CLT.

Execução. Agravo de petição. Pretensa ausência de impugnação dos fundamentos da sentença de liquidação. Efeito devolutivo em profundidade. Incidência.

"(...) EXECUÇÃO. NÃO CONHECIMENTO DO AGRAVO DE PETIÇÃO. PRETENSA AUSÊNCIA DE IMPUGNAÇÃO DOS FUNDAMENTOS DA SENTENÇA DE LIQUIDAÇÃO. EFEITO DEVOLUTIVO EM PROFUNDIDADE. SÚMULAS Nos 393, ITEM I, E 422, ITEM III, DO TST. O artigo 1.013, § 1º, do CPC de 2015 traz o princípio do efeito devolutivo em profundidade, do qual é dotado o recurso ordinário, por aplicação do artigo 769 da CLT: "§ 1º Serão, porém, objeto de apreciação e julgamento pelo tribunal todas as questões suscitadas e discutidas no processo, ainda que a sentença não as tenha julgado por inteiro".

Nesse mesmo sentido é o entendimento firmado no item I da Súmula nº 393 do TST, in verbis: "I – O efeito devolutivo em profundidade do recurso ordinário, que se extrai do § 1º do art. 1.013 do CPC de 2015 (art. 515, §1º, do CPC de 1973), transfere ao Tribunal a apreciação dos fundamentos da inicial ou da defesa, não examinados pela sentença, ainda que não renovados em contrarrazões, desde que relativos ao capítulo impugnado". Considerando que o efeito devolutivo em profundidade "transfere ao Tribunal a apreciação dos fundamentos da inicial ou da defesa (...) desde que relativos ao capítulo impugnado", cabia à Corte regional julgar o apelo da reclamada, nos temas objetos dos capítulos por ela impugnado.

Ademais, o entendimento desta Corte superior é de que o item I da Súmula nº 422 do TST tem aplicabilidade restrita aos recursos de natureza extraordinária, endereçados à esta Corte superior, podendo apenas ser aplicado, em caráter de exceção, aos recursos ordinários, somente na hipótese "de recurso cuja motivação é inteiramente dissociada dos fundamentos da sentença", não sendo essa a hipótese destes autos. Neste sentido é a redação do item III da Súmula nº 422 do TST: "III – Inaplicável a exigência do item I relativamente ao recurso ordinário da competência de Tribunal Regional do Trabalho, exceto em caso de recurso cuja motivação é inteiramente dissociada dos fundamentos da sentença".

Observa-se, ainda, que, ao contrário do entendimento adotado pela Corte regional, não há falar em restrição de aplicabilidade do entendimento firmado no mencionado verbete sumular aos recursos ordinários da fase cognitiva.

Isso porque o agravo de petição, embora seja manejado na fase executória da demanda, também deve observar o princípio devolutivo em profundidade de que trata o artigo 1.013, § 1º, do CPC de 2015, sob pena de implicar violação do direito da ampla defesa da parte, assegurado no artigo 5º, inciso LV, da Constituição Federal.

Precedentes. Assim, a Corte regional, ao não conhecer do agravo de petição interposto pela reclamada, proferiu decisão em violação do artigo 5º, inciso LV, da Constituição Federal. Recurso de revista conhecido e provido."

TST-RR-184400-65.1999.5.01.0024, 2ª Turma,
rel. Min. José Roberto Freire Pimenta, julgado em 11.9.2019

BREVE COMENTÁRIO

Um dos efeitos dos quais são dotados os recursos é o efeito devolutivo. Pelo efeito devolutivo, transfere-se ao juízo ad quem o conhecimento das matérias julgadas no juízo *a quo*.

O Efeito devolutivo pode ser em extensão (horizontal) ou em profundidade (vertical). O efeito em extensão é a delimitação do objeto dentro do qual o recorrente pretende que o Tribunal se pronuncie. É aquele do qual trata o art. 1.013 do CPC:

> Art. 1.013. A apelação devolverá ao tribunal o conhecimento da matéria impugnada.

Esse art. é aplicável ao processo do trabalho, conforme o item I da súmula 393 do TST.

Súmula nº 393 do TST:

> I – O efeito devolutivo em profundidade do recurso ordinário, que se extrai do § 1º do art. 1.013 do CPC de 2015 (art. 515, §1º, do CPC de 1973), transfere

> ao Tribunal a apreciação dos fundamentos da inicial ou da defesa, não examinados pela sentença, ainda que não renovados em contrarrazões, desde que relativos ao capítulo impugnado.

Já o efeito devolutivo em profundidade diz respeito aos fundamentos e questões dentro do objeto impugnado. É o que dispõem os §§ 1º e 2º do art. 1013 do CPC:

> § 1º Serão, porém, objeto de apreciação e julgamento pelo tribunal todas as questões suscitadas e discutidas no processo, ainda que não tenham sido solucionadas, desde que relativas ao capítulo impugnado.
>
> § 2º Quando o pedido ou a defesa tiver mais de um fundamento e o juiz acolher apenas um deles, a apelação devolverá ao tribunal o conhecimento dos demais.

No julgado aqui analisado, o TST entendeu que o efeito devolutivo está presente também no agravo de petição. Este é recurso manejado na fase executória do processo, nos termos do art. 897, a), da CLT.

Para o TST, o efeito devolutivo não está restrito à fase de conhecimento. Ao desconsiderar esse efeito na fase de execução, estaria o TRT incorrendo em violação do direito da ampla defesa da parte, assegurado no artigo 5º, inciso LV, da Constituição Federal.

Dessa forma, pode-se afirmar que, segundo o TST, o Agravo de Petição também é dotado de efeito devolutivo.

Dano moral. Configuração. Professor. Dispensa imotivada. Início do semestre letivo.

"RECURSO DE REVISTA INTERPOSTO SOB A ÉGIDE DAS LEIS Nºs 13.015/2014, 13.105/2015 E 13.467/2017. PROFESSOR. DISPENSA IMOTIVADA NO INÍCIO DO SEMESTRE LETIVO. DANO MORAL. CONFIGURAÇÃO. Em reverência ao princípio da continuidade da relação de emprego, o legislador constituinte erigiu a proteção contra despedida arbitrária à garantia fundamental dos trabalhadores. Nesse aspecto, ressoa o inciso I do art. 7º da Constituição Federal.

Há situações em que nem mesmo as compensações adicionais (arts. 7º, XXI, e 10, "caput" e inciso I, do ADCT) se propõem a equacionar a desigualdade social inaugurada pelo desemprego. É o caso.

A jurisprudência deste Tribunal segue no sentido de reconhecer que **a dispensa imotivada do professor no início do semestre letivo impossibilita a sua recolocação no mercado de trabalho, configurando o dano moral**. Assim, cabível a reparação pelos danos a direito de personalidade. Precedentes. Recurso de revista conhecido e provido."

TST-RR-1820-34.2015.5.20.0006, 3ª Turma,
rel. Min. Alberto Luiz Bresciani de Fontan Pereira, julgado em 11.9.2019

BREVE COMENTÁRIO

Um dos princípios caros ao Direito do Trabalho é o princípio da continuidade do contrato de trabalho. Por este princípio, presume que o vínculo trabalhista entre empregador e empregado permaneça.

No julgado em questão, entendeu o TST que a dispensa de professor no início do ano letivo configuraria dano moral. Isso porque, ao demitir um professor no início do ano letivo, estaria o estabelecimento educacional dificultando a realocação do professor no mercado de trabalho. Assim, restaria configurado o dano moral.

Dispensa discriminatória. Não configuração. Depressão. Doença que não causa preconceito ou estigma.

"(...) DEPRESSÃO. DISPENSA DISCRIMINATÓRIA. NÃO CONFIGURAÇÃO. DOENÇA QUE NÃO GERA PRESUNÇÃO DE ESTIGMA OU PRECONCEITO. INAPLICABILIDADE DA SÚMULA Nº 443. CONHECIMENTO. NÃO PROVIMENTO.

Segundo o entendimento consolidado nesta colenda Corte Superior, **a dispensa imotivada de um determinado empregado encontra respaldo no poder diretivo do empregador, razão pela qual, por si só, não gera direito ao pagamento de compensação por dano moral nem direito à reintegração ao emprego. Ocorre, todavia, que devem ser consideradas algumas exceções, como aquelas previstas na Súmula nº 443, cujo teor preconiza que a despedida de empregado portador do vírus HIV ou de outra doença grave que suscite estigma ou preconceito acarretaria a presunção de discriminação e, por conseguinte, daria o direito ao empregado de reintegração no emprego**.

Na hipótese vertente, depreende-se da leitura do v. acórdão recorrido que, embora o reclamante apresentasse um quadro clínico diagnosticado como depressão, a reclamada o despediu imotivadamente.

Conquanto a depressão seja uma doença considerada grave, apta a limitar as condições físicas, emocionais e psicológicas de uma pessoa, não é possível enquadrá-la como uma patologia que gera estigma ou preconceito.

Logo, se não há elementos probatórios que ratifiquem a conduta discriminatória do empregador, o empregado não tem direito à reintegração ao emprego. Recurso de revista de que se conhece por divergência jurisprudencial e ao qual se nega provimento."

TST-RR-1535-46.2015.5.02.0037, 4ª Turma,
rel. Min. Guilherme Augusto Caputo Bastos, julgado em 18.9.2019

BREVE COMENTÁRIO

O TST tem entendimento sumulado que visa a proteção dos trabalhadores que possuam alguma doença grave que suscite preconceito, garantindo inclusive a reintegração no emprego. É a súmula 443:

> **Súmula nº 443 do TST**
>
> **DISPENSA DISCRIMINATÓRIA. PRESUNÇÃO. EMPREGADO PORTADOR DE DOENÇA GRAVE. ESTIGMA OU PRECONCEITO. DIREITO À REINTEGRAÇÃO – Res. 185/2012, DEJT divulgado em 25, 26 e 27.09.2012**
>
> Presume-se discriminatória a despedida de empregado portador do vírus HIV ou de outra doença grave que suscite estigma ou preconceito. Inválido o ato, o empregado tem direito à reintegração no emprego

No jugado acima, entendeu o Tribunal que a Depressão, não obstante seja uma doença grave, não seria doença que suscite estima ou preconceito. Dessa forma, o empegado diagnosticado com quadro clínico de Depressão não tem direito à reintegração.

Recurso de revista. Transcrição do trecho divergente na petição de interposição do apelo. Não preenchida a exigência do art. 896, § 1º-A, I, da CLT.

"(...) RECURSO DE REVISTA DA PETROBRAS. RESPONSABILIDADE SUBSIDIÁRIA. TOMADOR DE SERVIÇOS. ADMINISTRAÇÃO PÚBLICA. CONDENAÇÃO POR MERO INADIMPLEMENTO. INVERSÃO DO ÔNUS DA PROVA. TRANSCRIÇÃO DO TRECHO DO ACÓRDÃO REGIONAL NA PETIÇÃO DE ENCAMINHAMENTO DO RECURSO DE REVISTA.

O artigo 896, §1°-A, I, II, III e IV, da CLT, aplicável a todos os acórdãos regionais publicados a partir de 22/09/2014, prevê os pressupostos intrínsecos do recurso de revista, os quais devem ser cumpridos "sob pena de não conhecimento" do recurso. No caso, não foi atendido o artigo 896, §1°-A, I, da CLT.

O entendimento prevalecente foi de que a transcrição do trecho na petição de interposição do recurso de revista não atende a exigência do art. 896, § 1º-A, I, da CLT. Ressalva de entendimento da Relatora. Recurso de revista de que não se conhece."

TST-ARR-11596-65.2015.5.01.0013, 6ª Turma,
rel. Des. Conv. Cilene Ferreira Amaro Santos, julgado em 11.9.2019

BREVE COMENTÁRIO

Os Recursos podem ser classificados como recursos de natureza ordinária e extraordinária. Aqueles visam à tutela do direito subjetivo, permitindo assim a rediscussão da matéria, enquanto estes procuram tutelar o direito objetivo, ou seja, visam a exata aplicação do direito e impedem o reexame da matéria fática.

O Recurso de Revista é recurso de natureza extraordinária. Consequentemente possui requisitos específicos de admissibilidade. São pressupostos específicos do RR o prequestionamento e a transcendência. O julgado em questão tratou da ausência de prequestionamento, motivo pelo qual iremos analisar apenas esse requisito.

Prequestionamento consiste na obrigação na obrigatoriedade que haja prévia discussão acerca do direito objetivo tido como violado. De acordo com a súmula 297 do TST:

> **Súmula nº 297 do TST**
>
> **PREQUESTIONAMENTO. OPORTUNIDADE. CONFIGURAÇÃO (nova redação) - Res. 121/2003, DJ 19, 20 e 21.11.2003**
>
> I. Diz-se prequestionada a matéria ou questão quando na decisão impugnada haja sido adotada, explicitamente, tese a respeito.

> II. Incumbe à parte interessada, desde que a matéria haja sido invocada no recurso principal, opor embargos declaratórios objetivando o pronunciamento sobre o tema, sob pena de preclusão.
>
> III. Considera-se prequestionada a questão jurídica invocada no recurso principal sobre a qual se omite o Tribunal de pronunciar tese, não obstante opostos embargos de declaração.

Somente haverá prequestionamento se houver tese jurídica adotada como fundamento do acórdão. Caso o Tribunal não se pronuncie sobre determinada questão, caberá à parte o manejo de Embargos Declaratórios.

A título de observação, o item III da súmula citada trata do prequestionamento ficto. Este ocorre quando, não obstante o manejo de Embargos Declaratórios, o Tribunal não se pronuncia a respeito. Mesmo diante dessa omissão, considera-se a matéria prequestionada.

De acordo com o art. 896 da CLT, cabe a parte indicar o trecho prequestionador em seu recurso.

> Art. 896 - Cabe Recurso de Revista para Turma do Tribunal Superior do Trabalho das decisões proferidas em grau de recurso ordinário, em dissídio individual, pelos Tribunais Regionais do Trabalho, quando:
>
> § 1º-A. Sob pena de não conhecimento, é ônus da parte:
>
> I - indicar o trecho da decisão recorrida que consubstancia o prequestionamento da controvérsia objeto do recurso de revista.

No julgado aqui tratado, o TST entendeu que a mera transcrição de trecho do Acórdão na petição de interposição de Recurso não atende o pressuposto de prequestionamento. No caso, a transcrição do trecho se deu na petição de interposição apenas, mas não nas razões do Recurso de Revista. Com base nisso, entendeu o TST que não estava atendido o pressuposto do prequestionamento.

Ação coletiva ajuizada pelo sindicato. Posterior ação individual de mesmo objeto. Início do prazo prescricional. Data do trânsito em julgado da primeira ação. Cômputo do período imprescrito. Data do ajuizamento da ação coletiva.

"(...) RECURSO DE REVISTA DO RECLAMANTE. PROGRESSÕES FUNCIONAIS - CONTRATO DE TRABALHO NÃO EXTINTO - AÇÃO COLETIVA AJUIZADA ANTERIORMENTE PELO SINDICATO - INTERRUPÇÃO DA PRESCRIÇÃO - DEFINIÇÃO DO CÔMPUTO DO PRAZO PRESCRICIONAL EM RELAÇÃO À AÇÃO INDIVIDUAL POSTERIOR COM O MESMO OBJETO DAQUELA COLETIVA - OBSERVÂNCIA DA DATA DO TRÂNSITO EM JULGADO DA AÇÃO ANTERIOR PARA EFEITO DO INÍCIO DO PRAZO PRESCRICIONAL DO DIREITO DE AÇÃO POSTERIOR E DA DATA DO AJUIZAMENTO DA AÇÃO ANTERIOR PARA EFEITO DO CÔMPUTO DO PERÍODO IMPRESCRITO. Discute-se na hipótese qual o período prescricional a ser considerado em face de ação coletiva anterior que interrompeu a prescrição com relação ao mesmo objeto da presente ação individual, que discute o direito às progressões funcionais não concedidas pela Reclamada.

O eg. TRT limitou o período imprescrito apenas de 2010 a 2015 sob o fundamento de que a ação coletiva anterior, que transitou em julgado em 2012, interrompeu a prescrição na data em que fora proposta, 2009, de modo que apresentada esta ação em 2015, mais de seis anos da data do ajuizamento da anterior, a prescrição alcança os cinco anos anteriores ao ajuizamento desta ação individual.

No entanto, a jurisprudência desta c. Corte Superior firmou o entendimento de que **a data do ajuizamento da ação anterior interrompe os prazos prescricionais bienal e quinquenal, iniciando-se o prazo da prescrição para o ajuizamento da ação seguinte na data em que a decisão da ação anterior transita em julgado, de modo que, observados todos esses prazos prescricionais, como ocorreu no presente caso, o período imprescrito retroage ao quinquênio que antecede a propositura da ação anterior, e seu marco inicial é o dia 12/06/2004**. Recurso de revista de que se conhece e a que se dá provimento."

TST-ARR-1060-88.2015.5.20.0005, 6ª Turma,
rel. Des. Conv. Cilene Ferreira Amaro Santos, julgado em 18.9.2019

BREVE COMENTÁRIO

O Sindicato, cumprindo sua função constitucional prevista no art. 8º, III da CF, pode agir em juízo como autor legitimado extraordinário (substituto processual). Na Substituição processual, o autor pleiteia, em nome próprio, direito alheio, nos termos do art. 18 e parágrafo único do CPC.

> Art. 18. Ninguém poderá pleitear direito alheio em nome próprio, salvo quando autorizado pelo ordenamento jurídico.
>
> Parágrafo único. Havendo substituição processual, o substituído poderá intervir como assistente litisconsorcial.

O instrumento processual do Sindicato para a tutela dos direitos dos substituídos é, via de rega, a ação coletiva. Através desta, o Sindicato pode pleitear a proteção de direitos difusos, coletivo em sentido estrito e individuais homogêneos.

O julgado em questão trata da interrupção da prescrição das pretensões individuais ante o ajuizamento de uma anterior ação coletiva. Mas antes, devemos tecer algumas considerações.

Os direitos difusos e coletivos estritos têm em comum sua natureza transindividual e indivisibilidade. Por essa razão, entende-se que a prescrição não atinge as ações coletivas cujo objeto sejam direitos difusos ou coletivos estritos.

Já em relação aos direitos individuais homogêneos, admite-se a prescrição. Isso por que, no caso de direitos individuais homogêneos, sua natureza é divisível e não possuem transcendência, ou seja, podem perfeitamente ser pleiteados individualmente pelos sujeitos da relação de direito material.

De acordo com o art. 240 do CPC, a interrupção da prescrição de dá com o despacho citatório. Veja-se:

> Art. 240. A citação válida, ainda quando ordenada por juízo incompetente, induz litispendência, torna litigiosa a coisa e constitui em mora o devedor,

> ressalvado o disposto nos arts. 397 e 398 da Lei nº 10.406, de 10 de janeiro de 2002 (Código Civil).
>
> § 1º A interrupção da prescrição, operada pelo despacho que ordena a citação, ainda que proferido por juízo incompetente, retroagirá à data de propositura da ação.

Essa disposição aplica-se às ações coletivas, gerando efeito de interrupção da prescrição de ações individuais. Isso se dá ante o transporte *in utilibus* previsto no art. 103, § 3º, do CDC.

No julgado em questão, discutiu-se a partir de que momento se reinicia o prazo prescricional para as ações individuais.

Para o TST, esse momento se dá quando há o trânsito em julgado da ação coletiva. Este é, para o TST, o marco legal para que se reinicie o prazo de prescrição das ações individuais.

Por fim, vale salientar que para o TST, a interrupção da prescrição atinge não apenas a prescrição bienal, mas também a quinquenal, retroagindo ao quinquênio que antecede a propositura da ação anterior.

Regime 12x36. Horas extras habituais. Período contratual regido pela Lei nº 13.467/2017. Transcendência jurídica reconhecida. Não incidência da regra do art. 59-B, parágrafo único, da CLT à jornada excepcional de 12x36 prevista no art. 59-A da CLT. Invalidade do regime.

"RECURSO DE REVISTA. LEI 13.467/2017. REGIME 12X36. PRESTAÇÃO DE HORAS EXTRAS HABITUAIS. INVALIDADE. CONTRATO DE TRABALHO DE 19/05/2017 A 19/06/2018. TRANSCENDÊNCIA. O processamento do recurso de revista na vigência da Lei 13.467/2017 exige que a causa ofereça transcendência com relação aos reflexos gerais de natureza econômica, política, social ou jurídica, a qual deve ser analisada de ofício e previamente pelo Relator (artigos 896-A, da CLT, 246 e 247 do RITST).

Discute-se a declaração de invalidade do regime de jornada 12x36 previsto em norma coletiva em face da habitual prestação de horas extras relacionado a contrato de trabalho que vigeu em período posterior à Lei 13.467/2017, que acrescentou o art. 59-B, parágrafo único, da CLT. Deve ser reconhecida a transcendência jurídica, nos termos do art. 896-A, § 1º, IV, da CLT, por se tratar de matéria nova. Com relação ao período de 19/05/2017 a 10/11/2017, a decisão regional que reconheceu a invalidade do regime 12X36 em decorrência da prestação habitual de horas extraordinárias está em consonância com o entendimento jurisprudencial desta c. Corte.

No que diz respeito ao período de 11/11/2017 a 19/06/2018, o art. 59-A, da CLT expressamente registra que "Em exceção ao disposto no art. 59 desta Consolidação, é facultado às partes, (...) estabelecer horário de trabalho de doze horas seguidas por trinta e seis horas ininterruptas de descanso (...)". O art. 59-B, parágrafo único, da CLT, indicado como violado pela reclamada, constitui exceção à regra geral do art. 59/ CLT e não é possível a cumulação de exceções. Por esse motivo, não se aplica ao regime excepcional do art. 59-A da CLT (12 x 36 horas) a regra exceptiva do art. 59-B, parágrafo único, da CLT. Transcendência política reconhecida, recurso de revista de que não se conhece."

TST-RR-1000761-18.2018.5.02.0708, 6ª Turma,
rel. Des. Conv. Cilene Ferreira Amaro Santos, julgado em 18.9.2019

BREVE COMENTÁRIO

Esse julgado trata de dois assuntos de interesse para quem estuda Direito do Trabalho e Processo do Trabalho: pressupostos recursais, aplicação da lei material no tempo e negociação coletiva.

Os Recursos podem ser classificados como recursos de natureza ordinária e extraordinária. Aqueles visam à tutela do direito subjetivo, permitindo assim a rediscussão da matéria, enquanto estes procuram tutelar o direito objetivo, ou seja, visam a exata aplicação do direito e impedem o reexame da matéria fática.

O Recurso de Revista é recurso de natureza extraordinária. Consequentemente possui requisitos específicos de admissibilidade. São pressupostos específicos do RR o prequestionamento e a transcendência. O julgado em questão tratou da transcendência, motivo pelo qual iremos analisar apenas esse requisito.

O critério da transcendência como pressuposto recursal específico para o Recurso de Revista tem como escopo evitar a interposição desmesurada de recursos na corte superior trabalhista. Não obstante de difícil definição, devido à falta de critérios objetivos, a CLT aponta exemplos de indicadores de transcendência.

A lei 13.467/17 fixou quatro ângulos para aferir a transcendentalidade da causa. De acordo com o art. 896-A, § 1º da CLT, são indicadores de transcendência:

> I – econômica, o elevado valor da causa;
>
> II – política, o desrespeito da instância recorrida à jurisprudência sumulada do Tribunal Superior do Trabalho ou do Supremo Tribunal Federal;
>
> III – social, a postulação, por reclamante-recorrente, de direito social constitucionalmente assegurado;
>
> IV – jurídica, a existência de questão nova em torno da interpretação da legislação trabalhista.

No jugado acima tratado, o TST reconheceu a transcendência jurídica da causa, por se tratar de matéria nova, qual seja, aplicação da Reforma Trabalhista no tempo.

Trata-se da invalidade do regime de horas 12x36 e o pagamento de horas extras habituais. De acordo com o julgado, no período anterior à vigência da Reforma Trabalhista, até 10/11/2017, a prestação de horas extras habituais invalidaria o regime de 12x36, ensejando assim o pagamento de horas extras. Nesse sentido, temos outros julgados do TST:

> AGRAVO DE INSTRUMENTO DA PRIMEIRA RECLAMADA REGIDO PELA LEI 13.015/2014. JORNADA DE TRABALHO. ESCALA 12X36. PRESTAÇÃO HABITUAL DE HORAS EXTRAS. INVALIDADE. O Tribunal Regional manteve a sentença em que reputada inválida a escala 12x36 adotada pelo Reclamado, sob o fundamento de que a prestação de horas extras descaracteriza

> o referido regime . O entendimento assente nesta Corte é de que a prestação de horas extras habituais descaracteriza o regime 12x36, considerando-se como extraordinárias as horas laboradas além da 8ª diária e 44ª semanal. Agravo de instrumento não provido.
>
> (ARR-1094-54.2014.5.05.0122, 5ª Turma, Relator Ministro Douglas Alencar Rodrigues, DEJT 24/05/2019).

Já em relação ao período posterior à vigência da Reforma Trabalhista, qual seja, 11/11/2017, o contrato de trabalho passou a ser regido pela Lei 13.467/2017, tendo sido apontada a ofensa ao art. 59-B, parágrafo único da CLT. Assim dispõe o referido artigo.

> Art. 59. A duração diária do trabalho poderá ser acrescida de horas extras, em número não excedente de duas, por acordo individual, convenção coletiva ou acordo coletivo de trabalho.
>
> Art. 59-A. **Em exceção ao disposto no art. 59** desta Consolidação, **é facultado às partes**, mediante acordo individual escrito, convenção coletiva ou acordo coletivo de trabalho, **estabelecer horário de trabalho de doze horas seguidas por trinta e seis horas ininterruptas de descanso,** observados ou indenizados os intervalos para repouso e alimentação.
>
> Art. 59-B. O não atendimento das exigências legais para compensação de jornada, inclusive quando estabelecida mediante acordo tácito, não implica a repetição do pagamento das horas excedentes à jornada normal diária se não ultrapassada a duração máxima semanal, sendo devido apenas o respectivo adicional.
>
> Parágrafo único. **A prestação de horas extras habituais não descaracteriza o acordo de compensação de jornada e o banco de horas**

Para o TST, não houve violação do art. 59-B, parágrafo único, da CLT. Isso porque ele constitui exceção à regra geral do art. 59 da CLT.

In casu, não havendo violação da regra do art. 59-B, não seriam devidas horas extras no regime de 12x36.

Informativo nº 206

Incidente de Recursos de Revista Repetitivos. "Tema nº 0017 – Cumulação de adicionais de periculosidade e de insalubridade amparados em fatos geradores distintos e autônomos."

A SBDI-I, em sua composição plena, por maioria, definiu a seguinte tese jurídica para o Tema Repetitivo nº 0017 – CUMULAÇÃO DE ADICIONAIS DE PERICULOSIDADE E DE INSALUBRIDADE AMPARADOS EM FATOS GERADORES DISTINTOS E AUTÔNOMOS: **o art. 193, § 2º, da CLT foi recepcionado pela Constituição Federal e veda a cumulação dos adicionais de insalubridade e de periculosidade, ainda que decorrentes de fatos geradores distintos e autônomos.**

Vencidos os Ministros Luiz Philippe Vieira de Mello Filho, relator, Augusto César Leite de Carvalho, José Roberto Freire Pimenta, Hugo Carlos Scheuermann, Cláudio Mascarenhas Brandão e Lelio Bentes Corrêa.

TST-IRR-239-55.2011.5.02.0319, SBDI-I, rel. Min. Luiz Philippe Vieira de Mello Filho, red. p/ acórdão Min. Alberto Luiz Bresciani de Fontan Pereira, 26.9.2019

BREVE COMENTÁRIO

A remuneração paga ao trabalhador não é composta apenas da parcela fixa. Nela podem ser incluídas outras parcelas, as quais podem ou não ter natureza salarial. Algumas dessas parcelas são os chamados "Adicionais".

Adicionais são parcelas salariais pagas ao empregado em razão de circunstâncias gravosas ou prejudiciais ao próprio trabalhador. São exemplos de adicionais o de hora extra e os de periculosidade e insalubridade.

De acordo com o art. 193, § 2º, da CLT, os adicionais de insalubridade e periculosidade não são acumuláveis, podendo o empregado optar entre um ou outro:

> Art. 193. São consideradas atividades ou operações perigosas, na forma da regulamentação aprovada pelo Ministério do Trabalho e Emprego, aquelas que, por sua natureza ou métodos de trabalho, impliquem risco acentuado em virtude de exposição permanente do trabalhador a:
> § 2º – O empregado poderá optar pelo adicional de insalubridade que porventura lhe seja devido.

No caso em questão se discutia a cumulação dos adicionais de origens diversas. No caso, entendeu o TST que ainda que sejam de origens diversas, os respectivos adicionais não podem ser acumulados.

Ações distintas. Mesma causa de pedir. Doença ocupacional. Pedidos diversos. Reintegração. Indenização por danos morais. Perícia realizada na primeira ação que indica a inexistência de nexo causal entre a doença e as atividades do reclamante. Questão prejudicial. Coisa julgada. Não configuração. Ausentes os requisitos do art. 470 do CPC de 1973. Existência de perícia posterior atestando o nexo causal.

Não faz coisa julgada material a conclusão extraída de perícia técnica realizada em processo anterior, **na qual se decidiu pela improcedência de pedido de reintegração do empregado**, ante **a ausência de nexo de causalidade** entre a doença e as tarefas por ele desempenhadas.

No caso concreto, foram ajuizadas duas reclamações trabalhistas distintas, com mesma causa de pedir, mas pedidos diversos.

Com base no acometimento de doença ocupacional decorrente das atividades desempenhadas na empresa reclamada, a reclamante postulou a reintegração (na primeira ação) e indenização por danos morais (na segunda ação).

O TRT entendeu prejudicado o exame da segunda reclamatória, tendo em vista a prova técnica produzida na primeira reclamação ter concluído pela inexistência de doença ocupacional.

Consignou tratar-se de questão prejudicial ao exame da pretensão à indenização por danos morais.

Todavia, na hipótese, não restaram preenchidos os requisitos necessários à configuração da coisa julgada de questão prejudicial a que se refere o art. 470 do CPC de 1973 (aplicável aos processos ajuizados antes da vigência do CPC de 2015), nem se levou em conta o laudo pericial favorável à autora produzido em momento posterior à primeira ação.

Assim, entendendo possível o exame do pedido de indenização por danos morais, a SBDI-I, por unanimidade, conheceu dos embargos, por divergência jurisprudencial, e, no mérito, por maioria, deu-lhes provimento para, afastada a coisa julgada, determinar o retorno dos autos à Vara do Trabalho de origem para que prossiga no exame da matéria como entender de direito. Vencidos os Ministros Renato de Lacerda Paiva, Hugo Carlos Scheuermann, Breno Medeiros e Alexandre Luiz Ramos.

TST-E-RR-26900-75.2006.5.15.0031, SBDI-I,
rel. Min. Alberto Luiz Bresciani de Fontan Pereira, 26.9.2019

BREVE COMENTÁRIO

Ao se tratar de coisa julgada, a doutrina processualista leciona sobre a teoria da tríplice identidade.

Para essa Teoria, os elementos que permitem que cada ação seja isoladamente considerada, de acordo com a doutrina e com o CPC, são 3: as partes, o pedido e a causa de pedir. Uma ação seria idêntica a outra já julgada se ambas tiverem esses mesmos elementos.

No julgado acima, o TST entendeu que a perícia técnica não faz coisa julgada para as partes. Com base nisso, entendeu que a segunda ação deve ser processada, não havendo que se falar em coisa julgada.

Dispensa discriminatória. Ajuizamento de reclamação trabalhista. Art. 1º da Lei nº 9.029/95. Rol exemplificativo.

"(...) RECURSO DE REVISTA DO RECLAMANTE. DISPENSA ARBITRÁRIA. DISCRIMINAÇÃO EM RAZÃO DO AJUIZAMENTO DE RECLAMATÓRIA TRABALHISTA. ABUSO DE DIREITO. PEDIDO DE REINTEGRAÇÃO.

1. Na hipótese, o Colegiado local consignou que "Não obstante a manifesta retaliação do empregador, não há falar no presente caso em práticas discriminatórias por motivo de sexo, origem, raça, cor, estado civil, situação familiar ou idade, para efeitos admissionais ou de permanência da relação jurídica de trabalho previsto na lei 9.029/95". Neste sentido, rejeitou o pedido de reintegração. Entendeu que a conduta tida por discriminatória – dispensa em razão do ajuizamento de reclamação trabalhista – não está elencada no art. 1º da Lei nº 9.029/95, em sua redação anterior ao advento da Lei 13.146/2015 ("É proibida a adoção de qualquer prática discriminatória e limitativa para efeito de acesso à relação de trabalho, ou de sua manutenção, por motivo de sexo, origem, raça, cor, estado civil, situação familiar, deficiência, reabilitação profissional, idade, entre outros, ressalvadas, nesse caso, as hipóteses de proteção à criança e ao adolescente previstas no inciso XXXIII do art. 7º da Constituição Federal").

2. À luz da jurisprudência desta Corte, o rol contido no art. 1º da Lei nº 9.029/95 **não é taxativo, podendo ser aplicadas as disposições contidas na referida lei a outras hipóteses em que ficar comprovada a dispensa discriminatória. 3. Assim, a dispensa discriminatória do reclamante, em razão do ajuizamento da reclamação trabalhista, enseja o direito a sua reintegração**. Recurso de revista conhecido e provido."

TST-Ag-RR-21276-77.2013.5.04.0331, 1ª Turma, rel. Min. Hugo Carlos Scheuermann, julgado em 25.9.2019

BREVE COMENTÁRIO

No julgado em questão, o TST interpretou a Lei 9029/95. Essa lei trata de práticas discriminatórias para efeitos admissionais ou de permanência da relação jurídica de trabalho.

De acordo com seu art. 1º:

> Art. 1º É proibida a adoção de qualquer prática discriminatória e limitativa para efeito de acesso à relação de trabalho, ou de sua manutenção, por motivo de sexo, origem, raça, cor, estado civil, situação familiar, deficiência, reabilitação profissional, idade, entre outros, ressalvadas, nesse caso, as hipóteses de proteção à criança e ao adolescente previstas no inciso XXXIII do art. 7º da Constituição Federal. (Redação dada pela Lei nº 13.146, de 2015)

Para o TST, esse rol de hipóteses discriminatórias é meramente exemplificativo. No caso, entendeu a Corte trabalhista que a dispensa de empregado em razão do ajuizamento de reclamação trabalhista ensejaria sua reintegração ao trabalho anteriormente ocupado.

Informativo nº 207

Intervalo intrajornada. Concessão parcial. Minutos gastos pelo empregado no deslocamento até o refeitório. Tempo à disposição do empregador. Não configuração.

A SBDI-I, por unanimidade, conheceu dos embargos da empresa ré e, no mérito, deu-lhes provimento para restabelecer o acórdão do Tribunal Regional que indeferira o pagamento do intervalo intrajornada supostamente suprimido em razão dos minutos gastos pelo empregado no deslocamento do local de trabalho até o refeitório.

Prevaleceu o entendimento de que o período gasto com o **deslocamento não implica redução do intervalo intrajornada**, visto que, durante esse tempo, o empregado não está executando serviços, nem está à disposição do empregador, mas efetivamente usufruindo do intervalo que é destinado não apenas à alimentação, mas também ao descanso físico e mental.

No caso, a decisão recorrida havia adotado tese no sentido de que o trabalhador não usufruía integralmente do intervalo, uma vez que quinze minutos eram destinados ao deslocamento, em transporte fornecido pelo empregador, até o refeitório.

TST-E-ED-RR-993-42.2013.5.09.0671, SBDI-I, rel. Min. Cláudio Mascarenhas Brandão, 3.10.2019

BREVE COMENTÁRIO

A Reforma Trabalhista tratou de forma unívoca o tempo de deslocamento do empregado até o local de trabalho, independentemente do fornecimento de transporte por parte do empregador.

Nesse sentido é o art. 58, § 2º, da CLT:

> Art. 58 – A duração normal do trabalho, para os empregados em qualquer atividade privada, não excederá de 8 (oito) horas diárias, desde que não seja fixado expressamente outro limite.
>
> § 2º O tempo despendido pelo empregado desde a sua residência até a efetiva ocupação do posto de trabalho e para o seu retorno, caminhando ou por qualquer meio de transporte, inclusive o fornecido pelo empregador, não será computado na jornada de trabalho, por não ser tempo à disposição do empregador. (Redação dada pela Lei nº 13.467, de 2017)

Assim, o julgado acima tratado se encontra em consonância com a Reforma Trabalhista.

FÉRIAS INTERROMPIDAS. PAGAMENTO EM DOBRO DO PERÍODO INTEGRAL E NÃO APENAS DOS DIAS TRABALHADOS

"(...)1 – FÉRIAS INTERROMPIDAS. PAGAMENTO EM DOBRO DO PERÍODO INTEGRAL E NÃO APENAS DOS DIAS TRABALHADOS. No caso concreto, restou demonstrado que a reclamante foi chamada para trabalhar por três dias nas férias. Todavia, a Corte de origem manteve a condenação da reclamada ao pagamento em dobro apenas dos três dias trabalhados.

O trabalho durante as férias torna irregular a sua concessão, porquanto frustra a finalidade do instituto, gerando, assim, o direito de o trabalhador recebê-las integralmente em dobro, e não apenas dos dias trabalhados, nos termos do artigo 137 da CLT. Precedente. Recurso de revista conhecido e provido. (...)"

TST-RR-684-94.2012.5.04.0024, 2ª Turma,
rel. Min. Delaíde Miranda Arantes, julgado em 2.10.2019

BREVE COMENTÁRIO

O art. 137 da CLT garante ao empregado que não gozou de férias no período devido o pagamento em dobro da respectiva remuneração.

> Art. 137 – Sempre que as férias forem concedidas após o prazo de que trata o art. 134, o empregador pagará em dobro a respectiva remuneração.

Nesse mesmo sentido é a súmula 81 do TST:

> **Súmula nº 81 do TST**
>
> **FÉRIAS (mantida) – Res. 121/2003, DJ 19, 20 e 21.11.2003**
>
> Os dias de férias gozados após o período legal de concessão deverão ser remunerados em dobro.

A interpretação desse dispositivo leva ao entendimento de que o trabalho durante as férias gera igualmente o pagamento em dobro das mesmas.

Nesse sentido, o TST entendeu que "O trabalho durante as férias torna irregular a sua concessão, porquanto frustra a finalidade do instituto, gerando, assim, o direito de o trabalhador recebê-las integralmente em dobro, e não apenas dos dias trabalhados".

- ***"(...) RECURSO DE REVISTA INTERPOSTO NA VIGÊNCIA DA LEI 13.015/2014. ESTABILIDADE PROVISÓRIA. COOPERATIVA. Nº LEI 5.764/71. Cinge-se a controvérsia em averiguar a existência de finalidade lucrativa na cooperativa COOPERREP e, por conseguinte, a impossibilidade de se reconhecer a estabilidade de seus dirigentes. Em essência, a sociedade cooperativa catalisa esforços e interesses comuns para o desenvolvimento de dada atividade econômica.***

Fundada na mutualidade entre os cooperados, prima pela satisfação das necessidades econômicas e sociais de seus membros. Com efeito, o objetivo central de uma cooperativa não é o lucro, já que são criadas para prestar serviços aos cooperados, realizando negócios com terceiros em benefício de seus integrantes.

Todavia, por abranger operações de natureza econômica, a obtenção de recursos decorrentes de suas atividades é consectário, fato este que, por si só, não desvirtua o cerne do instituto. Tanto é assim que a Lei nº 5.764/71, em seu art. 4º, inciso VII, prevê "o retorno das sobras líquidas do exercício, proporcionalmente às operações realizadas pelo associado (...)". Sobre o tema, PAULO RENATO FERNANDES DA SILVA, esclarece que: (...) Não cabe tecnicamente utilizar as expressões salário e lucro, mas sim a denominação participação nos resultados (art. 1.094, do Código Civil de 2002) das operações econômicas realizadas pela cooperativa.

Esses resultados podem ser positivos, quando são chamados de sobras, ou negativos, chamados de prejuízos. (...) **As cooperativas não se ocupam em alcançar rendimentos sobre o capital investido (lucro)**, e sim em viabilizar, de maneira organizada e estruturada, a atividade dos seus associados. Embora isso seja verdade, nada impede que por força das circunstâncias ou da boa administração a cooperativa tenha um superávit, caso em que tais sobras obedecerão à destinação fixada no Estatuto Social da entidade, podendo ser distribuídas aos associados (...)". A questão então não se lastreia na existência de lucro (ou sobras líquidas), mas sim na aplicação e na destinação dos resultados positivos em prol dos cooperados.

No caso concreto, o que se constata foi a criação de uma cooperativa interestadual de consumo dos representantes propagandistas e vendedores de produtos farmacêuticos nos estados de Pernambuco, Paraíba e Rio Grande do Sul – COOPERREP, cuja atividade consiste no "comércio varejista de mercadorias em geral, com predominância de produtos alimentícios, minimercados, mercearias e armazéns, e, como secundária, o comércio de artigos de papelaria, cosméticos, dentre outros". Resta evidenciado, portanto, que os cooperados, em prol da melhoria da qualidade de vida dos seus membros se uniram para satisfazer suas necessidades econômicas.

O fato de ter sido criada para o comércio varejista de seus associados não a desnatura como sociedade cooperativa. É que, não é uma espécie de mercado que atende toda a população indistintamente objetivando o lucro, mas sim, minimercados, mercearias que oferecem produtos para atender as necessidades comuns dos associados que compartilham de iguais riscos e benefícios, com evidente proveito comum, já que na maioria das vezes, cooperativas dessa natureza oferecem preços exclusivos aos cooperados.

Também não se vislumbra, no acórdão regional, qualquer indício de fraude quanto às regras de atuação da mencionada cooperativa. Partindo dessa premissa, conclui-se que os elementos descritos no acórdão regional não são suficientes para afastar a caracterização da cooperativa. **A singularidade do caso concreto consiste na organização de serviços de interesse dos filiados para obter uma vantagem econômica de todos os membros do grupo que se uniu. Dessa forma, tendo em vista que a reclamante foi eleita como membro da diretoria dessa sociedade cooperativa de consumo, faz jus à estabilidade provisória prevista no artigo 55 da Lei nº 5.764/1971**. Recurso de revista conhecido e provido."

TST-RR-345-11.2016.5.06.0002, 5ª Turma,
rel. Min. Breno Medeiros, julgado em 1º.10.2019

BREVE COMENTÁRIO

O art. 55 da Lei 5.764/71 atribui estabilidade aos que forem eleitos diretores de sociedades cooperativas.

No presente julgado, o TST analisa se houve desvirtuamento da finalidade associativa da Cooperativa COOPERREP.

Para o TST, o fato de ser a COOPERREP uma sociedade cooperativa criada para o comércio varejista de seus associados não desnatura sua finalidade. Assim, para o TST, tento a reclamante sido eleita como diretora, ela faz jus à estabilidade provisória.

Informativo nº 208

Questão de ordem. Validade de norma coletiva de trabalho que limita ou restringe direito trabalhista não assegurado constitucionalmente. Tema 1.046 da repercussão geral. Suspensão nacional. Alcance.

A SBDI-I, em sua composição plena, ao analisar questão de ordem, decidiu, por maioria, que a suspensão nacional determinada no bojo dos autos em que analisado o Tema 1.046 da repercussão geral (STF-ARE-1121633) abarca todos os processos que versam sobre idêntica matéria para a qual foi reconhecida a repercussão geral, qual seja, a validade de norma coletiva que limita ou restringe direito trabalhista não garantido na Constituição Federal.

Não está delimitada, portanto, às matérias compreendidas nos Temas 357 e 762 da repercussão geral, mas, ao contrário, é mais abrangente e representará a revisão do anterior entendimento de ausência de repercussão geral dos aludidos temas.

De outa sorte, decidiu-se que a matéria abarcada pelo Tema 1.046, por sua própria abrangência expressa, não envolve situações em que a Justiça do Trabalho, em aplicação da norma coletiva analisada, e considerando-a válida, afasta determinado direito, em virtude da interpretação dada à cláusula de acordo ou convenção coletiva.

Em virtude do julgamento da questão de ordem, a Subseção suspendeu o julgamento do caso concreto e determinou a permanência dos autos na Secretaria da SBDI-I até ulterior determinação do STF. Vencidos os Ministros Cláudio Mascarenhas Brandão, Walmir Oliveira da Costa, José Roberto Freire Pimenta, Hugo Carlos Scheuermann, Lelio Bentes Corrêa e Luiz Philippe Vieira de Mello Filho.

TST-E-RR-819-71.2017.5.10.0022, SBDI-I,
rel. Min. Alberto Luiz Bresciani de Fontan Pereira, 10.10.2019

BREVE COMENTÁRIO

O ministro Gilmar Mendes determinou a suspensão nacional de todos os processos que envolvam a discussão sobre a validade de norma coletiva que limite ou restrinja direito trabalhista não assegurado constitucionalmente. A decisão foi proferida no Recurso Extraordinário com Agravo (ARE) 1121633, interposto contra a Mineração Serra Grande S/A, de Goiás, em que se discute a validade de cláusula de acordo coletivo que prevê o fornecimento de transporte para deslocamento dos empregados ao trabalho (horas *in itinere*) e a supressão do pagamento do tempo de percurso.

Tal tema teve sua repercussão geral reconhecida (Tema 1046).

No julgado aqui analisado, o TST entendeu que a suspensão nacional é mais abrangente que os temas 357 (Redução do intervalo intrajornada e majoração da jornada de trabalho, no regime de turnos ininterruptos de revezamento, por negociação coletiva.) e 752 (Validade de norma coletiva de trabalho que fixa limite ao pagamento de horas *in itinere* inferior à metade do que seria devido em relação ao tempo efetivamente gasto pelo trabalhador no trajeto até o local do serviço.)

Dessa forma, a decisão de suspensão no ARE 1121633 alcança todos os processos que tratem da validade de norma coletiva.

"(...) BANCO DE HORAS. NORMA COLETIVA. POSSIBILIDADE DE CUMULAÇÃO DE PAGAMENTO COM COMPENSAÇÃO.

A validade do banco de horas pressupõe o preenchimento das condições estabelecidas nos arts. 7.º, XXVI, da CF e 59, § 2.º, da CLT, quais sejam, a existência de autorização em norma coletiva e o respeito ao limite máximo de duas horas extras diárias, de forma a não extrapolar o limite máximo da jornada diária de dez horas.

Do quadro fático trazido pelo Regional, constata-se a existência de acordo coletivo de trabalho específico para banco de horas; não extrapolação do limite de jornada de dez horas diárias, prevista no art. 59, § 2.º, da CLT; bem como a previsão normativa quanto ao pagamento ou a compensação das horas extras, como faculdade da reclamada.

Assim, a declaração de invalidade do regime de compensação de jornada via banco de horas, mesmo após a comprovação de regularidade de seus pressupostos formais e materiais, na hipótese dos autos, não se coaduna com o artigo 7.º, XXVI, da CF. Recurso de Revista conhecido e provido."

TST-ARR-279-92.2016.5.09.0084, 1ª Turma,
rel. Min. Luiz José Dezena da Silva, julgado em 9.10.2019

BREVE COMENTÁRIO

O banco de horas é um sistema de flexibilização de jornada por meio do qual as horas excedentes trabalhadas pelo empregado são compensadas com a correspondente diminuição de jornada em outro momento.

O art. 59, § 2º da CLT, permite a dispensa do pagamento de acréscimo se houver compensação das horas seguintes.

> Art. 59. A duração diária do trabalho poderá ser acrescida de horas extras, em número não excedente de duas, por acordo individual, convenção coletiva ou acordo coletivo de trabalho. (Redação dada pela Lei nº 13.467, de 2017)
>
> § 2º Poderá ser dispensado o acréscimo de salário se, por força de acordo ou convenção coletiva de trabalho, o excesso de horas em um dia for compensado pela correspondente diminuição em outro dia, de maneira que não exceda, no período máximo de um ano, à soma das jornadas semanais de trabalho previstas, nem seja ultrapassado o limite máximo de dez horas diárias. (Redação dada pela Medida Provisória nº 2.164-41, de 2001)

No julgado aqui analisado, o TST entendeu que, diante dos requisitos do art. 59 da CLT, havendo banco de horas, não há que se falar em pagamento de acréscimo salarial.

- ***"(...)DISPENSA DA EMPREGADA GESTANTE DURANTE O PERÍODO DE ESTABILIDADE. DANOS MORAIS. NÃO CABIMENTO. O entendimento desta Corte firmou-se no sentido de que a despedida da empregada gestante,* no curso da estabilidade provisória, por si só, *não* caracteriza dano moral passível de indenização.**

No caso dos autos, o Tribunal Regional concluiu que a reclamante não fazia jus à indenização por danos morais em razão de não ter ficado demonstrada a ocorrência de qualquer fato concreto, além da despedida, que causou dano ao patrimônio subjetivo da reclamante, razão pela qual se entende indevido o deferimento da indenização. Precedentes. Recurso de revista não conhecido. (...)"

TST-RR-1000407-58.2018.5.02.0072, 2ª Turma,
rel. Min. José Roberto Freire Pimenta, julgado em 9.10.2019

BREVE COMENTÁRIO

Esse julgado é uma reafirmação de jurisprudência já consolidada pelo TST.

Sabemos que a CF, em seu art. 10, II, alínea "b", prevê a proteção contra "dispensa arbitrária ou sem justa causa desde a confirmação da gravidez até cinco meses após o parto.

O TST possui o entendimento de que a estabilidade é proteção do feto, razão pela qual se inicia com a concepção, independente da ciência efetiva da empregada ou do empregador. Esse entendimento foi consolidado na súmula 244, do TST, que prevê no inciso I que "o desconhecimento do estado gravídico pelo empregador não afasta o direito ao pagamento de indenização decorrente da estabilidade".

A despedida arbitrária da gestante gera direito a reintegração. No entanto, no âmbito do TST, a despedida da gestante, por si só, não gera direito à indenização por dano moral. Esse é o sentido do julgado em questão.

"(...) II) RECURSO DE REVISTA – AÇÃO DE RESSARCIMENTO AO ERÁRIO – IMPRESCRITIBILIDADE – CF, ART. 37, § 5º – TEMA 897 DE REPERCUSSÃO GERAL DO STF – NÃO APLICAÇÃO DA PRESCRIÇÃO INTERCORRENTE – TRANSCENDÊNCIA JURÍDICA, POLÍTICA E ECONÔMICA RECONHECIDAS – PROVIMENTO PARA AFASTAR A PRESCRIÇÃO DECRETADA DE OFÍCIO NA EXECUÇÃO.

1. O art. 37, § 5º, da CF assenta que "a lei estabelecerá os prazos de prescrição para ilícitos praticados por qualquer agente, servidor ou não, que causem prejuízos ao erário, ressalvadas as respectivas ações de ressarcimento". Doutrina e jurisprudência reconhecem que o dispositivo constitucional erigiu a imprescritibilidade da ação de ressarcimento ao erário, e o STF, ao julgar o RE 852.475 referente ao Tema 897 de repercussão geral, fixou tese no sentido de que "são imprescritíveis as ações de ressarcimento ao erário fundadas na prática de ato doloso tipificado na lei de improbidade administrativa".

2. Esta 4ª Turma já enfrentou a questão relativa à imprescritibilidade da ação de conhecimento referente ao ressarcimento ao erário (cfr.TST-RR-93400-76.2014.5.17.0132, Rel. Min. Guilherme Caputo Bastos, julgado em 10/04/19), porém a nuança do presente feito diz respeito ao reconhecimento da imprescritibilidade ao processo de execução, uma vez que a decisão recorrida aplicou de ofício a prescrição intercorrente.

3. Se, por um lado, o art. 11-A, § 2º, da CLT admite a decretação de ofício da prescrição intercorrente, por outro esta modalidade de prescrição, referente ao processo de execução, constitui espécie do gênero prescrição. Assim, se o § 5º do art. 37 da CF não distinguiu entre prescrição da ação de conhecimento e da ação de execução, assentando apenas que ficam "ressalvadas as respectivas ações de ressarcimento" quanto à prescrição, não cabe ao intérprete distingui-las, restringindo o alcance da norma constitucional. Com efeito, a busca do ressarcimento se desdobra, desde o reconhecimento judicial do prejuízo, do dolo e da autoria, até o posterior ressarcimento efetivo ao erário, mediante a execução da ação condenatória.

4. Nesses termos, a par de reconhecer a transcendência política, jurídica e econômica da causa, em face do precedente vinculante do STF, da novidade da questão para a 4ª Turma, e do montante elevado da condenação a ser arcado pela Empregada (R$ 109.109,44), reputo violado em sua literalidade o art. 37, § 5º, da CF, o que dá azo ao conhecimento e provimento do recurso de revista, nos moldes dos arts. 896, § 2º, e 896-A, § 1º, I, II e IV, da CLT, para afastar a prescrição intercorrente decretada e determinar o retorno dos autos à origem, para que se prossiga na execução da ação condenatória. Recurso de revista provido."

(4ª Turma, rel. Min. Ives Gandra da Silva Martins Filho, julgado em 9.10.2019)

BREVE COMENTÁRIO

Esse é um relevante julgado de interesse para a Fazenda Pública, pois une dois temas de Direito Administrativo e de Processo do Trabalho.

A prescrição intercorrente trata, na verdade, da prescrição da pretensão executiva. Sabemos que prescrição, de forma resumida e simples, é a perda do direito de ação. No âmbito da fase executória de um processo, essa prescrição atinge a pretensão executória.

Muito se discutia acerca da aplicação da prescrição intercorrente ao Processo do Trabalho. O STF editou, sob a égide da CF/46, a súmula 327, a qual dispõe sobre a aplicação da prescrição intercorrente ao Direito do Trabalho.

> **Súmula 327**
>
> O Direito Trabalhista admite a prescrição intercorrente.
>
> No entanto, com a Constituição Federal de 1988, as matérias infraconstitucionais passaram à competência dos demais tribunais superiores. Nesse contexto, o TST editou a súmula 114, afastando a prescrição intercorrente do âmbito trabalhista
>
> **Súmula 114**
>
> É inaplicável à Justiça do Trabalho a prescrição intercorrente.
>
> A doutrina costumava tentar conciliar a aplicação das duas súmulas, de modo que a incidência do instituto da prescrição intercorrente no direito do trabalho deve ser analisado caso a caso, identificando-se o responsável pela paralisação do processo.

A Reforma Trabalhista veio a consolidar o entendimento pela aplicação da prescrição intercorrente apenas na fase executória do processo. Ocorre quando o exequente, provocado, mantém-se inerte e deixa de cumprir determinação judicial no curso da execução. Assim é a redação trazida pela Reforma:

> Art. 11-A. Ocorre a prescrição intercorrente no processo do trabalho no prazo de dois anos. (Incluído pela Lei nº 13.467, de 2017)
>
> § 1º A fluência do prazo prescricional intercorrente inicia-se quando o exequente deixa de cumprir determinação judicial no curso da execução. (Incluído pela Lei nº 13.467, de 2017)

> § 2º A declaração da prescrição intercorrente pode ser requerida ou declarada de ofício em qualquer grau de jurisdição. (Incluído pela Lei nº 13.467, de 2017)

Dessa forma, se o exequente deixar de cumprir determinação judicial a seu encargo, ocorrerá a prescrição intercorrente no prazo de dois anos após a referida determinação.

O julgado trazido pelo Informativo 208 do TST diz respeito a aplicação da prescrição intercorrente à Fazenda Pública.

O caso do Processo em questão (TST-RR-116200-35.2008.5.03.0056) trata-se de uma ação de regresso dos Correios em face dos prejuízos patrimoniais causados por uma ex-empregada. O Tribunal Regional em questão aplicou o art. 11-A da CLT, declarando prescrita a pretensão executória dos Correios quanto a essa ação de ressarcimento.

Como se sabe, o art. 37, § 5º, da CF dispõe que as ações de ressarcimento ao erário são imprescritíveis. Esse entendimento era indiscutível, até que, em 2016, o STF alterou sua compreensão. No RE 669.069, decidiu o Supremo que "é prescritível a ação de reparação de danos à Fazenda Pública de corrente de ilícito civil". Para o STF, se fosse dada interpretação muito ampla ao art. 37, § 5º, da CF, até a execução fiscal seria imprescritível, porque a não satisfação de tributo perfaz um comportamento contraditório ao direito.

De fato, a prescrição é a regra em nosso ordenamento e a imprescritibilidade, exceção. Por isso a norma em questão mereceu interpretação restritiva. Não obstante, o STF entendeu ainda que as pretensões que busquem ressarcir danos decorrentes de atos de improbidade administrativa (art. 37, § 4º, da CF) e ações de ressarcimento decorrentes de ilícitos penais entram no rol de pretensões imprescritíveis.

O TST, no julgado em questão, entendeu que os atos de ex-empregada que causou danos aos Correios seriam atos de improbidade, recaindo assim na imprescritibilidade da ação de ressarcimento.

Interessante ainda destacar que, para o TST, a norma do art. 37, § 5º, da CF não diferenciou a prescrição na fase de conhecimento ou na fase executória. Entendeu-se que a prescrição tratada no dispositivo é gênero, do qual seria espécie a prescrição da pretensão executória.

Dessa forma, concluiu o TST que a imprescritibilidade do art. 37, § 5º, da CF abrange também a fase executória, afastando-se assim a prescrição intercorrente trazida pelo art. 11-A da CLT.

Atenção apenas que o TST, no presente julgado, afastou a prescrição intercorrente por entender que os atos de ex-empregado que causou danos aos Correios se caracterizariam como atos de improbidade. Lembre-se que, de acordo com o novo entendimento do STF, quando se tratam de ilícitos civis, não se aplica o art. 37, § 5º, da CF.

Informativo nº 209

- **O redirecionamento da execução contra sócio da empresa submetida à recuperação judicial não extrapola a competência constitucional desta Justiça Especializada.**

"(...) 2. COMPETÊNCIA DA JUSTIÇA DO TRABALHO. DEVEDOR PRINCIPAL SUBMETIDO À RECUPERAÇÃO JUDICIAL. REDIRECIONAMENTO DE EXECUÇÃO CONTRA OS SÓCIOS. O **redirecionamento da execução** contra sócio da empresa submetida à recuperação judicial **não extrapola a competência constitucional desta Justiça Especializada.** Precedentes. Agravo de instrumento conhecido e desprovido."

TST-AIRR-3-47.2017.5.02.0011, 3ª Turma,
rel. Min. Alberto Luiz Bresciani de Fontan Pereira, julgado em 16.10.2019

BREVE COMENTÁRIO

Sabemos que a Lei 11.101/05 aduz que o juízo de falências é indivisível. De acordo com o art. 76 da referida lei:

> Art. 76. O juízo da falência é indivisível e competente para conhecer todas as ações sobre bens, interesses e negócios do falido, ressalvadas as causas trabalhistas, fiscais e aquelas não reguladas nesta Lei em que o falido figurar como autor ou litisconsorte ativo.

Outrossim, o art. 6º da Lei em tela:

> Art. 6º A decretação da falência ou o deferimento do processamento da recuperação judicial suspende o curso da prescrição e de todas as ações e execuções em face do devedor, inclusive aquelas dos credores particulares do sócio solidário.
>
> § 1º Terá prosseguimento no juízo no qual estiver se processando a ação que demandar quantia ilíquida.

Os dispositivos destacados em tela tratam da vis attractiva (força atrativa), a qual norteia a universalidade do juízo.

No julgado em tela, entende o TST que, ao redirecionar a execução ao sócio de empresa em recuperação judicial, a Justiça do Trabalho não extrapola sua competência.

Esse entendimento já é há muito expressado pelo TST. Nesse sentido:

> AGRAVO EM AGRAVO DE INSTRUMENTO EM RECURSO DE REVISTA. PROCESSO EM FASE DE EXECUÇÃO. COMPETÊNCIA DA JUSTIÇA DO TRABALHO. REDIRECIONAMENTO DA EXECUÇÃO CONTRA EMPRESA PERTENCENTE AO GRUPO ECONÔMICO DA MASSA FALIDA. Consta do v. acórdão que, a execução é dirigida contra empresa do grupo econômico e não contra a massa falida. Nessa senda, a decisão do Regional está em conformidade com o entendimento do TST, no sentido de que a Justiça do Trabalho é competente para executar decisões nas quais houve redirecionamento da

execução contra acionista da massa falida, bem como de empresas componentes do mesmo grupo econômico. Precedentes. Agravo conhecido e desprovido." (Ag-AIRR- 270700-94.2003.5.02.0013, Relator Ministro Alexandre de Souza Agra Belmonte, Ac. 3ª Turma, in DEJT 22.9.2017.)

Informativo nº 210

Ação civil pública. Ministério Público do Trabalho. Cabimento. Obrigação de não fazer. Não concessão de vale-transporte em dinheiro. Ausência de pedido de nulidade da norma coletiva em que amparado o pagamento.

É cabível **ação civil pública em que o Ministério Público do Trabalho** requer que a empresa ré **se abstenha de conceder a seus empregados o vale-transporte em dinheiro**, sem, todavia, formular pedido de nulidade da norma coletiva que ensejou a prática adotada pela empregadora. No caso, a validade e a eficácia da cláusula coletiva foi questionada apenas como causa de pedir, ensejando provimento *incidenter tantum*.

Ademais, como a pretensão formulada pelo MPT não é de nulidade expressa e total da cláusula da norma coletiva com eficácia ultra partes, mas de cumprimento de obrigação de não fazer cominada com aplicação de penalidade por eventual descumprimento, a ação cabível é a ação civil pública e não ação anulatória, a qual teria natureza exclusivamente declaratória e competência funcional para julgamento do TRT ou do TST, e não da Vara do Trabalho.

Sob esse entendimento, a SBDI-I, em sua composição plena, por unanimidade, conheceu dos embargos, por divergência jurisprudencial e, no mérito, por maioria, negou-lhes provimento para manter a decisão turmária que reconhecera a legitimidade ativa do MPT para propor ação civil pública na espécie. Vencidos os Ministros Márcio Eurico Vitral Amaro, Breno Medeiros, Alexandre Luiz Ramos e Renato de Lacerda Paiva.

TST-E-RR-62600-91.2009.5.01.0421, SBDI-I,
rel. Min. Augusto César Leite de Carvalho, 24.10.2019

BREVE COMENTÁRIO

Vimos no informativo 208 que os processos que tratam da validade de norma coletiva foram suspensos nacionalmente. No entanto, no presente julgado, esse entendimento não foi aplicado.

Isso porque o objeto da ACP ajuizada pelo MPT foi a imposição de obrigação de não fazer, consistente na abstenção de não conceder vale transporte em dinheiro aos trabalhadores.

Para o TST, a discussão apenas *incidenter tantum* da validade de norma coletiva não ensejaria a suspensão do processo em tela. Outrossim, a pretensão anulatória teria cabimento em uma possível ação anulatória, e não no bojo de uma ACP.

"(...)INDENIZAÇÃO POR DANOS MORAIS. MONITORAMENTO POR CÂMERA NO VESTIÁRIO. ABUSO DO PODER DE DIREÇÃO DA EMPREGADORA.

Trata-se de pedido de indenização por dano moral, sob a alegação de violação da privacidade da empregada por monitoramento do vestiário por meio de câmera.

O direito à privacidade configura um poder jurídico fundamental do cidadão, possuindo status constitucional, insculpido no artigo 5º, inciso X, da Constituição Federal. Representa, na verdade, uma grande conquista do indivíduo, frente ao Estado, constituindo um direito subjetivo oponível *erga omnes*, de forma que exija uma omissão social, a fim de que a vida privada do ser humano não sofra violações.

Esse direito alberga todas as manifestações da esfera íntima, privada e da personalidade. Segundo Matos Pereira, constitui "o conjunto de informação acerca do indivíduo que ele pode decidir manter sob seu exclusivo controle, ou comunicar, decidindo a quem, quando, onde e em que condições, sem a isso poder ser legalmente sujeito" (*apud*, SILVA, José Afonso da, Curso de Direito Constitucional Positivo, 33ª edição, editora Malheiros, 2009, p. 206). O ordenamento jurídico pátrio, com vistas a conferir efetividade a esse direito, estabeleceu diversos dispositivos cujo escopo é garantir-lhe a inviolabilidade e, em caso de violação, a efetiva reparação ao lesado e punição do algoz.

No caso dos autos, consta da decisão recorrida que houve a instalação de câmeras nos vestiários dos empregados. O dano, nesses casos, é *in re ipsa*, ou seja, advém do simples fato de violar a privacidade da reclamante no momento em que necessita utilizar o vestiário, causando-lhe, inequivocamente, constrangimento e intimidação, e ferindo o seu direito constitucionalmente garantido. Não há perquirir acerca de prejuízos ou mesmo de comprovação para configurar dano moral, derivando a lesão, inexoravelmente, do próprio fato ofensivo.

Presente, pois, o dano moral, consistente na violação da privacidade da autora, causando-lhe constrangimento e intimidação ao utilizar o vestiário sob a supervisão de câmeras de filmagem. Por outro lado, a conduta da empregadora revela-se abusiva, pois o seu poder diretivo não autoriza a instalação de câmera de segurança no vestiário dos empregados. Verifica-se, então, que a reclamada, ao instalar câmera de segurança no vestiário dos empregados, agiu com abuso do seu poder diretivo, configurando essa conduta um ato ilícito, nos termos do disposto no artigo 187 do Código Civil.

Na hipótese em que o dano advém de abuso de direito, é despicienda a configuração da culpa lato sensu ou culpa stricto sensu ou dolo, havendo ato ilícito, suficiente para ensejar o pagamento de indenização por dano moral, independentemente do elemento subjetivo da conduta. Nesse contexto, demonstrada a existência da conduta patronal comissiva, do dano sofrido pela empregada e do nexo de causalidade entre eles, exsurge a responsabilidade civil da reclamada oriunda do abuso do seu poder diretivo. Recurso de revista conhecido e provido."

TST-RR-24457-06.2017.5.24.0003, 2ª Turma,
rel. Min. José Roberto Freire Pimenta, julgado em 23.10.2019

BREVE COMENTÁRIO

O poder diretivo do empregador permite que este conduza os negócios da atividade empresarial da forma como melhor lhe aprouver. Nesse sentido, pode o empregador fiscalizar a atuação de seus empregados, com vistas ao bom andamento das atividades.

Ocorre que esse poder deve ser realizado dentro dos limites do razoável, afim de se evitar um possível abuso de poder. Foi o que entendeu o TST no julgado acima, que trata do videomonitoramento dos empregados no vestiário.

Para o TST, o videomonitoramento dentro dos vestiários caracteriza dano moral *in re ipsa*, pois atinge diretamente o direito constitucional à privacidade.

- **A Justiça do Trabalho é incompetente para impor obrigação de não-fazer consistente na vedação ao Estado de firmar contrato de cogestão do sistema prisional estadual com empresa privada.**

"RECURSO DE REVISTA INTERPOSTO SOB A ÉGIDE DA LEI Nº 13.015/2014 E DO NCPC – AÇÃO CIVIL PÚBLICA – INCOMPETÊNCIA DA JUSTIÇA DO TRABALHO – CONTRATO DE COGESTÃO DE ADMINISTRAÇÃO PRISIONAL – VALIDADE Cuida-se de Ação Civil Pública proposta com o intuito **de impor obrigação de não-fazer consistente na vedação ao Estado de firmar contrato de cogestão do sistema prisional estadual com empresa privada.**

Diante da natureza administrativa do contrato, **não há como reconhecer a competência desta Justiça Especializada para o julgamento da matéria**. Recurso de Revista não conhecido."

TST-RR-969-80.2010.5.20.0002, 8ª Turma,
rel. Min. Maria Cristina Irigoyen Peduzzi, julgado em 23.10.2019

BREVE COMENTÁRIO

Esse é outro interessante julgado de interesse para a Fazenda Pública. A CF atribuiu ao Ministério Público a defesa da ordem jurídica, do regime democrático e dos interesses sociais e individuais indisponíveis.

Nesse sentido, pode o MP utilizar-se de ACP para impor à Administração condutas tendentes a promover políticas públicas em prol dos direitos fundamentais. Nesse sentido, o MP deverá atuar quando a inércia da Administração ou o mau funcionamento do serviço público estiverem impedindo a concretização do próprio direito constitucional.

A título de estudo, destacamos o voto do Min. Celso de Mello na ARE 639337:

> [...] É certo – tal como observei no exame da ADPF 45/DF, Re. Min. Celso de Melo (Informativo STF nº 345/2004) – que não se inclui, ordinariamente, no âmbito das funções institucionais do Poder Judiciário – e nas desta Suprema Corte, em especial – a atribuição de formular e implementar políticas públicas (JOSE CARLOS VIEIRA DE ANDRADE, 'Os direitos Fundamentais na

Constituição Portuguesa de 1976', p. 207, item n. 05, 1987, Almedina, Coimbra), pois, nesse domínio, o encargo, reside, primariamente, nos Poderes Legislativo e Executivo.

Impende assinalar, contudo, que tal incumbência poderá atribuir-se, embora excepcionalmente, ao Poder Judiciário, se e quando os órgãos estatais competentes, por descumprirem encargos políticos-jurídicos que sobre eles incidem em caráter impositivo, vierem a comprometer, com tal comportamento, a eficácia de e a integridade de direitos individuais e/ou coletivos impregnados de estatura constitucional, como sucede na espécie ora em exame.

Tenho para mim, desse modo, presente tal contexto, que os Municípios (à semelhança das demais entidades políticas) não poderão demitir-se do mandato constitucional, juridicamente vinculante, que lhes foi outorgado pelo art. 208 da Constituição, e que representa fator de limitação da discricionariedade político-administrativa do Poder Público, cujas opções, tratando-se de proteção à criança e ao adolescente, não podem ser exercidas de modo a comprometer, como apoio em juízo de simples conveniência ou de mera oportunidade, a eficácia desse direito básico de índole social.

[...]

Na realidade, o Supremo Tribunal Federal, ao suprir as omissões inconstitucionais dos órgãos estatais e ao adotar medidas que objetivem restaurar a Constituição violada pela inércia dos Poderes do Estado, nada mais faz senão cumprir a sua missão institucional e demonstrar, com esse gesto, o respeito incondicional que tem pela autoridade da Lei Fundamental da República.

A colmatação de omissões inconstitucionais, realizada em sede jurisdicional, notadamente quando emanada desta Corte Suprema, torna-se uma necessidade institucional, quando os órgãos do Poder Público se omitem ou retardam, excessivamente, o cumprimento de obrigações a que estão sujeitos por expressa determinação do próprio estatuto constitucional, ainda mais se se tiver presente que o Poder Judiciário, tratando-se de comportamentos estatais ofensivos à Constituição, não pode se reduzir a uma posição de pura passividade.

[...]

Em tema de implementação de políticas governamentais, previstas e determinadas no texto constitucional, notadamente nas áreas de educação infantil (RTJ 199/1219-1220) e de saúde pública (RTJ 174/687 - RTJ 175/1212-1213), a Corte Suprema brasileira tem proferido decisões que neutralizam os efeitos nocivos, lesivos e perversos resultantes de inatividade governamental, em situações nas quais a omissão do Poder Público representava um inaceitável insulto a direitos básicos assegurados pela própria Constituição da República, mas cujo exercício estava sendo inviabilizado por contumaz (e irresponsável) inércia do aparelho estatal.

O Supremo Tribunal Federal, em referidos julgamentos, colmatou a omissão governamental e conferiu real efetividade a direitos essenciais, dando-lhes concreção e, desse modo, viabilizando o acesso das pessoas à plena fruição de direitos fundamentais, cuja realização prática lhes estava sendo negada, injustamente, por arbitrária abstenção do Poder Público.

Quando estamos atuando na Justiça do Trabalho, a esta compete apenas processar e julgar os casos delimitados no art. 114 da CF. No caso do julgado analisado neste informativo, uma ACP foi proposta para impedir que o Estado firmasse contrato de cogestão com empresa privada para fins de administração penitenciária.

De acordo com o TST, não caberia à Justiça do Trabalho apreciar causa desse tipo, visto que não oriunda de relação de trabalho.

Informativo nº 211

Empresa pública e sociedade de economia mista. Contratação de pessoal para emprego em comissão regido pela CLT. Expressa autorização de lei. Desnecessidade.

As empresas públicas e as sociedades de economia mista **prescindem de expressa autorização de lei para admitir trabalhadores em empregos em comissão (chefia, assessoramento e direção)**, sob o regime da CLT.

Tais entidades submetem-se a um **regime jurídico híbrido**, caracterizado pela dinamicidade que necessitam para o desenvolvimento de suas atividades (regime próprio das empresas privadas) e pela observância das normas de Direito Público naquilo em que a Constituição expressamente determine.

Assim, a própria Carta Magna, ao dispor sobre a investidura em cargo ou emprego público mediante prévia aprovação em concurso, ressalvou as nomeações para cargo em comissão de livre nomeação e exoneração (art. 37, II, da CF), além de limitar a exigência de necessidade de lei para a criação de cargos, funções e empregos públicos à Administração direta e autárquica (art. 61, § 1º, II, "a", da CF), **não alcançando, portanto, os entes empresariais estatais.**

Sob esses fundamentos, a SBDI-I, por unanimidade, conheceu do recurso de embargos, por divergência jurisprudencial, e, no mérito, negou-lhe provimento, mantendo, portanto, o acórdão turmário que conhecera do recurso de revista da União, por violação do art. 173, § 1º, II, da CF, e no mérito, dera-lhe provimento para afastar a ilegalidade reconhecida pelo TRT quanto à criação de empregos em comissão no âmbito da Companhia de Pesquisa de Recursos Minerais – CPRM, sem amparo em lei.

TST-E-RR-567-67.2013.5.10.0003,SBDI-I,
rel. Min. Augusto César Leite de Carvalho, 7.11.2019

BREVE COMENTÁRIO

Os cargos, empregos e funções públicas só podem ser criados mediante lei formal (ou por resolução, quando se trata do Poder Legislativo). Tal está previsto nos art. 48, inciso X, e 61, II, alínea "a", da CF.

Não obstante essa previsão, o TST entendeu que, quando se trata de cargos em comissão no âmbito de empresas públicas e sociedades de economia mista, a previsão de lei estaria dispensada. Assim, para o TST, o fato de uma estatal estar submetida a um regime jurídico hibrido (devendo observar normas de direito público e privado), nos termos do art. 173, § 1º, II, da CF, não haveria necessidade de lei para a criação de cargos em comissão para as estatais.

- **É da Justiça Comum a competência para processar e julgar as ações de cobrança de imposto sindical quando deflagradas entre sindicatos profissionais de servidores estatutários e o respectivo ente público patronal.**

"(...) II. RECURSO DE REVISTA INTERPOSTO EM FACE DE DECISÃO PUBLICADA NA VIGÊNCIA DA LEI 13.015/2014. 1. SERVIDORES ESTATUTÁRIOS. CONTRIBUIÇÕES SINDICAIS OBRIGATÓRIAS. Na esteira dos mais recentes precedentes desta Corte Superior, **é da Justiça Comum a competência para processar e julgar as ações de cobrança de imposto sindical quando deflagradas entre sindicatos profissionais de servidores estatutários e o respectivo ente público patronal.**

Ofensa ao art. 114, I, da Constituição Federal configurada. Recurso de revista conhecido e provido."

TST-RR-463-71.2015.5.22.0003, 5ª Turma, red. p/ acórdão Min. Emmanoel Pereira, julgado em 30.10.2019

BREVE COMENTÁRIO

De acordo com o art. 114, III da CF, compete à Justiça do Trabalho processar e julgar ações sobre representação sindical, entre sindicatos, entre sindicatos e trabalhadores, e entre sindicatos e empregadores.

Não obstante a disposição constitucional, as causas entre o Poder Público e seus servidores estatutários não são submetidas à Justiça do Trabalho. Nesse sentido, também as ações ajuizadas por sindicato de servidores estariam fora da competência da Justiça Especializada.

O Supremo Tribunal Federal nos autos da ADI-MC 3.395-DF, julgada sob relatoria do Ministro Cezar Peluso, pontuou em sede cautelar interpretação conforme ao art. 114, I, da Carta Magna para excluir da competência da Justiça do Trabalho a apreciação de causas instauradas entre o poder público e servidores a ele vinculados por relação jurídico-administrativa. Dessa forma, em observância à decisão do Supremo Tribunal Federal, conclui-se que não se inserem na competência da Justiça do Trabalho as ações ajuizadas por Sindicatos, tendo como objeto contribuição sindical, que diga respeito a trabalhadores submetidos ao regime estatutário.

- **As horas in itinere computam-se na jornada de trabalho do empregado para fins de aferir o atendimento do art. 66 da CLT, relativo ao intervalo interjornada.**

"(...) RECURSO DE REVISTA. INTERVALO INTERJORNADA. CÔMPUTO DAS HORAS IN ITINERE NA JORNADA DE TRABALHO. APELO SOB A ÉGIDE DA LEI 13.015/2014 E DO CÓDIGO DE PROCESSO CIVIL. REQUISITOS DO ART. 896, § 1º-A, DA CLT, ATENDIDOS. O entendimento desta Corte se apresenta no sentido de que as horas in itinere **computam-se na jornada de trabalho do empregado** para fins de aferir o atendimento do art. 66 da CLT, relativo ao intervalo interjornada. Precedentes. Recurso de revista conhecido e provido.(...)"

TST-RR-1619-87.2017.5.12.0008, 6ª Turma, rel. Min. Augusto César Leite de Carvalho, julgado em 30.10.2019

BREVE COMENTÁRIO

Horas *in itinere* correspondem ao tempo despendido pelo empregado até o local de trabalho e o seu retorno para a casa.

No presente julgado, anterior Reforma Trabalhista, o TST entendeu que as horas *in itinere* devem ser computadas para fins de intervalo interjornada.

Ressalte-se apenas que, atualmente, a Reforma Trabalhista passou a desobrigar o pagamento das referidas horas, bem como destacou que o tempo de deslocamento não se configura como tempo à disposição do empregador.

Nesse sentido, o art. 58, § 2º, da CLT:

> Art. 58. A duração normal do trabalho, para os empregados em qualquer atividade privada, não excederá de 8 horas diárias, desde que não seja fixado expressamente outro limite.
>
> § 1º Não serão descontadas nem computadas como jornada extraordinária as variações de horário no registro de ponto não excedentes de 5 minutos, observado o limite máximo de 10 minutos diários.
>
> **§ 2º O tempo despendido pelo empregado desde a sua residência até a efetiva ocupação do posto de trabalho e para o seu retorno, caminhando ou por qualquer meio de transporte, inclusive o fornecido pelo empregador, não será computado na jornada de trabalho, por não ser tempo à disposição do empregador.**

Informativo nº 212

Incidente de Assunção de Competência. "Tema nº 0002 – Gestante. Trabalho temporário. Lei nº 6.019/74. Garantia provisória do emprego. Súmula nº 244, III, do TST."

O Tribunal Pleno, por maioria, definiu a seguinte tese jurídica para o Tema de Incidente de Assunção de Competência nº 0002 – GESTANTE. TRABALHO TEMPORÁRIO. LEI Nº 6.019/74. GARANTIA PROVISÓRIA DO EMPREGO. SÚMULA Nº 244, III, DO TST: **é inaplicável** ao regime de trabalho temporário, disciplinado pela Lei n.º 6.019/74, **a garantia de estabilidade provisória à empregada gestante**, prevista no art. 10, II, b, do Ato das Disposições Constitucionais Transitórias.

Vencidos os Ministros Luiz Philippe Vieira de Mello Filho, relator, Alberto Luiz Bresciani de Fontan Pereira, revisor, Lelio Bentes Corrêa, Mauricio Godinho Delgado, Kátia Magalhães Arruda, Augusto César Leite de Carvalho, José Roberto Freire Pimenta, Cláudio Mascarenhas Brandão e Maria Helena Mallmann. Também por maioria, o Tribunal Pleno rejeitou a questão de ordem suscitada pelo Ministro Cláudio Mascarenhas Brandão quanto à modulação dos efeitos da decisão. Vencidos, nesse ponto, os Ministros

Luiz Philippe Vieira de Mello Filho, Alberto Luiz Bresciani de Fontan Pereira, Mauricio Godinho Delgado, Kátia Magalhães Arruda, José Roberto Freire Pimenta, Cláudio Mascarenhas Brandão e Maria Helena Mallmann.

TST-IAC-5639-31.2013.5.12.0051, Tribunal Pleno, rel. Min. Luiz Philippe Vieira de Mello Filho, red. p/ acórdão Min. Maria Cristina Irigoyen Peduzzi, 18.11.2019

BREVE COMENTÁRIO

O presente julgado apenas firma tese vinculante de entendimento frequente do TST ao se deparar com a questão. Para a Corte trabalhista, a estabilidade prevista no art. 10, II, b, do ADCT, não se aplica às trabalhadoras admitidas pelo regime temporário da Lei 6.019/74.

Esse entendimento já era consagrado pelo TST. Nesse sentido, para fins de conhecimento:

> **RECURSO DE REVISTA. INTERPOSIÇÃO SOB A ÉGIDE DA LEI 13.015/2014. GESTANTE. TRABALHO TEMPORÁRIO. LEI 6.019/74. GARANTIA PROVISÓRIA DE EMPREGO. SÚMULA 244, III, DO TST. INAPLICABILIDADE. 1.** Consoante entendimento recente desta Primeira Turma, o reconhecimento da garantia de emprego à empregada gestante não se coaduna com a finalidade da Lei 6.019/74, que é a de atender a situações excepcionalíssimas, para as quais não há expectativa de continuidade da relação ou mesmo de prestação de serviços com pessoalidade. **2.** No caso, a empregada foi admitida mediante contrato temporário, nos moldes da Lei 6.019/74. **3.** Assim, não se cogita de prorrogação do liame, por força de garantia provisória de emprego à trabalhadora gestante. **4.** Ressalte-se que, tanto os precedentes que orientaram a redação da Súmula 244, III, do TST, quanto às decisões proferidas pelo Supremo Tribunal Federal, não se atém às particularidades que envolvem o trabalho temporário previsto na Lei 6.019/74, não havendo como equipará-lo às demais hipóteses de contratação a termo.
>
> **Recurso de revista não conhecido.**
>
> **(TST-RR-5639-31.2013.5.12.0051)**

Informativo nº 213

Gratificação de função instituída por lei. Percepção por mais de dez anos. Declaração posterior de inconstitucionalidade. Incorporação. Impossibilidade. Súmula nº 372, I, do TST. Não incidência.

A gratificação de função instituída por lei posteriormente declarada inconstitucional **não se incorpora à remuneração, ainda que percebida por mais de dez anos.** Tal entendimento não viola a estabilidade financeira objetivada na Súmula nº 372, I, do TST, uma vez que observa o princípio da legalidade.

No caso, a Corte de origem declarou a inconstitucionalidade das normas estaduais que instituíram a gratificação de função percebida pela autora durante mais de dezesseis anos, inviabilizando, portanto, o pleito de incorporação.

No TST, o recurso de revista não foi conhecido e os embargos não admitidos tendo em vista a aplicação da Súmula nº 296, I, do TST, e a ausência de contrariedade à Súmula nº 372 do TST, que não versa sobre os casos em que há declaração de inconstitucionalidade da norma instituidora da gratificação percebida por mais de dez anos. Sob esses fundamentos, a SBDI-I, por unanimidade, conheceu do agravo regimental interposto pela reclamante e, no mérito, negou-lhe provimento, mantendo, assim, a decisão que negara seguimento aos embargos.

TST-Ag-E-ED-RR-898-95.2011.5.05.0023, SBDI-I,
rel. Min. Maria Cristina Irigoyen Peduzzi, 21.11.2019

BREVE COMENTÁRIO

O presente julgado traz discussão relativa a incorporação ou não de gratificação, quando percebida por mais de 10 anos.

A súmula 372 do TST garantia ao empregado que recebesse gratificação de função por dez ou mais anos o direito a sua incorporação à remuneração. Assim dispõe a referida Súmula:

> **Súmula nº 372 do TST**
>
> **GRATIFICAÇÃO DE FUNÇÃO. SUPRESSÃO OU REDUÇÃO. LIMITES (conversão das Orientações Jurisprudenciais nos 45 e 303 da SBDI-1) - Res. 129/2005, DJ 20, 22 e 25.04.2005**
>
> I - Percebida a gratificação de função por dez ou mais anos pelo empregado, se o empregador, sem justo motivo, revertê-lo a seu cargo efetivo, não poderá retirar-lhe a gratificação tendo em vista o princípio da estabilidade financeira. (ex-OJ nº 45 da SBDI-1 - inserida em 25.11.1996)
>
> II - Mantido o empregado no exercício da função comissionada, não pode o empregador reduzir o valor da gratificação. (ex-OJ nº 303 da SBDI-1 - DJ 11.08.2003)

Dessa forma, reiterada a função do empregado sem justo motivo, não poderia o empregador retirar também a gratificação, caso recebida por 10 anos ou mais.

No entanto, para o TST, caso essa gratificação haja sido estipulada em lei declarada inconstitucional, o verbete sumular não prevalece, podendo ser retirada a gratificação. Independentemente o tempo de percepção, gratificação inconstitucional não se incorpora a remuneração do empregado.

Nesse caso, a redução da remuneração atende o princípio da legalidade e não viola a garantia da irredutibilidade salarial nem se trata de alteração contratual lesiva.

Vale ressaltar que a Reforma Trabalhista pôs fim a essa incorporação, deixando expresso que a gratificação de função não se incorpora, independentemente do tempo de exercício na função.

> Art. 468 - Nos contratos individuais de trabalho só é lícita a alteração das respectivas condições por mútuo consentimento, e ainda assim desde que não resultem, direta ou indiretamente, prejuízos ao empregado, sob pena de nulidade da cláusula infringente desta garantia.

> Parágrafo único – Não se considera alteração unilateral a determinação do empregador para que o respectivo empregado reverta ao cargo efetivo, anteriormente ocupado, deixando o exercício de função de confiança.
>
> § 1º Não se considera alteração unilateral a determinação do empregador para que o respectivo empregado reverta ao cargo efetivo, anteriormente ocupado, deixando o exercício de função de confiança. (Redação dada pela Lei nº 13.467, de 2017)
>
> § 2º A alteração de que trata o § 1º deste artigo, com ou sem justo motivo, **não assegura ao empregado o direito à manutenção do pagamento da gratificação correspondente, que não será incorporada, independentemente do tempo de exercício da respectiva função.** (Incluído pela Lei nº 13.467, de 2017)

Empresa de telecomunicações. Serviço de *call center*. Terceirização. Licitude. Precedentes vinculantes do Supremo Tribunal Federal.

Nos termos do entendimento vinculante do STF, a terceirização de atividade-fim ou essencial das empresas de telecomunicações não pode ser considerada ilícita.

No julgamento do processo STF-ARE 791932/DF (Tema 739 da repercussão geral), firmou-se a tese de que é nula a decisão de órgão fracionário que nega aplicação ao art. 94, I, da Lei nº 9.472/1997, e de que a Súmula nº 331 do TST é parcialmente inconstitucional, devendo a licitude da terceirização de toda atividade ser reconhecida. No referido julgamento, também se estabeleceu que o reconhecimento da ilicitude da terceirização destoa do posicionamento firmado nos processos STF-ADPF 324 e STF-RE 958252/MG (Tema 725 da repercussão geral), em que se assentou a licitude da terceirização ou de qualquer outra forma de divisão do trabalho entre pessoas jurídicas distintas.

Ressalte-se, todavia, que embora o STF tenha prestigiado os princípios da legalidade, da livre iniciativa, da livre concorrência e da segurança jurídica na terceirização, **não houve derrogação das normas de Direito do Trabalho, de modo que a verificação, no caso concreto, da existência de vínculo empregatício (art. 3º da CLT) diretamente com a tomadora dos serviços continua sendo possível, especialmente quando comprovada a subordinação jurídica direta do empregado terceirizado à empresa tomadora.** Na espécie, a decisão turmária reconheceu o vínculo de emprego do reclamante, que exercia a função de atendente de call center, diretamente com a empresa concessionária de serviços de telecomunicações tomadora dos serviços, sem registrar qualquer particularidade que distinguisse o caso dos precedentes firmados pela Suprema Corte.

Assim, a SBDI-I, por unanimidade, conheceu dos embargos, por divergência jurisprudencial, e, no mérito, deu-lhes provimento para afastar o reconhecimento do vínculo empregatício com a tomadora dos serviços e determinar o retorno dos autos à Turma para que prossiga no julgamento do recurso de revista quanto ao pedido subsidiário de isonomia salarial com os empregados da tomadora dos serviços.

TST-E-ED-RR-39900-49.2007.5.24.0002, SBDI-I, rel. Min. Luiz Philippe Vieira de Mello Filho, 28.11.2019

BREVE COMENTÁRIO

A Lei 9.472/97 trata sobre a organização dos serviços de telecomunicações. De acordo com o art. 94 da referida lei, a concessionária de telecomunicações poderá:

> Art. 94. No cumprimento de seus deveres, a concessionária poderá, observadas as condições e limites estabelecidos pela Agência:
>
> I - empregar, na execução dos serviços, equipamentos e infra-estrutura que não lhe pertençam;
>
> II - contratar com terceiros o desenvolvimento de atividades inerentes, acessórias ou complementares ao serviço, bem como a implementação de projetos associados.

Tal art. teve sua constitucionalidade confirmada pelo STF. No processo ARE 791932/DF, o STF firmou alguns entendimentos que valem a pena ser transcritos:

> EMENTA: CONSTITUCIONAL E TRABALHISTA. NULIDADE DO ACÓRDÃO RECORRIDO POR DESRESPEITO A CLÁUSULA DE RESERVA DE PLENÁRIO (CF, ART. 97 E SV 10). NEGATIVA PARCIAL DE VIGÊNCIA E EFICÁCIA AO INCISO II, DO ART. 94 DA LEI 9.472/1997 (LEI GERAL DE TELECOMUNICAÇÕES) POR ÓRGÃO FRACIONÁRIO COM BASE NA SÚMULA 331/TST. IMPOSSIBILIDADE. LICITUDE DE TERCEIRIZAÇÃO DE TODA E QUALQUER ATIVIDADE, MEIO OU FIM, NÃO SE CONFIGURANDO RELAÇÃO DE EMPREGO ENTRE A CONTRATANTE E O EMPREGADO DA CONTRATADA (ADPF 324 E RE 958.252). AGRAVO CONHECIDO. RECURSO PROVIDO.
>
> 1. A inconstitucionalidade de lei ou ato normativo estatal só pode ser declarada pelo voto da maioria absoluta da totalidade dos membros do tribunal ou, onde houver, dos integrantes do respectivo órgão especial, sob pena de absoluta nulidade da decisão emanada do órgão fracionário (turma, câmara ou seção), em respeito à previsão do art. 97 da Constituição Federal.
>
> 2. A cláusula de reserva de plenário atua como condição de eficácia jurídica da própria declaração jurisdicional de inconstitucionalidade dos atos do Poder Público, aplicando-se para todos os tribunais, via difusa, e para o SUPREMO TRIBUNAL FEDERAL, também no controle concentrado (CF, art. 97 e SV 10).
>
> 3. É nula a decisão de órgão fracionário que, ao negar a aplicação do inciso II, do art. 94 da Lei 9.472/1997, com base na Súmula 331/TST, e declarar ilícita a terceirização e atividade-fim, reconhece a existência de vínculo trabalhista entre a contratante e o empregado da contratada, pois exerceu controle difuso de constitucionalidade, declarando a parcial nulidade sem redução de texto do referido dispositivo sem observar a cláusula de reserva de Plenário. AGRAVO PROVIDO.
>
> 4. O PLENÁRIO DA CORTE declarou parcialmente inconstitucional a SÚMULA 331/TST e proclamou a licitude da terceirização de toda e qualquer atividade, meio ou fim; para afirmar a inexistência de relação de emprego entre a contratante e o empregado da contratada.
>
> RECURSO EXTRAORDINÁRIO PROVIDO.

> 5. Agravo conhecido e recurso extraordinário provido para restabelecer a sentença de primeiro grau, com a fixação da seguinte tese no TEMA 739: "É nula a decisão de órgão fracionário que se recusa a aplicar o art. 94, II, da Lei 9.472/1997, sem observar a cláusula de reserva de Plenário (CF, art. 97), observado o artigo 949 do CPC."

No que tange à terceirização, o STF decidiu com repercussão geral (Tema 725) que é constitucional a terceirização das atividades fins da empresa.

No julgado aqui tratado, a Justiça do Trabalho ressalta que a constitucionalidade da terceirização não derrogou os princípios do Direito do Trabalho, cabendo ainda a esta especializada averiguar se há desvirtuamento da atividade terceirizada, sob o prisma dos requisitos da relação empregatícia.

No caso em tela, a reclamante exercia a função de atendente de call center, diretamente com a empresa concessionária de serviços de telecomunicações tomadora dos serviços. Assim, o TST afastou o reconhecimento de vínculo empregatício com a tomadora dos serviços.

Ação rescisória. Depósito prévio. Justiça gratuita. Requisitos do art. 790, §§ 3º e 4º, da CLT, com a redação da Lei nº 13.467/2017. Não incidência. Matéria regida pelo art. 99, § 3º, do CPC de 2015, pelo item I da Súmula nº 463 do TST e pelo art. 6º da Instrução Normativa nº 31/2007.

O depósito prévio da ação rescisória ajuizada na Justiça do Trabalho corresponde a 20% do valor da causa (art. 836 da CLT), percentual bastante superior ao exigido no art. 968, II, do CPC de 2015.

Diante da maior onerosidade, as disposições acerca da gratuidade de justiça previstas no art. 790, §§ 3º e 4º, da CLT, com a redação da Lei nº 13.467/2017, não se aplicam às ações rescisórias processadas na Justiça do Trabalho, sob pena de excluir da apreciação do Poder Judiciário lesão ou ameaça a direito, especialmente nos casos em que a parte autora seja pessoa física ou micro e pequena empresa.

De outra sorte, não há disposição específica na Lei nº 13.467/2017 acerca da justiça gratuita pleiteada em ação rescisória, o que atrai a incidência do art. 99, § 3º, do CPC de 2015, da Súmula nº 463, I, do TST e do art. 6º da Instrução Normativa nº 31/2007.

Sob esse fundamento, e havendo declaração de hipossuficiência nos autos sem impugnação da parte contrária, a SBDI-II, por unanimidade, conheceu do recurso ordinário e, no mérito, deu-lhe provimento para deferir ao autor os benefícios da justiça gratuita. A Subseção determinou, ainda, o retorno dos autos ao Tribunal de origem para que prossiga no julgamento da rescisória como entender de direito, afastada a exigência do depósito prévio.

TST-RO-10899-07.2018.5.18.0000, SBDI-II,
rel. Min. Maria Helena Mallmann, 19.11.2019

BREVE COMENTÁRIO

Uma das condições processuais para o ajuizamento da ação rescisória é a realização do depósito prévio.

No Processo do Trabalho, esse depósito é equivalente a 20% do valor da causa, percentual bem superior aos 5% do Processo Civil comum. O art. 836 da CLT faz ressalva quanto à "miserabilidade jurídica do autor", para dispensá-lo do depósito.

O art. 790 da CLT, com redação dada pela Lei 13.467/17, por sua vez, inovou quanto à concessão da gratuidade da justiça. Assim dispõe o referido artigo.

> Art. 790. Nas Varas do Trabalho, nos Juízos de Direito, nos Tribunais e no Tribunal Superior do Trabalho, a forma de pagamento das custas e emolumentos obedecerá às instruções que serão expedidas pelo Tribunal Superior do Trabalho.
>
> § 3º É facultado aos juízes, órgãos julgadores e presidentes dos tribunais do trabalho de qualquer instância conceder, a requerimento ou de ofício, o benefício da justiça gratuita, inclusive quanto a traslados e instrumentos, àqueles que perceberem salário igual ou inferior a 40% (quarenta por cento) do limite máximo dos benefícios do Regime Geral de Previdência Social. (Redação dada pela Lei nº 13.467, de 2017)
>
> § 4º O benefício da justiça gratuita será concedido à parte que comprovar insuficiência de recursos para o pagamento das custas do processo. (Incluído pela Lei nº 13.467, de 2017)

O TST, ao interpretar esse art. com aplicação na ação rescisória, entendeu que as disposições contidas no dispositivo excluiriam por completo a apreciação pelo Judiciário de lesão ou ameaça a direito. Isso porque, diante da maior onerosidade imposta quanto ao depósito da ação rescisória na Justiça do Trabalho, havendo declaração de hipossuficiência e inexistindo demonstração da falta de veracidade da afirmação pela parte adversa, o autor faz jus à gratuidade da justiça e está desobrigado do depósito prévio.

Ação Rescisória. Prazo decadencial. Termo inicial. Ciência da fraude pelo órgão do Ministério Público legitimado para propor a ação.

O termo inicial do prazo decadencial para ajuizamento da ação rescisória **coincide com a data da ciência da fraude pelo órgão legitimado para a propositura da aludida ação**.

Assim, não prospera a alegação de que, tendo em conta os princípios da unidade e da indivisibilidade do Ministério Público (art. 127 da CF), o prazo do art. 495 do CPC de 1973 deveria ser contado a partir da data da audiência em ação penal em que, na presença do Ministério Público Federal (MPF), foi mencionada a existência de reclamação trabalhista com reconhecimento de vínculo entre as partes. Embora o MPF e o Ministério Público do Trabalho (MPT) integrem o Ministério Público da União (MPU), possuem atribuições e âmbitos de atuação distintos, de modo que o MPF não tem legitimidade para propor ação rescisória perante a Justiça do Trabalho.

Desse modo, tendo em conta que o Ministério Público do Trabalho teve ciência da fraude apenas quando do recebimento do ofício da 1ª Vara Federal Tributária de Porto Alegre/RS, em 16.5.2008, e ajuizou a ação rescisória em 13.5.2010, não há falar em decadência. Sob esse fundamento, a SBDI-II, por unanimidade, conheceu do recurso ordinário e, no mérito, negou-lhe provimento para manter a decisão recorrida que afastou a arguição de decadência.

TST-RO-7939-06.2010.5.02.0000, SBDI-II,
rel. Min. Douglas Alencar Rodrigues, 26.11.2019

BREVE COMENTÁRIO

Um dos casos em que pode haver a rescisão da decisão transitada em julgado é quando a referida decisão resulta de dolo ou coação da parte vencedora, bem como simulação ou colusão das partes a fim de fraudar a lei. Assim dispõe o art. 966 do CPC:

> Art. 966. A decisão de mérito, transitada em julgado, pode ser rescindida quando:
>
> III – resultar de dolo ou coação da parte vencedora em detrimento da parte vencida ou, ainda, de simulação ou colusão entre as partes, a fim de fraudar a lei.

Uma das atribuições do Ministério Público, como fiscal da ordem jurídica, é ajuizar ação rescisória nos casos em que houve simulação ou colusão das partes para fraudar a lei. Nesse sentido é o art. 967 do CPC:

> Art. 967. Têm legitimidade para propor a ação rescisória:
>
> III – o Ministério Público:
>
> b) quando a decisão rescindenda é o efeito de simulação ou de colusão das partes, a fim de fraudar a lei;

Como se sabe, a lei atribui o prazo decadencial de 2 anos, a contar do trânsito em julgado da decisão rescindenda, para ajuizar a ação rescisória. No entanto, no caso previsto no art. 966, III, do CPC, o entendimento do TST é de que o prazo decadencial somente tem início a partir de quando o MP tem ciência da fraude. Esse é o disposto na súmula 100 do tribunal:

> Súmula nº 100 do TST
>
> AÇÃO RESCISÓRIA. DECADÊNCIA
>
> I – O prazo de decadência, na ação rescisória, conta-se do dia imediatamente subseqüente ao trânsito em julgado da última decisão proferida na causa, seja de mérito ou não. (ex-Súmula nº 100 – alterada pela Res. 109/2001, DJ 20.04.2001)
>
> II – Havendo recurso parcial no processo principal, o trânsito em julgado dá-se em momentos e em tribunais diferentes, contando-se o prazo decadencial para a ação rescisória do trânsito em julgado de cada decisão, salvo se o recurso tratar de preliminar ou prejudicial que possa tornar insubsistente a decisão recorrida, hipótese em que flui a decadência a partir do trânsito em julgado da decisão que julgar o recurso parcial. (ex-Súmula nº 100 – alterada pela Res. 109/2001, DJ 20.04.2001)

III - Salvo se houver dúvida razoável, a interposição de recurso intempestivo ou a interposição de recurso incabível não protrai o termo inicial do prazo decadencial. (ex-Súmula nº 100 - alterada pela Res. 109/2001, DJ 20.04.2001)

IV - O juízo rescindente não está adstrito à certidão de trânsito em julgado juntada com a ação rescisória, podendo formar sua convicção através de outros elementos dos autos quanto à antecipação ou postergação do "dies a quo" do prazo decadencial. (ex-OJ nº 102 da SBDI-2 - DJ 29.04.2003)

V - O acordo homologado judicialmente tem força de decisão irrecorrível, na forma do art. 831 da CLT. Assim sendo, o termo conciliatório transita em julgado na data da sua homologação judicial. (ex-OJ nº 104 da SBDI-2 - DJ 29.04.2003)

VI - Na hipótese de colusão das partes, o prazo decadencial da ação rescisória somente começa a fluir para o Ministério Público, que não interveio no processo principal, a partir do momento em que tem ciência da fraude. (ex-OJ nº 122 da SBDI-2 - DJ 11.08.2003)

VII - Não ofende o princípio do duplo grau de jurisdição a decisão do TST que, após afastar a decadência em sede de recurso ordinário, aprecia desde logo a lide, se a causa versar questão exclusivamente de direito e estiver em condições de imediato julgamento. (ex-OJ nº 79 da SBDI-2 - inserida em 13.03.2002)

VIII - A exceção de incompetência, ainda que oposta no prazo recursal, sem ter sido aviado o recurso próprio, não tem o condão de afastar a consumação da coisa julgada e, assim, postergar o termo inicial do prazo decadencial para a ação rescisória. (ex-OJ nº 16 da SBDI-2 - inserida em 20.09.2000)

IX - Prorroga-se até o primeiro dia útil, imediatamente subseqüente, o prazo decadencial para ajuizamento de ação rescisória quando expira em férias forenses, feriados, finais de semana ou em dia em que não houver expediente forense. Aplicação do art. 775 da CLT. (ex-OJ nº 13 da SBDI-2 - inserida em 20.09.2000)

No caso do julgado em questão, o MPF teve ciência da fraude à lei antes do MPT.

Como sabemos, o Ministério Público abrange o MPU, o qual compreende MPF, MPT, MPM e MPDFT. De acordo com o art. 127, § 1º da CF, são princípios institucionais do Ministério Público a unidade, a indivisibilidade e a independência funcional. Unidade significa que os membros do MP integram um só órgão, sob a direção de um único chefe.

Para o TST, o fato de a ciência da fraude ter se dado primeiro no MPF não é suficiente para a decadência da ação rescisória. Isso porque, ainda que um dos princípios institucionais do MPU seja o da unidade, a legitimidade para atuar na Justiça do Trabalho é do MPT, e não do MPF.

Assim, o marco temporal para o prazo decadencial na ciência da fraude para ajuizar ação rescisória é do órgão legitimado para tanto, no caso, do MPT.

"(...) RECURSO DE REVISTA. NULIDADE DO AUTO DE INFRAÇÃO. AUTUAÇÃO POR AUDITOR FISCAL DO TRABALHO. ATRIBUIÇÕES.

Insere-se nas atribuições legalmente definidas ao **Auditor Fiscal do Trabalho**, no exercício do poder de polícia administrativa, a apuração da **regularidade da relação de emprego**, inclusive nas situações de contratação irregular de mão de obra por empresa interposta, sempre resguardada a possibilidade de impugnação do auto de infração, não só na própria seara administrativa, mas, também, na via judicial, em observância às garantias consagradas no art. 5.º, XXXV e LV, da Constituição da República.

Caso não se admitisse a fiscalização trabalhista nesses moldes, o Auditor Fiscal do Trabalho somente estaria apto a inspecionar relações de emprego regulares, efetivamente documentadas, o que implicaria esvaziamento dos atributos típicos do poder de polícia administrativa e, em última análise, até mesmo da função social e institucional da Inspeção do Trabalho, uma vez que a fiscalização estaria impedida de atuar caso se deparasse com um cenário de informalidade, o que relegaria a dignidade e a inclusão social e econômica do trabalhador ao arbítrio dos tomadores de serviço.

Assim sendo, comporta reforma o acórdão regional que afasta a competência do Auditor Fiscal do Trabalho para lavrar o auto de infração, quando verificada a fraude na aplicação da legislação trabalhista. Recurso de Revista conhecido e provido."

TST-RR-975-20.2015.5.02.0065, 1ª Turma, rel. Min. Luiz José Dezena da Silva, julgado em 27.11.2019

BREVE COMENTÁRIO

De acordo com o art. 21, XXIV da CF/88, compete à união exercer a fiscalização do trabalho, nesses termos:

> Art. 21. Compete à União:
>
> XXIV - organizar, manter e executar a inspeção do trabalho;

Não obstante a observância das normas trabalhistas seja de todos os que firmam relações de trabalho, seja na Administração Pública, seja na iniciativa privada, a atribuição para fiscalizar e autuar é da União.

Tal atribuição é exercida pelos Auditores Fiscais do Trabalho. As atribuições do cargo de Auditor Fiscal do Trabalho correspondem às previstas no artigo 11 da Lei nº 10.593/02 e no Regulamento da Inspeção do Trabalho, de que trata o Decreto nº 4.552/02.

No julgado em tela, foi questionada a atribuição do Auditor para apuração da regularidade da relação de emprego. O TST entendeu que, caso não fosse permitido ao Auditor apurar a regularidade da relação de emprego, este teria suas atribuições limitadas às relações regulares.

Assim, para o TST, pode o Auditor apurar irregularidades nas relações empregatícias.

"AGRAVO EM AGRAVO DE INSTRUMENTO EM RECURSO DE REVISTA – CPC/2015 – INSTRUÇÃO NORMATIVA Nº 40 DO TST – ANTERIOR À VIGÊNCIA DA LEI Nº 13.467/2017 – DIVERGÊNCIA JURISPRUDENCIAL – ARESTO ORIUNDO DE TURMA DO TST – IMPRESTABILIDADE – PRINCÍPIOS DA DEVOLUTIVIDADE E DA DELIMITAÇÃO RECURSAL – NÃO OBSERVAÇÃO.

1. O art. 896 da CLT é claro quanto à admissibilidade do recurso de revista por divergência jurisprudencial e dispõe expressamente na alínea "a" que o dissídio deve ser suscitado em relação a outro Tribunal Regional do Trabalho, no seu Pleno ou Turma, ou à Seção de Dissídios Individuais do Tribunal Superior do Trabalho.

2. Em relação ao TST, portanto, **somente é admissível dissídio jurisprudencial por meio de acórdãos exarados pela Seção de Dissídios Individuais.**

3. Acrescento que a 7ª Turma, na sua composição atual, fixou entendimento no sentido de que o agravo de instrumento tem por finalidade precípua impugnar os fundamentos da decisão agravada, por se tratar de recurso vinculado àquele que se pretende destrancar.

4. Nesse diapasão, embora não seja necessário repisar no agravo de instrumento todas as alegadas violações de texto legal apresentadas no recurso de revista, se o agravante menciona apenas alguns dos dispositivos legais acaba por limitar, no agravo de instrumento, as impugnações apresentadas, de forma mais ampla, no recurso de revista.

5. No caso concreto, a parte sequer renovou a violação do art. 7º, XXIX, da Constituição Federal nas razões de agravo de instrumento, razão pela qual não se tem por atendidas a devolutividade e a delimitação recursal. Agravo desprovido."

TST-AIRR-11218-06.2015.5.15.0083, 7ª Turma,
rel. Min. Luiz Philippe Vieira de Mello Filho, julgado em 27.11.2019

BREVE COMENTÁRIO

O Recurso de Revista é recurso de natureza extraordinária. Consequentemente possui requisitos específicos de admissibilidade. São pressupostos específicos do RR o prequestionamento e a transcendência. O julgado em questão tratou da divergência jurisprudencial, motivo pelo qual iremos analisar apenas esse requisito.

Conforme o art. 896 da CLT,

> Art. 896 – Cabe Recurso de Revista para Turma do Tribunal Superior do Trabalho das decisões proferidas em grau de recurso ordinário, em dissídio individual, pelos Tribunais Regionais do Trabalho, quando:
>
> a) derem ao mesmo dispositivo de lei federal interpretação diversa da que lhe houver dado outro Tribunal Regional do Trabalho, no seu Pleno ou Turma, ou a Seção de Dissídios Individuais do Tribunal Superior do Trabalho, ou contrariarem súmula de jurisprudência uniforme dessa Corte ou súmula vinculante do Supremo Tribunal Federal;
>
> b) derem ao mesmo dispositivo de lei estadual, Convenção Coletiva de Trabalho, Acordo Coletivo, sentença normativa ou regulamento empresarial de

observância obrigatória em área territorial que exceda a jurisdição do Tribunal Regional prolator da decisão recorrida, interpretação divergente, na forma da alínea a

Assim, a divergência apta para admitir o Recurso de Revista deve ser entre julgados de Tribunais diferentes ou entre o Tribunal recorrido e a SBDI.

No caso aqui analisado, o TST destacou que se a parte, em sede de Agravo de Instrumento, apenas destaca alguns dispositivos tidos por violados, tal atitude acaba por restringir a análise do recurso a esses dispositivos, não obstante apresentadas de forma mais ampla no Recurso de Revista.

Com base nesse entendimento, o TST negou seguimento ao recurso da parte, ante a ausência de devolutividade e delimitação recursal.

(...) COMPETÊNCIA DA JUSTIÇA DO TRABALHO - AÇÃO CIVIL PÚBLICA - DISCUSSÃO SOBRE RELAÇÃO DE TRABALHO FUNDADA EM TERMO DE PARCERIA ENTRE ESTADO E ASSOCIAÇÃO (OSCIP)

A Justiça do Trabalho é competente para examinar Ação Civil Pública que tem por objeto a proteção ampla dos direitos constitucionais pertinentes às relações do trabalho firmadas por **instituição privada (OSCIP), ainda que suas atividades se desenvolvam a partir de relações jurídico-administrativas** (termo de parceria) estabelecidas entre o ente público e a Associação-Ré.

(...)III - RECURSOS DE REVISTA DAS RECLAMADAS INTERPOSTOS SOB A ÉGIDE DA LEI Nº 13.467/2017 - EXAME CONJUNTO - DANO MORAL COLETIVO - CARACTERIZAÇÃO E VALOR DA INDENIZAÇÃO - TERCEIRIZAÇÃO DE ATIVIDADE-FIM - SERVIÇOS DE SAÚDE - PARCERIA ENTRE ORGANIZAÇÃO DA SOCIEDADE CIVIL DE INTERESSE PÚBLICO (OSCIP) E ESTADO - VALIDADE

1. A assistência à saúde é um dever do Estado, podendo ser prestada tanto diretamente quanto por meio de terceiros. Nesse sentido, os arts. 197 e 199, § 1º, do texto constitucional, autorizam a prestação de "ações e serviços de saúde" por pessoas físicas ou pessoas jurídicas de direito privado.

2. Em sintonia com a estrutura institucional adotada pela Constituição da República, a legislação federal autoriza a prestação de serviços públicos na área de saúde por meio de Organizações da Sociedade Civil de Interesse Público (OSCIP). Nesse sentido, o art. 3º da Lei nº 9.790/1999, ao instituir os objetivos sociais exigidos para a qualificação das pessoas jurídicas de direito privado como OSCIP, expressamente incluiu a prestação de serviços gratuitos de saúde.

3. Diante desse cenário normativo, não se pode presumir a ilicitude do termo de parceria firmado entre o Estado e instituição privada já qualificada como OSCIP para a administração de hospital público.

4. **A autorização de que a pessoa jurídica de direito privado contrate empregados pelo regime da CLT para a execução de atividades finalísticas do Estado não se traduz em fraude à legislação, mormente quando a própria Constituição da República autoriza a prestação complementar de serviços de saúde por**

instituições privadas sem fins lucrativos, como na hipótese. 5. Reconhecendo-se a validade das relações de trabalho fundadas no termo de parceria e discutidas nos presentes autos, impõe-se a improcedência dos pedidos deduzidos na Ação Civil Pública. Recursos de Revista conhecidos e providos."

TST-ARR-10060-45.2014.5.14.0416, 8ª Turma, rel. Min. Maria Cristina Irigoyen Peduzzi, julgado em 20.11.2019

BREVE COMENTÁRIO

Esse interessante julgado trata de dois temas relevantes para a Fazenda Pública: competência da Justiça do Trabalho para apreciar questões que se relacionam indiretamente com relações de trabalho e terceirização em atividade-fim do Estado.

Sabemos que, para desenvolver suas atividades, o Estado pode firmar instrumentos com as entidades do Terceiro Setor. Para Rafael Oliveira, isso se justifica a partir de três fundamentos:

a) Passagem da Administração imperativa para a Administração consensual: incremento das parcerias entre o Estado e a sociedade civil;

b) Princípio da subsidiariedade: primazia do indivíduo e da sociedade civil no desempenho de atividades sociais, restringindo-se a atuação direta do Estado aos casos excepcionais;

c) Fomento: o Poder Público deve incentivar o exercício de atividades sociais pelos indivíduos.

Uma das entidades que compõe o terceiro setor são as OSCIPS. De acordo com o art. 1º da Lei 9.790/99, são qualificadas como OSCIPS:

> Art. 1º Podem qualificar-se como Organizações da Sociedade Civil de Interesse Público as pessoas jurídicas de direito privado sem fins lucrativos que tenham sido constituídas e se encontrem em funcionamento regular há, no mínimo, 3 (três) anos, desde que os respectivos objetivos sociais e normas estatutárias atendam aos requisitos instituídos por esta Lei.

O instrumento que o Estado firma com as OSCIPS é chamado de Termo de Parceria. Este estabelece programa de trabalho (metas de desempenho) e permite que as OSCIPS recebam recursos públicos.

No presente julgado, o TST entendeu que compete à Justiça do Trabalho analisar causas que envolvam relações laborais. O que se está discutindo aqui não é a competência da Justiça do Trabalho para apreciar o Termo de Parceria, mas sim a proteção dos direitos dos trabalhadores contratados pela entidade privada.

Em nosso entender, essa decisão contraria o art. 114 da CF/88. Isso porque nas ações ora tratadas a relação de trabalho entre as entidades do terceiro setor qualificadas como OS e OSCIP e seus empregados não está em discussão, senão apenas de modo indireto, reflexo e abstrato. Deve o candidato levar esse entendimento para a prova e discorrer sobre ele caso haja margem para isso, sabendo, por óbvio, a posição do TST.

Em continuidade, o TST entendeu que não se pode presumir ilicitude na conduta do Estado de delegar a gestão hospitalar à OSCIP. Isso porque a própria legislação federal permite que as entidades integrantes do terceiro setor prestem serviços de saúde. Para tanto, citou o art. 3º da Lei nº 9.790/1999, que institui a prestação de serviços de saúde como um dos requisitos para que uma entidade privada seja qualificada como OSCIP.

Vale ainda dizer que o STF, na ADI 1923, considerou válida a parceria entre poder público e organizações sociais para a prestação de serviços públicos não exclusivos e estabeleceu que a celebração de convênio com tais entidades deve ser conduzida de forma pública, objetiva e impessoal.

Dessa forma, o TST declarou competente a Justiça do Trabalho para apreciar questões que envolvam relação de trabalho, ainda que decorrentes do regime jurídico administrativo do Termo de Parceria. Entendeu ainda que é lícito ao Estado firmar Termos de Parceria com entidade privada qualificada como OSCIP para a administração hospitalar.

Informativo nº 215

Movimento conduzido por reduzido grupo de trabalhadores. Inexistência de repercussão significativa do ato. Mero protesto. Não enquadramento como greve.

Movimento conduzido por **pequeno grupo de trabalhadores e sem repercussão significativa não caracteriza greve.**

No caso vertente, houve uma pequena paralisação das atividades de uma das concessionárias de transporte público de Manaus, especificamente nos terminais situados nos bairros de Vila Marinho e Augusto Montenegro.

O Tribunal Regional, após análise das provas, entendeu inexistente a greve, por se tratar de um evento que ocorreu de maneira espontânea e imprevista, oriundo de reivindicações pontuais (falta de pagamento de horas extras e supostas perseguições a obreiros), com participação de pouquíssimos trabalhadores e curta duração (cerca de 30 minutos). Concluiu-se, portanto, não estar configurada uma efetiva greve, mas sim uma manifestação isolada, com repercussão mínima.

Sob esses fundamentos, a SDC, por unanimidade, decidiu negar provimento ao recurso ordinário, neste tópico, e manter a decisão recorrida.

TST-RO-386-09.2017.5.11.0000, SDC,
rel. Min. Maurício Godinho Delgado, 9.3.2020.

BREVE COMENTÁRIO

A greve é um fenômeno social regulado pelo direito e consiste, basicamente, na paralisação dos trabalhadores como forma de fazer pressão ao empregador, a fim de ver suas reivindicações atendidas.

O conceito de greve é dado pela lei 7.783/89, em seu art. 2º, o qual dispõe:

> Art. 2º Para os fins dessa Lei, considera-se legítimo o exercício do direito de greve a suspensão coletiva, temporária e pacífica, total ou parcial, de prestação pessoal de serviços a empregador.

Como se pode observar, são elementos que definem a greve: a coletividade do movimento, a temporariedade e a pacificidade do movimento, podendo a greve ser total ou parcial. Há autores que acrescentam ainda seu caráter voluntário como elemento.

Não se deve confundir a natureza do direito de greve com o seu exercício. O direito pertence ao trabalhador, individualmente. No entanto, seu exercício se dá apenas de forma coletiva. No dizer de Homero Batista, "a melhor forma de enxergar a greve é defini-la como um direito individual, mas que apenas se exerce coletivamente".

Observe-se ainda que a greve não precisa ser total, ou seja, atingir todos os trabalhadores de uma empresa ou categoria, mas é importante que a adesão seja coletiva.

Pois bem.

O TST, se valendo dessa interpretação, analisou a greve deflagrada por trabalhadores uma das concessionárias de transporte público de Manaus.

Nesse caso, entendeu o TST que a pequena adesão ao movimento paredista não configurou greve, e sim mera paralisação pontual. Isso porque foram pouquíssimos trabalhadores e curta duração (30 min.), além de ter sido um evento que ocorreu de maneira espontânea e imprevista.

Nesse último aspecto, devemos lembrar que a Lei de Greve estabelece regras para sua deflagração. Vejamos:

O primeiro requisito é a frustração de uma negociação prévia, nos termos do art. 3º:

> Art. 3º Frustrada a negociação ou verificada a impossibilidade de recursos via arbitral, é facultada a cessação coletiva do trabalho.

Ressalte-se que a ausência de negociação precedente ao movimento grevista caracteriza a abusividade do movimento, segundo a OJ 11 da SDC.

> 11. GREVE. IMPRESCINDIBILIDADE DE TENTATIVA DIRETA E PACÍFICA DA SOLUÇÃO DO CONFLITO. ETAPA NEGOCIAL PRÉVIA.
>
> É abusiva a greve levada a efeito sem que as partes hajam tentado, direta e pacificamente, solucionar o conflito que lhe constitui o objeto.

Outro requisito que a lei impõe como antecedente à greve é o prévio aviso, conforme os arts. 3º e 13:

> Art. 3º Frustrada a negociação ou verificada a impossibilidade de recursos via arbitral, é facultada a cessação coletiva do trabalho.
>
> Parágrafo único. A entidade patronal correspondente ou os empregadores diretamente interessados serão notificados, com antecedência mínima de 48 (quarenta e oito) horas, da paralisação.

> Art. 13 Na greve, em serviços ou atividades essenciais, ficam as entidades sindicais ou os trabalhadores, conforme o caso, obrigados a comunicar a decisão aos empregadores e aos usuários com antecedência mínima de 72 (setenta e duas) horas da paralisação.

Outro requisito é a deliberação em assembleia devidamente convocada para esse fim, nos termos do art. 4º:

> Art. 4º Caberá à entidade sindical correspondente convocar, na forma do seu estatuto, assembléia geral que definirá as reivindicações da categoria e deliberará sobre a paralisação coletiva da prestação de serviços.
>
> § 1º O estatuto da entidade sindical deverá prever as formalidades de convocação e o quorum para a deliberação, tanto da deflagração quanto da cessação da greve.
>
> § 2º Na falta de entidade sindical, a assembléia geral dos trabalhadores interessados deliberará para os fins previstos no "caput", constituindo comissão de negociação.

Por fim, caso se tratem de serviços essenciais, deverão ser mantidos um mínimo de serviços necessários, conforme o art. 9º:

> Art. 9º Durante a greve, o sindicato ou a comissão de negociação, mediante acordo com a entidade patronal ou diretamente com o empregador, manterá em atividade equipes de empregados com o propósito de assegurar os serviços cuja paralisação resultem em prejuízo irreparável, pela deterioração irreversível de bens, máquinas e equipamentos, bem como a manutenção daqueles essenciais à retomada das atividades da empresa quando da cessação do movimento.
>
> Parágrafo único. Não havendo acordo, é assegurado ao empregador, enquanto perdurar a greve, o direito de contratar diretamente os serviços necessários a que se refere este artigo.

Assim, um evento paredista que ocorra de maneira espontânea e imprevista descaracteriza a greve.

Com essas considerações, o TST negou provimento ao Recurso Ordinário e manteve a decisão do TRT de origem em seus termos.

A Corte Superior considerou aquele movimento pontual, espontâneo, com pequena adesão e por tempo reduzido uma mera paralisação, não se configurando em verdadeira greve.

Honorários de sucumbência fixados em sentença transitada em julgado. Posterior celebração e homologação judicial de acordo. Cláusula que limita o pagamento dos honorários advocatícios à modalidade contratual. Acordo assinado pelo advogado reclamante. Aquiescência aos termos do acordo. Honorários sucumbenciais indevidos.

A assinatura do advogado em acordo celebrado e homologado judicialmente entre as partes, no qual se limitou o pagamento dos honorários advocatícios à modalidade contratual, comprova a sua aquiescência quanto à exclusão dos honorários sucumbenciais fixados em sentença transitada em julgado, anterior ao aludido acordo.

Com esse entendimento, a SBDI-I, por unanimidade, conheceu do recurso de embargos por divergência jurisprudencial, e, no mérito, por maioria, negou-lhe provimento, vencido o Ministro Augusto César Leite de Carvalho, Relator.

TST-E-ED-RR-225340-83.1998.5.07.0010, SBDI-I, rel. Min. Augusto César Leite de Carvalho, red. p/ acórdão Min. Breno Medeiros, 13.2.2020.

BREVE COMENTÁRIO

Esse julgado merece rápidos comentários.

O CPC/15 deixa expresso que os honorários são de titularidade do advogado, em seu art. 85, § 14, o qual dispõe que:

> "Os honorários constituem **direito do advogado** e têm natureza alimentar, com os mesmos privilégios dos créditos oriundos da legislação do trabalho, sendo vedada a compensação em caso de sucumbência parcial."

O advogado tem direito de receber os honorários fixados em sentença transitada em julgado. As partes que transacionem após esse momento processual não podem dispôr do direito do advogado. Assim preconiza o art. 24, § 4º, do Estatuto da OAB:

> Art. 24. A decisão judicial que fixar ou arbitrar honorários e o contrato escrito que os estipular são títulos executivos e constituem crédito privilegiado na falência, concordata, concurso de credores, insolvência civil e liquidação extrajudicial.
>
> (...)
>
> § 4º O acordo feito pelo cliente do advogado e a parte contrária, **salvo aquiescência do profissional**, não lhe prejudica os honorários, quer os convencionados, quer os concedidos por sentença.

No caso analisado pelo TST, houve aposição do advogado ao acordo firmado pelas partes e homologado judicialmente. Assim, ficou comprovada a sua aquiescência quanto à exclusão dos honorários sucumbenciais fixados em sentença transitada em julgado.

Nesse caso, para o TST, não houve afronta ao comando do art. 24 § 4º, do Estatuto da OAB.

Plano de cargos e salários. Modificação dos critérios contidos em anexo da norma regulamentar para a progressão funcional no curso do contrato de trabalho. Alteração contratual lesiva. Não configuração. Súmula nº 51, I, do TST.

Não configura alteração contratual lesiva a mera adequação textual de anexo de norma regulamentar, mormente quando se verifica que o anexo – parte acessória da norma –, está em descompasso com a totalidade do conteúdo da parte principal do regulamento.

No caso, a empresa pública verificou que o anexo do seu plano de cargos e salários continha dispositivo dissonante com a norma regulamentar e com a realidade da empresa, corrigindo-o a tempo e modo, modificando os critérios para a progressão funcional.

A correção deu-se, sobretudo, pelo fato de que a empresa é integrante da Administração Pública indireta e possui o poder-dever de rever e corrigir seus atos que contenham algum vício. Assim, a hipótese apresenta peculiaridade que afasta a aplicação geral do item I da Súmula nº 51 do TST. Sob esse entendimento, a SBDI-I, por maioria, conheceu dos embargos e, no mérito, deu-lhes provimento para restabelecer o acórdão proferido pelo Tribunal Regional, que julgou improcedentes os pedidos da reclamação trabalhista. Vencidos os Ministros Hugo Carlos Scheuermann, Alberto Luiz Bresciani de Fontan Pereira e José Roberto Freire Pimenta.

TST-E-ED-RR-975-54.2015.5.22.0003, SBDI-I, rel. Min. Hugo Carlos Scheuermann, red. p/ acórdão Min. Maria Cristina Irigoyen Peduzzi, 13.2.2020.

BREVE COMENTÁRIO

Em direito do trabalho, vige o princípio da inalterabilidade contratual lesiva. De acordo com tal princípio, não se admite alterações contratuais que acarretem prejuízos ao trabalhador.

As alterações, para terem validade, devem observar duas condições previstas no art. 468 da CLT: consentimento do empregado e ausência do prejuízo. Assim dispõe a norma:

> Art. 468 – Nos contratos individuais de trabalho só é lícita a alteração das respectivas condições por **mútuo consentimento**, e ainda assim desde que **não resultem, direta ou indiretamente, prejuízos ao empregado**, sob pena de nulidade da cláusula infringente desta garantia.

Não obstante essa previsão, existem exceções, as quais estão inseridas dentro do poder do empregador chamado de *jus variadni. Jus Variandi* significa a liberdade do empregador de fazer alterações contratuais sem consentimento do empregado ou ainda que esta alteração lhe cause prejuízo. Rebaixamento de função, alteração do horário de trabalho são alguns exemplos.

No caso do regulamento da empresa que institua Plano de Cargos e Salários (PCS), sabemos que as cláusulas regulamentares aderem aos contratos de trabalho. O TST possui súmula tratando do tema:

> SUM-51NORMA REGULAMENTAR. VANTAGENS E OPÇÃO PELO NOVO REGULAMENTO. ART. 468 DA CLT (incorporada a Orientação Jurisprudencial nº 163 da SBDI-I) -Res. 129/2005, DJ 20, 22 e 25.04.2005
>
> I -As cláusulas regulamentares, que revoguem ou alterem vantagens deferidas anteriormente, só atingirão os trabalhadores admitidos após a revogação ou alteração do regulamento.

II -Havendo a coexistência de dois regulamentos da empresa, a opção do empregado por um deles tem efeito jurídico de renúncia às regras do sistema do outro.

No caso em tela, o TST entendeu que a alteração de cláusula regulamentar de PCS inserida em anexo (parte acessória da norma), quando em total desacordo com a parte principal, não enseja alteração lesiva. Isso porque, por se tratar de empresa pública, esta tem o poder-dever de rever e corrigir seus atos que contenham algum vício.

Nesse caso, o PCS não sofreu alteração significativa, bem como a empresa pública apenas exerceu seu poder-dever de autotutela.

"RECURSO DE REVISTA. LEI Nº 13.015/2014. CPC/2015. INSTRUÇÃO NORMATIVA Nº 40 DO TST. JUSTA CAUSA/FALTA GRAVE. MOTORISTA PROFISSIONAL QUE TEVE O DIREITO DE DIRIGIR SUSPENSO NO CURSO DO CONTRATO DE TRABALHO.

Embora **atos de indisciplina** estejam comumente relacionados às regras gerais de conduta emanadas pelo empregador, **seu conceito é mais amplo e abrange também outras normas, inclusive leis.**

Além disso, o ato deve ser dotado de tamanha gravidade que incompatibilize a relação com o empregador e prejudique o bom andamento da produção. Deve, portanto, repercutir no contrato de trabalho a ponto de causar prejuízo às atividades da empresa.

No presente caso, o autor, contratado como motorista profissional, cometeu infração de trânsito ao dirigir sob a influência de álcool, que gerou a suspensão do seu direito de dirigir pelo período de 1 ano. Assim, ao ter suspenso requisito indispensável para o exercício de sua profissão, comprometeu de forma grave o desempenho de suas atividades na empresa, o que valida a dispensa por justa causa. Recurso de revista conhecido e provido."

TST-RR-287-93.2016.5.09.0658, 7ª Turma,
rel. Cláudio Mascarenhas Brandão, julgado em 5.2.2020

BREVE COMENTÁRIO

O caso em tela trata da dispensa de um empregado exercente da função de motorista motivada pela suspensão do seu direito de dirigir. A empresa dispensou o empregado por justa causa, sendo este o cerne da questão.

A justa causa pode ser caracterizada como um ato faltoso que, em razão de sua gravidade, inviabiliza a manutenção do vínculo empregatício entre as partes, autorizando a cessação do contrato.

Para que a falta seja considerada justa causa, deve haver expressa previsão legal, uma vez que o ordenamento jurídico brasileiro adota o sistema taxativo, ou limitativo, das justas causas. Trata-se da tipicidade, requisito objetivo para caracterização da justa causa. Em direito do trabalho, vige o princípio da inalterabilidade contratual lesiva. De acordo com tal princípio, não se admite alterações contratuais que acarretem prejuízos ao trabalhador.

O autor, contratado como motorista profissional pela ré, cometeu infração de trânsito ao dirigir sob a influência de álcool, acarretando a suspensão do seu direito de dirigir pelo período de 1 ano. Em razão disso, a ré o despediu por ato de indisciplina, nos termos do artigo 482, "h", da CLT, sob a justificativa de que "esta situação teria obstado o desempenho da função para qual o autor foi contratado".

> Art. 482 - Constituem justa causa para rescisão do contrato de trabalho pelo empregador:
>
> (...)
>
> h) ato de indisciplina ou de insubordinação;

Para o TST, a conduta que leva à justa causa deve ser de tamanha gravidade que incompatibilize a relação com o empregador. O ato, portanto, deve repercutir no contrato de trabalho, ainda que cometido na "vida privada" do empregado.

Assim, para o TST, a própria função de motorista profissional demanda conhecimento das leis de trânsito e de suas consequências jurídicas, caso sejam infringidas. Outrossim, a suspensão do direito de dirigir inviabilizaria o próprio motorista de exercer suas funções, sendo condição essencial para a manutenção do contrato de trabalho. Nessa linha, o TST entendeu que foi correta a dispensa por justa causa.

- ***"RECURSO DE REVISTA. ACÓRDÃO PUBLICADO NA VIGÊNCIA DA LEI Nº 13.015/2014. VÍNCULO DE EMPREGO. MOTORISTA. UBER. AUSÊNCIA DE SUBORDINAÇÃO. TRANSCENDÊNCIA JURÍDICA RECONHECIDA.***

Destaque-se, de início, que o reexame do caso não demanda o revolvimento de fatos e provas dos autos, isso porque a transcrição do depoimento pessoal do autor no acórdão recorrido contempla elemento fático hábil ao reconhecimento da confissão quanto à autonomia na prestação de serviços.

Com efeito, o reclamante admite expressamente a possibilidade de ficar 'off line', sem delimitação de tempo, circunstância que indica a ausência completa e voluntária da prestação dos serviços em exame, que só ocorre em ambiente virtual. Tal fato traduz, na prática, a ampla flexibilidade do autor em determinar sua rotina, seus horários de trabalho, locais que deseja atuar e quantidade de clientes que pretende atender por dia.

Tal auto-determinação é incompatível com o reconhecimento da relação de emprego, que tem como pressuposto básico a subordinação, elemento no qual se funda a distinção com o trabalho autônomo. Não bastasse a confissão do reclamante quanto à autonomia para o desempenho de suas atividades, é fato incontroverso nos autos que o reclamante aderiu aos serviços de intermediação digital prestados pela reclamada, utilizando-se de aplicativo que oferece interface entre motoristas previamente cadastrados e usuários dos serviços.

Dentre os termos e condições relacionados aos referidos serviços, está a reserva ao motorista do equivalente a 75% a 80% do valor pago pelo usuário, conforme consignado pelo e. TRT.

O referido percentual revela-se superior ao que esta Corte vem admitindo como bastante à caracterização da relação de parceria entre os envolvidos, uma vez que o rateio do valor do serviço em alto percentual a uma das partes evidencia vantagem remuneratória não condizente com o liame de emprego. Precedentes. Recurso de revista conhecido e provido."

TST-RR-1000123-89.2017.5.02.0038, 5ª Turma, rel. Min. Breno Medeiros, julgado em 5.2.2020

BREVE COMENTÁRIO

Esse é um interessante julgado que ganhou manchetes por todo o país. Trata da existência, ou não, de vínculo empregatício do motorista de aplicativos com a UBER DO BRASIL TECNOLOGIA LTDA.

Como se sabe, empregado, nos termos do art. 3º da CLT, é aquela pessoa física que presta serviços com habitualidade, pessoalidade, onerosidade e subordinação.

In casu, pretendia o motorista que fosse reconhecido vínculo empregatício com a UBER DO BRASIL. O TRT de origem havia reconhecido o vínculo, por entender que habitualidade e pessoalidade na prestação dos serviços.

Para o TST, a possibilidade do motorista ficar *off-line* por tempo indeterminado indica a ausência completa e voluntária da prestação dos serviços em exame, que só ocorre em ambiente virtual, bem como traduz, na prática, a ampla flexibilidade do autor em determinar sua rotina, seus horários de trabalho, locais que deseja atuar e quantidade de clientes que pretende atender por dia.

Ainda de acordo com o TST, a reserva ao motorista do equivalente de 75% a 80% do valor pago pelo usuário, revela-se superior ao que a Corte admite como bastante à caracterização da relação de parceria, uma vez que o rateio do valor do serviço em alto percentual a uma das partes evidencia vantagem remuneratória não condizente com o liame de emprego.

Por fim, a possibilidade de avaliação dos motoristas pelos usuários, e vice-versa, sequer tangencia com a presença de subordinação, consubstanciando, em verdade, ferramenta de *feedback* para os usuários finais quanto à qualidade da prestação de serviços do condutor, de interesse de todos os envolvidos. O fato da empresa se utilizar das avaliações, promovendo o descredenciamento do motorista mal avaliado, convém não apenas à reclamada para sua permanência no mercado, mas especialmente à coletividade de usuários, a quem melhor aproveita a confiabilidade e qualidade dos serviços prestados.

Assim, para o TST, o intento de proteção ao trabalhador não deve se sobrepor a ponto de inviabilizar as formas de trabalho emergentes, pautadas em critérios menos rígidos e que permitem maior autonomia na sua consecução, mediante livre disposição das partes.

Com essas considerações, o TST afastou o reconhecimento de vínculo empregatício entre os motoristas de aplicativo e a UBER DO BRASIL.

"(...) DIFERENÇAS NA INDENIZAÇÃO DO PDI – VALOR DE REFERÊNCIA NÃO IMPUGNADO NOS PRIMEIROS CÁLCULOS HOMOLOGADOS – PRECLUSÃO.

Com fundamento no art. 463, I, do CPC de 1973 (494, I, do CPC de 2015), é possível a correção de erros de cálculo a qualquer tempo pelo juiz, de ofício ou a requerimento, providência que não viola a coisa julgada e não está sujeita ao regime da preclusão. Julgados do Eg. STJ. Recurso de Revista conhecido parcialmente e provido.

TST-ARR-1571600-76.2004.5.09.0006, 8ª Turma, rel. Min. Maria Cristina Irigoyen Peduzzi, julgado em 12.2.2020

BREVE COMENTÁRIO

A reforma trabalhista promoveu a alteração do art. 879, § 2º, da CLT. Em sua redação anterior, o prazo para impugnar os cálculos era sucessivo de 10 dias. Atualmente, o juízo deverá abrir às partes prazo comum de 08 dias para impugnação fundamentada dos cálculos de liquidação. Nesse sentido:

> Art. 879 – Sendo ilíquida a sentença exeqüenda, ordenar-se-á, previamente, a sua liquidação, que poderá ser feita por cálculo, por arbitramento ou por artigos. (Redação dada pela Lei nº 2.244, de 23.6.1954)
>
> (...)
>
> **§ 2º** Elaborada a conta e tornada líquida, o juízo deverá abrir às partes prazo comum de oito dias para impugnação fundamentada com a indicação dos itens e valores objeto da discordância, sob pena de preclusão. (Redação dada pela Lei nº 13.467, de 2017)

De acordo com a redação do parágrafo acima, em caso de falta de impugnação no período de 8 dias, haveria preclusão do direito da parte de apresentar impugnação em momento posterior.

No entanto, para o TST, erros de cálculo podem ser corrigidos a qualquer tempo, de ofício ou a requerimento. Nisso se valeu da aplicação do art. 494, I do CPC:

> Art. 494. Publicada a sentença, o juiz só poderá alterá-la:
>
> I – para corrigir-lhe, de ofício ou a requerimento da parte, inexatidões materiais ou erros de cálculo;

Com essas considerações, entendeu o TST que a matéria não precluiu, podendo ser corrigida de ofício ou a requerimento.

"RECURSO DE REVISTA INTERPOSTO NA VIGÊNCIA DAS LEIS Nº 13.015/2014 E 13.467/2017. BENEFÍCIOS DA JUSTIÇA GRATUITA. COMPROVAÇÃO. AÇÃO AJUIZADA NA VIGÊNCIA DA LEI Nº 13.467/2017. DECLARAÇÃO PROFERIDA POR PESSOA NATURAL.

Cinge-se a controvérsia a decidir se apenas a declaração de pobreza é suficiente para a comprovação do estado de miserabilidade do reclamante, para fins de deferimento dos benefícios da Justiça gratuita, em ação ajuizada após a vigência da Lei nº 13.467/2017. No caso, as instâncias ordinárias, aplicando o artigo 99, § 3º, do CPC/2015, entenderam que a declaração de pobreza apresentada pelo reclamante é suficiente para caracterizar a presunção relativa de veracidade desse fato.

Com efeito, para o Regional, o reclamante conseguiu comprovar a sua hipossuficiência econômica, uma vez que "a declaração de pobreza apresentada pelo interessado em audiência é prova bastante de sua hipossuficiência econômica, a teor do artigo 99, §3º, do Código de Processo Civil: "Presume-se verdadeira a alegação de insuficiência deduzida exclusivamente por pessoa natura".

A Lei nº 13.467/2017, que entrou em vigor em 11/11/2017, inseriu o parágrafo 4º ao artigo 790 da CLT, que assim dispõe: "Art. 790. (...) § 4º O benefício da justiça gratuita será concedido à parte que comprovar insuficiência de recursos para o pagamento das custas do processo".

Dessa forma, considerando que esta ação foi ajuizada na vigência da reforma trabalhista, ela submete-se ao que dispõe o § 4º do artigo 790 da CLT, que exige a comprovação da insuficiência de recursos para a concessão dos benefícios da Justiça gratuita à parte requerente. Com efeito, nos termos do item I da Súmula nº 463 do TST, basta a simples afirmação do declarante ou de seu advogado para se considerar configurada a sua situação econômica: "I – A partir de 26.06.2017, para a concessão da assistência judiciária gratuita à pessoa natural, basta a declaração de hipossuficiência econômica firmada pela parte ou por seu advogado, desde que munido de procuração com poderes específicos para esse fim (art. 105 do CPC de 2015)".

Ressalta-se que a nova redação do § 4º do artigo 790 da CLT não é incompatível com a redação do artigo 99, § 3º, do CPC/2015, razão pela qual as duas normas legais podem e devem ser aplicadas conjuntamente, por força dos artigos 15 e 769 da CLT. Conclui-se, portanto, que a comprovação a que alude o § 4º do artigo 790 da CLT pode ser feita mediante declaração de miserabilidade da parte.

Nesse contexto, a simples afirmação do reclamante de que não tem condições financeiras de arcar com as despesas do processo autoriza a concessão da Justiça gratuita à pessoa natural. Enfatiza-se, por fim, que o banco recorrente nada provou em sentido contrário, ficando na cômoda posição de negar validade à declaração de pobreza feita pelo reclamante, sem nada alegar de substancial contra ela e seu conteúdo.

Não cabe, portanto, a esta Corte de natureza extraordinária afastar, sem nenhum elemento concreto em contrário, a conclusão de ambas as instâncias ordinárias sobre o fato de ser o reclamante pobre em sentido legal. Recurso de revista conhecido e desprovido."

TST-RR-340-21.2018.5.06.0001, 2ª Turma,
rel. Min. José Roberto Freire Pimenta, julgado em 19.2.2020

BREVE COMENTÁRIO

A atual redação do art. 790, § 3º, da CLT, estabelece que o benefício da Justiça Gratuita deverá ser concedido à parte que receba salário igual ou inferior a 40% (atualmente R$ 2.258,32) do limite máximo dos benefícios da previdência ou, conforme § 4º, que comprovar insuficiência de recursos para o pagamento das custas do processo.

> Art. 790. Nas Varas do Trabalho, nos Juízos de Direito, nos Tribunais e no Tribunal Superior do Trabalho, a forma de pagamento das custas e emolumentos obedecerá às instruções que serão expedidas pelo Tribunal Superior do Trabalho.
>
> (...)
>
> § 3º É facultado aos juízes, órgãos julgadores e presidentes dos tribunais do trabalho de qualquer instância conceder, a requerimento ou de ofício, o benefício da justiça gratuita, inclusive quanto a traslados e instrumentos, àqueles que perceberem salário igual ou inferior a 40% (quarenta por cento) do limite máximo dos benefícios do Regime Geral de Previdência Social.
>
> § 4º O benefício da justiça gratuita será concedido à parte que comprovar insuficiência de recursos para o pagamento das custas do processo.

No caso em tela, a discussão gira em torno da aplicação do art. 99, § 3º, do CPC/2015, ou se bastaria a mera declaração de hipossuficiência do autor para que seja concedida a gratuidade da justiça.

De acordo com o art. 99, § 3º, do CPC/2015:

> Art. 99. O pedido de gratuidade da justiça pode ser formulado na petição inicial, na contestação, na petição para ingresso de terceiro no processo ou em recurso.
>
> (...)
>
> § 3º Presume-se verdadeira a alegação de insuficiência deduzida exclusivamente por pessoa natural.

O TST já possui o entendimento sumulado de que, para pessoas físicas, basta a mera alegação de hipossuficiência, sem necessidade de prova do alegado. Nesse sentido:

> **SÚMULA 463 - TST**
>
> ASSISTÊNCIA JUDICIÁRIA GRATUITA. COMPROVAÇÃO
>
> I - A partir de 26.06.2017, para a concessão da assistência judiciária gratuita à pessoa natural, **basta a declaração de hipossuficiência econômica firmada pela parte ou por seu advogado, desde que munido de procuração com poderes específicos para esse fim** (art. 105 do CPC de 2015);
>
> II - No caso de pessoa jurídica, não basta a mera declaração: é necessária a demonstração cabal de impossibilidade de a parte arcar com as despesas do processo.

Para o TST, a nova redação do § 4º do artigo 790 da CLT não é incompatível com a redação do artigo 99, § 3º, do CPC/2015, razão pela qual as duas normas legais podem e devem ser aplicadas conjuntamente. Assim, para pessoas físicas, basta a simples afirmação do reclamante de que não tem condições financeiras de arcar com as despesas do processo autoriza a concessão da Justiça gratuita à pessoa natural. Caberia à parte contrária fazer prova da ausência de miserabilidade.

Informativo nº 216

Dissídio Coletivo de Greve. Declaração de abusividade. Formalização de acordo perante o MPT. Fim do movimento paredista. Inexistência de ressalva quanto ao interesse na análise de abusividade da greve. Perda do objeto. Ausência de interesse processual. Art. 485, VI, do CPC.

A celebração de acordo sem ressalvas, com o fim de encerrar movimento paredista, afasta o interesse processual, em dissídio coletivo, de ver declarada a abusividade da greve, configurando a hipótese do art. 485, VI, do CPC/2015.

Assim, não havendo, no acordo entabulado, manifestação expressa quanto ao interesse no exame da legalidade da greve, o processo deve ser extinto sem resolução de mérito. Com base nesse entendimento, a SDC, por maioria, ao analisar questão preliminar, decidiu pela extinção do processo, sem resolução de mérito, ante a incompatibilidade da pretensão de declaração de abusividade da greve com a celebração de acordo entre as partes.

Vencidos os Ministros Mauricio Godinho Delgado, relator, Lelio Bentes Corrêa, Guilherme Augusto Caputo Bastos e Kátia Magalhães Arruda, os quais entendiam que, por ser o movimento grevista capaz de causar repercussões em relações da empresa empregadora com outras entidades, subsistia o interesse de agir, devendo a matéria ser apreciada pelo Poder Judiciário.

TST-RO-240-16.2017.5.20.0000, SDC,
rel. Min. Mauricio Godinho Delgado, red. p/ acórdão Min. Aloysio Corrêa da Veiga, 9.3.2020.

BREVE COMENTÁRIO

A greve é um fenômeno social regulado pelo direito e consiste, basicamente, na paralisação dos trabalhadores como forma de fazer pressão ao empregador, a fim de ver suas reivindicações atendidas.

O conceito de greve é dado pela lei 7.783/89, em seu art. 2º, o qual dispõe:

> Art. 2º Para os fins dessa Lei, considera-se legítimo o exercício do direito de greve a suspensão coletiva, temporária e pacífica, total ou parcial, de prestação pessoal de serviços a empregador.

O exercício do direito de greve sujeita-se a limites previstos na lei para que não se configure abusivo, nos termos do art. 9º, § 2º da Constituição Federal.

Configura-se o abusivo exercício do direito de greve se não observados os requisitos contidos nos arts. 3º, parágrafo único, 4º, 9º, 11 e 14, parágrafo único da Lei 7.783/89. Vejamos:

> Art. 3º Frustrada a negociação ou verificada a impossibilidade de recursos via arbitral, é facultada a cessação coletiva do trabalho.
>
> Parágrafo único. A entidade patronal correspondente ou os empregadores diretamente interessados serão notificados, com antecedência mínima de 48 (quarenta e oito) horas, da paralisação.

(...)

Art. 4º Caberá à entidade sindical correspondente convocar, na forma do seu estatuto, assembleia geral que definirá as reivindicações da categoria e deliberará sobre a paralisação coletiva da prestação de serviços.

§ 1º O estatuto da entidade sindical deverá prever as formalidades de convocação e o quórum para a deliberação, tanto da deflagração quanto da cessação da greve.

§ 2º Na falta de entidade sindical, a assembleia geral dos trabalhadores interessados deliberará para os fins previstos no "caput", constituindo comissão de negociação.

(...)

Art. 9º Durante a greve, o sindicato ou a comissão de negociação, mediante acordo com a entidade patronal ou diretamente com o empregador, manterá em atividade equipes de empregados com o propósito de assegurar os serviços cuja paralisação resultem em prejuízo irreparável, pela deterioração irreversível de bens, máquinas e equipamentos, bem como a manutenção daqueles essenciais à retomada das atividades da empresa quando da cessação do movimento.

(...)

Art. 11. Nos serviços ou atividades essenciais, os sindicatos, os empregadores e os trabalhadores ficam obrigados, de comum acordo, a garantir, durante a greve, a prestação dos serviços indispensáveis ao atendimento das necessidades inadiáveis da comunidade.

Parágrafo único. São necessidades inadiáveis, da comunidade aquelas que, não atendidas, coloquem em perigo iminente a sobrevivência, a saúde ou a segurança da população.

(...)

Art. 14 Constitui abuso do direito de greve a inobservância das normas contidas na presente Lei, bem como a manutenção da paralisação após a celebração de acordo, convenção ou decisão da Justiça do Trabalho.

Parágrafo único. Na vigência de acordo, convenção ou sentença normativa não constitui abuso do exercício do direito de greve a paralisação que:

I - tenha por objetivo exigir o cumprimento de cláusula ou condição;

II - seja motivada pela superveniência de fatos novo ou acontecimento imprevisto que modifique substancialmente a relação de trabalho.

No caso do informativo aqui analisado, houve acordo entre o Sindicato e a empresa, posteriormente ao ajuizamento do dissídio coletivo para declarar a abusividade da greve.

A jurisprudência atual e majoritária da SDC é no sentido de que, mesmo tendo sido celebrado acordo no decorrer do dissídio coletivo de greve, permanece o interesse da parte quanto à análise da questão da abusividade do movimento, desde que manifestado esse interesse por ocasião da audiência de conciliação. Vejamos alguns julgados:

> DISSÍDIO COLETIVO DE GREVE. ACORDO SUPERVENIENTE FIRMADO PELAS PARTES NO CURSO DO PROCESSO. INTERESSE NA ANÁLISE DA QUESTÃO DA ABUSIVIDADE OU NÃO DA GREVE. A jurisprudência predominante desta Corte estabelece que o acordo superveniente entabulado entre as partes, no curso do dissídio coletivo de greve, não elide o interesse da declaração de abusividade ou não do movimento paredista, **quando essa pretensão for expressamente demonstrada.** Recurso ordinário provido, nesse aspecto. GREVE. NÃO OBSERVÂNCIA DOS REQUISITOS FORMAIS FIXADOS NA LEI. ABUSIVIDADE DO MOVIMENTO PAREDISTA. Reconhecido o interesse quanto à declaração de abusividade ou não do movimento paredista, com amparo no art. 515, § 3º, do CPC, cabe analisar a questão. No caso, infere-se que o direito de greve foi exercido de forma abusiva, uma vez que a categoria profissional extrapolou as diretrizes constitucionais e infraconstitucionais limitadoras ao seu exercício, notadamente quanto ao respeito dos direitos fundamentais, uma vez que houve a prática de atos de violência, de depredação de bens, de ofensas morais e de ameaça de morte. Recurso ordinário provido. (RO – 5038-94.2012.5.02.0000, Relatora Ministra: Kátia Magalhães Arruda, Data de Julgamento: 16/11/2015, Seção Especializada em Dissídios Coletivos, Data de Publicação: DEJT 27/11/2015)

Como se pode observar, é necessário que o interesse em dar continuidade ao dissídio de greve seja expressamente demonstrado.

Não foi caso do presente informativo. Aqui, houve celebração de acordo entre o Sindicato e a empresa sem ressalvas, com o fim de encerrar movimento paredista. Nas palavras do TST, "não havendo, no acordo entabulado, manifestação expressa quanto ao interesse no exame da legalidade da greve, o processo deve ser extinto sem resolução de mérito".

Intervalo para recuperação térmica. Ambiente artificialmente frio. Exposição intermitente. Artigo 253 da CLT.

A concessão do intervalo de 20 minutos previsto no artigo 253 da CLT prescinde do labor contínuo, por 1 hora e 40 minutos, no interior de câmara frigorífica, sendo suficiente a exposição do trabalhador à variação de temperatura decorrente da movimentação de um ambiente (quente/normal) para o outro (frio) durante esse período.

A continuidade de que tratam o art. 253 da CLT e a Súmula 438 do TST se refere apenas ao tempo a ser considerado para a concessão do intervalo para recuperação térmica, não sendo necessário, para esse fim, que o empregado trabalhe 1 hora e 40 minutos em exposição contínua ao agente frio.

Dessa forma, assegura-se aos empregados que trabalham em ambiente artificialmente frio, ainda que de forma intermitente, o direito ao referido intervalo. Sob esse fundamento, a SBDI-I, por unanimidade, conheceu do agravo, e, no mérito, por maioria, negou-lhe provimento, ficando mantida a condenação da reclamada ao pagamento de vinte minutos a cada uma hora e quarenta minutos trabalhados, a serem pagos com o percentual de 50% previsto no § 4º do art. 71 da CLT. Vencidos os Ministros Breno Medeiros e Alexandre Luiz Ramos.

TST-Ag-E-RR-10257-87.2015.5.01.0040, SBDI-I, rel. Min. Hugo Carlos Scheuermann, 12.3.2020.

BREVE COMENTÁRIO

Esse é um jugado interessante de como o TST promoveu a interpretação de norma sobre saúde e higiene no ambiente de trabalho de forma mais favorável para o trabalhador (princípio central do Direito do Trabalho).

Os intervalos interjornada são pequenos lapsos temporais que visam a recuperação do trabalhador. A observância do *intervalo interjornada* constitui medida de *higiene*, saúde e segurança no trabalho, pois possibilita ao empregado recuperar brevemente sua energia para dar continuidade aos serviços prestados ao empregador.

A regra geral de intervalo intrajornada encontra-se no art. 71 da CLT. Assim dispõe:

> Art. 71 - Em qualquer trabalho contínuo, cuja duração exceda de 6 (seis) horas, é obrigatória a concessão de um intervalo para repouso ou alimentação, o qual será, no mínimo, de 1 (uma) hora e, salvo acordo escrito ou contrato coletivo em contrário, não poderá exceder de 2 (duas) horas.
>
> § 1º - Não excedendo de 6 (seis) horas o trabalho, será, entretanto, obrigatório um intervalo de 15 (quinze) minutos quando a duração ultrapassar 4 (quatro) horas.

Algumas categorias especiais de trabalhadores mereceram um tratamento diferenciado quanto ao intervalo intrajornada. Isso se dá pelas condições especiais nas quais o trabalho é realizado. Uma dessas categorias de trabalhador é aquele que exerce suas funções no interior das câmaras frigoríficas ou os que movimentam mercadorias do ambiente quente ou normal para o frio e vice-versa. Tal previsão encontra-se no art. 253 da CLT.

> Art. 253 - Para os empregados que trabalham no interior das câmaras frigoríficas e para os que movimentam mercadorias do ambiente quente ou normal para o frio e vice-versa, depois de 1 (uma) hora e 40 (quarenta) minutos de trabalho contínuo, será assegurado um período de 20 (vinte) minutos de repouso, computado esse intervalo como de trabalho efetivo.
>
> Parágrafo único - Considera-se artificialmente frio, para os fins do presente artigo, o que for inferior, nas primeira, segunda e terceira zonas climáticas do mapa oficial do Ministério do Trabalho, Industria e Comercio, a 15º (quinze graus), na quarta zona a 12º (doze graus), e nas quinta, sexta e sétima zonas a 10º (dez graus).

Como se vê, para os que trabalham em ambientes assim serão concedidos 20 minutos de intervalo após 1:40 de trabalho contínuo.

A leitura do dispositivo em destaque nos levaria a crer que apenas o trabalho exercido de forma contínua por 1:40 daria direito ao intervalo de 20 minutos. No entanto, ao interpretar esse dispositivo, entendeu o TST que a concessão do intervalo previsto no artigo 253 da CLT prescinde do labor contínuo, sendo "suficiente a exposição do trabalhador à variação de temperatura decorrente da movimentação de um ambiente (quente/normal) para o outro (frio) durante esse período".

Assim, o trabalho exercido em um ambiente quente/normal para o outro frio não precisa ser contínuo, desde que o tempo de duração complete 1:40 de trabalho. Pode-se dizer que, para o TST, o intervalo de 20 minutos se dá a cada 1:40 trabalhados, contínuos ou não. Mas cuidado, questões que cobrem a literalidade do art. 253 (trabalho continuo) devem, por óbvio, ser consideradas corretas.

Por fim, vale lembrar que o TST possui entendimento sumulado quanto ao trabalho em ambiente artificialmente frio. É a súmula 438:

> **SÚMULA N.º 438 -INTERVALO PARA RECUPERAÇÃO TÉRMICA DO EMPREGADO. AMBIENTE ARTIFICIALMENTE FRIO. HORAS EXTRAS. ART. 253 DA CLT. APLICAÇÃO ANALÓGICA.**
>
> O empregado submetido a trabalho contínuo em ambiente artificialmente frio, nos termos do parágrafo único do art. 253 da CLT, ainda que não labore em câmara frigorífica, tem direito ao intervalo intrajornada previsto no caput do art. 253 da CLT.

Esse raciocínio aplica-se perfeitamente ao empregado em ambiente artificialmente frio.

"RECURSO DE REVISTA. CONTRIBUIÇÃO ASSISTENCIAL. PREVISÃO EM NORMA COLETIVA. DEVOLUÇÃO DOS DESCONTOS EFETUADOS PELO EMPREGADOR. '

A Constituição da República, em seus arts. 5º, XX, e 8º, V, assegura o direito de livre associação e sindicalização. É ofensiva a essa modalidade de liberdade cláusula constante de acordo, convenção coletiva ou sentença normativa estabelecendo contribuição em favor de entidade sindical a título de taxa para custeio do sistema confederativo, assistencial, revigoramento ou fortalecimento sindical e outras da mesma espécie, obrigando trabalhadores não sindicalizados.

Sendo nulas as estipulações que inobservem tal restrição, tornam-se passíveis de devolução os valores irregularmente descontados' (Precedente normativo nº 119 da SDC/TST). Recurso de revista conhecido e provido."

TST-RR-1002380-35.2017.5.02.0605, 3ª Turma,
rel. Min. Alberto Luiz Bresciani de Fontan Pereira, julgado em 24.3.20

BREVE COMENTÁRIO

A Lei nº 13.467/2017 alterou a sistemática da contribuição sindical. Assim dispõe a CLT:

> Art. 545. Os empregadores ficam obrigados a descontar da folha de pagamento dos seus empregados, desde que por eles devidamente autorizados, as contribuições devidas ao sindicato, quando por este notificados.
>
> (...)
>
> Art. 578. As contribuições devidas aos sindicatos pelos participantes das categorias econômicas ou profissionais ou das profissões liberais representadas pelas referidas entidades serão, sob a denominação de contribuição sindical, pagas, recolhidas e aplicadas na forma estabelecida neste Capítulo, desde que prévia e expressamente autorizadas.

> Art. 579. O desconto da contribuição sindical está condicionado à autorização prévia e expressa dos que participarem de uma determinada categoria econômica ou profissional, ou de uma profissão liberal, em favor do sindicato representativo da mesma categoria ou profissão ou, inexistindo este, na conformidade do disposto no art. 591 desta Consolidação.

Com a reforma trabalhista, a autorização de que trata os dispositivos acima deve ser dada de forma expressa e individual pelo trabalhador, não sendo suficiente a autorização em assembleia. Com essa interpretação, entendeu o TST que a autorização coletiva não supre a individual.

Dessa forma, para o TST, "É ofensiva a essa modalidade de liberdade cláusula constante de acordo, convenção coletiva ou sentença normativa estabelecendo contribuição em favor de entidade sindical a título de taxa para custeio do sistema confederativo, assistencial, revigoramento ou fortalecimento sindical e outras da mesma espécie".

Por fim, vale lembrar que na ADI 5794, o STF declarou a constitucionalidade dos dispositivos da Reforma Trabalhista que instituíram a facultatividade do pagamento de contribuição sindical.

"(...) 2 – SUSPENSÃO DO CONTRATO DE TRABALHO. PAGAMENTO DA CESTA BÁSICA. INDEVIDO.

O afastamento do trabalho, pelo empregado, por motivo de auxílio-doença comum é, por si só, causa suspensiva do contrato de trabalho, na forma do que dispõe o artigo 476 da CLT. Assim, no período de suspensão do contrato de trabalho, a jurisprudência do TST firmou entendimento de que não é devido o auxílio alimentação e a cesta básica. Recurso de revista conhecido e provido."

(ARR-1815-57.2013.5.09.0242, 2ª Turma, rel. Min. Delaíde de Miranda Arantes, julgado em 24.3.2020)

BREVE COMENTÁRIO

Durante sua vigência, os contratos de trabalho podem estar sujeitos a duas cessões temporárias: a suspensão e a interrupção. Na suspensão, o contrato de trabalho é cessado temporariamente, cessando igualmente a prestação de serviços e o pagamento de salário, bem como cessa o computo de tempo de serviço. Já na interrupção, há a cessação temporária do contrato, com a paralisação da prestação de serviços, mas o pagamento de salários se mantém normalmente, bem como a contagem do tempo de serviços.

Dentre as causas da suspensão do contrato de trabalho está o afastamento do empregado por motivo de doença a partir do 16º dia. Isso porque, nesse período, o empregado passa a receber o auxílio-doença em substituição ao seu salário contratual. Assim dispõe o art. 60 da Lei 8.213/91:

> Art. 60. O auxílio-doença será devido ao segurado empregado a contar do décimo sexto dia do afastamento da atividade, e, no caso dos demais segurados, a contar da data do início da incapacidade e enquanto ele permanecer incapaz.

No informativo aqui tratado, o TST entendeu que o afastamento do empregado por motivo de auxílio-doença comum é causa suspensiva do contrato de trabalho, levando a suspensão do pagamento do auxílio alimentação e cesta básica.

O art. 457 da CLT expressamente excluiu o auxílio alimentação da remuneração do empregado. Assim dispõe a CLT:

> Art. 457 – Compreendem-se na remuneração do empregado, para todos os efeitos legais, além do salário devido e pago diretamente pelo empregador, como contraprestação do serviço, as gorjetas que receber.
>
> (...)
>
> § 2º As importâncias, ainda que habituais, pagas a título de ajuda de custo, auxílio-alimentação, vedado seu pagamento em dinheiro, diárias para viagem, prêmios e abonos não integram a remuneração do empregado, não se incorporam ao contrato de trabalho e não constituem base de incidência de qualquer encargo trabalhista e previdenciário.

A propósito, a Medida Provisória nº 1.108/2022 tratou do auxílio-alimentação da seguinte maneira:

> Art. 2º As importâncias pagas pelo empregador a título de auxílio-alimentação de que trata o § 2º do art. 457 da Consolidação das Leis do Trabalho, aprovada pelo Decreto-Lei nº 5.452, de 1943, deverão ser utilizadas exclusivamente para o pagamento de refeições em restaurantes e estabelecimentos similares ou para a aquisição de gêneros alimentícios em estabelecimentos comerciais.

O auxílio alimentação não tem natureza salarial, salvo se pago em dinheiro. Já a cesta básica possui natureza nitidamente salarial. É o que se depreende na redação do art. 458 da CLT:

> Art. 458 – Além do pagamento em dinheiro, compreende-se no salário, para todos os efeitos legais, a alimentação, habitação, vestuário ou outras prestações "in natura" que a empresa, por fôrça do contrato ou do costume, fornecer habitualmente ao empregado. Em caso algum será permitido o pagamento com bebidas alcoólicas ou drogas nocivas.

Dessa forma, para o TST, o tempo que o empregado permanecer afastado, por motivo de auxílio-doença comum, é hipótese de suspensão do contrato de trabalho, cessando igualmente o recebimento de auxílio alimentação e cesta básica. Vale ressaltar que o TST, neste julgado, não fez diferença se o auxílio alimentação é ou não pago em dinheiro.

- ***"(...) ENTIDADE FILANTRÓPICA. JUSTIÇA GRATUITA. ART. 790, § 4º, DA CLT. ISENÇÃO DE CUSTAS PROCESSUAIS. COMPROVAÇÃO.***

Dispõe o art. 899, § 10, da CLT, incluído pela Lei nº 13.467/2017, serem "isentos do depósito recursal os beneficiários da justiça gratuita, as entidades filantrópicas e as empresas em recuperação judicial".

Cuida, portanto, exclusivamente da questão atinente à isenção de depósito recursal. No que diz respeito particularmente às custas processuais, o art. 790, § 4º, da CLT, também incluído pela Lei nº 13.467/2017, passou a admitir a concessão dos benefícios da Justiça Gratuita "à parte que comprovar insuficiência de recursos para o pagamento das custas do processo".

Tal benefício inequivocamente estende-se à pessoa jurídica, tenha ela ou não fins lucrativos. Não obstante, pressupõe comprovação cabal da insuficiência econômica, de conformidade com o entendimento sufragado na Súmula nº 463, II, do TST. Precedentes. No caso concreto, em que pese haja reconhecido à Reclamada o direito à isenção do pagamento de depósito recursal, com fulcro no art. 899, § 10, da CLT, o Tribunal Regional não conheceu do recurso ordinário da parte, por deserção, tendo em vista a ausência de recolhimento das custas processuais mesmo após intimada para tanto.

Asseverou o TRT de origem, que, conquanto formulado o requerimento de Justiça Gratuita, a Reclamada não faz jus ao benefício em apreço, pois não apresentou qualquer documento apto a "comprovar, de forma convincente, a noticiada fragilidade financeira". Frisou que "a pesquisa no SERASA juntada (ID 8972a24) apenas comprova a condição de inadimplência da ré, não sendo apta a demonstrar que se encontra em estado de hipossuficiência econômica, o que poderia ser feito com a apresentação do seu balanço patrimonial".

Em casos que tais, entende esta Corte Superior que a juntada de pesquisa feita junto ao SERASA apenas revela a existência de pendências financeiras, não se prestando a demonstrar, de forma inequívoca, a alegada fragilidade econômica da Reclamada.

Precedentes. Nesse contexto, encontrando-se a decisão regional em harmonia com o entendimento jurisprudencial deste Tribunal Superior do Trabalho, não se divisa violação dos arts. 5º, LXXIV, da Constituição Federal e 98 e 99 do CPC, tampouco contrariedade à Súmula nº e 463 do TST. Recurso de revista não conhecido."

TST-RR-1000558-91.2017.5.02.0255, 3ª Turma,
rel. Min. Alexandre de Souza Agra Belmonte, julgado em 24.3.20

BREVE COMENTÁRIO

Os benefícios da gratuidade, previstos no CPC/15, podem ser deferidos às pessoas jurídicas. Ocorre que, no que tange às pessoas jurídicas, o regime de concessão do referido benefício difere do regime que alcança as pessoas físicas. Quanto a estas, há presunção de veracidade quanto à declaração de insuficiência de recursos, nos termos do art. 98, § 3º do CPC, como se segue:

> Art. 99. O pedido de gratuidade da justiça pode ser formulado na petição inicial, na contestação, na petição para ingresso de terceiro no processo ou em recurso.
>
> (...) § 3º **Presume-se verdadeira** a alegação de insuficiência **deduzida exclusivamente por pessoa natural**.

Em relação às pessoas jurídicas, a concessão do referido benefício está condicionada à comprovação de insuficiência de recursos, não bastando a mera alegação. Assim já preconiza o TST, em sua Súmula 463 do TST:

SÚMULA 463 - TST

ASSISTÊNCIA JUDICIÁRIA GRATUITA. COMPROVAÇÃO (conversão da Orientação Jurisprudencial nº 304 da SBDI-1, com alterações decorrentes do CPC de 2015) - Res. 219/2017, DEJT divulgado em 28, 29 e 30.06.2017 - republicada - DEJT divulgado em 12, 13 e 14.07.2017

I – A partir de 26.06.2017, para a concessão da assistência judiciária gratuita à pessoa natural, basta a declaração de hipossuficiência econômica firmada pela parte ou por seu advogado, desde que munido de procuração com poderes específicos para esse fim (art. 105 do CPC de 2015);

II - No caso de pessoa jurídica, não basta a mera declaração: é necessária a demonstração cabal de impossibilidade de a parte arcar com as despesas do processo.

O STJ tem entendimento sumulado semelhante, conforme Súmula 481 da Corte Cidadã, o qual segue:

SÚMULA 481 - STJ

Faz jus ao benefício da justiça gratuita a pessoa jurídica com ou sem fins lucrativos que demonstrar sua impossibilidade de arcar com os encargos processuais. (Súmula 481, CORTE ESPECIAL, julgado em 28/06/2012, DJe 01/08/2012)

Para que seja deferido tal benefício, a pessoa jurídica deve comprovar nos autos sua situação de deficiência econômica para arcar com os ônus do processo. Pessoa Jurídica de direito privado demandando em juízo deve comprovar que não pode arcar com as custas do processo.

Este já é o entendimento pacífico do TST. Veja-se no AIRO 78440-17.2007.5.01.0000:

A C Ó R D Ã O

AGRAVO DE INSTRUMENTO DESERÇÃO DO RECURSO ORDINÁRIO GRATUIDADE DE JUSTIÇA SINDICATO - PESSOA JURÍDICA.

1. A Lei 1.060/50, que estabelece as normas para a concessão de assistência judiciária aos necessitados, **não se aplica, em princípio, à pessoa jurídica, uma vez que se refere à parte cuja situação econômica não lhe permita custear as despesas do processo sem prejuízo do próprio sustento ou do da família**.

2. **Excepcionalmente, tem-se admitido a possibilidade da extensão da gratuidade de justiça às pessoas jurídicas** (mitigando-se a interpretação restritiva da Lei 1.060/50), **desde que haja prova inequívoca nos autos da impossibilidade de se arcar com as custas processuais**. A própria Lei Complementar 123/06 (Estatuto da Microempresa) admite essa possibilidade.

3. Ocorre que, na hipótese vertente, **o Sindicato Autor não demonstrou a inviabilidade em efetuar o recolhimento das custas**, uma vez que a declaração de insuficiência econômica constante da peça de ingresso do recurso ordinário e renovada em razões de agravo de instrumento não encontra amparo na Lei 1.060/50, sendo certo, de outra parte, que a alegação de que, por se tratar de Sindicato, desfruta da presunção da carência de recursos, razão pela qual seria despiciendo fazer prova de seu estado financeiro, não merece prosperar também por falta de amparo legal.

4. Há reiteradas decisões da SBDI-2 desta Corte Superior Trabalhista, no sentido de que, **o Sindicato, como qualquer pessoa jurídica, deve comprovar conclusivamente a adversidade econômica que o impeça de arcar com os custos do processo**, sendo certo que não se afigura viável constatar a insuficiência econômica da parte apenas por tratar-se de sindicato, já que não se equiparam às entidades sem fins lucrativos, na medida em que possuem renda própria advinda das contribuições sindicais, não tendo o Agravante carreado aos autos nenhum documento que comprovasse o não recebimento dessas receitas, tampouco produziu outra prova relativa ao seu estado financeiro.

5. Desse modo, não merece reforma o despacho de admissibilidade uma vez que o recurso ordinário do Sindicato Autor se encontra deserto.

(AIRO - 78440-17.2007.5.01.0000. Rel Min. MARIA DORALICE NOVAES. Dje em 29/04/2010)

No presente informativo o TST apenas reiterou seu entendimento de que pessoa jurídica de direito privado, ainda que entidade filantrópica, deve comprovar sua impossibilidade de arcar com as despesas processuais para que lhe seja concedido o benefício da justiça gratuita.

"RECURSO DE REVISTA INTERPOSTO PELA RECLAMADA (JBS ALVES LTDA.). ACÓRDÃO REGIONAL PUBLICADO NA VIGÊNCIA DA LEI Nº 13.015/2014 E ANTES DA VIGÊNCIA DA LEI Nº 13.467/2017.1. LEGITIMIDADE PASSIVA AD CAUSAM. TEORIA DA ASSERÇÃO. NÃO CONHECIMENTO.

I. Incide na espécie a denominada "Teoria da Asserção", mediante a qual a verificação das condições da ação se dá pelas afirmações feitas na petição inicial, não havendo de se falar em exclusão do polo passivo mediante argumentações relativas ao mérito da demanda. II. No caso, a indicação da JBS AVES LTDA., na petição inicial, como responsável solidária pelo adimplemento das obrigações trabalhistas, por si só, é suficiente para legitimá-la a figurar como parte no feito. III. Recurso de revista de que não se conhece."

TST-ARR-949-91.2013.5.04.0661, 4ª Turma, rel. Min. Alexandre Luiz Ramos, julgado em 25.3.2020

BREVE COMENTÁRIO

Quando da análise das condições da ação, a doutrina costuma apontar duas teorias: a teoria da asserção e a teoria da exposição.

Para Elpídio Donizetti, na teoria da asserção, a legitimidade e o interesse processual são verificados apenas pelas afirmações ou assertivas deduzidas pelo autor na petição inicial. A teoria da exposição ou da comprovação admite que as condições da ação devam ser demonstradas pela parte, que pode, para tal desiderato, valer-se da produção de provas para formar o convencimento do juiz.

A justiça do trabalho adota com larga escala a teoria da asserção. Assim, as preliminares de legitimidade das partes ou interesse processual costumam ser afastadas com base nessa teoria.

Por fim, sem adentrar na discussão propriamente dita, há autores que entendem que a categoria "condições da ação" foi superada com o advento do CPC/15, como Fredie Didier Jr. Para o autor, a legitimidade *ad causam* e o interesse de agir passariam a ser compreendidos como parte integrante dos pressupostos processuais: o interesse de agir passa a ser tratado como "pressuposto de validade objetivo intrínseco", e a legitimidade como "pressuposto de validade subjetivo relativo às partes".

Informativo nº 217

▶ ***"RECURSO DE REVISTA. REGIDO LEI 13.467/2017. ESTABILIDADE PROVISÓRIA. GESTANTE. CERTIDÃO DE NASCIMENTO DA CRIANÇA. DESNECESSIDADE. TRANSCENDÊNCIA POLÍTICA CARACTERIZADA***

1. De acordo com o artigo 896-A da CLT, o Tribunal Superior do Trabalho, no recurso de revista, deve examinar previamente se a causa oferece transcendência com relação aos reflexos gerais de natureza econômica, política, social ou jurídica.

2. No Presente caso o Tribunal Regional consignou que a Autora encontrava-se grávida por ocasião da rescisão contratual, contudo, manteve o indeferimento da estabilidade gestante, ao fundamento de que não houve apresentação da certidão de nascimento da criança.

A estabilidade conferida à gestante pela Constituição Federal objetiva amparar o nascituro, a partir da preservação das condições econômicas mínimas necessárias à tutela de sua saúde e de seu bem-estar. Essa proteção constitui garantia constitucional a todas as trabalhadoras que mantêm vínculo de emprego, sendo certo que os dispositivos que a asseguram – artigos 7º, XVIII, da Constituição Federal e 10, II, b, do ADCT – estabelecem como único requisito ao direito à estabilidade que a empregada esteja gestante no momento da dispensa imotivada. Logo, é inexigível a juntada da certidão de nascimento da criança para fins de concessão da estabilidade da empregada doméstica. Julgados.

Nesse cenário, a decisão regional no sentido de condicionar a estabilidade gestante à comprovação do nascimento da criança, mostra-se em dissonância com a atual e notória jurisprudência desta Corte Superior, bem como evidencia violação ao artigo 10, II, "b", do ADCT, restando, consequentemente, divisada a transcendência política do debate proposto. Recurso de revista conhecido e provido."

TST-RR-100896-70.2016.5.01.0282, 5ª Turma,
rel. Min. Douglas Alencar Rodrigues, julgado em 1º/4/2020.

BREVE COMENTÁRIO

O informativo trata da estabilidade da gestante. A CF/88, em seu art. 10, II, alínea "b", do ADCT, garante proteção contra "dispensa arbitrária ou sem justa causa **desde a confirmação da gravidez** até cinco meses após o parto.

No julgado aqui analisado, o TRT manteve o indeferimento da estabilidade da gestante sob o argumento que esta não apresentou a certidão de nascimento da criança. No caso, a autora não juntou a referida certidão ao processo, motivo pelo qual o Regional, seguindo o juízo de primeiro grau, indeferiu a estabilidade.

O STF já se debruçou sobre esse tema. No julgamento do Recurso Extraordinário (RE) 629053, com repercussão geral reconhecida, o colegiado decidiu que a estabilidade independe da comunicação do nascimento ao empregador. A tese firmada pelo Supremo foi de que "A incidência da estabilidade prevista no artigo 10, inciso II, alínea 'b', do Ato das Disposições Constitucionais Transitórias (ADCT), somente exige a anterioridade da gravidez à dispensa sem justa causa.

Nessa linha, entendeu o TST que a decisão do Regional equivale a condicionar a estabilidade gestante à comprovação do nascimento da criança, interpretação que vai de encontro ao preconizado no art. 10, inciso II, alínea 'b', do ADCT. Isso porque, pela leitura do dispositivo citado, o único requisito constitucionalmente exigido é a anterioridade da gravidez no momento da dispensa imotivada.

Assim, o TST reformou o acórdão regional, afastando a necessidade de juntada ao processo da certidão de nascimento da criança.

Por fim, vale revisar a súmula 244 do TST, a qual trata da estabilidade da gestante.

> **Súmula nº 244 do TST**
>
> GESTANTE. ESTABILIDADE PROVISÓRIA
>
> I - O desconhecimento do estado gravídico pelo empregador não afasta o direito ao pagamento da indenização decorrente da estabilidade (art. 10, II, "b" do ADCT).
>
> II - A garantia de emprego à gestante só autoriza a reintegração se esta se der durante o período de estabilidade. Do contrário, a garantia restringe-se aos salários e demais direitos correspondentes ao período de estabilidade.
>
> III - A empregada gestante tem direito à estabilidade provisória prevista no art. 10, inciso II, alínea "b", do Ato das Disposições Constitucionais Transitórias, mesmo na hipótese de admissão mediante contrato por tempo determinado.

▶ ***"RECURSO DE REVISTA. ACÓRDÃO REGIONAL PUBLICADO NA VIGÊNCIA DA LEI Nº 13.015/2014. 1. TERCEIRIZAÇÃO LÍCITA. EMPREITEIROS. RESPONSABILIDADE SOLIDÁRIA PREVISTA EM NORMA COLETIVA. NÃO CONHECIMENTO.***

I. Consta do acórdão de origem que há norma coletiva válida aplicável ao casso [sic] e que prevê que 'em quaisquer hipóteses, responderão principal e solidariamente pelas obrigações trabalhistas e previdenciárias dos empregados, inclusive pelo cumprimento da presente Convenção Coletiva de Trabalho'

II. Não se verifica afronta ao art. 455 da CLT, nem contrariedade à Súmula n° 331, IV, desta Corte, pois a controvérsia foi solucionada à luz das normas coletivas firmadas entre as partes.

III. Ressalte-se que, no caso, não há quaisquer discussões acerca da validade da referida norma coletiva. IV. Recurso de revista de que não se conhece."

(RR 1001857-31.2017.5.02.0085, 4ª Turma,
rel. Min. Alexandre Luiz Ramos, julgado em 1º/4/2020.)

BREVE COMENTÁRIO

O informativo trata, especificamente, do princípio da prevalência relativa do negociado sobre o legislado. A Lei 13.467/17 estabeleceu que, em relação a determinadas matérias, a convenção coletiva e o acordo coletivo têm prevalência sobre a lei.

No caso aqui estudado, havia convenção coletiva firmada entre o Sindicato dos Trabalhadores da Indústria de Construção Civil do Estado de São Paulo e o Sindicato da Indústria de Construção Civil de Grandes Estruturas no Estado de São Paulo. Como sabemos, a convenção coletiva e o acordo coletivo são os instrumentos decorrentes da negociação coletiva. Sua distinção se dá quanto à legitimidade das partes no acordo: enquanto este pode ser firmado diretamente pelo empregador, aquele só pode ser firmado entre Sindicatos patronal e dos empregadores. Cabe destacar que, tanto no acordo quanto na convenção, a presença do Sindicato dos trabalhadores é obrigatória.

O contrato de construção por empreitada está previsto nos arts. 610 a 626 do Código Civil. Paulo Lôbo (2012) conceitua empreitada como o contrato mediante o qual uma pessoa (dono da obra) pactua com outra (empreiteiro) a realização de uma obra, de acordo com as condições e preço que ajustarem. Para os fins do contrato de empreitada, considera-se obra todo resultado produzido pela atividade ou pelo trabalho, podendo ser obra móvel, imóvel, material ou imaterial.

A empreitada pode ser de lavor ou de mista. Na empreitada de lavor, o empreiteiro apenas executa a obra, sem empregar materiais próprios. Já na empreitada mista, o empreiteiro se incumbe na execução da obra com o emprego de materiais próprios ou adquiridos por sua conta.

A empreitada pode ainda ser integral ou parcial, a depender se o empreiteiro executa a obra em sua integralidade ou apenas em parte.

No julgado em apreço, foi analisada a responsabilidade por obrigações trabalhistas de uma subempreiteira. Subempreitada, por sua vez, é o contrato de empreitada no qual o empreiteiro contrata com terceiro a execução daquilo que era sua incumbência.

Prevê a CLT sobre o tema:

> Art. 455 – Nos contratos de subempreitada responderá o subempreiteiro pelas obrigações derivadas do contrato de trabalho que celebrar, cabendo, todavia, aos empregados, o direito de reclamação contra o empreiteiro principal pelo inadimplemento daquelas obrigações por parte do primeiro

Trata-se de situação específica na qual uma empresa que foi contratada para realizar empreitada decide terceirizar a atividade ou parte desta a outra que atua como subempreiteira. Aqui, a empresa de construção questionou sua condenação de forma solidária, entre a subempreiteira e subempreitada. Para ela, deveria ser aplicada a súmula 331 do TST, para que lhe fosse atribuída a responsabilidade de forma subsidiária.

Assim dispõe a súmula 331 do TST:

CONTRATO DE PRESTAÇÃO DE SERVIÇOS. LEGALIDADE (nova redação do item IV e inseridos os itens V e VI à redação) - Res. 174/2011, DEJT divulgado em 27, 30 e 31.05.2011

I - A contratação de trabalhadores por empresa interposta é ilegal, formando-se o vínculo diretamente com o tomador dos serviços, salvo no caso de trabalho temporário (Lei nº 6.019, de 03.01.1974).

II - A contratação irregular de trabalhador, mediante empresa interposta, não gera vínculo de emprego com os órgãos da Administração Pública direta, indireta ou fundacional (art. 37, II, da CF/1988).

III - Não forma vínculo de emprego com o tomador a contratação de serviços de vigilância (Lei nº 7.102, de 20.06.1983) e de conservação e limpeza, bem como a de serviços especializados ligados à atividade-meio do tomador, desde que inexistente a pessoalidade e a subordinação direta.

IV - O inadimplemento das obrigações trabalhistas, por parte do empregador, implica a responsabilidade subsidiária do tomador dos serviços quanto àquelas obrigações, desde que haja participado da relação processual e conste também do título executivo judicial.

V - Os entes integrantes da Administração Pública direta e indireta respondem subsidiariamente, nas mesmas condições do item IV, caso evidenciada a sua conduta culposa no cumprimento das obrigações da Lei n.º 8.666, de 21.06.1993, especialmente na fiscalização do cumprimento das obrigações contratuais e legais da prestadora de serviço como empregadora. A aludida responsabilidade não decorre de mero inadimplemento das obrigações trabalhistas assumidas pela empresa regularmente contratada.

VI - A responsabilidade subsidiária do tomador de serviços abrange todas as verbas decorrentes da condenação referentes ao período da prestação laboral.

Ocorre que havia entre os Sindicatos patronal e profissional convenção coletiva, a qual atribuía a responsabilidade de forma solidária entre as empresas envolvidas na empreitada. Para o TST, a existência de convenção coletiva, nesse caso, teria prevalência sobre o estipulado na súmula. A Corte Trabalhista entendeu que a controvérsia se solucionou à luz das cláusulas convencionais, não sendo o caso de discutir a aplicação da súmula 331 do TST.

- ***"RECURSO DE REVISTA. LEI Nº 13.015/2014. CPC/2015. INSTRUÇÃO NORMATIVA Nº 40 DO TST. LEI 13.467/2017. ADMINISTRAÇÃO PÚBLICA DIRETA. MUNICÍPIO. CONTRATAÇÃO DE EMPREGADO PARA CARGO EM COMISSÃO DE LIVRE NOMEAÇÃO E EXONERAÇÃO. RELAÇÃO REGIDA PELA CLT. COMPETÊNCIA DA JUSTIÇA DO TRABALHO. TRANSCENDÊNCIA JURÍDICA CONSTATADA.***

O Supremo Tribunal Federal, por ocasião do julgamento da ADI nº 3.395/DF, firmou entendimento de que se insere na competência da Justiça Comum o exame da existência, validade e eficácia das relações entre servidores e o poder público fundadas em vínculo jurídico-administrativo.

Não se pode olvidar, contudo, que a Excelsa Corte no referido julgamento se restringiu à análise de típica relação de ordem estatutária, ou seja, de caráter jurídico-administrativo, que se estabelece entre os entes da Administração Pública Direta, suas autarquias e fundações públicas e seus respectivos servidores.

Tal pronunciamento, portanto, não abrange a situação delineada nestes autos, em que a parte autora foi nomeada para o exercício do cargo em comissão de diretor do departamento de cultura do município, sob o regime da CLT, como disposto na Lei Municipal n.º 731/90. Recurso de revista conhecido e provido.."

TST-RR-201-78.2018.5.12.0041, 7ª Turma,
rel. Min. Cláudio Mascarenhas Brandão, julgado em 15/4/2020.

BREVE COMENTÁRIO

Os litígios entre servidor submetido a regime jurídico administrativo afastam a competência da Justiça do Trabalho. Tal tese foi firmada em sede cautelar na ADI 3.395-6, como segue:

> INCONSTITUCIONALIDADE. Ação direta. Competência. Justiça do Trabalho. Incompetência reconhecida. **Causas entre o Poder Público e seus servidores estatutários. Ações que não se reputam oriundas de relação de trabalho**. Conceito estrito desta relação. Feitos da competência da Justiça Comum. Interpretação do art. 114, inc. I, da CF, introduzido pela EC 45/2004. Precedentes. Liminar deferida para excluir outra interpretação. O disposto no art. 114, I, da Constituição da República, não abrange as causas instauradas entre o Poder Público e servidor que lhe seja vinculado por relação jurídico-estatutária" (ADI 3395 MC/DF, Pleno, Rel. Min. Cezar Peluso, j. 05/04/2006, DJ de 10/11/2006, p. 49). (grifos nossos)

No entanto, esse entendimento aplica-se apenas à típica relação de ordem estatutária. Como sabemos, a redação original do caput do art. 39 da CF impõe que os entes federativos instituam regime jurídico único e planos de carreira para os servidores da administração pública direta, das autarquias e das fundações públicas. Esse regime é instituído através de lei especial de cada entidade.

Ocorre que a E.C. 19/98 tornou possível a adoção de regimes jurídicos diversos entre servidores da mesma esfera governamental. Assim, a partir da E.C. 19/98 os servidores e planos de carreira para os servidores da administração pública direta, das autarquias e das fundações públicas poderiam ser regidos pelo RJU ou pela CLT.

Ocorre que o STF, nos autos da ADI 2135, deferiu liminar para suspender, com efeitos ex nunc, a redação do art. 39 da CF dada pela E.C. 19/98. Vejamos:

> MEDIDA CAUTELAR EM AÇÃO DIRETA DE INCONSTITUCIONALIDADE. PODER CONSTITUINTE REFORMADOR. PROCESSO LEGISLATIVO. EMENDA CONSTITUCIONAL 19, DE 04.06.1998. ART. 39, CAPUT, DA CONSTITUIÇÃO FEDERAL. SERVIDORES PÚBLICOS. REGIME JURÍDICO ÚNICO. PROPOSTA DE IMPLEMENTAÇÃO, DURANTE A ATIVIDADE CONSTITUINTE DERIVADA, DA FIGURA DO CONTRATO DE

EMPREGO PÚBLICO. INOVAÇÃO QUE NÃO OBTEVE A APROVAÇÃO DA MAIORIA DE TRÊS QUINTOS DOS MEMBROS DA CÂMARA DOS DEPUTADOS QUANDO DA APRECIAÇÃO, EM PRIMEIRO TURNO, DO DESTAQUE PARA VOTAÇÃO EM SEPARADO (DVS) Nº 9. SUBSTITUIÇÃO, NA ELABORAÇÃO DA PROPOSTA LEVADA A SEGUNDO TURNO, DA REDAÇÃO ORIGINAL DO CAPUT DO ART. 39 PELO TEXTO INICIALMENTE PREVISTO PARA O PARÁGRAFO 2º DO MESMO DISPOSITIVO, NOS TERMOS DO SUBSTITUTIVO APROVADO. SUPRESSÃO, DO TEXTO CONSTITUCIONAL, DA EXPRESSA MENÇÃO AO SISTEMA DE REGIME JURÍDICO ÚNICO DOS SERVIDORES DA ADMINISTRAÇÃO PÚBLICA. RECONHECIMENTO, PELA MAIORIA DO PLENÁRIO DO SUPREMO TRIBUNAL FEDERAL, DA PLAUSIBILIDADE DA ALEGAÇÃO DE VÍCIO FORMAL POR OFENSA AO ART. 60, § 2º, DA CONSTITUIÇÃO FEDERAL. RELEVÂNCIA JURÍDICA DAS DEMAIS ALEGAÇÕES DE INCONSTITUCIONALIDADE FORMAL E MATERIAL REJEITADA POR UNANIMIDADE.

1. A matéria votada em destaque na Câmara dos Deputados no DVS nº 9 não foi aprovada em primeiro turno, pois obteve apenas 298 votos e não os 308 necessários. Manteve-se, assim, o então vigente caput do art. 39, que tratava do regime jurídico único, incompatível com a figura do emprego público.

2. O deslocamento do texto do § 2º do art. 39, nos termos do substitutivo aprovado, para o caput desse mesmo dispositivo representou, assim, uma tentativa de superar a não aprovação do DVS nº 9 e evitar a permanência do regime jurídico único previsto na redação original suprimida, circunstância que permitiu a implementação do contrato de emprego público ainda que à revelia da regra constitucional que exige o quorum de três quintos para aprovação de qualquer mudança constitucional.

3. Pedido de medida cautelar deferido, dessa forma, quanto ao caput do art. **39** da **Constituição Federal**, ressalvando-se, em decorrência dos efeitos ex nunc da decisão, a subsistência, até o julgamento definitivo da ação, da validade dos atos anteriormente praticados com base em legislações eventualmente editadas durante a vigência do dispositivo ora suspenso.

4. Ação direta julgada prejudicada quanto ao art. **26** da EC **19**/98, pelo exaurimento do prazo estipulado para sua vigência.

5. Vícios formais e materiais dos demais dispositivos constitucionais impugnados, todos oriundos da EC **19**/98, aparentemente inexistentes ante a constatação de que as mudanças de redação promovidas no curso do processo legislativo não alteraram substancialmente o sentido das proposições ao final aprovadas e de que não há direito adquirido à manutenção de regime jurídico anterior.

6. Pedido de medida cautelar parcialmente deferido.

Assim, a partir dessa decisão, publicada no DJE em 07/03/2008, as entidades federativas não podem mais admitir pessoal por regimes diversos, mantidas as situações anteriores.

No caso do informativo aqui estudado, a Lei Municipal n.º 731/90 do Município de Braço do Norte/SC previu a possibilidade de admissão de pessoal para ocupar cargo em comissão regido pela CLT. A lei em referência assim dispõe:

> Art. 1º – Os Servidores Públicos da Administração Direta, das Autarquias e das Fundações Instituídas e mantidas pela Prefeitura Municipal de Braço do Norte, passam **a reger-se pela Consolidação das Leis do Trabalho.**
>
> Art. 2º – **Considera-se Servidor Público Civil para os efeitos desta Lei, o investido em cargo de provimento** efetivo, **em comissão,** ocupantes de emprego e ocupantes de emprego em caráter temporário da administração pública direta, das autarquias e das Fundações.

Como se pode observar, o Município de Braço do Norte/SC adotou como RJU o Celetista. Expliquemos:

> O art. 39 da C.F./88 admite interpretações diferentes. Isso porque o comando constitucional determinou que os entes federativos adotem um regime jurídico único, mas não disse qual o regime deve ser adotado.

Há doutrinadores que entendem ser cada ente político competente para eleger o regime jurídico aplicável a seus servidores. A redação do art. 39 apenas impede que coexistam regimes diversos no âmbito da mesma entidade federativa, no entanto, a CF não impõe este ou aquele regime, sendo esta uma escolha política. A desvantagem, no caso, seria que a adoção do regime celetista implicaria, para os demais entes federativos, a sujeição às normas elaboradas pela União, uma vez que somente esta tem competência para legislar sobre direito do trabalho (art. 22, I, CF). Os demais entes políticos poderiam, portanto, adotar o regime trabalhista, mas seu conteúdo seria estabelecido por normas federais. Por todos, temos Maria Sylvia Zanella Di Pietro, Ivan Rigolin, Toshio Mukai, e Antônio Álvares da Silva.

Por outro lado, há os que defendem uma interpretação unívoca do art. 39, para a adoção exclusivamente do regime estatutário. Para estes, o art. 39 não permite nem que coexistam regimes diversos, nem que seja adotado o regime celetista. Por todos, temos Adílson Dallari, Lúcia Valle Figueiredo, Diogo de Figueiredo Moreira Neto, Antônio Augusto Anastasia e Carlos Motta.

Como podemos observar, o Município de Braço do Norte/SC adotou um regime único de caráter celetista. Sem adentrar mais nessa discussão, voltemos ao caso tratado no informativo.

Aqui, entendeu o TST que a adoção do regime celetista para o cargo em comissão de diretor do departamento de cultura do município atrai a competência da justiça do Trabalho para apreciação da causa. Isso porque o decidido em sede cautelar na ADI 3.395-6 abrange apenas as relações tipicamente jurídico-administrativas. Dessa forma, a natureza celetista de um cargo em comissão, ainda que integrante da estrutura de órgão público, não retira da Justiça do Trabalho a competência para apreciar a causa.

"RECURSO DE REVISTA DO SINDICATO-AUTOR. LEI 13.467/2017. LEGITIMIDADE ATIVA DO SINDICATO DA CATEGORIA PROFISSIONAL. SUBSTITUIÇÃO PROCESSUAL. DIREITOS INDIVIDUAIS. TRANSCENDÊNCIA POLÍTICA CONSTATADA.

O reconhecimento da legitimidade ativa do sindicato da categoria profissional para pleitear direitos individuais homogêneos guarda sintonia com a jurisprudência desta Corte Superior e do Supremo Tribunal Federal. O artigo 8º, inciso III, da Constituição Federal assegura aos sindicatos a possibilidade de substituição processual ampla e irrestrita para agir no interesse de toda a categoria.

A presente demanda é originada de direito de natureza individual homogênea, definido no art. 81, parágrafo único, III, do CDC (Lei nº 8.078/90), pois decorrente de origem comum (Plano de Cargos e Salários do banco reclamado), hipótese em que é autorizada a defesa coletiva em Juízo.

A existência de eventual distinção entre as atribuições previstas para as funções ocupadas pelos substituídos, em relação às quais se questiona o enquadramento no artigo 224, § 2º, da CLT, não é suficiente para afastar a legitimidade do sindicato, considerando a possibilidade de procedência parcial, caso se constate a fidúcia especial apenas em 1 ou 2 delas, e não nas demais.

Não há, portanto, a necessidade de que haja homogeneidade entre todos os substituídos, tampouco se exige que a decisão seja uniforme para todas as funções. Recurso de revista conhecido e provido."

TST-RR-1878-59.2014.5.10.0003, 7ª Turma,
rel. Min. Cláudio Mascarenhas Brandão, julgado em 22/4/2020.

BREVE COMENTÁRIO

O Sindicato, cumprindo sua função constitucional, prevista no art. 8º, III da CF, pode agir em juízo como autor legitimado extraordinário (substituto processual) ou, ao revés, como representante processual.

Na Substituição processual, o autor pleiteia, em nome próprio, direito alheio, nos termos do art. 18 e parágrafo único do CPC. Já na Representação processual, o representante age em nome e no interesse de outrem.

Quais as consequências práticas disso? Se atua como Substituto, o autor da ação é o próprio Sindicato e ele é quem se submete aos efeitos processuais decorrentes de sua atuação.

Já ao atuar como Representante, este age como se fosse os próprios representantes em juízo. Em representação, outros empregados que não estejam devidamente identificados na ação não poderão, futuramente, se valer dos efeitos da coisa julgada. Isso porque, como representante processual, o Sindicato age em nome e direito de outrem, quais sejam, os empregados identificados.

No caso do informativo, o Sindicato pleiteia direitos individuais homogêneos (plano de cargos e salários). Esses são previstos no art. 81, parágrafo único, da Lei 8.078/90 (CDC) como aqueles decorrentes de origem comum.

No RE 631.111, o Relator, Min. Teori Zavascki, faz uma didática diferença entre essas categorias de direitos e suas diferentes formas de tutela. Vejamos:

> EMENTA: CONSTITUCIONAL E PROCESSUAL CIVIL. AÇÃO CIVIL COLETIVA. DIREITOS TRANSINDIVIDUAIS (DIFUSOS E COLETIVOS) E DIREITOS INDIVIDUAIS HOMOGÊNEOS. DISTINÇÕES. LEGITIMAÇÃO DO MINISTÉRIO PÚBLICO. ARTS. 127 E 129, III, DA CF. LESÃO A DIREITOS INDIVIDUAIS DE DIMENSÃO AMPLIADA. COMPROMETIMENTO DE INTERESSES SOCIAIS QUALIFICADOS. SEGURO DPVAT. AFIRMAÇÃO DA LEGITIMIDADE ATIVA.
>
> 1. Os direitos difusos e coletivos **são transindividuais, indivisíveis e sem titular determinado, sendo, por isso mesmo, tutelados em juízo invariavelmente em regime de substituição processual, por iniciativa dos órgãos e entidades indicados pelo sistema normativo**, entre os quais o Ministério Público, que tem, nessa legitimação ativa, uma de suas relevantes funções institucionais (CF art. 129, III).
>
> 2. Já **os direitos individuais homogêneos pertencem à categoria dos direitos subjetivos, são divisíveis, tem titular determinado ou determinável e em geral são de natureza disponível. Sua tutela jurisdicional pode se dar (a) por iniciativa do próprio titular, em regime processual comum, ou (b) pelo procedimento especial da ação civil coletiva, em regime de substituição processual**, por iniciativa de qualquer dos órgãos ou entidades para tanto legitimados pelo sistema normativo.
>
> 3. Segundo o procedimento estabelecido nos artigos 91 a 100 da Lei 8.078/90, aplicável subsidiariamente aos direitos individuais homogêneos de um modo geral, a tutela coletiva desses direitos se dá em duas distintas fases: uma, a da ação coletiva propriamente dita, destinada a obter sentença genérica a respeito dos elementos que compõem o núcleo de homogeneidade dos direitos tutelados (*an debeatur, quid debeatur* e *quis debeat*); e outra, caso procedente o pedido na primeira fase, a da ação de cumprimento da sentença genérica, destinada (a) a complementar a atividade cognitiva mediante juízo específico sobre as situações individuais de cada um dos lesados (= a margem de heterogeneidade dos direitos homogêneos, que compreende o *cui debeatur* e o *quantum debeatur*), bem como (b) a efetivar os correspondentes atos executórios.
>
> (...)

O Min. Teori Zavascki ainda diferencia os direitos coletivos em essencialmente coletivos e acidentalmente coletivos. Os primeiros seriam aqueles cuja tutela se dá, necessariamente, de forma coletiva, por meio dos órgãos legitimados para tanto (são os coletivos *stricto sensu* e difusos). Já os acidentalmente coletivos são aqueles cuja tutela pode se dar de forma individual, mas, ante peculiaridades (ex.: o grande número de indivíduos atingidos) podem ser tutelados de forma coletiva (são os individuais homogêneos).

No presente informativo, o TST entendeu que o Sindicato é legitimado para promover a tutela dos direitos individuais homogêneos, ainda que de uma parte dos tutelados (no caso de um plano de cargos e salários). Assim, para o TST, "Não há, portanto, a necessidade de que haja homogeneidade entre todos os substituídos, tampouco se exige que a decisão seja uniforme para todas as funções". O STF tem entendimento sumulado sobre a matéria:

> SÚMULA 630 - STF
>
> A entidade de classe tem legitimação para o mandado de segurança ainda quando a pretensão veiculada interesse apenas a uma parte da respectiva categoria.

"AGRAVO. RECURSO DE REVISTA. ACÓRDÃO PUBLICADO NA VIGÊNCIA DA LEI Nº 13.015/2014. NULIDADE DA SENTENÇA. DESISTÊNCIA DO RECLAMANTE LOGO APÓS A JUNTADA DA CONTESTAÇÃO NO PJe.

Constou da decisão agravada que, nos termos da interpretação sistemática das normas inseridas nos arts. 267, §4º, do CPC/73, 485, § 4º, do atual CPC, 847, caput, da CLT, o momento de apresentação da defesa é aquele que sucede à tentativa de acordo, sendo certo que a inserção da contestação no sistema eletrônico, de forma antecipada, não se presta à finalidade pretendida pela reclamada, até porque a aludida desistência foi apresentada antes do referido momento processual.

Acrescente-se que ficara registrado no acórdão regional que a tese da reclamada, no sentido de que o reclamante teria prévio conhecimento do conteúdo da contestação, não fora provado nos autos, motivo pelo qual não se poderia presumir tal alegação e impor ao reclamante o prejuízo do não exercício do seu direito de desistência da ação, sob o jugo da concordância da reclamada.

Além disso, ressaltou que o desentranhamento da defesa foi determinado de plano pelo magistrado em audiência que homologou o pedido de desistência independentemente da anuência da parte reclamada.

Nesse contexto, para se chegar a conclusão contrária, como insiste a agravante, necessário seria o reexame do contexto fático probatório dos autos, procedimento este vedado em sede de recurso de revista por conta do que estabelece a Súmula 126 do TST.

Considerando a improcedência do recurso, aplica-se à parte agravante a multa prevista no art. 1.021, § 4º, do CPC. Agravo não provido, com aplicação de multa."

TST-Ag-RR-1120-71.2013.5.07.0012, 5ª Turma, rel. Min. Breno Medeiros, julgado em 30/4/2020.

BREVE COMENTÁRIO

De acordo com o art. 485, § 3º do CPC/15, após a apresentação de contestação no processo, a desistência do autor fica condicionada à expressa concordância do réu.

> Art. 485 (...)
>
> § 4º Oferecida a contestação, o autor não poderá, sem o consentimento do réu, desistir da ação.

A norma é clara quanto ao impedimento de desistência da ação após a contestação.

A Lei 13.467/17 (Reforma Trabalhista), por sua vez, alterou a redação do art. 841, inserindo o § 3º, cuja redação segue:

> Art. 841 (...)
>
> § 3º Oferecida a contestação, ainda que eletronicamente, o reclamante não poderá, sem o consentimento do reclamado, desistir da ação.

A redação trazida pela Lei da Reforma Trabalhista teve por escopo aproximar o Processo do Trabalho aos ditames do Novo CPC e atualizar a legislação trabalhista, um pouco defasada, em relação com o processo eletrônico.

Ocorre que, no Processo do Trabalho, a contestação é recebida em audiência. O artigo 847 da CLT disponha que a defesa será aduzida de forma oral, no prazo de 20 minutos, após a leitura da reclamação trabalhista, momento no qual será recebida a peça contestatória.

Para o TST, o fato de ter sido a peça apresentada por meio eletrônico (PJE) não impede a desistência da ação, caso ainda não tenha ocorrido a audiência inicial. Isso porque, para a corte trabalhista, "o momento de apresentação da defesa é aquele que sucede à tentativa de acordo, sendo certo que a inserção da contestação no sistema eletrônico, de forma antecipada, não se presta à finalidade pretendida pela reclamada".

Com base nesses argumentos, o TST concluiu o TST pela possibilidade de desistência da ação ainda que haja, no processo eletrônico, a peça contestatória.

Obs.: Vale ressaltar que o TST já decidiu de forma contrária, ou seja, pela impossibilidade de desistência quando há contestação inserida no processo. Nesse sentido o RR-288-79.2016.5.08.0117:

> **RECURSO DE REVISTA. DESISTÊNCIA DA AÇÃO APÓS A APRESENTAÇÃO DA CONTESTAÇÃO. ANUÊNCIA DA PARTE CONTRÁRIA. IMPRESCINDÍVEL. ARTIGO 485, § 4º, DO CPC DE 2015. I** - Nos termos do artigo 485, § 4º, do CPC de 2015, aplicável de forma subsidiária ao processo do trabalho, "Oferecida a contestação, o autor não poderá, sem o consentimento do réu, desistir da ação". **II** - Cumpre esclarecer que **muito embora o artigo 847 da CLT disponha que a defesa será aduzida de forma oral, no prazo de 20 minutos, após a leitura da reclamação trabalhista, a praxe forense na Justiça Trabalho consagrou a contestação apresentada de forma escrita. III** - Ademais, nas Varas que adotam o processo eletrônico, como na hipótese dos autos, a contestação deve ser encaminhada antes da audiência, conforme preconiza o artigo 29 da Resolução nº 136/2014 do CSJT, na esteira do artigo 10 da Lei nº 11.419/06. **IV** - Desse modo, **incontroverso o fato de que o pedido de desistência foi formulado após a apresentação da contestação, a homologação da desistência sem a anuência da reclamada, ora recorrente, afronta direta e literalmente o artigo 485, § 4º, do CPC** de 2015. **V** - Recurso de revista conhecido e provido.

(RR - 288-79.2016.5.08.0117. Rel. Min. Antonio José de Barros Levenhagen. DEJ em **26/05/2017**)

Irregularidade de representação. Recurso interposto eletronicamente. Ausência de procuração outorgada ao advogado subscritor. Concessão de prazo para saneamento do vício. Não cabimento. Súmula nº 383, II, do TST.

Não se conhece de recurso interposto com assinatura digital de advogado sem procuração nos autos, revelando-se inexistente o ato praticado por irregularidade de representação. A concessão do prazo de 5 (cinco) dias para a parte recorrente sanar o vício, consoante o item II da Súmula nº 383 do TST, só é cabível quando verificada irregularidade no instrumento de procuração ou substabelecimento que já consta nos autos.

No caso, o recurso ordinário interposto pelo impetrante foi subscrito eletronicamente por advogado que não estava habilitado por procuração ou substabelecimento no momento da interposição do apelo. Sob esse entendimento, a SBDI-II, por unanimidade, negou provimento ao agravo de instrumento.

TST-AIRO-154-58.2019.5.17.0000, SBDI-II,
rel. Min. Maria Helena Mallmann, julgado em 5/5/2020.

BREVE COMENTÁRIO

De acordo com o art. 76 do CPC/15, o juiz, ao verificar qualquer irregularidade relativa à capacidade processual ou à representação das partes, deverá suspender o feito e oportunizar que o vício seja sanado, sob pena das seguintes consequências:

> Art. 76. Verificada a incapacidade processual ou a irregularidade da representação da parte, o juiz suspenderá o processo e designará prazo razoável para que seja sanado o vício.

Essa atitude o juiz nada mais é que a concretização do princípio da cooperação, insculpido no art. 6º do CPC, segundo o qual "todos os sujeitos do processo devem cooperar entre si para que se obtenha, em tempo razoável, decisão de mérito justa e efetiva."

Caso a parte não sane o vício no tempo oportunizado, o CPC estabelece algumas consequências. No primeiro grau, elas estão previstas no § 1º do art. 76, o qual dispõe:

> § 1º Descumprida a determinação, caso o processo esteja na instância originária:
>
> I - o processo será extinto, se a providência couber ao autor;
>
> II - o réu será considerado revel, se a providência lhe couber;
>
> III - o terceiro será considerado revel ou excluído do processo, dependendo do polo em que se encontre.

Já nos tribunais, as consequências estão previstas no § 2º do art. 76. São elas:

> § 2º Descumprida a determinação em fase recursal perante tribunal de justiça, tribunal regional federal ou tribunal superior, o relator:
>
> I – não conhecerá do recurso, se a providência couber ao recorrente;
>
> II – determinará o desentranhamento das contrarrazões, se a providência couber ao recorrido.

No tribunal, é do relator a atribuição de permitir à parte a possibilidade de sanar o vício processual, conforme parágrafo único do art. 932. Assim dispõe:

> Art. 932. Incumbe ao relator:
>
> (...)
>
> Parágrafo único. Antes de considerar inadmissível o recurso, o relator concederá o prazo de 5 (cinco) dias ao recorrente para que seja sanado vício ou complementada a documentação exigível.

Como sabemos, o CPC privilegiou a decisão de mérito. Traduz-se em princípio que está voltado para a superação de vícios processuais sanáveis.

No âmbito do TST, a súmula 383 trata da correção das irregularidades de representação. Vejamos:

> RECURSO. MANDATO. IRREGULARIDADE DE REPRESENTAÇÃO. CPC DE 2015, ARTS. 104 E 76, § 2º (nova redação em decorrência do CPC de 2015) – Res. 210/2016, DEJT divulgado em 30.06.2016 e 01 e 04.07.2016
>
> I – É inadmissível recurso firmado por advogado sem procuração juntada aos autos até o momento da sua interposição, salvo mandato tácito. Em caráter excepcional (art. 104 do CPC de 2015), admite-se que o advogado, independentemente de intimação, exiba a procuração no prazo de 5 (cinco) dias após a interposição do recurso, prorrogável por igual período mediante despacho do juiz. Caso não a exiba, considera-se ineficaz o ato praticado e não se conhece do recurso.
>
> II – Verificada a irregularidade de representação da parte em fase recursal, em procuração ou substabelecimento já constante dos autos, o relator ou o órgão competente para julgamento do recurso designará prazo de 5 (cinco) dias para que seja sanado o vício. Descumprida a determinação, o relator não conhecerá do recurso, se a providência couber ao recorrente, ou determinará o desentranhamento das contrarrazões, se a providência couber ao recorrido (art. 76, § 2º, do CPC de 2015).

No informativo em análise, o TST interpretou o item II da súmula em apreço da seguinte forma: "a concessão do prazo de 5 (cinco) dias para a parte recorrente sanar o vício, consoante o item II da Súmula nº 383 do TST, só é cabível quando verificada irregularidade no instrumento de procuração ou substabelecimento que já consta nos autos". Dessa forma, a possibilidade que tem a parte de sanar o vício de representação só alcança a procuração que já conste nos autos. No caso de recurso interposto por advogado sem procuração nos autos, entendeu o TST que não há de se falar em concessão de prazo para juntada do instrumento.

O STJ possui entendimento sumulado semelhante ao aqui interpretado pelo STJ. Trata-se da súmula 115:

> **SÚMULA 115**
>
> NA INSTANCIA ESPECIAL É INEXISTENTE RECURSO INTERPOSTO POR ADVOGADO SEM PROCURAÇÃO NOS AUTOS.

Diversas vozes se levantam pela superação da súmula acima, no entanto, ela continua a ser aplicada.

Ação rescisória ajuizada sob a égide do CPC de 1973. Incompetência material da Justiça do Trabalho. Relação jurídica existente entre Município e professores públicos municipais. Controvérsia sobre a natureza da relação jurídica. Competência da Justiça Comum. Causa de rescindibilidade configurada. Art. 485, II, do CPC de 1973.

A Justiça do Trabalho é incompetente para apreciar controvérsia sobre a natureza da relação jurídica existente entre Município e servidores públicos, ainda que se vislumbrem elementos capazes de inferir que os servidores não estariam submetidos ao regime estatutário. No caso, extrai-se do acórdão rescindendo a existência de controvérsia acerca da natureza da relação jurídica estabelecida entre o Município de Mascote e seus professores municipais. Conforme entendimento pacificado pelo STF, compete à Justiça Comum analisar, preliminarmente, eventual desvirtuamento da relação jurídica invocada pelo ente público. Resta, portanto, caracterizada a hipótese de rescindibilidade prevista no inciso II do art. 485 do CPC de 1973. Sob esse fundamento, a SBDI-II, por unanimidade, conheceu do Recurso Ordinário e, no mérito, deu-lhe provimento para desconstituir o acórdão proferido pelo TRT no julgamento do Recurso Ordinário, e, em juízo rescisório, declarou a incompetência da Justiça do Trabalho para julgar a reclamação trabalhista originária, determinando a remessa dos autos do processo matriz à Justiça Comum.

TST- RO-457-47.2015.5.05.0000, SBDI-II,
rel. Min. Luiz José Dezena da Silva, julgado em 12/5/2020.

BREVE COMENTÁRIO

Os litígios entre servidor submetido a regime jurídico administrativo afastam a competência da Justiça do Trabalho. Tal tese foi firmada em sede cautelar na ADI 3.395-6, como segue:

> INCONSTITUCIONALIDADE. Ação direta. Competência. Justiça do Trabalho. Incompetência reconhecida. **Causas entre o Poder Público e seus servidores estatutários. Ações que não se reputam oriundas de relação de trabalho**. Conceito estrito desta relação. Feitos da competência da Justiça Comum. Interpretação do art. 114, inc. I, da CF, introduzido pela EC 45/2004. Precedentes. Liminar deferida para excluir outra interpretação. O disposto no art. 114, I, da Constituição da República, não abrange as causas instauradas entre o Poder Público e servidor que lhe seja vinculado por relação jurídico-estatutária" (ADI

3395 MC/DF, Pleno, Rel. Min. Cezar Peluso, j. 05/04/2006, DJ de 10/11/2006, p. 49). (grifos nossos)

Ocorre que, por diversas vezes, chegam à Justiça do Trabalho demandas pleiteando direitos de natureza celetista. Essa controvérsia de qual seria a Justiça Competente para apreciar pedidos de ordem celetista, ainda que se trate de servidor de vínculo jurídico administrativo, foi objeto de pronunciamentos no STF.

Nas ocasiões, a Corte entendeu que o fato de se pleitear direitos tipicamente celetistas não descaracteriza a competência da Justiça Comum, pois caberia a ela, primariamente, averiguar se há algum vício na relação jurídica entre o servidor e a Administração. Assim já se pronunciou o STF na RCL 4.351/PE:

> Administrativo e Processual Civil. Dissídio entre servidor temporário e o poder público. ADI nº 3.395/DF-MC. Competência da Justiça comum. Reclamação julgada procedente.
>
> **1. Compete à Justiça comum pronunciar-se sobre a existência, a validade e a eficácia das relações entre servidores e o poder público fundadas em vínculo jurídico-administrativo temporário.**
>
> **2. Não descaracteriza a competência da Justiça comum o fato de se requererem verbas rescisórias, FGTS e outros encargos de natureza símile, dada a prevalência da questão de fundo, a qual diz respeito à própria natureza da relação jurídico-administrativa, ainda que desvirtuada ou submetida a vícios de origem.**
>
> 3. Agravo regimental provido e reclamação julgada procedente para se anularem os atos decisórios proferidos pela Justiça do Trabalho e se determinar o envio dos autos de referência à Justiça comum.

No caso do informativo aqui estudado, o TST apenas aplicou o entendimento do STF, segundo o qual o litígio entre servidor estatutário, ainda que pleiteie verbas de natureza celetistas, compete à Justiça Comum. Isso porque, cabe a esta o conhecimento de elementos que descaracterizem a relação estatutária para, só então, remeter o processo à Justiça do Trabalho.

"[...] III) RECURSO DE REVISTA. VALIDADE DE AUTO DE INFRAÇÃO. AUDITOR FISCAL DO MINISTÉRIO DO TRABALHO. TERCEIRIZAÇÃO ILÍCITA. RECONHECIMENTO DE VÍNCULO DE EMPREGO. INVASÃO DE COMPETÊNCIA DA JUSTIÇA DO TRABALHO. PROVIMENTO.

O entendimento prevalecente nesta Corte Superior tem sido de que o Auditor Fiscal do Ministério do Trabalho possui atribuição para declarar a existência de vínculo de emprego, sem que isso configure invasão de competência da Justiça do Trabalho. Tal conclusão se extrai do comando dos artigos 626 e 628 da CLT.

O caso específico dos autos, contudo, não se amolda à típica atuação do Ministério do Trabalho na fiscalização e cumprimento das normas de proteção ao trabalho, com possível reconhecimento de vínculo de emprego. No caso, o Tribunal Regional deu provimento ao recurso ordinário da União para reconhecer a validade do auto de infração lavrado pelo Auditor Fiscal do Ministério do Trabalho, fundamentando que, verificada, em concreto, a ofensa à legislação do trabalho, é dever do auditor lavrar o auto de infração, e a mera existência de contratos de trabalho entre os trabalhadores e a empresa contratada (prestadora de serviços) não impede a atuação do agente fiscalizador, notadamente em face do disposto no artigo 9° da CLT.

Extrai-se do acórdão recorrido que o auto de infração foi lavrado contra a recorrente, com o reconhecimento de vínculo de emprego diretamente com o tomador de serviços, por ter sido considerada ilícita a terceirização dos serviços de movimentação de cargas. Assinale-se que, conforme se infere do v. acórdão regional, os trabalhadores da empresa prestadora de serviços encontravam-se regularmente contratados.

Não diz respeito, portanto, ao exercício de atividades em estabelecimento empresarial, por trabalhadores sem registro na CTPS, mesmo presentes os requisitos da relação de emprego (pessoalidade, onerosidade, não eventualidade e subordinação jurídica), circunstância em que, por certo, se poderia cogitar em atuação do auditor fiscal do trabalho. Ora, se a questão com a qual se depara a autoridade fiscal vai além da mera constatação, por meio da fiscalização, do cumprimento das normas de proteção ao trabalho, exigindo o enfrentamento de matéria complexa, como reconhecer qual seria o legítimo empregador do trabalhador que já possui anotação na CTPS, não se pode dizer que tenha atribuição para exercer o seu poder de polícia.

Neste caso, sua atuação extrapola a esfera administrativa, passando a invadir território de competência do Poder Judiciário, a quem caberia definir com que empresa seria possível o reconhecimento da relação de emprego.

Nesse contexto, não merece prosperar a decisão regional em que se declarou a validade do auto de infração lavrado contra a recorrente, haja vista se tratar de situação na qual os trabalhadores terceirizados, que prestavam serviços nas dependências da empresa autora, são empregados de outra empresa, já dispondo de registro na CTPS. Recurso de revista de que se conhece e a que se dá provimento."

TST-RR-247-06.2011.5.02.0263, 4ª Turma,
rel. Min. Guilherme Augusto Caputo Bastos, julgado em 5/5/2020.

BREVE COMENTÁRIO

De acordo com o art. 21, XXIV da CF/88, compete à união exercer a fiscalização do trabalho, nesses termos:

> Art. 21. Compete à União:
>
> (...)
>
> XXIV - organizar, manter e executar a inspeção do trabalho;

Não obstante a observância das normas trabalhistas seja de todos os que firmam relações de trabalho, seja na Administração Pública, seja na iniciativa privada, a atribuição para fiscalizar e autuar é da União.

Tal atribuição é exercida pelos Auditores Fiscais do Trabalho. As atribuições do cargo de Auditor Fiscal do Trabalho correspondem às previstas no artigo 11 da Lei nº 10.593/02 e no Regulamento da Inspeção do Trabalho, de que trata o Decreto nº 4.552/02.

No julgado em tela, foi questionada a atribuição do Auditor para apuração da regularidade da relação de emprego com a tomadora de serviços. O auditor, no caso, entendeu ilícita a terceirização dos serviços de movimentação de cargas.

O TST entendeu que, nesse caso, a matéria tratada pelo Auditor iria além da mera constatação da regularidade de documentação e cumprimento das normas de proteção ao trabalho, exigindo o enfrentamento de matéria complexa. Dessa forma, não caberia ao Auditor reconhecer o vínculo de emprego diretamente com o tomador de serviços. Para o TST, isso se caracteriza como invasão de competência da Justiça do Trabalho.

Com base nesses argumentos, entendeu o TST pela invalidade do auto.

▶ ***"[...] II) RECURSO DE REVISTA DO RECLAMADO - RITO SUMARÍSSIMO - CONDENAÇÃO DA BENEFICIÁRIA DA JUSTIÇA GRATUITA AO PAGAMENTO DE HONORÁRIOS ADVOCATÍCIOS SUCUMBENCIAIS - COMPENSAÇÃO DA VERBA HONORÁRIA COM OS CRÉDITOS OBTIDOS EM JUÍZO, AINDA QUE EM OUTRO PROCESSO - COMPATIBILIDADE DO ART. 791-A, § 4º, DA CLT COM O ART. 5º, CAPUT, XXXV, LIV e LV, DA CF - TRANSCENDÊNCIA JURÍDICA RECONHECIDA.***

1. Nos termos do art. 896-A, § 1º, IV, da CLT, constitui transcendência jurídica da causa a existência de questão nova em torno da interpretação da legislação trabalhista.

2. In casu, o debate jurídico que emerge do presente processo diz respeito à possibilidade de se compensar os honorários advocatícios sucumbenciais, arbitrados à Parte beneficiária da justiça gratuita, com os créditos que lhe foram deferidos na presente ação, consoante previsto no § 4º do art. 791-A da CLT, introduzido pela Lei 13.467/17, questão nova e que oferece reflexos de natureza jurídica.

3. Conforme se extrai do acórdão recorrido, o Regional, considerando a decisão plenária do TRT de declarar incidentalmente a inconstitucionalidade da expressão 'desde que não tenha obtido em juízo, ainda que em outro processo, créditos capazes de suportar a despesa', constante do § 4º do art. 791-A da CLT, determinou que os honorários advocatícios devidos pela Reclamante, que litiga sob o pálio da justiça gratuita, arbitrados em R$ 432,00 pelo Juízo de origem, permanecessem em condição suspensiva de exigibilidade, nos termos do citado art. 791-A, § 4º, da CLT, sem nenhuma compensação com seus créditos.

4. Como é cediço, a Reforma Trabalhista, promovida pela Lei 13.467/17, ensejou diversas alterações no campo do Direito Processual do Trabalho, a fim de tornar o processo laboral mais racional, simplificado, célere e, principalmente, responsável, sendo essa última característica marcante, visando coibir as denominadas 'aventuras judiciais', calcadas na facilidade de se acionar a Justiça, sem nenhum ônus ou responsabilização por postulações carentes de embasamento fático.

5. Não se pode perder de vista o crescente volume de processos ajuizados nesta Justiça Especializada, muitos com extenso rol de pedidos, apesar dos esforços empreendidos pelo TST para redução de estoque e do tempo de tramitação dos processos.

6. Nesse contexto foram inseridos os §§ 3º e 4º no art. 791-A da CLT pela Lei 13.467/17, responsabilizando-se a parte sucumbente, seja a autora ou a demandada, pelo pagamento dos honorários advocatícios, ainda que beneficiária da justiça gratuita, o que reflete a intenção do legislador de desestimular lides temerárias, conferindo tratamento isonômico aos litigantes. Tanto é que o § 5º do art. 791-A da CLT expressamente dispôs acerca do pagamento da verba honorária na reconvenção. Isso porque, apenas se tiver créditos judiciais a receber é que terá de arcar com os honorários se fizer jus à gratuidade da justiça, pois nesse caso já não poderá escudar-se em pretensa insuficiência econômica.

7. Percebe-se, portanto, que o art. 791-A, § 4º, da CLT não colide com o art. 5º, caput, XXXV, LIV e LV, da CF, ao revés, busca preservar a jurisdição em sua essência, como instrumento responsável e consciente de tutela de direitos elementares do ser humano trabalhador, indispensáveis à sua sobrevivência e à da família.

8. Ainda, convém ressaltar não ser verdadeira a assertiva de que a imposição de pagamento de honorários de advogado àquele que se declara pobre na forma da lei implica desvio de finalidade da norma, onerando os que necessitam de proteção legal, máxime porque no próprio § 4º do art. 791-A da CLT se visualiza a preocupação do legislador com o estado de hipossuficiência financeira da parte vencida, ao exigir o pagamento da verba honorária apenas no caso de existência de crédito em juízo, em favor do beneficiário da justiça gratuita, neste ou em outro processo, capaz de suportar a despesa que lhe está sendo imputada, situação, prima facie, apta a modificar a sua capacidade financeira, até então de miserabilidade, que justificava a concessão de gratuidade, prestigiando, de um lado, o processo responsável, e desestimulando, de outro, a litigância descompromissada.

9. Por todo o exposto, merece reforma o acórdão regional, a fim de estabelecer que os honorários advocatícios decorrentes da sucumbência da Autora, beneficiária da justiça gratuita, primeiramente sejam compensados dos créditos obtidos em juízo, ainda que em outro processo, e, tão somente na hipótese dos ganhos serem insuficientes ou inexistentes, incida a condição suspensiva de exigibilidade prevista no art. 791-A, § 4º, da CLT. Recurso de revista provido."

TST-RR-20556-23.2018.5.04.0271, 4ª Turma,
rel. Min. Ives Gandra Martins Filho, julgado em 6/5/2020

BREVE COMENTÁRIO

Esse é um interessante julgado que trata de um tema que foi objeto de discussões: a instituição de honorários advocatícios na Justiça do Trabalho.

Conforme o artigo 791-A, CLT, introduzido pela Lei 13.467/17:

> Art. 791-A. Ao advogado, ainda que atue em causa própria, serão devidos honorários de sucumbência, fixados entre o mínimo de 5% (cinco por cento) e o máximo de 15% (quinze por cento) sobre o valor que resultar da liquidação da sentença, do proveito econômico obtido ou, não sendo possível mensurá-lo, sobre o valor atualizado da causa.

> § 1º Os honorários são devidos também nas ações contra a Fazenda Pública e nas ações em que a parte estiver assistida ou substituída pelo sindicato de sua categoria.
>
> § 2º Ao fixar os honorários, o juízo observará:
>
> I – o grau de zelo do profissional;
>
> II – o lugar de prestação do serviço;
>
> III – a natureza e a importância da causa;
>
> IV – o trabalho realizado pelo advogado e o tempo exigido para o seu serviço.
>
> § 3º Na hipótese de procedência parcial, o juízo arbitrará honorários de sucumbência recíproca, vedada a compensação entre os honorários.
>
> § 4º Vencido o beneficiário da justiça gratuita, desde que não tenha obtido em juízo, ainda que em outro processo, créditos capazes de suportar a despesa, as obrigações decorrentes de sua sucumbência ficarão sob condição suspensiva de exigibilidade e somente poderão ser executadas se, nos dois anos subsequentes ao trânsito em julgado da decisão que as certificou, o credor demonstrar que deixou de existir a situação de insuficiência de recursos que justificou a concessão de gratuidade, extinguindo-se, passado esse prazo, tais obrigações do beneficiário.
>
> § 5º São devidos honorários de sucumbência na reconvenção.

Como podemos observar pela redação do art. acima, o beneficiário da Justiça Gratuita pode ser condenado em honorários advocatícios, permanecendo suspensa a exigibilidade dos honorários enquanto durar sua situação de insuficiência de recursos. Não obstante essa previsão, o § 4º do art. 791-A dispõe que os honorários devem ser compensados com os créditos que o reclamante perceber, ainda que em outro processo. Desse dispositivo o TRT declarou, incidentalmente, a inconstitucionalidade.

No entanto, para o TST, o art. 791-A, § 4º, da CLT não colide com o art. 5º, caput, XXXV, LIV e LV, da CF, não havendo que se falar em inconstitucionalidade. Para a Corte Trabalhista, a finalidade da norma é estimular o processo responsável, e desestimulando, de outro, a litigância descompromissada. Assim, a condição suspensiva só ocorre quando a parte não tenha obtido em juízo, ainda que em outro processo, créditos capazes de suportar a despesa. Para o TST, primeiramente, os créditos devem ser compensados para o pagamento dos honorários da parte vencida (quando houver sucumbência recíproca ou quando a parte vencida tiver créditos em outro processo), para, só após, incidir a condição suspensiva.

O julgado em questão, todavia, carece de uma interpretação conforme a jurisprudência da Suprema Corte.

Isso porque, no bojo da ADI 5766, no dia 20/10/2021, o STF declarou inconstitucional o 791-A, § 4º, da Consolidação das Leis do Trabalho (CLT).

> Decisão: O Tribunal, por maioria, julgou parcialmente procedente o pedido formulado na ação direta, para declarar inconstitucionais os arts. 790-B, caput e § 4º, e 791-A, § 4º, da Consolidação das Leis do Trabalho (CLT), vencidos,

em parte, os Ministros Roberto Barroso (Relator), Luiz Fux (Presidente), Nunes Marques e Gilmar Mendes. Por maioria, julgou improcedente a ação no tocante ao art. 844, § 2º, da CLT, declarando-o constitucional, vencidos os Ministros Edson Fachin, Ricardo Lewandowski e Rosa Weber. Redigirá o acórdão o Ministro Alexandre de Moraes. Plenário, 20.10.2021 (Sessão realizada por videoconferência - Resolução 672/2020/STF).

Assim, a previsão de que beneficiário da justiça gratuita pagará honorários advocatícios, quando obtiver em juízo, ainda que em outro processo, créditos capazes de suportar as despesas, foi declarada INCONSTITUCIONAL na ADI 5766.

"[...] 2. EXCEÇÃO DE PRÉ-EXECUTIVIDADE. DECISÃO QUE REJEITA O INCIDENTE. RECORRIBILIDADE IMEDIATA. PROVIMENTO.

No que diz respeito ao recurso cabível para impugnação da decisão em que se julga a exceção de pré-executividade, a jurisprudência deste Tribunal Superior tem sido tranquila em admitir o agravo de petição, porém, apenas para as hipóteses em que o juiz acolhe o referido incidente. Isso porque, nesse caso, não haveria dúvida de que se trata de uma decisão terminativa.

A controvérsia surge quando se discute qual o recurso viável para impugnar o ato do juiz que rejeita ou não conhece da exceção de pré-executividade. Para a circunstância, tem sido adotado entendimento de que não seria possível a interposição imediata do agravo de petição, por se tratar de decisão interlocutória, cabendo à parte impugnar a matéria no apelo que será interposto contra a decisão definitiva, ou seja, contra a decisão que examinou os embargos à execução.

O referido posicionamento tem como base o artigo 893, § 1º, da CLT, segundo o qual as decisões interlocutórias somente serão examinadas quando do recurso contra a decisão definitiva. Do mencionado preceito extrai-se o princípio da irrecorribilidade imediata das decisões interlocutórias. A regra contida no dispositivo em epígrafe não é absoluta, uma vez que a Súmula nº 214 enumera algumas circunstâncias nas quais não incidirá o princípio da irrecorribilidade imediata.

Diante desse cenário, questiona-se em que momento a parte poderia provocar a manifestação do Tribunal Regional competente sobre os termos da decisão que rejeitou ou não conheceu a exceção de pré-executividade. Segundo a jurisprudência desta Corte Superior, rejeitada a exceção de pré-executiva, a parte poderia se valer dos embargos à execução, com a garantia do juízo, onde discutiria a questão trazida no incidente não acolhido e, somente depois de proferida essa sentença definitiva, poderia interpor agravo de petição. Sucede que, tendo a parte se valido da exceção de pré-executividade, como poderia, em momento posterior, se utilizar de outro meio processual para impugnar a questão levantada anteriormente no incidente, se já ultrapassado o prazo para apresentar os embargos à execução?

Certamente haveria preclusão temporal, ante o transcurso do prazo para a apresentação dos embargos à execução. Além disso, com o julgamento do citado incidente, haveria preclusão pro judicato da matéria nela deduzida, de modo que não poderia ser renovada em sede de embargos à execução. Frise-se que na Justiça Comum é pacífico o entendimento de que ocorre a preclusão da análise da matéria em embargos à execução, quando previamente examinada em sede de exceção de pré-executividade. Precedentes do STJ.

Desse modo, a aplicação do princípio da irrecorribilidade imediata das decisões interlocutórias à hipótese configura-se em verdadeiro princípio da irrecorribilidade, tendo em vista que não será permitida a análise da matéria pelos Tribunais em momento posterior. Não se pode olvidar que, nos termos do artigo 897, "a", da CLT, caberá agravo de petição contra as decisões do Juiz ou Presidente na fase de execução. Porém, tal preceito não faz nenhuma distinção quanto à sua natureza, seja interlocutória ou terminativa do feito.

Afastado o óbice da irrecorribilidade imediata, caberia saber se para a interposição do agravo de petição contra a decisão que não conheceu ou rejeitou a exceção de pré-executividade seria exigível a garantia do juízo. Pois bem, como já realçado, a exceção de pré-executividade trata-se de uma construção doutrinária e, portanto, sem previsão expressa em lei, inexistindo para o manejo da referida demanda, diversamente do que ocorre com os embargos à execução, a necessidade do cumprimento da garantia do juízo.

E se para o exame do mencionado incidente processual não há necessidade da garantia em comento, não se poderia estabelecê-la no momento em que a parte submeterá a decisão que rejeitou ou não conheceu da sua exceção à instância de segundo grau. A prevalecer o mencionado requisito, se estaria, por via transversa, obstaculizando o direito da parte ao contraditório e à ampla defesa, bem como ao devido processo legal, impedindo que a questão objeto da exceção de pré-executividade seja analisada pelo Colegiado Regional e, por conseguinte, por essa instância extraordinária, o que iria de encontro à própria finalidade do instituto processual.

Ademais, se fosse cabível a garantia do juízo, o que não é o caso, ela deveria ser exigida desde o tempo do manejo da exceção de pré-executividade, não se justificando o seu cumprimento apenas quando da interposição do agravo de petição. Assim, tem-se como passível de reforma a decisão que impõe para o conhecimento do agravo de petição a garantia do juízo, na circunstância em que não acolhida a exceção de pré-executividade. Na hipótese, o Tribunal Regional não conheceu do agravo de petição da executada, sob o fundamento de que, sendo a decisão que não acolheu a exceção de pré-executividade de índole interlocutória, não caberia recurso imediato.

Também por entender que para a interposição do agravo de petição seria necessária a garantia do juízo. Ao assim decidir, acabou por afrontar os princípios do contraditório, da ampla defesa e do devido processo legal, em violação do artigo 5º, LIV e LV, da Constituição Federal. Recurso de revista de que se conhece e a que se dá provimento."

TST-ARR-19700-68.1986.5.02.0002, 4ª Turma,
rel. Min. Guilherme Augusto Caputo Bastos, julgado em 13/5/2020.

BREVE COMENTÁRIO

A exceção de pré executividade é um instrumento de defesa do executado, por meio do qual este pode alegar algum vício processual de ordem pública, mediante uma simples e sem garantia do juízo. É muito comum seu uso no âmbito das execuções fiscais.

O cabimento do presente instrumento processual já se encontra consolidado, tanto em doutrina quanto em jurisprudência, como preconizado pelo TST, a exemplo:

> EXCEÇÃO DE PRÉ-EXECUTIVIDADE. CABIMENTO.
>
> É cabível a exceção de pré-executividade quando versar a questão sobre matéria de ordem pública, cognoscível de ofício pelo Juiz ou quando não for necessária dilação probatória para seu julgamento, de acordo com a moderna jurisprudência.
>
> (005060070.2007.5.02.0043 4ª Turma.)

No dizer de Leonardo Carneiro da Cunha, a exceção de pré executividade é utilizada pelo executado para evitar a constrição do seu patrimônio, já trazendo ao conhecimento do juiz questões cognoscíveis de ofício ou alegação de matéria pré constituída. É plenamente cabível no processo do trabalho, conforme já se pronunciou o TST:

> A exceção de pré-executividade é medida ajuizada no processo trabalhista em questões reconhecidas de plano sem necessidade de prova.
>
> (PROCESSO TRT nº 0130100-79.2003.5.02.0059)

No caso aqui analisado pelo TST, este enfrentou se seria cabível recurso de decisão que rejeita a exceção. Para o TST, decisão que acolhe a exceção é terminativa, recorrível mediante agravo de petição. No entanto, a decisão que não acolhe ou rejeita a exceção se trata de decisão interlocutória, irrecorrível de imediato.

De acordo com o artigo 893, § 1º, da CLT, as decisões interlocutórias somente serão examinadas quando do recurso contra a decisão definitiva. Trata-se do princípio da irrecorribilidade imediata das decisões interlocutórias.

Assim, para o TST, da decisão que não acolhe ou rejeita a exceção de pré-executiva, a parte poderia se valer dos embargos à execução e, somente depois de proferida essa sentença definitiva, poderia interpor agravo de petição.

Informativo nº 219

- ***Julgamento ultra petita. Limitação da condenação aos valores líquidos constantes da petição inicial. Aplicação do artigo 492 do CPC de 2015.***

Ao formular pedidos com valores líquidos na petição inicial, sem registrar qualquer ressalva, o autor limita a condenação a esses parâmetros, a teor do disposto no art. 492 do CPC de 2015. Com efeito, nos termos do referido dispositivo legal, "é vedado ao juiz proferir decisão de natureza diversa da pedida, bem como condenar a parte em quantidade superior ou em objeto diverso do que lhe foi demandado".

No caso concreto, extrai-se da petição inicial que o reclamante requereu o pagamento de horas *in itinere* no exato valor de R$ 3.803,00, não havendo qualquer menção de se tratar de mera estimativa ou requerimento de apuração em liquidação, como havia sido feito em outros pedidos. Sob esse fundamento, a SBDI-1, por unanimidade, decidiu conhecer do recurso de embargos, por divergência jurisprudencial, e, no mérito, dar-lhe provimento para, no tocante ao pedido de horas *in itinere*, limitar as parcelas condenatórias aos valores indicados na petição inicial.

TST-E-ARR-10472-61.2015.5.18.0211, SBDI-I, rel. Min. Walmir Oliveira da Costa, 21/5/2020.

BREVE COMENTÁRIO

O art. 492 do CPC/15 trata do princípio da congruência, correlação ou adstrição. Assim dispõe o referido artigo.

> Art. 492. É vedado ao juiz proferir decisão de natureza diversa da pedida, bem como condenar a parte em quantidade superior ou em objeto diverso do que lhe foi demandado.

Chamam-se decisões *extra petita* aquelas que concedem tutela jurisdicional diferente da que foi pedida, ou concede bem da vida diverso. Já as decisões *ultra petita* são aquelas na qual o juízo concede o que fora pedido pelo autor, mas em quantidade superior a indicada no pedido. Por fim, chamam-se *citra petita (infra petita)* as decisões que concedem aquém do pedido ou não analisa/enfrenta toda a causa de pedir ou deixa de se manifestar sobre alegação do réu.

Não obstante o CPC preveja o princípio da congruência, há exceções, quais sejam, os pedidos implícitos, a tutela diversa da pedida quando gere um efeito prático equivalente (nas obrigações de fazer/não fazer), e quando houver fungibilidade entre as tutelas pleiteadas, a exemplo das ações possessórias.

Nesse julgado, o TST, interpretando o dispositivo acima, entendeu que quando o autor apresentar pedidos líquidos, sem qualquer menção de se tratar de mera estimativa ou requerimento de apuração em liquidação, o juízo ficará adstrito aos valores indicados na petição inicial.

No entanto, o tempo dispendido no deslocamento até o aeroporto, seja ao de origem, na ida, seja ao de destino, na volta, ou aquele gasto em trânsito do aeroporto ao hotel, não devem ser computados na jornada.

▶ ***Viagens para participação em cursos e treinamentos exigidos pela empresa. Tempo de espera para o embarque no aeroporto e tempo efetivo de voo. Horas extras. Devidas. Tempo à disposição do empregador. Art. 4º da CLT.***

Na hipótese de viagens para participação em cursos de treinamento e capacitação exigidos pelo empregador e realizados em cidades estranhas ao local da prestação de serviços, considera-se tempo à sua disposição o período de trânsito aéreo, bem como aquele expendido no aeroporto aguardando o embarque, limitado este último a uma hora. Inteligência do art. 4º da CLT.

Entendeu-se, ainda, que não devem ser computados como tempo à disposição nenhum dos períodos de deslocamento até o aeroporto, seja ao de origem, na ida, seja ao de destino, na volta, e nem aquele gasto em trânsito do aeroporto ao hotel em que ficaria hospedado na cidade de realização dos cursos.

Com esses fundamentos, a SBDI-I decidiu, por maioria, conhecer dos embargos por divergência jurisprudencial, vencido o Ministro Breno Medeiros, e, no mérito, nos termos do voto médio do Ministro Alexandre Luiz Ramos, dar-lhes provimento parcial para assegurar à reclamante o pagamento das horas de espera em aeroporto para embarque e desembarque, vencidos, totalmente, os Ministros Maria Cristina Peduzzi, Breno Medeiros e Aloysio Corrêa da Veiga e, parcialmente, os Ministros Augusto César Leite de Carvalho, relator, Hugo Carlos Scheuermann, Cláudio Mascarenhas Brandão, João Batista Brito Pereira, Lelio Bentes Corrêa, Luiz Philippe Vieira de Mello Filho e Walmir Oliveira da Costa, na parte em que também davam provimento aos embargos para julgar procedente o pedido de cômputo como horas extraordinárias do tempo de traslado entre aeroportos e hotéis, quando extrapoladas da jornada ordinária.

TST-E-RR-770-74.2011.5.03.0106, SBDI-I, rel. Min. Augusto César Leite de Carvalho, red. p/ acórdão Min. Alexandre Luiz Ramos, 21/5/2020.

BREVE COMENTÁRIO

O art. 4º da CLT trata do tempo à disposição do empregador.

> Art. 4º – Considera-se como de serviço efetivo o período em que o empregado esteja à disposição do empregador, aguardando ou executando ordens, salvo disposição especial expressamente consignada.

Nesse julgado, o TST, interpretando o dispositivo acima, entendeu que o tempo gasto em trânsito aéreo e o tempo de espera no embarque devem ser computados na jornada de trabalho, inclusive para efeitos de jornada extraordinária. Cabe salientar que o tempo de espera no embarque está limitado a uma hora.

No entanto, o tempo dispendido no deslocamento até o aeroporto, seja ao de origem, na ida, seja ao de destino, na volta, ou aquele gasto em trânsito do aeroporto ao hotel, não devem ser computados na jornada.

- ***"JUÍZO DE RETRATAÇÃO NÃO EXERCIDO. RETORNO DOS AUTOS À TURMA. ARTIGO 1.030, INCISO II, DO CPC/2015. TERCEIRIZAÇÃO. CONCESSIONÁRIA DE SERVIÇOS DE TELECOMUNICAÇÕES. PREVISÃO NO ARTIGO 94, INCISO II, DA LEI Nº 9.472/97. IMPOSSIBILIDADE DE SE AFASTAR A APLICAÇÃO DO DISPOSITIVO SEM DECLARAÇÃO DE INCONSTITUCIONALIDADE (SÚMULA VINCULANTE 10 E ARTIGO 97 DA CONSTITUIÇÃO FEDERAL). DECISÃO PROFERIDA PELO SUPREMO TRIBUNAL FEDERAL NOS AUTOS DO ARE-791.932-DF, TEMA 739 DA TABELA DE REPERCUSSÃO GERAL. LICITUDE DA TERCEIRIZAÇÃO, INCLUSIVE EM ATIVIDADE-FIM DA TOMADORA DE SERVIÇOS e RESPONSABILIZAÇÃO SUBSIDIÁRIA DA TOMADORA PELOS CRÉDITOS DO TRABALHADOR TERCEIRIZADO. TESE FIRMADA NOS AUTOS DA ADPF 324 E DO RE-958.252-MG, TEMA 725 DA TABELA DE REPERCUSSÃO GERAL. HIPÓTESE DOS AUTOS NÃO VINCULADA À RATIO DECIDENDI DA CONTROVÉRSIA APRECIADA PELA SUPREMA CORTE. JUÍZO DE RETRATAÇÃO NÃO EXERCIDO. DINSTINGUISHING.***

1. Esta Corte firmou o entendimento de que os serviços de call center e de instalação e manutenção de linhas telefônicas, por se tratar de atividades-fim das concessionárias de serviços de telecomunicações (tomadoras de serviços), não poderiam ser terceirizados, com fundamento na Súmula nº 331, itens I e III, do TST. A consequência da ilicitude da terceirização é o reconhecimento do vínculo de emprego entre o trabalhador terceirizado e essas empresas.

2. Por outro lado, a Lei nº 9.472/97, que regula as concessões e permissões no setor das telecomunicações, como norma de Direito Administrativo, não foi promulgada para regular matéria trabalhista, devendo ser interpretada à luz dos princípios e das regras que norteiam o Direito do Trabalho, de modo a não esvaziar de sentido prático ou a negar vigência e eficácia às normas trabalhistas que, no País, disciplinam a prestação do trabalho subordinado e as próprias figuras do empregado e do empregador. Dessa forma, quando os órgãos fracionários dos Tribunais trabalhistas interpretam o artigo 94, inciso II, da Lei nº 9.472/97, não estão deixando de aplicar o dispositivo legal por considerá-lo inconstitucional. Não se verifica, pois, desrespeito ao disposto na Súmula Vinculante nº 10 e no artigo 97 da Constituição Federal.

3. Não obstante seja esse o entendimento deste Relator, curvo-me, com ressalva, à tese firmada pelo Supremo Tribunal Federal, nos autos do ARE-791.932-DF – Tema 739 da Tabela de Repercussão Geral, em observância ao disposto no artigo 927, inciso III, do CPC.

4. A Suprema Corte, em decisão relatada pelo Exmo. Ministro Alexandre de Moraes, por maioria, considerou "nula decisão de órgão fracionário que, ao negar a aplicação do inciso II, do art. 94 da Lei 9.472/1997, com base na Súmula 331/TST, e declarar ilícita a terceirização e atividade-fim, reconhece a existência de vínculo trabalhista entre a contratante e o empregado da contratada, pois exerceu controle difuso de constitucionalidade, declarando a parcial nulidade sem redução de texto do referido dispositivo sem observar a cláusula de reserva de Plenário". Assim, foi fixada a "seguinte tese no TEMA 739: "É nula a decisão de órgão fracionário que se recusa a aplicar o art. 94, II, da Lei 9.472/1997, sem observar a cláusula de reserva de Plenário (CF, art. 97), observado o artigo 949 do CPC" (acórdão publicado no DJe de 6/3/2019).

5. Na decisão proferida no citado recurso extraordinário, foi registrado que, em 30/8/2018, no julgamento da ADPF 324 e do RE 958.252 (Tema nº 725 da Tabela de Repercussão Geral), o Supremo Tribunal Federal decidiu pela inconstitucionalidade da Súmula nº 331 do TST e fixou a seguinte tese: "É lícita a terceirização de toda e qualquer atividade, meio ou fim, não se configurando relação de emprego entre a contratante e o empregado da contratada" (sessão de julgamento do ARE-791.932-DF realizada em 11/10/2018).

6. A maioria dos ministros da Suprema Corte, com fundamento no artigo 949 do CPC, decidiu não devolver os autos ao Tribunal Superior do Trabalho, que "não pode mais analisar se aplica ou não o 331 em relação ao artigo 94, II, porque nós já declaramos inconstitucional essa possibilidade", e dar provimento ao recurso extraordinário para restabelecer sentença pela qual se "afastou a existência de vínculo empregatício entre operadora de telefonia e atendente de empresa terceirizada especializada nesse segmento que lhe prestava serviços de call center".

7. Esta Corte passou a adotar essa decisão vinculante, conforme acórdão proferido pela SbDI-1, nos autos do E-ED-RR-32900-51.2005.5.03.0002, DJe 11/10/2019. Contudo, o Exmo. Ministro Luiz Philippe Vieira de Mello Filho, relator, destacou, naquela ocasião, que "a terceirização irrestrita das atividades das empresas de telecomunicação, sejam elas inerentes (essenciais/finalísticas), acessórias ou complementares ao serviço", autorizada pelo artigo 94, II, da Lei nº 9.472/97, nos termos do acórdão proferido nos autos do processo nº ARE-791.932-DF, não impede "o reconhecimento do vínculo empregatício com a tomadora dos serviços, quando estiver nitidamente comprovada nos autos a presença dos requisitos do art. 3º da CLT, configurando desvirtuamento da terceirização de forma a disfarçar a existência de inequívoca relação de emprego com a tomadora".

8. De fato, a intermediação de mão de obra, utilizada para burlar direitos do trabalhador, que, na prática, atuava como empregado da tomadora de serviços, não afasta a responsabilidade dessa última como empregadora. Nessa circunstância específica, a observância da decisão proferida no ARE-791.932-DF, na qual houve menção à tese firmada nos julgamentos da ADPF 324 e do RE-958.252-MG (Tema 725 da Tabela de Repercussão Geral) – licitude da terceirização de qualquer atividade da tomadora de serviços –, não impede o reconhecimento de vínculo de emprego entre o trabalhador terceirizado e essa empresa, quando comprovada a incidência dos artigos 2º, 3º e 9º da CLT ao caso em apreço.

9. Frisa-se que o Supremo Tribunal Federal não determinou a aplicação do artigo 94, inciso II, da Lei nº 9.472/97 independentemente das particularidades do caso concreto, para desconsiderar a terceirização desvirtuada e a relação de emprego estabelecida com a tomadora de serviços, se comprovados esses aspectos.

10. Na hipótese dos autos, o reconhecimento do vínculo de emprego entre o reclamante e a concessionária de serviços de telecomunicações (tomadora de serviços) foi fundamentado na ilicitude da terceirização de atividade-fim dessa última e na comprovada existência dos requisitos fático-jurídicos da relação de emprego entre as citadas partes, estabelecidos pelas normas infraconstitucionais trabalhistas, ensejando também a incidência e a aplicação do disposto no artigo 9º da CLT ao caso. Isso porque, consoante premissas fáticas delineadas no acórdão regional, insuscetíveis de reexame por essa Corte superior de natureza extraordinária, nos termos da sua Súmula nº 126, a Telemar Norte Leste S.A. "contratou a segunda reclamada e esta, por sua vez, arregimentou mão de obra especializada para a prestação dos serviços àquela" e "exercia direta fiscalização dos serviços realizados pelo reclamante, embora o mesmo também recebesse ordens de representantes da North".

O Regional frisou que foi "constatado através do depoimento do preposto da empresa North a direta fiscalização dos serviços do autor pela embargante". Por todo o exposto, mesmo considerando, em princípio, lícita a terceirização das atividades da concessionária de serviços de telecomunicações, conforme decidiu a Suprema Corte, no caso sub judice, há fundamento autônomo e independente que constitui elemento de distinção (distinguishing) para manter o vínculo de emprego entre o reclamante e a Brasil Telecom S.A. (artigos 2º, 3º e 9º da CLT).

Desse modo, constata-se que a questão sub judice não enseja a aplicação da ratio decidendi da controvérsia constitucional decidida pelo Supremo Tribunal Federal, em caráter vinculante, motivo pelo qual a Segunda Turma não exerce o Juízo de retratação previsto no artigo 1.030, inciso II, do CPC, mantendo seu acórdão, e determina o retorno dos autos à Vice-Presidência desta Corte para prosseguimento do feito, como entender de direito."

TST-ARR-126700-53.2009.5.06.0021, 2ª Turma,
rel. Min. José Roberto Freire Pimenta, julgado em 20/5/20.

BREVE COMENTÁRIO

A Lei 9.472/97 trata sobre a organização dos serviços de telecomunicações. De acordo com o art. 94 da referida lei, a concessionária de telecomunicações poderá:

> Art. 94. No cumprimento de seus deveres, a concessionária poderá, observadas as condições e limites estabelecidos pela Agência:
>
> I – empregar, na execução dos serviços, equipamentos e infra-estrutura que não lhe pertençam;
>
> II – contratar com terceiros o desenvolvimento de atividades inerentes, acessórias ou complementares ao serviço, bem como a implementação de projetos associados.

Tal art. teve sua constitucionalidade confirmada pelo STF. No processo ARE 791932/DF, o STF firmou alguns entendimentos que valem a pena ser transcritos:

> EMENTA: CONSTITUCIONAL E TRABALHISTA. NULIDADE DO ACÓRDÃO RECORRIDO POR DESRESPEITO A CLÁUSULA DE RESERVA DE PLENÁRIO (CF, ART. 97 E SV 10). NEGATIVA PARCIAL DE VIGÊNCIA E EFICÁCIA AO INCISO II, DO ART. 94 DA LEI 9.472/1997 (LEI GERAL DE TELECOMUNICAÇÕES) POR ÓRGÃO FRACIONÁRIO COM BASE NA SÚMULA 331/TST. IMPOSSIBILIDADE. LICITUDE DE TERCEIRIZAÇÃO DE TODA E QUALQUER ATIVIDADE, MEIO OU FIM, NÃO SE CONFIGURANDO RELAÇÃO DE EMPREGO ENTRE A CONTRATANTE E O EMPREGADO DA CONTRATADA (ADPF 324 E RE 958.252). AGRAVO CONHECIDO. RECURSO PROVIDO.
>
> 1. A inconstitucionalidade de lei ou ato normativo estatal só pode ser declarada pelo voto da maioria absoluta da totalidade dos membros do tribunal ou, onde houver, dos integrantes do respectivo órgão especial, sob pena de absoluta nulidade da decisão emanada do órgão fracionário (turma, câmara ou seção), em respeito à previsão do art. 97 da Constituição Federal.
>
> 2. A cláusula de reserva de plenário atua como condição de eficácia jurídica da própria declaração jurisdicional de inconstitucionalidade dos atos do Poder Público, aplicando-se para todos os tribunais, via difusa, e para o SUPREMO TRIBUNAL FEDERAL, também no controle concentrado (CF, art. 97 e SV 10).
>
> 3. É nula a decisão de órgão fracionário que, ao negar a aplicação do inciso II, do art. 94 da Lei 9.472/1997, com base na Súmula 331/TST, e declarar ilícita a terceirização e atividade-fim, reconhece a existência de vínculo trabalhista entre a contratante e o empregado da contratada, pois exerceu controle difuso de constitucionalidade, declarando a parcial nulidade sem redução de texto do referido dispositivo sem observar a cláusula de reserva de Plenário. AGRAVO PROVIDO.

4. O PLENÁRIO DA CORTE declarou parcialmente inconstitucional a SÚMULA 331/TST e proclamou a licitude da terceirização de toda e qualquer atividade, meio ou fim; para afirmar a inexistência de relação de emprego entre a contratante e o empregado da contratada. RECURSO

EXTRAORDINÁRIO PROVIDO.

5. Agravo conhecido e recurso extraordinário provido para restabelecer a sentença de primeiro grau, com a fixação da seguinte tese no TEMA 739: "*É nula a decisão de órgão fracionário que se recusa a aplicar o art. 94, II, da Lei 9.472/1997, sem observar a cláusula de reserva de Plenário (CF, art. 97), observado o artigo 949 do CPC.*"

No que tange à terceirização, o STF decidiu com repercussão geral (Tema 725) que é constitucional a terceirização das atividades fins da empresa.

No julgado aqui tratado, a Justiça do Trabalho ressalta que a constitucionalidade da terceirização não derrogou os princípios do Direito do Trabalho, cabendo ainda a esta especializada averiguar se há desvirtuamento da atividade terceirizada, sob o prisma dos requisitos da relação empregatícia.

Assim, para o TST, "*a observância da decisão proferida no ARE-791.932-DF, na qual houve menção à tese firmada nos julgamentos da ADPF 324 e do RE-958. 252-MG (Tema 725 da Tabela de Repercussão Geral) - licitude da terceirização de qualquer atividade da tomadora de serviços -, não impede o reconhecimento de vínculo de emprego entre o trabalhador terceirizado e essa empresa, quando comprovada a incidência dos artigos 2º, 3º e 9º da CLT ao caso em apreço.*"

No caso em tela, a Telemar Norte Leste SA contratou a *Brasil Telecom S.A. como prestadora de serviços. Esta, por sua vez,* arregimentou mão de obra especializada para a prestação dos serviços àquela" e "exercia direta fiscalização dos serviços realizados.

Com base na análise das particularidades do caso concreto, o TST reconheceu vínculo empregatício entre a reclamante e a *Brasil Telecom S.A.*

▶ ***"[...] II. RECURSO DE REVISTA REGIDO PELAS LEIS 13.015/2014 E 13.467/2017. ARTIGO 896-A, II, DA CLT. PROCESSO DE JURISDIÇÃO VOLUNTÁRIA. HOMOLOGAÇÃO DE ACORDO EXTRAJUDICIAL. QUITAÇÃO. ALCANCE. ARTS. 855-B AO 855-E DA CLT. TRANSCENDÊNCIA JURÍDICA CARACTERIZADA.*** 1. De acordo com o artigo 896-A da CLT, o Tribunal Superior do Trabalho, no recurso de revista, deve examinar previamente se a causa oferece transcendência com relação aos reflexos gerais de natureza econômica, política, social ou jurídica. 2. Discute-se nos presentes autos a validade e o alcance da quitação estabelecida em acordo extrajudicial, submetido à homologação judicial com fundamento nos artigos 855-B ao 855-E da CLT, incluídos pela Lei 13.0467/2017. O novo procedimento legal revela a intenção do legislador de conferir segurança jurídica aos atos de rescisão de contratos de trabalho, conferindo celeridade ao procedimento (arts. 855-C e 855-D) e evitando dúvidas ulteriores e novos litígios trabalhistas. Com esse propósito, o artigo 855-B, §§ 1º e 2º, da CLT exige a apresentação de petição conjunta, devendo os interessados estar representadas por advogados distintos, facultada ao trabalhador a assistência por advogado do sindicato de sua categoria. Evidentemente, podem os interessados transatores ressalvar direitos que entendam devam ser excluídos da transação, entre os quais, por exemplo, eventuais efeitos patrimoniais decorrentes de moléstia profissional identificada posteriormente e que guarde relação causal com o trabalho exercido (Súmula 378, II, do TST). No entanto, inexistindo qualquer ressalva, observados os requisitos legais (CC, art. 104) e não havendo vício capaz de anular o negócio jurídico (CC, arts. 138 a 166), segundo a análise judicial que se pode processar inclusive com a designação de audiência específica (CLT, art. 855-D), a transação há de ser homologada nos exatos termos em que celebrada, não competindo à Justiça do Trabalho inserir, de ofício, condição não desejada pelos próprios interessados e que se situa no âmbito exclusivo da autonomia da vontade – expressão do valor dignidade humana no campo da teoria geral dos contratos (CF, art. 1º, III c/c os arts. 840 a 850 do CC). De fato, em se tratando de direitos patrimoniais disponíveis, não há espaço para que o Poder Judiciário examine o conteúdo da transação, a razoabilidade ou proporcionalidade dos direitos e deveres transacionados ou mesmo a extensão da quitação concedida. 3. No caso presente, os interessados firmaram acordo extrajudicial, cabendo ao Reclamado pagar 'ao ex-funcionário a importância total líquida de R$ 64.055,78, a título de indenização à eventual estabilidade do contrato de trabalho, neste valor, já incluídos os honorários advocatícios e demais despesas porventura existentes'. Consta do acordo, ademais, a manutenção da 'assistência médica do interessado pelo período previsto em convenção coletiva, neste caso, 180 dias contados da data da rescisão'. Ainda, consigna o termo celebrado que 'Com o recebimento da importância ajustada, o interessado dará ao Banco plena, geral e irrevogável quitação ao extinto contrato de trabalho. (...). O presente ajuste somente prevalecerá se homologado por inteiro, sem ressalva ou exclusão de qualquer cláusula. Neste sentido, as partes requerem a homologação do presente acordo extrajudicial exatamente nos termos avençados, ocasião em que passará a produzir efeitos, inclusive como forma de serem evitadas futuras ações judiciais, uma vez que as partes se declaram totalmente satisfeitas com a composição, conforme permissão legal, para que surta os efeitos de direito, com a necessária segurança jurídica'. Outrossim, o Tribunal Regional destacou que, em audiência, 'o ex-empregado, indagado acerca da intenção na celebração do acordo, informou desejar a homologação ciente das consequências da quitação passada'. Ora, é inequívoca a vontade dos interessados em por fim ao contrato de trabalho, dando-se plena quitação com o pagamento pelo Reclamado ao Reclamante da importância acordada. Nesse cenário, estando presentes os requisitos de validade do acordo extrajudicial firmado, mostra-se inviável ao Tribunal Regional a aposição de ressalvas ou condições que não foram estabelecidas pelos interessados, cabendo-lhe, tão somente, decidir pela homologação ou não do termo de transação, mediante decisão fundamentada (CF, art. 93, IX). 4. Divisada transcendência jurídica e caracterizado o dissenso de teses, o recurso de revista merece ser conhecido e provido para que, reconhecendo-se a validade do acordo extrajudicial firmado, declará-lo homologado sem ressalvas. Recurso de revista conhecido e provido."

TST-RR-596-19.2018.5.06.0015, 5ª Turma,
rel. Min. Douglas Alencar Rodrigues, julgado em 20/5/20.

BREVES COMENTÁRIOS

A reforma trabalhista introduziu o Capítulo III - A na CLT, o qual trata do processo de jurisdição voluntária para homologação de acordo extrajudicial. O art. 725, III do CPC já previa essa possibilidade,

> Art. 725. Processar-se-á na forma estabelecida nesta Seção o pedido de:
>
> (...)
>
> VIII - homologação de autocomposição extrajudicial, de qualquer natureza ou valor.

Havia, no entanto, resistência quanto a aplicação daquela disposição ao processo do trabalho. A lei 13.467/17veio a pacificar no Processo do Trabalho a homologação da transação extrajudicial, desde que atendidos os requisitos legais.

Assim dispõe o referido capítulo:

> CAPÍTULO III-A DO PROCESSO DE JURISDIÇÃO VOLUNTÁRIA PARA HOMOLOGAÇÃO DE ACORDO EXTRAJUDICIAL
>
> Art. 855-B. O processo de homologação de acordo extrajudicial terá início por petição conjunta, sendo obrigatória a representação das partes por advogado.
>
> § 1º As partes não poderão ser representadas por advogado comum.
>
> § 2º Faculta-se ao trabalhador ser assistido pelo advogado do sindicato de sua categoria.
>
> Art. 855-C. O disposto neste Capítulo não prejudica o prazo estabelecido no § 6º do art. 477 desta Consolidação e não afasta a aplicação da multa prevista no § 8º art. 477 desta Consolidação.
>
> Art. 855-D. No prazo de quinze dias a contar da distribuição da petição, o juiz analisará o acordo, designará audiência se entender necessário e proferirá sentença.
>
> Art. 855-E. A petição de homologação de acordo extrajudicial suspende o prazo prescricional da ação quanto aos direitos nela especificados.
>
> Parágrafo único. O prazo prescricional voltará a fluir no dia útil seguinte ao do trânsito em julgado da decisão que negar a homologação do acordo.

Nesse julgado, o TST analisou condição inserida no acordo pelo juízo, sem a concordância das partes.

Para o TST, presentes os requisitos de validade dos negócios jurídicos previstos no art. 104 do CC/02, não há espaço para que o Poder Judiciário examine o conteúdo da transação, a razoabilidade ou proporcionalidade dos direitos e deveres transacionados ou mesmo a extensão da quitação concedida.

Para o TST, cabe ao Poder Judiciário tão somente homologar ou não o acordo, desde que de forma fundamentada, não podendo fazer juízo de valor sobre o acordo nem inserir cláusula que entenda justa.

Assim, entendeu o TST por reconhecer a validade do acordo extrajudicial firmado, declará-lo homologado sem ressalvas.

"[...] RECURSO DE REVISTA EM FACE DE DECISÃO PUBLICADA NA VIGÊNCIA DA LEI Nº 13.015/2014. INCIDÊNCIA DA INSTRUÇÃO NORMATIVA Nº 40 DO TST. AÇÃO CIVIL PÚBLICA. TUTELA INIBITÓRIA. EFEITOS AD FUTURUM. SUPERVENIENTE ENCERRAMENTO DA ATIVIDADE DE FILIAL DA EMPRESA. FALTA DE INTERESSE DE AGIR. NÃO CONFIGURAÇÃO. EFEITOS DA COISA JULGADA. Constitui função institucional do Ministério Público do Trabalho a proteção da ordem jurídica e a defesa de direitos difusos ou coletivos, e ainda os individuais homogêneos, podendo, para tanto, utilizar-se de todos os meios judiciais disponíveis, dentre estes o ajuizamento de Ação Civil Pública (Lei nº 7.347/85), para a qual se admite, inclusive, o pedido de tutela inibitória preventiva. Tal medida jurisdicional possui prospecção futura e objetiva evitar a prática, a repetição, ou mesmo a continuidade de ato ilícito (ou antijurídico), mediante tutela específica, consistente em obrigação de fazer, ou de não fazer, capaz de assegurar resultado prático, a fim de evitar o dano, em juízo de probabilidade. Não é indispensável, portanto, a imediata comprovação do dano; basta a mera probabilidade de ato contrário ao direito a ser tutelado. É o que explica o artigo 497, parágrafo único, do CPC/2015. No caso, a Corte de origem registrou expressamente que a reclamada cometeu as infrações que lhe foram imputadas, submetendo seus motoristas a jornadas ampliadas para além do limite legal e à supressão de intervalos intra e interjornadas. Anotou, ainda, a existência de irregularidades no registro de ponto e na concessão do repouso semanal remunerado. Não obstante essas considerações, o Tribunal Regional indeferiu as referidas pretensões formuladas pelo Ministério Público do Trabalho – tutelas inibitórias –, por entender que o encerramento superveniente das atividades da empresa no município já citado afasta o interesse de agir da parte. Sucede que, conforme entendimento desta Corte Superior, tal fato, por si só, não é capaz de justificar a extinção deste feito, por falta de interesse processual, ante a natureza do provimento solicitado. Isso porque, além de o pedido não se restringir ao mencionado estabelecimento da empresa – a qual, diga-se de passagem, possui atuação nacional, –, não há qualquer impedimento para que suas atividades venham a ser retomadas naquela localidade, a afastar a probabilidade da reiteração do ilícito. Ou seja, o fechamento da referida filial não garante, em princípio, o encerramento definitivo da atividade da ré junto àquela unidade da Federação, sendo, indevida, portanto a extinção do feito, pela suposta garantia de que os alegados ilícitos, indicados na inicial, não serão novamente praticados. Logo, resta superada tal questão. Outrossim, os efeitos da coisa julgada não deverão ficar restritos aos empregados que porventura atuem na circunscrição do órgão julgador, pois, em se tratando de decisão proferida em ação civil pública, o seu alcance é definido no artigo 103, I, II e III da Lei nº 8.078/90. É de salientar que, consoante posicionamento firmado nesta Corte, o preceito contido no artigo 16 da Lei nº 7.347/85 deverá ser interpretado em conjunto com aqueles dispostos no dispositivo acima transcrito, a fim de alcançar a real finalidade buscada pelas normas e conferir maior efetividade ao instituto em tela. Registre-se, por fim, que os provimentos inibitórios solicitados pelo autor consistem em obrigações de fazer e não fazer restritas à mera observância de normas de ordem pública, previstas na legislação trabalhista, de aplicação geral – ou seja, que independem do contexto fático de cada estabelecimento –, e não implicam restrições ao desenvolvimento regular das atividades da empresa. Recurso de revista conhecido e provido. [...]"

TST-RR-10115-03.2015.5.03.0178, 7ª Turma,
rel. Min. Cláudio Mascarenhas Brandão, julgado em 27/5/2020.

BREVES COMENTÁRIOS

Nesse julgado, o TST se debruçou sobre interessante tema do processo coletivo, qual seja, os diferentes tipos de tutela específica na Ação Civil Pública.

A tutela específica está prevista no art. 497 do CPC/15, Refere-se à condenação do réu em ações que determinem prestações de fazer, de não fazer e de entregar coisa.

Assim dispõe o art. 497, *caput*, quanto às obrigações de fazer ou de não fazer:

> *Art. 497. Na ação que tenha por objeto a prestação de fazer ou de não fazer, o juiz, se procedente o pedido, concederá a tutela específica ou determinará providências que assegurem a obtenção de tutela pelo resultado prático equivalente.*

Já o art. 498, quanto à obrigação de entregar, assim dispõe:

> *Art. 498. Na ação que tenha por objeto a entrega de coisa, o juiz, ao conceder a tutela específica, fixará o prazo para o cumprimento da obrigação*

No presente informativo foi tratada a tutela inibitória nas obrigações de fazer e sua execução. Mas antes, vamos revisar em que consiste essa espécie de tutela e suas semelhanças e diferenças com outras espécies de tutela.

O professor Luiz Guilherme Marinoni tem um interessante estudo acerca desse tema. Em suas lições, ele conceitua tutela inibitória como a tutela prestada em ação de conhecimento, destinada a impedir a prática, a continuação ou a repetição de um ilícito. Assim, podemos inferir que a tutela inibitória atua dessas três formas: impedindo a prática de um ilícito, interrompendo sua continuação ou evitando sua repetição. A tutela inibitória é, assim, uma tutela voltada para o futuro.

Para entender essas três formas de atuação da tutela inibitória, devemos observar sob a ótica do ilícito. Na primeira modalidade, o ilícito ainda não aconteceu. Aqui, está-se sob uma situação de normalidade, não tendo ainda sido praticado o ilícito pelo réu.

Na segunda modalidade, o ilícito já ocorreu e está produzindo efeitos. Trata-se de um ilícito continuado, que pode se dar por efeitos ilícitos continuados e ação ilícita continuada. Na primeira, o ilícito foi praticado e seus efeitos perduram no tempo, enquanto que na segunda há uma ação (ou atividade) ilícita continuada. Nessa última situação, a ilicitude continua na medida do prosseguimento da ação ou da atividade, ao passo que na primeira a ilicitude não é relacionada com a ação, mas sim com o efeito que dela decorre e se propaga no tempo.

Por fim, na terceira modalidade, o ilícito já ocorreu e seus efeitos cessaram. O que se pretende impedir é que haja uma repetição da prática do ilícito outrora praticado.

Não obstante as duas últimas modalidades possam confundir, é preciso ter clara a ideia de continuação e repetição do ilícito. No dizer de Marinoni, a ação inibitória, quando voltada a impedir a repetição do ilícito, tem por finalidade evitar a ocorrência de outro ilícito. Quando a ação inibitória objetiva inibir a continuação do ilícito, a tutela tem por escopo evitar o prosseguimento de um agir ou de uma atividade ilícita. Perceba-se que a ação inibitória somente cabe quando se teme um agir ou uma atividade. Ou melhor, a ação inibitória somente pode ser utilizada quando a providência jurisdicional for capaz de inibir o agir ou o seu prosseguimento, e não quando esse já houver sido praticado, estando presentes apenas os seus efeitos.

Após esse pequeno resumo, vamos voltar ao caso concreto. Nele, o TST analisou a extinção de ação por ausência de interesse de agir. A empresa responsável pelas práticas ilícitas, a saber, submissão de motoristas a jornadas ampliadas para além do limite legal, supressão de intervalos intra e interjornadas e a existência de irregularidades no registro de ponto e na concessão do repouso semanal remunerado.

Para a corte trabalhista, o fechamento de uma filial de empresa com atuação nacional não é suficiente para levar à extinção de ação inibitória por ausência de interesse em agir. Outrossim, os efeitos da coisa julgada não deverão ficar restritos aos empregados que porventura atuem na circunscrição do órgão julgador, pois, em se tratando de decisão proferida em ação civil pública, o seu alcance é definido no artigo 103, I, II e III da Lei nº 8.078/90.

Informativo nº 220

- ***Dissídio coletivo de greve. Greve em atividade não essencial deflagrada na vigência de Instrumento Normativo. Art. 14 da lei nº 7.783/89. Excludente de abusividade em face da exceção relativa ao descumprimento de normais legais imperativas e cláusulas normativas obrigatórias ("exceção do contrato não cumprido").***

A greve motivada pelo descumprimento patronal de obrigações contratuais e legais permite a mitigação da necessidade de cumprimento das formalidades legais para a sua deflagração, com base na excludente de abusividade prevista no art. 14, parágrafo único, da Lei 7.783/89. Nesse sentido, entende a SDC que um descumprimento residual não enseja a aplicação da "exceção do contrato não cumprido", sendo necessário para a configuração dessa excludente um descumprimento grave, seja por sua natureza, seja pelo acúmulo de inadimplementos. No caso, embora a greve tenha sido realizada durante a vigência do instrumento normativo heterônomo, os fatos que ensejaram a paralisação foram bastante relevantes, pois houve inadimplemento de direitos fundamentais para viabilizar o curso normal da prestação de trabalho – atraso no adimplemento dos salários, não pagamento da terceira parcela do 13º salário de 2018 e ausência no cumprimento de outras obrigações contratuais e legais referentes a férias, depósitos de FGTS, fornecimento de EPI, vale- transporte –, o que torna legítima a paralisação da categoria profissional, com apoio na excludente de abusividade de greve prevista no parágrafo único do art. 14 da Lei 7.783/89. Sob esses fundamentos, a SDC decidiu, por unanimidade, quanto ao tópico, negar provimento ao recurso ordinário da empresa, mantendo a decisão regional que declarou a não abusividade da greve.

TST- RO-1000506-16.2019.5.02.0000, SDC,
rel. Min. Maurício Godinho Delgado, 8/6/2020

BREVE COMENTÁRIO

Conforme já estudamos, para que o movimento grevista seja considerado não abusivo, os trabalhadores e o sindicato devem atender a certos requisitos.

No entanto, certas situações mantém a regularidade do movimento, mesmo sem o cumprimento desses requisitos.

Foi o que reconheceu o TST no caso em epígrafe, quando decidiu que a greve motivada pelo descumprimento patronal de obrigações contratuais e legais permite a mitigação da necessidade de cumprimento das formalidades legais para a sua deflagração, com base na excludente de abusividade prevista no art. 14, parágrafo único, da Lei 7.783/89.

▸ *Ente público. Terceirização. Responsabilidade subsidiária. Culpa* in vigilando. *Configuração.*

Conquanto o mero inadimplemento das obrigações trabalhistas por parte do prestador de serviços não atribua automaticamente ao ente público tomador de serviços a responsabilidade subsidiária pelo pagamento do respectivo débito, subsiste a possibilidade de a Administração Pública ser responsabilizada quando se verificar a conduta culposa do tomador de serviços na fiscalização do correto cumprimento da legislação trabalhista e previdenciária na vigência do contrato administrativo. Esse foi o entendimento esposado pelo Supremo Tribunal Federal no julgamento da ADC nº 16, ao declarar a constitucionalidade do art. 71, § 1º, da Lei nº 8.666/1993. No presente caso, ficou demonstrada a culpa *in vigilando* da tomadora de serviços, porquanto constatado o descumprimento das obrigações regulares do contrato de trabalho durante sua execução. Sob esse entendimento, a SBDI-1, em composição plena, por maioria, deu provimento aos embargos para restabelecer o acórdão proferido pelo Tribunal Regional na parte em que manteve a responsabilidade subsidiária da União. Vencidos os Ministros Alexandre Luiz Ramos, Hugo Carlos Scheuermann, Breno Medeiros, Aloysio Corrêa da Veiga, Walmir Oliveira da Costa e Maria Cristina Irigoyen Peduzzi.

TST-E-RR-992-25.2014.5.04.0101, SBDI-1,
rel. Min. Augusto César Leite de Carvalho, 4/6/2020.

BREVE COMENTÁRIO

O julgado em questão é importante, pois reafirma decisão nova e paradigmática do TST.

Em relação à terceirização de serviços, essa é aceita no âmbito da Administração Pública, sendo pacífico também que o Poder Público pode ser responsabilizado pelos débitos trabalhistas da empresa contratada quando ficar evidenciada sua conduta culposa na fiscalização das obrigações do contrato.

Esse posicionamento foi consignado na ADC 16/DF, que declarou a constitucionalidade do §1º do art. 71 da lei de licitações, mas não eximiu totalmente a Administração Pública de responsabilidade.

Em razão desse julgamento, a Súmula nº 331 do TST foi alterada, passando a constar seu item V da seguinte forma:

> "Os entes integrantes da Administração Pública direta e indireta respondem subsidiariamente, nas mesmas condições do item IV, caso evidenciada a sua conduta culposa no cumprimento das obrigações da Lei n.º 8.666, de 21.06.1993, especialmente na fiscalização do cumprimento das obrigações contratuais e legais da prestadora de serviço como empregadora. A aludida responsabilidade não decorre de mero inadimplemento das obrigações trabalhistas assumidas pela empresa regularmente contratada".

Não obstante, diante da contínua responsabilização da Administração Pública, os advogados públicos seguiram levando o tema ao STF, quando, no julgamento do RE 760.931, em sede de repercussão geral, a Suprema Corte decidiu que:

> "O inadimplemento dos encargos trabalhistas dos empregados do contratado não transfere automaticamente ao Poder Público contratante a responsabilidade pelo seu pagamento, seja em caráter solidário ou subsidiário, nos termos do art. 71, § 1º, da Lei 8.666/1993".

Das razões desse julgado extraiu-se também que caberia **ao reclamante** demonstrar essa falha na fiscalização do contrato. Na ausência de prova, a demanda deveria ser julgada improcedente.

No entanto, a posteriori, a SDI do TST, no bojo do processo nº E-RR-925-07.2016.5.05.0281 decidiu que "cabe ao órgão público tomador dos serviços demonstrar que fiscalizou de forma adequada o contrato, para que não seja responsabilizado".

Ou seja, o TST, decidindo de forma diversa daquilo que se considerou que foi a decisão do STF, fixou que **é da Administração Pública o ônus de demonstrar que não incorreu em culpa *in vigilando*.**

O julgado ora analisado reafirma esse entendimento.

Observação final: o tema deve ser revisitado pelo STF, o que não ocorreu até o momento do fechamento deste livro.

"AGRAVO. RECURSO DE REVISTA. ACÓRDÃO PUBLICADO NA VIGÊNCIA DA LEI Nº 13.015/2014. CAGEPA. SOCIEDADE DE ECONOMIA MISTA. PRIVILÉGIOS E ISENÇÕES. FORMA DE EXECUÇÃO. TRANSCENDÊNCIA JURÍDICA.

A decisão agravada, aplicando a jurisprudência desta Corte, cristalizada na Súmula nº 170 do TST, foi no sentido de que a reclamada, na condição de sociedade de economia mista, não dispõe das prerrogativas concedidas à Fazenda Pública previstas no Decreto-Lei nº 779/69. No entanto, muito embora não se desconheça a firme jurisprudência desta Corte, fato é que o Supremo Tribunal Federal vem se posicionando em sentido diverso, firmando entendimento de que as empresas prestadoras de serviço público essencial em regime de monopólio sem fins lucrativos gozam das prerrogativas da fazenda pública. Julgados do STF. Assim, deve ser reformada a decisão agravada para restabelecer o v. acórdão regional, no aspecto. Agravo provido."

TST-Ag-RR-1572- 32.2017.5.13.0026, 5ª Turma, rel. Min. Breno Medeiros, julgado em 3/6/2020.

BREVE COMENTÁRIO

No julgado em questão, o TST reconheceu a jurisprudência do STF no sentido de que **sociedades de economia mista prestadoras de serviços públicos em atividade não concorrencial gozam das prerrogativas processuais da Fazenda Pública.**

Desse modo, reformou a decisão que aplicava a Súmula 170 do TST ("Os privilégios e isenções no foro da Justiça do Trabalho não abrangem as sociedades de economia mista, ainda que gozassem desses benefícios anteriormente ao Decreto-Lei nº 779, de 21.08.1969") em razão das peculiaridades daquela estatal (prestadora serviço público essencial em regime de monopólio sem fins lucrativos).

Informativo nº 221

Reclamação. Tribunal Pleno. Competência funcional. Suposta inobservância de súmula do TST.

O Tribunal Pleno detém competência para estabelecer súmulas e julgar reclamações, nos termos dos incisos VII e XI do art. 75 do RITST, respectivamente, do que resulta sua competência para julgar reclamação que tiver como causa de pedir alegada inobservância de súmula por ele estabelecida, visto ser o órgão colegiado cuja autoridade se pretende garantir, conforme previsto no art. 210, parágrafo 2º, do RITST. Sob esse entendimento, o Tribunal Pleno, por unanimidade, decidiu ser da sua competência o julgamento de reclamação contra acórdão regional que supostamente negara cumprimento à Súmula nº 463, II, do TST, e negou provimento ao agravo interno interposto, mantendo a decisão monocrática que julgara incabível a reclamação.

Rcl-1000623-61.2019.5.00.0000, Tribunal Pleno, rel. Min. Márcio Eurico Vitral Amaro, 29/6/2020.

BREVE COMENTÁRIO

Élisson Miessa nos ensina que, na Justiça do Trabalho, a reclamação era prevista no Regimento Interno do TST. No entanto, para o STF (RE 405.031), a reclamação só poderia ser criada por lei em sentido formal, o que tornaria a reclamação regimental do TST inconstitucional. Foi apenas com a EC 92/16, a qual incluiu o

§ 3º no art. 111 da CF/88 que se afastou a discussão sobre a constitucionalidade da Reclamação prevista no âmbito do TST.

O CPC/15 passou a disciplinar o instituto da Reclamação, ampliando suas hipóteses de cabimento e estendendo-a para qualquer Tribunal, conforme seus arts. 988 a 993. Dispõe o art. 988 do CPC/15:

> Art. 988. Caberá reclamação da parte interessada ou do Ministério Público para:
>
> I - preservar a competência do tribunal;
>
> II - garantir a autoridade das decisões do tribunal;
>
> III - garantir a observância de enunciado de súmula vinculante e de decisão do Supremo Tribunal Federal em controle concentrado de constitucionalidade;
>
> IV - garantir a observância de acórdão proferido em julgamento de incidente de resolução de demandas repetitivas ou de incidente de assunção de competência;

No presente informativo, a discussão se dá sobre qual órgão do TST teria competência para apreciar Reclamação cujo objeto fosse o desrespeito à súmula do próprio TST. Ao analisar a questão, o Tribunal Pleno entendeu que detém a competência para tanto.

Isso porque compete ao Tribunal Pleno do C.TST estabelecer súmulas e julgar reclamações, nos termos de seu próprio Regimento. Disso resulta sua competência para julgar reclamação que tiver como causa de pedir alegada inobservância de súmula por ele estabelecida.

Petrobras. Empregados anistiados. Art. 471 da CLT. Reinclusão no Plano Petros 1. Competência da Justiça do Trabalho.

A Justiça do Trabalho é competente para julgar matéria que envolva os efeitos da readmissão de empregados anistiados, com fundamento nos artigos 471 da CLT e na Lei nº 8.878/94. Na espécie, a controvérsia cinge-se a saber se os reclamantes, afastados do emprego por reforma administrativa, têm direito ou não, por ocasião de sua readmissão pela lei de anistia, às vantagens atribuídas à sua categoria durante seu afastamento, dentre elas a de serem reincluídos no plano de previdência (Petros 1) que era oferecido naquela época pela Petrobras. No caso, não se aplicam os precedentes RE 586453 e RE 583050, de repercussão geral reconhecida, firmados pelo STF, que tratam da competência da Justiça Comum para processar ação ajuizada contra entidade de previdência privada com o objetivo de obter complementação de aposentadoria. Isso porque a questão não se refere à complementação ou reajuste de benefícios instituídos pela entidade de previdência privada, que sequer figura no polo passivo da demanda. Portanto, sendo a causa de pedir trabalhista e não previdenciária, a Justiça do Trabalho é competente para o julgamento do feito, nos termos do art. 114, I, da Constituição Federal. Sob esses fundamentos, a SBDI-1, por unanimidade, conheceu dos embargos, por dissenso jurisprudencial, e, no mérito, por maioria, negou-lhes provimento. Vencido o Min. Alexandre Luiz Ramos, que reconhecia a incompetência da Justiça Trabalhista para julgar a demanda.

TST-E-ED-RR-11421-44.2015.5.01.0022, SBDI-1, rel. Min. Luiz Philippe Vieira de Mello Filho, 18/6/2020.

BREVE COMENTÁRIO

De acordo com o art. 471 da CLT, ao empregado afastado do emprego, são asseguradas, por ocasião de sua volta, todas as vantagens que, em sua ausência, tenham sido atribuídas à categoria a que pertencia na empresa.

A lei 8.878/94 trata dos casos de concessão de anistia a servidores públicos nos casos em que menciona. A referida lei teve origem na conversão da MP 473/94, cuja finalidade foi conceder anistia e permitir a readmissão de servidores públicos indevidamente demitidos entre 16/03/1990 e 30/09/1992. Essas referidas demissões ocorreram sem observância de garantias constitucionais como contraditório e motivação.

Dispõe o art. 1º da lei:

> Art. 1° É concedida anistia aos servidores públicos civis e empregados da Administração Pública Federal direta, autárquica e fundacional, bem como aos empregados de empresas públicas e sociedades de economia mista sob controle da União que, no período compreendido entre 16 de março de 1990 e 30 de setembro de 1992, tenham sido:
>
> I - exonerados ou demitidos com violação de dispositivo constitucional ou legal;
>
> II - despedidos ou dispensados dos seus empregos com violação de dispositivo constitucional, legal, regulamentar ou de cláusula constante de acordo, convenção ou sentença normativa;
>
> III - exonerados, demitidos ou dispensados por motivação política, devidamente caracterizado, ou por interrupção de atividade profissional em decorrência de movimentação grevista.
>
> Parágrafo único. O disposto neste artigo aplica-se, exclusivamente, ao servidor titular de cargo de provimento efetivo ou de emprego permanente à época da exoneração, demissão ou dispensa.

Assim, cabe a aplicação do art. 471 da CLT aos servidores anistiados com base na lei 8.878/94, sendo-lhes garantidos todos os direitos concedidos à categoria a qual pertençam.

A discussão de deu sobre qual seria a Justiça Competente para analisar a causa. Para o TST, seria a Justiça do Trabalho. Isso porque a causa de pedir aqui é relativa a direitos tipicamente trabalhistas. Os paradigmas invocados (RE 586453 e RE 583050) tratam da competência da Justiça Comum para processar ação ajuizada contra entidade de previdência privada com o objetivo de obter complementação de aposentadoria, não servindo para afastar a competência da especializada no caso.

Assim, compete à Justiça do Trabalho apreciar causa relativa a servidores anistiados com base na lei 8.878/94, quando o direito pleiteado for trabalhista e tiver por base o art. 471 da CLT.

Pretensão de ressarcimento de dano ao erário. Prescrição. Empresa Brasileira de Correios e Telégrafos – ECT. Diferença de quantia de caixa. Interpretação do art. 37, § 5º, da Constituição Federal. Imprescritibilidade restrita a atos dolosos tipificados na Lei nº 8.429/1992 (Lei de Improbidade Administrativa).

Resta pacificado o entendimento de que a ECT goza dos mesmos privilégios conferidos à Fazenda Pública, nos termos do art. 12 do Decreto-lei n.º 509/69, regra recepcionada pela Constituição Federal, consoante entendimento firmado pelo STF (RE 220.906). Nesse contexto, aplica-se à ECT a disposição contida no parágrafo 5.º do art. 37 da Carta Política. Segundo a jurisprudência do Supremo Tribunal Federal acerca do referido dispositivo constitucional, a ideia de imprescritibilidade, que se extrai da leitura de tal preceito, foi devidamente talhada para se aplicar aos casos de maior gravidade do ilícito praticado contra o Poder Público, entre eles os atos de improbidade administrativa dolosos, tipificados na Lei nº 8.429/92. No caso, a pretensão da ECT consiste em obter o ressarcimento de quantia relativa à diferença de caixa, não se tratando, portanto, de demanda que tenha por objeto a aplicação da Lei de Improbidade Administrativa, razão por que não há como se entender imprescritível a referida pretensão. Sob esse fundamento, a SBDI-2, por unanimidade, conheceu do Recurso Ordinário e, no mérito, negou-lhe provimento.

TST-RO-1384-62.2011.5.19.0000, SBDI-2,
rel. Min. Luiz José Dezena da Silva, 16/6/2020.

BREVE COMENTÁRIO

Nós vimos no informativo 208 que os atos de ex-empregada que causou danos aos Correios seriam atos de improbidade, consequentemente seria imprescritível a respectiva ação de ressarcimento.

Assim, aplica-se o art. 37, § 5º, da CF à ECT, sendo imprescritível a pretensão ressarcitória dos Correios relativa a atos dolosos de improbidade.

No presente informativo, o C. TST entendeu que os Correios pretendia obter o ressarcimento de quantia relativa à diferença de caixa de funcionário. Como já estudamos, no RE 669.069, decidiu o Supremo que "é prescritível a ação de reparação de danos à Fazenda Pública de corrente de ilícito civil". No caso aqui analisado, a diferença de caixa não se configura em ato doloso de improbidade, razão pela qual o TST afastou a aplicação do art. 37, § 5º e, consequentemente, a imprescritibilidade da ação de ressarcimento.

A título de informação, ressalvamos que a Lei nº 14.230/2021 alterou a Lei nº 8.429/1992 para limitar os atos de improbidade àquelas condutas praticadas de forma dolosa. Não obstante, mantemos o julgado, dado o seu teor informativo.

Ação rescisória. Irregularidade no depósito prévio. Saneamento do vício de forma espontânea, logo após o ajuizamento da ação. Extinção do processo, sem resolução do mérito. Impossibilidade. Direito à emenda ou complementação da petição inicial previsto no CPC de 2015. Princípio da primazia da resolução do mérito.

A decisão que, antes de conceder prazo para regularização do depósito prévio, indefere a petição inicial e extingue a ação rescisória, sem resolução de mérito, está em desacordo com o princípio da primazia da resolução do mérito e com o que preceitua o art. 321 do CPC, o qual é aplicável à ação rescisória em virtude do parágrafo único do art. 318 do CPC. Na espécie, a despeito de a autora ter regularizado, espontaneamente, o depósito prévio um dia após o ajuizamento da ação rescisória, o julgador extinguiu a ação, sem qualquer concessão de prazo para que o vício fosse sanado. Ocorre que, se a ausência de recolhimento do depósito prévio reclama a concessão de prazo para saneamento do vício, antes de se cogitar do indeferimento da exordial, a sua realização espontânea pela parte, ainda que em data diversa do protocolo da petição inicial, demonstra o pleno atendimento dos pressupostos processuais para a regular tramitação do feito. Sob esse entendimento, a SBDI-II, por unanimidade, conheceu do recurso ordinário e, no mérito, deu-lhe provimento para afastar a extinção do processo, sem resolução do mérito, e determinar o retorno dos autos ao Tribunal Regional para prosseguimento dos trâmites ulteriores, com prolação de nova decisão, como entender de direito.

TST-RO-107-24.2016.5.23.0000, SBDI-II,
rel. Min. Luiz José Dezena da Silva, 23/6/2020.

BREVE COMENTÁRIO

O CPC/15 consagrou em seu art. 6º a primazia da resolução de mérito:

> Art. 6º Todos os sujeitos do processo devem cooperar entre si para que se obtenha, em tempo razoável, decisão de mérito justa e efetiva.

De acordo com esse princípio, deve-se dar primazia à resolução do mérito sobre nulidades ou outros vícios que possam levar à extinção anormal do processo civil.

Uma das aplicações do referido princípio está no art. 317 do CPC/15:

> Art. 317. Antes de proferir decisão sem resolução de mérito, o juiz deverá conceder à parte oportunidade para, se possível, corrigir o vício.

Uma das condições processuais para o ajuizamento da ação rescisória é a realização do depósito prévio. No Processo do Trabalho, esse depósito é equivalente a 20% do valor da causa, percentual bem superior aos 5% do Processo Civil comum.

No presente julgado, entendeu o TST que a extinção da ação rescisória por ausência do depósito prévio, sem que antes seja dada oportunidade ao autor para regularização do depósito, viola o princípio da primazia da decisão de mérito. Para o TST, deveria ter sido observado o art. 321, o qual preconiza:

> Art. 321. O juiz, ao verificar que a petição inicial não preenche os requisitos dos arts. 319 e 320 ou que apresenta defeitos e irregularidades capazes de dificultar o julgamento de mérito, determinará que o autor, no prazo de 15 (quinze) dias,

> a emende ou a complete, indicando com precisão o que deve ser corrigido ou completado.
>
> Parágrafo único. Se o autor não cumprir a diligência, o juiz indeferirá a petição inicial.

Assim, é indevida a extinção de ação rescisória por ausência do depósito prévio, sem que antes seja dada oportunidade ao autor para regularização do depósito, por ofensa ao princípio da primazia da decisão de mérito.

"RECURSO DE REVISTA INTERPOSTO NA VIGÊNCIA DA LEI Nº 13.015/2014. ILEGITIMIDADE ATIVA "AD CAUSAM". "DUMPING" SOCIAL. INDENIZAÇÃO.

Esta Corte Superior tem entendimento de que o reclamante não possui legitimidade ativa "ad causam" para, em reclamatória trabalhista individual, requerer indenização por dano social (dumping social), uma vez que esta é direcionada à tutela de interesses difusos e coletivos, ultrapassando a esfera pessoal do trabalhador. Recurso de revista conhecido e provido, no tema."

TST-RR-1883-42.2014.5.03.0176, 1ª Turma,
rel. Min. Walmir Oliveira Costa, julgado em 24/6/2020.

BREVE COMENTÁRIO

O Enunciado nº 4, da 1ª Jornada de Direito Material e Processual da Justiça do Trabalho, traz o seguinte conceito:

> 4. "DUMPING SOCIAL". DANO A SOCIEDADE. INDENIZAÇÃO SUPLEMENTAR.
>
> As agressões reincidentes e inescusáveis aos direitos trabalhistas geram um dano à sociedade, pois com tal prática desconsidera-se, propositalmente, a estrutura do Estado social e do próprio modelo capitalista com obtenção de vantagem indevida perante a concorrência. A prática, portanto, reflete o conhecido '*dumping social*', motivando a necessária reação do Judiciário trabalhista para corrigi-la. O dano a sociedade configura ato ilícito, por exercício abusivo do direito, já que extrapola limites econômicos e sociais, nos exatos termos dos arts. 186, 187 e 927 do Código Civil. Encontra-se no art. 404, parágrafo único do Código Civil, o fundamento de ordem positiva para impingir ao agressor contumaz uma indenização suplementar, como aliás, já previam os artigos 652, "d", e 832, §1º, da CLT.

O enunciado traz as características do chamado *dumping social*. Seriam "agressões reincidentes e inescusáveis aos direitos trabalhistas que geram um dano à sociedade". O conceito de *dumping*, em verdade, remete ao campo do Comércio Internacional. Para o Ministério da Economia, "considera-se que há prática de *dumping* quando uma empresa exporta para o Brasil um produto a preço (preço de exportação) inferior àquele que pratica para o produto similar nas vendas para o seu mercado interno (valor normal). Desta forma, a diferenciação de preços já é por si só considerada como prática desleal de comércio."

No âmbito das relações de trabalho, ensina Paulo Mont'Alverne Frota[33] que o *dumping social* se caracteriza pelo fato de o empresário se utilizar, deliberada e repetidamente, do atentado à legislação trabalhista e, por conseguinte, da sonegação de direitos sociais, como fórmula de baratear seus custos, de modo a poder oferecer o seu produto ou seu serviço com preço inferior ao do concorrente, levando este ao prejuízo e até mesmo à falência.

Como percebemos do conceito de *dumping social*, trata-se de um direito coletivo, a ser perseguido mediante os instrumentos do Direito Processual Coletivo.

Ao analisar a questão, entendeu o TST que não é possível perseguir reparação de direito coletivo mediante ajuizamento de reclamação individual. Isso porque, nas palavras do C.TST, o reclamante individual não teria legitimidade ativa "ad causam" para requerer indenização por *dumping social*, uma vez que esta é direcionada à tutela de interesses difusos e coletivos, ultrapassando a esfera pessoal do trabalhador.

"RECURSO DE REVISTA. ACÓRDÃO REGIONAL PUBLICADO NA VIGÊNCIA DA LEI Nº 13.015/2014 E ANTERIORMENTE À LEI Nº 13.467/2017. 1. PROVA ILÍCITA. "E-MAIL" CORPORATIVO. ACESSO E UTILIZAÇÃO DO CONTEÚDO DAS MENSAGENS DOS EMPREGADOS PELO EMPREGADOR. POSSIBILIDADE. NÃO CONHECIMENTO.

I. Consoante entendimento consolidado neste Tribunal, o e-mail corporativo ostenta a natureza jurídica de ferramenta de trabalho. Daí porque é permitido ao empregador monitorar e rastrear a atividade do empregado em e-mail corporativo, isto é, checar as mensagens, tanto do ponto de vista formal (quantidade, horários de expedição, destinatários etc.) quanto sob o ângulo material ou de conteúdo, não se constituindo em prova ilícita a prova assim obtida.

II. Não viola os arts. 5º, X e XII, da Constituição Federal, portanto, o acesso e a utilização, pelo empregador, do conteúdo do "e-mail" corporativo. III. Acórdão regional proferido em consonância ao entendimento desta Corte Superior. IV. Recurso de revista de que não se conhece. [...]"

TST-RR-1347-42.2014.5.12.0059, 4ª Turma,
rel. Min. Alexandre Luiz Ramos, julgado em 23/6/2020.

BREVE COMENTÁRIO

O art. 5º, X e XII da CF/88 consagram os princípios da privacidade e sigilo de correspondência. São garantias constitucionais que alcançam a inviolabilidade do e-mail.

No entanto, no caso de e-mail corporativo, é pacífico o entendimento no âmbito do C.TST que as garantias em tela devem ser relativizadas. Isso porque, para o TST, o e-mail corporativo é equivalente a uma ferramenta de trabalho, razão pela qual é permitido ao empregador monitorar e rastrear a atividade do empregado em e-mail, inclusive permitida a checagem de mensagens, conteúdo, etc.

33. FROTA, Paulo Mont'Alverne. Disponível em: <http://www.editorajc.com.br/o-dumping-social-e-a-atuacao-do-juiz-do-trabalho-no-combate-a-concorrencia-empresarial-desleal-2/>.

Assim, para o TST, o e-mail corporativo não está sob o abrigo das garantias privacidade e sigilo de correspondência, quando monitoradas pelo empregador.

Informativo nº 222

A Justiça do Trabalho é competente para apreciar e julgar ação civil pública objetivando que o município implemente políticas públicas constitucionalmente previstas para prevenir e erradicar o trabalho infantil.

Prevaleceu o entendimento de que a competência inscrita no art. 114 da Constituição da República não se limita aos casos de relação de emprego existente, abrangendo, também, o exame de questões relativas ao direito subjetivo das crianças ao não trabalho, tutela ora pretendida pelo Ministério Público do Trabalho.

Destacou-se, ainda, que as omissões inconstitucionais do administrador público inserem-se na função típica do Poder Judiciário, que poderá intervir na implantação de políticas públicas direcionadas à concretização de direitos fundamentais.

Sob esses fundamentos, a SBDI-I, por unanimidade, conheceu dos embargos por divergência jurisprudencial e, no mérito, por maioria, deu-lhes parcial provimento para afastar a declaração de incompetência da Justiça do Trabalho apenas quanto aos pedidos relativos à elaboração e implementação de políticas públicas pelo Município de Campo Largo para combate e erradicação do trabalho infantil, mantida a declaração de incompetência quanto aos pedidos relativos à elaboração e implementação de políticas públicas para educação e profissionalização de crianças e adolescentes.

Vencidos, totalmente, os Ministros Maria Cristina Irigoyen Peduzzi, relatora, Márcio Eurico Vitral Amaro, Walmir Oliveira da Costa, Alexandre Luiz Ramos e João Batista Brito Pereira, que negavam provimento aos embargos, e, parcialmente, o Ministro Lelio Bentes Corrêa, que dava total provimento ao recurso.

TST-E-RR-44-64.2013.5.09.0009, SBDI-I, red. p/ acórdão Min. Alberto Luiz Bresciani de Fontan Pereira, 6/8/2020.

BREVE COMENTÁRIO

No presente julgado o TST chega a entendimento diverso sobre a mesma matéria que estudamos no Informativo 203: a incompetência da Justiça do Trabalho para impor políticas públicas visando a erradicação do trabalho infantil.

No julgado apresentado no informativo 203, o TST, através de sua 5ª Turma, entendeu que falta à Justiça do Trabalho competência para a imposição de políticas públicas visando a erradicação do trabalho infantil. Naquele momento, entendeu a Corte Trabalhista que essa imposição demandaria a construção de políticas públicas em várias etapas, tais como a fiscalização e a regularização do trabalho, a promoção de parcerias permanentes com outras entidades, bem como encaminhamento de projetos de lei, questões que não se confundem na competência material da Justiça do Trabalho.

Agora, entende a SBDI que a competência inscrita no art. 114 da CF abrange mais que as relações típicas de emprego, como por exemplo, questões atinentes ao trabalho infantil. Devemos lembrar que a CF, em seu art. 7º, XXXIII, veda o trabalho do menor de 16 anos, salvo na condição de aprendiz, a partir dos 14 anos. Para a SBDI, "*omissões inconstitucionais do administrador público inserem-se na função típica do Poder Judiciário, que poderá intervir na implantação de políticas públicas direcionadas à concretização de direitos fundamentais*".

- ***"[...] 1. ESTABILIDADE PROVISÓRIA. CONTRATO POR PRAZO DETERMINADO. GRAVIDEZ NO CURSO DO CONTRATO POR PRAZO DETERMINADO. SÚMULA Nº 244, III, DO TST. TEMA 497 DA REPERCUSSÃO GERAL DO STF. EFEITO VINCULANTE E EFICÁCIA ERGA OMNES. APLICAÇÃO OBRIGATÓRIA DA TESE ATÉ A ESTABILIZAÇÃO DA COISA JULGADA (TEMA 360 DA REPERCUSSÃO GERAL)***

I) Segundo o entendimento consagrado no item III da Súmula n° 244 do TST, *"a empregada gestante tem direito à estabilidade provisória prevista no art. 10, inciso II, alínea "b", do Ato das Disposições Constitucionais Transitórias, mesmo na hipótese de admissão mediante contrato por tempo determinado"*.

Sobre o tema, a jurisprudência desta Corte Superior é no sentido de que a circunstância de ter sido a empregada admitida mediante contrato de aprendizagem, por prazo determinado, não constitui impedimento para que se reconheça a estabilidade provisória de que trata o art. 10, II, "b", do ADCT.

II) A discussão quanto ao direito à estabilidade provisória à gestante contratada por prazo determinado, na modalidade de contrato de aprendizagem, encontra-se superada em virtude da tese firmada pelo Supremo Tribunal Federal quando do julgamento do RE 629.053/SP, em 10/10/2018, com a seguinte redação: *A incidência da estabilidade prevista no art. 10, inc. II, do ADCT, somente exige a anterioridade da gravidez à dispensa sem justa causa.*

III) A decisão do Supremo Tribunal Federal no Tema 497 é de clareza ofuscante quanto elege como pressupostos da estabilidade da gestante (1) a anterioridade do fator biológico da gravidez à terminação do contrato e (2) dispensa sem justa causa, ou seja, afastando a estabilidade das outras formas de terminação do contrato de trabalho. Resta evidente que o STF optou por proteger a empregada grávida contra a dispensa sem justa causa – como ato de vontade do empregador de rescindir o contrato sem imputação de justa causa à empregada –, excluindo outras formas de terminação do contrato, como pedido de demissão, a dispensa por justa causa, a terminação do contrato por prazo determinado, entre outras.

IV) O conceito de estabilidade, tão festejado nos fundamentos do julgamento do Tema 497 da repercussão geral, diz respeito à impossibilidade de terminação do contrato de trabalho por ato imotivado do empregador, não afastando que o contrato termine por outras causas, nas quais há manifestação de vontade do empregado, como no caso do pedido de demissão (a manifestação de vontade se dá no fim do contrato) ou nos contratos por prazo determinado e no contrato de trabalho temporário (a manifestação de vontade do empregado já ocorreu no início do contrato).

Assim, na hipótese de admissão mediante contrato por prazo determinado, não há direito à garantia provisória de emprego prevista no art. 10, inciso II, alínea "b", do ADCT. Superação do item III da Súmula 244 do TST pelo advento da tese do Tema 497 da repercussão geral do Supremo Tribunal Federal, em julgamento realizado no RE 629.053, na Sessão Plenária de 10/10/2018.

V) A tese fixada pelo Plenário do STF, em sistemática de repercussão geral, deve ser aplicada pelos demais órgãos do Poder Judiciário até a estabilização da coisa julgada, sob pena de formação de coisa julgada inconstitucional (vício qualificado de inconstitucionalidade), passível de ter sua exigibilidade contestada na fase de execução (CPC, art. 525, § 1º, III), conforme Tema 360 da repercussão geral. VI) Recurso de revista de que não se conhece."

TST-RR-1001175-75.2016.5.02.0032, 4ª Turma,
rel. Min. Alexandre Luiz Ramos, julgado em 4/8/2020.

BREVE COMENTÁRIO

No julgado em epígrafe, o TST reafirmou sua jurisprudência quanto à impossibilidade de demissão da empregada gestante, ainda que em regime de contratação por prazo determinado.

Ocorre que a estabilidade de que trata o art. 10, inciso II, alínea "b", do ADCT, protege a gestante quanto à aplicação de demissão sem justa causa. Nada impede que o contrato se encerre por outras formas, por exemplo, a dispensa por justa causa ou mesmo a terminação do contrato por prazo determinado pelo advento do termo final.

Dessa forma, entendeu o TST que a extinção do contrato de trabalho pelo advento do prazo final não ofende a regra do art. 10, inciso II, alínea "b", do ADCT.

> Art. 10. Até que seja promulgada a lei complementar a que se refere o art. 7º, I, da Constituição:
>
> (...)
>
> II – fica vedada a dispensa arbitrária ou sem justa causa:
>
> (...)
>
> b) da empregada gestante, desde a confirmação da gravidez até cinco meses após o parto.

Informativo nº 223

Embargos. Recurso de Revista. Empresa Brasileira de Correios e Telégrafos – ECT. Empregado ***reabilitado em função interna após acidente de trabalho. Manutenção do Adicional de Atividade de Distribuição e/ou Coleta Externa (AADC). Possibilidade. Art. 7º, VI, da CF. Princípio da irredutibilidade salarial.***

A SBDI-1, por unanimidade, conheceu do recurso de Embargos e, no mérito, por maioria, vencidos os Ministros Alexandre Luiz Ramos e Maria Cristina Irigoyen Peduzzi, deu-lhe provimento para condenar a reclamada ao pagamento do Adicional de

Atividade de Distribuição e/ou Coleta Externa (AADC) ao empregado da ECT readaptado em decorrência de acidente de trabalho, que passou a exercer atividade interna na empresa, mas que já recebia o adicional por exercício de atividade externa antes do afastamento. A decisão foi fundamentada no princípio constitucional da irredutibilidade salarial, consubstanciado no art. 7º, VI, da CF, que tem como consectário a proteção à estabilidade financeira, e no art. 461, § 4º, da CLT, que inviabiliza a equiparação salarial quando o paradigma for trabalhador readaptado em face de acidente de trabalho ou doença ocupacional, havendo, portanto, previsão legal para que esse trabalhador receba parcelas não compatíveis com sua atual função, como condição personalíssima.

TST-E-ARR 10927-50.2016.5.09.0014, SBDI-I,
rel. Alberto Luiz Bresciani de Fontan Pereira, 20/8/2020.

Informativo nº 224

- ***Ente público. Terceirização. Responsabilidade subsidiária. Ônus da prova. Matéria infraconstitucional. Dever ordinário de fiscalização imposto à Administração Pública. Ratificação de entendimento da SDI-1 Plena.***

No julgamento do RE nº 760.931/DF, com repercussão geral reconhecida (Tema 246), o STF firmou a tese de que "o inadimplemento dos encargos trabalhistas dos empregados do contratado não transfere automaticamente ao Poder Público contratante a responsabilidade pelo seu pagamento, seja em caráter solidário ou subsidiário, nos termos do art. 71, § 1º, da Lei nº 8.666/93".

A ratio decidendi da referida decisão permite concluir que a responsabilização do ente público apenas está autorizada quando comprovada a ausência sistemática de fiscalização quanto ao cumprimento das obrigações trabalhistas pela prestadora.

Em duas sessões, a Subseção de Dissídios Individuais I do TST, em sua composição plena, firmou entendimento de que o Supremo Tribunal Federal não emitiu tese vinculante quanto à distribuição do ônus da prova relativa à fiscalização e, nessa esteira, concluiu que **incumbe à Administração Pública o ônus da prova da fiscalização dos contratos de prestação de serviços, por se tratar de fato impeditivo da responsabilização subsidiária**.

Sob esses fundamentos, a SBDI-I, por unanimidade, conheceu dos embargos, por divergência jurisprudencial, e, no mérito, por maioria, deu-lhes provimento para restabelecer o acórdão do Tribunal Regional que, **reputando não ter sido demonstrada a adoção de medidas capazes de impedir o inadimplemento das obrigações laborais pela empresa contratada, entendeu que o ente público reclamado não se desincumbiu do ônus que lhe cabia, devendo, portanto, ser responsabilizado subsidiariamente pelos débitos trabalhistas inadimplidos pela prestadora de serviços por ele contratada**. Vencidos os Ministros Aloysio Corrêa da Veiga, Alexandre Luiz Ramos, Breno Medeiros e Maria Cristina Irigoyen Peduzzi.

TST-E-ED-RR-62-40.2017.5.20.0009, SBDI-I,
rel. Márcio Eurico Vitral Amaro, 10/9/2020.

BREVE COMENTÁRIO

No presente julgado, a SDI-I do TST reafirma o entendimento no sentido de que é possível a responsabilização subsidiária da Administração Pública por dívidas trabalhistas decorrentes de contratos de terceirização de serviços.

Caso o ente público almeje o afastamento dessa responsabilidade, incumbe a ele o ônus da prova de que teria efetivamente fiscalizado a execução do contrato.

Em suma, o ônus da prova cabe à Administração Pública.

Ação rescisória. Art. 485, V, do CPC de 1973. Honorários sucumbenciais. Advogado empregado de sociedade de economia mista. Indevidos.

A hipótese de ação rescisória com fundamento no art. 485, V, do CPC de 1973 pressupõe a manifesta violação à literalidade dos dispositivos legais apontados como ofendidos.

No caso, o autor pretende a desconstituição do acórdão na parte em que indeferiu o recebimento de honorários de sucumbência decorrentes das ações judiciais em que a empregadora, sociedade de economia mista, teve êxito.

A regra geral, prevista no artigo 21 da Lei nº 8.906/94, de que os honorários de sucumbência, nas causas em que for parte o empregador, são devidos aos empregados, foi expressamente relativizada pelo artigo 4º da Lei nº 9.527/97, o qual afastou a aplicação aos advogados da Administração Pública Direta e Indireta da União, dos Estados, do Distrito Federal e dos Municípios.

Portanto, **não há desrespeito aos artigos 23 e 24 da Lei nº 8.906/94, pois não possuem aplicação irrestrita, visto que excetuados os advogados empregados integrantes do quadro de pessoal da Administração Pública dos entes da Federação**. Com esse entendimento, a SBDI-II, por unanimidade, conheceu do recurso ordinário e, no mérito, negou-lhe provimento.

TST-RO2570-72.2011.5.10.0000, SBDI-II,
rel. Min. Delaíde Miranda Arantes, 1º/9/2020.

BREVE COMENTÁRIO

O caso em tela versa sobre ação rescisória ajuizada com base no inciso V do art. 485 do CPC de 1973 (violar literal disposição de lei). Sobre este ponto, cabe apenas lembrar que o CPC/2015 não se refere a violação à literalidade da lei, mas em "violar manifestamente norma jurídica", o que denota um escopo mais amplo da norma consagrada no atual diploma.

Dito isso, analisemos o julgado.

A parte, advogado de sociedade de economia mista, embasou-se no art. 21 da Lei nº 8.906/94 ("Art. 21. Nas causas em que for parte o empregador, ou pessoa por este representada, os honorários de sucumbência são devidos aos advogados empregados") e alegou violação aos arts. 23 e 24 da mesma lei, ante a negativa do pagamento de honorários a ele.

O TST, no entanto, considerou que os dispositivos em questão foram relativizados pelo artigo 4º da Lei nº 9.527/97, que assim dispõe:

> Art. 4º As disposições constantes do Capítulo V, Título I, da Lei nº 8.906, de 4 de julho de 1994, não se aplicam à Administração Pública direta da União, dos Estados, do Distrito Federal e dos Municípios, bem como às autarquias, às fundações instituídas pelo Poder Público, às empresas públicas e às sociedades de economia mista.

À vista disso, negou provimento à rescisória.

Sobre o tema, cabe lembrar, por fim, que o CPC/2015 reconheceu o direito dos advogados públicos à percepção dos honorários sucumbenciais, mas condicionou isso a legislação específica. Cite-se:

> Art. 85. A sentença condenará o vencido a pagar honorários ao advogado do vencedor.
>
> (...)
>
> § 19. Os advogados públicos perceberão honorários de sucumbência, nos termos da lei.

Informativo nº 225

▶ ***Conflito negativo de competência. Exceção de incompetência territorial. Lei nº 13.467/2017. Rito previsto na nova redação do artigo 800 da CLT. Prazo preclusivo.***

O artigo 800 da CLT, em sua redação dada pela Lei nº 13.467, trouxe inovação quanto à exceção de incompetência territorial, ao prever a apresentação dessa defesa antes da audiência, no prazo de 5 dias a contar da notificação.

Essa defesa processual relativa à exceção de incompetência territorial destacou-se da norma geral, disposta no artigo 847, caput e §1º, da CLT, para otimizar a defesa do demandado, de forma a evitar deslocamento possivelmente desnecessário e dispendioso. Desse modo, diante da existência de um rito próprio e com fins específicos, não parece concebível que a lei permita outro momento processual para a prática do mesmo ato.

Assim, entende-se **que o prazo do art. 800 da CLT tem, efetivamente, natureza preclusiva, de modo que, não tendo a parte exercido seu direito de opor exceção de incompetência territorial na forma e no interregno ali previstos, prorroga-se a competência territorial do juízo em que proposta a ação**. Sob esse fundamento, a SBDI-II, por unanimidade, admitiu o Conflito e declarou a competência do Juízo da 11.ª Vara do Trabalho da Zona Leste/SP para processar e julgar a Reclamação Trabalhista.

TST-CC-10467- 93.2019.5.15.0013, SBDI-II,
rel. Min. Luiz José Dezena da Silva, 22/9/2020.

BREVE COMENTÁRIO

O julgado em tela se mostra de grande importância, pois atesta a preclusividade do prazo de 5 dias a contar da notificação para a apresentação da exceção de incompetência territorial[34].

A dúvida que surgiu foi: caso a parte não apresente a peça específica no prazo de 05 (cinco) dias estabelecido na CLT, ela poderá alegar a incompetência territorial em momento posterior?

Segundo o TST, não.

Tese extraída: **o prazo do art. 800 da CLT tem, efetivamente, natureza preclusiva, de modo que, não tendo a parte exercido seu direito de opor exceção de incompetência territorial na forma e no interregno ali previstos, prorroga-se a competência territorial do juízo em que proposta a ação.**

Informativo nº 226

Conflito negativo de competência. Ação anulatória de auto de infração proposta pelo suposto devedor. Ajuizamento posterior pela União da respectiva execução fiscal em outro foro. Competência territorial de natureza relativa. Conexão. Possibilidade de reunião de casos conexos.

Ajuizada ação anulatória de auto de infração pelo suposto devedor, a posterior propositura de correspondente ação de execução fiscal pela União, em outro foro, não tem o condão de deslocar a competência, visto que esta é fixada no momento do registro ou da distribuição da petição inicial, como preconiza o art. nº 43 do CPC/2015.

Ademais, a competência territorial para a execução fiscal (antes no art. 578 do CPC de 1973 e agora no art. 46, §5º, do CPC de 2015) é de natureza relativa, o que implica reconhecer a possibilidade de sua alteração ou prorrogação. Dessa forma, no presente caso, **cabia à União o ajuizamento da execução fiscal no mesmo foro em que já tramitava a ação anulatória, devendo, pois, em razão da patente conexão, ser reunidas as referidas ações para julgamento em conjunto, a fim de se evitar a prolação de decisões conflitantes**.

Sob esses fundamentos, a SBDI-II, por unanimidade, admitiu o conflito de competência negativo e declarou a competência do juízo suscitado para processamento e julgamento da ação anulatória e da execução fiscal, que devem ser reunidas.

TST-CC-9953-02-2019.5.00.0000, SBDI-II,
rel. Min. Maria Helena Mallmann, 6/10/2020.

34. Art. 800, CLT. Apresentada exceção de incompetência territorial no prazo de cinco dias a contar da notificação, antes da audiência e em peça que sinalize a existência desta exceção, seguir-se-á o procedimento estabelecido neste artigo.

BREVE COMENTÁRIO

No caso em tela, um cidadão foi autuado e, não concordando com a medida, ajuizou ação anulatória do auto de infração.

Posteriormente, em razão do mesmo auto, a União ajuizou ação de execução fiscal.

Ocorre que as ações foram ajuizadas em foros distintos: uma em Vara do Trabalho do Rio de Janeiro (anulatória) e a outra em Vara do Trabalho de São Paulo (execução fiscal).

O juízo da Vara carioca declinou de sua competência e determinou a remessa dos autos da ação anulatória à Vara de São Paulo.

O que decidiu o TST? Qual deve ser o foro competente?

Segundo o TST, a competência territorial para a execução fiscal é de natureza relativa, de modo que pode ser modificada e, havendo relação de prejudicialidade entre as ações, essas deveriam ser reunidas.

Diante disso, fixou-se a competência do foro **onde fora ajuizada a primeira ação**, no caso, a anulatória.

Assim, **cabia à União o ajuizamento da execução fiscal no mesmo foro em que já tramitava a ação anulatória, devendo, pois, em razão da patente conexão, ser reunidas as referidas ações para julgamento em conjunto, a fim de se evitar a prolação de decisões conflitantes.**

Informativo nº 227

- ***Recurso ordinário em ação rescisória. Acórdão recorrido decidido por maioria. Ausência de juntada das razões de voto vencido. Art. 941, § 3º, CPC/2015. Nulidade absoluta. Desnecessidade de demonstração de prejuízo.***

A ausência de juntada das razões de voto vencido no acórdão recorrido que julgou o pleito rescisório gera a nulidade absoluta do ato de publicação da referida decisão, independentemente da comprovação de prejuízo, diante do disposto no artigo 941, § 3º, do CPC de 2015.

Sob esse fundamento, a SBDI-II, por unanimidade, conheceu do recurso ordinário interposto pelo autor da ação rescisória e acolheu a preliminar suscitada para declarar a nulidade dos atos procedimentais a partir da publicação do acórdão recorrido, determinando a devolução dos autos ao Tribunal Regional de origem para que haja o saneamento do vício (juntada dos votos vencidos), com restituição às partes do prazo para a interposição do recurso ordinário e o regular prosseguimento do feito, nos termos do art. 941, § 3º, do CPC de 2015.

TST-RO-80168-25.2018.5.22.0000, SBDI-II,
rel. Min. Evandro Pereira Valadão Lopes, 20/10/2020.

BREVE COMENTÁRIO

No caso, o TST analisou recurso em ação rescisória, no qual a parte alegava a nulidade do julgado guerreado por não constar dele o voto vencido.

A título de registro, §3º do art. 941 do CPC estabelece que "o voto vencido será necessariamente declarado e considerado parte integrante do acórdão para todos os fins legais, inclusive de pré-questionamento".

O Tribunal acolheu as razões do recorrente e fixou que a **ausência de juntada das razões de voto vencido no acórdão recorrido que julgou o pleito rescisório gera a NULIDADE ABSOLUTA do ato de publicação da decisão, independentemente da comprovação de prejuízo.**

Ou seja, uma vez não juntado o voto vencido, há nulidade absoluta, independentemente da demonstração de prejuízo.

Informativo nº 228

- **Arguição de inconstitucionalidade. Art. 896-A, § 5°, da CLT. Dispositivo que disciplina a irrecorribilidade da decisão monocrática que denega seguimento ao agravo de instrumento em recurso de revista por ausência de transcendência. Declaração de inconstitucionalidade. Violação dos princípios da colegialidade, da segurança jurídica, do devido processo legal, da isonomia e da proteção da confiança. Impedimento de exame da matéria objeto do apelo pelo STF. Incongruência dos procedimentos adotados pela lei no julgamento de recursos de revista e agravos de instrumento. Não razoabilidade da interpretação literal. Possibilidade de interposição de agravo interno, no caso concreto.**

É inconstitucional o § 5º do art. 896-A da CLT, que dispõe ser "irrecorrível a decisão monocrática do relator que, em agravo de instrumento em recurso de revista, considerar ausente a transcendência da matéria", admitindo-se, no caso concreto, a interposição de agravo interno contra a decisão monocrática do relator que denegou seguimento ao agravo de instrumento em recurso de revista, por ausência de transcendência da causa. Na espécie, **declarou-se a inconstitucionalidade do referido dispositivo, por considerar que ele viola os princípios da colegialidade, da segurança jurídica, do devido processo legal, da isonomia e da proteção da confiança**.

Além disso, destacou-se que a interpretação literal do art. 896-A, § 5º , da CLT mostra-se desarrazoada, visto que a atribuição de um caráter definitivo e terminativo à decisão unipessoal do relator, além de impedir uma análise futura da matéria controvertida pelo Supremo, de ser contrário à jurisprudência do STJ e do STF e de revelar uma incongruência entre os procedimentos adotados para análise da transcendência em sede de recursos de revistas e de agravos de instrumento – já que em relação à decisão unipessoal do relator proferida em sede de recurso de revista cabe impugnação via interposição de agravo interno –, acabaria inserindo obstáculos ao exercício da competência legal reservada às Turmas do TST e até dificultaria a fixação de precedentes pela própria Corte Especializada, ante a ausência de fixação de parâmetros objetivos para o reconhecimento da transcendência e a atribuição de elevado grau de subjetividade por cada relator.

Sob esse entendimento, **decidiu o Tribunal Pleno, por maioria, acolher o incidente de arguição de inconstitucionalidade do artigo 896-A, § 5º, da CLT, suscitado pela 7ª Turma, admitindo, no caso concreto, a interposição de agravo interno contra a decisão unipessoal do relator, que negou provimento ao agravo de instrumento em recurso de revista, por ausência de transcendência da causa**; e comunicar o teor da decisão à Comissão de Regimento Interno do TST, a fim de que adote providências acerca do artigo 248 do Regimento Interno do TST, que reproduz o conteúdo daquela norma. Vencidos integralmente os Ministros Breno Medeiros, Evandro Pereira Valadão Lopes, Emmanoel Pereira e Walmir Oliveira da Costa, que julgavam improcedente à arguição suscitada, ante a constitucionalidade do art. 896-A, § 5º, da CLT. Vencidos parcialmente os Ministros Alexandre Luiz Ramos, Ives Gandra da Silva Martins Filho, Dora Maria da Costa, Guilherme Augusto Caputo Bastos e Aloysio Corrêa da Veiga, que conferiam interpretação conforme a Constituição Federal.

TST-ArgInc-1000845-52.2016.5.02.0461, Tribunal Pleno, rel. Min. Cláudio Mascarenhas Brandão, 6/11/2020.

BREVE COMENTÁRIO

O julgado em tela se reveste de grande importância, pois declara a inconstitucionalidade de dispositivo há muito questionado pela doutrina.

Trata-se do §5º do art. 896-A da CLT, cuja literalidade estabelece que "é irrecorrível a decisão monocrática do relator que, em agravo de instrumento em recurso de revista, considerar ausente a transcendência da matéria".

Para conhecimento do Recurso de Revista, necessário se faz que a matéria posta em debate possua transcendência econômica, política, social ou jurídica[35]. Ante sua inexistência, será negado seguimento ao apelo.

Na hipótese do Tribunal Regional do Trabalho negar seguimento ao Recurso de Revista interposto, a parte recorrente haverá de interpor o Agravo de Instrumento, de forma a levar o tema ao conhecimento da instância superior, qual seja, o Tribunal Superior do Trabalho.

Ocorre que o dispositivo em questão (art. 896-A, §5º) estabelecia que não caberia recurso da decisão do relator que, em sede de Agravo de Instrumento, monocraticamente, considerasse inexistente a transcendência.

O Tribunal Pleno do TST decidiu pela inconstitucionalidade do dispositivo impugnado.

35. Art.896-A, CLT. O Tribunal Superior do Trabalho, no recurso de revista, examinará previamente se a causa oferece transcendência com relação aos reflexos gerais de natureza econômica, política, social ou jurídica.

Considerou-se que o enunciado violaria os princípios da colegialidade, da segurança jurídica, do devido processo legal, da isonomia e da proteção da confiança.

Assim, foi admitida a interposição de **agravo interno** contra a decisão monocrática do relator que denegou seguimento ao agravo de instrumento em recurso de revista, por ausência de transcendência da causa.

Embargos. Profissional de saúde. Cumulação de cargos. Compatibilidade de horários. Art. 37, XVI, da CF. **Havendo compatibilidade de horários entre os cargos/empregos públicos, resta atendido o requisito previsto no art. 37, XVI, da CF para a acumulação pretendida, sendo irrelevante para efeito de aplicação da norma constitucional a circunstância de as jornadas desempenhadas serem exaustivas.**

Entendimento em sentido contrário, mesmo que fundamentado na dignidade da pessoa humana e na preservação da integridade física e psíquica do trabalhador, configuraria restrição não prevista na CF.

Outrossim, poderia levar à conclusão de que profissionais de saúde não podem acumular cargo ou emprego público com emprego em instituição particular, por configurar jornada exaustiva; ou até proibição de acumulação de qualquer cargo ou profissão quando houvesse presunção de risco à integridade do trabalhador. Tais posições não encontram amparo na lei tampouco no art. 5º, II, e XIII, da CF. No caso, havia compatibilidade de horários entre o cargo público de técnico em enfermagem, ocupado pela reclamante na Secretaria de Saúde Pública do Rio Grande do Norte (Hospital Regional Josefa Alves Godeiro, no Município de João Câmara) com o emprego público no Hospital Universitário Onofre Lopes, para o qual foi admitida mediante concurso realizado pela reclamada. A reclamante cumpria jornada no Hospital Regional de 108 horas mensais, com flexibilidade e remanejamento de horários e 36 horas mensais no Hospital Universitário. Sob esses fundamentos, a SBDI-I, por unanimidade, conheceu do recurso de embargos da reclamada quanto ao tema "Profissional de Saúde – Cumulação de Cargo e Emprego Públicos – Limitação de Jornada", por divergência jurisprudencial, e, no mérito, por maioria, negou-lhe provimento. Vencidos os Ministros Maria Cristina Irigoyen Peduzzi e Márcio Eurico Vitral Amaro.

TST-E-ED-RR-261- 78.2016.5.21.0006, SBDI-I,
rel. Min. Luiz Philippe Vieira de Mello Filho, 5/11/2020.

BREVE COMENTÁRIO

A CF, como regra, veda a acumulação remunerada de cargos públicos.

Admite, todavia, algumas exceções, quais sejam: a) a de dois cargos de professor; b) a de um cargo de professor com outro técnico ou científico; c) a de dois cargos ou empregos privativos de profissionais de saúde, com profissões regulamentadas (art. 37, XVI, CF).

Cumpre lembrar que o STF já decidiu que não há uma limitação objetiva de horas que podem ser cumuladas, bastando a compatibilidade de horários no exercício das funções.

Na espécie foi suscitado que referida acumulação imputaria ao servidor uma jornada extenuante, de modo a ser vedada.

O TST inadmitiu a tese para firmar que, havendo compatibilidade de horários entre os cargos/empregos públicos, resta atendido o requisito previsto no art. 37, XVI, da CF para a acumulação pretendida, sendo irrelevante para efeito de aplicação da norma constitucional a circunstância de as jornadas desempenhadas serem exaustivas.

Ou seja, indo ao encontro da jurisprudência do STF, decidiu o TST que, estando dentre as hipóteses constitucionalmente admitidas, basta a compatibilidade de horários para a acumulação remunerada de cargos públicos.

Informativo nº 229

- **Mandado de segurança. Concurso público. Pessoa portadora de deficiência física. Deficiência auditiva unilateral total. Vaga reservada para portadores de necessidades especiais. Caracterização. Direito líquido e certo.**

O art. 4º, II, do Decreto nº 3.298/1999 estabelece que a deficiência auditiva, para efeito de enquadramento nas disposições da Lei n.º 7.853/89, seja a perda bilateral, parcial ou total, de 41 decibéis ou mais.

Contudo, a Convenção Internacional sobre os Direitos das Pessoas com Deficiência, incorporada ao ordenamento jurídico com status de emenda constitucional pelo Decreto nº 6.949/2009, define as pessoas portadoras de deficiência como sendo "aquelas que têm impedimentos de longo prazo de natureza física, mental, intelectual ou sensorial, os quais, em interação com diversas barreiras, podem obstruir sua participação plena e efetiva na sociedade em igualdades de condições com as demais pessoas".

No caso, **a Impetrante, portadora de anacusia unilateral (deficiência auditiva unilateral), enquadra-se no conceito de deficiência trazido pela convenção, pois é inegável que sua disfunção auditiva constitui elemento de obstrução quanto à sua participação plena e efetiva na sociedade em condições de igualdade com os demais**. Nesse diapasão, **o art. 4º, II, do Decreto nº 3.298/1999 estabelece restrição que colide com a norma de equivalência constitucional, não sendo recepcionada pela ordem constitucional estabelecida por meio do Decreto nº 6.949/2009**. Desse modo, a Impetrante possui direito líquido e certo ao empossamento no cargo de Analista Judiciário – Área Judiciária, em vaga destinada aos portadores de necessidades especiais.

Sob esse fundamento, o Órgão Especial, por unanimidade, conheceu do Recurso Ordinário e, no mérito, por maioria, deu-lhe provimento para cassar os efeitos do art. 1º do Ato 617, de 13/11/2019, do TRT da 2ª Região, determinando o empossamento da Impetrante no cargo para o qual foi aprovada em concurso público e nomeada pela Corte de origem.

Vencidos, no mérito, os Exmos. Ministros Maria Cristina Irigoyen Peduzzi, Renato de Lacerda Paiva, Aloysio Silva Corrêa da Veiga, Luiz Philippe Vieira de Mello Filho, Breno

Medeiros e Alexandre Luiz Ramos, que votaram no sentido de negar provimento ao Recurso Ordinário.

TST- RO-1002366- 52.2019.5.02.0000, Órgão Especial, rel. Min. Luiz José Dezena da Silva, 9/11/2020.

BREVE COMENTÁRIO

O julgado em questão é bastante interessante, pois contrasta com aquela consagrada no âmbito do STJ.

Neste sentido, lembramos que o STJ possui entendimento sumulado no enunciado nº 552, o qual afirma textualmente que "o portador de surdez unilateral não se qualifica como pessoa com deficiência para o fim de disputar as vagas reservadas em concursos públicos".

A Corte Cidadão embasa tal entendimento no art. 4º, II, do Decreto nº 3.298/99, que regulamenta a Lei nº 7.853/89, para considerar, em suma, que deficiência auditiva é a perda bilateral da audição[36].

No julgado em tela, o TST adotou entendimento em sentido oposto por considerar que a Convenção Internacional sobre os Direitos das Pessoas com Deficiência define as pessoas portadoras de deficiência como sendo "aquelas que têm impedimentos de longo prazo de natureza física, mental, intelectual ou sensorial, os quais, em interação com diversas barreiras, podem obstruir sua participação plena e efetiva na sociedade em igualdades de condições com as demais pessoas".

Assim, o art. 4º, II, do Decreto nº 3.298/1999 estabeleceria restrição que colidiria com a norma de equivalência constitucional, não sendo recepcionada pela ordem constitucional estabelecida por meio do Decreto nº 6.949/2009, que incorporou aquela norma internacional ao ordenamento jurídico brasileiro.

Diante disso, considerou que portador de anacusia unilateral (deficiência auditiva unilateral) enquadra-se no conceito de deficiência trazido pela convenção.

Recurso ordinário em ação rescisória. Defensoria Pública. Justiça do Trabalho. Substituição processual. Defensoria Pública do Estado do Amazonas. Ilegitimidade ativa ad causam.

A Defensoria Pública é composta pela Defensoria Pública da União, Defensoria Pública dos Estados e Defensoria Pública do Distrito Federal e Territórios, cada qual com seu rol específico de atribuições. Nos termos do art. 14 da Lei Complementar n.º 80, **a legitimação para atuar na Justiça do Trabalho, como substituto processual, é da Defensoria Pública da União**.

36. Art. 4º É considerada pessoa portadora de deficiência a que se enquadra nas seguintes categorias: (...)
II — deficiência auditiva — perda bilateral, parcial ou total, de quarenta e um decibéis (dB) ou mais, aferida por audiograma nas frequências de 500HZ, 1.000HZ, 2.000Hz e 3.000Hz; (Redação dada pelo Decreto nº 5.296/2004)

Há a possibilidade, autorizada pelo § 1º do citado dispositivo legal, de as Defensorias Públicas dos Estados atuarem em nome da Defensoria Pública da União nos órgãos de primeiro e segundo graus de jurisdição, desde que haja convênios específicos para esta finalidade. Dessa forma, conclui-se que a Defensoria Pública do Estado do Amazonas, ora autora, não possui legitimação extraordinária para postular, em nome próprio, direitos pertencentes a trabalhadores atingidos pelos efeitos da decisão rescindenda, seja porque sua atuação neste feito não se deu no âmbito da jurisdição estadual, seja porque não consta dos autos registro de convênio celebrado entre a autora e a Defensoria Pública da União, de modo a autorizá-la a atuar na Justiça do Trabalho. Sob esses fundamentos, a SBDI-II, conheceu dos recursos ordinários do Ministério Público do Trabalho e do Estado do Amazonas e, no mérito, deu-lhes provimento para declarar a autora carecedora da ação, por ilegitimidade ativa, e extinguir o feito, sem julgamento de mérito, na forma do art. 267, VI do CPC de 1973, cassando a liminar concedida pela Corte Regional.

TST-RO-371-84.2010.5.11.0000, SBDI-II,
rel. Min. Luiz José Dezena da Silva, 10/11/2020.

BREVE COMENTÁRIO

No julgado em tela, o TST afastou a legitimação extraordinária da Defensoria Pública Estadual para postular, em nome próprio, direitos pertencentes a trabalhadores no âmbito da Justiça do Trabalho.

Segundo a aquela Corte, **a legitimação para atuar na Justiça do Trabalho, como substituto processual, é da Defensoria Pública da União.**

Nessa condição, as defensorias estaduais poderiam atuar apenas excepcionalmente na Justiça Especializada: com fulcro no § 1º do art. 14 da Lei Complementar n.º 80, essas apenas podem atuar em nome da Defensoria Pública da União nos órgãos de primeiro e segundo graus de jurisdição, desde que haja convênios específicos para esta finalidade.

Informativo nº 230

- **Recurso ordinário em ação rescisória. Art. 966, V, do CPC/15. Município de São Joaquim da Barra. Educadora infantil. Diferenças salariais decorrentes do descumprimento do piso salarial. Inocorrência de reenquadramento funcional ou equiparação salarial. Inexistência de contrariedade às súmulas vinculantes nº 37 e 43. Precedentes do STF. Violação do art. 37, II, X, XIII e § 2º, da CF/88 afastada.**

A SBDI-II, por maioria, concluiu que a decisão que julga procedente a pretensão de diferenças salariais decorrentes da aplicação do piso salarial imposto pela lei do magistério do município de São Joaquim da Barra-SP (Lei Municipal nº144/2009), que incluiu o cargo de educadora infantil no Plano de Carreira do Magistério Público Municipal, não viola o disposto no art. 37, II, X, XIII e § 2º, da CF/88 nem contraria o disposto nas súmulas vinculantes nos 37 e 43 do STF.

Consignou-se não ser o caso de transposição de regime jurídico nem de provimento derivado de cargo sem prévia aprovação em concurso público, pois houve somente a alteração do nome do cargo de "babá" para "educadora infantil", pela Lei Municipal nº 56/2008, registrando-se que a reclamante foi aprovada em concurso público para o cargo de "babá", sob o regime celetista, e que já era exigido como requisito para a ocupação do aludido cargo a formação em pedagogia. Além disso, salientou-se que não houve ofensa à regra do concurso público, visto que não ocorreu a transformação do cargo de educadora infantil ("babá") em cargo diverso (professora).

Destacou-se também não se tratar de hipótese de concessão de aumento ou equiparação salarial com base no princípio da isonomia, mas de pagamento de diferenças salariais decorrentes da inobservância do piso salarial. Além disso, consignou-se que o STF, em diversas Reclamações Constitucionais propostas pelo município de São Joaquim da Barra, tem afastado a alegação de contrariedade às súmulas vinculantes nos 37 e 43. Assim, a SBDI-II, decidiu, por unanimidade, conhecer do recurso ordinário interposto pelo ente público municipal e, no mérito, por maioria, negar-lhe provimento, vencidos os Ministros Luiz José Dezena da Silva e Maria Cristina Irigoyen Peduzzi. TST-ROT-8487-87.2018.5.15.0000, SBDI-II, rel. Min. Maria Helena Mallmann, 01/12/2020.

BREVE COMENTÁRIO

No caso em tela, a trabalhadora (requerida na ação rescisória em questão) foi aprovada em concurso público para o cargo de "babá", sob o regime celetista. Posteriormente, a denominação do cargo foi alterada para "educadora infantil".

Após isso, o quadro de carreira relativo ao magistério daquele Município foi instituído por lei, o qual, dentre outras determinações, estabeleceu um piso salarial, abrangendo ainda o cargo de "educadora infantil".

A trabalhadora obteve na Justiça do Trabalho o direito à percepção das diferenças relativas à aplicação do piso a ela, decisão ora atacada pela Municipalidade por meio da ação rescisória.

Diante disso, decidiu a SDI-II do TST que foi válida a alteração da nomenclatura do cargo, vez que não ocorreu a sua transformação em cargo diverso (babá em professora).

Ainda, destacou-se não se tratar de hipótese de concessão de aumento ou equiparação salarial com base no princípio da isonomia, mas de pagamento de diferenças salariais decorrentes da inobservância do piso salarial.

Informativo nº 231

Dissídio coletivo de greve. Petrobras. Greve de cunho eminentemente político. Abusividade. Descumprimento da liminar. Aplicação de multa.

É possível reconhecer a abusividade da greve quando a motivação explicitamente revelada é de natureza política, e não trabalhista. No presente caso, os motivos elencados para o movimento paredista foram a *"redução dos preços dos combustíveis e do gás de cozinha"*, a *"manutenção dos empregos e retomada da produção interna de combustível"*, o *"fim das importações da gasolina e outros derivados do petróleo"* e a *"demissão do Sr.*

Pedro Parente da Presidência da Empresa", o que bem denota o caráter eminentemente político do movimento grevista. Ademais, havia acordo coletivo em vigor e não restou comprovado qualquer descumprimento dessa norma coletiva, que justificasse a deflagração da greve. Em face do caráter nacional do movimento e dos eventuais prejuízos inestimáveis à população em caso de desabastecimento de combustíveis, foi deferida liminar para determinar que os suscitados se abstivessem de paralisar suas atividades no âmbito da Petrobras e de suas subsidiárias e de impedir o livre trânsito de bens e pessoas, sob pena de multa diária, no valor de 500.000,00. Houve descumprimento da primeira liminar, sendo majorada a multa para R$ 2.000.000,00. Contudo, em atenção ao princípio da razoabilidade, tendo em vista que a greve perdurou por apenas um dia, decidiu-se reduzir a multa para R$ 250.000,00, para cada Federação e Sindicatos obreiros, a ser revertida à Empresa, nos termos do art. 537, §2º, do CPC. Desse modo, por se tratar de greve em atividade essencial e de cunho eminentemente político, concluiu-se pela abusividade do movimento paredista e, por conseguinte, pela aplicação da multa. Sob esse entendimento, a SDC, por maioria, julgou procedente o dissídio coletivo de greve, para declarar a abusividade da greve e impor multa de R$ 250.000,00 (duzentos e cinquenta mil reais) a cada Entidade Sindical Suscitada, em favor da Empresa Suscitante, autorizando a retenção de mensalidades associativas até se atingir o montante global das multas, podendo-se igualmente promover a execução das mesmas. Vencidos os Ministros Mauricio Godinho Delgado, Luiz Philippe Vieira de Mello Filho e Kátia Magalhães Arruda.

TST-DCG-1000376-17.2018.5.00.0000, SDC, red. p/ acórdão Min. Ives Gandra da Silva Martins Filho, 14/12/2020.

BREVE COMENTÁRIO

No julgamento em questão, a SDC do TST reafirmou o entendimento de que **a greve de cunho eminentemente político é abusiva.**

A situação fática versou sobre paralisação de empregados da Petrobras (empresa estatal) pela *"redução dos preços dos combustíveis e do gás de cozinha"*, a *"manutenção dos empregos e retomada da produção interna de combustível"*, o *"fim das importações da gasolina e outros derivados do petróleo"* e a *"demissão do Sr. Pedro Parente da Presidência da Empresa"*.

Por se tratar de greve em atividade essencial e de cunho eminentemente político (notadamente uma greve de protesto contra situações alheias às relações de trabalho), concluiu-se pela abusividade do movimento paredista e pela aplicação da multa.

- **Responsabilidade subsidiária. Remessa dos autos ao TRT para o fim de aferir a existência de culpa da Administração Pública pela inadimplência das obrigações trabalhistas a cargo do prestador dos serviços. Impossibilidade. Princípio da devolutividade.**

A determinação de retorno dos autos ao Tribunal de origem para reexame dos fatos e das provas, com o fim de aferir a existência de culpa da Administração Pública, tomadora dos serviços, pressupõe o exame de recurso próprio com pedido específico e consequente acolhimento de arguição de nulidade da decisão proferida pelo Tribunal Regional no que tange à produção da prova da culpa pelo inadimplemento das obrigações trabalhistas a cargo do prestador dos serviços. Com as regras processuais em vigor, é inaceitável que no julgamento do recurso, sem incidente ou decisão judicial que justifique, possa órgão do TST determinar que o TRT reexamine os fatos e as provas e profira outra decisão para suprir eventual defeito da primeira, seja porque não contém elementos que permitam condenar a parte recorrida, seja por qualquer outro motivo fora de previsão legal, sob pena de se atentar contra o princípio da devolutividade. Sob esses fundamentos, a SBDI-I, em sua composição plena, decidiu, por maioria, não conhecer do recurso de Embargos, vencidos os Exmos. Ministros José Roberto Freire Pimenta, Aloysio Corrêa da Veiga e Augusto César Leite de Carvalho, que votavam no sentido de conhecer e dar provimento parcial aos embargos para determinar o retorno dos autos ao Tribunal Regional do Trabalho de origem para que aprecie o pedido de responsabilização subsidiária do tomador de serviços à luz do que decidiu o Supremo Tribunal Federal no julgamento da ADC nº 16/DF e do RE nº 760.931-DF.

TST-E-RR-273340-15.2005.5.02.0041, SBDI-I,
rel. Min. João Batista Brito Pereira, 17/12/2020.

BREVE COMENTÁRIO

Como se sabe, nos casos de demandas trabalhistas ajuizadas em razão do inadimplemento de verbas trabalhistas em contratos de terceirização, a Administração Pública pode ser condenada desde que demonstrada a sua culpa na fiscalização.

No caso em tela, sem que houvesse pedido nesse sentido, o TST determinou o retorno dos autos à origem, para efeitos de reexame dos fatos e provas, visando aferir a existência de culpa da Administração Pública pelo inadimplemento das obrigações trabalhistas a cargo da empresa prestadora dos serviços, sob o argumento de que não haveria na decisão proferida pelo Tribunal Regional elementos para a condenação do tomador dos serviços.

Isso foi levado à SDI-I, decidindo esta que, não havendo pedido específico nesse sentido, o Tribunal não poderia determinar a remessa dos autos à origem.

Assim, caso a Administração Pública queira o retorno dos autos ao TRT para a devida análise de sua culpa, deve fazer requerimento específico em suas razões recursais, não bastando o pedido de reforma de decisão.

▶ ***"[...] II) RECURSO DE REVISTA – EXTENSÃO DAS PRERROGATIVAS DA FAZENDA PÚBLICA À EMPRESA BRASILEIRA DE SERVIÇOS HOSPITALARES (EBSERH), NO QUE TANGE À ISENÇÃO DO RECOLHIMENTO DE CUSTAS E DE DEPÓSITO RECURSAL – EMPRESA PÚBLICA – CAPITAL EXCLUSIVO DA UNIÃO – PRESTAÇÃO DE SERVIÇOS GRATUITOS DE ASSISTÊNCIA À SAÚDE, INTEIRAMENTE VINCULADOS AO SISTEMA ÚNICO DE SAÚDE (SUS), E DE SERVIÇOS VOLTADOS AO ENSINO EM HOSPITAIS UNIVERSITÁRIOS FEDERAIS – ATIVIDADES PRECÍPUAS DE ESTADO – REGIME NÃO CONCORRENCIAL – AUSÊNCIA DE ATIVIDADE ECONÔMICA – DECISÃO REGIONAL EM CONSONÂNCIA COM A RATIO DECIDENDI FIXADA PELO STF NO JULGAMENTO***

DA ADPF 437, APLICADA POR ANALOGIA - recurso desprovido. 1. A discussão dos presentes autos gira em torno da extensão das prerrogativas da Fazenda Pública à Empresa Brasileira de Serviços Hospitalares - EBSERH, quanto à isenção do recolhimento de custas e depósito recursal, com a finalidade de se aferir a alegada deserção do recurso ordinário patronal, suscitada pelo Sindicato Autor em seu recurso de revista. 2. A jurisprudência desta Corte fixou-se no sentido de que a isenção do recolhimento de custas e do depósito recursal da Fazenda Pública não alcança a EBSERH, por se tratar de empresa pública, submetida, portanto, ao regime jurídico próprio das empresas privadas, por determinação do art. 173, § 1º, II, da CF. 3. Entretanto, constata-se que a Demandada, em que pese ostentar a condição de empresa pública, possui particularidades que autorizam que lhe sejam deferidas as benesses da Fazenda Pública, quando demandada em juízo. 4. De plano, ressalta-se que a EBSERH, vinculada ao Ministério da Educação e Cultura - MEC, integra um conjunto de ações empreendidas pelo Governo Federal com o objetivo de reestruturar e revitalizar os hospitais vinculados às universidades federais, preservando e reforçando o papel estratégico desempenhado por essas unidades na formação de profissionais na área da saúde e na prestação de assistência à saúde da população, integralmente no âmbito do Sistema único de Saúde - SUS. 5. Ademais, tal Empresa Pública é constituída integralmente com capital da União e desenvolve atividades precípuas de Estado, concernentes à prestação de serviços gratuitos de assistência à saúde da população, no âmbito do SUS, bem como a prestação de serviços voltados ao ensino em universidades públicas federais, desempenhando suas atividades em regime não concorrencial e não explorando atividade econômica, tendo seu lucro líquido reinvestido para atendimento do objeto social da Empresa (arts. 1º, *caput*, 2º, 3º, *caput* e § 1º, 4º e 8º, parágrafo único, da Lei 12.550/11). 6. Registra-se, por oportuno, que o STF, em sessão virtual realizada de 27/11/20 a 04/12/20, julgou, por unanimidade, improcedente a ADI 4895 (Rel. Min. Cármen Lúcia), na qual se objetivava a declaração de inconstitucionalidade dos arts. 1º a 17 da Lei 12.550/11, que autorizaram a criação da EBSERH. 7. Nesse cenário, diante das circunstâncias específicas da EBSERH acima descritas, cumpre assinalar que é aplicável ao caso, por analogia, o entendimento fixado recentemente pelo STF no julgamento da ADPF 437/CE, no sentido de que as empresas públicas que desempenham atividade típica de Estado, em regime de exclusividade e sem finalidade lucrativa, e que dependem inteiramente do repasse de verbas públicas, fazem jus ao regime de precatórios. 8. Destaca-se o seguinte trecho do voto da Ministra Rosa Weber, relatora da citada ADPF: "*É imperioso observar, no entanto, o entendimento pacífico desta Suprema Corte no sentido de que 'as empresas públicas prestadoras de serviço público distinguem-se das que exercem atividade econômica' (RE 407.099/RS, Relator Ministro Carlos Velloso, Segunda Turma, julgamento em 22.6.2004, DJ 06.8.2004). A partir dessa distinção, a jurisprudência firmou-se no sentido de que somente as empresas públicas que exploram atividade econômica em sentido estrito estão sujeitas ao regime jurídico próprio das empresas privadas, nos moldes do art. 173, § 1º, II, da Lei Maior*" (STF - ADPF 437/CE, Rel. Min. Rosa Weber, DJ de 05/10/20). 9. Ora, embora o entendimento fixado na mencionada ADPF refira-se ao regime de precatórios, é possível aplicar a *ratio decidendi* ao caso em análise, quanto às prerrogativas processuais de Empresa Pública que desempenha atividades precípuas de Estado, sem fim lucrativo e sendo inteiramente dependente do repasse de recursos públicos da União. Isto porque, seria logicamente incompatível conceder o benefício do regime de execução por meio de precatório, e, no entanto, exigir das empresas públicas enquadradas na descrição do julgado, as custas processuais e o depósito recursal como garantia do juízo. 10. Ademais, em outros casos similares, tanto o STF, quanto o TST, têm sinalizado no sentido de ser possível a extensão das prerrogativas da Fazenda Pública a empresas públicas e sociedades de economia mista que prestam serviços públicos típicos de Estado, em regime não concorrencial e sem finalidade econômica; ora analisando o tema sob o enfoque da execução por meio de precatórios, ora analisando especificamente a questão do preparo recursal. 11. Nesse contexto, destacam-se os julgados da SBDI-1 desta Corte Superior envolvendo o Hospital das Clínicas de Porto Alegre, que se encontra na mesma situação fática da EBSERH: empresa pública, prestadora de serviço público de assistência médico-hospitalar essencial à população, sem fins lucrativos e não inserida no contexto de concorrência livre do mercado, vinculada à supervisão do Ministério da Educação e Cultura. Nesses precedentes, o TST firmou o entendimento de que o Hospital das Clínicas de Porto Alegre usufrui dos mesmos privilégios concedidos à Fazenda Pública, inclusive quanto à isenção do recolhimento de custas e de depósito recursal: E-ED-RR-819-88.2012.5.04.0030, SBDI-1, Rel. Min. Lelio Bentes Correa, DEJT de 12/04/19; E-ED-RR-1157-40.2013.5.04.0026, SBDI-1, Rel. Min. José Roberto Freire Pimenta, DEJT de 23/03/18; e E-ED-RR-89100-97.2009.5.04.0006, SBDI-1, Rel. Min. Augusto César Leite de Carvalho, DEJT de 16/02/18. 12. No caso dos autos, o acórdão regional adotou a tese de que a EBSERH, por ser empresa pública, criada com orçamento da União e com o objetivo de prestação de serviço essencial, em regime não concorrencial, faz jus aos privilégios de Fazenda Pública, inclusive no tocante à isenção do preparo para fins de interposição de recurso, e afastou a deserção do recurso ordinário patronal, suscitada pelo Sindicato Autor em contrarrazões. 13. Desse modo, por estar a decisão regional recorrida em sintonia com o entendimento firmado pelo STF na citada ADPF, o recurso de revista do Sindicato Autor não merece prosperar, mantendo-se integralmente os termos do acórdão recorrido. Recurso de revista conhecido e desprovido."

(TST-RR-252-19.2017.5.13.0002, 4ª Turma,
rel. Min. Ives Gandra Martins Filho, julgado em 15/12/2020.)

BREVE COMENTÁRIO

No processo do trabalho, para a interposição de recursos, o pagamento das custas é pressuposto recursal e deve ser comprovado dentro do prazo recursal. Assim, a parte que deseja recorrer deve efetuar o preparo, consistente no recolhimento das custas e do depósito recursal, e comprová-lo.

Há certas isenções, destacando-se para nosso estudo aquela conferida à Fazenda Pública, nos termos do art. 790-A da CLT:

> Art. 790-A, CLT. São isentos do pagamento de custas, além dos beneficiários de justiça gratuita:
>
> I – a União, os Estados, o Distrito Federal, os Municípios e respectivas autarquias e fundações públicas federais, estaduais ou municipais que não explorem atividade econômica;

No acórdão, a 4ª Turma do TST reconheceu a dispensa de preparo a uma empresa pública prestadora de serviços públicos.

Analisou-se a situação da EBSERH, empresa pública, prestadora de serviço público de assistência médico-hospitalar essencial à população, sem fins lucrativos e não inserida no contexto de concorrência livre do mercado, vinculada à supervisão do Ministério da Educação e Cultura.

Assim, fixou-se, basicamente, que empresas públicas que atendam às condições acima estão dispensadas do recolhimento de custas e depósito recursal.

Informativo nº 232

"[...] ***RECURSO DE REVISTA. ACÓRDÃO REGIONAL PUBLICADO ANTES DA VIGÊNCIA DA LEI Nº 13.015/2014. TERCEIRIZAÇÃO. CONVÊNIOS ENTRE CORREIOS E MUNICÍPIOS. SERVIÇOS POSTAIS.*** I. No caso, é incontroverso que a parte reclamada celebrou convênios com os municípios do interior de Goiás. II. A Corte Regional entendeu que *"a alegação da Reclamada de que os convênios firmados teriam respaldo em autorização legal expressa pelo art. 2º da Lei nº 6.538/78 c/c art. 18 do Decreto-Lei nº 509/69 não merece prosperar, porquanto a referida legislação não permite à ECT a terceirização de suas atividades-fim"*, e que, *"ao contrário, o art. 18 do Decreto-Lei nº 509/69 é bastante claro ao dispor que 'A ECT procurará desobrigar-se da realização material de tarefas executivas recorrendo, sempre que possível, à execução indireta, mediante contratos e convênios, condicionado esse critério aos ditames de interesse público e às conveniências da segurança nacional' (destacou-se), o que não tem sido observado pela Reclamada"*. III. O Plenário do Supremo Tribunal Federal já decidiu que é possível a terceirização de atividade-fim, no julgamento do recurso extraordinário nº 760.931, submetido ao regime de repercussão geral. IV. No caso dos autos, há lei que claramente autoriza a realização de convênio com outras entidades, exatamente como o que foi celebrado entre a parte reclamada e os Municípios, possibilitando a prestação de serviços postais, por meio das agências de correios comunitárias. V. Recurso de revista de que se conhece e a que se dá provimento."

(TST-RR-781-38.2010.5.18.0004, 7ª Turma,
rel. Min. Evandro Pereira Valadão Lopes, julgado em 24/2/2021.)

BREVE COMENTÁRIO

Neste julgado, analisou-se a validade de terceirização da atividade-fim dos Correios, realizada por meio de convênio entre a ECT e Municípios do interior de Goiás.

A empresa havia sido condenada pela Corte Regional, mas a 7ª Turma do TST decidiu reformar o julgado por entender válida a terceirização da atividade-fim, nos termos da jurisprudência do Supremo Tribunal Federal.

Com efeito, destacou que o Plenário do Supremo Tribunal Federal já decidiu que é possível a terceirização de atividade-fim, no julgamento do recurso extraordinário nº 760.931, submetido ao regime de repercussão geral.

Informativo nº 233

▶ *"[...] **RECURSO DE REVISTA. ACÓRDÃO PUBLICADO NA VIGÊNCIA DA LEI Nº 13.015/2014. FUNDAÇÃO HOSPITALAR DE SAÚDE. MÉDICO. PLANTÕES. HORAS EXTRAORDINÁRIAS. DESCONTOS SALARIAIS. LIMITAÇÃO. TETO CONSTITUCIONAL.*** A previsão constitucional de um teto de limite máximo de pagamento de retribuição dos servidores e dos agentes públicos objetiva maior eficiência, controle e transparência dos gastos públicos, correções de distorções no sistema remuneratório, moralização das despesas com pessoal, tudo com vistas a proteger o erário e, em última análise, a própria sociedade, que é a responsável última pelo custeio dos serviços públicos que lhe são prestados. Na hipótese, o reclamante foi contratado como médico pela Fundação Hospitalar de Saúde – FHS, fundação pública de direito privado, integrante da Administração Pública Indireta, que presta serviços de saúde no Estado de Sergipe, estando, portanto, sujeita aos ditames dos princípios constitucionais norteadores da Administração Pública, previstos no caput do art. 37 da Constituição Federal, quais sejam: a legalidade, a impessoalidade, a moralidade, a publicidade e a eficiência. Considerando, portanto, se tratar de fundação que, embora regida por direito privado, presta serviços e políticas voltadas à consecução do direito fundamental à saúde estadual, desempenhando, por conseguinte, típica atividade de Estado, conforme previsão prevista nos arts. 5.º, 196 e seguintes da Constituição Federal, tem incidência a limitação do teto remuneratório de que trata o inciso XI do artigo 37 da Constituição Federal. Frise-se, inclusive, que, nos termos da Orientação Jurisprudencial nº 339 da SBDI-1, *"As empresas públicas e as sociedades de economia mista estão submetidas à observância do teto remuneratório previsto no inciso XI do art. 37 da CF/88, sendo aplicável, inclusive, ao período anterior à alteração introduzida pela Emenda Constitucional nº 19/98"*. A singularidade do caso concreto reside na inclusão das horas extraordinárias realizadas pelo médico, ora recorrido, no cálculo do teto remuneratório e a consequente possibilidade de se efetivar ou não a glosa da referida parcela na sua remuneração. Nesse sentido, para se saber da aplicação ou não do teto constitucional em relação a uma determinada vantagem pecuniária, torna-se imprescindível fixar a sua natureza jurídica, se de caráter remuneratório ou indenizatório. Isso porque o artigo 37, §11, da Constituição expressamente estabelece que *"Não serão computadas, para efeito dos limites remuneratórios de que trata o inciso XI do caput deste artigo, as parcelas de caráter indenizatório previstas em lei"*. Ou seja, toda e qualquer vantagem de caráter remuneratório, incluídas vantagens pessoais ou de qualquer outra natureza, sujeita-se ao limite constitucional. Nessa diretriz, inclusive, a Corte Suprema já decidiu, no julgamento do Recurso Extraordinário 609381, que o teto estabelecido pela EC 41/2003 possui eficácia imediata, submetendo à referência de valor máximo todas as verbas remuneratórias percebidas, ainda que adquiridas em regime legal anterior. Pois bem, de acordo com o acórdão regional, os descontos salariais na remuneração do reclamante ocorreram de forma ilícita, visto que o ente público utilizou-se da sobrecarga de trabalho do autor, ao determinar a prestação de horas extras, para depois, com base na alegação de observância do teto, não pagar as horas extras desempenhadas. Ocorre, todavia, que o adicional de horas extraordinárias possui natureza remuneratória e, portanto, deve, sim, se sujeitar ao teto remuneratório constitucional. Observe-se que, de acordo com a jurisprudência do Supremo Tribunal Federal, fixada em repercussão geral, o pagamento de remunerações superiores aos tetos de retribuição de cada um dos níveis federativos traduz exemplo de violação qualificada do texto constitucional. Ou seja, o pagamento efetuado em desconformidade com o teto constitucional é inconstitucional e, portanto, ilícito. Desse modo, em sendo ilícito o pagamento de vantagens acima do teto remuneratório, por determinação constitucional, não há que se falar em violação do direito adquirido, da irredutibilidade de vencimentos e do direito de propriedade, já que as referidas garantias constitucionais possuem o condão de proteger somente o que foi adquirido licitamente. É dizer, o respeito ao teto constitucional representa condição de legitimidade para o pagamento da remuneração. Também em razão da ilicitude dos valores pagos acima do teto, não há que se falar em enriquecimento ilícito por parte do empregador, em face da ausência de contraprestação do serviço prestado. Isso porque, no caso, o enriquecimento ilícito da Administração pressupõe vantagem obtida licitamente pelo empregado público, sendo que, no caso, a inobservância ao limite previsto na Constituição constitui a própria ilicitude, devendo ser mantida a conduta de se aplicar o teto sobre os valores percebidos por serviços extraordinários, bem como a devolução dos valores retidos a esse título. Não há, portanto, que se falar em enriquecimento sem causa por parte da Administração, valendo, inclusive, lembrar que qualquer servidor que trabalha a jornada normal de trabalho e que tem sua remuneração glosada no abate-teto, não pode optar por trabalhar uma carga de trabalho menor, com fundamento no enriquecimento ilícito da Administração. Destaca-se, por fim, que a distorção do caso concreto pode ser resolvida por meio de prestações alternativas por parte da Administração, a exemplo da utilização de sistema de compensação de jornada, não se podendo admitir seja o limite do teto ultrapassado, infringindo, dessa forma, a letra da Constituição. Recurso de revista conhecido e provido."

(TST-RR-1437-89.2016.5.20.0016, 5ª Turma, rel. Min. Breno Medeiros, julgado em 10/3/2021.)

BREVE COMENTÁRIO

No caso em tela, julgou-se a situação de médico que prestava serviços a fundação estatal de direito privado, cingindo-se a discussão sobre a incidência (ou não) do teto remuneratório sobre as verbas recebidas a título de plantões.

Segundo a 5ª Turma do TST, **a remuneração dos plantões deve se submeter ao teto constitucional**, não havendo que se falar em irredutibilidade de vencimentos. Com efeito, em sendo ilícito o pagamento de vantagens acima do teto remuneratório não há que se falar em violação do direito adquirido, da irredutibilidade de vencimentos e do direito de propriedade, já que as referidas garantias constitucionais possuem o condão de proteger somente o que foi adquirido licitamente.

Informativo nº 234

- ***"[...] RECURSO DE REVISTA. INCOMPETÊNCIA DA JUSTIÇA DO TRABALHO. ESTADO ESTRANGEIRO. CONSULADO-GERAL DA REPÚBLICA PORTUGUESA. SERVIDOR PÚBLICO. OPÇÃO PELO REGIME PÚBLICO PORTUGUÊS. PROVIMENTO.*** O Decreto nº 61.078/1967, que promulgou a Convenção de Viena sobre relações consulares, estabelece, em seu artigo 43, que os funcionários e empregados consulares não estão sujeitos à jurisdição das autoridades judiciárias e administrativas do Estado receptor pelos atos realizados no exercício das funções inerentes ao Consulado. Na hipótese, consoante noticiado pelo Tribunal Regional, o reclamante foi nomeado pelo Estado de Portugal, estando sujeito a regime jurídico-administrativo diferenciado, de acordo com o termo de posse acostado ao processo. Extrai-se, ainda, do acórdão recorrido, o trecho do depoimento pessoal do autor, que revela a sua opção pela caixa de aposentação de Portugal, bem como a de não proceder ao recolhimento de contribuição previdenciária e de imposto de renda no Brasil. Além disso, consta que o reclamante usufruía de todos os feriados portugueses. Ainda assim, a Corte de origem entendeu que, em decorrência da aplicação do princípio da *lex loci executionis*, não há como afastar a incidência da legislação brasileira ao caso vertente. Posicionou-se no sentido de que a imunidade de jurisdição do Estado estrangeiro diz respeito apenas aos atos de império e não às ações que envolvam atos de gestão e nas quais se discuta direitos decorrentes do vínculo de emprego. Dessa forma, uma vez constatada a existência de registro em CTPS, assinalou o Colegiado Regional que o reclamante foi contratado no Brasil, para prestar serviços em território brasileiro e que não haveria indícios de que o obreiro, enquanto Secretário de 3ª classe ou assistente administrativo, no exercício de funções de registro civil, praticasse atos de império. Acrescentou, nesse aspecto, que o fato de o empregado laborar para o reclamado, que atua na função pública, não altera a relação de emprego anotada em CTPS. Sob os aludidos fundamentos, o Tribunal recorrido afastou a imunidade de jurisdição e considerou aplicável ao caso concreto o disposto no artigo 114, I, da Constituição Federal. Ocorre que, em se tratando de hipótese que versa acerca de servidor público incontroversamente sujeito ao regime jurídico-administrativo do Estado estrangeiro, aplica-se a imunidade absoluta de jurisdição, que atrai a incompetência da Justiça do Trabalho para o presente feito, sendo irrelevante, em tal contexto, a discussão relativa ao exercício de atos de império ou de gestão. Esclareça-se, por fim, que o registro em CTPS não se sobrepõe ao ato jurídico perfeito consubstanciado em face da vinculação do reclamante ao regime jurídico-administrativo lusitano. Recurso de revista de que se conhece e a que se dá provimento."

(TST-RR-11176-28.2015.5.01.0056, 4ª Turma,
rel. Min. Guilherme Augusto Caputo Bastos, julgado em 23/3/2021.)

BREVE COMENTÁRIO

Esse julgado é interessante, pois trata de aplicação da lei trabalhista no espaço e imunidade de jurisdição.

A imunidade de jurisdição, para HILDEBRANDO ACCIOLY, é entendida como o privilégio reconhecido a certas pessoas estrangeiras, em virtude dos cargos ou funções que exercem, de escaparem à jurisdição civil e criminal do Estado em que se encontram.

Em relação a essas pessoas, o Brasil promulgou, pelos Decretos 56.435/65 e 61.078/67 as Convenções de Viena sobre relações diplomáticas e consulares. Já em relação aos Estados Soberanos, pessoas jurídicas de direito público externo, a imunidade decorre de normas costumeiras entre os países.

De acordo com o art. 114 da CF, compete à Justiça do Trabalho apreciar questões trabalhistas relacionadas a entes de direito público externo.

O STF possui entendimento que, na fase de conhecimento, não se aplica a imunidade de jurisdição dos Estados estrangeiros quanto à questões trabalhistas. Vide:

> Imunidade de jurisdição. Reclamação trabalhista. Litígio entre Estado estrangeiro e empregado brasileiro. Evolução do tema na doutrina, na legislação comparada e na jurisprudência do Supremo Tribunal Federal: da imunidade jurisdicional absoluta à imunidade jurisdicional meramente relativa. Recurso extraordinário não conhecido. Os Estados estrangeiros não dispõem de imunidade de jurisdição, perante o poder judiciário brasileiro, nas causas de natureza trabalhista, pois essa prerrogativa de direito internacional público tem caráter meramente relativo. O Estado estrangeiro não dispõe de imunidade de jurisdição, perante órgãos do Poder Judiciário brasileiro, quando se tratar de causa de natureza trabalhista. Doutrina. Precedentes do STF (RTJ 133/159 e RTJ 161/643-644). Privilégios diplomáticos não podem ser invocados, em processos trabalhistas, para coonestar o enriquecimento sem causa de Estados estrangeiros, em inaceitável detrimento de trabalhadores residentes em território brasileiro, sob pena de essa prática consagrar censurável desvio ético-jurídico, incompatível com o princípio da boa-fé e inconciliável com os grandes postulados do direito internacional. O privilégio resultante da imunidade de execução não inibe a justiça brasileira de exercer jurisdição nos processos de conhecimento instaurados contra estados estrangeiros. A imunidade de jurisdição, de um lado, e a imunidade de execução, de outro, constituem categorias autônomas, juridicamente inconfundíveis, pois – ainda que guardem estreitas relações entre si – traduzem realidades independentes e distintas, assim reconhecidas quer no plano conceitual, quer, ainda, no âmbito de desenvolvimento das próprias relações internacionais. A eventual impossibilidade jurídica de ulterior realização prática do título judicial condenatório, em decorrência da prerrogativa da imunidade de execução, não se revela suficiente para obstar, por si só, a instauração, perante Tribunais brasileiros, de processos de conhecimento contra Estados estrangeiros, notadamente quando se tratar de litígio de natureza trabalhista. Doutrina. Precedentes." (STF, 2ª T., AgReg RE 222.368-4/PE, Rel. Min. Celso Mello, j. 30.4.2002).

Nesse caso, só haveria imunidade de jurisdição para a execução.

No caso discutido no julgado, um trabalhador foi nomeado pelo Estado de Portugal para exercer suas atividades no Consulado Português no Brasil. Para o TRT, aplica-se ao caso princípio da *lex loci executionis*, não havendo como afastar a incidência da legislação brasileira ao caso vertente. Apontou que a imunidade alcançaria apenas atos de império, e não atos de gestão, como seria o caso da contratação de empregados.

Ocorre que o reclamante era servidor público, sujeito ao regime jurídico-administrativo do Estado estrangeiro. Dessa forma, para o TST, aplica-se a imunidade absoluta de jurisdição, que atrai a incompetência da Justiça do Trabalho para o presente feito, sendo irrelevante, em tal contexto, a discussão relativa ao exercício de atos de império ou de gestão.

Informativo nº 236

Ação rescisória. Art. 966, incisos III e V, do CPC/15. Legitimidade ativa do Ministério Público do Trabalho. Laudo pericial produzido por profissional investigado pelo Ministério Público Federal na "Operação Hipócritas". Lesão de origem comum a diversos trabalhadores. Interesse transindividual. Incidência da Súmula nº 407 do TST. Exceção nas hipóteses de processo extinto por acordo.

O Ministério Público do Trabalho possui legitimidade ativa para propor ação rescisória, com fundamento no art. 966, III e V, do CPC/2015, ainda que não tenha sido parte no processo originário, em face de decisão que julgou improcedente reclamação trabalhista com fundamento em laudo oficial fraudulento produzido por perito judicial investigado pelo Ministério Público Federal na "Operação Hipócritas", exceto nas hipóteses em que a reclamação trabalhista for extinta por acordo. Com esse entendimento, a SDI-2, na mesma sessão, por maioria, concluiu o julgamento dos recursos ordinários em ação rescisória RO-6784-24.2018.5.15.0000 e RO-6789-46.2018.5.15.0000. No tocante ao primeiro processo, em que se reconheceu a legitimidade ativa do MPT, consignou-se que, nos termos da Súmula nº 407 do TST, a legitimidade ad causam do Ministério Público para propor ação rescisória, ainda que não tenha sido parte no processo que deu origem à decisão rescindenda, não está limitada às alíneas "a" e "b" do inciso III do art. 967 do CPC de 2015 e que, na hipótese em que inúmeros trabalhadores foram criminosamente prejudicados com a produção e utilização de laudos periciais viciados, não se pode falar em lesão a direitos puramente individuais e disponíveis, mas, sim, de interesses transindividuais, visto que ligados por circunstância comum que os privou de uma sentença proferida com base no devido processo legal, cuja proteção é conferida expressamente ao MPT, a teor dos artigos 127 da Constituição Federal e 5º, inciso I, 6º, incisos XII e XIV, alínea "a", e 83, inciso III, da Lei Complementar nº 75/1993. Além disso, destacou-se que a legitimidade do MPT decorre também do fato de a fraude perpetrada na produção de laudos periciais oficiais ter atingido a dignidade da Justiça do Trabalho. Assim, a SDI-2 deu provimento ao RO-6784-24.2018.5.15.0000, para, afastando o óbice da ilegitimidade ativa do MPT imposto na origem, determinar o retorno dos autos ao Tribunal

Regional, a fim de que prossiga na análise da ação rescisória, como entender de direito, vencidos os Ministros Renato de Lacerda Paiva, Douglas Alencar Rodrigues, Alexandre de Souza Agra Belmonte e Luiz José Dezena da Silva. Diferentemente, ao apreciar o RO-6789-46.2018.5.15.0000, a SDI-2 manteve a decisão de origem em que se declarou a ilegitimidade ativa do MPT para propor ação rescisória em processo no qual também foi produzido laudo viciado por perito judicial investigado pelo Ministério Público Federal na "Operação Hipócritas", mas cuja extinção decorreu de acordo. Para a maioria dos ministros, prevaleceu o entendimento de que, nas hipóteses em que a pretensão desconstitutiva dirige-se contra sentença homologatória de acordo, a decisão fundamenta-se apenas na autonomia da vontade, razão pela qual a conclusão do laudo médico pericial, ainda que viciado, não seria capaz de influenciar a vontade do reclamante, não se configurando, portanto, o ataque à dignidade da Justiça do Trabalho capaz de amparar a legitimidade do MPT. Assim, a SDI-2, também por maioria, negou provimento ao RO-6789-46.2018.5.15.0000, vencidos os Ministros Luiz Philippe Vieira de Mello Filho e Evandro Pereira Valadão Lopes e as Ministras Delaíde Miranda Arantes e Maria Helena Mallmann.

TST-RO-6784-24.2018.5.15.0000,
rel. Min. Maria Helena Mallmann, e TST-RO-6789-46.2018.5.15.0000,
rel. Min. Alexandre de Souza Agra Belmonte, SBDI-II, 20/4/2021.

BREVE COMENTÁRIO

A questão traz interessante interpretação sobre a legitimidade do MPT para ação rescisória.

Como sabemos, o art. 967 do CPC/15 traz o rol de legitimados para ajuizar ação rescisória, dentre eles o Ministério Público:

> Art. 967. Têm legitimidade para propor a ação rescisória:
>
> (...)
>
> III – o Ministério Público:
>
> a) se não foi ouvido no processo em que lhe era obrigatória a intervenção;
>
> b) quando a decisão rescindenda é o efeito de simulação ou de colusão das partes, a fim de fraudar a lei;
>
> c) em outros casos em que se imponha sua atuação;

Desde o CPC/73 o TST já possuía entendimento que as hipóteses de legitimidade contidas nas alíneas "a" e "b" do antigo art. 487 eram meramente exemplificativas. Isso foi traduzido na Súmula 407 do Tribunal. Com a redação da alínea "c" do art. 967 do CPC/15, esse entendimento ficou ainda mais claro.

No caso do julgado em questão, houve fraude na elaboração de um Laudo Pericial, o que causou prejuízo a inúmeros trabalhadores e atentou contra a dignidade da Justiça do Trabalho. Em razão desse fato, o MPT ajuizou ação rescisória com base no art. 966, III e V do CPC/15.

Ocorre que o MPT não participou do processo originário no qual foi prolatada a decisão rescindenda, razão pela qual foi levantada a tese de sua ilegitimidade.

No entanto, para a SDI II, o fato de não ter o MPT participado no processo originário não leva, necessariamente, à ilegitimidade do *parquet* trabalhista.

Isso porque, novamente, o rol de situações nas quais o MPT pode propor ação rescisória é meramente exemplificativo e, quando há prejuízo a inúmeros trabalhadores e atentado à dignidade do Poder Judiciário perpetrado mediante fraude na elaboração de Laudo Pericial, a legitimidade se impõe.

Mas atenção: para a SDI – II, caso o processo originário tenha sido extinto por força de acordo homologado em juízo, entende-se que a decisão fundamenta-se apenas na autonomia da vontade, situação que levaria à ilegitimidade do MPT.

- **"RECURSO DE REVISTA. ACÓRDÃO PUBLICADO NA VIGÊNCIA DA LEI Nº 13.015/2014. ENTIDADES PARAESTATAIS DO SISTEMA "S". NÃO INTEGRANTES DA ADMINISTRAÇÃO PÚBLICA. DISPENSA SEM MOTIVAÇÃO. POSSIBILIDADE.** O SEBRAE, nos mesmos moldes do SESC, do SESI, do SENAC, do SENAI, do SENAR, do SEST e do SENAT, constitui uma entidade paraestatal que se caracteriza por estar ao lado do Estado para consecução de atividades de interesses deste, mas não integra a Administração Pública. Nesse sentido decidiu o Supremo Tribunal Federal, nos autos do processo n.º RE 789.874/DF, Relator Ministro Teori Zavascki, publicado no DJE de 19/11/2014. Assim, cumpre enfatizar que, se de um lado as entidades do Sistema "S" não compõe a Administração Pública, de outro a consequência lógica é desnecessidade de motivação do ato de dispensa de seus empregados, porquanto, consoante se extrai do voto condutor do eminente Ministro Teori Zavascki, tais entidades *"possuem a prerrogativa de autogerir seus recursos, inclusive no que se refere à elaboração de seus orçamentos, ao estabelecimento de prioridades e à definição de seus quadros de cargos e salários, segundo orientação política própria"* Destacamos. Ocorre que, no Manual de Políticas e Procedimentos do SEBRAE/PA, consta, no capítulo I – que versa sobre as Políticas do Sistema de Gestão de Pessoas da reclamada, previsão acerca de parecer emitido pela Unidade de Gestão de Pessoas (UGP) para que a dispensa seja efetivada. Veja-se: *"4. Os processos de contratação, demissão, promoção e movimentação de profissionais do SEBRAE/PA serão acompanhados de parecer prévio emitido pela UGP."* (fl. 1323 – inteiro teor, ID. aed363d – Pág. 7 do manual). Cinge-se a controvérsia em saber se a referida previsão de parecer prévio à dispensa do empregado, emitido pela UGP, deve ser considerado como pressuposto de validade do ato demissional. Analisando a referida política de gestão de pessoas do SEBRAE/PA, verifica-se que esta não foi elaborada com finalidade de criar direitos aos empregados, tanto que menciona parecer prévio inclusive para contratação de funcionários. A previsão de parecer emitido pela Unidade de Gestão de Pessoas para dispensa de trabalhador tem o fito de subsidiar administrativamente a decisão do Diretor Superintendente, responsável pelo ato de demissão de empregados, possuindo caráter meramente consultivo. Desta maneira, ainda que houvesse parecer favorável ao empregado, o Diretor Superintendente, no âmbito de sua autonomia funcional, poderia decidir conforme sua conveniência, não havendo sequer necessidade de motivação do referido ato de dispensa, uma vez que revela direito potestativo do empregador. Assim, evidencia-se que a norma interna não confere estabilidade aos empregados, apenas estabelece procedimento para embasar a autoridade responsável pela dispensa, possuindo natureza consultiva, e, por isso mesmo, não vincula a atuação do administrador. Recurso de revista conhecido e não provido."

(TST-RR-1258-27.2016.5.08.0005, 5ª Turma, rel. Min. Breno Medeiros, julgado em 28/4/2021.)

BREVE COMENTÁRIO

O chamado Terceiro Setor é formado por um conjunto de entidades autônomas de direito privado que exercem atividades geralmente fomentadas pela Administração Pública.

O STF, no RE 789.874/DF, entendeu que essas entidades, componentes do Sistema "S", não integram a Administração Pública, embora colaborem com ela na execução de atividades de relevante significado social. Transcrevemos:

> EMENTA: ADMINISTRATIVO E CONSTITUCIONAL. SERVIÇOS SOCIAIS AUTÔNOMOS VINCULADOS A ENTIDADES SINDICAIS.
>
> SISTEMA "S". AUTONOMIA ADMINISTRATIVA. RECRUTAMENTO DE PESSOAL. REGIME JURÍDICO DEFINIDO NA LEGISLAÇÃO INSTITUIDORA. SERVIÇO SOCIAL DO TRANSPORTE. NÃO SUBMISSÃO AO PRINCÍPIO DO CONCURSO PÚBLICO (ART. 37, II, DACF). 1. Os serviços sociais autônomos integrantes do denominado Sistema "S", vinculados a entidades patronais de grau superior e patrocinados basicamente por recursos recolhidos do próprio setor produtivo beneficiado, ostentam natureza de pessoa jurídica de direito privado e não integram a Administração Pública, embora colaborem com ela na execução de atividades de relevante significado social. Tanto a Constituição Federal de 1988, como a correspondente legislação de regência (como a Lei 8.706/93, que criou o Serviço Social do Trabalho – SEST) asseguram autonomia administrativa a essas entidades, sujeitas, formalmente, apenas ao controle finalístico, pelo Tribunal de Contas, da aplicação dos recursos recebidos. Presentes essas características, não estão submetidas à exigência de concurso público para a contratação de pessoal, nos moldes do art. 37, II, da Constituição Federal. Precedente: ADI 1864, Rel. Min. Joaquim Barbosa, DJe de 2/5/2008

A discussão do jugado gira em torno da necessidade, ou não, de motivação do ato de dispensa de seus empregados. Para o TST, na esteira do que foi decidido pelo STF no julgado acima, é desnecessária e motivação do ato de dispensa pelas entidades que compõem o sistema "S".

No caso específico do SEBRAE, analisado neste julgado, havia previsão da emissão de Parecer por unidade de gestão da entidade. No entanto, entendeu o TST que o Parecer emitido pela unidade de gestão serviria apenas para subsidiar, administrativamente, o ato admissional ou demissional, não sendo pressuposto de validade do ato. Dessa forma, ainda que haja previsão da emissão de Parecer, o ato demissional pode ser desmotivado.

> "[...] AÇÃO CIVIL PÚBLICA. OBRIGAÇÃO DE NÃO FAZER. CONTRATAÇÃO IRREGULAR DE POLICIAIS MILITARES NA FUNÇÃO DE VIGILANTE. PRINCÍPIOS DA LIVRE INICIATIVA E DA LIBERDADE INDIVIDUAL.

DIREITOS COLETIVOS. SEGURANÇA PÚBLICA. SAÚDE DO TRABALHO. ISONOMIA NO MERCADO DE TRABALHO. DECISÃO MONOCRÁTICA MANTIDA. O Tribunal Regional do Trabalho, invocando a matriz de entendimento do art. 5º, XIII, da Constituição Federal, manteve a sentença que impôs à empresa ré a obrigação de não contratar policiais militares como vigias ou vigilantes nos Estados nos quais, por normas regulamentares da carreira pública militar, seja prevista no estatuto legal da corporação a dedicação integral ou exclusiva ao ofício militar. Nesse contexto, não se está diante de uma situação concreta de ofensa ao princípio da livre iniciativa, de forma isolada e injustificável, mas sim de uma colisão entre princípios jurídicos que impõe, seja pela técnica do juízo de ponderação (de matriz alexiana), seja pelo procedimentalismo filosófico da hermenêutica concretizadora dos direitos (de origem dworkiniana), a colmatação de um sentido autêntico da norma constitucional que represente, à sua melhor luz, a expressão conjunta e fidedigna dos princípios da legalidade, da liberdade no exercício da profissão e da igualdade de condições de inserção no mercado de trabalho, além da própria preservação da qualidade do serviço público de segurança. Todos esses princípios normativos são pertencentes à matriz constitucional do entendimento republicano que se pode dar ao regular exercício dos direitos e garantias decorrentes das liberdades individuais, em comunhão com os interesses sociais correlatos, como no caso da segurança pública. O direito coletivo à fruição de condições adequadas de segurança, que pressupõe policiais militares devidamente treinados e equipados, bem como dispostos e em pleno gozo de sua higidez física, mental, psicológica e emocional, evidencia que o engajamento excessivo e a privação do descanso nos períodos de folga repercutem em um decréscimo da qualidade do serviço público prestado por esses militares. Ademais, esse engajamento privado de policiais militares é incompatível com o múnus público que eles desenvolvem por meio das estruturas estatais de combate, repressão e prevenção à violência, sobretudo porque a carga psicológica do ofício militar acaba sendo transposta para a atividade privada, o que pode gerar reações desproporcionais e consequências indesejáveis na sua atuação como vigilante, ou mesmo vigia, em ambientes nos quais é a guarda patrimonial ou a prevenção de perdas, e não a segurança pública dos cidadãos, que está em jogo, sendo certo que, mesmo nos momentos de folga, o policial militar tem o dever institucional de agir para prevenir crimes, em circunstâncias nas quais lhe seja possível agir com algum nível razoável de probabilidade de sucesso na contenção criminosa. Ou seja, o fato de ser vigilante ou vigia não lhe retira a condição de policial militar, e a confusão de papéis no dia a dia, nesse caso, pode levar a consequências trágicas, a partir de abordagens profundamente infelizes, em face de situações nas quais não seria necessário o uso da força, mas sim da tática do diálogo preventivo ou da contenção não lesiva, sendo certo que o militar é treinado precipuamente para o policiamento ostensivo e para o combate direto às ações criminosas, e não para a guarda patrimonial e para a prevenção de perdas, como no caso do vigilante e do vigia. Some-se a isso o fato de que nos dias de hoje, não só a violência é crescente, como a própria tensão social constitutiva da abordagem policial, sobretudo em zonas de conflito urbano, e tem-se muito claro que estes profissionais da segurança pública estão sob constante e iminente pressão exercida por risco de vida, tomada de decisões instantâneas e de consequências incontroláveis, o que recomenda, ainda mais, que o descanso seja preservado, para que a saúde mental e física, além do equilíbrio emocional e psíquico estejam em ordem e diminuam os riscos de adoecimento profissional, sobretudo pelo excesso de trabalho em períodos de folga, gerando baixas prematuras no serviço militar, e mais despesas correntes com a contratação de novos servidores. Como se pode perceber, não é apenas em torno do princípio da livre iniciativa ou da liberdade no exercício profissional que gira o debate nestes autos, mas, sobretudo, nos meandros da complexa relação entre a segurança pública, a legalidade, a igualdade de condições para o ingresso no mercado de trabalho, a saúde do trabalhador e a própria qualidade do serviço público de segurança. Isso porque o dever do Estado de prover esse serviço público essencial envolve a contratação de pessoal habilitado, ao passo que a higidez do trabalhador envolve a regularidade do descanso, assim como a disciplina militar requer o estrito cumprimento dos regulamentos da corporação, e, por fim, a igualdade de condições de inserção no mercado de trabalho impõe a vedação de qualquer vantagem competitiva desleal, fundada em quebra da legalidade, como ocorre nos casos em questão, nos quais o vigilante ou vigia que possui patente militar no currículo obviamente é privilegiado na contratação, em lugar de um civil que não ostenta essa condição funcional. É importante notar que um trabalhador que não goza de seus períodos de folga, e que trabalha sob a constante pressão de elementos externos relativos à violência urbana, não tem condições razoáveis de exercer a sua missão institucional com o equilíbrio e a energia necessários a uma abordagem policial mais precisa, menos violenta e mais cidadã, como, aliás, sugere a nova matriz de enfoque institucional conferida às polícias militares, inclusive a do Distrito Federal, que privilegia a missão de *"proteger e servir"*, cuja inspiração emerge do conceito de polícia cidadã, que tem por escopo a integração do policial às ações comunitárias que visam à qualidade de vida dos cidadãos, o que só tem condições de se operar com um efetivo de policiais psicologicamente equilibrados, para o que a adequada fruição do descanso nos períodos de folga das escalas de serviço é essencial. Portanto, em que pese se reconheça a vinculação da atuação estatal à liberdade individual desses sujeitos de direito, e ao princípio da livre iniciativa das empresas contratantes de serviços de vigilância, não é possível olvidar que o ofício militar, ao qual se dignaram esses trabalhadores, envolve restrições de comportamento e um apego incondicional à disciplina, aspectos incompatíveis com a quebra de regulamento aqui verificada. Essas restrições funcionais, aliás, não são uma exclusividade do ofício militar, aplicando-se, inclusive, a outras carreiras de Estado, como os magistrados e membros do Ministério Público (artigos 95, parágrafo único, I, e 128, § 5º, II, "d", da Constituição Federal, respectivamente). Desse modo, seja pelo caráter nocivo do engajamento excessivo e obstativo do regular gozo dos períodos de folga, seja pela própria ilegalidade da conduta que revela uma quebra do estatuto das corporações militares, não pode tal atividade paralela e, até aqui, ilícita receber a chancela do Poder Judiciário trabalhista, em detrimento, inclusive, da igualdade enquanto um princípio norteador das oportunidades de inserção no mercado de trabalho, já que, a essa altura do argumento, parece suficientemente claro que, tendo à sua disposição um vigilante ou vigia com patente militar no currículo, o empregador, nesse caso, irá preferi-lo, em detrimento de um civil treinado para o exercício da mesma profissão. Até por esse aspecto profilático da tutela inibitória conferida nestes autos parece acertada a decisão do Regional, já que, a um só tempo, e respeitada a pluralidade de previsões normativas dos entes federados, privilegia a saúde do policial militar, veda a quebra de regulamento legal, promove a higidez do sistema de segurança pública e, ainda, cria condições de equilíbrio para a inserção igualitária dos trabalhadores nesse mercado de trabalho, sendo certo que a comunidade de princípios constitucionais politicamente instituídos se revela, à sua melhor luz, quando o Poder Judiciário encontra soluções satisfatórias sob um prisma plural de pretensões contrapostas e de raízes normativas, formando-se um rizoma jurídico que se cristaliza sob a forma de justiça integradora do sistema constitucional de direitos. Por todas essas considerações e perspectivas teóricas e práticas, não considero violado pelo acórdão recorrido, e pela decisão monocrática que o chancelou, o princípio da livre iniciativa (artigos 1º, V, e 170 da Constituição Federal), tampouco a liberdade individual para contratar, sobretudo porque tais princípios, norteadores de liberdades individuais, não podem ser adequadamente compreendidos sem que se contraponha a eles as próprias matrizes constitucionais dos direitos coletivos, e, entre eles, a segurança pública e a igualdade de condições de inserção no mercado de trabalho, o que aponta para uma distorção ilegítima do sistema laboral nesse nicho de mercado, que tende a privilegiar de modo ilegal a contratação de policiais militares submetidos a regime de dedicação integral ou exclusiva, em detrimento da contratação de civis regularmente habilitados para o exercício da profissão de vigilante ou de vigia. A vedação regulamentar ordinariamente prevista nos normativos das corporações militares (aos quais o acórdão recorrido faz menção, a partir do estudo de casos de algumas leis estaduais e da própria lei federal que regula a Polícia Militar do Distrito Federal), impõe, como regra geral, um dever de ofício aos militares, consistente na dedicação integral ou exclusiva às funções exercidas na corporação militar, como não poderia deixar de ser, pelos motivos acima expostos. Tais características do caso concreto dão as notas da ilegitimidade dessa atividade, tal como vem sendo conduzida pelo contratante, exsurgindo, daí, uma violação material concreta a direitos coletivos, situada entre o descompasso da referida atividade com a lei e a repercussão deletéria dos seus efeitos anti-isonômicos no mercado de trabalho, além do prejuízo à qualidade do próprio serviço público de segurança do Estado, bem como da higidez física e mental dos militares envolvidos. Assim, por qualquer ângulo que se examine a questão, a decisão monocrática proferida nestes autos deve ser mantida. Agravo não provido. [...]"

(TST-Ag-AIRR-1621-40.2010.5.10.0014, 5ª Turma, rel. Min. Breno Medeiros, julgado em 28/4/2021.)

Informativo nº 239

Dissídio coletivo de greve. Mora salarial. Não exigência da observância dos parâmetros legais para deflagração da greve. Não abusividade do movimento paredista e não autorização de desconto dos dias parados.

A jurisprudência majoritária da Seção de Dissídios Coletivos do TST segue no sentido de que a greve motivada por mora salarial, mesmo que não observe as exigências legais para sua deflagração, não pode ser considerada abusiva, nem autoriza o desconto dos dias parados. No caso, houve paralisação de parte da frota de transporte coletivo – cerca de 394 ônibus – ao longo do Terminal 1, no Centro de Manaus/AM, no dia 21/11/2018, das 15h15 às 17h20, pelos empregados que protestavam contra atrasos salariais. O TRT da 11ª Região julgou abusiva a greve, autorizando o desconto das horas paradas em relação aos trabalhadores que efetivamente participaram da paralisação, porquanto não cumpridos os requisitos legais obrigatórios dispostos na Lei nº 7.783/89 para a deflagração do movimento grevista. No entanto, conforme a jurisprudência majoritária da SDC, não se exige o cumprimento dos requisitos previstos na Lei nº 7.783/1989 quando a greve é motivada pela conduta ilícita do empregador de atrasar o pagamento dos salários, bem como a participação em greve deflagrada nessa situação não autoriza a realização do desconto dos salários, sendo devido seu pagamento. Sob esses fundamentos, a SDC, por unanimidade, deu provimento ao recurso ordinário do sindicato dos trabalhadores para, declarando a não abusividade da greve e afastando a autorização de desconto salarial das horas paralisadas, julgar improcedentes os pedidos deduzidos na petição inicial. TST-RO-451-67.2018.5.11.0000, SDC, rel. Min. Ives Gandra da Silva Martins Filho, 14/6/2021.

BREVE COMENTÁRIO

No julgado em questão, a SDC do TST reafirmou o posicionamento de que a greve motivada por mora salarial, mesmo que não observe as exigências legais para sua deflagração, não pode ser considerada abusiva, nem autoriza o desconto dos dias parados.

O Tribunal Regional do Trabalho da origem avia declarado a greve abusiva, porquanto não cumpridos os requisitos legais obrigatórios dispostos na Lei nº 7.783/89.

No TST, todavia, a decisão foi reformada, vez que, conforme a jurisprudência majoritária da SDC, não se exige o cumprimento dos requisitos previstos na Lei nº 7.783/1989 quando a greve é motivada pela conduta ilícita do empregador de atrasar o pagamento dos salários, bem como a participação em greve deflagrada nessa situação não autoriza a realização do desconto dos salários, sendo devido seu pagamento.

- **Dissídio coletivo de greve. Mora salarial. Não exigência da observância dos parâmetros legais para deflagração da greve. Não abusividade do movimento paredista e não autorização de desconto dos dias parados.** A jurisprudência majoritária da Seção de Dissídios Coletivos do TST segue no sentido de que a greve motivada por mora salarial, mesmo que não observe as exigências legais para sua deflagração, não pode ser considerada abusiva, nem autoriza o desconto dos dias parados. No caso, houve paralisação de parte da frota de transporte coletivo – cerca de 394 ônibus – ao longo do Terminal 1, no Centro de Manaus/AM, no dia 21/11/2018, das 15h15 às 17h20, pelos empregados que protestavam contra atrasos salariais. O TRT da 11ª Região julgou abusiva a greve, autorizando o desconto das horas paradas em relação aos trabalhadores que efetivamente participaram da paralisação, porquanto não cumpridos os requisitos legais obrigatórios dispostos na Lei nº 7.783/89 para a deflagração do movimento grevista. No entanto, conforme a jurisprudência majoritária da SDC, não se exige o cumprimento dos requisitos previstos na Lei nº 7.783/1989 quando a greve é motivada pela conduta ilícita do empregador de atrasar o pagamento dos salários, bem como a participação em greve deflagrada nessa situação não autoriza a realização do desconto dos salários, sendo devido seu pagamento. Sob esses fundamentos, a SDC, por unanimidade, deu provimento ao recurso ordinário do sindicato dos trabalhadores para, declarando a não abusividade da greve e afastando a autorização de desconto salarial das horas paralisadas, julgar improcedentes os pedidos deduzidos na petição inicial.

TST-RO-451-67.2018.5.11.0000, SDC,
rel. Min. Ives Gandra da Silva Martins Filho, 14/6/2021.

BREVE COMENTÁRIO

No julgado em questão, a SDC do TST reafirmou o posicionamento de que a greve motivada por mora salarial, mesmo que não observe as exigências legais para sua deflagração, não pode ser considerada abusiva, nem autoriza o desconto dos dias parados.

O Tribunal Regional do Trabalho da origem avia declarado a greve abusiva, porquanto não cumpridos os requisitos legais obrigatórios dispostos na Lei nº 7.783/89.

No TST, todavia, a decisão foi reformada, vez que, conforme a jurisprudência majoritária da SDC, não se exige o cumprimento dos requisitos previstos na Lei nº 7.783/1989 quando a greve é motivada pela conduta ilícita do empregador de atrasar o pagamento dos salários, bem como a participação em greve deflagrada nessa situação não autoriza a realização do desconto dos salários, sendo devido seu pagamento.

- **Mandado de segurança. Sistema de peticionamento eletrônico. Limitação do número de páginas. Inexistência de restrição expressa na legislação referente à transmissão eletrônica de documentos. Impossibilidade.** A legislação referente à transmissão eletrônica de documentos, especificamente as Leis nºs 9.800/1999 e 11.419/2006, não atribui limitação ao número de páginas dos documentos enviados eletronicamente, não se admitindo que os Tribunais Regionais, por meio de normas internas, estabeleçam tais restrições. No caso, o mandado de segurança foi impetrado contra decisão que negou processamento ao agravo de instrumento protocolado por meio de sistema eletrônico do TRT da 12ª Região sem observância das regras previstas na Portaria Conjunta GP/CR nº 93/2017, daquele Tribunal, que dispõem sobre a utilização do Sistema de Transmissão de Dados e Imagens (STDI) para envio de petições e de recursos, os quais foram limitados ao número máximo de 70 (setenta) páginas. Por esse fundamento, a SBDI-II, por maioria, deu provimento ao recurso ordinário para conceder a segurança, determinando à Vara do Trabalho que proceda ao regular processamento do agravo de instrumento. Vencidos o Ministro Evandro Pereira Valadão Lopes e a Ministra Maria Helena Mallmann, que negavam provimento ao recurso diante do fato superveniente pertinente ao trânsito em julgado da ação matriz, na forma da Orientação Jurisprudencial nº 99 da SBDI-II, óbice superado pela maioria da Sessão Especializada sob o fundamento de que não é possível retomar o curso da ação trabalhista, até mesmo a formação de coisa julgada, enquanto pendente a controvérsia acerca da regularidade do aludido agravo de instrumento.

TST-RO-221- 61.2019.5.12.0000, SBDI-II, rel. Min. Renato de Lacerda Paiva, 15/6/2021.

BREVE COMENTÁRIO

No julgado em tela, a SDI-II do TST esclareceu que, tendo em vista que legislação referente à transmissão eletrônica de documentos (Leis n°s 9.800/1999 e 11.419/2006), não atribui limitação ao número de páginas dos arquivos enviados eletronicamente, **não se admite que os Tribunais Regionais, por meio de normas internas, estabeleçam tais restrições.**

Informativo nº 240

"[...] RECURSO DE REVISTA INTERPOSTO A ACÓRDÃO PUBLICADO NA VIGÊNCIA DA LEI N.º 13.467/2017 EMPRESA PÚBLICA. CARGO EM COMISSÃO DE LIVRE NOMEAÇÃO E EXONERAÇÃO. EMPREGADA PORTADORA DE LEUCEMIA MIELÓIDE CRÔNICA (CÂNCER). DOENÇA ESTIGMATIZANTE. SÚMULA N.º 443 DO TRIBUNAL SUPERIOR DO TRABALHO. DISPENSA DISCRIMINATÓRIA. NULIDADE. REINTEGRAÇÃO. POSSIBILIDADE. CONVENÇÃO N.º 111 DA ORGANIZAÇÃO INTERNACIONAL DO TRABALHO. TRANSCENDÊNCIA JURÍDICA DA CAUSA RECONHECIDA.

1. Cuida-se de controvérsia acerca da possibilidade de decretação da nulidade da dispensa, e consequente reintegração no emprego, de empregada de empresa pública contratada sob o regime da Consolidação das Leis do Trabalho para o exercício de cargo em comissão de livre nomeação e exoneração, bem como sobre a incidência ou não da Súmula n.º 443 deste Tribunal Superior no caso de acometimento por Leucemia Mielóide Crônica. 2. Considerando a complexidade da presente controvérsia, bem como o ineditismo em seu exame por esta Corte superior, revela-se prudente o reconhecimento da transcendência da causa pelo critério jurídico. 3. Consoante disposto no artigo 3º, alínea d , da Convenção n.º 111 da Organização Internacional do Trabalho, ratificada pelo Brasil, promulgada por meio do Decreto n.º 62.150/1968 e, consolidada mediante o Decreto n.º 10.088/2019, os Estados-Membros para os quais a Convenção se encontre em vigor devem, por métodos adequados às circunstâncias e aos usos nacionais, seguir a política de combate à discriminação no trabalho, inclusive no que diz respeito a empregos dependentes do controle direto de uma autoridade nacional. Significa dizer que a obrigatoriedade do combate à discriminação no trabalho – gênero do qual a dispensa discriminatória é espécie – abrange as relações de trabalho firmadas com a Administração Pública, sejam elas estabelecidas por meio de concurso público (provimento de cargo efetivo), ou mediante vínculo precário de livre nomeação e exoneração, nos termos do artigo 37, II, da Constituição da República. 4. A Constituição da República, ao adotar como valor central do ordenamento jurídico pátrio a dignidade da pessoa humana (artigo 1º, III), alçou o combate à discriminação ao patamar de objetivo fundamental da República Federativa do Brasil (artigo 3º, IV). A centralidade da pessoa humana na ordem social, política e jurídica irradia-se, por óbvio, às relações de trabalho, sejam elas estabelecidas entre particulares ou entre trabalhador e Estado. Nesse contexto, ante a eventual colisão entre o valor basilar da dignidade da pessoa humana no trabalho e as normas constitucionais relacionadas à liberdade de gestão das empresas estatais, deve prevalecer a centralidade da dignidade da pessoa humana, um dos alicerces do Estado Democrático de Direito. 5. O disposto no artigo 173, § 1º, II, corrobora a impossibilidade de se validar a dispensa discriminatória no âmbito das empresas estatais. A vedação à discriminação em matéria de emprego estende-se, por certo, aos empregados públicos ocupantes de cargo em comissão. Observe-se que nem sequer a iniciativa privada está livre para praticar conduta discriminatória. Inafastável, daí, a conclusão de que a decisão proferida pelo Tribunal Regional, no sentido de considerar inviável a decretação de nulidade da dispensa, supostamente discriminatória, tão somente com fundamento na precariedade e transitoriedade do cargo ocupado pela reclamante, importou em afronta ao princípio da dignidade da pessoa humana insculpido no artigo 1º, III, da Constituição da República. 6. Reconhecida a possibilidade de decretação de nulidade da dispensa de empregada ocupante de cargo de livre nomeação e exoneração em empresa pública, resta perquirir acerca do caráter discriminatório da dispensa. No caso dos autos, resulta incontroverso que, à época da dispensa, a reclamante já era portadora de Leucemia Mielóide Crônica (câncer que se origina nas células-tronco da medula óssea). Consoante iterativa e notória jurisprudência desta Corte superior, a dispensa de trabalhador portador de câncer atrai a incidência do disposto na Súmula n.º 443 do Tribunal Superior do Trabalho, visto que considerado doença estigmatizante. Ausentes elementos capazes de infirmar a presunção da natureza discriminatória da dispensa da reclamante, resulta inafastável a incidência do referido verbete sumular e a decretação de nulidade da dispensa, com determinação da sua reintegração no emprego. 7. Diante de requerimento expresso de concessão de tutela de urgência, bem como ante a demonstração da plausibilidade do direito e do perigo na demora, defere-se a antecipação dos efeitos do presente acórdão, a fim de determinar a imediata reintegração da reclamante ao emprego e o restabelecimento de todos os benefícios, inclusive o Plano de Saúde, independentemente do seu trânsito em julgado. 8. Recurso de Revista conhecido e provido, com deferimento da tutela provisória de urgência requerida no apelo para determinar a imediata reintegração da reclamante ao emprego e o restabelecimento de todos os benefícios, inclusive o Plano de Saúde."

(TST-RRAg-324-27.2017.5.10.0022, 6ª Turma,
rel. Min. Lelio Bentes Corrêa, julgado em 23/6/2021.)

BREVE COMENTÁRIO

Os cargos em comissão são aqueles declarados em lei de livre nomeação e exoneração, conforme art. 37, II da CF/88. Eles podem ser criados no âmbito das empresas estatais para funções de direção, chefia e assessoramento.

> A princípio, a dispensa dos empregados em comissão (ocupantes de cargos em comissão em estruturas de emprego público) é livre, sem a necessidade de pagamento das verbas rescisórias (vide informativo nº 136).

O presente caso, todavia, se reveste de uma especificidade: o empregado em questão era portador de câncer. A dúvida pairou, assim, sobre a atração (ou não) da Súmula nº 433 do TST, que presume discriminatória a dispensa de pessoas portadoras de determinadas doenças, dentre elas o câncer, considerado doença estigmatizante pela jurisprudência do TST. Vejamos:

> Súmula nº 443 do TST
>
> DISPENSA DISCRIMINATÓRIA. PRESUNÇÃO. EMPREGADO PORTADOR DE DOENÇA GRAVE. ESTIGMA OU PRECONCEITO. DIREITO À REINTEGRAÇÃO –
>
> Presume-se discriminatória a despedida de empregado portador do vírus HIV ou de outra doença grave que suscite estigma ou preconceito. Inválido o ato, o empregado tem direito à reintegração no emprego.

Na situação analisada, a 6ª Turma do TST reconheceu a aplicação da Súmula nº 443, presumindo discriminatória a dispensa do trabalhador e determinando a sua reintegração.

Informativo nº 241

Agravo interno. Pedido de suspensão de liminar e de sentença. Pessoa jurídica de direito privado integrante da Administração Pública Indireta. Ilegitimidade ativa por não resultar configurada atuação na defesa de interesse público primário, mas interesse meramente patrimonial.

Com fulcro na jurisprudência deste colendo Tribunal Superior do Trabalho e do egrégio Superior Tribunal de Justiça, no sentido de que a legitimidade ativa de pessoa jurídica de direito privado integrante da Administração Pública Indireta para apresentar pedido de suspensão de liminar e de sentença restringe-se às hipóteses em que atua na defesa de interesse público primário, o Órgão Especial, por unanimidade, manteve a decisão agravada que reconheceu não configurada a legitimidade excepcional da requerente, uma vez que as alegações veiculadas pelo pedido de suspensão não evidenciam a necessidade de tutela da economia e da ordem públicas, mas sim estão relacionadas ao exercício de atividade econômica pela requerente, revelando a defesa de interesse estritamente patrimonial. Nesse contexto, resultou mantida a decisão que julgou extinto o processo sem resolução do mérito, com espeque no art. 485, VI, do CPC de 2015, por ilegitimidade ativa.

TST-OE-SLS-1001214-86.2020.5.00.0000, Órgão Especial, rel. Min. Maria Cristina Irigoyen Peduzzi, 9/8/2021.

BREVE COMENTÁRIO

No julgado em questão, sociedade de economia mista apresentou pedido de suspensão de liminar proferida em Ação Civil Pública ajuizada por sindicatos profissionais, deferida no sentido de impedir a alteração das condições de trabalho previstas em normas internas até que houvesse negociação coletiva.

Na decisão atacada, consignou-se que o TST admite, excepcionalmente, a legitimidade de pessoas jurídicas de Direito Privado para postular medidas de contracautela, sendo que essa não se evidencia pela mera natureza da Requerente de integrante da Administração Pública ou pela condição de existência de qualquer tipo de interesse público suscitado no pedido de suspensão.

Sob essa perspectiva, ressaltou-se a diferença entre interesse público primário (inerente à coletividade) e interesse público secundário (referente ao patrimônio da pessoa jurídica).

Feita essa distinção, o Órgão especial não reconheceu a tutela de interesse público primário no caso, uma vez que as alegações veiculadas pelo pedido de suspensão estariam relacionadas ao exercício de atividade econômica pela requerente, revelando a defesa de interesse estritamente patrimonial. Ou seja, não haveria tutela de interesse público primário.

Desse modo, na oportunidade, o TST reafirmou sua jurisprudência no sentido de que a legitimidade ativa de pessoa jurídica de direito privado integrante da Administração Pública Indireta para apresentar pedido de suspensão de liminar e de sentença restringe-se às hipóteses em que atua na defesa de interesse público primário.

Embargos. Jornada de trabalho do advogado. Admissão mediante concurso público. Observância do princípio da vinculação às regras do edital. Previsão de jornada de oito horas diárias. Equivalência ao ajuste contratual de dedicação exclusiva. Acórdão em consonância com a jurisprudência do TST.

Conforme jurisprudência consolidada nesta Corte, em relação à jornada de trabalho de advogado empregado contratado mediante concurso público, após o advento da Lei 8.906/94, aplica-se o princípio da vinculação às regras do edital do concurso público, concluindo-se que a previsão da jornada de oito horas de trabalho no edital do concurso equivale ao regime de dedicação exclusiva. No caso em exame, restou *"incontroverso que no edital do concurso público ao qual o Reclamante se submeteu havia a previsão expressa da jornada de 8 (oito) horas para os advogados".* Evidenciada, portanto, a consonância do acórdão turmário com julgados da SBDI-I e de todas as Turmas do Tribunal Superior do Trabalho, mostrou-se inviável o conhecimento do recurso de embargos, nos termos do art. 894, § 2º, da CLT, sendo certo que a função uniformizadora do Colegiado já fora cumprida. Sob esse fundamento, a SBDI-I, por unanimidade, não conheceu dos embargos.

TST-E-ED-ARR-1554-10.2012.5.22.0002, SBDI-I, rel. Min. Augusto César Leite de Carvalho, 12/8/2021.

BREVE COMENTÁRIO

O art. 20 da Lei nº 8.906/94 estabelece o seguinte:

> Art. 20. A jornada de trabalho do advogado empregado, no exercício da profissão, não poderá exceder a duração diária de quatro horas contínuas e a de vinte

> horas semanais, salvo acordo ou convenção coletiva ou em caso de dedicação exclusiva.

No acórdão recorrido, consignou-se que a despeito de haver previsão expressa da duração semanal de 40 (quarenta) horas no edital do concurso público, "o simples fato de o reclamante ter sido contratado para cumprir jornada de 8 (oito) horas por dia não caracteriza, por si só, dedicação exclusiva", uma vez que "tal regime, por representar limitação ao exercício profissional do trabalhador, deve ser expressamente previsto no contrato individual de trabalho".

Desse modo, aquelas horas trabalhadas além da quarta deveriam ser consideradas serviço extraordinário.

A SDI-I do TST, todavia, reformou a decisão, destacando que, nos termos da jurisprudência daquela Corte, a previsão no edital do concurso público da jornada de 8 (oito) horas para os advogados equivale ao ajuste contratual expresso do regime de dedicação exclusiva, tendo em vista o princípio geral de vinculação das partes às regras do edital, que aderem ao contrato individual de trabalho:

> Assim, em outras palavras, ao advogado contratado mediante concurso público para o exercício de oito hora diárias aplica-se o regime de dedicação exclusiva, não estando sua jornada limitada às quatro horas diárias.

Embargos. Horas de sobreaviso. Exercente de cargo de confiança. Art. 62, II, da CLT. Incompatibilidade.

O empregado exercente de cargo de confiança previsto no art. 62, II, da CLT não tem direito a horas de sobreaviso, haja vista a necessidade de um controle dos horários de trabalho para sua concessão e a incompatibilidade entre a sistemática do controle de jornada e a atividade exercida pelo trabalhador inserido no referido dispositivo. Sob esses fundamentos, a SBDI-I, por maioria, conheceu do recurso de embargos, por divergência jurisprudencial, vencido o Ministro Breno Medeiros, e, no mérito, por maioria, negou-lhe provimento, vencidos os Ministros Renato de Lacerda Paiva, Lelio Bentes Corrêa, Augusto César Leite de Carvalho, José Roberto Freire Pimenta e Cláudio Mascarenhas Brandão.

TST-E-RR-10070-04.2015.5.01.0065, SBDI-I, rel. Min. Hugo Carlos Scheuermann, 5/8/2021.

BREVE COMENTÁRIO

O empregado exercente de cargo de confiança previsto no art. 62, II, da CLT não tem direito a horas de sobreaviso, haja vista a necessidade de um controle dos horários de trabalho para sua concessão e a incompatibilidade entre a sistemática do controle de jornada e a atividade exercida pelo trabalhador inserido no referido dispositivo.

Informativo nº 243

▶ ***Recurso Ordinário em Ação Rescisória. Empregado de conselho de fiscalização profissional. Contratação sem concurso público após a Constituição Federal de 1998. Nulidade. Alegação de ofensa ao art. 37, II, da CF. Determinação de observância da jurisprudência da Suprema Corte. Inviabilidade do corte rescisório.***

O Supremo Tribunal Federal, nos autos do RE 1.112.327, deu provimento ao Recurso Extraordinário interposto pelo CREA/PR para cassar acórdão deste c. Tribunal Superior (publicado em 16/12/2015), com determinação de observância da jurisprudência firmada quanto à nulidade da contratação de pessoal dos conselhos de fiscalização das profissões regulamentadas, sem o prévio concurso público, após a Constituição Federal de 1988.

Embora este Tribunal Superior, amparado pelos princípios da proteção e da boa-fé objetiva, conferisse, por algum tempo, validade às contratações desse pessoal, sem concurso público, após a Constituição de 1988, mas desde que anteriores à ADI 1717-6 (DJ 28/02/2003), a Suprema Corte enfatizou que, em face da inexistência de modulação dos efeitos da referida decisão, não haveria possibilidade de se conferir eficácia *ex nunc* ou prospectiva, devendo ser estabelecido *"como marco inicial para a contratação de pessoal por concurso público para o preenchimento de vagas nos conselhos federais de fiscalização a data da promulgação da Constituição Federal de 1988"* (RE 922374 ED-AgR, Relator Min. Alexandre de Moraes, publicado em 01/08/2018).

Com base nesses fundamentos, a SBDI-II desta Corte, por unanimidade, negou provimento ao recurso ordinário em ação rescisória, mantendo o acórdão rescindendo que declarou a nulidade de contratação do ora Autor, em 1991, pelo CREA/PR, em face da ausência de realização de prévio concurso público. Fixando-se, ainda, a inviabilidade do corte rescisório pela alegada ofensa ao art. 37, II, da Constituição Federal.

TST-RO-203-68.2012.5.09.0000, SBDI-II, rel. Min. Alexandre de Souza Agra Belmonte, 31/8/2021.

BREVE COMENTÁRIO

A Constituição da República Federativa do Brasil de 1988, em seu art. 7º, XIII, dispõe que é livre o exercício de qualquer trabalho, ofício ou profissão, atendidas as qualificações profissionais que a lei estabelecer.

Assim, vemos que existe uma previsão de livre exercício profissional, mas também a possibilidade de condicionamento desse aos termos da lei. A fiscalização de referidas condicionantes é feita pelos chamados Conselhos Profissionais, que possuem a natureza jurídica de autarquias[37]. Sobre essas, dispõe o Decreto-Lei nº 200/67:

37. Ressalvamos o voto do Ministro Alexandre de Moraes, na ADI 3.026, que considerou os Conselhos Profissionais pessoas jurídicas de direito público *sui generis*.

> Art. 5º Para os fins desta lei, considera-se:
>
> I - Autarquia - o serviço autônomo, criado por lei, com personalidade jurídica, patrimônio e receita próprios, para executar atividades típicas da Administração Pública, que requeiram, para seu melhor funcionamento, gestão administrativa e financeira descentralizada.

Em sendo pessoas jurídicas de direito público, incide sobre elas o regime jurídico administrativo, o qual, dentre outras determinações, impõe que a admissão de seu pessoal se dê após prévia aprovação em concurso público, nos termos do art. 37, II, CF.

No julgado em questão, o TST assentiu com a jurisprudência do STF para declarar nula a contratação de servidor por Conselho Profissional, após a Constituição de 1988, sem a realização de concurso.

O acórdão é importante, pois demonstra mudança no entendimento do TST, que reconhecia a validade às contratações desse pessoal, sem concurso público, após a Carta de 1988, mas desde que anteriores à ADI 1717-6 (DJ 28/02/2003).

Com esse julgado restou definido: o marco para aferir a nulidade dessas contratações é a Constituição da República de 1988.

- ***Mandado de Segurança. Contrato de concessão rodoviária. Ato coator que concede isenção de pedágio aos veículos particulares de Oficiais de Justiça em cumprimento de ordens judiciais. Ausência de previsão legal ou contratual específica. Prejuízo ao equilíbrio econômico financeiro do contrato de concessão. Segurança concedida.***

A SBDI-II, por unanimidade, conheceu do recurso ordinário interposto pela impetrante, titular da concessão da BR-040, e deu-lhe provimento para conceder a segurança, a fim de cassar a decisão de Juiz Diretor do Foro da Justiça do Trabalho que determinou a passagem livre dos Oficiais de Justiça Avaliadores na praça de pedágio, sem pagamento de tarifas, quando em cumprimento de ordens judiciais, sob pena de crime de desobediência.

Na hipótese, concluiu-se que a decisão que concede isenção de pedágio aos veículos particulares de Oficiais de Justiça em cumprimento de ordens judiciais, sem previsão legal ou contratual específica, viola o disposto no art. 175, *caput*, da Constituição Federal e no art. 35, *caput*, da Lei 9.074/1995, ensejando prejuízo ao equilíbrio econômico-financeiro do contrato de concessão.

O Ministro Douglas Alencar Rodrigues, Relator, salientou que a aplicação extensiva do disposto no art. 1º, § 2º, do Decreto-Lei nº 791/1969, que dispõe sobre o pedágio em rodovias federais e estabelece isenção aos veículos oficiais e do corpo diplomático, não se coaduna com a interpretação literal que deve nortear a outorga de isenções em matéria tributária, nos termos do art. 11, inciso II, do CTN.

Além disso, destacou-se que o disposto no art. 22, §§ 1º e 5º, da Resolução nº 124/2013 do CSJT, já prevê a possibilidade de ressarcimento de despesas decorrentes da utilização de meio próprio de transporte, inclusive os gastos com pedágios e outras tarifas no trajeto interurbano, mediante comprovação dos pagamentos.

TST-RO-11184-22.2015.5.03.0000, SBDI-II, rel. Min. Douglas Alencar Rodrigues, 31/8/2021.

BREVE COMENTÁRIO

No caso, foi impetrado mandado de segurança, com pedido liminar contra ato praticado por Juiz do Trabalho, que determinou a concessionária a passagem livre dos Oficiais de Justiça Avaliadores em determinada praça de pedágio, sem pagamento de tarifas, quando em cumprimento de ordens judiciais, sob pena de crime de desobediência.

A segurança foi denegada pelo TRT, sendo o caso levado ao TST por meio de recurso ordinário.

O TST deu provimento ao apelo, concluindo que a decisão que concede isenção de pedágio aos veículos particulares de Oficiais de Justiça em cumprimento de ordens judiciais, sem previsão legal ou contratual específica, viola o disposto no art. 175, caput, da Constituição Federal e no art. 35, caput, da Lei 9.074/1995, ensejando prejuízo ao equilíbrio econômico-financeiro do contrato de concessão. Cite-se:

> Art. 175, CF. Incumbe ao Poder Público, na forma da lei, diretamente ou sob regime de concessão ou permissão, sempre através de licitação, a prestação de serviços públicos.
>
> Art. 35, Lei 9.074/1995. A estipulação de novos benefícios tarifários pelo poder concedente, fica condicionada à previsão, em lei, da origem dos recursos ou da simultânea revisão da estrutura tarifária do concessionário ou permissionário, de forma a preservar o equilíbrio econômico-financeiro do contrato.

Por sua vez, dispõe o Decreto-Lei nº 791/1969:

> Art. 1º Fica o Govêrno Federal autorizado a, nos têrmos do Artigo 20, inciso II da Constituição, instituir cobrança de pedágio, que será devido pelos condutores de veículos automotores que utilizem vias públicas, integrantes do sistema rodoviário federal.
>
> (...)
>
> § 2º Ficam isentos do pagamento de pedágio os veículos oficiais e aqueles do Corpo Diplomático.

O Ministro Relator, salientou que a aplicação extensiva do disposto no art. 1º, § 2º, do Decreto-Lei nº 791/1969, que dispõe sobre o pedágio em rodovias federais e estabelece isenção aos *veículos oficiais e do corpo diplomático*, não se coaduna com a interpretação literal que deve nortear a outorga de isenções em matéria tributária, nos termos do art. 11, inciso II, do CTN.

Diante disso, não é possível conceder isenção de pedágio aos veículos particulares de Oficiais de Justiça em cumprimento de ordens judiciais, sem previsão legal ou contratual específica.

Informativo nº 244

- ***Dissídio coletivo de natureza jurídica. Pleito de natureza exclusivamente cominatória (suspensão das atividades presenciais durante a pandemia de Covid-19). Inadequação da via eleita. Extinção sem resolução do mérito. Efeito ex tunc. Impossibilidade de cobrança de multas e outros consectários. OJ 7 da SDC do TST e art. 241, II, do RITST.***

Conforme já se posicionou a SDC, a excepcionalidade da pandemia de COVID-19 não justifica a utilização de dissídio coletivo de natureza jurídica para a imposição de obrigações às empresas e empregadores além daquelas já previstas em lei. No caso, o TRT da 3ª Região extinguiu o feito sem resolução do mérito, por inadequação da via eleita, cassando a liminar que determinara a suspensão de atividades presenciais dos professores durante 30 dias em face da pandemia do Covid-19. Em casos tais, em que a extinção do processo, sem resolução do mérito, se dá por ausência insanável de pressuposto processual, como no caso de não subordinação do procedimento à lei, com reconhecimento da inadequação da via eleita, por não se ajustar a pretensão aos moldes do dissídio coletivo de natureza jurídica, tal como previsto no art. art. 241, caput e II, do RITST, na Orientação Jurisprudencial 7 da SDC, o exercício da jurisdição não pode gerar efeitos para as partes. Nesse sentido, reconhecida a inadequação da via eleita, a extinção do processo sem resolução do mérito se dá com efeitos *ex tunc*, não podendo o descumprimento das liminares gerar a aplicação ou cobrança de qualquer multa, nem os empregadores ficarem obrigados pelos ditames liminares quanto à prestação de serviços por parte de seus empregados. Sob esses fundamentos, a SDC, por unanimidade, deu provimento ao recurso ordinário do Sindicato dos Estabelecimentos de Ensino do Noroeste de Minas Gerais para declarar que a cassação da liminar deferida no presente feito se dá *ex tunc*, ou seja, desde a sua concessão. ROT-10443-06.2020.5.03.0000, SDC, rel. Min. Ives Gandra da Silva Martins Filho, 20/9/2021.

BREVE COMENTÁRIO

Segundo o art. 241 do Regimento Interno do TST, os dissídios coletivos de natureza jurídica se prestam à interpretação de cláusulas de sentenças normativas, de instrumentos de negociação coletiva, acordos e convenções coletivas, de disposições legais particulares de categoria profissional ou econômica e de atos normativos.

Como se vê, o instrumento em questão tem escopo reduzido: a interpretação de determinadas normas.

Por essa razão, a SDC do TST rejeitou a sua utilização para pleito de natureza exclusivamente cominatória (suspensão das atividades presenciais durante a pandemia de Covid-19).

Consignou-se na oportunidade que a excepcionalidade da pandemia de COVID-19 não justifica a utilização de dissídio coletivo de natureza jurídica para a imposição de obrigações às empresas e empregadores além daquelas já previstas em lei. Considerou-se a via eleita inadequada.

Dissídio coletivo de greve. Comissão de fábrica. Previsão em regulamento interno da empresa há mais de 20 anos. Redução do número de empregados contratados. Extinção da comissão por ato unilateral da empresa. Invalidade.

É ilícita a extinção unilateral pela empresa da comissão de fábrica prevista em regulamento interno desde 1992, sem qualquer vinculação a um número mínimo de empregados e com nítido intuito continuativo, ainda que reduzido o quadro de funcionários para menos de 200 empregados. Embora exista um condicionamento legal para a instituição cogente de comissão de representação dos trabalhadores nas empresas, dado pelo número mínimo de 200 empregados, é evidente que a Constituição da República autoriza às normas legais ordinárias, às normas internacionais ratificadas, à própria negociação coletiva trabalhista e até mesmo aos regulamentos internos empresariais que criem regras jurídicas mais favoráveis do que a fixada nos arts. 11 da Constituição da República e 510-A da CLT. No caso, o direito à existência da comissão incorporou-se às relações jurídicas como condição mais favorável, independentemente do critério quantitativo fixado na lei. E, por se tratar de vantagem de natureza coletiva, prevista em regulamento empresarial, não poderia ser extirpada unilateralmente do patrimônio jurídico dos trabalhadores, sob pena de desrespeito aos princípios da inalterabilidade contratual lesiva, da incorporação da norma mais favorável, bem como da lealdade e transparência nas relações coletivas de trabalho. Sob esses fundamentos, a SDC, por maioria, negou provimento ao recurso ordinário da empresa quanto ao tema, vencidos os Ministros Ives Gandra da Silva Martins Filho, Relator, Emmanoel Pereira e a Ministra Maria Cristina Irigoyen Peduzzi, que votaram no sentido de dar provimento ao recurso ordinário para declarar extinta a comissão de representantes de trabalhadores, enquanto perdurar a situação empresarial de possuir menos de 200 empregados. TST-ROT-1002264-93.2020.5.02.0000, SDC, red. p/ acórdão Min. Mauricio Godinho Delgado, 20/9/2021.

BREVE COMENTÁRIO

O art. 11 da Constituição Federal dispõe o seguinte:

> Art. 11. Nas empresas de mais de duzentos empregados, é assegurada a eleição de um representante destes com a finalidade exclusiva de promover-lhes o entendimento direto com os empregadores.

Regulamentando o dispositivo em questão, o art. 510 da CLT estabelece:

> Art. 510-A. Nas empresas com mais de duzentos empregados, é assegurada a eleição de uma comissão para representá-los, com a finalidade de promover-lhes o entendimento direto com os empregadores.

No caso em tela, a empresa já possuía essa comissão desde 1992 (lembramos que o art. 510-A foi inserido na CLT pela Lei nº 13.467/2017), conforme previsto em seu regulamento interno.

Posteriormente, houve a redução do número de empregados, passando a empresa a contar com menos de 200 funcionários. Ela poderia extinguir a comissão?

Segundo o TST, não.

Conforme decidido, o direito à existência da comissão incorporou-se às relações jurídicas como condição mais favorável, independentemente do critério quantitativo fixado na lei. Neste sentido, por se tratar de vantagem de natureza coletiva, prevista em regulamento empresarial, não poderia ser extirpada unilateralmente do patrimônio jurídico dos trabalhadores, sob pena de desrespeito aos princípios da inalterabilidade contratual lesiva, da incorporação da norma mais favorável, bem como da lealdade e transparência nas relações coletivas de trabalho.

- ***Prescrição. Marco inicial. Pedido de diferenças de adicional de horas extras. Trânsito em julgado de sentença declaratória e condenatória em reclamação trabalhista anterior. Impossibilidade. Orientação Jurisprudencial nº 401 da SBDI-I do TST. Má aplicação.***

Não atrai a incidência, por interpretação extensiva, da Orientação Jurisprudencial nº 401 da SBDI-I, a hipótese em que a pretensão do direito material de nova reclamação trabalhista não depende de resolução de relação jurídica examinada sob a ótica de ação ajuizada anteriormente. No caso, o sindicato-autor ajuizou primeira reclamação trabalhista, onde obteve o reconhecimento da jornada de trabalho de seis horas para empregados substitutos, maquinistas e auxiliares submetidos a turnos ininterruptos de revezamento. Posteriormente, ajuizou nova reclamação, alegando que, nos termos da norma coletiva da categoria, quando prestadas mais de três horas extraordinárias, o adicional de horas extras a ser pago deveria corresponder a 70%. A Turma do TST ratificou a decisão proferida pelo Tribunal Regional, no sentido de afastar a arguição de prescrição bienal veiculada, por não divisar afronta à norma do art. 7º, XXIX, da Constituição da República, aplicando extensivamente a diretriz sufragada na Orientação Jurisprudencial nº 401 da SBDI-I do TST. Todavia, quando ajuizada a primeira ação, já se encontrava em pleno vigor a norma coletiva invocada, ou seja, era viável que o sindicato cumulasse os pedidos de reconhecimento das horas extras vindicadas com o adicional que entendia correto. Sob esses fundamentos, a SBDI-I, por unanimidade, conheceu dos embargos, por contrariedade à Orientação Jurisprudencial n.º 401 da SBDI-1, em face de sua má aplicação e, no mérito, deu-lhes provimento para pronunciar a incidência da prescrição total da pretensão deduzida em juízo em relação aos substituídos com contratos de trabalho findos há mais de dois anos do ajuizamento da segunda reclamação trabalhista. TST-E-ED-RR-91500-61.2009.5.03.0055, SBDI-I, rel. Min. Lelio Bentes Corrêa, 23/9/2021.

BREVE COMENTÁRIO

A Orientação Jurisprudencial nº 401 da SDI-I do TST estabelece o seguinte:

> OJ 401, SDI-I. O marco inicial da contagem do prazo prescricional para o ajuizamento de ação condenatória, quando advém a dispensa do empregado no curso de ação declaratória que possua a mesma causa de pedir remota, é o trânsito em julgado da decisão proferida na ação declaratória e não a data da extinção do contrato de trabalho.

Vejamos, assim, que, havendo certa relação de prejudicialidade entre as demandas, o prazo prescricional de uma começa do trânsito em julgado da outra.

No caso em tela, o Sindicato ajuizou duas ações: uma para reconhecimento da jornada de trabalho de 6 seis horas a seus substituídos, por trabalho em turnos ininterruptos de revezamento, e outra para o pagamento de horas extras no patamar estabelecido em norma coletiva da categoria.

A agremiação buscou a aplicação analógica da OJ 401 da SDI-I, ou seja, que o prazo prescricional da segunda ação fosse contado apenas do trânsito em julgado da primeira.

A SDI-I do TST não concordou com o pleito, consignando que, quando ajuizada a primeira ação, já se encontrava em pleno vigor a norma coletiva invocada, ou seja, era viável que o sindicato cumulasse os pedidos de reconhecimento das horas extras vindicadas com o adicional que entendia correto. Assim, pronunciou a incidência da prescrição total em relação aos substituídos com contratos de trabalho findos há mais de dois anos do ajuizamento da segunda reclamação trabalhista.

▶ ***Embargos. Honorários advocatícios. Defensor dativo. Ação de cobrança. Incompetência da Justiça do Trabalho. Relação jurídico-administrativa.***

Nos termos do artigo 114, I, da Constituição Federal, é incompetente a Justiça do Trabalho para o processamento e o julgamento de lides que envolvam relação jurídica-administrativa. Nesse contexto, tratando-se de ação de cobrança de honorários advocatícios, proposta contra a União, em decorrência dos serviços prestados pelo autor na condição de defensor dativo, é incompetente a Justiça do trabalho para processar e julgar referida ação. Isso porque, nessa situação, o advogado dativo atua como um colaborador do Estado, exercendo, transitoriamente, suas funções sem qualquer vínculo com o Poder Público. Cuida-se do exercício de um encargo público que não decorre de relação de trabalho, mas sim de relação jurídico-administrativa. Sob esses fundamentos e também amparada em jurisprudência do Supremo Tribunal Federal sobre a matéria (RE-607520, Rel. Min. Dias Toffoli, Tribunal Pleno, publicado no DJE em 21/6/2011), a SBDI-I, por unanimidade, reconheceu a incompetência material da Justiça do Trabalho para processar e julgar a presente ação de cobrança. TST-E-RR-209000-38.2009.5.04.0018, SBDI-I, rel. Min. José Roberto Freire Pimenta, 23/9/2021.

BREVE COMENTÁRIO

O pleito em tela versava sobre a cobrança de honorários advocatícios de defensor dativo em face da União.

Segundo a SDI-I, a demanda deve ser ajuizada na Justiça Comum, e não na Justiça do Trabalho.

Isso porque o advogado dativo atua como um colaborador do Estado, exercendo, transitoriamente, suas funções sem qualquer vínculo com o Poder Público. Cuida-se, desse modo, do exercício de um encargo público que não decorre de relação de trabalho, mas sim de relação jurídico-administrativa.

Assim, em suma é incompetente a Justiça do Trabalho para o processamento e o julgamento de ação de cobrança de honorários advocatícios ajuizada por defensor dativo em face da Administração Pública.

Recurso ordinário em mandado de segurança. Penhora de vencimentos. Ato coator praticado na vigência do CPC de 2015 para pagamento de prestação alimentícia e dentro do limite estabelecido em lei. Legalidade.

É lícita a penhora de vencimentos determinada na vigência do CPC de 2015, para pagamento de prestação alimentícia e em percentual inferior ao limite estabelecido no art. 529, § 3º, do referido diploma legal. No caso em questão, a penhora determinada pelo ato coator preencheu todos os requisitos legais de validade, quais sejam: a) determinada na vigência do CPC de 2015; b) imposta para pagamento de créditos reconhecidos pela Justiça do Trabalho, os quais possuem nítido caráter alimentar; c) fixada em percentual condizente com o que preceitua o art. 529, § 3º, do CPC de 2015. Assim, deve-se reconhecer a legalidade do ato coator, confirmando o entendimento do Regional que impôs a penhora de 20% do salário do recorrente. Sob esses fundamentos, a SBDI-II, por unanimidade, conheceu do recurso ordinário do recorrente e negou-lhe provimento. TST-ROT-100876-81.2018.5.01.0000, SBDI-II, rel. Min. Luiz José Dezena da Silva, 21/9/2021.

BREVE COMENTÁRIO

O art. 529, §3º, do TST estabelece o seguinte:

> Art. 529. Quando o executado for funcionário público, militar, diretor ou gerente de empresa ou empregado sujeito à legislação do trabalho, o exequente poderá requerer o desconto em folha de pagamento da importância da prestação alimentícia.
>
> (...)
>
> § 3º Sem prejuízo do pagamento dos alimentos vincendos, o débito objeto de execução pode ser descontado dos rendimentos ou rendas do executado, de forma parcelada, nos termos do caput deste artigo, contanto que, somado à parcela devida, **não ultrapasse cinquenta por cento de seus ganhos líquidos**. (destacou-se)

No caso em tela, a SDI-II do TST reconheceu a validade de penhora realizada em vencimentos, no patamar de 20%.

Segundo a Corte, os requisitos para que isso seja válido são:

a) determinação na vigência do CPC de 2015;

b) imposição para pagamento de créditos reconhecidos pela Justiça do Trabalho, dado seu caráter alimentar;

c) fixação em percentual condizente com o que preceitua o art. 529, § 3º, do CPC de 2015.

"[...] II - RECURSO DE REVISTA – EXECUÇÃO FISCAL. MULTA ADMINISTRATIVA. FALÊNCIA DO EXECUTADO. ALTERAÇÃO LEGISLATIVA (LEI Nº 14.112/2020). APLICABILIDADE. ART. 43 DO CPC. COMPETÊNCIA DA JUSTIÇA DO TRABALHO. *STARE DECISIS BRASILIENSIS*. INAPLICAÇÃO DE PRECEDENTES DIANTE DE APLICAÇÃO DE TÉCNICA DE *DISTINGUISHING*. Este Tribunal, reiteradamente, vem decidindo no sentido de que, havendo o deferimento da recuperação judicial ou a decretação da falência da empresa executada, o crédito relativo à execução fiscal deve ser habilitado no juízo falimentar. Não obstante a existência de precedentes judiciais em tal sentido, a Lei nº 14.112/2020, publicada no DOU de 24/12/2020, trouxe significativas alterações à Lei de Falências, a convocarem uma nova análise da matéria. Conforme dispõe o artigo 6º, § 11, da Lei de Falências, incluído pelo mencionado diploma, ainda que haja a decretação da falência ou o deferimento do processamento da recuperação judicial, as execuções fiscais decorrentes de penalidades administrativas impostas aos empregadores pelos órgãos de fiscalização das relações de trabalho e as execuções de ofício das contribuições à seguridade social decorrentes das condenações trabalhistas devem ser processadas nesta Justiça Especializada, *"(...) vedados a expedição de certidão de crédito e o arquivamento das execuções para efeito de habilitação na recuperação judicial ou na falência"*. Nesse cenário, impõe-se a adequação da jurisprudência à nova disciplina legal, de modo a declarar-se que, em tais casos, a Justiça do Trabalho é competente para processar a execução, sem prejuízo da competência do juízo da recuperação judicial para determinar a substituição dos atos de constrição que recaiam sobre bens de capital essenciais à manutenção da atividade empresarial até o encerramento da recuperação judicial, conforme §§ 7º-B e 11 do artigo 6º da Lei nº 11.101/2005, incluídos pela Lei nº 14.112/2020. Considerando os precedentes judiciais existentes, o novo *status* normativo e as peculiaridades do julgamento diante do *stare decisis brasiliensis* (artigos 926, 927 e 489, § 1º, incisos V e VI, do CPC de 2015), incumbe proceder ao uso da técnica do *distinguishing* para deixar de aplicar ao caso *sub judice* os fundamentos determinantes das decisões do passado. Trata-se de hipótese de distinção em relação aos julgados anteriores, decorrente da superveniência da comentada alteração legislativa, a qual deve ser observada por esta Corte Superior, ainda que o debate sobre o tema tenha se iniciado anteriormente – no caso, o acórdão regional foi publicado em 31/07/2020 e o recurso de revista interposto em 03/08/2020 –, visto referir-se a alteração de *competência absoluta*, o que constitui exceção ao princípio da *perpetuatio jurisdictionis*. A propósito, nos termos do artigo 43 do CPC, *"Determina-se a competência no momento do registro ou da distribuição da petição inicial, sendo irrelevantes as modificações do estado de fato ou de direito ocorridas posteriormente, salvo quando suprimirem órgão judiciário ou alterarem a competência absoluta."* (sem destaque no original). Em suas razões recursais, a exequente indica como violado o artigo 5º da Lei nº 6.830/1980, que estabelece que *"A competência para processar e julgar a execução da Dívida Ativa da Fazenda Pública exclui a de qualquer outro Juízo, inclusive o da falência, da concordata, da liquidação, da insolvência ou do inventário"*. Considerando-se a alteração legislativa, nova leitura do invocado preceito induz à admissão do recurso de revista e ao seu provimento, com a determinação de retorno dos autos à Vara do Trabalho de origem para que prossiga na execução do crédito. Recurso de revista conhecido, com fulcro no artigo 896, § 10, da CLT, e provido." (TST-RR-10366-92.2015.5.15.0014, 2ª Turma, rel. Des. Conv. Marcelo Lamego Pertence, julgado em 15/9/2021.)

BREVE COMENTÁRIO

Na espécie, a 2ª Turma do TST reconheceu que a Corte tem decidido, reiteradamente, no sentido de que, havendo o deferimento da recuperação judicial ou a decretação da falência da empresa executada, o crédito relativo à execução fiscal deve ser habilitado no juízo falimentar.

No entanto, considerou que esse posicionamento foi afetado pela superveniência da lei nº 14.112/2020. Segundo ela, ainda que haja a decretação da falência ou o deferimento do processamento da recuperação judicial, as execuções fiscais decorrentes de penalidades administrativas impostas aos empregadores pelos órgãos de fiscalização das relações de trabalho e as execuções de ofício das contribuições à seguridade social decorrentes das condenações trabalhistas devem ser processadas na Justiça do Trabalho.

Assim, realizou uma distinção do caso em relação aos precedentes anteriores, devido à superveniência da lei, e determinou retorno dos autos à Vara do Trabalho de origem para que prossiga na execução do crédito.

"[...] RECURSO DE REVISTA DO RECLAMADO. APELO INTERPOSTO SOB A ÉGIDE DA LEI N° 13.015/2014. GRATIFICAÇÃO DE FUNÇÃO. SUPRESSÃO. PERCEPÇÃO POR MAIS DE 10 (DEZ) ANOS. PERÍODO ANTERIOR À ENTRADA EM VIGOR DA LEI DA REFORMA TRABALHISTA. SITUAÇÃO CONSOLIDADA NA VIGÊNCIA DA SÚMULA Nº 372. INCORPORAÇÃO DEVIDA. PRINCÍPIO DA SEGURANÇA JURÍDICA E DA PROTEÇÃO DA CONFIANÇA LEGÍTIMA. IMPOSSIBILIDADE DE APLICAÇÃO RETROATIVA DA NOVA REDAÇÃO DO ARTIGO 468 DA CLT. NÃO CONHECIMENTO. Discute-se nos autos o direito à incorporação da gratificação de função exercida pelo empregado por mais de 10 (dez) anos. Como é sabido, com a entrada em vigor da Lei nº 13.467/2017, foi inserido o § 2º ao artigo 468 da CLT, por meio do qual o legislador cuidou de fixar, expressamente, a ausência do direito à incorporação de função, independentemente do tempo de seu exercício, bem como do motivo que levou o empregador a realizar a reversão do empregado ao cargo efetivo. Antes da vigência da mencionada lei, a jurisprudência que se firmou no âmbito desta egrégia Corte Superior Trabalhista foi de que, em observância ao princípio da estabilidade financeira, a reversão do empregado ao cargo efetivo, sem a apresentação de justo motivo pelo empregador, gerava ao trabalhador o direito à incorporação da gratificação de função quando percebida por 10 (dez) ou mais anos. Esse entendimento restou, inclusive, sufragado no item I da Súmula nº 372, em 2005, e, desde então, passou a orientar os julgamentos dos litígios que envolvessem a análise da referida questão. A despeito da referida alteração legislativa – de aplicação imperativa para as situações que vierem a ocorrer na sua vigência –, há de se ter em mente as hipóteses nas quais o empregado, quando da entrada em vigor da lei da reforma trabalhista, já tinha implementado o período mínimo de 10 (dez) anos previsto na Súmula nº 372 para a incorporação da gratificação de função percebida. Para tais casos, o entendimento que se firmou no âmbito desta egrégia Quarta Turma, e pelo qual também passei a pautar-me, foi no sentido de ser indevida a incorporação salarial postulada. Firmou-se a tese de que não há falar em direito adquirido do empregado à incorporação de parcela estabelecida por mero entendimento jurisprudencial se a legislação vigente traz expressa vedação nesse sentido. Refletindo melhor sobre o assunto, todavia, concluí que tais situações merecem um tratamento jurídico distinto, a serem apreciadas *cum grano salis*, já que foram consolidadas em período anterior à vigência da lei da reforma trabalhista. Essa é exatamente a hipótese dos autos, em que se mostra incontroverso no feito que, quando da entrada em vigor da lei da reforma trabalhista e, por conseguinte, da inclusão do § 2º do artigo 468 da CLT, o reclamante já havia exercido a função de confiança pelo prazo dos 10 (dez) anos previsto na Súmula nº 372. É sabido que não há falar em direito adquirido quando a origem do direito postulado decorre de entendimento jurisprudencial, tal como se verifica em relação à incorporação da gratificação de função prevista na aludida súmula. De qualquer maneira, não se pode olvidar que, não obstante as súmulas não ostentem *status* de lei, não se mostrando, portanto, de aplicação obrigatória por parte dos julgadores, a sua edição decorre da análise prévia da matéria sumulada à luz de todos os dispositivos de lei que a regem no ordenamento jurídico pátrio. Por essa razão é que, a princípio, revela-se inconcebível a ideia de uma determinada súmula poder ser editada *contra legem*, ou seja, contrariamente ao ordenamento jurídico. Isso porque o processo de criação de uma súmula, mesmo a meramente persuasiva, e, que, portanto, não detém caráter vinculante, decorre das teses jurídicas que se formam nos Tribunais em decorrência da reiteração de julgamentos sobre um determinado tema, cujas decisões, certamente, têm como fundamento os preceitos de lei que regem a matéria examinada. No caso, decerto que a edição da Súmula nº 372 levou em consideração o disposto na redação original do artigo 468 da CLT para, juntamente com a invocação do princípio da estabilidade financeira, consubstanciar o entendimento de que a reversão para o cargo efetivo, anteriormente ocupado, não configurava alteração ilícita do contrato de trabalho e assegurava ao empregado que contasse com 10 (dez) anos, ou mais, de exercício na função de confiança o direito à incorporação da gratificação percebida. Como se vê, não se tratou de uma mera criação jurisprudencial, destituída de qualquer amparo legal. À época em que editada, esta Corte levou em consideração a antiga redação do artigo 468 da CLT, como bem se observa da leitura dos precedentes que deram origem à súmula, razão pela qual penso que as situações consolidadas durante a sua vigência devem ser preservadas. Ora, se se tratasse, efetivamente, de uma súmula *contra legem*, a obstar a aplicação do enunciado nela contido, por certo que essa questão, por meio do manejo das ações de inconstitucionalidade, já teria sido suscitada perante o e. Supremo Tribunal Federal. Como exemplo disso, pode-se citar a questão em torno do texto da Súmula nº 450, que, recentemente, foi objeto do ajuizamento da ADPF nº 501, na qual se argumenta que este egrégio Tribunal Superior teria violado preceitos fundamentais, em especial os artigos 2º, 5º, II, e 66, § 4º, III, da Constituição Federal, ao criar uma penalidade para o pagamento das férias fora do prazo do artigo 145 da CLT sem qualquer embasamento legal para tanto. Outro exemplo também é a redação da Súmula nº 277, que trata da ultratividade das normas coletivas e também está tendo a sua constitucionalidade questionada por meio da ADPF nº 323, ambas ainda pendentes de julgamento naquela Suprema Corte. Em relação à Súmula nº 372, é importante consignar que, não obstante tenha sido editada em 2005, a redação contida no item I, que trata da incorporação da gratificação de função, decorreu da conversão da antiga Orientação Jurisprudencial nº 45 da SBDI-1, que foi inserida em 1996 e, até o momento, não foi objeto de questionamento perante o STF quanto à sua constitucionalidade. Não se pode negar, ainda, que a redação da Súmula nº 372 pauta-se em precedentes que datam desde 1992, sendo da lavra de Ministros que, não só à época, mas ainda hoje, ostentam, perante esta Corte Superior, notável respeitabilidade por seus conhecimentos jurídicos e pelo inegável senso de justiça que sempre se fez presente nos julgamentos dos quais participaram enquanto membros integrantes desta Corte. Outro aspecto importante a ser salientado diz respeito ao fato de que o Tribunal, quando edita um verbete sumular, está apenas consolidando no enunciado um entendimento que reflete a jurisprudência que, reiteradamente, já vem sendo adotada em seus julgamentos acerca da matéria. Assim, embora não se possa alegar a existência de direito adquirido em face de um enunciado de súmula, não se pode negar que os jurisdicionados possuem, em relação ao direito nele assegurado, uma legítima expectativa de vê-lo reconhecido em seu favor, quando do ingresso com a ação trabalhista no Poder Judiciário. Em tais situações, parece-me claro que o trabalhador deposita na súmula a confiança legítima de que o direito ali previsto, fruto da reiterada interpretação pretoriana, ser-lhe-á reconhecido judicialmente como devido, como se a ele fosse assegurado uma espécie de *"direito adquirido de segunda dimensão"*. Por essa razão, tem-se que a lei nova não pode retroagir para atingir situações jurídicas pretéritas, que foram consolidadas em período anterior à vigência da lei da reforma trabalhista. Entender de forma contrária é ferir, de morte, o princípio da segurança jurídica, que busca sempre atribuir a maior previsibilidade e estabilidade possível às relações humanas. Seguindo a doutrina brilhantemente defendida pelo autor Humberto Ávila, aplicar a novel redação do artigo 468 da CLT, mais precisamente o seu § 2º, a hipóteses consolidadas anteriormente à reforma trabalhista e, portanto, sob a égide da antiga legislação trabalhista, é violar a segurança jurídica em ambas as dimensões objetiva e subjetiva. Com efeito, até a entrada em vigor da Lei nº 13.467/2017, era firme o entendimento na jurisprudência de que, cumprido o requisito objetivo dos 10 (dez) anos de exercício da função gratificada, fazia o empregado jus à sua incorporação ao salário quando da sua reversão ao cargo efetivo, sem justo motivo. Ofende, pois, a segurança jurídica, em sua dimensão subjetiva, eventual decisão que venha a retirar do empregado o direito a essa incorporação, em virtude da aplicação indistinta do novo artigo 468, § 2º, da CLT, a abranger, inclusive, os casos que tenham se consolidado em momento anterior à reforma trabalhista. Para essas situações específicas, não se pode perder de vista que os jurisdicionados, diante da legítima expectativa de obterem a incorporação da gratificação de função percebida, contavam com o respaldo de um entendimento jurisprudencial sumulado, que, ao longo de muitos anos, a eles assegurava o direito pretendido. É o que se chama de *"proteção da confiança legítima"*, que, na visão do referido autor, nada mais é senão a aplicação *"subjetivada"* da segurança jurídica. Aliás, sobre a imperiosa necessidade de preservação do princípio da proteção da confiança legítima, já se posicionou o e. Supremo Tribunal Federal, em acórdão da lavra do Exm.º Min. Roberto Barroso, julgado em 23.3.2018, nos autos do Processo AgR-ARE-823985/MG. É certo que a Súmula nº 372 ainda não sofreu alteração em sua redação após a entrada em vigor da Lei nº 13.467/2017, o que, em um primeiro momento, pode levar o intérprete a concluir pela sua aparente ilegalidade, por supostamente albergar tese contrária ao disposto na nova redação do artigo 468 da CLT. Não se pode esquecer, no entanto, que a lei da reforma trabalhista, ao alterar a redação da alínea "f" do inciso I do artigo 702 da CLT, acrescentando-lhes, também, os §§ 3º e 4º, estabeleceu um procedimento extremamente complexo para a edição e alteração de súmulas pelo Tribunal Pleno, a dificultar enormemente, ou quiçá impossibilitar, o processo de revisão da redação das súmulas e dos demais enunciados de jurisprudência uniforme deste egrégio Tribunal Superior. Não por outra razão que o referido preceito de lei teve a sua constitucionalidade questionada por esta egrégia Corte nos autos do Processo nº TST-ArgInc-696-25.2012.5.05.0463, cujo julgamento foi suspenso na sessão do dia 6.11.2020, para aguardar o posicionamento do e. STF sobre a questão, a ele também submetida por meio da ADC 62. Diante deste quadro, em que pendente de solução a inconstitucionalidade suscitada em torno do artigo 702, inciso I, alínea "f", da CLT, penso que cumpre a este Tribunal, enquanto não julgado o mérito da ADC 62, fazer a devida modulação dos efeitos da Súmula nº 372, estabelecendo que, para as situações consolidadas antes da entrada em vigor da Lei nº 13.467/2017, há de permanecer inalterada a aplicação dos termos da referida súmula, tal como redigida. E, para as situações que vierem a se configurar após o aludido diploma legal, reconhecer que, em relação a elas, há que se aplicar a nova diretriz do artigo 468, § 2º, da CLT. Sobre a questão, a propósito, oportuno salientar que a egrégia SBDI-1, quando do julgamento do E-ED-RR-43.82.2019.5.11.0019, de relatoria do Ministro Lelio Bentes Corrêa, na sessão realizada no dia 9.9.2021, firmou entendimento de que não se aplica a redação do § 2° do artigo 468 da CLT aos casos em que o empregado, quando da entrada em vigor da Lei nº 13.467/2017 (11/11/2017), já havia completado 10 anos de exercício na função gratificada, na forma disposta na Súmula nº 372, I. Na hipótese, infere-se do acórdão recorrido que o reclamante exerceu funções comissionadas de 6.3.2003 a 5.5.2013, portanto, por pouco mais de 10 anos. Para o caso, o Tribunal Regional entendeu que, em face do princípio da estabilidade financeira, o empregado não poderia ter sua gratificação suprimida, exceto se o empregador comprovasse o justo motivo, na forma da Súmula nº 372, I, encargo do qual o reclamado não se desincumbiu. Com isso, reconheceu o direito do reclamante ao pagamento das diferenças decorrentes da supressão da gratificação de função ocupada por mais de dez anos, calculada pela média dos valores recebidos de forma continuada durante o período. A referida decisão, como visto, encontra-se em harmonia com o entendimento pacificado pela SBDI-1, segundo a qual, uma vez preenchidas as condições estabelecidas pela Súmula nº 372, I (10 anos de exercício na função)antes da vigência da Lei nº 13.467/2017, o empregado tem direito ao recebimento da gratificação de função, sendo inaplicável ao caso os termos do artigo 468, § 2°, da CLT. Desse modo, estando o acórdão regional em conformidade com a jurisprudência deste Tribunal Superior, o conhecimento do recurso de revista encontra óbice na Súmula nº 333 e no artigo 896,§ 7°, da CLT. [...]" (TST-RR-1234-15.2013.5.03.0014, 4ª Turma, rel. Min. Guilherme Augusto Caputo Bastos, julgado em 21/9/2021.)

BREVE COMENTÁRIO

A Súmula nº 372, I do TST estabelece o seguinte:

> Súmula nº 372 do TST
>
> I - Percebida a gratificação de função por dez ou mais anos pelo empregado, se o empregador, sem justo motivo, revertê-lo a seu cargo efetivo, não poderá

> retirar-lhe a gratificação tendo em vista o princípio da estabilidade financeira. (ex-OJ nº 45 da SBDI-1 - inserida em 25.11.1996)

Não obstante formalmente em vigor, essa foi materialmente derrogada pela nova redação do art. 468, §2º da CLT, trazida pela Lei nº 13.467/2017:

> Art. 468 - Nos contratos individuais de trabalho só é lícita a alteração das respectivas condições por mútuo consentimento, e ainda assim desde que não resultem, direta ou indiretamente, prejuízos ao empregado, sob pena de nulidade da cláusula infringente desta garantia.
>
> (...)
>
> § 2º A alteração de que trata o § 1o deste artigo, com ou sem justo motivo, não assegura ao empregado o direito à manutenção do pagamento da gratificação correspondente, que não será incorporada, independentemente do tempo de exercício da respectiva função. (Incluído pela Lei nº 13.467, de 2017)

O caso em tela, todavia, era dotado de uma peculiaridade: o reclamante havia completado dez anos na função gratificada antes da Reforma Trabalhista (na espécie, em 2013). Assim, ele incorporou o direito à manutenção da gratificação ou a nova redação do texto consolidada também se aplica às situações aperfeiçoadas anteriormente?

Segundo decidiu a 4ª Turma, para as situações consolidadas antes da entrada em vigor da Lei nº 13.467/2017, há de permanecer inalterada a aplicação dos termos da referida Súmula nº 372, I, tal como redigida. Por outro lado, para as situações que vierem a se configurar após o aludido diploma legal, há que se aplicar a nova diretriz do artigo 468, § 2º, da CLT.

AGRAVO. AGRAVO DE INSTRUMENTO. RECURSO DE REVISTA. RECLAMADA. LEI Nº 13.467/2017. ADICIONAL DE INSALUBRIDADE. AGENTES QUÍMICOS. CONCLUSÃO DO TRT COM BASE NO PPRA E NOS LAUDOS PERICIAIS DE PROCESSOS ANTERIORES ENVOLVENDO A MESMA RECLAMADA E A MESMA SITUAÇÃO. 1 - Conforme sistemática adotada na Sexta Turma à época da prolação da decisão monocrática, foi reconhecida a transcendência e negado provimento ao agravo de instrumento. 2 - O TRT desconsiderou a conclusão do laudo pericial produzido nestes autos de que os produtos manuseados pelo reclamante não constariam do rol de substâncias insalubres previstas na NR-15 e decidiu com base no PPRA da própria reclamada que aponta a caracterização da insalubridade em grau médio na função de auxiliar de produção, exercida pelo reclamante. A Corte regional, ainda, compartilhou do mesmo entendimento assentado na sentença que *"decidiu a causa com base em regras de experiência decorrentes de julgamentos anteriores envolvendo a reclamada, conforme laudos técnicos elaborados por outros profissionais que realizaram inspeção na empresa"*. 3 - A decisão do TRT está em consonância com a jurisprudência majoritária no TST no sentido de que documentos como o PCMSO, PPRA e LTCAT podem ser aceitos como meio de prova quando o julgador entender nas instâncias ordinárias que seja suficiente para formar a sua convicção. Podia o TRT, valorando as provas produzidas, decidir com base no PPRA e nos laudos periciais produzidos em processos anteriores envolvendo a mesma reclamada, valorando-os para o fim de concluir se a atividade exercida era insalubre ou não. Julgados. 4 - Quanto à alegação da agravante de que o agente insalubre (produto "Perkadox") não consta da NR-15 como agente insalubre, não incide no caso a Súmula nº 448, I, do TST quando a própria empresa, por meio de profissionais por ela escolhidos, reconhece a insalubridade em grau médio em PPRA (Programa de Prevenção de Riscos Ambientais), passando a constituir condição mais favorável ao trabalhador. 5 - Os precedentes que deram origem ao item I da Súmula nº 448 do TST tratam da impossibilidade de deferir adicional de insalubridade quando o laudo pericial formulado no processo aponta agente insalubre não categorizado pelo MTE, não incidindo na hipótese na qual a insalubridade é reconhecida pela própria empresa. 6 - Agravo a que se nega provimento." (TST-Ag-AIRR-21017-54.2017.5.04.0101, 6ª Turma, rel. Min. Katia Magalhães Arruda, julgado em 15/9/2021)

BREVE COMENTÁRIO

Como se sabe, são condições para a percepção do adicional de insalubridade a realização de perícia técnica, bem como a classificação da atividade insalubre na relação oficial elaborada pelo Ministério do Trabalho.

No caso em tela, houve perícia nas instâncias ordinárias, mas essa concluiu pela inexistência de insalubridade, pois os produtos manuseados pelo reclamante não constariam do rol de substâncias previstas na NR-15.

No entanto, o próprio PPRA (Programa de Prevenção de Riscos Ambientais) da empresa considerava o produto em questão nocivo.

Diante disso, decidiu a 6ª Turma do TST que seria possível decidir com base no PPRA e nos laudos periciais produzidos em processos anteriores envolvendo a mesma reclamada, valorando-os para o fim de concluir se a atividade exercida era insalubre ou não.

E, doutra ponta, não constituiria óbice o fato de o produto não constas da NR-15, vez que, quando a própria empresa, por meio de profissionais por ela escolhidos, reconhece a insalubridade em grau médio em PPRA, constitui-se condição mais favorável ao trabalhador.

Assim, a empresa foi condenada ao pagamento de adicional de insalubridade.

"RECURSO DE REVISTA DA 2ª RECLAMADA. APELO SOB A ÉGIDE DA LEI 13.015/2014. JULGAMENTO *EXTRA PETITA*. TERCEIRIZAÇÃO ILÍCITA. FRAUDE À LEGISLAÇÃO TRABALHISTA. CONDENAÇÃO À RESPONSABILIDADE SOLIDÁRIA DA PRESTADORA APESAR DE AUSÊNCIA NO ROL DOS PEDIDOS. REQUISITOS DO ARTIGO 896, § 1º-A, DA CLT, ATENDIDOS. Discute-se se é possível o reconhecimento da responsabilidade solidária da prestadora de serviços, pelos créditos trabalhistas, no caso em que o reclamante requer o reconhecimento do vínculo empregatício com o tomador dos serviços, porém deixa de apresentar na inicial pedido de condenação solidária da prestadora. O reconhecimento do vínculo empregatício com o tomador de serviços e a incidência do art. 9º da CLT tem o condão de atrair a aplicação da regra prevista nos artigos 927 e 942 do Código Civil, o que por conseguinte ampara também o art. 265 do Código Civil. Isso porque a responsabilidade da empresa decorre, pois, da sua conduta ilícita e fraudulenta à legislação trabalhista. Na Justiça do Trabalho, o art. 840, § 1º, da CLT, exige que, na petição inicial, haja apenas uma breve exposição do fato de que resulte o dissídio e o pedido. Portanto, é a exposição do fato que delimita a manifestação judicial. Mas não pode o julgador considerar fatos e questões não alegados pelas partes e fora da causa. Nesse contexto, o princípio da demanda refere-se a todas as espécies de questões. Assim, a exemplo do previsto no art. 489, III, do CPC, a vinculação do juiz, nos termos do art. 840, § 1º, da CLT, deve ser com as questões alegadas, e não com os fundamentos de direito invocados pelas partes. Assim, considerando o princípio da informalidade e da simplicidade que reveste o processo trabalhista, ao redigir a petição inicial, basta ao autor expor rapidamente os fatos a fim de proporcionar a sua compreensão e a respectiva consequência jurídica, contida no pedido. No caso em tela, extrai-se da inicial que a reclamação foi ajuizada contra a recorrente e primeira reclamada como principais devedoras e demais empresas como secundárias. Assim, o reclamante, ao colocar no rol dos pedidos a responsabilidade solidária das demais empresas, não afasta, por si só, a responsabilidade principal da recorrente, outrora empresa empregadora e prestadora de serviços. Logo, a condenação solidária imposta à ex-empregadora não configura julgamento *extra petita*. Recurso de revista não conhecido." (TST-RR-11429-50.2015.5.01.0077, 6ª Turma, rel. Augusto César Leite de Carvalho, julgado em 22/9/2021.)

BREVE COMENTÁRIO

Neste julgado, que versa sobre terceirização ilícita de serviços, o reclamante requereu o reconhecimento do vínculo empregatício com a empresa tomadora de serviços, por fraude, mas deixou de apresentar pedido de condenação solidária da prestadora.

Não obstante não tenha havido pedido nesse sentido, a empresa prestadora foi condenada solidariamente ao pagamento das verbas reconhecidas em juízo.

Segundo a 6ª Turma do TST, a decisão foi válida.

Conforme decidido, considerando o princípio da informalidade e da simplicidade que reveste o processo trabalhista, ao redigir a petição inicial, basta ao autor expor rapidamente os fatos a fim de proporcionar a sua compreensão e a respectiva consequência jurídica, contida no pedido.

Desse modo, quando o reclamante coloca no rol dos pedidos a responsabilidade solidária das demais empresas, não afasta, por si só, a responsabilidade principal da prestadora, outrora empresa empregadora.

"[...] RECURSO DE REVISTA DAS RÉS. LEI Nº 13.015/2014. CPC/2015. INSTRUÇÃO NORMATIVA Nº 40 DO TST. LEI Nº 13.467/2017. TERCEIRIZAÇÃO EM ATIVIDADE-FIM. EMPRESAS TOMADORA E PRESTADORA DE SERVIÇOS INTEGRANTES DO MESMO GRUPO ECONÔMICO. AUSÊNCIA DE ESTRITA ADERÊNCIA AO TEMA Nº 725 DE REPERCUSSÃO GERAL. RECONHECIMENTO DE FRAUDE. Apesar de o Tema nº 725 de Repercussão Geral consagrar a licitude da terceirização de serviços em atividade-fim, é certo que o próprio Supremo Tribunal Federal excluiu do alcance dessa a tese os casos em que as empresas tomadora e prestadora de serviços integram o mesmo grupo econômico. Precedentes. Ora, se uma empresa, ao invés de contratar empregados, escolhe desempenhar sua atividade-fim por meio de outra pessoa jurídica do grupo econômico que integra, certamente o faz com o intuito de baratear a mão de obra, mascarar a real categoria profissional dos trabalhadores e sonegar-lhes direitos. Registre-se que, para fins da relação de emprego, o grupo econômico é considerado empregador único, na clara dicção da Súmula nº 129 do TST, em especial, na circunstância presente, em que o labor é prestado por meio de uma empresa e em prol de outra, em condições de simultaneidade. Tal conduta não admite chancela do Judiciário. Correta, portanto, a decisão regional que reconheceu a fraude perpetrada entre as rés, deferiu à parte autora os pedidos calcados na condição de empregada direta da tomadora e declarou a responsabilidade solidária. Inteligência dos artigos 942 do Código Civil, 2º, § 2º, e 9º da CLT. Recurso de revista não conhecido." (TST-RR-10716-31.2015.5.01.0027, 7ª Turma, rel. Min. Cláudio Mascarenhas Brandão, julgado em 15/9/2021.)

BREVE COMENTÁRIO

O STF já decidiu pela validade da terceirização de atividade-fim.

O processo em questão, todavia, versava sobre uma situação peculiar: empresa prestadora e empresa tomadora pertenciam ao mesmo grupo econômico.

Diante disso, decidiu a 7ª Turma que se uma empresa, ao invés de contratar empregados, escolhe desempenhar sua atividade-fim por meio de outra pessoa jurídica do grupo econômico que integra, certamente o faz com o intuito de baratear a mão de obra, mascarar a real categoria profissional dos trabalhadores e sonegar-lhes direitos.

Com bases nesses fundamentos, reconheceu a fraude perpetrada entre as rés, deferiu à parte autora os pedidos calcados na condição de empregada direta da tomadora e declarou a responsabilidade solidária das empresas.

Informativo nº 245

Incidente de Recursos Repetitivos. Tema nº 15. Empresa Brasileira de Correios e Telégrafos - ECT. Adicional de Atividade de Distribuição e/ou Coleta Externa – AADC (PCCS/2008). Percepção cumulativa com o Adicional de Periculosidade previsto no § 4º do art. 193 da CLT. Possibilidade. Parcelas com fatos geradores distintos.

A SBDI-I, em sua composição plena, analisando a questão relativa à possibilidade de cumulação do Adicional de Atividade de Distribuição e/ou Coleta Externa – AADC, instituído pela ECT no PCCS de 2008, com o Adicional de Periculosidade, previsto § 4º do art. 193 da CLT, aos empregados que desempenham a função de carteiro motorizado (Função Motorizada 'M' e 'MV'), utilizando-se de motocicletas, decidiu, por maioria, sem modulação, aprovar a seguinte tese jurídica para o Tema Repetitivo nº 15: "Diante das naturezas jurídicas diversas do Adicional de Atividade de Distribuição e/ou Coleta Externa – AADC previsto no PCCS/2008 da ECT e do Adicional de Periculosidade estatuído pelo § 4° do art. 193 da CLT, define-se que, para os empregados da ECT que se enquadram nas hipóteses de pagamento dos referidos adicionais, o AADC e o adicional de periculosidade, percebido por carteiro motorizado que faz uso de motocicleta, podem ser recebidos cumulativamente". Vencidos os Ministros Aloysio Corrêa da Veiga, Guilherme Augusto Caputo Bastos, Breno Medeiros, Alexandre Luiz Ramos e a Ministra Maria Cristina Irigoyen Peduzzi. TST-IRR-1757-68.2015.5.06.0371, SBDI-I, Rel. Min. Alberto Luiz Bresciani de Fontan Pereira, 14/10/2021.

BREVE COMENTÁRIO

Aos empregados da Empresa Brasileira de Correios e Telégrafos que satisfizerem as condições é devido o Adicional de Atividade de Distribuição e/ou Coleta Externa – AADC, previsto em seu PCCS.

No entanto, referidos empregados também podem laborar em situações que ensejem direito à percepção do adicional de periculosidade.

É possível cumular referidos adicionais?

Segundo a SDI-I, sim.

Conforme tese fixada:

> Diante das naturezas jurídicas diversas do Adicional de Atividade de Distribuição e/ou Coleta Externa – AADC previsto no PCCS/2008 da ECT e do Adicional de Periculosidade estatuído pelo § 4° do art. 193 da CLT, define-se que, para os empregados da ECT que se enquadram nas hipóteses de pagamento dos referidos adicionais, o AADC e o adicional de periculosidade, percebido por carteiro motorizado que faz uso de motocicleta, podem ser recebidos cumulativamente.

Incidente de Recursos Repetitivos. Tema nº 16. Adicional de Periculosidade. Artigo 193, inciso II, da CLT. Fundação Casa. Agente de Apoio Socioeducativo. Atividades e Operações Perigosas. Anexo 3 da NR 16 (Portaria 1.885/2013 do Ministério do Trabalho).

A SBDI-I, em sua composição plena, analisando a questão relativa à percepção do adicional de periculosidade pelo Agente de Apoio Socioeducativo, decidiu, por maioria, aprovar, sem modulação, as seguintes teses jurídicas para o Tema Repetitivo nº 16: "I. O Agente de Apoio Socioeducativo (nomenclatura que, a partir do Decreto nº 54.873 do Governo do Estado de São Paulo, de 06.10.2009, abarca os antigos cargos de Agente de Apoio Técnico e de Agente de Segurança) faz jus à percepção de adicional de periculosidade, considerado o exercício de atividades e operações perigosas, que implicam risco acentuado em virtude de exposição permanente a violência física no desempenho das atribuições profissionais de segurança pessoal e patrimonial em fundação pública estadual. II. Os efeitos pecuniários decorrentes do reconhecimento do direito do Agente de Apoio Socioeducativo ao adicional de periculosidade operam-se a partir da regulamentação do art. 193, II, da CLT em 03.12.2013 – data da entrada em vigor da Portaria nº 1.885/2013 do Ministério do Trabalho, que aprovou o Anexo 3 da NR-16". Vencidos os Ministros Aloysio Corrêa da Veiga, Guilherme

Augusto Caputo Bastos e Alexandre Luiz Ramos. TST-IRR-1001796-60.2014.5.02.0382, SBDI-I, rel. Min. Hugo Carlos Scheuermann, 14/10/2021.

BREVE COMENTÁRIO

O art. 193, II, da CLT prevê o seguinte:

> Art. 193. São consideradas atividades ou operações perigosas, na forma da regulamentação aprovada pelo Ministério do Trabalho e Emprego, aquelas que, por sua natureza ou métodos de trabalho, impliquem risco acentuado em virtude de exposição permanente do trabalhador a:
>
> (...)
>
> II - roubos ou outras espécies de violência física nas atividades profissionais de segurança pessoal ou patrimonial.

A Fundação CASA é a antiga Fundação Estadual do Bem-Estar do Menor - FEBEM-SP. Essa instituição se destinar a aplicar em todo território do Estado de São Paulo as diretrizes e normas da política nacional do bem-estar do menor, em harmonia, com a legislação federal.

No caso em tela, arguiu-se se os seus agentes de apoio socioeducativo (o regime de contratação da Fundação é celetista) fariam jus ao adicional de periculosidade, nos termos do art. 193, II, CLT.

Segundo a SDI-I, sim, eles fazem jus ao respectivo adicional.

Conforme a tese fixada:

> O Agente de Apoio Socioeducativo (nomenclatura que, a partir do Decreto nº 54.873 do Governo do Estado de São Paulo, de 06.10.2009, abarca os antigos cargos de Agente de Apoio Técnico e de Agente de Segurança) faz jus à percepção de adicional de periculosidade, considerado o exercício de atividades e operações perigosas, que implicam risco acentuado em virtude de exposição permanente a violência física no desempenho das atribuições profissionais de segurança pessoal e patrimonial em fundação pública estadual.

Habeas corpus. ***Ato coator praticado por particular que envolve exercício do direito de greve. Cabimento. Competência da Justiça do Trabalho. Incompetência funcional do TRT.***

A SBDI-II concluiu que o cabimento do *habeas corpus* não se restringe aos atos praticados por autoridade ou agentes públicos, podendo também ser impetrado contra ato de particular. Na hipótese, o *habeas corpus* fora impetrado sob a alegação de constrangimento ao direito de locomoção em decorrência de atos supostamente praticados por sindicato durante o exercício do direito de greve. Consignou-se que o inciso LXVIII do artigo 5º da Constituição Federal, que trata do *habeas corpus*, diferentemente dos incisos LXIX e LXXII, que dispõem, respectivamente, sobre o mandado de segurança e o *habeas data*, é silente quanto ao sujeito do ato coator e que a importância do direito à liberdade de ir e vir justifica não apenas a utilização da ação constitucional contra ato de particular, como também a sua legitimação ativa plena e a dispensa da capacidade postulatória. Salientou-se, ainda, que eventual constrangimento ao direito de locomoção, decorrente de ato praticado pelo sindicato, é passível de elisão por meio do *habeas corpus*, em razão do poder que lhe é legalmente outorgado para deflagrar a paralisação coletiva. Em seguida, a SBDI-II, com fundamento no artigo 114, incisos II e IV, da Constituição Federal, afastou a alegação de incompetência desta Justiça Especializada suscitada pelo sindicato, deixando consignado que é da Justiça do Trabalho a competência para processar e julgar os *habeas corpus* contra atos vinculados ao exercício do direito de greve. Por fim, definiu-se que a competência funcional para apreciar e julgar *habeas corpus* impetrado contra ato praticado por particular é da Vara do Trabalho, e não do TRT. Assim, a SBDI-II, por maioria, conheceu do recurso ordinário interposto pelo sindicato e, no mérito, deu-lhe parcial provimento para declarar a incompetência funcional da Seção Especializada em Dissídios Coletivos do Tribunal Regional do Trabalho da 5.ª Região para apreciar e julgar o *habeas corpus* e, com amparo no art. 113, § 2.º, do CPC de 1973, declarar nulos todos os atos decisórios proferidos no feito, notadamente a liminar deferida, e determinar a baixa dos autos à Presidência do TRT da 5.ª Região, para posterior remessa para uma das Varas do Trabalho de Santo Amaro/BA. Vencidos os Ministros Luiz Philippe Vieira de Mello Filho e Alexandre de Souza Agra Belmonte e a Ministra Maria Helena Mallmann. TST-RO-1023-93.2015.5.05.0000, SBDI-II, rel. Min. Luiz José Dezena da Silva, 28/9/2021.

BREVE COMENTÁRIO

O julgado analisado versa sobre o *habeas corpus* impetrado sob a alegação de constrangimento ao direito de locomoção em decorrência de atos supostamente praticados por sindicato durante o exercício do direito de greve.

A SBDI-II reconheceu que o cabimento do *habeas corpus* não se restringe aos atos praticados por autoridade ou agentes públicos, podendo também ser impetrado contra ato de particular.

Ainda, fixou que é da Justiça do Trabalho a competência para processar e julgar os *habeas corpus* contra atos vinculados ao exercício do direito de greve.

Por derradeiro, ressalvou que a competência funcional para apreciar e julgar *habeas corpus* impetrado contra ato praticado por particular é da Vara do Trabalho, e não do TRT.

Recurso ordinário em mandado de segurança. Execução definitiva. Indeferimento do seguro garantia judicial. Ausência do acréscimo de 30% sobre o valor da execução. Impossibilidade de concessão de prazo para complementação. Segurança denegada.

No caso de execução definitiva, é cabível a impetração de mandado de segurança que vise a impugnar a não aceitação de apólices de seguro com o objetivo de garantir o juízo e, consequentemente, viabilizar a admissibilidade de eventuais embargos à execução ou agravo de petição, afastando assim, em tais casos, a incidência da Orientação Jurisprudencial nº 92 da SBDI-II. Ocorre que, na espécie, restou comprovado que o valor da apólice não contemplou o montante atualizado da execução com o acréscimo de 30%, conforme previsto no art. 835, § 2º, do CPC c/c o art. 3º, I Ato Conjunto n. 1/TST.CSJT.CGJT/2020. Assim, é ausente o direito líquido e certo do impetrante, pois a insuficiência do valor segurado é óbice intransponível, não podendo ser concedido prazo para complementação, visto que inaplicável a disciplina do § 2º do art. 1.007 do CPC. Sob esses fundamentos, a SBDI-II, por unanimidade, conheceu do recurso ordinário e, no mérito, negou-lhe provimento. TST-RO-1000279-26.2019.5.02.0000, SBDI-II, rel. Min. Amaury Rodrigues Pinto Junior, 5/10/2021.

BREVE COMENTÁRIO

Na execução trabalhista, caso o executado deseje embargar a execução, ele deverá garantir o juízo no prazo de 48 horas.

No caso, aceitou-se que o reclamado o fizesse por meio de seguro garantia judicial. No entanto, para isso, uma diretriz deveria ser observada. Trata-se do art. 835, §2º do CPC:

> Art. 835. A penhora observará, preferencialmente, a seguinte ordem:
>
> I - dinheiro, em espécie ou em depósito ou aplicação em instituição financeira;
>
> II - títulos da dívida pública da União, dos Estados e do Distrito Federal com cotação em mercado;
>
> III - títulos e valores mobiliários com cotação em mercado;
>
> IV - veículos de via terrestre;
>
> V - bens imóveis;
>
> VI - bens móveis em geral;
>
> VII - semoventes;
>
> VIII - navios e aeronaves;
>
> IX - ações e quotas de sociedades simples e empresárias;
>
> X - percentual do faturamento de empresa devedora;
>
> XI - pedras e metais preciosos;
>
> XII - direitos aquisitivos derivados de promessa de compra e venda e de alienação fiduciária em garantia;
>
> XIII - outros direitos.
>
> (...)
>
> § 2º Para fins de substituição da penhora, equiparam-se a dinheiro a fiança bancária e o seguro garantia judicial, desde que em valor não inferior ao do débito constante da inicial, acrescido de trinta por cento.

Ou seja, caso o executado deseje garantir a execução com seguro garantia judicial, deve fazê-lo com um acréscimo de 30%, o que não foi feito no caso em tela, razão pela qual a segurança foi denegada. Ainda, como a insuficiência do valor segurado foi considerada óbice intransponível, não foi franqueado prazo para complementação, nos termos do § 2º do art. 1.007 do CPC

"RECURSO DE REVISTA. ACÓRDÃO REGIONAL PUBLICADO NA VIGÊNCIA DAS LEIS Nº 13.015/2014 E 13.467/2017. APOSENTADORIA POR INVALIDEZ. SUSPENSÃO DO CONTRATO DE TRABALHO. PARTICIPAÇÃO NOS RESULTADOS (PR) E GRATIFICAÇÃO DE PERMANÊNCIA EM ÁREA REMOTA. AUSÊNCIA DE PREVISÃO EXPRESSA EM NORMA COLETIVA. TRANSCENDÊNCIA RECONHECIDA. Há de se reconhecer a transcendência política do recurso de revista quando a decisão regional se mostra contrária à jurisprudência deste c. Tribunal Superior. No caso, o Tribunal Regional entendeu que, diante da existência de previsão genérica de pagamento das parcelas "Participação nos Resultados (PR) e gratificação de permanência em área remota" aos empregados afastados em razão de acidente do trabalho conferiria ao autor, aposentado por invalidez, o direito ao recebimento da parcela. Ocorre, entretanto, que a jurisprudência desta C. Corte estabelece que os direitos previstos em norma coletiva só atingirão os empregados com o contrato suspenso por aposentadoria por invalidez mediante previsão expressa em norma coletiva, o que não se observa nos autos. Precedentes. Recurso de revista conhecido por violação do artigo 7º, XXVI, da CF e provido." (TST-RR-1276-24.2017.5.08.0131, 3ª Turma, rel. Min. Alexandre de Souza Agra Belmonte, julgado em 29/9/2021)

BREVE COMENTÁRIO

À categoria considerada na decisão analisada atendiam as parcelas "Participação nos Resultados (PR) e gratificação de permanência em área remota", inclusive para os empregados afastados em razão de acidente do trabalho.

O autor da demanda, todavia, estava aposentado por invalidez e pleiteou a extensão dos referidos benefícios.

O pleito foi negado pela 3ª Turma, pois conforme jurisprudência da Corte, os direitos previstos em norma coletiva só atingirão os empregados com o contrato suspenso por aposentadoria por invalidez mediante previsão expressa em norma coletiva, o que não se observou nos autos.

"[...] RECURSO DE REVISTA INTERPOSTO PELO RECLAMANTE. ACÓRDÃO REGIONAL PUBLICADO NA VIGÊNCIA DAS LEIS Nº 13.015/2014 E 13.467/2017. 1. LIMITAÇÃO DA CONDENAÇÃO AOS VALORES ATRIBUÍDOS AOS PEDIDOS NA PETIÇÃO INICIAL. AÇÃO AJUIZADA NA VIGÊNCIA DA LEI 13.467/2017. NOVA REDAÇÃO DO §1º DO ART. 840 DA CLT. TRANSCENDÊNCIA JURÍDICA RECONHECIDA I. Hipótese em que a ação foi proposta na vigência da Lei nº 13.467/2017, e se discute o dever da parte Reclamante de indicar valores específicos aos pedidos na petição inicial (art. 840, §1º, da CLT). II. Pelo prisma da transcendência, trata-se de questão jurídica nova, em relação a qual ainda não há jurisprudência pacificada no âmbito do Tribunal Superior do Trabalho ou em decisão de efeito vinculante no Supremo Tribunal Federal, pois se refere à correta interpretação do §1º do art. 840 da CLT. III. No caso dos autos, o Tribunal Regional manteve a sentença de origem em que se entendeu que a condenação deve ser limitada aos valores dos pedidos indicados na petição inicial, em razão da imposição prevista no art. 840, §1º, da CLT. Ressaltou-se que "a inobservância dos limites impostos pelos valores apontados na petição inicial implica em decisão ultra petita, flagrantemente violadora do art. 492 do CPC". IV. A Lei nº 13.467/2017 deu nova redação ao §1º do art. 840 da CLT, que passou a prever que "sendo escrita, a reclamação deverá conter a designação do juízo, a qualificação das partes, a breve exposição dos fatos de que resulte o dissídio, o pedido, que deverá ser certo, determinado e com indicação de seu valor, a data e a assinatura do reclamante ou de seu representante". V. Além disso, esta Corte Superior consolidou sua jurisprudência no sentido de que, na hipótese em que há pedido líquido e certo na petição inicial, o julgador fica adstrito aos valores atribuídos a cada um desses pedidos, de maneira que a condenação em quantia superior àquela fixada pelo Reclamante na reclamação trabalhista caracteriza violação dos arts. 141 e 492 do CPC/2015. VI. Portanto, fixo a tese de que, nas reclamações trabalhistas propostas após a entrada em vigor da Lei nº 13.467/2017, deve-se seguir o determinado no §1º do art. 840 da CLT, e a expressão "com indicação de seu valor" limita a condenação do pedido ao valor atribuído na petição inicial. VII. Demonstrada a transcendência jurídica da causa. VIII. Recurso de revista de que não se conhece." (TST-ARR-991-36.2018.5.09.0594, 4ª Turma, rel. Min. Alexandre Luiz Ramos, julgado em 28/9/2021.)

BREVE COMENTÁRIO

O § 1º do art. 840 da CLT foi alterado pela Lei nº 13.467/2017 para estabelecer o seguinte:

> Art. 840 - A reclamação poderá ser escrita ou verbal.
>
> (...)
>
> § 1º Sendo escrita, a reclamação deverá conter a designação do juízo, a qualificação das partes, a breve exposição dos fatos de que resulte o dissídio, o pedido, que deverá ser certo, determinado e com indicação de seu valor, a data e a assinatura do reclamante ou de seu representante.

Diante da nova redação, fixou a 4ª Turma que, nas reclamações trabalhistas propostas após a entrada em vigor da Lei nº 13.467/2017, deve-se seguir o determinado no §1º do art. 840 da CLT, e a expressão "com indicação de seu valor" limita a condenação do pedido ao valor atribuído na petição inicial. Ou seja, a condenação deve se limitar aos valores apontados na petição inicial, sob pena de ser considerada *ultra petita*.

Informativo nº 246

▸ ***Dissídio coletivo de natureza jurídica. Interpretação dos arts. 1º e 13 da Lei nº 9.719/98 e 32, 33, 39, 41 e 43 da Lei nº 12.815/13. Gerenciamento, intermediação e fornecimento de mão de obra de trabalhador portuário avulso. Competência exclusiva do Órgão Gestor de Mão de Obra - OGMO.***

Conferindo interpretação sistêmica aos arts. 1º e 13 da Lei nº 9.719/98 e 32, 33, 39, 41 e 43 da Lei nº 12.815/13, firmou-se o entendimento de que o Órgão Gestor de Mão de Obra - OGMO detém competência exclusiva para gerir e intermediar o fornecimento de mão de obra de trabalhador avulso. O art. 43 da Lei nº 12.815/13 prevê que serão objeto de negociação entre as entidades representativas dos trabalhadores portuários avulsos e dos operadores portuários as questões atinentes à "remuneração, a definição das funções, a composição dos ternos, a multifuncionalidade e as demais condições do trabalho avulso". Ademais, ressalta-se que, a partir do novo marco legislativo das atividades portuárias (normas estatais posteriores à Constituição Federal), incumbe aos entes sindicais portuários tão somente compor a estrutura tripartite do OGMO, na defesa dos interesses e direitos individuais, plúrimos e coletivos dos trabalhadores. Outrossim, destaca-se que, conforme o art. 39 da Lei nº 12.815/13, o OGMO tem como finalidade específica a intermediação e gestão da mão de obra do trabalhador avulso, com caráter de utilidade pública, sendo-lhe vedado ter fins lucrativos, prestar serviços a terceiros ou exercer qualquer atividade não vinculada à gestão de mão de obra. Portanto, esse limite legal, que define a finalidade do OGMO, reforça o entendimento de que é atribuição exclusiva deste órgão a intermediação de mão de obra do trabalhador avulso nas atividades portuárias. Sob esses fundamentos, a SDC, por unanimidade, julgou parcialmente procedente o presente dissídio coletivo. TST--SDC-1000360-97.2017.5.00.0000, SDC, rel. Min. Kátia Magalhães Arruda, 18/10/2021.

BREVE COMENTÁRIO

Segundo afirmado pela SDC, o Órgão Gestor de Mão de Obra - OGMO detém competência exclusiva para gerir e intermediar o fornecimento de mão de obra de trabalhador avulso.

Incumbe aos entes sindicais portuários tão somente compor a estrutura tripartite do OGMO, na defesa dos interesses e direitos individuais, plúrimos e coletivos dos trabalhadores.

Dessa maneira, no que tange aos trabalhadores avulsos portuários, a intermediação de mão de obra deve ser feita apenas pelo OGMO.

Concurso público. Cadastro de reserva. Contratação de terceirizados durante a validade do certame. Preterição dos candidatos aprovados. Configuração. Comprovação de cargos vagos. Desnecessidade.

A contratação precária no decorrer do prazo de validade de concurso público com cadastro de reserva para as mesmas atribuições do cargo para o qual fora realizado o certame configura preterição dos candidatos aprovados, em ofensa ao art. 37, II, da Constituição Federal, ainda que fora das vagas previstas no edital ou não comprovada a efetiva existência de cargo oficialmente vago. No caso, o reclamado contratou 768 trabalhadores temporários, durante a validade do concurso no qual o reclamante obteve aprovação, para exercer as mesmas atribuições previstas no edital. Além disso, o Tribunal Regional ressaltou que o réu, ainda durante o prazo de validade do concurso referido, abriu novo edital para formação de cadastro reserva. Sob esses fundamentos, a SBDI-I, por unanimidade, conheceu dos embargos por divergência jurisprudencial e, no mérito, por maioria, deu-lhes provimento para julgar parcialmente procedente o pedido de nomeação do autor, condenando o réu a convocá-lo e nomeá-lo para o cargo ao qual foi aprovado, respeitando-se as exigências admissionais nele contidas e a ordem de classificação dos candidatos aprovados. Vencidos os Ministros Breno Medeiros, Alexandre Luiz Ramos e Guilherme Augusto Caputo Bastos e as Ministras Dora Maria da Costa e Maria Cristina Irigoyen Peduzzi. TST-ED-E--RR-854-95.2016.5.10.0012, SBDI-I, rel. Min. José Roberto Freire Pimenta, 21/10/2021.

BREVE COMENTÁRIO

No julgado em análise, a SDI-I do TST reconheceu que a contratação de terceirizados durante a validade do certame representaria a preterição dos candidatos aprovados.

No caso, o ente reclamado contratou 768 trabalhadores temporários, durante a validade do concurso no qual o reclamante obteve aprovação, para exercer as mesmas atribuições previstas no edital, abrindo, ainda, novo edital para formação de cadastro reserva durante o prazo de validade do concurso referido.

Destacou-se que, se há necessidade de contratação de pessoal terceirizado durante a vigência do certame, não se justifica a não nomeação dos candidatos constantes do cadastro de reserva para suprir essa demanda já que o concurso público foi realizado com a finalidade de atender necessidades futuras do órgão.

Assim, decidiu o Colegiado que a contratação precária no decorrer do prazo de validade de concurso público com cadastro de reserva para as mesmas atribuições do cargo para o qual fora realizado o certame configura preterição dos candidatos aprovados, em ofensa ao art. 37, II, da Constituição Federal, ainda que fora das vagas previstas no edital ou não comprovada a efetiva existência de cargo oficialmente vago.

TST-ED-E-RR-854-95.2016.5.10.0012, SBDI-I, rel. Min. José Roberto Freire Pimenta, 21/10/2021.

Embargos. Responsabilidade subsidiária. Abrangência. Entrega do perfil profissiográfico previdenciário. Obrigação de fazer personalíssima. Extensão ao tomador de serviços. Impossibilidade.

O encargo relativo à entrega do perfil profissiográfico previdenciário constitui obrigação de fazer personalíssima do empregador, não extensível ao tomador de serviços, em decorrência da responsabilidade subsidiária a ele atribuída. Sob esse fundamento, a SBDI-I, por unanimidade, conheceu dos embargos do empregado, por divergência jurisprudencial e, no mérito, negou-lhes provimento. TST-ED-Ag-E-ED-RR-1002446-80.2016.5.02.0433, SBDI-I, rel. Min. Hugo Carlos Scheuermann, 21/10/2021.

BREVE COMENTÁRIO

Em casos de terceirização de serviços, o encargo relativo à entrega do perfil profissiográfico previdenciário constitui obrigação de fazer personalíssima do empregador, não extensível ao tomador de serviços, em decorrência da responsabilidade subsidiária a ele atribuída.

▸ ***Embargos. Deserção do Recurso de Revista. Depósito recursal. Seguro garantia judicial com prazo determinado. Possibilidade.***

Tem prevalecido, no âmbito do TST, entendimento no sentido da possibilidade de substituição do depósito recursal por fiança bancária ou pelo seguro garantia judicial. A liquidez conferida ao seguro garantia judicial e à carta de fiança, com sua conversão automática em dinheiro ao final da execução, constitui verdadeiro aperfeiçoamento não só do processo de execução como do sistema de penhora judicial, na medida em que harmoniza os princípios da máxima eficácia da execução para o credor e da menor onerosidade para o devedor. Há de se ressaltar que não existe previsão legal de que a carta de fiança bancária ou o seguro garantia judicial tenham prazo de validade indeterminado, ou condicionado até a solução final do litígio. Caso seja extinta e não renovada a garantia, a parte arcará com tal incúria, como em qualquer hipótese da sua perda superveniente. Sob esses fundamentos, a SBDI-I, por unanimidade, conheceu dos Embargos, por divergência jurisprudencial, e, no mérito, deu-lhes provimento, para reconhecer a validade do seguro garantia judicial com prazo determinado, afastar a deserção do recurso de revista da ré e determinar o retorno dos autos à Turma de origem, a fim de que proceda à aferição do cumprimento dos demais requisitos previstos no Ato Conjunto TST.CSJT.CGJT nº 1, de 16 de outubro de 2019, com as alterações promovidas pelo Ato Conjunto TST.CSJT.CGJT nº 1, de 29 de maio de 2020, e prossiga no julgamento do feito, como entender de direito. TST-E-AIRR-1154-45.2013.5.04.0007, SBDI-I, rel. Min. Cláudio Mascarenhas Brandão, 28/10/2021.

BREVE COMENTÁRIO

O TST tem admitido de substituição do depósito recursal por fiança bancária ou pelo seguro garantia judicial.

Ressaltou-se ainda que não existe previsão legal de que a carta de fiança bancária ou o seguro garantia judicial tenham prazo de validade indeterminado, ou condicionado até a solução final do litígio.

Caso seja extinta e não renovada a garantia, a parte arcará com tal incúria, como em qualquer hipótese da sua perda superveniente.

▸ ***Recurso Ordinário em Mandado de Segurança. Ato coator que exige uma descrição pormenorizada do valor de cada pedido descrito na inicial. Determinação de emenda à petição. Óbice injustificado do direito de ação. Ato teratológico. Mitigação da OJ nº 92 da SBDI-2 do TST. Segurança concedida.***

A SBDI-2 vem mitigando a aplicação da Orientação Jurisprudencial nº 92 da SBDI-2 desta Corte nos casos em que há criação de embaraços não previstos em lei capazes de inviabilizar o livre exercício do direito constitucional de ação. Na hipótese, a despeito de o impetrante ter formulado, na petição inicial da reclamação trabalhista, pedidos certos e determinados, indicando, inclusive, valores que se entendiam devidos, o magistrado determinou a emenda da inicial, exigindo uma liquidação pormenorizada das verbas referentes a cada pedido. Tal exigência é medida que, além de extrapolar o comando previsto no art. 840, § 1º, da CLT, impõe restrição indevida de acesso ao Judiciário, visto que, por vezes, seria necessária a contratação de profissional contabilista pelo reclamante – em muitos casos, beneficiário da justiça gratuita – para apresentação de cálculos de maior complexidade. Ademais, não há previsão legal que exija prova contábil pré-constituída para o ajuizamento de reclamação trabalhista. Sob esses fundamentos, a SBDI-II, por unanimidade, conheceu do Recurso Ordinário e, no mérito, por maioria, vencido o Ministro Evandro Pereira Valadão Lopes, deu-lhe provimento para conceder a segurança e, assim, cassar a decisão proferida na reclamação trabalhista por meio da qual se exigiu a liquidação de "cada uma das verbas apontadas nos pedidos, de forma pormenorizada, incluindo os reflexos de cada rubrica". TST-ROT-101623-94.2019.5.01.0000, SBDI-II, rel. Min. Maria Helena Mallmann, 26/10/2021.

BREVE COMENTÁRIO

O art. 840, §1º da CLT dispõe o seguinte:

> Art. 840, § 1º. Sendo escrita, a reclamação deverá conter a designação do juízo, a qualificação das partes, a breve exposição dos fatos de que resulte o dissídio, o pedido, que deverá ser certo, determinado e com indicação de seu valor, a data e a assinatura do reclamante ou de seu representante.

No caso julgado, apesar de a parte ter formulado, na petição inicial da reclamação trabalhista, pedidos certos e determinados, indicando, inclusive, valores que se entendiam devidos, o magistrado determinou a emenda da inicial, exigindo uma liquidação pormenorizada das verbas referentes a cada pedido.

A SDI-II, todavia, considerou que tal exigência seria medida que, além de extrapolar o comando previsto no art. 840, § 1º, da CLT, impôs restrição indevida de acesso ao Judiciário, visto que, por vezes, seria necessária a contratação de profissional contabilista pelo reclamante – em muitos casos, beneficiário da justiça gratuita – para apresentação de cálculos de maior complexidade.

Desse modo, julgou que a decisão que exige uma descrição pormenorizada do valor de cada pedido descrito na inicial representa um óbice injustificado ao direito de ação.

"[...] II – RECURSO DE REVISTA. HORAS EXTRAS. REVELIA. CONFISSÃO "FICTA". AUSÊNCIA DE CARTÕES DE PONTO. JORNADA DA INICIAL INVEROSSÍMIL. PRESUNÇÃO RELATIVA. A revelia e confissão ficta da reclamada, bem como a ausência de controles de ponto, gera presunção relativa de veracidade da jornada de trabalho, que pode ser elidida por prova em contrário, com recurso à razoabilidade e à experiência do magistrado (art. 375 do CPC), de modo que não se impõe a adoção, pelo julgador, de toda e qualquer jornada de trabalho informada pelo reclamante, sobretudo quando esta se mostrar inverossímil, como ocorre no presente caso. Precedentes. Todavia, tratando-se a discussão acerca de jornada considerada inverossímil, em face da confissão ficta e da ausência de apresentação dos registros de jornada, cumpre ao magistrado não excluir as horas extras, mas arbitrá-las segundo critérios de razoabilidade. Recurso de revista conhecido e parcialmente provido." (TST-RR-101450-91.2017.5.01.0048, 3ª Turma, rel. Min. Alberto Luiz Bresciani de Fontan Pereira, julgado em 27/10/2021.)

BREVE COMENTÁRIO

A Súmula nº 338 do TST estabelece o seguinte:

> Súmula nº 338 do TST
>
> I - É ônus do empregador que conta com mais de 10 (dez) empregados (leia-se: 20) o registro da jornada de trabalho na forma do art. 74, § 2º, da CLT. A não-apresentação injustificada dos controles de freqüência gera presunção relativa de veracidade da jornada de trabalho, a qual pode ser elidida por prova em contrário.
>
> II - A presunção de veracidade da jornada de trabalho, ainda que prevista em instrumento normativo, pode ser elidida por prova em contrário.
>
> III - Os cartões de ponto que demonstram horários de entrada e saída uniformes são inválidos como meio de prova, invertendo-se o ônus da prova, relativo às horas extras, que passa a ser do empregador, prevalecendo a jornada da inicial se dele não se desincumbir.

Dessa maneira, não apresentados os cartões de ponto, presume-se verdadeira a jornada alegada na petição inicial (no caso analisado, houve também a revelia e confissão ficta da reclamada).

No entanto, o julgador não está adstrito a qualquer jornada alegada, sobretudo quando esta se mostrar inverossímil.

Sendo assim, considerada inverossímil, o magistrado não deve excluir as horas extras, mas pode arbitrá-las segundo critérios de razoabilidade.

"[...] DANO MORAL. RESTRIÇÃO A APRESENTAÇÃO DE ATESTADO MÉDICO. FOLGA AOS SÁBADOS. O Tribunal Regional, com análise do conjunto fático, consignou, no voto vencido, e cuja narrativa fática amparou o voto do redator designado, que a penalização dos empregados pela apresentação de atestados médicos era prática corriqueira na reclamada. Todavia, por maioria, a Turma do Tribunal Regional entendeu que a punição aplicada pela reclamada, com a supressão da folga aos sábados pela apresentação de atestado médico, por si só, não gera dano moral a ser indenizado. Ocorre que, de acordo coma jurisprudência desta Corte, o dano moral, na hipótese em apreço, revela-se *in re ipsa*, pois decorre da natureza da situação vivenciada, não havendo necessidade de prova cabal para demonstrar o abalo sofrido pelo empregado. Assim, a conduta da empresa, que utilizava os atestados médicos apresentados pelos empregados para comprometer as suas avaliações e com isso puni-los com a supressão das folgas aos sábados, vai além dos limites do diretivo, na medida em que impede seus empregados de usufruírem seus direitos e expõe a saúde. Por outro lado, o artigo 927 do CC atribui àquele que pratica ato ilícito o dever de indenizar. Portanto, uma vez que restou comprovado o ato ilícito da empresa, a empregada faz jus a indenização por danos morais, nos termos do artigo 927 do CC. Precedentes. Recurso de revista conhecido por violação do artigo 927 do CC e provido." (TST-RR-4648-48.2017.5.10.0802, 3ª Turma, rel. Min. Alexandre de Souza Agra Belmonte, julgado em 27/10/2021.)

BREVE COMENTÁRIO

Na hipótese, verificou-se que a empresa reclamada realizava corriqueiramente a penalização dos empregados pela apresentação de atestados médicos, por meio da supressão de folga aos sábados.

A 3ª Turma reconheceu que essa questão configuraria dano *in re ipsa* (presumido), decorrente da situação vivenciada, de modo a não se fazer necessária prova cabal para demonstrar o abalo sofrido pelo empregado. Em conclusão, considerou comprovado o ato ilícito da empresa, fazendo jus a empregada a indenização por danos morais, nos termos do artigo 927 do CC.

"[...] RESPONSABILIDADE SOLIDÁRIA. GRUPO ECONÔMICO. SUCESSÃO DO ARREMATANTE JUDICIAL DA UNIDADE PRODUTIVA VARIG - UPV. RECUPERAÇÃO JUDICIAL. ART. 60, PARÁGRAFO ÚNICO, DA LEI 11.101/2005. REQUISITOS DA LEI 13.015/2014 ATENDIDOS. O Plenário do Supremo Tribunal Federal, no julgamento da ADI 3.934/DF, declarou a constitucionalidade dos arts. 60, parágrafo único, e 141, II, da Lei 11.101/2005, os quais estabelecem que o objeto da alienação, aprovado em plano de recuperação judicial, estará livre de qualquer ônus e não haverá sucessão do arrematante nas obrigações do devedor, inclusive as de natureza tributária, as derivadas da legislação do trabalho e as decorrentes de acidente de trabalho. Dessa forma, a jurisprudência do TST entende pela inexistência de sucessão trabalhista e de qualquer responsabilidade das empresas arrematantes da Unidade Produtiva Varig (UPV). No caso, o Regional, apesar de afirmar que a solidariedade se deu apenas pelo reconhecimento do grupo econômico, verifica-se que a conclusão da existência de grupo econômico decorreu da análise da sucessão das recorrentes em face da arrematação em leilão de recuperação judicial, o que não se coaduna com o entendimento do STF no julgamento da ADIN 3.934-2 e viola o disposto no art. 60, parágrafo único, da Lei 11.101/2005, porquanto o objeto da alienação encontra-se livre de qualquer ônus. Recurso de revista conhecido e provido. [...]." (TST-RR-12000-12.2008.5.01.0030, 6ª Turma, rel. Min. Augusto César Leite de Carvalho, julgado em 20/10/2021.)

BREVE COMENTÁRIO

O art. 141, II, da Lei nº 11.101/2005 dispõe que:

> Art. 141. Na alienação conjunta ou separada de ativos, inclusive da empresa ou de suas filiais, promovida sob qualquer das modalidades de que trata o art. 142:
>
> (...)
>
> II – o objeto da alienação estará livre de qualquer ônus e não haverá sucessão do arrematante nas obrigações do devedor, inclusive as de natureza tributária, as derivadas da legislação do trabalho e as decorrentes de acidentes de trabalho.

O dispositivo em questão foi julgado constitucional pelo STF.

Dessa maneira, a 6ª Turma decidiu pela inexistência de sucessão trabalhista e de qualquer responsabilidade das empresas arrematantes da Unidade Produtiva Varig (UPV), empresa que se encontra na situação prevista na hipótese da norma.

Informativo nº 247

▶ ***Doença ocupacional. Estabilidade provisória. Determinação judicial de reintegração em função readaptada. Possibilidade de percepção cumulada de salário e de indenização por dano material (pensão mensal). Marco inicial da obrigação.***

Tratando-se de determinação judicial de reintegração em outra função, em face de estabilidade provisória decorrente de doença ocupacional, é possível a percepção cumulada de salário e de indenização por danos materiais (pensão mensal). Isso porque os salários do período de reintegração e a pensão mensal possuem natureza jurídica e fatos geradores distintos. Com efeito, o direito à pensão mensal emana do dano sofrido pelo empregado, decorrente de doença ocupacional, e possui fundamento no instituto da responsabilidade civil (artigos 186 e 927 do CC). Por outro lado, a remuneração percebida pelo empregado reintegrado tem natureza trabalhista e decorre diretamente da prestação de serviços em benefício da reclamada. Com base nesses fundamentos, a SBDI-I, por unanimidade, conheceu dos embargos por divergência jurisprudencial e, no mérito, por maioria, deu-lhes provimento para majorar a condenação ao pagamento de pensão mensal, fixando como termo inicial da obrigação a data do retorno ao trabalho, após o término do benefício previdenciário. Vencidos os Ministros Cláudio Mascarenhas Brandão, Alexandre Luiz Ramos, Renato de Lacerda Paiva e as Ministras Dora Maria da Costa e Maria Cristina Irigoyen Peduzzi, que negavam provimento aos embargos. TST-E-RR-266300-17.2008.5.02.0060, SBDI--I, rel. Min. Hugo Scheuermann, 4/11/2021.

BREVE COMENTÁRIO

Basicamente, no caso em tela, a SD-I reconheceu a possibilidade de cumulação de salário e de indenização por danos materiais (pensão mensal) para trabalhador reintegrado por força de decisão judicial.

Admitiu-se essa possibilidade, pois os salários do período de reintegração e a pensão mensal possuem natureza jurídica e fatos geradores distintos. Esta, baseia-se no instituto da responsabilidade civil (artigos 186 e 927 do CC), ao passo que a remuneração percebida pelo empregado reintegrado tem natureza trabalhista e decorre diretamente da prestação de serviços em benefício da reclamada.

Assim, se o trabalhador que goza de estabilidade provisória em razão de doença ocupacional for reintegrado no emprego, pode cumular a remuneração do período correspondente com a pensão.

▶ ***Responsabilidade civil. Indenização por danos decorrentes de acidente do trabalho. Cobrador de ônibus. Vítima fatal em assalto. Aplicabilidade da responsabilidade objetiva do empregador. Tema 932 da Repercussão Geral. Efeito vinculante e eficácia* erga omnes.**

A atividade de cobrador de ônibus de transporte coletivo urbano é caracterizada como de risco especial, com potencialidade lesiva superior e imposição de maior ônus ao trabalhador do que aos demais membros da sociedade, atraindo a responsabilidade civil objetiva do empregador pelos danos decorrentes de acidente do trabalho. Desse modo, à luz do Tema 932 da Repercussão Geral, com efeito vinculante e eficácia *erga omnes*, reconhecendo o maior risco implicado ao trabalhador, que foi vitimado em assalto, manteve-se a responsabilização objetiva da empresa pelos danos decorrentes do acidente ocorrido, nos termos do art. 927, parágrafo único, do Código Civil. Sob esse fundamento, a SBDI-I, por unanimidade, não conheceu do recurso de embargos interposto pela reclamada. TST-E-ED-RR-238100-91.2005.5.01.0202, SBDI-I, rel. Min. Alexandre Luiz Ramos, 11/11/2021.

BREVE COMENTÁRIO

No processo em epígrafe, a SDI-I aplicou a teoria da responsabilidade objetiva ao caso de cobrador de ônibus vítima fatal de acidente de trabalho.

Segundo os ministros, a atividade de cobrador de ônibus de transporte coletivo urbano é caracterizada como de risco especial, com potencialidade lesiva superior e imposição de maior ônus ao trabalhador do que aos demais membros da sociedade, atraindo a responsabilidade civil objetiva do empregador pelos danos decorrentes de acidente do trabalho.

▶ ***Mandado de Segurança. Penhora de 30% dos honorários médicos para pagamento de débito trabalhista. Percentual de penhora limitado a 50% do ganho líquido. Ato impugnado praticado na vigência do CPC/15. OJ 153 da SBDI-2. Inaplicável. Abusividade não demonstrada. Previsão legal. Artigos 529, § 3º, e 833, § 2º, do CPC/15.***

A limitação de 50% (cinquenta por cento), prevista no art. 529, § 3°, do CPC/2015, incide sobre a totalidade dos rendimentos auferidos pela parte executada, não se limitando a um rendimento individualizado. No caso, a autoridade coatora determinou o bloqueio da totalidade dos valores recebidos pelo impetrante (executado) a título de honorários médicos da UNIMED, que corresponde a sua principal fonte de renda. Ao julgar a presente ação mandamental, o TRT concedeu parcialmente a segurança e limitou a penhora a 30% (trinta por cento) do valor dos honorários médicos recebidos da UNIMED. No tocante à possibilidade da penhora sobre os honorários médicos recebidos pelo impetrante, tem-se que o ato inquinado de coator ocorreu em 2018, quando já vigente o CPC/2015, o qual dispõe que a impenhorabilidade dos vencimentos não se aplica às hipóteses em que a constrição for destinada ao pagamento de prestação alimentícia "independentemente de sua origem", como é o caso das verbas de natureza salarial devidas ao empregado (art. 833, IV, e § 2º). Na hipótese, inaplicável a OJ 153 da SDI-2, haja vista que a determinação de bloqueio e penhora se deu já na vigência no CPC de 2015. No que concerne à incidência do percentual de bloqueio, o art. 529, § 3º, do CPC/15 limita o percentual de penhora a 50% do ganho líquido do executado, revelando, dessa forma, a preocupação do legislador em também não desprover o devedor de quantia minimamente necessária a sua subsistência. Sob esses fundamentos, decidiu a SBDI-2, por unanimidade, que a penhora deve recair sobre a totalidade das fontes de renda do executado, sem ultrapassar o percentual de 30% dos rendimentos líquidos do impetrante. TST-ROT-100051-06.2019.5.01.0000, SBDI-II, rel. Min. Alexandre de Souza Agra Belmonte, 9/11/2021.

BREVE COMENTÁRIO

Na vigência do CPC/2015, o TST vem admitindo a penhora de salários para o pagamento de débitos trabalhistas, aplicando o art. 529, §3º desse diploma, que limita essa constrição a 50%. Vejamos:

> Art. 529. Quando o executado for funcionário público, militar, diretor ou gerente de empresa ou empregado sujeito à legislação do trabalho, o exequente poderá requerer o desconto em folha de pagamento da importância da prestação alimentícia.
>
> (...)
>
> § 3º Sem prejuízo do pagamento dos alimentos vincendos, o débito objeto de execução pode ser descontado dos rendimentos ou rendas do executado, de forma parcelada, nos termos do caput deste artigo, contanto que, somado à parcela devida, não ultrapasse cinquenta por cento de seus ganhos líquidos.

Neste caso, pontuou que limitação de 50% (cinquenta por cento), prevista no art. 529, § 3°, do CPC/2015, incide sobre a totalidade dos rendimentos auferidos pela parte executada, não se limitando a um rendimento individualizado. Não obstante, no caso em espécie, limitou a 30% dos rendimentos líquidos do impetrante.

Ação Rescisória. Art. 966, incisos II e V, do CPC. Pretensão de indenização por danos morais e materiais. Período de vínculo celetista com o ente público. Competência da Justiça do Trabalho. Decisão rescindenda em consonância com o entendimento firmado pelo STF à época. Tema de Repercussão Geral nº 928. Sinalização de mudança de entendimento em reclamações constitucionais. Não cabimento da ação rescisória. Óbice da Súmula nº 343 do STF e da tese fixada no Tema nº 136 de Repercussão Geral.

A existência de decisões em reclamações constitucionais que indiquem mudança de entendimento firmado em tema de repercussão geral não autoriza a utilização da ação rescisória para desconstituir decisão proferida em harmonia com o entendimento firmado, à época, pelo Plenário do STF, ante o óbice da Súmula nº 343 do STF e da tese fixada no Tema nº 136 de Repercussão Geral. Com esse entendimento, a SBDI-II, por unanimidade, negou provimento ao recurso ordinário interposto pela

Fundação Nacional de Saúde - Funasa, autora da ação rescisória, por meio da qual pretendia a desconstituição de julgado que, com fundamento no Tema nº 928 de Repercussão Geral, declarou a competência da Justiça do Trabalho para processar e julgar reclamação trabalhista com pedido de indenização por danos morais e materiais supostamente causados pelo manuseio do DDT, relativo ao período em que o servidor público possuía vínculo celetista com a Funasa. Salientou-se que, apesar de recentes decisões de Turmas do Supremo Tribunal Federal em reclamações terem declarado a competência da Justiça Federal para julgar as demandas idênticas à do caso em análise, tais julgados não têm o condão de suprimir a tese fixada no Tema nº 928 pelo Pleno do STF. Destacou-se, ainda, que, nos termos do art. 11, inciso II, do Regimento Interno do STF, o reexame de questão de inconstitucionalidade já decidida pelo Plenário, não poderia ser realizado por Turma. TST-ROT-200-94.2020.5.14.0000, SBDI-II, rel. Min. Evandro Pereira Valadão Lopes, 9/11/2021.

BREVE COMENTÁRIO

O STF, em sede de repercussão geral, fixou a seguinte tese:

> 928 - Compete à Justiça do Trabalho processar e julgar ações relativas às verbas trabalhistas referentes ao período em que o servidor mantinha vínculo celetista com a Administração, antes da transposição para o regime estatutário.

No entanto, em alguns julgados posteriores, trouxe a Suprema Corte decisões divergentes, as quais, ressalvamos, apenas aparentam ter mudado a sua jurisprudência, representando, todavia, decisões isoladas, decorrentes de momentos em que o colegiado estava com sua formação incompleta.

Em razão dessas, foram intentadas ações rescisórias para desconstituir decisão firmada com base em posicionamento supostamente modificado.

O TST decidiu que isso seria inviável, ante a Súmula nº 343 do STF e tese nº 136 de repercussão geral:

> Súmula 343 do STF. Não cabe ação rescisória por ofensa a literal disposição de lei, quando a decisão rescindenda se tiver baseado em texto legal de interpretação controvertida nos tribunais.
>
> 136 - Não cabe ação rescisória quando o julgado estiver em harmonia com o entendimento firmado pelo Plenário do Supremo à época da formalização do acórdão rescindendo, ainda que ocorra posterior superação do precedente.

"RECURSO DE REVISTA. PROTESTO JUDICIAL. INTERRUPÇÃO DA PRESCRIÇÃO. REFORMA TRABALHISTA. ART. 11, § 3º, DA CLT. O art. 11, § 3º, da CLT, introduzido pela Lei nº 13.467/2017, ao estabelecer que a interrupção da prescrição somente ocorrerá pelo ajuizamento de reclamação trabalhista, deve ser interpretado de forma sistemática com a disciplina legal a respeito das causas interruptivas de prescrição, de modo que remanesce aplicável o protesto judicial ao processo do trabalho. Recurso de revista não conhecido." (TST-RR-10711-43.2019.5.15.0006, 3ª Turma, rel. Min. Alberto Luiz Bresciani de Fontan Pereira, julgado em 9/11/2021.)

BREVE COMENTÁRIO

É comum a utilização do protesto judicial na Justiça do Trabalho para fins de evitar a prescrição. A parte apresenta apenas protestos, indicando que ajuizará uma ação em breve.

No julgado em tela, a 3ª Turma do TST reconheceu que essa prática remanesce possível, não obstante o artigo 11, §3º da CLT disponha que somente o efetivo ajuizamento de reclamação trabalhista interrompe a prescrição.

"[...] RECURSO DE REVISTA. ACIDENTE DE TRABALHO. MANEJO DE GADO. ATIVIDADE DE RISCO. RESPONSABILIDADE CIVIL OBJETIVA DO EMPREGADOR. Este Tribunal Superior entende pela aplicação da teoria da reponsabilidade objetiva quando a atividade desenvolvida pelo empregador pressupõe a existência de risco potencial à integridade física e psíquica do trabalhador, tal como ocorre na hipótese dos autos, seja pelas condições adversas do campo, seja pela lida com os animais, tanto que o reclamante, no exercício da função de trabalhador rural, foi vítima de acidente de trabalho em razão da queda do animal de montaria utilizado no manejo do gado. Estando incontroversos nos autos a existência do dano e o nexo de causalidade (o acidente sofrido no desemprenho de suas funções), e considerando a atividade de manejo de gado como de risco, conclui-se pela aplicação do responsabilidade objetiva do reclamado pelo dano sofrido e, consequentemente, pela obrigação de indenizar. Recurso de revista conhecido e provido." (TST-RR-24256-63.2019.5.24.0061, 8ª Turma, rel. Min. Dora Maria da Costa, julgado em 10/11/2021)

BREVE COMENTÁRIO

Em informativo anterior, vimos a aplicação de teoria objetiva da responsabilidade objetiva a caso de acidente com cobrador de ônibus.

Neste, observamos a aplicação da mesma tese para empregado que trabalhava com manejo de gado.

Segundo a 8ª Turma, aplica-se a teoria da reponsabilidade objetiva quando a atividade desenvolvida pelo empregador envolver a existência de risco potencial à integridade física e psíquica do trabalhador, seja pelas condições adversas do campo, seja pela lida com os animais, tanto que o reclamante, no exercício da função de trabalhador rural, foi vítima de acidente de trabalho em razão da queda do animal de montaria utilizado no manejo do gado.

Informativo nº 248

- ***Embargos. Processo Judicial Eletrônico – PJE. Contagem de prazo processual. Prevalência da publicação no Diário Eletrônico da Justiça do Trabalho – DEJT.***

Em se tratando de Processo Judicial Eletrônico (PJE), para efeitos de contagem de prazo processual, a intimação operada no Diário Eletrônico da Justiça do Trabalho (DEJT) tem prevalência sobre a intimação pelo sistema PJE, conforme a disciplina do art. 4º, § 2º da Lei nº 11.429/2006. Desse modo, os prazos indicados no PJE não têm o condão de suplantar a disposição legal expressa acerca da prevalência da publicação no diário eletrônico como critério de contagem dos prazos processuais. Na espécie, a decisão foi disponibilizada no DEJT em 31/07/2019, e sendo considerada a publicação em 01/08/2019, o prazo para interposição do recurso de revista findou-se em 12/08/2019. Contudo, o recurso de revista foi protocolado posteriormente, sendo, portanto, intempestivo. Sob esses fundamentos, a SBDI-I, por unanimidade, conheceu dos Embargos, por divergência jurisprudencial e, no mérito, por maioria, deu-lhes provimento para declarar a intempestividade do recurso de revista da Caixa Econômica Federal, não conhecendo do referido recurso. Vencidos os Ministros Alexandre Luiz Ramos, Guilherme Augusto Caputo Bastos e Breno Medeiros. TST-E-ED-RR-1043-12.2017.5.10.0021, SBDI-I, rel. Min. Renato de Lacerda Paiva, 18/11/2021.

BREVE COMENTÁRIO

No caso, a SDI-I firmou que, em se tratando de Processo Judicial Eletrônico (PJE), para efeitos de contagem de prazo processual, a intimação operada no Diário Eletrônico da Justiça do Trabalho (DEJT) tem prevalência sobre a intimação pelo sistema PJE.

Desse modo, os prazos indicados no PJE não têm o condão de suplantar a disposição legal expressa acerca da prevalência da publicação no diário eletrônico como critério de contagem dos prazos processuais.

Embargos à SBDI-I. Agravo em agravo de instrumento não conhecido. Irrecorribilidade da decisão monocrática proferida em sede de agravo de instrumento que não reconhece a transcendência da causa. Inconstitucionalidade do art. 896-A, § 5º, da CLT. Ausência de fundamentação. Inviabilidade de exame do mérito.

Não se conhece dos embargos à SBDI-I quando a parte se limita a alegar a inconstitucionalidade do art. 896-A, § 5º da CLT, sem transcrever arestos para demonstrar dissenso jurisprudencial ou apontar contrariedade a Súmula, Orientação Jurisprudencial do TST ou Súmula vinculante do STF, revelando-se desfundamentado o recurso, uma vez que não observados os requisitos do art. 894, II, da CLT. No caso, a egrégia Turma não conheceu do agravo interposto contra decisão monocrática proferida em sede de agravo de instrumento que não reconheceu a transcendência da matéria, limitando-se a erigir óbice de natureza processual ao conhecimento do apelo, qual seja, a norma inserta no § 5º do artigo 896-A da CLT, que prevê a irrecorribilidade dessa decisão. O embargante, contudo, limitou-se a alegar a inconstitucionalidade da referida norma. Resultou, portanto, inviável o exame de eventual desconformidade da decisão proferida pela Turma com o entendimento sufragado pelo Tribunal Pleno do TST, nos autos da arguição de inconstitucionalidade nº 1000845-52.2016.5.02.0461. Sob esses fundamentos, a SBDI-I, por maioria, não conheceu dos embargos. Vencido o Ministro Alexandre Luiz Ramos, que conhecia dos embargos, por divergência com o precedente vinculante do Tribunal Pleno, no julgamento do ArgInc-Ag-AIRR nº 1000845-52.2016.5.02.0461 e, no mérito, dava-lhe provimento para anular o acórdão embargado, determinando o retorno dos autos à Turma de origem, para, afastando a aplicação do § 5.º do art. 896-A da CLT, apreciar o agravo interno como entender de direito, no que foi acompanhado pela Ministra Maria Cristina Irigoyen Peduzzi. TST-E--Ag-AIRR-10368-46.2017.5.15.0126, SBDI-I, rel. Min. Lelio Bentes Corrêa, 18/11/2021.

BREVE COMENTÁRIO

Conforme registrado no Informativo nº 228, o TST declarou inconstitucional o § 5º do art. 896-A da CLT, que dispõe ser "irrecorrível a decisão monocrática do relator que, em agravo de instrumento em recurso de revista, considerar ausente a transcendência da matéria".

Neste caso, o recorrente interpôs embargos de divergência (embargos à SDI), tendo em vista suposta contrariedade a essa decisão.

Lembramos que tal recurso tem o fito de ajudar a uniformizar a jurisprudência do TST e tem cabimento face às decisões das Turmas que divergirem entre si ou das decisões proferidas pela Seção de Dissídios Individuais, ou contrárias a súmula ou orientação jurisprudencial do Tribunal Superior do Trabalho ou súmula vinculante do Supremo Tribunal Federal.

Conforme ensina Élisson Miessa[38], os embargos de divergência têm natureza extraordinária, de modo que "também se submetem a prequestionamento, possuindo as mesmas diretrizes já estudadas no recurso de revista".

No caso em tela, todavia, o recurso não foi conhecido, pois a parte se limitou a alegar a inconstitucionalidade do art. 896-A, § 5º da CLT, sem transcrever arestos para demonstrar dissenso jurisprudencial ou apontar contrariedade a Súmula, Orientação Jurisprudencial do TST ou Súmula vinculante do STF.

Embargos em Recurso de Revista. Arguição de contrariedade a Súmula Vinculante 10 mediante indicação de afronta a "SV 10". Alegação genérica. Embargos não conhecidos.

A alegação genérica de contrariedade a súmulas não viabiliza o conhecimento do recurso de embargos. Na hipótese, mostra-se inviável o exame da acenada contrariedade à Súmula Vinculante 10 do STF, porquanto, no recurso de embargos, o Reclamado limitou-se a afirmar que a Turma "contrariou o disposto na SV nº 10", sem especificar que o termo se tratava de Súmula Vinculante proveniente do Supremo Tribunal Federal. Nesse sentido, a SBDI-I, por unanimidade, não conheceu dos Embargos. E-RR-1026-96.2013.5.15.0143, SBDI-I, rel. Min. Alexandre Luiz Ramos, 25/11/2021.

BREVE COMENTÁRIO

Neste julgado, a SDI-I analisou a interposição de embargos sob o fundamento de violação a Súmula Vinculante.

38. MIESSA, Elisson. *Processo do Trabalho*. 7. ed. Salvador: Juspodivm, 2019, p. 1.093.

O que é preciso guardar do acórdão é o fato de que referidas impugnações devem vir acompanhadas de algum fundamento para a admissibilidade do recurso, não bastando a alegação genérica de afronta ao enunciado.

Recurso ordinário em ação rescisória. Horas extras. Ausência dos controles de ponto. Ônus da prova. Arbitramento. Violação dos arts. 140, parágrafo único, do CPC, e 818, II, da CLT.

A SBDI-II firmou o entendimento no sentido de que a adoção do critério equitativo de arbitramento para o deferimento do pedido de horas extras, pela só consideração de que a jornada inicial indicada pelo reclamante na petição inicial pareceu excessiva ao órgão julgador, sem qualquer outro dado objetivo ou razão adicional que justificasse a conclusão, fere os artigos art. 140, parágrafo único, do CPC e 818, inc. II, da CLT. Na hipótese, o exame dos autos revela que o autor, na petição inicial, alegou a prestação de quatro horas extras diárias. No acórdão rescindendo (prolatado após a edição da Súmula 338, I, do TST), todavia, o Tribunal Regional deu parcial provimento ao recurso do reclamante para deferir parcialmente o pedido, consignando que, muito embora a reclamada não tenha juntado aos autos os controles de frequência, a jornada alegada na petição inicial seria "exacerbada". Por essa razão, arbitrou a condenação em duas horas extras por dia. Salientou-se, ainda, que diante do quadro processual posto na ação matriz, ao refutar a jornada informada na inicial e negar os efeitos jurídico-processuais que resultaram da omissão empresarial na exibição dos controles de ponto (arts. 74, § 2º, e 769, ambos da CLT, 15 e 373, § 1º, todos do CPC), a Corte Regional acabou por considerar, ainda que de forma velada ou implícita, que o ônus da prova caberia à parte autora, ônus que, todavia, não lhe incumbia, a teor do item I da Súmula 338 deste TST. Sob esses fundamentos, a SBDI-II, por unanimidade, conheceu do recurso ordinário e, no mérito, deu-lhe provimento, para julgar procedente o pedido e desconstituir parcialmente o acórdão proferido pelo Tribunal Regional e, em juízo rescisório, deu provimento ao recurso ordinário do reclamante para deferir as horas extras a serem calculadas com base na jornada descrita na petição inicial da reclamação trabalhista nos meses em que não juntados os controles de frequência. TST-ROT-22802-58.2020.5.04.0000, SBDI-II, rel. Min. Douglas Alencar Rodrigues, 23/11/2021.

BREVE COMENTÁRIO

Segundo a Súmula nº 338 do TST, é ônus do empregador que conta com mais de vinte empregados (interpretação conforme a Lei nº 13.874, de 2019) o registro da jornada de trabalho na forma do art. 74, § 2º, da CLT.

A não apresentação injustificada dos controles de frequência gera presunção relativa de veracidade da jornada de trabalho, a qual pode ser elidida por prova em contrário.

Doutra ponta, caso a jornada alegada na inicial se mostre inverossímil, é comum que os tribunais arbitrem seus valores num patamar razoável.

Neste caso, a SDI-II decidiu que a adoção do critério equitativo de arbitramento para o deferimento do pedido de horas extras, pela só consideração de que a jornada inicial indicada pelo reclamante na petição inicial pareceu excessiva ao órgão julgador, sem qualquer outro dado objetivo ou razão adicional que justifique a conclusão, fere os artigos art. 140, parágrafo único, do CPC e 818, inc. II, da CLT.

Dessa maneira, o arbitramento só deve ocorrer caso haja dados complementares que possam justificá-lo (por exemplo, o reclamante tinha dois empregos, o que tornaria impossível trabalhar na sobrejornada alegada). Não havendo esses elementos, todavia, deve ser aceita a jornada declinada na inicial.

"RECURSO DE REVISTA. INTERPOSTO NA VIGÊNCIA DA LEI Nº 13.467/2017. TRANSCENDÊNCIA. CONFIGURAÇÃO. CRÉDITOS TRABALHISTAS. ATUALIZAÇÃO. ÍNDICE DE CORREÇÃO MONETÁRIA APLICÁVEIS. FAZENDA PÚBLICA. TEMA 810. Considerando entendimento consubstanciado na jurisprudência do STF, resultante do tema nº 810 no julgamento do Recurso Extraordinário nº 870.947 (Repercussão Geral), verifica-se a transcendência política, nos termos do artigo 896-A, § 1º, II, da CLT. ATUALIZAÇÃO MONETÁRIA. CONDENAÇÕES IMPOSTAS À FAZENDA PÚBLICA. ÍNDICE APLICÁVEL. INCONSTITUCIONALIDADE DA UTILIZAÇÃO DO ÍNDICE DE REMUNERAÇÃO OFICIAL DA CADERNETA DE POUPANÇA (TR). INCIDÊNCIA DO IPCA-E. TEMA 810 DA TABELA DE REPERCUSSÃO GERAL DO STF. NÃO CONHECIMENTO. O STF, no julgamento do RE 870947, processo eleito como *leading case* e que resultou no Tema 810 da Tabela de Repercussão Geral, fixou entendimento de ser inconstitucional a adoção da remuneração oficial da caderneta de poupança (TR) como índice de atualização monetária nas condenações impostas à Fazenda Pública, como previsto no artigo 1º-F da Lei nº 9.494/1997, com a redação dada pela Lei nº 11.960/2009. Na mesma oportunidade, firmou entendimento de que o índice aplicável para a espécie seria o mesmo utilizado na atualização dos precatórios, qual seja, o IPCA-E, na forma decidida nas ADIs nº 4.357 e 4.425. No julgamento dos embargos de declaração do processo em epígrafe (RE 870.947-RG), ocorrido em 3.10.2019, o STF, por maioria, rejeitou o pedido de modulação dos efeitos da sua decisão, mantendo, com isso, a inconstitucionalidade da aplicação da TR, desde a edição da Lei nº 11.960/2009, a qual instituiu o referido índice na atualização dos créditos em comento. Desse modo, diante da tese fixada pelo STF, em que se afastou a possibilidade de modulação dos efeitos da decisão em relevo, há que ser utilizado o IPCA-E para a correção monetária das condenações em desfavor da Fazenda Pública, na forma estabelecida no julgamento do RE 870.947-RG, item 2 do Tema nº 810 da Tabela de Repercussão Geral, não havendo falar na adoção de outro índice na atualização dos referidos créditos. No presente caso, o Tribunal Regional concluiu que o índice de atualização monetária aplicável na correção dos débitos trabalhistas de que foi condenado o Município reclamado seria o IPCA-E, no período compreendido entre 26.03.2015 e 10.11.2017 e a partir de 11.11.2019. Em relação aos demais períodos, entendeu que deveria ser aplicada a TR. No seu recurso de revista, o ente público reclamado pleiteia a adoção da TR como índice de correção monetária para todo o período abrangido pela sua condenação (2012 a 2017). Ocorre que, nos períodos objetos de impugnação no presente apelo, a Corte Regional definiu corretamente o índice de atualização monetária aplicável à condenação imposta à Fazenda Pública (IPCA-E), estando o acórdão recorrido, no particular, em consonância com a tese fixada pelo STF no Tema 810 da Tabela de Repercussão Geral. No que se refere aos demais períodos, em respeito à tese fixada pelo STF em repercussão geral, de força vinculante, deverá o juízo da liquidação aplicar o IPCA-E como índice de atualização monetária dos débitos em que foi condenada a Fazenda Pública, não havendo falar, na espécie, em ofensa ao princípio do *non reformatio in pejus*, considerando que a excelsa Corte rejeitou a modulação dos efeitos da sua decisão, fazendo com que todo o lapso da condenação seja atingindo pelo mencionado *decisum*. Recurso de revista de que não se conhece." (TST-RR-10078-91.2019.5.15.0051, 4ª Turma, rel. Min. Guilherme Augusto Caputo Bastos, julgado em 23/11/2021)

BREVE COMENTÁRIO

Neste julgado, a 4ª Turma do TST reconheceu a aplicação do Tema 810 do Supremo Tribunal Federal.

Expliquemos.

Basicamente, nas ADC's 58 e 59 e ADIs 5.867 e 6.021, o STF declarou a inconstitucionalidade da TR como índice de atualização monetária. Diante disso, decidiu que, para os litigantes em geral, na fase prejudicial, deve ser utilizado o IPCA e, a partir da citação, a SELIC.

A Fazenda Pública, todavia, foi excluída do âmbito de incidência desses julgados. Não obstante, como a TR foi declarada inconstitucional, definiu-se que o índice a ser utilizado para fins de correção monetária em processos nos quais conste a Fazenda Pública é o IPCA, desde o ano de 2009 (ano da Lei nº 11.960/2009), inclusive depois da citação.

Assim, também na Justiça do Trabalho deve ser adotado referido índice (IPCA) quando constar a Fazenda Pública do polo passivo.

No entanto, um acréscimo merece ser feito: em 08 de dezembro de 2021, foi promulgada a Emenda Constitucional nº 113/2021 (não referenciada no julgado em tela, de modo que a trazemos para fins de complementação), a qual modificou o texto constitucional para inserir o seguinte:

> Art. 3º Nas discussões e nas condenações que envolvam a Fazenda Pública, independentemente de sua natureza e para fins de atualização monetária, de remuneração do capital e de compensação da mora, inclusive do precatório, haverá a incidência, uma única vez, até o efetivo pagamento, do índice da taxa referencial do Sistema Especial de Liquidação e de Custódia (Selic), acumulado mensalmente.

Ou seja, a emenda em questão determinou a aplicação da taxa Selic às atualizações monetárias referentes aos débitos da Fazenda Pública. Lembramos que a Selic é uma taxa composta, que já engloba juros e correção monetária, de maneira que é defensável ser esse o índice aplicável a ambos quando atinentes às condenações impostas à Administração Pública.

Assim, o posicionamento que vem se formando até o momento é de aplicação do IPCA a partir de 2009 e Selic desse a EC 113/2021.

"I - AGRAVO DE INSTRUMENTO. RECURSO DE REVISTA. RECLAMADO. LEI Nº 13.015/2014. LEI Nº 13.467/2017. ADICIONAL DE PERICULOSIDADE. VIGIA EXPOSTO A ROUBOS E A OUTRAS ESPÉCIES DE VIOLÊNCIA FÍSICA. EMPREGADO DE MUNICÍPIO. 1 - Deve ser reconhecida a transcendência jurídica para exame mais detido da controvérsia devido às peculiaridades do caso concreto. O enfoque exegético da aferição dos indicadores de transcendência em princípio deve ser positivo, especialmente nos casos de alguma complexidade, em que se torna aconselhável o debate mais aprofundado do tema. 2 - No caso, o TRT deferiu ao reclamante o pagamento do adicional de periculosidade pleiteado, sob o fundamento de que *"o contexto fático-probatório dos autos revela que o autor não se ativava como simples vigia, mas realizava tarefas que o equiparava ao status de vigilante, pela sua dinâmica laboral"*, sendo que *"Não há nos autos prova capaz de infirmar as alegações da inicial, com relação à periculosidade"*. Nesse contexto, o Tribunal Regional consignou que o boletim de ocorrência apresentado pelo reclamante relata violência sofrida por ele quando exercia a função de vigilante do lago municipal, fato que *"reforça a assertiva de que, como vigia do patrimônio público, o reclamante trabalhou exposto a roubos ou outras espécies de violência física"* . Nesse sentido, a Corte Regional acolheu a conclusão do laudo pericial no sentido de que *"o Reclamante está exposto, como segurança patrimonial, a roubos ou outras espécies de violência física. O fato dele não portar arma de fogo, nem possuir habilitação e treinamento para exercer esta função, não exclui o risco à exposição desta natureza"*. 3 - O art. 193 da CLT, alterado pela Lei nº 12.740/2012, dispõe que as atividades de segurança pessoal ou patrimonial são consideradas perigosas na forma da regulamentação aprovada pelo Ministério do Trabalho e Emprego (Anexo 3 da NR-16). 4 - Por sua vez, o anexo 3 da Portaria nº 1885/2013 do MTE, estabelece que são considerados profissionais de segurança pessoal ou patrimonial os trabalhadores que atendam a uma das seguintes condições: *"a) empregados das empresas prestadoras de serviço nas atividades de segurança privada ou que integrem serviço orgânico de segurança privada, devidamente registradas e autorizadas pelo Ministério da Justiça, conforme lei 7102/1983 e suas alterações posteriores. b) empregados que exercem a atividade de segurança patrimonial ou pessoal em instalações metroviárias, ferroviárias, portuárias, rodoviárias, aeroportuárias e de bens públicos, contratados diretamente pela administração pública direta ou indireta"*. 5 - Do referido anexo, extrai-se da alínea "a" que a observância da Lei nº 7.102/1983 refere-se apenas aos empregados de empresas de segurança privada, ou grupo orgânico de segurança privada ou similar. Já a alínea "b" é mais ampla, não falando em *"vigilante"*, mas empregados que exercem a atividade de segurança patrimonial ou pessoal, dentre outros, *"de bens públicos"*, contratados diretamente pela Administração Pública Direta ou indireta (caso do reclamante nos autos, que, conforme se extrai do acórdão recorrido, fazia a segurança de uma praça pública, afastando bêbados e outras pessoas inadequadas do local, tendo sido contratado pelo Município). 6 - Ainda, no quadro do anexo 3, aparece na descrição das *"atividades ou operações"* a de *"vigilância patrimonial"*, descrevendo como *"Segurança patrimonial e/ou pessoal na preservação do patrimônio em estabelecimentos públicos ou privados e da incolumidade física de pessoas".* Observa-se que em momento algum a descrição está exigindo uso de arma ou que seja observada a Lei nº 7.102/83 (o que se coaduna com a alínea "b", que também não tem essas exigências). 7 - Destaca-se que *"vigilância"*, conforme o dicionário é *"o ato ou efeito de vigiar"*. 8 - É de se observar a tese que foi proferida no julgamento do IRR-1001796-60.2014.5.02.0382, no qual o trabalhador não portava armas, nem consta que sua contratação estivesse de acordo com a Lei nº 7.102/83. *"I. O Agente de Apoio Socioeducativo (nomenclatura que, a partir do Decreto nº 54.873 do Governo do Estado de São Paulo, de 06.10.2009, abarca os antigos cargos de Agente de Apoio Técnico e de Agente de Segurança) faz jus à percepção de adicional de periculosidade, considerado o exercício de atividades e operações perigosas, que implicam risco acentuado em virtude de exposição permanente a violência física no desempenho das atribuições profissionais de segurança pessoal e patrimonial em fundação pública estadual. II. Os efeitos pecuniários decorrentes do reconhecimento do direito do Agente de Apoio Socioeducativo ao adicional de periculosidade operam-se a partir da regulamentação do art. 193, II, da CLT em 03.12.2013 - data da entrada em vigor da Portaria nº 1.885/2013 do Ministério do Trabalho, que aprovou o Anexo 3 da NR-16"*. 9 - Por outro lado, cumpre registrar a tese firmada pelo STJ, no âmbito do direito previdenciário, no julgamento do Tema Repetitivo nº 1.031, no sentido de que *"É possível o reconhecimento da especialidade da atividade de Vigilante, mesmo após EC 103/2019, com ou sem o uso de arma de fogo, em data posterior à Lei 9.032/1995 e ao Decreto 2.172/1997, desde que haja a comprovação da efetiva nocividade da atividade, por qualquer meio de prova até 5.3.1997, momento em que se passa a exigir apresentação de laudo técnico ou elemento material equivalente, para comprovar a permanente, não ocasional nem intermitente, exposição à atividade nociva, que coloque em risco a integridade física do Segurado"*. 10 - O único aresto colacionado proveniente da SBDI-I do TST é inespecífico, nos termos da Súmula nº 296, I, do TST, uma vez que aborda premissa no sentido de ser indevido adicional de periculosidade ao vigia que não está submetido diretamente a roubo ou a outras espécies de violência física, situação diversa da exposta nos presentes autos. Os demais arestos colacionados são inservíveis, nos termos do art. 896, "a", da CLT, pois oriundos de Turmas do TST. 12 - Logo, deve ser mantida, no caso concreto, a decisão do TRT que reconheceu o direito de pagamento de adicional de periculosidade ao reclamante na qualidade de vigia, uma vez que demonstrado nos autos, inclusive por meio de perícia técnica, que o empregado trabalhava exposto a roubos e a outras espécies de violência física. 13 - Agravo de instrumento a que se nega provimento." (TST-AIRR-10410-73.2019.5.15.0143, 6ª Turma, rel. Min. Kátia Magalhães Arruda, julgado em 24/11/2021.)

BREVE COMENTÁRIO

No julgado sob análise, foi mantida a determinação de pagamento de adicional de periculosidade a empregado contratado por Município, que fazia a segurança de uma praça pública, afastando bêbados e outras pessoas inadequadas do local.

A condenação foi fulcrada no art. 193, II da CLT, que assim dispõe:

> Art. 193. São consideradas atividades ou operações perigosas, na forma da regulamentação aprovada pelo Ministério do Trabalho e Emprego, aquelas que,

> por sua natureza ou métodos de trabalho, impliquem risco acentuado em virtude de exposição permanente do trabalhador a:
>
> II - roubos ou outras espécies de violência física nas atividades profissionais de segurança pessoal ou patrimonial.

Esse dispositivo é regulamentado pelo anexo 3 da Portaria nº 1885/2013 do MTE. Vejamos:

> 2. São considerados profissionais de segurança pessoal ou patrimonial os trabalhadores que atendam a uma das seguintes condições:
>
> (...)
>
> b) empregados que exercem a atividade de segurança patrimonial ou pessoal em instalações metroviárias, ferroviárias, portuárias, rodoviárias, aeroportuárias e de bens públicos, contratados diretamente pela administração pública direta ou indireta.

Assim, observa-se que a norma se aplica também aos empregados contratados pela Administração Pública, desde que atendam aos requisitos do Ordenamento Jurídico, o que foi o caso.

Por fim, registramos consideração trazida nos autos, no sentido de que o fato de o trabalhador não portar arma de fogo nem possuir habilitação e treinamento para exercer esta função, não exclui o risco à exposição a perigo.

Informativo nº 249

▶ ***Embargos. Ação civil pública. Obrigação de não fazer. Empresa gerenciadora de riscos. Consulta em banco de dados e repasse de informações creditícias dos candidatos à vaga de motorista de transporte de carga. Ilicitude.***

Conforme jurisprudência firmada nesta Corte, as informações de cadastro de serviços de proteção ao crédito não podem ser exigidas de empregados e candidatos a emprego, por caracterizar vedada discriminação (art. 1º da Lei 9.029/95). Neste mesmo sentido, há disposição legal específica, em relação aos motoristas de transporte de cargas, consoante o disposto no art. 13-A da Lei nº 11.442/07 (incluído pela Lei nº 13.103/15), segundo o qual *"é vedada a utilização de informações de bancos de dados de proteção ao crédito como mecanismo de vedação de contrato com o TAC [transportador autônomo de cargas] e a ETC [empresa de transporte rodoviário de cargas] devidamente regulares para o exercício da atividade do Transporte Rodoviário de Cargas".* No caso, a controvérsia girou em torno da possibilidade de uma empresa de gerenciamento de riscos, com atuação na área de transporte rodoviário de cargas, alimentar seu banco de dados com informações sobre restrições creditícias de motoristas profissionais, que sejam potenciais candidatos a empregos ou ao trabalho regulado pela Lei nº 11.442/07, e repassá-las às empresas contratantes. Concluiu-se pela ilicitude desta conduta a partir da vigência da Lei nº 13.709/18 (agosto de 2020), cabendo reparação por dano moral coletivo. Consignou-se que tal prática atenta contra os direitos da personalidade do empregado, como privacidade, isonomia, não discriminação e pleno acesso ao emprego, não havendo se falar em prevalência do direito fundamental à livre iniciativa. Sob esses fundamentos, a SBDI-I, por unanimidade, conheceu dos embargos quanto à tutela inibitória, por divergência jurisprudencial, e, no mérito, por maioria, deu-lhes parcial provimento, para condenar a ré à obrigação de abster-se de utilizar banco de dados, de prestar e/ou de buscar informações sobre restrições creditícias relativas a candidatos a emprego/trabalho, seus ou de terceiros, a partir da vigência da Lei Geral de Proteção de Dados, em 14 de agosto de 2020, sob pena de multa de R$10.000,00 (dez mil reais), reversível ao FAT, por candidato, vencida a Ministra Maria Cristina Irigoyen Peduzzi e vencidos os Ministros Guilherme Augusto Caputo Bastos e Alexandre Luiz Ramos. E, por maioria, conheceu dos embargos, quanto à indenização por dano moral coletivo, por divergência jurisprudencial, e, no mérito, deu-lhes parcial provimento para condenar a ré ao pagamento de indenização por dano moral coletivo, com valor a ser apurado em execução, vencidos, totalmente, a Ministra Maria Cristina Irigoyen Peduzzi e os Ministros Guilherme Augusto Caputo Bastos e Alexandre Luiz Ramos e, parcialmente, os Ministros Lelio Bentes Corrêa e José Roberto Freire Pimenta. TST-E-RR-933-49.2012.5.10.0001, SBDI-I, rel. Min. Alberto Luiz Bresciani de Fontan Pereira, 16/12/2021.

BREVE COMENTÁRIO

As informações de cadastro de serviços de proteção ao crédito não podem ser exigidas de empregados e candidatos a emprego, por caracterizar vedada discriminação (art. 1º da Lei 9.029/95).

No caso em tela, a SDI-I pontuou que há disposição legal específica em relação aos motoristas de transporte de cargas, consoante o disposto no art. 13-A da Lei nº 11.442/07 (incluído pela Lei nº 13.103/15), segundo o qual *"é vedada a utilização de informações de bancos de dados de proteção ao crédito como mecanismo de vedação de contrato com o TAC [transportador autônomo de cargas] e a ETC [empresa de transporte rodoviário de cargas] devidamente regulares para o exercício da atividade do Transporte Rodoviário de Cargas"*.

A controvérsia analisada girou em torno da possibilidade de uma empresa de gerenciamento de riscos, com atuação na área de transporte rodoviário de cargas, alimentar seu banco de dados com informações sobre restrições creditícias de motoristas profissionais, que sejam potenciais candidatos a empregos ou ao trabalho regulado pela Lei nº 11.442/07, e repassá-las às empresas contratantes.

Concluiu-se pela ilicitude desta conduta a partir da vigência da Lei nº 13.709/18 (agosto de 2020), cabendo reparação por dano moral coletivo.

Consignou-se que tal prática atenta contra os direitos da personalidade do empregado, como privacidade, isonomia, não discriminação e pleno acesso ao emprego, não havendo se falar em prevalência do direito fundamental à livre iniciativa.

- ***Proteção ao mercado de trabalho da mulher. Art. 7º, XX, da CF/88. Trabalho aos domingos nas atividades do comércio em geral. Aplicação da escala de revezamento quinzenal prevista no art. 386 da CLT.***

O art. 386 da CLT, regra de proteção do trabalho da mulher, e que estabelece escala de revezamento quinzenal quando houver trabalho aos domingos, deve prevalecer, por ser mais específico, sobre o disposto no parágrafo único do art. 6º da Lei nº 10.101/2000, com redação dada pela Lei nº 11.603/2007. Inicialmente, consignou-se que o Tribunal Pleno do TST concluiu, no julgamento do IIN-RR-1540/2005-046-12-00, que o art. 384 da CLT (revogado pela Lei nº 13.467/2017), que também tratava de norma de proteção ao trabalho da mulher, fora recepcionado pela Constituição Federal de 1988, entendimento esse posteriormente endossado pelo STF ao julgar o RE 658312, com repercussão geral, em sessão virtual concluída em 14/09/2021, devendo-se aplicar a mesma *ratio decidendi* ao art. 386. O critério da especialidade, entre aqueles que servem à resolução de antinomias entre normas jurídicas, faz prevalecer o art. 386 da CLT em relação art. 6º da Lei nº 10.101/2000, dado que é o art. 386 da CLT que veicula a norma especial. De fato, o art. 6º da Lei nº 10.101/2000 tem como destinatários todos os trabalhadores do comércio, e, dentre estes, destacam-se as mulheres trabalhadoras no comércio em geral – tuteladas, com maior especificidade, pelo art. 386 da CLT. Do contrário, a proteção de outros grupos vulneráveis potencialmente ativados no comércio - como crianças, adolescentes, idosos, pessoas com deficiência ou povos originários - estaria inviabilizada ante a predominância da regra consagrada, para todos, e todos indistintamente, na Lei nº 10.101/2000. Sob esses fundamentos, a SDI-I, por maioria, conheceu do recurso de embargos interposto pelo sindicato, por divergência jurisprudencial, e, no mérito, deu-lhe provimento para, reformando o acórdão recorrido, restabelecer a sentença que aplicara o art. 386 da CLT. TST-E-ED-RR-619-11.2017.5.12.0054, SBDI-I, rel. Min. Augusto César Leite de Carvalho, 2/12/2021.

BREVE COMENTÁRIO

Às mulheres que trabalham no comércio é aplicável a escala de revezamento quinzenal para o trabalho aos domingos.

O art. 386 da CLT, situado no Capítulo III (DA PROTEÇÃO DO TRABALHO DA MULHER), estabelece o seguinte:

> Art. 386 - Havendo trabalho aos domingos, será organizada uma escala de revezamento quinzenal, que favoreça o repouso dominical.

Já o art. 6º da Lei nº 11.101/2000 determina o seguinte:

> Art. 6º Fica autorizado o trabalho aos domingos nas atividades do comércio em geral, observada a legislação municipal, nos termos do art. 30, inciso I, da Constituição. (Redação dada pela Lei nº 11.603, de 2007)
>
> Parágrafo único. O repouso semanal remunerado deverá coincidir, pelo menos uma vez no período máximo de três semanas, com o domingo, respeitadas as demais normas de proteção ao trabalho e outras a serem estipuladas em negociação coletiva.

A dúvida que a SDI respondeu foi: às mulheres que trabalham no comércio aplica-se a regra do art. 386 da CLT ou a regra da Lei nº 10.101/2000?

Segundo decidido, aplica-se a regra da CLT. Asseverou-se que o art. 386 da CLT, regra de proteção do trabalho da mulher, e que estabelece escala de revezamento quinzenal quando houver trabalho aos domingos, deve prevalecer, por ser mais específico, sobre o disposto no parágrafo único do art. 6º da Lei nº 10.101/2000, com redação dada pela Lei nº 11.603/2007.

O art. 6º da Lei nº 10.101/2000 tem como destinatários todos os trabalhadores do comércio, e, dentre estes, destacam-se as mulheres trabalhadoras no comércio em geral – tuteladas, com maior especificidade, pelo art. 386 da CLT.

Do contrário, a proteção de outros grupos vulneráveis potencialmente ativados no comércio - como crianças, adolescentes, idosos, pessoas com deficiência ou povos originários - estaria inviabilizada ante a predominância da regra consagrada, para todos, e todos indistintamente, na Lei nº 10.101/2000.

Informativo nº 250

- ***Incidente de Recursos Repetitivos. Tema nº 0018. Definição da espécie e dos efeitos jurídicos do litisconsórcio passivo nos casos de lide acerca da licitude da terceirização de serviços em atividade-fim.***

O Tribunal Pleno, em sede de incidente de recurso repetitivo, analisando a questão acerca das características e consequências jurídicas do litisconsórcio passivo nos processos em que se debate a licitude da terceirização de serviços em atividade-fim, em virtude do efeito vinculante da interpretação fixada pelo Supremo Tribunal Federal (artigo 102, § 2º, da Constituição Federal), no julgamento da ADPF nº 324 e do Recurso Extraordinário com Repercussão Geral nº 958.252, decidiu, por maioria, sem modulação de efeitos, aprovar as seguintes teses jurídicas para o Tema Repetitivo nº 0018: "1) Nos casos de lides decorrentes da alegação de fraude, sob o fundamento de ilicitude da terceirização de atividade-fim, o litisconsórcio passivo é necessário e unitário. Necessário, porque é manifesto o interesse jurídico da empresa de terceirização em compor essas lides e defender seus interesses e posições, entre os quais a validade dos contratos de prestação de serviços terceirizados e, por conseguinte, dos próprios contratos de trabalho celebrados; Unitário, pois o juiz terá que resolver a lide de maneira uniforme para ambas as empresas, pois incindíveis, para efeito de análise de sua validade jurídica, os vínculos materiais constituídos entre os atores da relação triangular de terceirização. 2) A renúncia à pretensão formulada na ação não depende de anuência da parte contrária e pode ser requerida a qualquer tempo e grau de jurisdição; cumpre apenas ao magistrado averiguar se o advogado signatário da renúncia possui poderes para tanto e se o objeto envolve direitos disponíveis. Assim, é plenamente possível o pedido de homologação, ressalvando-se, porém, ao magistrado o exame da situação concreta, quando necessário preservar, por isonomia e segurança jurídica, os efeitos das decisões vinculantes (CF, art. 102, § 2º; art. 10, § 3º, da Lei 9.882/99) e obrigatórias (CPC, art. 927, I a V) proferidas pelos órgãos do Poder Judiciário, afastando-se manobras processuais lesivas ao postulado da boa-fé processual (CPC, art. 80, I, V e VI). 2.1) Depois da homologação, parte autora não poderá deduzir pretensão contra quaisquer das empresas - prestadora-contratada e tomadora-contratante - com suporte na ilicitude da terceirização da atividade-fim (causa de pedir). 2.2) O ato homologatório, uma vez praticado, acarreta a extinção do processo e, por ficção legal, resolve o mérito da causa (artigo 487, III, "c", do CPC), produz coisa julgada material, atinge a relação jurídica que deu origem ao processo, somente é passível de desconstituição por ação rescisória (CPC, arts. 525, § 15, 535, § 8º, e 966) ou ainda pela via da impugnação à execução (CPC, art. 525, §12) ou dos embargos à execução (CPC, art. 535, § 5º) e acarretará a perda do interesse jurídico no exame do recurso pendente de julgamento. 3) Em sede de mudança de entendimento desta Corte, por força da unitariedade imposta pela decisão do STF ("superação abrupta"), a ausência de prejuízo decorrente da falta de sucumbência cede espaço para a impossibilidade de reconhecimento da ilicitude da terceirização. Sendo assim, como litisconsorte necessário, a empresa prestadora que, apesar de figurar no polo passivo, não sofreu condenação, possui interesse em recorrer da decisão que reconheceu o vínculo de emprego entre a parte autora e a empresa tomadora dos serviços. 4) Diante da existência de litisconsórcio necessário e unitário, a decisão obrigatoriamente produzirá idênticos efeitos para as empresas prestadora e tomadora dos serviços no plano do direito material. Logo, a decisão em sede de juízo de retratação, mesmo quando apenas uma das rés interpôs o recurso extraordinário, alcançará os litisconsortes de maneira idêntica." Vencidos parcialmente os Ministros Cláudio Mascarenhas Brandão, relator, Breno Medeiros, Alberto Bastos Balazeiro, Augusto César Leite de Carvalho, Lelio Bentes Corrêa, Mauricio Godinho Delgado, José Roberto Freire Pimenta, Hugo Carlos Scheuermann e Alexandre de Souza Agra Belmonte e as Ministras Maria Helena Mallmann e Delaíde Alves Miranda Arantes. TST-IncJulgRREmbRep-1000-71.2012.5.06.0018, Tribunal Pleno, red. p/ acórdão Min. Douglas Alencar Rodrigues, 22/2/2022.

BREVE COMENTÁRIO

O tema ora tratado no presente julgado e de extrema relevância para os concursos de advocacia pública, pois trata de matéria recorrente no âmbito da atuação do profissional: a terceirização de atividades.

A matéria debatida cuida Incidente de Recurso Repetitivo instaurado em reclamação trabalhista na qual o reclamante, contratado por uma empresa prestadora de serviços, sustenta a tese da ocorrência de terceirização ilícita. Este incidente foi instaurado a partir de deliberação da E. SDI-I e teve por objetivo decidir a respeito das seguintes questões:

> 1º) Nos contratos de terceirização de serviços, qual a natureza jurídica do litisconsórcio formado: facultativo ou necessário? Simples ou unitário?
>
> 2º) Quais os efeitos produzidos nos autos que resultam da renúncia do autor ao direito em que se funda a ação em relação a apenas uma das empresas, especialmente a prestadora de serviços?;
>
> 3º) Nos casos de terceirização de serviços, há legitimidade recursal da empresa que não integrou a lide?;

> 4º) Nos processos examinados em juízo de retratação, quais os efeitos produzidos quando apenas uma das rés interpôs o recurso extraordinário?

Pois bem.

Litisconsórcio é o compartilhamento, entre duas ou mais pessoas, do mesmo polo de uma demanda jurídica, em virtude da comunhão de direitos e obrigações, conexão com o pedido ou afinidade de demandas. De acordo com o artigo 113 do Código de Processo Civil, podem litigar em conjunto duas ou mais pessoas, no mesmo processo, quando:

> I – entre elas houver comunhão de direitos ou de obrigações relativamente à lide;
>
> II – entre as causas houver conexão pelo pedido ou pela causa de pedir;
>
> III – ocorrer afinidade de questões por ponto comum de fato ou de direito.

No caso em análise, a discussão se dá sobre a definição da espécie e dos efeitos do litisconsórcio passivo nos casos de terceirização ilícita.

Para o Pleno do TST, o litisconsórcio formado na lide em que se discute fraude à legislação trabalhista causada pela terceirização ilícita é do tipo necessário e unitário. Litisconsórcio é necessário quando, por lei, é obrigatória sua formação. E unitário quando a decisão é aplicada de maneira uniforme aos demandantes.

A partir dessa definição, o TST fixou as seguintes teses, aqui compiladas:

> 1 - Nos casos de lides decorrentes da alegação de fraude, sob o fundamento de ilicitude da terceirização de atividade-fim, o litisconsórcio passivo é necessário e unitário;
>
> 2 - A renúncia à pretensão formulada na ação não depende de anuência da parte contrária e pode ser requerida a qualquer tempo e grau de jurisdição;
>
> > 2.1 A causa de pedir e a terceirização ilícita e Depois da homologação, parte autora não poderá deduzir pretensão contra quaisquer das empresas - prestadora-contratada e tomadora-contratante - com suporte na ilicitude da terceirização da atividade-fim.
> >
> > 2.2 - O ato homologatório, uma vez praticado, acarreta a extinção do processo e, por ficção legal, resolve o mérito da causa;
>
> 3- A empresa prestadora que, apesar de figurar no polo passivo, não sofreu condenação, possui interesse em recorrer da decisão que reconheceu o vínculo de emprego entre a parte autora e a empresa tomadora dos serviços;
>
> 4 - A decisão obrigatoriamente produzirá idênticos efeitos para as empresas prestadora e tomadora dos serviços no plano do direito material, ainda que o Recurso seja interposto por apenas uma das empresas

Para a Corte Superior, estas são as consequências da adoção do regime de litisconsórcio passivo necessário e unitário em questões que tratem da ilicitude da terceirização.

"[...] RECURSO DE REVISTA. PROCESSO SOB A ÉGIDE DA LEI 13.015/2014 E ANTERIOR À LEI 13.467/17. COMPETÊNCIA DA JUSTIÇA DO TRABALHO. SERVIDOR ESTATUTÁRIO CEDIDO A EMPRESA PÚBLICA (PERÍODO DE 03.12.2004 A 18.10.2011). SAQUES DE FGTS DEPOSITADOS PELA CESSIONÁRIA EM CONTA VINCULADA EM NOME DO RECLAMANTE. ART. 114, I, DA CRFB. Cinge-se a controvérsia acerca da competência desta Justiça Especializada para processar e julgar pedido de servidor público federal para levantamento dos valores depositados na conta vinculada do fundo de garantia, no período de 03/12/2004 a 18/10/2011, quando se encontrava cedido para a Empresa Brasileira de Correios e Telégrafos. O Pleno do STF referendou liminar concedida pelo Ministro Nelson Jobim no julgamento da Medida Cautelar na ADI 3.395-6/DF, no sentido de que, mesmo após a EC nº 45/2004, a Justiça do Trabalho não tem Competência para processar e julgar causas instauradas entre o Poder Público e o servidor que a ele seja vinculado por relação jurídico-administrativa. No mesmo sentido, o Supremo Tribunal Federal tem reconhecido a competência da Justiça Comum para pronunciar-se sobre a existência, a validade e a eficácia das relações entre servidores e o Poder Público fundadas em vínculo jurídico-administrativo, registrando ser irrelevante a argumentação de que o contrato é temporário ou precário, ou que tenha sido extrapolado seu prazo inicial. (Rcl 11325 AgR/CE - CEARÁ, AG.REG. NA RECLAMAÇÃO, Relator(a) p/ Acórdão: Min. DIAS TOFFOLI, Julgamento: 06/05/2014. Órgão Julgador: Primeira Turma). Ocorre, contudo, que não se discute na presente hipótese a existência de vício na relação jurídico-administrativa de modo a descaracterizá-la. Como visto, o Reclamante pretende a liberação de depósitos do FGTS recolhidos pela pessoa jurídica cessionária, durante o período da cessão. Impõe-se, ainda, ressaltar que, conforme se extraem das premissas fáticas constantes do voto vencido, e não contrapostas pelo voto vencedor, a cessão do Reclamante - servidor público estatutário - para a ECT foi realizada com ônus para a cessionária. Com efeito, inobstante ser o Reclamante servidor público integrante dos quadros do Ministério das Comunicações, e, sendo certo, que a cessão do servidor não transmuda o vínculo administrativo, consoante destacado pelo acórdão regional, a pretensão deduzida tem origem no liame havido entre o Reclamante e empresa cessionária que se submete ao regime celetista, circunstância que atrai a competência material da Justiça do Trabalho, nos termos do art. 114, I da CF. Nessa diretriz, o Superior Tribunal de Justiça, examinando, em sede de Conflito de Competência, casos envolvendo discussão acerca de parcelas de natureza trabalhistas pagas a servidor público estatutário pela empresa cessionária no decurso da cessão, declarou a competência desta Justiça Especializada para o processamento do feito. Logo, a declaração de incompetência da Justiça do Trabalho para julgar a presente lide afronta o art. 114, I, da CF. Recurso de revista conhecido e provido." (TST-RR-1044-27.2017.5.10.0011, 3ª Turma, rel. Min. Mauricio Godinho Delgado, julgado em 9/2/2022.)

BREVE COMENTÁRIO

O julgado ora tratado versa sobre a competência da Justiça do Trabalho para julgar causa relacionada a servidor estatutário cedido para empresa pública. No caso, o reclamante pretendia o levantamento de depósitos de FGTS pelo período em que figurou como cedido para a ECT.

Como bem sabemos, a Justiça do Trabalho não tem Competência para processar e julgar causas instauradas entre o Poder Público e o servidor que a ele seja vinculado por relação jurídico-administrativa. Esse e o entendimento do STF desde a MC - ADIN 3395, hoje já definitivamente julgada. As relações de trabalho previstas no art. 114, I da CF não alcançam os servidores cujo vinculo seja jurídico administrativo. Tal diretriz alcança mesmo as questões atinentes à existência, a validade e a eficácia das relações entre servidores e o poder público fundadas em vínculo jurídico-administrativo.

No entanto, para a 3ª Turma do TST, no caso em tela não se discutia nenhuma espécie de vício ou direito relacionado ao vinculo jurídico administrativo, e sim o pedido de levantamento de depósitos de FGTS realizados no período em que o servidor figurou como "cedido" para a ECT.

Para a Corte, cessão do servidor não transmuda o vínculo administrativo. No entanto, a pretensão deduzida teve origem no liame havido entre o Reclamante e a empresa cessionária, circunstância que atrai a competência material da Justiça do Trabalho.

Vale dizer que o STJ, em sede de conflito de competência, já entendia dessa forma. Vejamos:

> CONFLITO DE COMPETÊNCIA. SERVIDOR PÚBLICO DA ADMINISTRAÇÃO DIRETA CEDIDO TEMPORARIAMENTE A SOCIEDADE DE ECONOMIA MISTA. COMPLEMENTAÇÃO SALARIAL REFERENTE AO PERÍODO DA CESSÃO. 1. Servidores públicos cedidos temporariamente pela Administração Direta a empresa pública ou sociedade de economia mista, cumulam seus direitos estatutários da pessoa jurídica cedente, com os trabalhistas da pessoa jurídica cessionária, enquanto durar a cessão. 2. Buscando a ação tão-somente o reconhecimento do direito à equiparação salarial com os funcionários da CASAN, sociedade de economia mista estadual, com idênticas atribuições funcionais, durante o período da cessão, é a Justiça do Trabalho competente para processar e julgá-la. 3. Conflito conhecido para declarar competente o Tribunal Regional do Trabalho da 12ª Região, o suscitado. (CC 23.561/SC, Rel. Ministro EDSON VIDIGAL, TERCEIRA SEÇÃO, julgado em 22/11/2000, DJ 11/12/2000, p. 170)

Dessa forma, para o TST, demanda que tenha por objeto direito relativo ao período em que o servidor público figurou como "cedido" para empresa publica e de competência da Justiça do Trabalho.

"[...] II - RECURSO DE REVISTA DA RECLAMADA. LEI 13.467/2017. ECT. EMPREGADA PÚBLICA. DEPENDENTE COM DEFICIÊNCIA (FILHO PORTADOR DE TRANSTORNO ESPECTRO AUTISTA). REDUÇÃO DE JORNADA DE TRABALHO SEM PREJUÍZO SALARIAL E COMPENSAÇÃO DE HORÁRIO. No caso, o Tribunal Regional utilizando-se do método de integração normativa e da técnica sopesamento entre princípios, apontou a solução ajustada ao caso concreto, relativizando as regras de forma proporcional e adequada diante de princípios de maior relevância como o princípio da dignidade da pessoa humana e da tutela da saúde, o que enseja na correta aplicação do princípio da legalidade estrita e do artigo 98, §§ 2º e 3º, da Lei nº 8.112/90, com objetivo de atingir o fim social e o bem comum, nos termos do art. 5º da Lei de Introdução às Normas do Direito Brasileiro. Com relação ao percentual arbitrado pelo Tribunal Regional de redução da jornada em 50%, incide o óbice da Súmula 126 do TST. Precedentes. Recurso de revista não conhecido." (TST-RRAg-533-36.2019.5.09.0965, 8ª Turma, rel. Min. Delaíde Miranda Arantes, julgado em 9/2/2022.)

BREVE COMENTÁRIO

O julgado ora tratado versa sobre o pedido de redução de jornada de trabalho feito por empregada da ECT cujo dependente possui transtorno do espectro autista. O julgado é interessante pois traz integração normativa de preceito previsto na Lei 8.112/90, além de questões relacionadas à ponderação de princípios.

O art. 98, §§ 2º e 3º da Lei 8.112/90 traz disposição acerca da concessão de horário especial ao servidor deficiente ou cujo dependente seja deficiente. Vejamos:

> Art. 98. Será concedido horário especial ao servidor estudante, quando comprovada a incompatibilidade entre o horário escolar e o da repartição, sem prejuízo do exercício do cargo.
>
> (...)
>
> § 2º Também será concedido horário especial ao servidor portador de deficiência, quando comprovada a necessidade por junta médica oficial, independentemente de compensação de horário.
>
> (...)
>
> § 3º As disposições constantes do § 2º são extensivas ao servidor que tenha cônjuge, filho ou dependente com deficiência.

Para a 8ª turma do TST, embora a CLT e o regramento de pessoal dos Correios não possuam previsão de redução de carga horária para empregado que tenha dependente com necessidades especiais, há diversos dispositivos constitucionais que resguardam o bem-estar e desenvolvimento da criança.

Para Tartuce, integração de norma jurídica é a utilização de uma das ferramentas de correção do sistema previstas no art. 4º da Lei de Introdução (analogia, costumes ou princípios gerais do direito).

No caso em tela, o TRT de origem entendeu pela aplicação analógica do art. 98, §§ 2º e 3º da Lei 8.112/90 para o caso concreto. Entendeu o Regional que há diversos dispositivos constitucionais e legais que buscam resguardar o bem-estar e desenvolvimento da criança, tais como o art. 196 da CF e art. 3º do ECA. Dessa forma, deferiu a redução de jornada em 50%, sem redução salarial ou compensação de jornada.

A 8ª Turma do TST confirmou o Acórdão regional e entendeu possível a aplicação, por analogia, do art. 98, §§ 2º e 3º da Lei 8.112/90 à empregada pública.

Informativo nº 251

"RECURSO DE REVISTA. ACÓRDÃO PUBLICADO NA VIGÊNCIA DA LEI Nº 13.467/2017. EMPREGADO DE SERVIÇO NOTARIAL. EXTINÇÃO DA DELEGAÇÃO. RESPONSABILIDADE DIRETA DO ESTADO DO RIO GRANDE DO SUL PELO PAGAMENTO DOS DIREITOS TRABALHISTAS DA RECLAMANTE. TRANSCENDÊNCIA JURÍDICA RECONHECIDA. Trata-se de matéria nova no âmbito desta Corte, razão pela qual se evidencia a existência da transcendência jurídica. A partir dos elementos fáticos consignados na decisão recorrida, depreende-se que a reclamante foi admitida pela Sra. Jussara Luz Balen (tabeliã) para prestar serviços ao 2º Tabelionado de Caixas do Sul/RS e que permaneceu trabalhando mesmo após a extinção da delegação conferida à então titular da referida Serventia Notarial. Considerando que os serviços notariais e de registro são exercidos em caráter privado, sob a forma de delegação (art. 236 da CF), não há falar em responsabilização do Estado pelo inadimplemento das obrigações trabalhistas decorrentes dos contratos de trabalho firmados pelos titulares de Cartórios. Entretanto, conforme registrado no acórdão regional, após a extinção da delegação em favor da Sra. Jussara Luz Balen não houve nova delegação da atividade notarial (não tendo havido realização de concurso público até o fim do contrato laboral em questão), de forma que, a partir de então, o serviço notarial retornou à responsabilidade do Estado. Quando da vacância da titularidade das serventias até a assunção da respectiva unidade por um novo delegado, a serventia retorna à responsabilidade estatal, a quem compete fiscalizar não apenas o exercício da atividade, como também as relações jurídicas decorrentes do serviço (p. ex. contratos de trabalho dos empregados do Tabelionato). Desta maneira, a decisão Regional que, mantendo a sentença de origem, reconheceu a responsabilidade (integral e exclusiva) do Estado do Rio Grande do Sul pelo serviço notarial no período após a extinção da delegação até o fim do contrato laboral, condenando-o, diretamente, ao pagamento das parcelas salariais devidas à reclamante, não ofende os dispositivos apontados. Assim, em que pese a transcendência jurídica da matéria, não há como prosseguir o recurso de revista. Recurso de revista não conhecido. [...]" (TST-RRAg-21052-18.2016.5.04.0402, 5ª Turma, rel. Min. Breno Medeiros, julgado em 9/3/2022.)

BREVE COMENTÁRIO

A questão trata da responsabilidade do Estado frente ao inadimplemento trabalhista por parte de Tabelionato.

De acordo com o art. 236 da CF, os serviços notariais são privados, prestados em caráter de delegação. A Lei nº 8.935/1994, que regulamenta os serviços notariais e de registro, atribuiu ao titular do respectivo serviço notarial e de registro a competência para o gerenciamento do pessoal. Ou seja, incumbe somente a este o pagamento das verbas trabalhistas devidas a seus contratados, como se demonstra:

> Art. 20. Os notários e os oficiais de registro poderão, para o desempenho de suas funções, contratar escreventes, dentre eles escolhendo os substitutos, e auxiliares como empregados, com remuneração livremente ajustada e sob o regime da legislação do trabalho.

> Art. 21. O gerenciamento administrativo e financeiro dos serviços notariais e de registro é da responsabilidade exclusiva do respectivo titular, inclusive no que diz respeito às despesas de custeio, investimento e pessoal, cabendo-lhe estabelecer normas, condições e obrigações relativas à atribuição de funções e de remuneração de seus prepostos de modo a obter a melhor qualidade na prestação dos serviços.

Pois bem.

No caso em tela, a 5ª Turma do TST registra que, a priori, não há falar em responsabilização do Estado pelo inadimplemento das obrigações trabalhistas decorrentes dos contratos de trabalho firmados pelos titulares de Cartórios. No entanto, o caso apresenta uma peculiaridade que levou à condenação do Estado.

Quando ocorreu a vacância da titularidade do cartório, o serviço então prestado retornou à responsabilidade estatal. Dessa forma, durante o período de vacância de titular, e enquanto os serviços eram de responsabilidade estatal, a 8ª Turma reconheceu a responsabilidade integral e exclusiva do Estado pelo serviço notarial no período após a extinção da delegação até o fim do contrato laboral.

Dessa forma, enquanto a vacância não for preenchia e os serviços forem de responsabilidade estatal, deve o Estado responder pelo inadimplemento contratual trabalhista.

Informativo nº 252

- ***Dispensa imotivada. Entidade paraestatal do Sistema "S". SEBRAE-PA. Norma interna com previsão de trâmite específico para desligamento. Inobservância. Nulidade da dispensa. Reintegração ao emprego.***

A edição de normas internas, pelo empregador, que estabelecem critérios e procedimentos para a dispensa dos trabalhadores, por serem mais benéficas, aderem ao contrato de trabalho e vinculam a atuação do empregador. Nesse contexto, a não observância das formalidades para desligamento previstas em norma interna, confere ao empregado dispensado o direito à reintegração. Sob esses fundamentos, a SBDI-1, por unanimidade, conheceu do recurso de embargos, por divergência jurisprudencial e, no mérito, por maioria, deu-lhe provimento para declarar nula a dispensa da reclamante e restabelecer a sentença que determinou a reintegração ao emprego. Vencidos os Ministros Breno Medeiros e Alexandre Luiz Ramos e as Ministras Maria Cristina Irigoyen Peduzzi e Dora Maria da Costa. TST-E-RR-1258-27.2016.5.08.0005, SBDI-I, rel. Min. Renato de Lacerda Paiva, 31/3/2022.

BREVE COMENTÁRIO

Como já afirmado em outros julgados sobre o tema, os entes do Sistema S fazem parte do chamado 3º setor. Tal setor é integrado por pessoas de direito privado que podem atuar por meio de delegação do Estado, mediante fomento público. Esse setor não faz parte do Estado e não integra a Administração Pública, estando as entidades que o integram submetias essencialmente as normas de direito privado.

Diante dessas considerações, são aplicáveis aos empregados de entidades do terceiro setor a legislação celetista, bem como eles se valem de toda a construção teórica e jurisprudencial em torno das relações trabalhistas.

A demissão sem justo motivo é inerente ao poder potestativo do empregador, que, no caso de entidade do Sistema "S", não compõe a Administração Pública e possui natureza jurídica de direito privado, conforme tese firmada pelo Supremo Tribunal Federal, ao apreciar recurso extraordinário com repercussão geral (RE 789.874).

Ocorre que quando há norma interna estabelecendo limites de observância obrigatória na condução do processo de dispensa dos trabalhadores, por serem mais benéficas a estes, aderem ao contrato de trabalho de cada empregado, vinculando a atuação do empregador que o criou.

Isso se dá porque as cláusulas de regulamento interno aderem ao contrato de trabalho. Para Leandro do Amaral Dorneles de Dorneles, a criação de regulamentos empresariais é unilateral, sendo o empregado apenas parte aderente ao conteúdo do regulamento, no entanto, quando existentes esses regulamentos, incorporam-se aos contratos individuais de trabalho, gerando deveres e direitos às partes.[39]

Vide que a adesão de normas internas ao contrato de trabalho possui previsão na Sumula 51 do TST. Vejamos:

> Súmula nº 51 do TST
>
> NORMA REGULAMENTAR. VANTAGENS E OPÇÃO PELO NOVO REGULAMENTO. ART. 468 DA CLT (incorporada a Orientação Jurisprudencial nº 163 da SBDI-1) - Res. 129/2005, DJ 20, 22 e 25.04.2005
>
> I - As cláusulas regulamentares, que revoguem ou alterem vantagens deferidas anteriormente, só atingirão os trabalhadores admitidos após a revogação ou alteração do regulamento. (ex-Súmula nº 51 - RA 41/1973, DJ 14.06.1973)
>
> II - Havendo a coexistência de dois regulamentos da empresa, a opção do empregado por um deles tem efeito jurídico de renúncia às regras do sistema do outro. (ex-OJ nº 163 da SBDI-1 - inserida em 26.03.1999)

39. DORNELES, Leandro Amaral Dorneles de; OLIVEIRA, Cíntia Machado de. **Direito do Trabalho**. 3ª ed. Porto Alegre: Verbo Jurídico, 2016.

Informativos do STF e STJ

STF – 2018

Informativo nº 894

DIREITO DO TRABALHO

FGTS

Constitucionalidade do § 18 do art. 20 e dos arts. 29-A e 29-B na Lei nº 8.036/90.

Medida Provisória e FGTS

O Plenário, por maioria e em julgamento conjunto, julgou improcedentes os pedidos formulados em ações diretas de inconstitucionalidade ajuizadas contra o art. 5º da Medida Provisória 1.951-33/2000, atual MP 2.197-43, com relação à parte que introduziu o § 18 no art. 20 e os artigos 29-A e 29-B na Lei 8.036/1990, a qual dispõe sobre o Fundo de Garantia do Tempo de Serviço – FGTS.

A Lei 8.036/1990, a partir dos dispositivos introduzidos pela medida provisória, passou a dispor que: a) é indispensável o comparecimento pessoal do titular da conta vinculada do FGTS para a realização de levantamento de valores, em determinadas hipóteses, salvo em caso de grave moléstia comprovada por perícia médica, quando será paga a procurador especialmente constituído para esse fim [§ 18 do art. 20 (1)]; b) quaisquer créditos relativos à correção dos saldos das contas vinculadas do FGTS serão liquidados mediante lançamento pelo agente operador na respectiva conta do trabalhador [art. 29-A (2)]; e c) não será cabível medida liminar em mandado de segurança, no procedimento cautelar ou em quaisquer outras ações de natureza cautelar ou preventiva, nem a tutela antecipada que impliquem saque ou movimentação da conta vinculada do trabalhador no FGTS [art. 29-B (3)].

De início, quanto à alegada ofensa aos requisitos de relevância e urgência para edição de medidas provisórias (CF, art. 62), o Tribunal reafirmou jurisprudência consolidada da Corte no sentido de não caber ao Poder Judiciário verificá-los, pois configuram conceitos jurídicos indeterminados que estão situados dentro da discricionariedade política do Poder Executivo para edição de tais atos normativos e do Congresso Nacional para conversão ou não em lei.

Apenas em caráter excepcional é possível o controle jurisdicional destes requisitos, quando existir abuso de poder ou a ausência destes pressupostos for evidente. No entanto, essas hipóteses não estão presentes no caso, uma vez que a matéria tratada possui evidente relevância e havia considerável urgência na edição da Medida, por meio da qual se buscou reduzir os inúmeros casos de fraude envolvendo saques de valores depositados nas contas de FGTS dos trabalhadores brasileiros.

No que se refere ao § 18 do art. 20 da Lei 8.036/1990, **o Tribunal reputou legítima a exigência de comparecimento pessoal do titular da conta de FGTS para levantamento de valores**. Trata-se, tão somente, de condição procedimental para pagamento, a qual não eliminou nenhuma das hipóteses de saque anteriormente previstas, nem vedou a possibilidade de os sindicatos ou os advogados atuarem na defesa e representação dos seus filiados ou clientes.

A exigência em questão é uma obrigação personalíssima que resguarda o direito do titular da conta vinculada, além de evitar fraudes e a malversação dos valores depositados, por parte de terceiros. Preservados, assim, o direito de representação e o direito adquirido dos trabalhadores.

Em relação à impugnação do art. 29-A, o Colegiado considerou válida a explicitação de **que os valores suscetíveis de correção do FGTS devem ser lançados na conta vinculada do trabalhador. Essa norma garante a devida correção monetária do FGTS por meio de lançamento na própria conta vinculada, como ocorre nos depósitos do valor principal. Essa medida evita que ocorram saques de parcelas acessórias fora das hipóteses que a lei autoriza**.

Por fim, quanto ao art. 29-B, afastou a apontada inconstitucionalidade formal da medida provisória na parte em que dispôs sobre o não cabimento de medida liminar, cautelar ou tutela antecipada que impliquem saque ou movimentação da conta vinculada do trabalhador no FGTS. Isso porque a vedação de medidas provisórias sobre matéria processual somente se aplica àquelas editadas posteriormente à Emenda Constitucional 32/2001. Portanto, ao tempo da edição, as disposições normativas impugnadas obedeceram aos parâmetros constitucionais vigentes.

Vencidos, em parte, os Ministros Ricardo Lewandowski (relator) e Alexandre de Moraes, que declaravam a inconstitucionalidade formal do art. 29-B, e o Ministro Marco Aurélio, que declarava a inconstitucionalidade material do § 18 do art. 20 e do art. 29-B.

BREVE COMENTÁRIO

No julgado sob análise, o STF verificou a constitucionalidade de alterações promovidas na legislação do FGTS (§ 18 do art. 20 e dos arts. 29-A e 29-B na Lei nº 8.036/90 do § 18 do art. 20 e dos arts. 29-A e 29-B na Lei nº 8.036/90) por meio de medida provisória.

O primeiro dispositivo reza o seguinte:

> Art. 20. A conta vinculada do trabalhador no FGTS poderá ser movimentada nas seguintes situações:
>
> (...)

> § 18. É indispensável o comparecimento pessoal do titular da conta vinculada para o pagamento da retirada nas hipóteses previstas nos incisos I, II, III, VIII, IX e X deste artigo, salvo em caso de grave moléstia comprovada por perícia médica, quando será paga a procurador especialmente constituído para esse fim".

O dispositivo em questão condiciona o comparecimento pessoal do beneficiário do FGTS, titular daquela conta, para o saque dos valores ali depositados.

Do ponto de vista material, a Suprema Corte reputou legítima essa exigência.

Segundo o STF, trata-se, tão somente, de condição procedimental para pagamento, a qual não eliminou nenhuma das hipóteses de saque anteriormente previstas, nem vedou a possibilidade de os sindicatos ou os advogados atuarem na defesa e representação dos seus filiados ou clientes (atente para esse detalhe final).

Doutra ponta, analisou-se a constitucionalidade do seguinte artigo modificado:

> Art. 29-A. Quaisquer créditos relativos à correção dos saldos das contas vinculadas do FGTS serão liquidados mediante lançamento pelo agente operador na respectiva conta do trabalhador.

Considerou-se que essa norma garante a devida correção monetária do FGTS por meio de lançamento na própria conta vinculada, como ocorre nos depósitos do valor principal, de modo a evitar que ocorram saques de parcelas acessórias fora das hipóteses que a lei autoriza.

Por fim, analisou-se a constitucionalidade formal do art. 29-B:

> Art. 29-B. Não será cabível medida liminar em mandado de segurança, no procedimento cautelar ou em quaisquer outras ações de natureza cautelar ou preventiva, nem a tutela antecipada prevista nos arts. 273 e 461 do Código de Processo Civil que impliquem saque ou movimentação da conta vinculada do trabalhador no FGTS.

Considerou válida a alteração, vez que a vedação de medidas provisórias sobre matéria processual somente se aplica àquelas editadas posteriormente à Emenda Constitucional 32/2001 (a MP em questão data do ano 2000), de modo que, ao tempo da edição, as disposições normativas impugnadas obedeceram aos parâmetros constitucionais vigentes.

Informativo nº 909

CLT: Comissão de Conciliação Prévia e procedimento sumaríssimo

Plenário confirmou os termos das medidas cautelares (Informativos 195, 476 e 546) e julgou parcialmente procedentes os pedidos formulados **em três ações diretas de inconstitucionalidade para dar interpretação conforme à Constituição ao art. 625-D, §§ 1º a 4º (1), da Consolidação das Leis do Trabalho (CLT), para reconhecer que a Comissão de Conciliação Prévia constitui meio legítimo, mas não obrigatório, de solução de conflitos, resguardado o acesso à Justiça para os que venham a ajuizar demandas diretamente no órgão judiciário competente, e manter hígido o inciso II (2) do art. 852-B da CLT.**

Além disso, por maioria, conferiu interpretação sistemática ao art. 625-E, parágrafo único (3), da CLT, no sentido de que **a "eficácia liberatória geral" do termo neles contido está relacionada ao que foi objeto da conciliação. Diz respeito aos valores discutidos e não se transmuta em quitação geral e indiscriminada de verbas trabalhistas.**

Em obediência ao inciso XXXV do art. 5º da Constituição Federal (CF), **é desnecessário prévio cumprimento de requisitos desproporcionais, procrastinatórios ou inviabilizadores para a submissão de pleito ao órgão judiciário. Não cabe à legislação infraconstitucional expandir o rol de exceções ao direito de acesso ao Judiciário.**

Nesse sentido, **contraria a CF a interpretação do art. 625-D e parágrafos que reconheça a submissão da pretensão à Comissão de Conciliação Prévia como requisito para ajuizamento de reclamação trabalhista.**

Essa compreensão, contudo, não exclui a idoneidade do subsistema de autocomposição previsto nos preceitos, apto a buscar a pacificação social. A legitimidade do referido meio alternativo de resolução de conflitos baseia-se na consensualidade, importante instrumento de acesso à ordem jurídica justa.

No mais, é legítima a citação estabelecida no inciso II do art. 852-B da CLT. Um de seus objetivos é conferir celeridade e efetividade ao rito sumaríssimo adotado na Justiça do Trabalho.

Por fim, a isonomia constitucional não impõe tratamento linear e rígido a todos os que demandam a atuação do Poder Judiciário. A admissão da citação editalícia no mencionado rito representaria desigualdade material. Essa prática tenderia a alinhar os ritos sumaríssimo e ordinário em detrimento dos princípios da primazia da realidade e da razoabilidade. Portanto, caso não se encontre o jurisdicionado, haverá a transformação do procedimento em ordinário.

Vencidos os ministros Edson Fachin e Rosa Weber, que declararam a inconstitucionalidade da expressão "e terá eficácia liberatória geral, exceto quanto às parcelas expressamente ressalvadas" constante da parte final do parágrafo único do art. 625-E da CLT.

BREVE COMENTÁRIO

No precedente sob análise, decidiu o STF que a Comissão de Conciliação Prévia (CPP) constitui meio legítimo, mas não obrigatório, de solução de conflitos, resguardado o acesso à Justiça para os que venham a ajuizar demandas diretamente no órgão judiciário competente.

Além disso, deu interpretação sistemática ao art. 625-E, parágrafo único, da CLT, no sentido de que a "eficácia liberatória geral" do termo neles contido está relacionada ao que foi objeto da conciliação, ou seja, diz respeito apenas aos valores discutidos, não se transmutando, assim, em quitação geral e indiscriminada de verbas trabalhistas.

Segundo a Suprema Corte, em obediência ao inciso XXXV do art. 5º da Constituição Federal é desnecessário prévio cumprimento de requisitos desproporcionais, procrastinatórios ou inviabilizadores para a submissão de pleito ao órgão judiciário, não cabendo, dessa forma, à legislação infraconstitucional expandir o rol de exceções ao direito de acesso ao Judiciário.

Não obstante, reconheceu a idoneidade do subsistema de autocomposição previsto nos preceitos, apto a buscar a pacificação social.

Por essa razão, a CCP é válida como faculdade, mas não como meio obrigatório.

Informativo nº 913

Justiça do Trabalho e terceirização de atividade-fim

É lícita a terceirização ou qualquer outra forma de divisão do trabalho entre pessoas jurídicas distintas, independentemente do objeto social das empresas envolvidas, mantida a responsabilidade subsidiária da empresa contratante.

Ao fixar essa tese de repercussão geral (Tema 725), o Plenário, em conclusão de julgamento conjunto e por maioria, julgou procedente o pedido formulado em arguição de descumprimento de preceito fundamental (ADPF) e deu provimento a recurso extraordinário (RE) para considerar **a licitude da terceirização de atividade-fim ou meio** (Informativos 911 e 912).

No caso, o pedido de inclusão da ADPF em pauta e o reconhecimento da repercussão geral foram anteriores à edição das Leis 13.429/2017 e 13.467/2017.

Prevaleceram os votos dos ministros Roberto Barroso (relator da ADPF) e Luiz Fux (relator do RE).

O ministro Roberto Barroso advertiu que, no contexto atual, **é inevitável que o Direito do Trabalho passe, nos países de economia aberta, por transformações.** Além disso, **a Constituição Federal (CF) não impõe a adoção de um modelo de produção específico, não impede o desenvolvimento de estratégias de produção flexíveis, tampouco veda a terceirização.**

O conjunto de decisões da Justiça do Trabalho sobre a matéria não estabelece critérios e condições claras e objetivas que permitam a celebração de terceirização com segurança, de modo a dificultar, na prática, a sua contratação.

A terceirização das atividades-meio ou das atividades-fim de uma empresa tem amparo nos **princípios constitucionais da livre iniciativa e da livre concorrência, que asseguram aos agentes econômicos a liberdade de formular estratégias negociais indutoras de maior eficiência econômica e competitividade**.

Por si só, **a terceirização não enseja precarização do trabalho, violação da dignidade do trabalhador ou desrespeito a direitos previdenciários.** Terceirizar não significa necessariamente reduzir custos. É o exercício abusivo de sua contratação que pode produzir tais violações.

Para evitar o exercício abusivo, os princípios que amparam a constitucionalidade da terceirização devem ser compatibilizados com as normas constitucionais de tutela do trabalhador, cabendo à contratante observar certas formalidades.

É lícita a terceirização de toda e qualquer atividade, meio ou fim, de forma que não se configura relação de emprego entre a contratante e o empregado da contratada. Porém, na terceirização, compete à contratante verificar a idoneidade e a capacidade econômica da terceirizada e responder subsidiariamente pelo descumprimento das normas trabalhistas, bem como por obrigações previdenciárias.

A responsabilização subsidiária da tomadora dos serviços pressupõe a sua participação no processo judicial.

A decisão na ADPF não afeta os processos em relação aos quais tenha havido coisa julgada.

Por sua vez, o ministro Luiz Fux consignou que **os valores do trabalho e da livre iniciativa são intrinsecamente conectados, em relação dialógica que impede a rotulação de determinada providência como maximizadora de apenas um deles.**

O Enunciado 331 da Súmula do Tribunal Superior do Trabalho (TST) foi considerado inconstitucional por violar os princípios da livre iniciativa e da liberdade contratual.

O direito geral de liberdade, sob pena de tornar-se estéril, somente pode ser restringido por medidas informadas por parâmetro constitucionalmente legítimo e adequadas ao teste da proporcionalidade. **É necessária argumentação sólida para mitigar liberdade constitucional.**

Cumpre ao proponente da limitação o ônus de demonstrar empiricamente a necessidade e a adequação de providência restritiva. A segurança das premissas deve atingir grau máximo quando embasar restrições apresentadas fora da via legislativa.

A terceirização não fragiliza a mobilização sindical dos trabalhadores. Ademais, as leis trabalhistas são de obrigatória observância pela empresa envolvida na cadeia de valor, tutelando-se os interesses dos empregados.

A dicotomia entre a atividade-fim e atividade-meio é imprecisa, artificial e ignora a dinâmica da economia moderna, caracterizada pela especialização e divisão de tarefas com vistas à maior eficiência possível. Frequentemente, o produto ou o serviço final comercializado é fabricado ou prestado por agente distinto. Igualmente comum, a mutação constante do objeto social das empresas para atender à necessidade da sociedade.

A terceirização resulta em inegáveis benefícios aos trabalhadores, como a redução do desemprego, crescimento econômico e aumento de salários, a favorecer a concretização de mandamentos constitucionais, como a erradicação da pobreza e da marginalização e a redução das desigualdades sociais e regionais, sem prejuízo da busca do pleno emprego.

O escrutínio rigoroso das premissas empíricas assumidas pelo TST demonstra a insubsistência das afirmações de fraude e precarização. A alusão, meramente retórica, à interpretação de cláusulas constitucionais genéricas não é suficiente a embasar disposição restritiva ao direito fundamental, motivo pelo qual deve ser afastada a proibição [CF, artigos 1º, IV (2); 5º, II (3); e 170 (4)].

É aplicável às relações jurídicas preexistentes à Lei 13.429/2017 a responsabilidade subsidiária da pessoa jurídica contratante pelas obrigações trabalhistas não adimplidas pela empresa prestadora de serviços, bem como a responsabilidade pelo recolhimento das contribuições previdenciárias devidas por esta, mercê da necessidade de se evitar o vácuo normativo resultante da insubsistência do Verbete 331 da Súmula do TST.

O ministro Alexandre de Moraes sublinhou que a intermediação ilícita de mão-de-obra, mecanismo fraudulento combatido pelo Ministério Público do Trabalho, não se confunde com a terceirização de atividade-fim.

Vencidos os ministros Edson Fachin, Rosa Weber, Ricardo Lewandowski e Marco Aurélio, que julgaram improcedente o pedido formulado na ADPF e negaram provimento ao RE. Para eles, a orientação contida no verbete é compatível com a Constituição, adveio da análise do arcabouço normativo da época, à luz da Consolidação das Leis do Trabalho, antes da reforma de iniciativa legislativa. O ministro Marco Aurélio não se pronunciou quanto à tese.

(1) Enunciado 331 do TST: "I – A contratação de trabalhadores por empresa interposta é ilegal, formando-se o vínculo diretamente com o tomador dos serviços, salvo no caso de trabalho temporário (Lei 6.019, de 3.1.1974). II – A contratação irregular de trabalhador, mediante empresa interposta, não gera vínculo de emprego com os órgãos da Administração Pública direta, indireta ou fundacional (art. 37, II, da CF/1988). III – Não forma vínculo de emprego com o tomador a contratação de serviços de vigilância (Lei 7.102, de 20.6.1983) e de conservação e limpeza, bem como a de serviços especializados ligados à atividade-meio do tomador, desde que inexistente a pessoalidade e a subordinação direta. IV – O inadimplemento das obrigações trabalhistas, por parte do empregador, implica a responsabilidade subsidiária do tomador dos serviços quanto àquelas obrigações, desde que haja participado da relação processual e conste também do título executivo judicial. V – Os entes integrantes da Administração Pública direta e indireta respondem subsidiariamente, nas mesmas condições do item IV, caso evidenciada a sua conduta culposa no cumprimento das obrigações da Lei n.º 8.666, de 21.06.1993, especialmente na fiscalização do cumprimento das obrigações contratuais e legais da prestadora de serviço como empregadora. A aludida responsabilidade não decorre de mero inadimplemento das obrigações trabalhistas assumidas pela empresa regularmente contratada. VI – A responsabilidade subsidiária do tomador de serviços abrange todas as verbas decorrentes da condenação referentes ao período da prestação laboral."

(2) CF: "Art. 1º A República Federativa do Brasil, formada pela união indissolúvel dos Estados e Municípios e do Distrito Federal, constitui-se em Estado Democrático de Direito e tem como fundamentos: (...) IV – os valores sociais do trabalho e da livre iniciativa;"

(3) CF: "Art. 5º (...) II – ninguém será obrigado a fazer ou deixar de fazer alguma coisa senão em virtude de lei;"

(4) CF: "Art. 170. A ordem econômica, fundada na valorização do trabalho humano e na livre iniciativa, tem por fim assegurar a todos existência digna, conforme os ditames da justiça social, observados os seguintes princípios: (...)"

ADPF 324/DF, rel. Min. Roberto Barroso, julgamento em 29 e 30.8.2018. (ADPF-324)
RE 958252/MG, rel. Min. Luiz Fux, julgamento em 29 e 30.8.2018. (RE-958252)

BREVE COMENTÁRIO

A terceirização é instituto caracterizado pela relação triangular entre uma empresa tomadora de serviços, que vai contratar uma outra empresa (prestadora de serviços, ordinariamente chamada apenas de "terceirizada") e um empregado, contratado por esta, mas que prestará serviços junto àquela.

Entre as empresas haverá um contrato civil ou empresarial, ao passo que entre o empregado e a empresa prestadora de serviços, um contrato de trabalho. Note-se que entre o empregado e a empresa tomadora de serviços não haverá subordinação (elemento essencial para a caracterização da relação de emprego).

A regulamentação legal dessa atividade sempre foi incipiente no Ordenamento Jurídico pátrio, de modo que grande parte das conclusões acerca dela foram constituídas pela via jurisprudencial.

Dentre as alterações recentes, é digna de nota a nova redação do art. 4º-A da Lei nº 6.019. Vejamos:

> Art. 4º-A. Considera-se prestação de serviços a terceiros a transferência feita pela contratante da execução de quaisquer de suas atividades, inclusive sua atividade principal, à pessoa jurídica de direito privado prestadora de serviços que possua capacidade econômica compatível com a sua execução.

Como se denota, o dispositivo em questão encerrou a dicotomia entre atividade-meio e atividade-fim, permitindo a terceirização em qualquer âmbito da empresa.

Antes dessa alteração, todavia, era assente a jurisprudência trabalhista no sentido de que a terceirização em atividade-fim seria ilegal, entendimento consagrado na Súmula nº 331 do TST:

> Súmula nº 331 do TST
>
> CONTRATO DE PRESTAÇÃO DE SERVIÇOS. LEGALIDADE
>
> I - A contratação de trabalhadores por empresa interposta é ilegal, formando-se o vínculo diretamente com o tomador dos serviços, salvo no caso de trabalho temporário (Lei nº 6.019, de 03.01.1974).
>
> II - A contratação irregular de trabalhador, mediante empresa interposta, não gera vínculo de emprego com os órgãos da Administração Pública direta, indireta ou fundacional (art. 37, II, da CF/1988).
>
> III - Não forma vínculo de emprego com o tomador a contratação de serviços de vigilância (Lei nº 7.102, de 20.06.1983) e de conservação e limpeza, bem como a de serviços especializados ligados à atividade-meio do tomador, desde que inexistente a pessoalidade e a subordinação direta.
>
> IV - O inadimplemento das obrigações trabalhistas, por parte do empregador, implica a responsabilidade subsidiária do tomador dos serviços quanto àquelas obrigações, desde que haja participado da relação processual e conste também do título executivo judicial.
>
> V - Os entes integrantes da Administração Pública direta e indireta respondem subsidiariamente, nas mesmas condições do item IV, caso evidenciada a sua conduta culposa no cumprimento das obrigações da Lei n.º 8.666, de

> 21.06.1993, especialmente na fiscalização do cumprimento das obrigações contratuais e legais da prestadora de serviço como empregadora. A aludida responsabilidade não decorre de mero inadimplemento das obrigações trabalhistas assumidas pela empresa regularmente contratada.
>
> VI – A responsabilidade subsidiária do tomador de serviços abrange todas as verbas decorrentes da condenação referentes ao período da prestação laboral.

Inconformadas com essa vedação jurisprudencial à terceirização de atividade-fim, algumas entidades patronais ajuizaram ADPF perante o Supremo Tribunal Federal, a fim de questioná-la, sob o fundamento básico de que não haveria vedação legal a tanto.

Não obstante o debate tenha restado prejudicado pela Lei nº 6.019, fato é que existe uma gama de situações anteriores, pendentes e ainda gerando efeitos, razão pela qual o estudo do caso continua sendo relevante.

Diante desse questionamento, decidiu o STF que:

> É lícita a terceirização ou qualquer outra forma de divisão do trabalho entre pessoas jurídicas distintas, independentemente do objeto social das empresas envolvidas, mantida a responsabilidade subsidiária da empresa contratante.

Não obstante, continua competindo à contratante verificar a idoneidade e a capacidade econômica da terceirizada e responder subsidiariamente pelo descumprimento das normas trabalhistas, bem como por obrigações previdenciárias.

Sendo assim, a terceirização de atividade-fim deixou de ser considerada uma invalidade de per si, mesmo antes da Lei nº 6.019, respeitada a coisa julgada, e reconhecida a responsabilidade subsidiária da contratante em caso de inadimplemento de verbas trabalhistas por parte da contratada.

Informativo nº 917

ECA e competências da Justiça do Trabalho

O Plenário, em conclusão de julgamento e por maioria, **concedeu medida cautelar em ação direta de inconstitucionalidade para suspender, até o exame definitivo do processo, a eficácia da expressão "inclusive artístico", constante do inciso II da Recomendação Conjunta 1/2014 das Corregedorias dos Tribunais de Justiça e do Trabalho, e dos Ministérios Públicos estadual e do Trabalho, todos do Estado de São Paulo, e do art. 1º, II, da Recomendação Conjunta 1/2014, dos Ministérios Públicos estadual e do Trabalho, e das Corregedorias do Tribunal de Justiça e do Trabalho, todos do Estado de Mato Grosso, bem como para afastar a atribuição, definida no Ato do Gabinete da Presidência (GP) 19/2013, do Tribunal Regional do Trabalho (TRT) da 2ª Região, e no Provimento GP/CR 7/2014, do referido TRT, quanto à apreciação de pedidos de alvará visando a participação de crianças e adolescentes em representações artísticas e a criação do Juizado Especial na Justiça do Trabalho, ficando suspensos, por consequência, esses últimos preceitos. Assentou, nesse primeiro exame, ser da Justiça Comum a competência para analisar tais pedidos.**

As normas impugnadas, em suma, atribuem competência à Justiça do Trabalho para processar e apreciar pedidos de autorização visando a participação de crianças e adolescentes em eventos de natureza artística, bem como instituem o juízo auxiliar da infância e da juventude no âmbito da justiça laboral (Informativo 794).

O colegiado entendeu que **as normas padecem dos vícios de inconstitucionalidade formal e material.**

No que diz respeito à **inconstitucionalidade formal**, asseverou cuidar-se de **normas a versar distribuição de competência jurisdicional e criação de juízo auxiliar da infância e da juventude no âmbito da Justiça do Trabalho, que não foram veiculados mediante lei ordinária.** Do disposto nos artigos 22, I (1), 113 (2) e 114, IX (3), da Constituição Federal (CF), depreende-se estarem tais medidas sujeitas, inequivocamente, ao princípio da legalidade estrita.

Quanto à **inconstitucionalidade material**, considerou que **o legislador ordinário, ao concretizar o comando do art. 227 (2) da CF, estabeleceu o Estatuto da Criança e do Adolescente (ECA), previu a chamada "Justiça da Infância e da Juventude" e fixou a competência do Juiz da Infância e da Juventude como autoridade judiciária responsável pelos processos de tutela integral dos menores, o qual, apesar da especialização, pertence à justiça comum.**

Trata-se de **competência fixada em razão da matéria**, de **caráter absoluto**, e em proveito da especial tutela requerida pelo grupo de destinatários: crianças e adolescentes. **Entre as atribuições definidas ao Juiz da Infância e da Juventude, destaca-se a de autorizar a participação de menores em eventos artísticos, cuja possibilidade não foi excluída no ECA. Ao contrário, essa participação é observada como importante aspecto do desenvolvimento dos menores, apenas condicionada, nos termos do art. 149, II (5), do ECA, à autorização judicial a ser implementada pelo Juízo da Infância e da Juventude, mediante a expedição de alvará específico.** Os parâmetros a serem observados quando da autorização, na forma do § 1º do referido dispositivo, evidenciam a inequívoca natureza cível da cognição desempenhada pelo magistrado, ausente relação de trabalho a ser julgada. A análise se faz acerca das condições da representação artística. O juiz deve investigar se essas condições atendem à exigência de proteção do melhor interesse do menor, contida no art. 227 da CF.

O Juízo da Infância e da Juventude é a autoridade que reúne os predicados e as capacidades institucionais necessárias para a realização de exame de tamanha relevância e responsabilidade.

Dessa forma, o art. 114, I (6) e IX, da CF, na redação dada pela Emenda Constitucional (EC) 45/2004, que estabelece a competência da Justiça do Trabalho, não alcança os casos de pedido de autorização para participação de crianças e adolescentes em eventos artísticos, ante a ausência de conflito atinente a relação de trabalho.

Vencida a ministra Rosa Weber que denegou a medida liminar, por não vislumbrar a presença do requisito do fumus boni iuris a amparar a suspensão da eficácia da expressão "inclusive artístico". A ministra não constatou inconstitucionalidades formal ou material nos atos impugnados.

Segundo ela, as normas em questão visam somente promover a implementação de requisitos operacionais imprescindíveis ao exercício da competência prevista, em razão da matéria, no art. 114 da CF. Não implicam, absolutamente, alteração da organização ou da divisão judiciária, estas inequivocamente dependentes de lei, não criam órgão judicial, nem inovam quanto às atribuições da justiça do trabalho, e, muito menos, instituem novas regras de competência judiciária.

A ministra Rosa Weber, depois de apontar a diferença entre o pedido de autorização para trabalho infantil e o de autorização para participação de crianças e adolescentes em eventos artísticos, concluiu, também, que as normas impugnadas se referem à primeira hipótese, e, por isso, a competência para sua análise é da justiça do trabalho.

Esclareceu que os pedidos de autorização, em regra, são formulados por empresas de comunicação com vistas à autorização para o trabalho de crianças e adolescentes, as quais, nessa ocasião, apresentam a minuta do contrato de trabalho que regulará a relação de trabalho. A finalidade da ordem judicial se insere, invariavelmente, em uma relação de trabalho. Não se cuida de pedido de autorização para a criança se apresentar em eventos artísticos, como, por exemplo, um festival de música, de dança, ou um concurso de beleza, esse sim de competência da justiça comum.

Ressaltou que essa relação de trabalho artístico infanto-juvenil, portanto, não se refere às relações estabelecidas no art. 149 do ECA, mas à relação de trabalho com um tomador de serviços ou entre empregado e empregador, na qual a criança ou o adolescente laboram mediante contraprestação, em contexto de alteridade, que se inclui na previsão do art. 114, da CF, com a redação dada pela EC 45/2004.

(1) CF: "Art. 22. Compete privativamente à União legislar sobre: I – direito civil, comercial, penal, processual, eleitoral, agrário, marítimo, aeronáutico, espacial e do trabalho;

(2) CF: "Art. 113. A lei disporá sobre a constituição, investidura, jurisdição, competência, garantias e condições de exercício dos órgãos da Justiça do Trabalho."

(3) CF: "Art. 114. Compete à Justiça do Trabalho processar e julgar: (...) IX – outras controvérsias decorrentes da relação de trabalho, na forma da lei."

(4) CF: "Art. 227. É dever da família, da sociedade e do Estado assegurar à criança, ao adolescente e ao jovem, com absoluta prioridade, o direito à vida, à saúde, à alimentação, à educação, ao lazer, à profissionalização, à cultura, à dignidade, ao respeito, à liberdade e à convivência familiar e comunitária, além de colocá-los a salvo de toda forma de negligência, discriminação, exploração, violência, crueldade e opressão. (...) § 8º A lei estabelecerá: I – o estatuto da juventude, destinado a regular os direitos dos jovens;"

(5) ECA: "Art. 149. Compete à autoridade judiciária disciplinar, através de portaria, ou autorizar, mediante alvará: (...) II – a participação de criança e adolescente em: a) espetáculos públicos e seus ensaios; b) certames de beleza."

(6) CF: "Art. 114. Compete à Justiça do Trabalho processar e julgar: I – as ações oriundas da relação de trabalho, abrangidos os entes de direito público externo e da administração pública direta e indireta da União, dos Estados, do Distrito Federal e dos Municípios;"

ADI 5326/DF, rel. Min. Marco Aurélio, julgamento em 27.9.2018. (ADI-5326

BREVE COMENTÁRIO

Imagine a seguinte situação:

Larissa é uma criança que foi convidada para interpretar a protagonista em uma novela infantil de famosa rede nacional de televisão.

Diante da perspectiva de iniciar o importante trabalho, os pais de Larissa se viram na incumbência de providenciar autorização judicial para permitir o labor por parte da filha impúbere.

Sendo assim, eles devem providenciar esse pedido perante a Justiça do Trabalho ou a Justiça Comum?

Segundo o STF, perante a Justiça Comum.

No precedente sob análise, o Pretório Excelso decidiu por suspender, até o exame definitivo do processo, a eficácia da expressão "inclusive artístico", constante de norma da Justiça do Trabalho de São Paulo e Mato Grosso, bem como para afastar a atribuição do TRT, quanto à apreciação de pedidos de alvará visando a participação de crianças e adolescentes em representações artísticas e a criação do Juizado Especial na Justiça do Trabalho, ficando suspensos, por consequência, esses últimos preceitos.

Destacou, na oportunidade, ser da **Justiça Comum** a competência para analisar tais pedidos.

Como fundamento, pontuou que o Juízo da Infância e da Juventude é a autoridade que reúne os predicados e as capacidades institucionais necessárias para a realização de exame de tamanha relevância e responsabilidade.

Informativo nº 919

ECT: despedida de empregado e motivação

O Plenário, por maioria, acolheu parcialmente embargos de declaração para fixar a seguinte tese: "**A Empresa Brasileira de Correios e Telégrafos (ECT) tem o dever jurídico de motivar, em ato formal, a demissão de seus empregados**."

No acórdão embargado, o Tribunal, ao dar parcial provimento ao recurso extraordinário, entendeu que **os empregados públicos não têm direito à estabilidade prevista no art. 41** (1) **da Constituição Federal (CF), salvo aqueles admitidos em período anterior ao advento da Emenda Constitucional 19/1998**.

Em atenção, no entanto, **aos princípios da impessoalidade e isonomia, que regem a admissão por concurso público, a dispensa do empregado de empresas públicas e sociedades de economia mista que prestam serviços públicos deve ser**

motivada, assegurando-se, assim, que tais princípios, observados no momento daquela admissão, sejam também respeitados por ocasião da dispensa (Informativos 576 e 699).

A presente tese **substitui** aquela fixada em sessão administrativa realizada em 9.12.2015.

Vencidos os ministros Marco Aurélio e Edson Fachin, que consignaram a ausência de obscuridade ou contradição no acórdão embargado.

(1) CF: "Art. 41. São estáveis após três anos de efetivo exercício os servidores nomeados para cargo de provimento efetivo em virtude de concurso público."

RE 589998/PI, rel. Min. Roberto Barroso, julgamento em 10.10.2018. (RE-589998)

BREVE COMENTÁRIO

O Supremo Tribunal Federal, no julgamento do Recurso Extraordinário nº 589998, estabeleceu que o ato demissório dos empregados de empresas públicas e sociedades de economia mista careceria de motivação, vez todo ato administrativo dela careceria.

Primeira premissa: não se deve confundir o dever de motivar com estabilidade.

O julgado, no entanto, teve a intervenção de vários Ministros, com ideias diversas, a quais acabaram por confundir a jurisprudência que nele se baseou.

Segundo o voto do Ministro Dias Toffoli, por exemplo, existiria a necessidade de motivação na dispensa unilateral de empregados de **todas** as empresas estatais e sociedades de economia mista. Cite-se trecho do voto:

> (...) quando eu estava à frente da Advocacia-Geral da União, aprovei parecer da lavra do então Consultor-Geral da União, Dr. Ronaldo Jorge Araújo Vieira Júnior, abnegado servidor público, consultor de carreira do Senado da República.
>
> Esse parecer recebeu o "aprovo" do Presidente da República e foi publicado no Diário Oficial da União em 28 de dezembro de 2007. De acordo com a legislação e na linha da jurisprudência deste próprio Tribunal, após o aprovo presidencial o referido parecer tem efeito normativo para a Administração Pública, o que inclui as empresas estatais da União. O mencionado parecer conclui exatamente na linha dos argumentos do voto do Ministro Relator, no sentido de ser **necessária a motivação para a dispensa de funcionários celetistas das empresas públicas, de todas elas, e não só os da Empresa Brasileira de Correios e Telégrafos (ECT)**. (destacou-se)

Desse modo, concluiu-se à época: empregados de empresas públicas e sociedades de economia mista não gozam de estabilidade, mas a motivação do ato demissório é sempre necessária.

No entanto, frente ao julgado adrede referenciado foram opostos Embargos de Declaração, dos quais surgiu a tese fixada no precedente ora analisado, que esmiuçamos a seguir.

Dentre as dúvidas levantadas, arguiu-se se a tese de necessidade de motivação do ato de demissão estaria limitada à ECT ou deveria ser estendida a todas as empresas estatais.

Sobre isso, respondeu o Ministro Luís Roberto Barroso (Relator) no inteiro teor:

> Este não era o objeto da ação nem da repercussão geral reconhecida; e, portanto, não houve contraditório nem possibilidade de participação dos interessados. No caso, não houve defesa da posição das empresas públicas e sociedades de economia mista dos três níveis da Federação.
>
> Portanto, **não tenho simpatia por fixar tese que alcance interesses que não foram representados no processo**. Os amici curiae, que pediram para entrar, são todos sociedades de economia mista, queriam discutir a extensão a elas, desta tese, que, em rigor, não era o objeto do julgamento. Logo, creio que estaríamos fixando uma tese com a qual eu, em princípio, concordo, mas que **não foi objeto de contraditório.**
>
> Em segundo lugar, Presidente, aqui, muito importante, em relação aos empregados da Empresa Brasileira de Correios e Telégrafos, as decisões, tanto do TST quanto a do Ministro Ricardo Lewandowski, estariam mantendo o entendimento pacífico consolidado na Orientação Jurisprudencial 247, que, no seu item II – acabei de ler –, prevê expressamente que os empregados da Empresa Brasileira de Correios e Telégrafos só podem ser demitidos mediante motivação.
>
> O que acontece, porém, Presidente, é que a mesma Orientação Jurisprudencial, no seu item I, que não foi aplicado aqui, diz o seguinte:
>
> "I - A despedida de empregados de empresa pública e de sociedade de economia mista, mesmo admitidos por concurso público, independe de ato motivado para sua validade;"
>
> Portanto, se nós incluirmos esta ideia na tese, vamos estar modificando a jurisprudência consolidada do TST. E aí penso que, **se prevalecer o entendimento dessa tese mais expansiva, teremos de modular. Se prevalecer o entendimento da tese mais restrita, não precisamos modular porque o entendimento do TST vem desde 2007**. (grifou-se)

Diante disso, é possível concluir que o Ministro Barroso até concordaria, em tese, com a tese da expansão do dever de motivar a todas as empresas estatais, mas entendeu **inoportuno fixá-la no caso**.

Assim, votou pela procedência parcial dos aclaratórios "para esclarecer que **a tese aplicada se limita aos empregados da ECT**".

Quanto à forma que se dará essa motivação, indicou: "A ECT não precisa enquadrar seus motivos em alguma das hipóteses previstas na legislação trabalhista como justa causa para dispensa de empregados. Ela permanece, tal como os agentes privados, em condições de dispensar seus funcionários sem justa causa, assumindo as consequências trabalhistas atreladas a tanto. O que dela se exige é apenas a indicação por escrito dos motivos da dispensa, sem prévio processo administrativo ou contraditório.".

Ou seja, não há necessidade de instauração de processo administrativo ou contraditório nem enquadramento em qualquer dispositivo legal (não se confunde o dever de motivar com a justa causa), mas apenas de um ato formal que atenda aos requisitos acima.

O Ministro Lewandowski, relator no julgado anterior, concordou com as considerações do Ministro Barroso para dizer:

> "O Ministro Barroso, gentilmente, até me consultou antes de proferir o seu voto, e eu acedi no sentido de que estaria concordando em **limitar a conclusão desta nossa decisão apenas à Empresa Brasileira de Correios e Telégrafos e permitindo que as demais empresas públicas e de economia mista, eventualmente, possam, no futuro, vir ao Supremo Tribunal Federal e pleitear, justamente com base na ratio decidendi do nosso acórdão, uma solução semelhante**." (grifou-se)

Ou seja, não se negou às demais empresas estatais o dever de motivar o ato demissório, mas, ao mesmo tempo, não esse não foi confirmado. Essas deverão arguir posteriormente.

Assim, por ora, a tese referente à necessidade de motivação dos atos de dispensa em empresas estatais, **restringe-se à ECT**, nos seguintes termos:

> **"A Empresa Brasileira de Correios e Telégrafos (ECT) tem o dever jurídico de motivar, em ato formal, a demissão de seus empregados".**

Empregada gestante e requisito para configuração da estabilidade – A incidência da estabilidade prevista no art. 10, II (1), do Ato das Disposições Constitucionais Transitórias (ADCT) somente exige a anterioridade da gravidez à dispensa sem justa causa.

Com base nesse entendimento, o Plenário, por maioria, ao apreciar o Tema 497 da repercussão geral, negou provimento ao recurso extraordinário interposto contra acórdão do Tribunal Superior do Trabalho (TST) que, fundado no item I (2) do Verbete 244 da Súmula daquela Corte, assentou que o desconhecimento da gravidez por parte do empregador não exclui o direito ao recebimento da indenização relativa ao período de estabilidade da gestante.

A parte recorrente apontou violação ao art. 10, II, b, do ADCT, sob o argumento, em suma, de que o termo inicial da estabilidade é a confirmação da gravidez, ou seja, a demonstração inequívoca e objetiva da sua existência, por meio de atestado ou laudo médico.

Nos termos do acórdão recorrido, a estabilidade deve ser respeitada mesmo quando, no ato da despedida imotivada, o empregador não tenha ciência da situação, porquanto pertinente a teoria da responsabilidade objetiva, voltada à proteção da maternidade e do nascituro. Ficou consignado o dever de o empregador indenizar a gestante mediante o pagamento dos salários e demais direitos trabalhistas devidos no período.

A controvérsia refere-se à determinação do conteúdo semântico da expressão "confirmação da gravidez": se relacionado a atestado médico ou ao momento da própria concepção.

De início, o Tribunal asseverou que **a proteção à maternidade é um direito social previsto pela primeira vez na Constituição Federal de 1988, em seu art. 6º** (3). **Trata-se de uma norma de proteção material, assegurada pelo direito instrumental da proteção contra a dispensa arbitrária da gestante.**

Esse direito tem uma **dupla titularidade**: da **gestante** e da **criança**. A proteção à maternidade leva em conta tanto a mãe quanto o filho. **Entre as várias estabilidades que a legislação complementar pode estabelecer, o legislador constituinte fez questão de, nesse caso, já definir o prazo da segurança no emprego, o qual é contado da confirmação da gravidez até cinco meses após o parto.**

Durante esse período, garante-se estabilidade econômica e psicológica à gestante para que ela tenha maior proximidade com o filho durante a gravidez e nos cinco meses seguintes.

É preciso fixar interpretação sistemática da Carta Magna, de modo a garantir a máxima efetividade da proteção constitucional à maternidade. Ademais, **a estabilidade à empregada gestante assegura também a proteção da família e da criança, inclusive do nascituro, nos termos do arts. 201, II (4); 203, I (5); e 227 (6) da CF e em consonância com a Convenção 103 da Organização Internacional do Trabalho (OIT).**

O sentido da norma é proteger o nascituro e assegurar à mãe a permanência no emprego, em situação em que, normalmente, sua empregabilidade seria de maior dificuldade. **O ordenamento tutela o nascituro, ainda que o empregador esteja de boa-fé.**

Com base nessas premissas, o Colegiado entendeu que **a estabilidade da gestante não deve ser condicionada a um aviso formal da existência da gravidez**. O que o texto constitucional coloca como termo inicial é a gravidez. **Uma vez constatada antes da dispensa arbitrária, incide a garantia, de modo que se mostra irrelevante o momento de sua comprovação, que pode ter ocorrido posteriormente à dispensa**.

O único requisito exigido, portanto, é de **natureza biológica**. **Constatado que houve gravidez antes da dispensa arbitrária, fica assegurada a proteção.** Exige-se apenas a comprovação de que a gravidez ocorreu antes da dispensa arbitrária, **não sendo necessários quaisquer outros requisitos, como o prévio conhecimento do empregador ou da própria gestante. Esse entendimento, aliás, já foi adotado por esta Corte no julgamento do RE 634.093.**

Nessa situação, o empregador deve reintegrar a empregada. De todo modo, durante o período do salário-maternidade, é a Previdência quem arcará com o ônus, e não o empregador, o qual não é penalizado desmedidamente.

São direitos irrenunciáveis. O desconhecimento por parte da gestante ou sua própria negligência em juntar uma documentação ou mostrar um atestado não pode prejudicá-la, tampouco pode prejudicar o recém-nascido.

Vencido o ministro Marco Aurélio, que proveu o recurso para assentar que a norma constitucional prevê expressamente a locução "confirmação da gravidez", a qual encerra o momento da descoberta desta, ou seja, do conhecimento pelo empregador.

Surge impertinente o elastecimento do conteúdo da expressão citada para abarcar o instante da concepção.

Considerou, em síntese, que a gestante possui direito à estabilidade no emprego desde que o empregador tenha ciência do estado gravídico em momento anterior ao da despedida imotivada.

(1) ADCT: "Art. 10. Até que seja promulgada a lei complementar a que se refere o art. 7º, I, da Constituição: (...) II – fica vedada a dispensa arbitrária ou sem justa causa: (...) b) da empregada gestante, desde a confirmação da gravidez até cinco meses após o parto."

(2) Enunciado 244 da Súmula do TST: "GESTANTE. ESTABILIDADE PROVISÓRIA: I – O desconhecimento do estado gravídico pelo empregador não afasta o direito ao pagamento da indenização decorrente da estabilidade (art. 10, II, b, do ADCT); (...)."

(3) CF/1988: "Art. 6º São direitos sociais a educação, a saúde, a alimentação, o trabalho, a moradia, o transporte, o lazer, a segurança, a previdência social, a proteção à maternidade e à infância, a assistência aos desamparados, na forma desta Constituição."

(4) CF/1988: "Art. 201. A previdência social será organizada sob a forma de regime geral, de caráter contributivo e de filiação obrigatória, observados critérios que preservem o equilíbrio financeiro e atuarial, e atenderá, nos termos da lei, a: (...) II – proteção à maternidade, especialmente à gestante."

(5) CF/1988: "Art. 203. A assistência social será prestada a quem dela necessitar, independentemente de contribuição à seguridade social, e tem por objetivos: I – a proteção à família, à maternidade, à infância, à adolescência e à velhice."

(6) CF/1988: "Art. 227. É dever da família, da sociedade e do Estado assegurar à criança, ao adolescente e ao jovem, com absoluta prioridade, o direito à vida, à saúde, à alimentação, à educação, ao lazer, à profissionalização, à cultura, à dignidade, ao respeito, à liberdade e à convivência familiar e comunitária, além de colocá-los a salvo de toda forma de negligência, discriminação, exploração, violência, crueldade e opressão."

RE 629053/SP, rel. Min. Marco Aurélio, red. p/ ac. Min. Alexandre de Moraes, julgamento em 10.10.2018. (RE-629053)

BREVE COMENTÁRIO

No julgado em epígrafe, o STF confirmou a teoria objetiva em relação à estabilidade da gestante.

Sobre o tema "estabilidade" em si, é importante esclarecer que o direito do trabalho já não mais adota esse instituto como regra geral em favor dos trabalhadores, subsistindo apenas em alguns casos específicos.

Lembramos que, em regime anterior, era assegurado aos empregados como um todo, na dispensa, a indenização de um salário por ano trabalhado, ou fração igual ou superior a seis meses, alcançando a garantia da estabilidade no emprego após completado o período de 10 (dez) anos naquele (era a chamada estabilidade decenal). Uma vez adquirida essa condição, o empregado somente poderia ser dispensado caso cometesse falta grave.

Algumas décadas depois, surgiu o Fundo de Garantia Por Tempo de Serviço - FGTS, por meio da Lei nº Lei 5.107/66, de modo que passaram a coexistir duas categorias distintas de empregados: os optantes e os não optantes do regime fundiário. Aqueles que optassem pelo regime do FGTS perdiam a estabilidade decenal, mas faziam jus a uma indenização, à base de 40% sobre o saldo depositado na conta vinculada para esse fim, em caso de dispensa imotivada.

Com o advento da Constituição da República de 1988, o regime do FGTS passou a reger todos os contratos de trabalho, de modo que a estabilidade decenal restou garantida apenas àqueles oriundos do regime anterior, os quais já a detinham.

Desse modo, a estabilidade no direito laboral passou a ser instituto excepcional, garantido a algumas categorias de trabalhadores, devido às funções que desempenham ou a determinadas condições especiais.

É o caso, por exemplo, da gestante, cuja dispensa arbitrária, nos termos do art. 10, II, b ADCT, é vedada desde a confirmação da gravidez até cinco meses após o parto:

> Art. 10. Até que seja promulgada a lei complementar a que se refere o art. 7º, I, da Constituição:
>
> (...)
>
> II – fica vedada a dispensa arbitrária ou sem justa causa:
>
> (...)
>
> b) da empregada gestante, desde a confirmação da gravidez até cinco meses após o parto.

Importante notar que a jurisprudência pátria foi além e cristalizou na súmula 244 do TST a teoria objetiva, fixando que o desconhecimento do estado gravídico pelo empregador não afasta o direito ao pagamento da indenização decorrente da estabilidade. Vejamos:

> Súmula nº 244 do TST
>
> GESTANTE. ESTABILIDADE PROVISÓRIA
>
> I - **O desconhecimento do estado gravídico pelo empregador não afasta o direito ao pagamento da indenização decorrente da estabilidade** (art. 10, II, "b" do ADCT).
>
> II - A garantia de emprego à gestante só autoriza a reintegração se esta se der durante o período de estabilidade. Do contrário, a garantia restringe-se aos salários e demais direitos correspondentes ao período de estabilidade.
>
> III - A empregada gestante tem direito à estabilidade provisória prevista no art. 10, inciso II, alínea "b", do Ato das Disposições Constitucionais Transitórias, mesmo na hipótese de admissão mediante contrato por tempo determinado. (grifou-se)

Em sentido análogo, o art. 391-A da CLT:

> Art. 391-A. A confirmação do estado de gravidez advindo no curso do contrato de trabalho, ainda que durante o prazo do aviso prévio trabalhado ou indenizado, garante à empregada gestante a estabilidade provisória prevista na alínea b do inciso II do art. 10 do Ato das Disposições Constitucionais Transitórias.

Ou seja, uma empregada que veio a ser formalmente demitida, começou a cumprir seu aviso prévio no dia seguinte e, já na fluência desse, descobriu que estava grávida há três semanas, terá direito à estabilidade, não obstante ninguém soubesse até então (nem a própria empregada) que ela estava gestante no ato da demissão.

Essa tese foi reconhecida pelo Supremo Tribunal Federal no julgado em epígrafe, que fixou tese no sentido de que o único critério a ser adotado é o **BIOLÓGICO**.

Ou seja, constatado que houve gravidez antes da dispensa arbitrária, fica assegurada a proteção.

Exige-se apenas a comprovação de que o estado gravídico ocorreu antes da dispensa arbitrária, **não sendo necessários quaisquer outros requisitos, como o prévio conhecimento do empregador ou da própria gestante**.

Basicamente, a única coisa que importa, portanto, é se a empregada estava grávida ou não no ato de dispensa. Tanto fez se estava comprovado, se ela sabia ou se o empregador sabia.

Isso porque "o desconhecimento por parte da gestante ou sua própria negligência em juntar uma documentação ou mostrar um atestado não pode prejudicá-la, tampouco pode prejudicar o recém-nascido".

Assim, a Suprema Corte fixou a seguinte tese:

> **A incidência da estabilidade prevista no art. 10, II (1), do Ato das Disposições Constitucionais Transitórias (ADCT) somente exige a anterioridade da gravidez à dispensa sem justa causa.**

STF – 2019

Informativo nº 942

GESTANTE/LACTANTE E ATIVIDADES INSALUBRES

O Plenário, por maioria, confirmou medida cautelar deferida pelo ministro Alexandre de Moraes (relator) em decisão monocrática e julgou parcialmente procedente pedido formulado em ação direta para declarar a inconstitucionalidade da expressão "quando apresentar atestado de saúde, emitido por médico de confiança da mulher, que recomende o afastamento", contida nos incisos II e III do art. 394-A da Consolidação das Leis do Trabalho (CLT), inseridos pelo art. 1º da Lei 13.467/2017.

O colegiado registrou que, na redação anterior, o preceito estabelecia que a empregada gestante ou lactante seria afastada, enquanto durasse a gestação e a lactação, de quaisquer atividades, operações ou locais insalubres e deveria exercer suas atividades em local salubre.

Com a alteração implementada pela Lei 13.467/2017, que promoveu a "Reforma Trabalhista" de 2017, o art. 394-A passou a permitir que a mulher gestante continuasse a realizar suas atividades mesmo em condições insalubres em grau mínimo ou médio. Ainda mais grave, no caso da lactação, que ela permanecesse a desempenhá-las inclusive em grau máximo de insalubridade. Ademais, criou o ônus à gestante ou à lactante da apresentação de atestado de saúde, emitido por médico de sua confiança, que certificasse a necessidade do afastamento. Essa mudança trouxe a exposição dessas trabalhadoras a atividades insalubres.

A Corte assinalou que a Constituição Federal (CF) proclama, no caput do art. 6º, a proteção à maternidade como direito social, ligado à dignidade da pessoa humana. Essa proteção é a ratio para inúmeros outros direitos sociais instrumentais, como a licença-gestante, o direito à segurança no emprego, que compreende a tutela da relação de emprego contra dispensa arbitrária sem justa causa da gestante, e, nos termos do art. 7º, a proteção do mercado de trabalho da mulher, mediante incentivos específicos (inciso XX), e a redução dos riscos inerentes ao trabalho, por meio de normas de saúde, higiene e segurança (inciso XXII).

Sob essa ótica, a proteção da mulher grávida ou lactante contra o trabalho insalubre caracteriza-se como importante direito social instrumental protetivo tanto da mulher quanto da criança. Trata-se de normas de salvaguarda dos direitos sociais da mulher e de efetivação de integral proteção ao recém-nascido, possibilitando sua convivência com a mãe, nos primeiros meses de vida, de maneira harmônica e segura, sem os perigos de um ambiente insalubre. A imprescindibilidade da máxima eficácia desse direito social também decorre da absoluta prioridade que o art. 227 do texto constitucional estabelece à integral proteção à criança, inclusive ao nascituro e ao recém-nascido lactente.

Há, na hipótese, direito de dupla titularidade. A proteção à maternidade e a integral proteção à criança são direitos irrenunciáveis e não podem ser afastados pelo desconhecimento, pela impossibilidade decorrente da distância de centros médicos ou pela própria negligência da gestante ou lactante em apresentar atestado médico, sob pena de prejudicá-la e de prejudicar o recém-nascido. Outras razões poderiam levar a mulher a não apresentar o documento, como, por exemplo, o medo de vir a ser demitida posteriormente ou a pressão para não entregar o atestado.

Dessa forma, as expressões impugnadas não estão em consonância com os dispositivos constitucionais. A previsão do afastamento automático da mulher gestante ou lactante do ambiente insalubre está de acordo com a jurisprudência do Supremo Tribunal Federal (STF) em relação à integral proteção à maternidade e à saúde da criança.

Na espécie, a mudança trazida pela lei pretendeu a inversão do ônus da demonstração probatória e documental da circunstância insalubre, a inversão da proteção à maternidade e ao nascituro ou recém-nascido. Partiu-se erroneamente da lógica de que, em regra, a insalubridade mínima e a média, durante a gestação, e mesmo a máxima, durante a lactação, não causam riscos. Isso desfavorece a plena proteção do interesse constitucionalmente protegido, na medida em que sujeita a empregada a maior embaraço para o exercício de seus direitos. O caso guarda relação com julgado recente em que apreciado o Tema 497 da repercussão geral (RE 629.053) sobre a estabilidade de empregada gestante.

Naquele julgamento, o STF consignou que o conjunto dos direitos sociais foi consagrado constitucionalmente como uma das espécies de direitos fundamentais, caracterizando-se como verdadeiras liberdades positivas, de observância obrigatória em um Estado Social de Direito, visando à melhoria das condições de vida dos hipossuficientes e à concretização da igualdade social.

O ministro Edson Fachin frisou que não se trata de reconhecer às mulheres qualquer benesse do ponto de vista constitucional. Por sua vez, o ministro Roberto Barroso acrescentou que a exigência viola o princípio da precaução, que vale também para o ambiente do trabalho, pelo qual, sempre que houver risco ou incerteza, deve ser favorecida a posição mais conservadora e protetiva.

A ministra Rosa Weber expôs o histórico do direito e os principais instrumentos internacionais a respeito. Aduziu que a alteração implica inegável retrocesso social, uma vez que revoga anterior norma proibitória desse trabalho da gestante e lactante, além do menoscabo ao direito fundamental à saúde da mãe trabalhadora, pois transfere ao próprio sujeito tutelado a responsabilidade pela conveniência de atestado indicando a necessidade de afastamento do trabalho. Por seu turno, o ministro Luiz Fux também apontou a inconstitucionalidade por violação à igualdade de gênero, acompanhando o que destacado pelo ministro Alexandre de Moraes (relator) e pela ministra Rosa Weber.

Já o ministro Celso de Mello reforçou os fundamentos trazidos e registrou que a cláusula que proíbe o retrocesso em matéria social traduz, no processo de sua concretização, verdadeira dimensão negativa pertinente aos direitos sociais, a impedir que os níveis de concretização dessas prerrogativas, uma vez atingidos, venham a ser reduzidos, degradados ou suprimidos.

Vencido o ministro Marco Aurélio, que reputou improcedente o pleito formulado na ação. A seu ver, os preceitos encerram tão somente liberdade da mulher prestadora dos serviços, no que prevista a possibilidade de afastamento do ambiente insalubre, e visam atender às exigências do mercado de trabalho para não se criarem óbices à contratação da mão de obra feminina. O ministro afirmou não ser desarrazoada a imposição do atestado médico.

STF. Plenário. ADI 5938/DF, Rel. Min. Alexandre de Moraes, julgado em 29/5/2019 (Info 942).

BREVE COMENTÁRIO

No julgado, registrou o STF que, na redação anterior, o dispositivo em questão estabelecia que a empregada gestante ou lactante seria afastada, enquanto durasse a gestação e a lactação, de quaisquer atividades, operações ou locais insalubres e deveria exercer suas atividades em local salubre.

Com a alteração implementada pela Lei 13.467/2017 (Reforma Trabalhista), o art. 394-A passou a permitir que a mulher gestante continuasse a realizar suas atividades mesmo em condições insalubres em grau mínimo ou médio.

Ainda mais grave, no caso da lactação, que ela permanecesse a desempenhá-las, inclusive em grau máximo de insalubridade.

A alteração legislativa imputou à gestante ou à lactante o ônus da apresentação de atestado de saúde, emitido por médico de sua confiança, que justificasse a necessidade do afastamento.

Ou seja, se antes o afastamento era "automático", agora estava condicionado à apresentação do atestado.

Diante disso, o Plenário do STF confirmou medida cautelar deferida pelo ministro Alexandre de Moraes (relator) em decisão monocrática e julgou parcialmente procedente pedido formulado em ação direta para declarar a inconstitucionalidade da expressão "quando apresentar atestado de saúde, emitido por médico de confiança da mulher, que recomende o afastamento", contida nos incisos II e III do art. 394-A da Consolidação das Leis do Trabalho, inseridos pelo art. 1º da Lei 13.467/2017.

Informativo nº 946

Art. 19 do ADCT e fundação pública de natureza privada

A qualificação de uma fundação instituída pelo Estado como sujeita ao regime público ou privado depende (i) do estatuto de sua criação ou autorização e (ii) das atividades por ela prestadas. As atividades de conteúdo econômico e as passíveis de delegação, quando definidas como objetos de dada fundação, ainda que essa seja instituída ou mantida pelo poder público, podem se submeter ao regime jurídico de direito privado.

A estabilidade especial do art. 19 do Ato das Disposições Constitucionais Transitórias (ADCT) (1) não se estende aos empregados das fundações públicas de direito privado, aplicando-se tão somente aos servidores das pessoas jurídicas de direito público.

Com essas teses de repercussão geral (Tema 545), o Plenário, por maioria e em conclusão de julgamento, deu provimento a recurso extraordinário para reconhecer a legalidade da demissão sem justa causa do recorrido e afastar a decisão que determinara sua reintegração (Informativo 761).

No caso, o empregado, ora recorrido, ingressou, em 1981, na Fundação Padre Anchieta – Centro Paulista de Rádio e TV Educativas (FPA), onde permaneceu trabalhando de forma ininterrupta, mesmo após se aposentar espontaneamente em 1995, até ser despedido sem justa causa em 2005. Em virtude disso, pleiteou sua reintegração, que foi negada pelo juízo de primeira instância e por tribunal regional, ambos sob o fundamento de que a aposentadoria espontânea extinguiria o contrato de trabalho.

Na sequência, o Tribunal Superior do Trabalho (TST) proveu recurso de revista, para afastar a tese da extinção automática do contrato de trabalho e reconhecer a estabilidade do art. 19 do ADCT.

Inicialmente, o colegiado rememorou entendimento do Supremo Tribunal Federal (STF) no sentido de que a aposentadoria espontânea somente dá causa à extinção do contrato de trabalho se ocorrer o encerramento da relação empregatícia. No ponto, o acórdão impugnado está de acordo com a orientação jurisprudencial.

Ato contínuo, sublinhou que os objetivos institucionais da recorrente – exploração de atividades de rádio e televisão com objetivos educacionais e culturais – revelam que ela não exerce atividade estatal típica. Tanto no atual regime constitucional quanto no anterior, a exploração dos serviços de telecomunicação pelo Estado poderia se dar diretamente ou por meio de concessão pública. Não se caracteriza serviço público próprio, até porque, apesar da alta relevância social, não implica exercício de poder de polícia, tendente à limitação das liberdades dos cidadãos. Por conseguinte, era plenamente viável a instituição de fundação de natureza privada para a exploração de parte desse complexo comunicacional, na área de rádio e televisão.

A FPA sujeita-se ao regime de direito privado, cuja conformação se assemelha mais à das empresas públicas e das sociedades de economia mista do que à das autarquias. Não foi por outra razão que a lei autorizou a sua instituição e definiu o regime de pessoal como celetista.

O Tribunal asseverou que o aludido dispositivo possui abrangência limitada aos servidores da União, dos Estados, do Distrito Federal e dos Municípios, entre os quais não se compreendem os empregados de empresas públicas e sociedades de economia mista. Além disso, a estabilidade excepcional não se harmoniza com os direitos e deveres previstos na legislação trabalhista, notadamente o regime de proteção definido pelo FGTS, consagrado no art. 7º, III, da Constituição Federal (CF). Assim, o art. 19 do ADCT só se aplica aos servidores de pessoas jurídicas de direito público. Essa dedução é corroborada pelo fato de não haver uma única menção nos autos de que a recorrente tivesse, após a CF de 1988, realizado a transformação dos empregos em cargos públicos, ocupados automaticamente pelos antigos servidores celetistas. A mutação seria imprescindível para a devida adequação do quadro de pessoal da fundação ao texto constitucional.

Portanto, o termo "fundações públicas", constante do art. 19, deve ser compreendido como fundações autárquicas, sujeitas ao regime jurídico de direito público. O preceito não incide em relação aos empregados das fundações públicas de direito privado. Como o recorrido não se beneficiou da estabilidade, era possível sua demissão sem justa causa, sem incorrer em afronta ao art. 7º, I, da CF (2).

Vencidos os ministros Rosa Weber, Edson Fachin, Cármen Lúcia, Ricardo Lewandowski e Marco Aurélio, que negaram provimento ao recurso extraordinário. Para eles, a referida estabilidade se aplica aos empregados da FPA que preencherem as condições do art. 19 do ADCT.

STF. Plenário. RE 716378/SP, Rel. Min. Dias Toffoli, julgado em 1º e 7/8/2019. Repercussão geral

BREVE COMENTÁRIO

O art. 19 do ADCT garantiu que os servidores públicos civis da União, dos Estados, do Distrito Federal e dos Municípios, da administração direta, autárquica e das fundações públicas, em exercício na data da promulgação da Constituição, há pelo menos cinco anos continuados, e que não tenham sido admitidos na forma do art. 37, CF, fossem considerados estáveis no serviço público.

O que se perguntou foi: os empregados de fundações públicas de direito privado se beneficiam dessa regra? Ou seja, gozam de estabilidade especial?

Segundo o STF, não.

Para responder a isso, fixou a Suprema Corte que a qualificação de uma fundação instituída pelo Estado como sujeita ao regime público ou privado depende:

(a) do estatuto de sua criação ou autorização e

(b) das atividades por ela prestadas.

Desse modo, as atividades de conteúdo econômico e as passíveis de delegação, quando definidas como objetos de dada fundação, ainda que essa seja instituída ou mantida pelo poder público, podem se submeter ao regime jurídico de direito privado.

O termo "fundações públicas", constante do art. 19, deve ser compreendido como fundações autárquicas, sujeitas ao regime jurídico de direito público.

Assim, a estabilidade especial do art. 19 do Ato das Disposições Constitucionais Transitórias (ADCT) não se estende aos empregados das fundações públicas de direito privado, aplicando-se tão somente aos servidores das pessoas jurídicas de direito público.

Informativo nº 964

CONVERSÃO DE REGIME E COMPETÊNCIA

O Plenário, por maioria, conheceu de conflito de competência firmado entre a justiça do trabalho e a justiça comum e declarou a competência da justiça comum para processar e julgar a causa. A demanda envolve servidor público municipal, admitido mediante concurso, sob o regime da Consolidação das Leis do Trabalho (CLT).

O colegiado entendeu que o vínculo do servidor com a municipalidade tem natureza jurídico-administrativa. Trata-se, portanto, de servidor público estatutário, de modo que a justiça competente para processar e julgar a causa é a comum.

Vencidos os ministros Marco Aurélio (relator), Edson Fachin, Rosa Weber e Dias Toffoli, que consideraram competente a justiça do trabalho para julgar o pleito, uma vez que a relação jurídica é regida pela CLT.

STF. Plenário. CC 8018/PI, rel. orig. Min. Marco Aurélio, red. p/ o ac. Min. Alexandre de Moraes, julgado em 19/12/2019 (Info 964).

BREVE COMENTÁRIO

Por maioria de votos, o Plenário do STF declarou competência da Justiça Comum para processar e julgar causa de servidor público municipal **admitido mediante aprovação em concurso público sob o regime da CLT e que, posteriormente, passou a ser regido pelo estatuto dos servidores públicos municipais.**

No caso, o servidor ingressou no serviço público municipal em 1997, no cargo de auxiliar de serviços gerais, sob o regime celetista.

Em julho de 2010 passou a ser regido pelo regime estatutário.

Em 2013, ele ajuizou ação na Justiça do Trabalho para pleitear o recolhimento de parcelas do FGTS no período em que esteve regido pelas regras da CLT.

Prevaleceu no julgamento o voto do ministro Alexandre de Moraes.

Segundo ele, como o vínculo do servidor com a administração pública é estatutário, a competência para julgar a causa é da **JUSTIÇA COMUM**, ainda que as verbas requeridas sejam de natureza trabalhista e relativas ao período anterior à alteração do regime de trabalho.

STF – 2020

1. Ação direta de inconstitucionalidade. 2. Art. 114, I, IV e IX, da CF, na redação dada pela Emenda Constitucional 45/2004. 3. Competência Criminal da Justiça do Trabalho. Inexistência. 4. Medida cautelar deferida pelo Plenário e confirmada no julgamento de mérito. 5. Interpretação conforme ao disposto no art. 114, I, IV e IX, da Constituição da República, de modo a afastar a competência da Justiça do Trabalho para processar e julgar ações penais. 6. Ação direta de inconstitucionalidade julgada procedente.

(ADI 3684, Relator(a): GILMAR MENDES, Tribunal Pleno, julgado em 11/05/2020, PROCESSO ELETRÔNICO DJe-135 DIVULG 29-05-2020 PUBLIC 01-06-2020).

BREVE COMENTÁRIO

Em 2020, o STF julgou em definitivo a ADI 3684 e confirmou a decisão anterior reafirmando que a Justiça do Trabalho não tem competência para processar e julgar ações penais.

Informativo nº 968

Compete à Justiça comum processar e julgar controvérsias relacionadas à fase pré-contratual de seleção e de admissão de pessoal e eventual nulidade do certame em face da Administração Pública, direta e indireta, nas hipóteses em que adotado o regime celetista de contratação de pessoal.

Com base nesse entendimento, o Plenário, por maioria, ao apreciar o Tema 992 da repercussão geral, negou provimento a recurso extraordinário em que se discutia a competência para processar e julgar controvérsias relativas a questões afetas à fase pré-contratual de seleção e de admissão de pessoal e eventual nulidade do certame, em face de pessoa jurídica de direito privado.

No caso, candidato admitido ao cargo de técnico em mecânica de nível médio, questionava, em ação ordinária proposta perante a Justiça comum estadual contra empresa estatal de água e esgoto, modificação de sua posição classificatória no resultado final do certame, alterada após retificação do edital.

O Tribunal afirmou que a discussão posta, embora esteja centralizada no critério de competência para julgamento da fase pré-contratual, tem reflexos importantes sobre o próprio tratamento jurídico que tem sido conferido à aplicabilidade do princípio do concurso público às entidades privadas integrantes da Administração Indireta. Além disso, a matéria abrange discussão sobre em que medida a adjudicação dos princípios estruturantes da Administração Pública, naquilo que aplicáveis às pessoas jurídicas de direito privado da Administração Indireta, integram ou não a jurisdição da Justiça do Trabalho.

A indefinição sobre os limites da competência da Justiça do Trabalho na matéria gera um quadro de grave insegurança jurídica, tanto em razão da multiplicidade de ações nos mais diversos ramos do Judiciário quanto em razão das próprias soluções conflitantes que têm sido dadas pela Justiça comum e pela Justiça do Trabalho.

Ressaltou que, nos termos do art. 173, § 1º, da Constituição Federal (CF), empresas públicas, sociedades de economia mista e suas subsidiárias que explorem atividade econômica de produção ou comercialização de bens ou de prestação de serviços estão sujeitas às mesmas regras aplicáveis ao regime jurídico das empresas privadas, ou seja, devem seguir o regime celetista em seus contratos de trabalho.

Destacou, porém, a singularidade que caracteriza a formação do contrato de trabalho de empregados públicos, que não podem ser equiparados em todos os aspectos a um trabalhador comum.

Esclareceu que isso decorre do próprio caráter híbrido apresentado nesse tipo de contratação, especialmente quando se trata do regime jurídico das empresas públicas e das sociedades de economia mista, que acabam por sofrer influência de normas de direito privado, bem como de direito público.

A exigência constitucional de concurso público para a contratação, prevista no art. 37, II, da CF, é exemplo de preceito de direito público que deve ser observado no regime jurídico das empresas públicas e das sociedades de economia mista, ressalvadas as nomeações para cargo em comissão declarado em lei de livre nomeação e exoneração. Trata-se de etapa prévia obrigatória à formação da relação trabalhista, na qual predomina o interesse público.

Na fase pré-contratual ainda não existe um elemento essencial inerente ao contrato de trabalho, que é seu caráter personalíssimo, de índole privada. O que prevalece é, em verdade, o caráter público, isto é, o interesse da sociedade na estrita observância do processo administrativo que efetiva o concurso público.

Portanto, a fase anterior à contratação de empregado público deve se guiar por normas de direito público, notadamente do direito administrativo. Ainda não há, nesse momento, direito ou interesse emergente da relação de trabalho, a atrair a competência da Justiça trabalhista. Na verdade, a contratação ainda não é uma realidade – e pode, inclusive, nem vir a ocorrer.

Ressaltou que esse entendimento pode ser aplicado às demais hipóteses em que a Administração Pública contrate sob o regime da Consolidação das Leis do Trabalho (CLT). Isso porque também nessa situação há discussão acerca da competência para processar e julgar ações sobre a fase pré-contratual.

Vencido o ministro Edson Fachin, que deu provimento ao recurso extraordinário para reconhecer a competência da Justiça do Trabalho. Entendeu que a controvérsia decorre de relação de trabalho já estabelecida. Pontuou que, sendo o empregado e o emprego em curso regidos por contrato firmado consoante normas trabalhistas, a competência para controvérsias relacionadas a esse vínculo, já formado, devem ser dirimidas na Justiça especializada laboral.

(RE 960429/RN, rel. Min. Gilmar Mendes, julgamento em 4 e 5.3.2020)

BREVE COMENTÁRIO

No julgado em questão, o STF se debruçou sobre a situação de candidato aprovado em concurso público para ocupar emprego em empresa estatal na qual ele discutia sua posição classificatória após uma retificação no edital, oportunidade na qual se debateu, como questão de fundo, a competência para o processamento e julgamento daquele feito.

Conforme pontuou o Pretório Excelso, não obstante as estatais exploradoras de atividade econômica estejam sujeitas às mesmas regras aplicáveis ao regime jurídico das empresas privadas, adotando o regime celetista em seus contratos de trabalho, se submetem à exigência constitucional de concurso público (art. 37, II, CF).

Esse, por sua vez, é fase pré-contratual, guiada por normas de direito público, na qual não existiria ainda um elemento essencial inerente ao contrato de trabalho.

Diante disso, conclui o STF que compete à Justiça comum processar e julgar controvérsias relacionadas à fase pré-contratual de seleção e de admissão de pessoal e eventual nulidade do certame em face da Administração Pública, direta e indireta, nas hipóteses em que adotado o regime celetista de contratação de pessoal.

Informativo nº 976

EMENTA: DIREITO CONSTITUCIONAL E DIREITO TRABALHISTA. AGRAVO INTERNO EM RECURSO EXTRAORDINÁRIO COM AGRAVO. COMPETÊNCIA DA JUSTIÇA COMUM PARA JULGAR CAUSA INSTAURADA ENTRE O PODER PÚBLICO E SERVIDOR CONTRATADO SEM CONCURSO PÚBLICO, APÓS CONSTITUIÇÃO DE 1988.

1. Recurso extraordinário proposto contra decisão que reconheceu a competência da Justiça do Trabalho para julgar causa discutindo verbas trabalhistas de servidor contratado pelo Município de Demerval Lobão, no estado do Piauí, para exercer a

função de zelador, sem prévio concurso público, após a Constituição de 1988. 2. Na ADI 3.395-MC, esta Corte entendeu que a competência para julgar causas instauradas entre o Poder Público e seus servidores, com vínculo estatutário ou jurídico-administrativo, é da Justiça comum. 3. A existência de Lei Municipal que disciplina o vínculo havido entre as partes implica dizer que a relação tem caráter jurídico-administrativo. Assim, eventual nulidade desse vínculo e suas consequências devem ser apreciadas pela Justiça Comum. Precedentes. 4. É incontroverso no autos o estabelecimento, pelo Município de Demerval Lobão, de regime jurídico único para a contratação de servidores, não havendo necessidade de se reanalisar fatos e provas 5. Agravo interno e recurso extraordinário julgados procedentes, a fim de reconhecer a incompetência da Justiça do Trabalho e determinar a remessa dos autos à Justiça comum.

(ARE 1179455 AgR, Relator(a): ROSA WEBER, Relator(a) p/ Acórdão: ROBERTO BARROSO, Primeira Turma, julgado em 05/05/2020, PROCESSO ELETRÔNICO DJe-228 DIVULG 14-09-2020 PUBLIC 15-09-2020).

BREVE COMENTÁRIO

No caso, o STF deparou-se com situação na qual um Município contratou, após a Constituição Federal de 1988 sem prévio concurso público, uma pessoa para exercer função de zelador.

O servidor ajuizou ação cobrando verbas trabalhistas decorrentes desta contratação.

Fato importante a se notar é que naquele Município **adotava-se o regime jurídico único** para contratação de servidores, qual seja o regime estatutário.

Assim, o STF, com base na ADI 3.395-MC, entendeu que a competência para julgar a causa em questão, instaurada entre o Poder Público e seu servidor, com vínculo estatutário ou jurídico-administrativo (o único existente naquela unidade federativa), seria da Justiça comum.

Informativo nº 980

ARGUIÇÃO DE DESCUMPRIMENTO DE PRECEITO FUNDAMENTAL. ART. 522 DA CONSOLIDAÇÃO DAS LEIS DO TRABALHO. INC. II DA SÚMULA N. 369 DO TRIBUNAL SUPERIOR DO TRABALHO. DEFINIÇÃO DE NÚMERO MÁXIMO DE DIRIGENTES SINDICATOS COM ESTABILIDADE NO EMPREGO. RECEPÇÃO DO ART. 522 DA CONSOLIDAÇÃO DAS LEIS DO TRABALHO. PRECEDENTES DO SUPREMO TRIBUNAL. AUSÊNCIA DE ESVAZIAMENTO DO NÚCLEO DA LIBERDADE SINDICAL PELA NORMA LEGAL E PELO ENUNCIADO. ARGUIÇÃO DE DESCUMPRIMENTO DE PRECEITO FUNDAMENTAL IMPROCEDENTE. 1. A liberdade sindical tem previsão constitucional, mas não se dota de caráter absoluto. A previsão legal de número máximo de dirigentes sindicais dotados de estabilidade de emprego não esvazia aquela liberdade, que se preserva para cumprir a finalidade de autonomia da entidade sindical, não para criar situações de estabilidade genérica e ilimitada sem se conciliar com a razoabilidade e a finalidade da norma constitucional garantidora do direito. 2. Recepção da norma legal acolhida em precedentes do Supremo Tribunal Federal. Súmula que expressa o que a jurisprudência deste Supremo Tribunal não contraria a Constituição da República. 3. Arguição de descumprimento de preceito fundamental improcedente.

(STF. Plenário. ADPF 276, Rel. Cármen Lúcia, julgado em 15/05/2020)

BREVE COMENTÁRIO

No julgado em questão, o STF corroborou o entendimento já adotado pelo TST de que o art. 522 da CLT foi recepcionado pela Constituição Federal.

Isso porque, a liberdade sindical, de fato, possui previsão constitucional, porém não possui caráter absoluto. Ademais, a previsão legal de número máximo de dirigentes sindicais dotados de estabilidade de emprego não esvazia a liberdade sindical.

Para a Suprema Corte, a liberdade sindical tem por escopo garantir a autonomia da entidade. Entretanto, não serve para criar situações de estabilidade genérica e ilimitada que violem a razoabilidade e a finalidade da norma constitucional. Nesse passo, o art. 522 da CLT, ao invés de afrontar o dispositivo constitucional, faz com que o inciso VIII do art. 8º da Constituição tenha efetividade e razoabilidade, porque assegura a estabilidade no emprego a número determinado de dirigentes sindicais.

Informativo nº 984

- O Tribunal, por maioria, conheceu da ação direta e julgou parcialmente procedente o pedido formulado, confirmando a decisão liminar concedida e fixando, com aplicação de interpretação conforme à Constituição, sem redução de texto, que o disposto no inciso I do art. 114 da Constituição Federal não abrange causas ajuizadas para discussão de relação jurídico-estatutária entre o Poder Público dos Entes da Federação e seus Servidores, nos termos do voto do Relator, vencidos os Ministros Edson Fachin, Marco Aurélio e Rosa Weber, que julgavam improcedente o pedido. O Ministro Roberto Barroso acompanhou o Relator com ressalvas. Não participou deste julgamento, por motivo de licença médica no início da sessão, o Ministro Celso de Mello (art. 2º, § 5º, da Res. 642/2019). Plenário, Sessão Virtual de 3.4.2020 a 14.4.2020.

EMENTA: CONSTITUCIONAL E TRABALHO. COMPETÊNCIA DA JUSTIÇA DO TRABALHO. ART.114, I, DA CONSTITUIÇÃO FEDERAL. EMENDA CONSTITUCIONAL 45/2004. AUSÊNCIA DE INCONSTITUCIONALIDADE FORMAL. EXPRESSÃO "RELAÇÃO DE TRABALHO". INTERPRETAÇÃO CONFORME À CONSTITUIÇÃO. EXCLUSÃO DAS AÇÕES ENTRE O PODER PÚBLICO E SEUS SERVIDORES. PRECEDENTES. MEDIDA CAUTELAR CONFIRMADA. AÇÃO DIRETA JULGADA PARCIALMENTE PROCEDENTE. 1. O processo legislativo para edição da Emenda Constitucional 45/2004, que deu nova redação ao inciso I do art. 114 da Constituição Federal, é, do ponto de vista formal, constitucionalmente hígido. 2. A interpretação adequadamente constitucional da expressão "relação do trabalho" deve excluir os vínculos de natureza jurídico-estatutária, em razão do que a competência da Justiça do Trabalho não alcança as ações judiciais entre o Poder Público e seus servidores. 3. Medida Cautelar confirmada e Ação Direta julgada parcialmente procedente.

(STF. Plenário. ADI 3395, Rel. Min. Alexandre de Moraes, julgado em 15/04/2020)

BREVE COMENTÁRIO

Nesse julgado, o STF confirmou decisão anterior e conferiu interpretação restritiva ao inciso I do art. 114 da CF/88 para afirmar que a Justiça do Trabalho não possui competência para julgar demandas propostas por servidores públicos estatutários contra a Administração Pública.

Informativo nº 990

CLT, art. 896-A: recurso de revista, ausência de transcendência e repercussão geral.

A Primeira Turma, por maioria, deu provimento a agravos regimentais para cassar as decisões reclamadas e afastar a responsabilidade subsidiária da União.

As reclamações foram ajuizadas contra decisões do Tribunal Superior do Trabalho (TST) que negaram seguimento a Agravo de Instrumento em Recurso de Revista (AIRR) por "ausência de transcendência" da controvérsia, motivo pelo qual determinaram a baixa imediata dos autos.

A reclamante alegava afronta ao que decidido pelo STF na ADC 16 e no RE 760.931 (Tema 246 da repercussão geral). Em suma, sustentava que o TST não poderia negar a transcendência a processo cuja matéria de fundo tenha sido objeto de ação direta de constitucionalidade, de recurso extraordinário com repercussão geral reconhecida ou de enunciado da Súmula Vinculante. Aduzia que empecer os recursos de revista, por reputar inexistente o mencionado instituto, caracterizaria usurpação de competência do STF.

Nas decisões, ora agravadas, a ministra Rosa Weber (relatora) negou seguimento às reclamações, uma vez que o Tribunal de origem assentara a responsabilidade subsidiária do ente público por culpa in vigilando. Sublinhou que afastar tal conclusão exigiria a reabertura do debate fático-probatório, procedimento inviável em sede de reclamação.

Prevaleceu o voto do ministro Alexandre de Moraes. O ministro observou que os autos versam sobre a questão da responsabilidade solidária do ente público, matéria cuja repercussão geral foi reconhecida e decidida pelo STF. Assinalou que o TST tem negado a transcendência da questão com base no art. 896-A da Consolidação das Leis do Trabalho (CLT) (1), e, ao mesmo tempo, tem determinado o imediato trânsito em julgado. Isso impede que a controvérsia chegue ao STF e possa vir à discussão.

A seu ver, a análise da transcendência se faz no campo jurídico e o TST não está a analisar questões fáticas do Tribunal Regional do Trabalho. Ao examinar a matéria e barrar a transcendência, aquele Tribunal está a impedir que o STF aprecie a mesma questão jurídica, já analisada anteriormente, sobre a qual foi editada uma tese da necessidade de exame detalhado de haver ou não culpa.

Por seu turno, o ministro Roberto Barroso recordou o contexto em que se deram o julgamento da ADC 16 e do RE 760.931. Ponderou existir resistência da Justiça do Trabalho relativamente à interpretação dada pelo STF, pois automaticamente se considera que haja culpa in vigilando. Ademais, ao negar a transcendência e a subida do feito, no fundo, o que se faz é impedir que a posição pacificada do STF prevaleça nos casos.

Em arremate, acentuou ser medida de economia processual julgar o mérito pela aplicação da tese firmada no STF.

Vencida a ministra Rosa Weber (relatora), que negou provimento aos agravos, haja vista o tribunal de origem ter assentado a responsabilidade subsidiária do ente público por culpa in vigilando. Para a relatora, a afirmação de culpa in vigilando não implica descumprimento do que decidido pelo STF. Ademais, a decisão reclamada se limita a examinar o pressuposto extrínseco de admissibilidade recursal, que é a existência ou não de transcendência.

(STF. 1ª Turma. Rcl 36958 AgR/SP e Rcl 40652 AgR/DF, rel. orig. Min. Rosa Weber, red. p/ o ac. Min. Alexandre de Moraes, julgados em 8/9/2020)

BREVE COMENTÁRIO

No caso, a Suprema Corte julgou procedentes reclamações ajuizadas contra decisões do TST que negavam seguimento a recursos de Agravo de Instrumento em Recurso de Revista por suposta ausência de transcendência da controvérsia.

Nesses termos, a Primeira Turma, por maioria, deu provimento a agravos regimentais para cassar as decisões reclamadas e afastar a responsabilidade subsidiária da União.

Como fundamento, a União havia alegado afronta ao quanto decidido pelo STF na ADC 16 e no RE 760.931.

A princípio, a ministra Rosa Weber (relatora) negou seguimento às reclamações.

No entanto, prevaleceu o voto do ministro Alexandre de Moraes. Ele observou que os autos versavam sobre a questão da responsabilidade do ente público, matéria cuja repercussão geral foi reconhecida e decidida pelo STF. Assinalou que o TST tem negado a transcendência da questão com base no art. 896-A da CLT, e, ao mesmo tempo, determinado o imediato trânsito em julgado, o que impediria que a controvérsia chegasse ao STF.

A seu ver, a análise da transcendência se faz no campo jurídico e o TST não estaria a analisar questões fáticas. Ao examinar a matéria e barrar a transcendência, aquele Tribunal estaria a impedir que o STF apreciasse a mesma questão jurídica, já analisada anteriormente, sobre a qual foi editada uma tese da necessidade de exame detalhado de haver ou não culpa.

Ainda, o ministro Roberto Barroso recordou o contexto em que se deram o julgamento da ADC 16 e do RE 760.931. Ponderou existir resistência da Justiça do Trabalho relativamente à interpretação dada pelo STF, pois automaticamente se considera que haja culpa in vigilando. Ademais, ao negar a transcendência e a subida do feito, no fundo, o que se faz é impedir que a posição pacificada do STF prevaleça nos casos.

Assim, foram providas as reclamações e cassadas as decisões do TST para afastar a responsabilidade subsidiária da União por dívidas de terceirização trabalhista.

Informativo nº 991

- A Justiça do Trabalho é competente para executar, de ofício, as contribuições previstas no art. 195, incisos I, alínea "a", e II, da Carta da República, relativamente a títulos executivos judiciais por si formalizados em data anterior à promulgação da Emenda Constitucional nº 20/1998.

(STF. Plenário.RE 595326, Rel. Marco Aurélio, julgado em 24/08/2020 (Repercussão Geral - Tema 505)

BREVE COMENTÁRIO

Para o STF, a execução das contribuições sociais pela Justiça do Trabalho mesmo quanto aos processos anteriores à EC 20/98 não representa aplicação retroativa da nova competência. Trata-se de aplicação imediata da regra para procedimento que ainda não ocorreu. Ficam preservadas as situações eventualmente consolidadas no antigo regime.

- O Tribunal, por maioria, julgou parcialmente procedente a ação, para conferir interpretação conforme à Constituição ao art. 879, § 7º, e ao art. 899, § 4º, da CLT, na redação dada pela Lei 13.467 de 2017, no sentido de considerar que à atualização dos créditos decorrentes de condenação judicial e à correção dos depósitos recursais em contas judiciais na Justiça do Trabalho deverão ser aplicados, até que sobrevenha solução legislativa, os mesmos índices de correção monetária e de juros que vigentes para as condenações cíveis em geral, quais sejam a incidência do IPCA-E na fase pré-judicial e, a partir da citação, a incidência da taxa SELIC (art. 406 do Código Civil), nos termos do voto do Relator, vencidos os Ministros Edson Fachin, Rosa Weber, Ricardo Lewandowski e o Ministro Marco Aurélio, que, preliminarmente, julgava extinta a ação, sem apreciação da matéria de fundo, ante a ilegitimidade ativa da requerente, e, vencido, acompanhava, no mérito, o voto divergente do Ministro Edson Fachin. Por fim, por maioria, o Tribunal modulou os efeitos da decisão, ao entendimento de que (i) são reputados válidos e não ensejarão qualquer rediscussão (na ação em curso ou em nova demanda, incluindo ação rescisória) todos os pagamentos realizados utilizando a TR (IPCA-E ou qualquer outro índice), no tempo e modo oportunos (de forma extrajudicial ou judicial, inclusive depósitos judiciais) e os juros de mora de 1% ao mês, assim como devem ser mantidas e executadas as sentenças transitadas em julgado que expressamente adotaram, na sua fundamentação ou no dispositivo, a TR (ou o IPCA-E) e os juros de mora de 1% ao mês; (ii) os processos em curso que estejam sobrestados na fase de conhecimento (independentemente de estarem com ou sem sentença, inclusive na fase recursal) devem ter aplicação, de forma retroativa, da taxa Selic (juros e correção monetária), sob pena de alegação futura de inexigibilidade de título judicial fundado em interpretação contrária ao posicionamento do STF (art. 525, §§ 12 e 14, ou art. 535, §§ 5º e 7º, do CPC) e (iii) igualmente, ao acórdão formalizado pelo Supremo sobre a questão dever-se-á aplicar eficácia erga omnes e efeito vinculante, no sentido de atingir aqueles feitos já transitados em julgado desde que sem qualquer manifestação expressa quanto aos índices de correção monetária e taxa de juros (omissão expressa ou simples consideração de seguir os critérios legais), vencidos os Ministros

Alexandre de Moraes e Marco Aurélio, que não modulavam os efeitos da decisão. Impedido o Ministro Luiz Fux (Presidente). Presidiu o julgamento a Ministra Rosa Weber (Vice-Presidente). Plenário, 18.12.2020 (Sessão realizada por videoconferência – Resolução 672/2020/STF).

(NÚMERO ÚNICO: 0015797-34.2017.1.00.0000. AÇÃO DIRETA DE INCONSTITUCIONALIDADE. Origem: DF – DISTRITO FEDERAL. Relator: MIN. GILMAR MENDES. Processo(s) Apensado(s): ADC 59 ADC 58 ADI 6021, julgado em 18/12/2020)

BREVE COMENTÁRIO

Havia séria controvérsia acera do índice de correção monetária que deveria ser aplicado na Justiça do Trabalho.

Diante disso, o STF julgou parcialmente procedentes as ADC's 58 E 59 e ADIs 5.867 e 6.021 para conferir interpretação conforme à Constituição aos arts. 879, §7º e 899, §4º, da CLT.

Nesta toada, estabeleceu que, até que sobreviesse solução legislativa, deveriam ser aplicados na justiça do trabalho, quanto à fase prejudicial, os mesmos índices de correção monetária e de juros vigentes para as hipóteses de condenações cíveis em geral, ou seja, o IPCA-E.

No entanto, a partir da citação, deverá incidir a taxa SELIC (art. 406 do Código Civil).

Quanto aos processos que ficaram sobrestados, a esses deverá incidir a taxa Selic retroativamente.

STF – 2021

Informativo nº 1.001

- **Tese fixada: Verbas estaduais não podem ser objeto de bloqueio, penhora e/ou sequestro para pagamento de valores devidos em ações trabalhistas, ainda que as empresas reclamadas detenham créditos a receber da administração pública estadual, em virtude do disposto no art. 167, VI e X, da CF, e do princípio da separação de poderes (art. 2º da CF).**

É inconstitucional a interpretação que permite o bloqueio, a penhora e/ou o sequestro de verbas estaduais, ao fundamento de que os valores em questão constituem créditos devidos pelo estado a empresas que sejam rés em ações trabalhistas.

Isso porque os atos de constrição praticados pela Justiça do Trabalho sobre verbas públicas, sob alegação de que as empresas reclamadas deteriam créditos a receber da administração estadual, configuram violação dos princípios do contraditório, da ampla defesa, do juiz natural, do sistema de precatórios e da segurança orçamentária.

No caso, trata-se de arguição de descumprimento de preceito fundamental ajuizada em face de diversas decisões oriundas da Justiça do Trabalho, que determinaram o bloqueio, a penhora e/ou o sequestro de verbas do Estado do Amapá.

Com base nesse entendimento, o Plenário, em julgamento virtual e por maioria, convertendo a apreciação da medida cautelar em exame de mérito, julgou procedente o pedido.

ADPF 485/AP, rel. Min. Roberto Barroso, julgamento virtual finalizado em 4.12.2020. (ADPF-485)

BREVE COMENTÁRIO

Em casos de contratação de terceirização de serviços, é comum que a Justiça do Trabalho determine o bloqueio e depósito judicial das verbas que aquela empresa deveria receber, a fim de quitar débitos trabalhistas.

Ou seja, em vez de pagar à empresa, que pagará seus empregados, por força de decisão judicial, a Administração Pública depositava em juízo para que o órgão judicial garantisse a quitação de débitos dos empregados.

O STF, todavia, declarou esse tipo de medida inválida, sob o fundamento de que os atos de constrição praticados pela Justiça do Trabalho sobre verbas públicas, sob alegação de que as empresas reclamadas deteriam créditos a receber da administração estadual, configuram violação dos princípios do contraditório, da ampla defesa, do juiz natural, do sistema de precatórios e da segurança orçamentária.

Assim, fixou a seguinte tese:

> **Verbas estaduais não podem ser objeto de bloqueio, penhora e/ou sequestro para pagamento de valores devidos em ações trabalhistas, ainda que as empresas reclamadas detenham créditos a receber da administração pública estadual, em virtude do disposto no art. 167, VI e X, da CF, e do princípio da separação de poderes (art. 2º da CF).**

Tese: Compete à Justiça comum processar e julgar demandas em que se discute o recolhimento e o repasse de contribuição sindical de servidores públicos regidos pelo regime estatutário.

O art. 114, III, da Constituição Federal (CF) deve ser interpretado em conjunto com o art. 114, I, da CF, de modo a excluir da competência da Justiça do Trabalho as causas instauradas entre o Poder Público e os servidores a ele vinculados por típica relação estatutária ou de caráter jurídico-administrativo.

No julgamento da ADI 3395, a Corte suspendeu toda e qualquer interpretação dada ao art. 114, I, da CF que inclua, na competência da Justiça do Trabalho, a apreciação de causas instauradas entre o Poder Público e os servidores a ele vinculados por típica relação estatutária ou de caráter jurídico-administrativo.

Assim, embora com a promulgação da EC 45/2004 tenha sido incluído nas atribuições jurisdicionais da Justiça do Trabalho a competência para processar e julgar controvérsias pertinentes à representação de entidades sindicais, entre sindicatos e empregados e ações entre sindicatos e empregadores, o art. 114, III, da CF não pode ser interpretado de forma isolada, ao ser aplicado a demandas que digam respeito à contribuição sindical de servidores estatutários.

O referido dispositivo, ao contrário, deve ser compreendido à luz da interpretação dada pelo Supremo Tribunal Federal (STF) ao art. 114, I, da CF e aos limites estabelecidos quanto à ampliação da competência da Justiça do Trabalho, que não inclui as relações dos servidores públicos.

Com esses fundamentos, o Plenário, por unanimidade, deu provimento ao recurso extraordinário (Tema 994 da repercussão geral) que impugnava acórdão do Tribunal de Justiça do Estado do Amazonas, que decidira pela competência da Justiça do Trabalho para processar e julgar demanda em que se buscava o recolhimento e o repasse das contribuições sindicais dos servidores públicos daquela unidade federativa.

RE 1089282/AM, rel. Min. Gilmar Mendes, julgamento virtual finalizado em 4.12.2020. (RE-1089282)

BREVE COMENTÁRIO

A contribuição sindical é uma forma de os sindicatos obterem recursos para o desempenho de suas atribuições. Está prevista no art. 578 da CLT, que estabelece o seguinte:

> Art. 578. As contribuições devidas aos sindicatos pelos participantes das categorias econômicas ou profissionais ou das profissões liberais representadas pelas referidas entidades serão, sob a denominação de contribuição sindical, pagas, recolhidas e aplicadas na forma estabelecida neste Capítulo, desde que prévia e expressamente autorizadas.

Também é chamada de imposto sindical, descontada uma vez por ano da remuneração tanto de servidores celetistas quanto de estatutários. É comum que surjam ações judiciais discutindo o dever (ou não) do recolhimento quanto a determinada categoria ou algo dessa natureza.

Dado isso, surgiu a seguinte dúvida: tratando-se de descontos referentes a servidores estatutários, competente à Justiça Comum ou à Justiça do Trabalho processar e julgar demanda em que se discuta algum aspecto desse tributo?

O STF julgou que, quando referente a categoria de servidores estatutários, competente à Justiça Comum. Interpretando a contrario *sensu*, quando referente a empregados públicos, caberá à Justiça do Trabalho.

Assim, fixou a seguinte tese:

> **Compete à Justiça comum processar e julgar demandas em que se discute o recolhimento e o repasse de contribuição sindical de servidores públicos regidos pelo regime estatutário.**

Informativo nº 1.003

É inadequada a aplicação da Taxa Referencial (TR) para a correção monetária de débitos trabalhistas e de depósitos recursais no âmbito da Justiça do Trabalho.

Devem ser utilizados na Justiça Trabalhista os mesmos índices de correção monetária vigentes para as condenações cíveis em geral: o Índice Nacional de Preço ao Consumidor Amplo Especial (IPCA-E), na fase pré-judicial, e, a partir da citação, a taxa referencial do Sistema Especial de Liquidação e Custódia (SELIC).

STF. Plenário. ADC 58/DF, ADC 59/DF, ADI 5867/DF e ADI 6021/DF, Rel. Min. Gilmar Mendes, julgado em 18/12/2020 (Info 1003).

BREVE COMENTÁRIO

No julgado em questão, o STF declarou a inconstitucionalidade da TR como índice de atualização monetária. Diante disso, decidiu que, para os litigantes em geral, na fase prejudicial, deve ser utilizado o IPCA e, a partir da citação, a SELIC.

A Fazenda Pública, todavia, foi excluída do âmbito de incidência desses acórdãos. Não obstante, como a TR foi declarada inconstitucional, definiu-se que o índice a ser utilizado para fins de correção monetária em processos nos quais conste a Fazenda Pública é o IPCA, desde o ano de 2009 (ano da Lei nº 11.960/2009), inclusive depois da citação.

Assim, também na Justiça do Trabalho deve ser adotado referido índice (IPCA) quando constar a Fazenda Pública do polo passivo.

No entanto, um acréscimo merece ser feito: em 08 de dezembro de 2021, foi promulgada a Emenda Constitucional nº 113/2021 (não referenciada no julgado em tela, de modo que a trazemos para fins de complementação), a qual modificou o texto constitucional para inserir o seguinte:

> Art. 3º Nas discussões e nas condenações que envolvam a Fazenda Pública, independentemente de sua natureza e para fins de atualização monetária, de remuneração do capital e de compensação da mora, inclusive do precatório, haverá a incidência, uma única vez, até o efetivo pagamento, do índice da taxa referencial do Sistema Especial de Liquidação e de Custódia (Selic), acumulado mensalmente.

Ou seja, a emenda em questão determinou a aplicação da taxa Selic às atualizações monetárias referentes aos débitos da Fazenda Pública. Lembramos que a Selic é uma taxa composta, que já engloba juros e correção monetária, de maneira que é defensável ser esse o índice aplicável a ambos quando atinentes às condenações impostas à Administração Pública.

Assim, o posicionamento que vem se formando até o momento é de aplicação do IPCA a partir de 2009 e Selic desse a EC 113/2021.

Informativo nº 1.011

- **Tese fixada: "A equiparação de remuneração entre empregados da empresa tomadora de serviços e empregados da empresa contratada (terceirizada) fere o princípio da livre iniciativa, por se tratarem de agentes econômicos distintos, que não podem estar sujeitos a decisões empresariais que não são suas".**

Ofende os princípios da livre iniciativa e da livre concorrência compelir empresa contratada para prestação de serviços terceirizados a pagar remuneração em padrões idênticos aos da empresa contratante (tomadora dos serviços), por serem titulares de possibilidades econômicas distintas.

No exame da ADPF 324 (1), o Supremo Tribunal Federal reconheceu a constitucionalidade da terceirização de atividade-fim e de atividade-meio. A terceirização das atividades tem amparo nos princípios constitucionais da livre iniciativa e da livre concorrência, que asseguram aos agentes econômicos a liberdade de decidir como estruturarão seus negócios. Esses princípios vedam que se imponha à empresa contratada as decisões empresariais da tomadora do serviço sobre quanto pagar a seus trabalhadores, e vice-versa.

É importante ter em conta que o tratamento isonômico deve ser aferido por empregador, pois tanto a tomadora de serviços quanto a empresa terceirizada são titulares de possibilidades econômicas distintas e devem estruturar sua produção com autonomia. A exigência de que os valores de remuneração sejam os mesmos entre empregados da tomadora de serviço e empregados da contratada significa, por via transversa, retirar do agente econômico a opção pela terceirização para fins de redução de custos ou, ainda, incentivá-lo a não ter qualquer trabalhador permanente desempenhando a mesma atividade. Logo, esse entendimento esvazia o instituto da terceirização ou amplia desnecessariamente seu uso.

Na espécie, trata-se de recurso extraordinário interposto por instituição financeira sob a forma de empresa pública. No acórdão recorrido, o Tribunal Superior do Trabalho assentou a possibilidade de serem reconhecidos a trabalhador que presta serviço terceirizado os mesmos direitos dos empregados públicos que integram quadro permanente da tomadora do serviço, como se bancário fosse.

Ao apreciar o Tema 383 da repercussão geral, o Plenário, por maioria, deu provimento a recurso extraordinário a fim de negar o direito à equiparação e, portanto, às diferenças remuneratórias. Vencidos os ministros Marco Aurélio (relator), Edson Fachin e Ricardo Lewandowski.

RE 635546/MG, relator Min. Marco Aurélio, redator do acórdão Min. Roberto Barroso, julgamento virtual finalizado em 26.3.2021 (sexta-feira), às 23:59

BREVE COMENTÁRIO

A pergunta respondida pelo STF no julgado em questão foi, basicamente, se seria possível a equiparação salarial entre os empregados da empresa terceirizada e os empregados da empresa tomadora.

Segundo pontuaram os ministros, ofende os princípios da livre iniciativa e da livre concorrência compelir empresa contratada para prestação de serviços terceirizados a pagar remuneração em padrões idênticos aos da empresa contratante (tomadora dos serviços), por serem titulares de possibilidades econômicas distintas.

No exame da ADPF 324, o Supremo Tribunal Federal reconheceu a constitucionalidade da terceirização de atividade-fim e de atividade-meio.

Segundo a Suprema Corte, a terceirização das atividades tem amparo nos princípios constitucionais da livre iniciativa e da livre concorrência, que asseguram aos agentes econômicos a liberdade de decidir como estruturarão seus negócios. Esses princípios vedam que se imponha à empresa contratada as decisões empresariais da tomadora do serviço sobre quanto pagar a seus trabalhadores, e vice-versa.

Ressaltou-se a importância de ter em conta que o tratamento isonômico deve ser aferido por empregador, pois tanto a tomadora de serviços quanto a empresa terceirizada são titulares de possibilidades econômicas distintas e devem estruturar sua produção com autonomia.

A exigência de que os valores de remuneração sejam os mesmos entre empregados da tomadora de serviço e empregados da contratada significaria, por via transversa, retirar do agente econômico a opção pela terceirização para fins de redução de custos ou, ainda, incentivá-lo a não ter qualquer trabalhador permanente desempenhando a mesma atividade. Logo, esse entendimento esvaziaria o instituto da terceirização ou ampliaria desnecessariamente seu uso.

Ao final, a tese fixada foi a seguinte:

> "A equiparação de remuneração entre empregados da empresa tomadora de serviços e empregados da empresa contratada (terceirizada) fere o princípio da livre iniciativa, por se tratarem de agentes econômicos distintos, que não podem estar sujeitos a decisões empresariais que não são suas".

- **Tese fixada: "A equiparação de remuneração entre empregados da empresa tomadora de serviços e empregados da empresa contratada (terceirizada) fere o princípio da livre iniciativa, por se tratarem de agentes econômicos distintos, que não podem estar sujeitos a decisões empresariais que não são suas".**

Informativo nº 1.011 do STF, RE 635546/MG, relator Min. Marco Aurélio, redator do acórdão Min. Roberto Barroso, julgamento virtual finalizado em 26.3.2021.

BREVE COMENTÁRIO

Neste Caso, o STF negou o pedido de equiparação da remuneração entre empregados terceirizados e empregados da tomadora de serviços, não obstante aqueles trabalhassem também na atividade fim da empresa.

O principal argumento utilizado pela Corte se deu no sentido de que a exigência de que os valores de remuneração sejam os mesmos entre empregados da tomadora de serviço e empregados da contratada significaria, por via transversa, retirar do agente econômico a opção pela terceirização para fins de redução de custos ou, ainda, incentivá-lo a não ter qualquer trabalhador permanente desempenhando a mesma atividade. Logo, esse entendimento esvaziaria o instituto da terceirização ou ampliaria desnecessariamente seu uso.

A disposição relativa ao termo inicial do prazo prescricional a que submetido o trabalhador avulso, prevista no art. 37, § 4º, da Lei nº 12.815/2013, é compatível com a Constituição Federal.

STF. Plenário. ADI 5132/DF, Rel. Min. Gilmar Mendes, redator do acórdão Min. Edson Fachin, julgado em 26/3/2021 (Info 1011).

BREVE COMENTÁRIO

O trabalhador avulso corresponde à categoria cuja característica principal é a existência de um intermediador de mão de obra. Existem os avulsos portuários, cuja intermediação é feita pelo OGMO e os avulsos que trabalham nas atividades de movimentação de mercadorias em geral, que têm esse intermédio realizado pelo sindicato.

Em razão dessa formatação, tais trabalhadores prestam serviços a muitos tomadores diversos.

Quanto ao prazo prescricional de seus créditos trabalhistas, antigamente, aplicava-se a OJ 384 (cancelada), que dispunha: "É aplicável a prescrição bienal prevista no art. 7º, XXIX, da Constituição de 1988 ao trabalhador avulso, tendo como marco inicial a cessação do trabalho ultimado para cada tomador de serviço".

A Lei nº 12,815/2013, todavia, estabeleceu que o início do prazo prescricional se daria com cancelamento do registro ou do cadastro do avulso junto ao OGMO. Vejamos:

> Art. 37 (...)
>
> § 4º As ações relativas aos créditos decorrentes da relação de trabalho avulso prescrevem em 5 (cinco) anos até o limite de 2 (dois) anos após o cancelamento do registro ou do cadastro no órgão gestor de mão de obra.

A constitucionalidade desse dispositivo foi questionada sob o fundamento de que, enquanto a Constituição Federal estabelece, quanto ao prazo prescricional, um limite de dois anos para o exercício do direito de ação, a contar da extinção do contrato de trabalho, a Nova Lei dos Portos, ao tratar da relação de trabalho avulso, embora mantendo essa limitação, define como marco inicial do prazo de prescrição a data do cancelamento do registro ou do cadastro no órgão gestor de mão de obra.

O STF não acatou o pedido declarou válido o dispositivo.

Assim, fixou a seguinte tese:

> A disposição relativa ao termo inicial do prazo prescricional a que submetido o trabalhador avulso, prevista no art. 37, § 4º, da Lei nº 12.815/2013, é compatível com a Constituição Federal.

Informativo nº 1.020

Os empregados de entidades sindicais podem associar-se entre si para a criação de entidade de representação sindical própria.

A liberdade de associação sindical, em sua dimensão coletiva, assegura aos trabalhadores em geral o direito à criação de entidades sindicais [Constituição Federal (CF), art. 8º, caput, I e II)], bem assim, em sua dimensão individual, consagra a liberdade dos interessados em aderirem ou não ao sindicato ou desfiliar-se conforme sua vontade.

A Lei 11.295/2006, ao garantir o direito de sindicalização aos empregados de organismos sindicais, nada mais fez do que explicitar uma liberdade conferida àquele grupo de trabalhadores pelo próprio texto constitucional.

Cabe destacar que o parágrafo único do art. 526 da CLT, em sua redação original (2), não foi recepcionado pela CF/1988, motivo pelo qual esse dispositivo normativo já estava tacitamente revogado antes mesmo da edição da Lei 11.295/2006.

Com base nesse entendimento, o Plenário julgou improcedente o pedido de declaração de inconstitucionalidade da Lei 11.295/2006.

BREVE COMENTÁRIO

A Lei nº 11.295/2006 alterou o texto da CLT, passando o §2º do art. 526 a ter a seguinte redação:

> Art. 526, § 2º, CLT. Aplicam-se ao empregado de entidade sindical os preceitos das leis de proteção do trabalho e de previdência social, inclusive o direito de associação em sindicato.

Foi questionada a constitucionalidade desse dispositivo, sob o fundamento de que ela ofenderia o disposto no art. 8º da Constituição Federal, que prevê a criação de sindicato tão somente por categoria econômica ou profissional.

Em outras palavras, perguntou-se se os empregados de entidades sindicais podem formar seus próprios sindicatos.

O STF entendeu que, sim, é possível.

Segundo pontuou a Corte, a liberdade de associação sindical, em sua dimensão coletiva, assegura aos trabalhadores em geral o direito à criação de entidades sindicais, bem assim, em sua dimensão individual, consagra a liberdade dos interessados em aderirem ou não ao sindicato ou desfiliar-se conforme sua vontade.

A Lei 11.295/2006, ao garantir o direito de sindicalização aos empregados de organismos sindicais, nada mais fez do que explicitar uma liberdade conferida àquele grupo de trabalhadores pelo próprio texto constitucional.

Destacou ainda que a redação originária do parágrafo único do art. 526 da CLT, que vedava essa possibilidade, não foi recepcionado pela CF/1988, motivo pelo qual esse dispositivo normativo já estava tacitamente revogado antes mesmo da edição da Lei 11.295/2006.

Com base nesse entendimento, o Plenário julgou improcedente o pedido de declaração de inconstitucionalidade da Lei 11.295/2006.

Assim, em resumo, os empregados de entidades sindicais podem associar-se entre si para a criação de entidade de representação sindical própria.

Informativo nº 1.022

"A natureza do ato de demissão de empregado público é constitucional-administrativa e não trabalhista, o que atrai a competência da Justiça comum para julgar a questão. A concessão de aposentadoria aos empregados públicos inviabiliza a permanência no emprego, nos termos do art. 37, § 14, da Constituição Federal (CF), salvo para as aposentadorias concedidas pelo Regime Geral de Previdência Social (RGPS) até a data de entrada em vigor da Emenda Constitucional (EC) 103/09, nos termos do que dispõe seu art. 6º."

(RE 655283/DF, relator Min. Marco Aurélio, redator do acórdão Min. Dias Toffoli, julgamento em 16.6.2021, Informativo nº 1.022/STF)

BREVE COMENTÁRIO

Como regra, para os empregados em geral, a aposentadoria não é causa de extinção do contrato de trabalho. Eles podem aposentar-se pelo RGPS e seguir trabalhando em seus respectivos empregos.

No entanto, no que tange aos servidores públicos, a EC nº 103/2019 incluiu o §14 ao art. 37 da Constituição da República para estabelecer o seguinte:

> Art. 37. A administração pública direta e indireta de qualquer dos Poderes da União, dos Estados, do Distrito Federal e dos Municípios obedecerá aos princípios de legalidade, impessoalidade, moralidade, publicidade e eficiência e, também, ao seguinte:
>
> (...)
>
> § 14. A aposentadoria concedida com a utilização de tempo de contribuição decorrente de cargo, emprego ou função pública, inclusive do Regime Geral de Previdência Social, acarretará o rompimento do vínculo que gerou o referido tempo de contribuição.

Ou seja, a reforma em questão determinou expressamente que a aposentadoria de empregados públicos (mesmo pelo RGPS) acarretará a extinção do vínculo.

O Supremo Tribunal Federal fez duas ressalvas quanto a essa nova regra:

Primeiro, a extinção obrigatória alcançará apenas as aposentadorias concedidas após a EC 103/2019.

Em segundo, lugar caso algum empregado busque questionar esse ato, deverá ajuizar ação na Justiça Comum (e não na justiça do Trabalho).

- Contratação pela CLT em Conselhos Profissionais

EMENTA: CONSTITUCIONAL E ADMINISTRATIVO. ORGANIZAÇÃO DO ESTADO. REGIME JURÍDICO ADMINISTRATIVO. NATUREZA SUI GENERIS DOS CONSELHOS DE FISCALIZAÇÃO PROFISSIONAL. POSSIBILIDADE DE CONTRATAÇÃO DE FUNCIONÁRIOS PELO REGIME DA CONSOLIDAÇÃO DAS LEIS DO TRABALHO. CONSTITUCIONALIDADE. 1. Os Conselhos Profissionais, enquanto autarquias corporativas criadas por lei com outorga para o exercício de atividade típica do Estado, tem maior grau de autonomia administrativa e financeira, constituindo espécie sui generis de pessoa jurídica de direito público não estatal, a qual não se aplica a obrigatoriedade do regime jurídico único preconizado pelo artigo 39 do texto constitucional. 2. Trata-se de natureza peculiar que justifica o afastamento de algumas das regras ordinárias impostas às pessoas jurídicas de direito público. Precedentes: RE 938.837 (Rel. Min. EDSON FACHIN, redator p/ acórdão Min. MARCO AURÉLIO, Tribunal Pleno, julgado em 19/4/2017 DJe de 25/9/2017; e ADI 3.026 (Rel. Min. EROS GRAU, Tribunal Pleno, DJ de 29/9/2006). 3. Constitucionalidade da legislação que permite a contratação no âmbito dos Conselhos Profissionais sob o regime celetista. ADC 36 julgada procedente, para declarar a constitucionalidade do art. 58, § 3º, da Lei 9.649/1998. ADI 5367 e ADPF 367 julgadas improcedentes.

BREVE COMENTÁRIO

O julgado em questão consistiu em Arguição de descumprimento de preceito fundamental, com requerimento de medida cautelar, ajuizada pelo Procurador-Geral da República, contra dispositivos de legislação federal que admitiam a contratação de pessoal, por meio da Consolidação das Leis do Trabalho, por Conselhos Profissionais.

Segundo a PGR, as normas impugnadas não teriam sido recepcionadas pela Constituição da República de 1988. Ressaltamos que a ação em questão foi julgada em conjunto com a Ação Declaratória de Constitucionalidade nº 36 e com a Ação Direta de Inconstitucionalidade nº 5.367, por possuírem objetos semelhantes, de modo que, por uma questão prática, analisaremos apenas a ADPF, haja vista que os resultados materiais em questão foram comuns. Vejamos.

No caso, prevaleceu o voto do Ministro Alexandre de Moraes, que permitiu a contratação pela CLT nessas entidades.

Segundo o redator, mesmo reconhecida a incidência de normas de Direito Público aos conselhos profissionais, ainda há que se considerar a sua natureza peculiar, como autarquias corporativas criadas por lei e que da própria lei recebem a outorga para o exercício de atividade típica do Estado, com maior grau de autonomia administrativa e financeira que aquele conferido às autarquias comuns.

Haveria, assim, a possibilidade de afastamento de algumas regras que se impõem ao Poder Público em geral. De fato, os Conselhos profissionais gozam de ampla autonomia e independência; eles não estão submetidos ao controle institucional, político, administrativo de um ministério ou da Presidência da República, ou seja, eles não estão na estrutura orgânica do Estado.

Eles não têm e não recebem ingerência do Estado nos aspectos mais relevantes da sua estrutura - indicação de seus dirigentes, aprovação e fiscalização da sua própria programação financeira ou mesmo a existência, podemos chamar, de um orçamento interno.

Eles não se submetem, como todos os demais órgãos do Estado, à aprovação de sua programação orçamentária, mediante lei orçamentária, pelo Congresso Nacional. Não há nenhuma ingerência na fixação de despesas de pessoal e de administração Pública. Os recursos dessas entidades são provenientes de contribuições parafiscais pagas pela respectiva categoria.

Não são destinados recursos orçamentários da União, suas despesas, como disse, não são fixadas pela lei orçamentária anual. Há, então, essa natureza sui generis, que, por mais que se encaixe, como fez o Supremo Tribunal Federal, anteriormente, na categoria de autarquia, seria uma autarquia sui generis, o que não é novidade no sistema administrativo brasileiro: as agências reguladoras também foram reconhecidas como autarquias *sui generis*.

Aqui, no caso dos Conselhos profissionais, teríamos uma espécie mais híbrida ainda. Por esses motivos, merece ser franqueado ao legislador infraconstitucional alguma margem de conformação na discriminação do regime aplicável a esses entes, entendida a necessidade de se fazer incidir certas exigências do regime jurídico de direito público, na linha do afirmado na ADI 1717, mas bem entendida também a importância de se identificar aspectos que destoam do regime puro de Fazenda Pública.

Desse modo, dadas as peculiaridades das entidades em questão, **entendeu válida a opção feita pelo legislador, no sentido da formação dos quadros dos Conselhos Profissionais com pessoas admitidas por vínculo celetista, de modo a divergir do voto da relatora, julgando improcedentes os pedidos formulados na ação.**

Informativo nº 1.036

1) É constitucional a celebração de contrato civil de parceria entre salões de beleza e profissionais do setor, nos termos da Lei 13.352, de 27 de outubro de 2016;

2) É nulo o contrato civil de parceria referido, quando utilizado para dissimular relação de emprego de fato existente, a ser reconhecida sempre que se fizerem presentes seus elementos caracterizadores.

STF. Plenário. ADI 5625/DF, Rel. Min. Edson Fachin, redator do acórdão Min. Nunes Marques, julgado em 27 e 28/10/2021 (Info 1036).

BREVE COMENTÁRIO

A Lei nº 13.352/2016 prevê que os salões de beleza poderão celebrar contratos de parceria, por escrito, com os profissionais que desempenham as atividades de Cabeleireiro, Barbeiro, Esteticista, Manicure, Pedicure, Depilador e Maquiador.

Referido diploma deixa expresso que "o profissional-parceiro não terá relação de emprego ou de sociedade com o salão-parceiro enquanto perdurar a relação de parceria".

Como se vê, ele não fará jus a direitos trabalhistas, pois será parceiro, e não empregado.

Diante disso, aa Confederação Nacional dos Trabalhadores em Turismo e Hospitalidade (Contratuh) ajuizou ADI contra a Lei sob análise, alegando, em suma, que ela estaria contrariaria a Constituição Federal e normas internacionais do trabalho ratificadas pelo Brasil, tendo em vista que **a transformação dos profissionais em pessoas jurídicas teria o objetivo de burlar os direitos trabalhistas previstos na Consolidação das Leis do Trabalho (CLT)**, além de reduzir a proteção social e possibilitar a precarização do trabalho, violando a dignidade da pessoa humana e a valorização do trabalho (arts. 1º, III e IV, e 170, da CF/88).

O STF negou não concordou e fixou que:

1) É constitucional a celebração de contrato civil de parceria entre salões de beleza e profissionais do setor, nos termos da Lei 13.352, de 27 de outubro de 2016.

2) É nulo o contrato civil de parceria referido, quando utilizado para dissimular relação de emprego de fato existente, a ser reconhecida sempre que se fizerem presentes seus elementos caracterizadores.

STJ – 2020

Informativo nº 659

Não é ilegal a terceirização de serviços jurídicos pela Caixa Econômica Federal.

Observando-se o disposto no art. 37 da Constituição Federal, inserindo a atividade da Caixa Econômica Federal em um modelo da administração pública, tem-se que é importante que a Caixa Econômica ou qualquer outra empresa pública prestigie a economicidade. Esse tipo de contratação de terceirizados enseja a possibilidade não de prejuízo, não de acarretar um custo operacional da empresa pública mais elevado, mas, ao contrário, ela reduz o custo da empresa pública para se manter em um ambiente competitivo. A terceirização de algumas atividades, vai ao encontro da finalidade da Caixa Econômica Federal, que é um organismo com características de administração pública, mas com uma atuação peculiar em uma área que é difícil, a atividade bancária. Dessa forma, limitar a atividade da advocacia, dentro da Caixa Econômica Federal, somente permitindo que ela atue com profissionais concursados é retirar a capacidade concorrencial da Caixa. (STJ. 2ª Turma. REsp 1318740-PR, Rel. Min. Herman Benjamin, Rel. Acd. Min. Og Fernandes, julgado em 16/10/2018)

BREVE COMENTÁRIO

Segundo ponderou o STJ, é importante que a Caixa Econômica (como qualquer outra empresa pública) prestigie a economicidade.

Nesta toada, essa contratação de terceirizados ensejaria não prejuízo, mas, ao contrário, reduziria o custo da empresa pública para se manter em um ambiente competitivo.

A terceirização de algumas atividades iria ao encontro da finalidade da Caixa Econômica Federal, que é um organismo com características de administração pública, mas com uma atuação peculiar em uma área que é difícil, a atividade bancária.

Dessa forma, decidiu o STJ que limitar a atividade da advocacia, dentro da Caixa Econômica Federal, somente permitindo que ela atue com profissionais concursados, seria retirar a capacidade concorrencial da Caixa.

Desse modo, concluiu que não é ilegal a terceirização de serviços jurídicos pela Caixa Econômica Federal.

STJ – 2021

Compete à Justiça do Trabalho julgar ACP que pede a cassação de Selo de Responsabilidade Social concedida a empresa em razão de descumprimento das normas trabalhistas.

Compete à Justiça do Trabalho processar e julgar a ação civil pública fundamentada na não concessão pela União de Selo de Responsabilidade Social a empresa pela falta de verificação adequada do cumprimento de normas que regem as condições de trabalho.

STJ. 1ª Seção. AgInt no CC 155994/SP, Rel. Min. Benedito Gonçalves, julgado em 12/05/2021 (Info 696).

BREVE COMENTÁRIO:

Suponha que determinada empresa recebeu o Selo de Responsabilidade Social (basicamente, um fomento honorífico para as empresas que cumprem corretamente os direitos trabalhistas).

No entanto, o MPT não concordou com essa concessão e quer ajuizar ACP em face desse ato.

Onde ela deverá ser ajuizada?

Conforme o julgado, na Justiça do Trabalho.

Súmula 646-STJ: É irrelevante a natureza da verba trabalhista para fins de incidência da contribuição ao FGTS, visto que apenas as verbas elencadas em lei (art. 28, § 9º, da Lei nº 8.212/1991), em rol taxativo, estão excluídas da sua base de cálculo, por força do disposto no art. 15, § 6º, da Lei nº 8.036/1990.

STJ. 1ª Seção. Aprovada em 10/03/2021, Dje 15/03/2021.

BREVE COMENTÁRIO:

A Súmula em questão foi fixada, pois as empresas questionavam a incidência do FGTS sobre determinadas verbas, buscando afastá-lo.

Basicamente, esses empregadores tentavam a utilização analógica dos critérios utilizados para as contribuições previdenciárias, que incidem sobre verbas que possuam duas características: a) natureza remuneratória e; b) habitualidade.

Esse é o critério para incidência do FGTS?

Segundo o STJ, não.

Conforme o entendimento fixado na Súmula, é irrelevante a natureza das verbas para fins de incidência do FGTS.

Isso porque o critério é legal, incidindo o FGTS sobre tudo que for pago ao empregado, salvo o que a lei excluir.

Questões para fixação

01. De acordo com jurisprudência do TST, assinale certo ou errado:

Havendo cumulação de pedidos de natureza declaratória e condenatória, o pedido declaratório não se modifica, permanecendo imprescritível (art. 11, § 2º, da CLT), ao passo que o pedido condenatório fica sujeito aos prazos prescricionais previstos no art. 7º, XXIX, da CF.

COMENTÁRIO

No caso de haver uma cumulação de pedidos de natureza condenatória e declaratória, o primeiro se sujeita aos prazos prescricionais do art. 7º, XXIX da CF, já o segundo pedido não prescreve.

(FONTE: Informativo do TST Nº 01)

- *CERTO*

02. De acordo com jurisprudência do TST, assinale certo ou errado:

Em relação à greve, na hipótese em que houver apenas a comunicação da realização de assembleia deliberando pelo chamado "estado de greve" da categoria, se considera o movimento paredista abusivo.

COMENTÁRIO

Tendo em conta que o art. 13 da Lei n.º 7.783/89 exige que os empregadores e a população sejam avisados, com antecedência mínima de 72 horas, da data em que concretamente terá início a greve, a SDC, por maioria, deu provimento ao recurso ordinário para declarar a abusividade do movimento paredista na hipótese em que houve apenas a comunicação da realização de assembleia deliberando pelo chamado "estado de greve" da categoria.

(FONTE: Informativo do TST Nº 04)

- *CERTO*

03. De acordo com jurisprudência do TST, assinale certo ou errado:

Constatada a aptidão para o trabalho, ante a cessação de benefício previdenciário em virtude de recuperação da capacidade laboral atestada por perícia médica do INSS, compete ao empregador, enquanto responsável pelo risco da atividade empresarial, receber o trabalhador, ofertando-lhe as funções antes executadas ou outras compatíveis com as limitações adquiridas.

COMENTÁRIO

O empregador é o responsável por receber o trabalhador nesse caso, seja nas mesmas funções anteriormente realizadas ou outras compatíveis com as limitações adquiridas.

(FONTE: Informativo do TST Nº 04)

- *CERTO*

04. De acordo com jurisprudência do TST, assinale certo ou errado:

Não viola a disposição contida no art. 22, I, da CF decisão que afasta a aplicação de lei federal que trata de política salarial a empregado público estadual.

COMENTÁRIO

Segundo o TST, viola a literalidade do art. 22, I, da CF decisão que afasta a aplicação de lei federal que trata de política salarial a empregado público estadual, pois compete privativamente à União legislar sobre direito do trabalho.

(FONTE: Informativo do TST Nº 06)

- *ERRADO*

05. De acordo com jurisprudência do TST, assinale certo ou errado:

Cabe ação rescisória para desconstituir acórdão do Tribunal Regional do Trabalho que negou provimento ao agravo de instrumento em agravo de petição, condenando a União ao pagamento de indenização decorrente do reconhecimento da litigância de má-fé.

COMENTÁRIO

A rescisória é cabível nesse caso já que no que tange à referida condenação, o acórdão assume contornos de decisão de mérito, viabilizando o corte rescisório com fulcro no art. 485, V, do CPC.

(FONTE: Informativo do TST Nº 10)

- *CERTO*

06. De acordo com jurisprudência do TST, assinale certo ou errado:

O ajuizamento anterior de reclamação trabalhista, ainda que arquivada, não interrompe a prescrição bienal e quinquenal, para pedidos idênticos.

COMENTÁRIO

O TST entende que o ajuizamento anterior de reclamação trabalhista, ainda que arquivada, interrompe a prescrição bienal e quinquenal, para pedidos idênticos, sendo que o cômputo do biênio é reiniciado a partir do trânsito em julgado da decisão proferida na ação anteriormente ajuizada, enquanto que a prescrição quinquenal conta-se da data da propositura dessa primeira reclamação trabalhista (art. 219, § 1º, do CPC c/c art. 202, parágrafo único, do CC).

(FONTE: Informativo do TST Nº 13)

- *ERRADO*

07. De acordo com jurisprudência do TST, assinale certo ou errado:

A Justiça do Trabalho é incompetente para determinar o cancelamento de ato administrativo que constitui crédito tributário.

COMENTÁRIO

A justiça especializada não possui esta competência. Tal conclusão decorre de uma interpretação conjugada dos arts. 109 e 114 da Constituição Federal.

(FONTE: Informativo do TST Nº 15)

- *CERTO*

08. De acordo com jurisprudência do TST, assinale certo ou errado:

A pessoa acometida de doença grave, a qual acarrete risco de morte ou iminente perigo de debilidade permanente e irreversível, se submete à tramitação preferencial dos precatórios de créditos junto à Fazenda Pública prevista no § 2º do art. 100 da CF.

COMENTÁRIO

O Colendo TST entende justamente o contrário, ou seja, a pessoa acometida de doença grave, a qual acarrete risco de morte ou iminente perigo de debilidade permanente e irreversível, não se submete à tramitação preferencial dos precatórios de créditos junto à Fazenda Pública prevista no § 2º do art. 100 da CF, sendo possível o denominado "sequestro humanitário", limitado, todavia, a três vezes a quantia de requisição de pequeno valor a que se refere os §§ 2º e 3º do art. 100 da CF.

(FONTE: Informativo do TST Nº 16)

- *ERRADO*

09. De acordo com jurisprudência do TST, assinale certo ou errado:

O tempo prestado a órgãos de esferas político-administrativas distintas pode ser utilizado para fins de aquisição da estabilidade prevista no art. 19 do ADCT.

COMENTÁRIO

Segundo o TST, a estabilidade prevista no art. 19 do ADCT pressupõe a prestação de serviço por cinco anos continuados a entes da Administração pública direta, autárquica e fundacional, não aproveitando o tempo prestado a órgãos de esferas político-administrativas distintas.

(FONTE: Informativo do TST Nº 17)

- *ERRADO*

10. De acordo com jurisprudência do TST, assinale certo ou errado:

A vedação de acumulação de proventos de aposentadoria com a remuneração de cargo, emprego ou função pública, prevista no art. 37, § 10, da CF, destina-se aos servidores sujeitos a regime especial de previdência, e aos empregados públicos que percebem proventos de aposentadoria pelo regime geral da previdência social, nos termos do art. 201, § 7º, da CF.

COMENTÁRIO

A vedação de acumulação de proventos de aposentadoria com a remuneração de cargo, emprego ou função pública, descrita no art. 37, § 10, da CF, destina-se apenas aos servidores sujeitos a regime especial de previdência, a exemplo dos titulares de cargo efetivo da União, dos Estados, do Distrito Federal e dos Municípios, incluídas as suas autarquias e fundações, não alcançando os empregados públicos que percebem proventos de aposentadoria pelo regime geral da previdência social, nos termos do art. 201, § 7º, da CF.

(FONTE: Informativo do TST Nº 18)

- *ERRADO*

11. De acordo com jurisprudência do TST, assinale certo ou errado:

Candidato aprovado em concurso público fora do número de vagas previstas no edital do certame possui, em regra, mera expectativa de direito.

COMENTÁRIO

O TST entende que o candidato aprovado em concurso público e classificado em posição superior ao número de vagas disponíveis no edital tem, apenas, a simples expectativa de ingresso no serviço público. Porém, adquire direito subjetivo à nomeação se comprovado o surgimento de novas vagas durante o prazo de validade do certame, bem como o interesse da Administração Pública em preenchê-las.

(FONTE: Informativo do TST Nº 20)

- *CERTO*

12. De acordo com jurisprudência do TST, assinale certo ou errado:

As normas que regem o chamado "lockout" (arts. 722 da CLT e 17 da Lei nº 7.789/83) possuem natureza proibitiva e punitiva, não admitindo interpretação extensiva ou aplicação por analogia.

COMENTÁRIO

O *lockout* ocorre quando o empregador impede que os seus empregados, total ou parcialmente, adentrem nos recintos do estabelecimento empresarial para laborar. Logo, por serem as normas que dispõe sobre o *lockout* proibitivas e punitivas, não admitem interpretação extensiva ou aplicação por analogia.

(FONTE: Informativo do TST Nº 30)

- *CERTO*

13. De acordo com jurisprudência do TST, assinale certo ou errado:

O Ministério Público do Trabalho não possui legitimidade ativa "ad causam" para ajuizar dissídio coletivo de greve em razão da paralisação coletiva dos empregados em empresas de transporte de valores, escolta armada, ronda motorizada, monitoramento eletrônico e via satélite, agentes de segurança pessoal e patrimonial, segurança e vigilância em geral.

COMENTÁRIO

O MPT é parte ilegítima nesse caso pois os referidos serviços não estão previstos no art. 10 da Lei nº 7.783/89, que trata das atividades tidas como essenciais.

(FONTE: Informativo do TST Nº 34)

- *CERTO*

14. De acordo com jurisprudência do TST, assinale certo ou errado:

A divulgação, na internet, da lista dos cargos ocupados e dos valores da remuneração mensal pagos ao servidor público configura dano moral, pois ofende a sua intimidade e vida privada.

COMENTÁRIO

A divulgação, na internet, da lista dos cargos ocupados e dos valores da remuneração mensal pagos ao servidor público não configura dano moral, pois o princípio da publicidade dos atos administrativos deve prevalecer sobre o direito à intimidade, à privacidade e à segurança do agente público.

(FONTE: Informativo do TST Nº 40)

- *ERRADO*

15. De acordo com jurisprudência do TST, assinale certo ou errado:

Os conselhos de fiscalização profissional são dispensados do recolhimento de custas processuais e de depósito recursal.

COMENTÁRIO

Os conselhos de fiscalização do exercício profissional constituem autarquias especiais instituídas pelo Estado para a consecução de um fim de interesse público, qual seja, fiscalizar o exercício das profissões correspondentes. Logo, a eles se aplicam os privilégios de que trata o Decreto- Lei nº 779/69, inclusive no que diz respeito à dispensa de recolhimento de custas processuais e de depósito recursal e à concessão de prazo em dobro para recorrer.

(FONTE: Informativo do TST Nº 44)

- *CERTO*

16. De acordo com jurisprudência do TST, assinale certo ou errado:

É possível o conhecimento do recurso de revista se for necessária a interpretação de normas estaduais para o exame de ofensa à literalidade da norma constitucional indicada.

COMENTÁRIO

Não se conhece de recurso de revista com supedâneo no art. 896, alínea "c", da CLT, se necessária a interpretação de normas estaduais para o exame de ofensa à literalidade da norma constitucional indicada.

(FONTE: Informativo do TST Nº 55)

- *ERRADO*

17. De acordo com jurisprudência do TST, assinale certo ou errado:

Determinada Autarquia pode figurar na condição de suscitado em dissídio coletivo se o objeto da sentença normativa lhe puder acarretar encargo financeiro direto.

COMENTÁRIO

Nos termos da Orientação Jurisprudencial nº 5 da SDC, pessoa jurídica de direito público somente pode figurar como suscitado, em dissídio coletivo, se for empregador, e apenas se o objeto da sentença normativa não lhe puder acarretar encargo financeiro direto. Ademais, dissídio coletivo de greve é incompatível com a pretensão condenatória ou cominatória, exceto se tratar da regulação dos efeitos da paralisação dos empregados.

(FONTE: Informativo do TST Nº 63)

- *ERRADO*

18. De acordo com jurisprudência do TST, assinale certo ou errado:

A existência de lei municipal instituidora de Regime Jurídico Único, de natureza administrativa, por si só, não transforma de maneira automática o vínculo jurídico estabelecido entre as partes, de celetista para estatutário, no caso de o empregado, admitido antes do advento da Constituição Federal de 1988, não ter se submetido a concurso público.

COMENTÁRIO

A existência de lei municipal instituidora de Regime Jurídico Único, de natureza administrativa, por si só, não transmuda automaticamente o vínculo jurídico estabelecido entre as partes, de celetista para estatutário, na hipótese de o empregado, admitido antes do advento da Constituição Federal de 1988, não ter se submetido a concurso público. Entendimento em sentido contrário afronta o disposto no art. 37, II, da CF.

(FONTE: Informativo do TST Nº 68)

- *CERTO*

19. De acordo com jurisprudência do TST, assinale certo ou errado:

A intimação pessoal da União constitui peça essencial e imprescindível para a regular formação do instrumento de agravo, não podendo sua ausência ser relevada pelo Tribunal.

COMENTÁRIO

Embora a certidão de intimação pessoal da União constitua peça essencial para a regular formação do instrumento de agravo, sua ausência pode ser relevada quando presentes nos autos outros elementos que possibilitem inferir a tempestividade do apelo.

(FONTE: Informativo do TST Nº 81)

- *ERRADO*

20. De acordo com jurisprudência do TST, assinale certo ou errado:

A celebração de ajuste entre as partes no curso de processo de dissídio coletivo de greve, com o consequente encerramento desta, não importa, necessariamente, em extinção do feito sem resolução do mérito, por falta de interesse processual, uma vez que os abusos cometidos no exercício desse direito sujeitam os responsáveis às penas de lei, nos termos do § 2º do art. 9º da CF.

COMENTÁRIO

Os responsáveis por abusos no exercício do direito de greve podem sofrer penalidades, em conformidade com o quanto disposto no art. 9º, § 2º da CF. Assim, havendo ratificação da pretensão de declaração de abusividade do movimento paredista, permanece o interesse processual da parte na obtenção do provimento declaratório, somente alcançável judicialmente, especialmente na hipótese em que houve supostos excessos na condução da greve e alegação de desrespeito a ordem judicial expedida para regular os efeitos da paralisação.

(FONTE: Informativo do TST Nº 85)

- *CERTO*

21. De acordo com jurisprudência do TST, assinale certo ou errado:

O restabelecimento da jornada original de trabalho de servidor público, submetido ao regime da CLT, não importa alteração ilícita do contrato de trabalho, ainda que isso implique aumento da carga horária sem contrapartida salarial.

COMENTÁRIO

O retorno à jornada inicialmente pactuada não configura alteração ilícita do contrato de trabalho, mesmo que este retorno venha a implicar em aumento de carga horária sem contrapartida salarial. Com efeito, é a lei que determina a jornada do servidor, e eventual redução, ainda que por tempo prolongado ou mesmo desde o início do contrato de trabalho, não se incorpora ao seu patrimônio jurídico. A teoria do fato consumado não é aplicável em contrariedade à lei, que resguarda o interesse público, indisponível por natureza.

(FONTE: Informativo do TST Nº 99)

- *CERTO*

22. De acordo com jurisprudência do TST, assinale certo ou errado:

As fundações públicas de direito privado que exerçam atividades de interesse público, sem finalidade lucrativa e que sejam financiadas exclusivamente por verbas públicas são isentas do pagamento de custas processuais.

COMENTÁRIO

As prerrogativas dos arts. 790-A da CLT e 1º, IV, do Decreto-Lei nº 779 aplicam-se às fundações que, embora instituídas como de direito privado, exercem atividades voltadas ao interesse público, sem finalidade lucrativa e financiadas exclusivamente por verbas públicas.

(FONTE: Informativo do TST Nº 101)

- *CERTO*

23. De acordo com jurisprudência do TST, assinale certo ou errado:

A Justiça do Trabalho é competente para examinar pedido de empregado público admitido antes da promulgação da Constituição de 1988, sob regime celetista, e sem concurso público, não obstante a superveniência de legislação estadual que institui regime jurídico único.

COMENTÁRIO

A Justiça do Trabalho é competente para examinar pedido de empregado público admitido antes da promulgação da Constituição de 1988, sob regime celetista, e sem concurso público, não obstante a superveniência de legislação estadual que institui regime jurídico único. Consoante entendimento já consagrado pelo Supremo Tribunal Federal no julgamento da ADI 1.150-2, entendeu-se que o fato de um Estado-membro instituir regime jurídico único, por meio da Lei Complementar Estadual, não convola em vínculo estatutário, de forma automática, o contrato trabalhista anterior, sobretudo em decorrência da ausência de concurso público, na forma do art. 37, II, § 2º, da Constituição. Desse modo, tem-se que a reclamante permaneceu na condição de empregada, mesmo após a edição da norma estadual, porque embora estável, nos termos do art. 19 do ADCT, não se submeteu a concurso público.

(FONTE: Informativo do TST Nº 111)

- *CERTO*

24. De acordo com jurisprudência do TST, assinale certo ou errado:

A despedida de servidor público celetista da administração pública direta, autárquica e fundacional, admitido por concurso público e em contrato de experiência, prescinde de motivação.

COMENTÁRIO

A despedida de servidor público celetista da administração pública direta, autárquica e fundacional, admitido por concurso público e em contrato de experiência, deve ser motivada. A observância do princípio constitucional da motivação visa a resguardar o empregado de possível quebra do postulado da impessoalidade por parte do agente estatal investido no poder de dispensar.

(FONTE: Informativo do TST Nº 119)

- *ERRADO*

25. De acordo com jurisprudência do TST, assinale certo ou errado:

Caso haja a deflagração de greve no curso de um dissídio coletivo de natureza econômica, será possível a apreciação deste, mesmo que não tenha ocorrido a exigência de comum acordo para sua propositura.

COMENTÁRIO

É possível a apreciação de dissídio coletivo de natureza econômica, ainda que ausente o comum acordo, se houver deflagração de greve por qualquer das partes no curso da instrução processual.

(FONTE: Informativo do TST Nº 130)

- *CERTO*

26. De acordo com jurisprudência do TST, assinale certo ou errado:

Por expressa vedação constitucional relativa à sistemática de pagamentos via precatórios, os substituídos de uma ação coletiva representados pelo sindicato não poderão receber seus créditos de forma individualizada, sob pena de configuração de quebra do valor da execução.

COMENTÁRIO

No caso de ação coletiva em que o sindicato atua como substituto processual na defesa de direitos individuais homogêneos, não configura quebra do valor da execução, vedada pelo art. 100, § 8º, da CF, o pagamento individualizado do crédito devido pela Fazenda Pública aos substituídos.

(FONTE: Informativo do TST Nº 139)

- *ERRADO*

27. De acordo com jurisprudência do TST, assinale certo ou errado:

A controvérsia em torno do direito de uso do espaço público municipal localizado em rodovia estadual administrada por concessionária, para o exercício de comércio ambulante, foge à competência da Justiça do Trabalho.

COMENTÁRIO

A controvérsia em torno do direito de uso do espaço público municipal localizado em rodovia estadual administrada por concessionária, para o exercício de comércio ambulante, foge à competência da Justiça do Trabalho, especialmente na hipótese em que a insurgência é dirigida contra atos do Município, que negou a licença para o comércio, e da concessionária, que teria colocado pedras do local onde a atividade vinha se desenvolvendo, e não contra o empregador ou o tomador dos serviços.

(FONTE: Informativo do TST Nº 145)

- *CERTO*

28. De acordo com jurisprudência do TST, assinale certo ou errado:

O servidor público celetista da administração direta, autárquica ou fundacional ou o empregado de empresa pública ou de sociedade de economia mista, ainda que admitidos por meio de aprovação em concurso público, não têm direito à estabilidade do art. 41 da CF, mesmo que a contratação tenha se dado anteriormente à Emenda Constitucional nº 19/1998.

COMENTÁRIO

Conforme precedentes do Supremo Tribunal Federal, o servidor público celetista da administração direta, autárquica ou fundacional ou o empregado de empresa pública ou de sociedade de economia mista, ainda que admitidos por meio de aprovação em concurso público, não têm direito à estabilidade do art. 41 da CF, a não ser que a contratação tenha se dado anteriormente à Emenda Constitucional nº 19/1998.

(FONTE: Informativo do TST Nº155)

- *ERRADO*

29. De acordo com jurisprudência do TST, assinale certo ou errado:

A empregada gestante faz jus à garantia provisória de emprego na hipótese de ser reconhecida a nulidade de contrato firmado sem prévia aprovação concurso público, não podendo ser demitida durante esse período de garantia.

COMENTÁRIO

Não é possível estender a garantia provisória de emprego à empregada gestante dispensada em razão do reconhecimento da nulidade do contrato firmado com ente público, sem prévia aprovação em concurso público.

(FONTE: Informativo do TST Nº156)

- *ERRADO*

30. De acordo com jurisprudência do TST, assinale certo ou errado:

A ação civil pública não constitui o meio adequado para postular a declaração de nulidade de cláusula de norma coletiva.

COMENTÁRIO

Dos termos do art. 3º da Lei nº 7.347/85 depreende-se que a ação civil pública ostenta natureza eminentemente cominatória, ou seja, visa à imposição de condenação pecuniária ou ao cumprimento de uma obrigação de fazer ou de não fazer. Assim, não constitui o meio adequado para postular a declaração de nulidade de cláusula de norma coletiva, a qual desafia o ajuizamento de ação anulatória perante o juízo competente.

(FONTE: Informativo do TST Nº 170)

- *CERTO*

31. De acordo com jurisprudência do TST, assinale certo ou errado:

A delimitação dos valores impugnados a que alude o art. 897, § 1º, da CLT é pressuposto de admissibilidade do agravo de petição e visa a execução imediata da parte incontroversa, razão pela qual somente é exigível do executado.

COMENTÁRIO

Esse é o entendimento do TST, pois o exequente, via de regra, pretende obter um acréscimo ao valor já apurado, de modo que o descumprimento da referida norma não acarreta qualquer prejuízo ao prosseguimento da execução.

(FONTE: Informativo do TST Nº 171)

- *CERTO*

32. De acordo com jurisprudência do TST, assinale certo ou errado:

É válida norma coletiva que estabelece a suspensão do plano de saúde pago pela empresa após 180 dias de afastamento do empregado em decorrência de auxílio-doença ou de acidente de trabalho.

COMENTÁRIO

Segundo o TST, NÃO é válida norma coletiva que estabelece a suspensão do plano de saúde pago pela empresa após 180 dias de afastamento do empregado em decorrência de auxílio--doença ou de acidente de trabalho.

(FONTE: Informativo do TST Nº 173)

- *ERRADO*

33. De acordo com jurisprudência do TST, assinale certo ou errado:

As leis estaduais e municipais referentes às relações trabalhistas no âmbito das empresas são equiparadas a regulamentos de empresas, em face da competência privativa da União para legislar sobre Direito do Trabalho.

COMENTÁRIO

O mesmo ocorre com leis federais de efeitos concretos referentes à administração pública federal indireta.

(FONTE: Informativo do TST Nº 174)

- *CERTO*

34. De acordo com jurisprudência do TST, assinale a alternativa correta:

Considere que a CAESB, sociedade de economia mista distrital, seja a reclamada numa ação trabalhista.

a) O Distrito Federal não possui legitimidade para propor ação rescisória para desconstituir decisão proferida em reclamação trabalhista ajuizada em face da Companhia de Saneamento do Distrito Federal - Caesb, sociedade de economia mista distrital.

b) O Distrito Federal na qualidade de terceiro juridicamente interessado para a propositura da ação rescisória, mesmo estando preocupado apenas com a preservação do seu patrimônio, ameaçado pela condenação da Caesb, terá interesse jurídico na demanda, além do econômico, possibilitando-lhe o ajuizamento de ação rescisória futura.

c) O Distrito Federal tem legitimidade *ad causam* para propor ação rescisória para desconstituir decisão proferida em reclamação trabalhista ajuizada em face da Companhia de Saneamento do Distrito Federal - Caesb, sociedade de economia mista distrital.

d) Mesmo não tendo o Distrito Federal integrado o polo passivo da demanda originária contra sociedade de economia mista distrital, nem sequer participado como assistente ou terceiro interessado, subordinar-se-á, diretamente, à eficácia do comando condenatório transitado em julgado.

e) Não tendo o Distrito Federal integrado o polo passivo da demanda originária contra sociedade de economia mista distrital, nem sequer participado como assistente ou terceiro interessado, não se subordina, diretamente, à eficácia do comando condenatório transitado em julgado, não podendo, no entanto, ser enquadrado na categoria de terceiro juridicamente indiferente.

COMENTÁRIO

A. CORRETA.

Ação rescisória ajuizada sob a égide do CPC de 1973. Ilegitimidade ativa ad causam do Distrito Federal para requerer a desconstituição de decisão proferida em reclamação trabalhista ajuizada em face da Caesb. Interesse meramente econômico. Terceiro juridicamente indiferente.

O Distrito Federal não possui legitimidade para propor ação rescisória para desconstituir decisão proferida em reclamação trabalhista ajuizada em face da Companhia de Saneamento do Distrito Federal - Caesb, sociedade de economia mista distrital. No caso, a decisão rescindenda reconheceu, com base no Plano de Cargos e Salários de 2002, o direito ao reenquadramento, com vinculação da remuneração aos subsídios dos Procuradores do Distrito Federal e consectários salariais vencidos e vincendos, a grupo de cinco advogados da Caesb, contratados entre os anos de 2007 e 2008, não tendo o Distrito Federal participado da lide. Ainda que o Distrito Federal defenda sua qualidade de terceiro juridicamente interessado para a propositura da ação rescisória, verifica-se que sua única preocupação é a preservação do seu patrimônio, ameaçado pela condenação da Caesb, fato que demonstra a existência de interesse puramente econômico não abrangido pela legislação processual civil que regula a matéria (art. 487, II, do CPC de 1973). Assim, não tendo o Distrito Federal integrado o polo passivo da demanda originária, nem sequer participado como assistente ou terceiro interessado, não se subordina, diretamente, à eficácia do comando condenatório transitado em julgado, não se enquadrando em nenhuma das categorias de terceiro juridicamente interessado, pertencendo, na verdade, à classe dos terceiros juridicamente indiferentes. Sob esse fundamento, a SBDI-II, por unanimidade, conheceu da remessa necessária e do recurso ordinário do Distrito Federal e, no mérito, por maioria, negou-lhes provimento, mantendo, portanto, a extinção da ação rescisória, sem resolução do mérito, por ilegitimidade ativa *ad causam*. Vencidos os Ministros Douglas Alencar Rodrigues, relator, Delaíde Miranda Arantes e Ives Gandra Martins Filho. TST- ReeNec e RO-35-34.2015.5.10.0000, SBDI-II, rel. Min. Douglas Alencar Rodrigues, red. p/ acórdão Min. Renato de Lacerda Paiva, 6.2.2018 (Informativo Nº 171)

B. INCORRETA.

O interesse do DF, no caso, é puramente econômico, não justificando o ajuizamento por este de ação rescisória.

C. INCORRETA.

O DF, no caso, não possui legitimidade para ajuizar ação rescisória.

D. INCORRETA.

Não tendo o Distrito Federal integrado o polo passivo da demanda originária, nem sequer participado como assistente ou terceiro interessado, não se subordina, diretamente, à eficácia do comando condenatório transitado em julgado.

E. INCORRETA.

Assim, não tendo o Distrito Federal integrado o polo passivo da demanda originária, nem sequer participado como assistente ou terceiro interessado, não se subordina, diretamente, à eficácia do comando condenatório transitado em julgado, não se enquadrando em nenhuma das categorias de terceiro juridicamente interessado, pertencendo, na verdade, à classe dos terceiros juridicamente indiferentes.

- *LETRA A*

35. De acordo com jurisprudência do TST, assinale a alternativa correta:

Considere um Hospital, constituído como empresa pública federal, com o objetivo de administrar e prestar serviços de assistência médico-hospitalar à Universidade Federal, bem como a outras instituições e à comunidade em geral.

a) Neste caso, não terá os mesmos privilégios concedidos à Fazenda Pública no que toca ao recolhimento de depósito recursal.

b) Está dispensado do recolhimento de depósito recursal.

c) O hospital não goza dos mesmos privilégios concedidos à Fazenda Pública.

d) Seus bens são penhoráveis.

e) Não se submetendo ao regime especial de execução das dívidas trabalhistas por precatório ou requisição de pequeno valor.

COMENTÁRIO

A. INCORRETA.

O Hospital das Clínicas de Porto Alegre – HCPA, empresa pública federal criada pela Lei nº 5.604/70 com o objetivo de administrar e prestar serviços de assistência médico-hospitalar à Universidade Federal do Rio Grande do Sul, a outras instituições e à comunidade em geral, está dispensado do recolhimento de depósito recursal.

B. CORRETA.

Hospital das Clínicas de Porto Alegre. Ausência de recolhimento de depósito recursal. Deserção não configurada. Gozo dos mesmos privilégios concedidos à Fazenda Pública.

O Hospital das Clínicas de Porto Alegre – HCPA, empresa pública federal criada pela Lei nº 5.604/70 com o objetivo de administrar e prestar serviços de assistência médico-hospitalar à Universidade Federal do Rio Grande do Sul, a outras instituições e à comunidade em geral, está dispensado do recolhimento de depósito recursal. O art. 15 da Lei nº 5.604/70 dispõe que "o HCPA gozará de isenção de tributos federais e de todos os favores legais atribuídos à natureza de seus objetivos", ao passo que a Medida Provisória nº 2.216-37/2001 inseriu a esse dispositivo o parágrafo único, segundo o qual "aplica-se ao HCPA o regime de impenhorabilidade de seus bens, serviços e rendas". Assim, se o referido hospital goza dos mesmos privilégios concedidos à Fazenda Pública, submetendo-se ao regime especial de execução das dívidas trabalhistas por precatório ou requisição de pequeno valor, nos termos do art. 100 da CF, além da impenhorabilidade dos seus bens, é logicamente incompatível a exigência do depósito recursal como garantia do juízo. Sob esses fundamentos, a SBDI-I, por unanimidade, conheceu do recurso de embargos, por divergência jurisprudencial, e, no mérito, deu-lhe provimento para afastar a deserção do recurso de revista do HCPA e determinar o retorno dos autos à Turma para que examine o apelo conforme entender de direito. TST-E-ED-RR-1157-40.2013.5.04.0026, SBDI-I, rel. Min. José Roberto Freire Pimenta, 1º.3.2018. (Informativo Nº 172)

C. INCORRETA.

O referido hospital goza dos mesmos privilégios concedidos à Fazenda Pública.

D. INCORRETA.

O Hospital das Clínicas de Porto Alegre – HCPA, empresa pública federal criada pela Lei nº 5.604/70 com o objetivo de administrar e prestar serviços de assistência médico-hospitalar à Universidade Federal do Rio Grande do Sul, a outras instituições e à comunidade em geral, está dispensado do recolhimento de depósito recursal.

E. INCORRETA.

O hospital goza dos mesmos privilégios concedidos à Fazenda Pública, submetendo-se ao regime especial de execução das dívidas trabalhistas por precatório ou requisição de pequeno valor, nos termos do art. 100 da CF, além da impenhorabilidade dos seus bens, é logicamente incompatível a exigência do depósito recursal como garantia do juízo.

- *LETRA B*

36. De acordo com jurisprudência do TST, assinale certo ou errado:

A competência para processar e julgar ação movida por servidor público contratado na vigência da Constituição de 1988, sem prévia aprovação em concurso público, depende da natureza do regime jurídico adotado pelo ente público para seus servidores.

Dessa forma, se de natureza administrativa ou estatutária, a competência será da Justiça comum. No entanto, se o vínculo for regido pelas disposições da CLT, a competência será da Justiça do Trabalho.

COMENTÁRIO

Segundo o TST, dependerá da natureza do regime jurídico adotado pelo ente público para seus servidores. Se de natureza administrativa ou estatutária, a competência é da Justiça comum. De outra sorte, se o vínculo for regido pelas disposições da CLT, a competência é da Justiça do Trabalho.

(FONTE: Informativo do TST Nº 176)

- *CERTO*

37. De acordo com jurisprudência do TST, sobre a ajuda de custo do Magistrado para atender a despesas de mudança e deslocamento, assinale a alternativa correta:

a) Ainda que para localidade diversa para a qual fora removido, caberá tal direito.

b) A concessão de ajuda de custo para atender às despesas de mudança e transporte do magistrado e de seus dependentes está vinculada à mudança de domicílio para a nova sede ou nova localidade de exercício.

c) Só caberá tal direito quanto às despesas do próprio magistrado, e não de seus dependentes.

d) Não caberá ajuda de custo.

e) Há, na legislação, previsão de concessão de ajuda de custo para cobrir despesas com mudança e transporte dos dependentes do magistrado para localidade diversa daquela para a qual fora removido.

COMENTÁRIO

A. INCORRETA.

Para a concessão da ajuda de custo, a mudança deve ser para a localidade ou sede de exercício do magistrado.

B. CORRETA.

Magistrado. Ajuda de custo. Despesas de transporte e mudança de dependentes. Deslocamento para localidade diversa daquela para a qual o magistrado foi removido. Ausência de previsão legal.

As normas que regem a concessão de ajuda de custo para atender às despesas de mudança e transporte do magistrado e de seus dependentes (art. 65, I, da Loman, Decreto nº 4.004/2001, arts. 53 a 57 da Lei nº 8.112/90 e Resolução CSJT nº 112/2012) vinculam esse direito à mudança de domicílio para a nova sede (ou nova localidade de exercício), de forma que não há, na legislação, nenhuma previsão de concessão de ajuda de custo para cobrir despesas com mudança e transporte dos dependentes do magistrado para localidade diversa daquela para a qual fora removido. Sob esse entendimento, o Órgão Especial, por maioria, deu provimento ao recurso ordinário da União para indeferir a segurança pleiteada por magistrada que teve negado administrativamente o pedido de pagamento de duas cotas de ajuda de custo referentes à mudança de domicílio de seu cônjuge e de sua filha menor para cidade distinta daquela em que passou a residir em razão de remoção. Vencida a Ministra Maria Helena Mallmann. TST-RO-102-63.2015.5.22.0000, Órgão Especial, rel. Min. Brito Pereira, 2.4.2018 (Informativo Nº 175)

C. INCORRETA.

Também caberá tal direito diante de despesas com a mudança dos dependentes do magistrado.

D. INCORRETA.

Caberá tal direito, desde que a mudança tenha se dado para nova sede ou localidade de exercício do magistrado.

E. INCORRETA.

Não há, na legislação, nenhuma previsão de concessão de ajuda de custo para cobrir despesas com mudança e transporte dos dependentes do magistrado para localidade diversa daquela para a qual fora removido.

- *LETRA B*

38. De acordo com jurisprudência do TST, assinale a alternativa correta sobre as astreintes:

a) A cominação de multa coercitiva pelo descumprimento da obrigação de fazer configurando-se como meio direto de execução.

b) No caso de descumprimento da obrigação de fazer, pode haver limitação temporal da multa coercitiva pelo juízo da fase de conhecimento.

c) Só poderá ser concedida na fase de conhecimento.

d) Não se pode admitir que o juiz da fase de conhecimento fixe um limite temporal para a aplicação da multa coercitiva, sob pena de retirar do Juízo da execução, responsável pelo cumprimento do julgado, instrumento imprescindível à efetividade da determinação judicial, e de esvaziamento do disposto no § 4º do art. 537 do CPC de 2015, no que determina a incidência da multa enquanto não cumprida a decisão que a tiver cominado.

e) Só poderá ser concedida na fase de execução.

COMENTÁRIO

A. INCORRETA.

A cominação de multa coercitiva pelo descumprimento da obrigação de fazer tem como propósito compelir o devedor a realizar a prestação devida, configurando-se meio indireto de execução.

B. INCORRETA.

Não se pode admitir o juiz da fase de conhecimento fixe um limite temporal para a aplicação da multa coercitiva, sob pena de retirar do Juízo da execução, responsável pelo cumprimento do julgado, instrumento imprescindível à efetividade da determinação judicial, e de esvaziamento do disposto no § 4º do art. 537 do CPC de 2015, no que determina a incidência da multa enquanto não cumprida a decisão que a tiver cominado.

C. INCORRETA.

Tanto na de conhecimento, quanto na de execução.

D. CORRETA.

Ação civil pública. Multa coercitiva. Astreinte. Limitação temporal. Impossibilidade.

A SBDI-I, por maioria, conheceu de embargos, por divergência jurisprudencial, e, no mérito, deu- lhes provimento para restabelecer a sentença proferida em ação civil pública na parte em que fixou *astreinte* sem a limitação temporal de sessenta dias, caso haja descumprimento da obrigação de fazer reconhecida em juízo. A cominação de multa coercitiva pelo descumprimento da obrigação de fazer tem como propósito compelir o devedor a realizar a prestação devida, configurando-se meio indireto de execução. Nos termos do art. 537 do CPC de 2015, a *astreinte* pode ser concedida tanto na fase de conhecimento quanto na fase de execução, sendo possível, também, aumentar-lhe ou reduzir-lhe o valor, a qualquer momento, desde que necessário à efetividade da determinação judicial. Assim, não se pode admitir que o juiz da fase de conhecimento fixe um limite temporal para a aplicação da multa coercitiva, sob pena de retirar do Juízo da execução, responsável pelo cumprimento do julgado, instrumento imprescindível à efetividade da determinação judicial, e de esvaziamento do disposto no § 4º do art. 537 do CPC de 2015, no que determina a incidência da multa enquanto não cumprida a decisão que a tiver cominado. No caso concreto, a sentença julgou parcialmente procedente a ação civil pública ajuizada pelo Ministério Público do Trabalho contra o Município de Bodoquena/MS para estabelecer a obrigação de fazer, de natureza continuada, consistente no fornecimento de Equipamento de Proteção Individual – EPI, treinamento adequado, água potável e veículo apropriado à coleta de lixo aos trabalhadores do serviço público de limpeza urbana municipal, sob pena de multa diária em caso de descumprimento. Todavia, o acórdão do Tribunal Regional, mantido pelo acórdão turmário, julgou parcialmente procedente o pedido para reduzir o valor da multa aplicada e limitá-la ao período de sessenta dias. Vencidos os Ministros Maria Cristina Irigoyen Peduzzi, Brito Pereira, Márcio Eurico Vitral Amaro e Breno Medeiros. TST-E-ED-RR-747-09.2013.5.24.0031, SBDI-I, rel. Min. Augusto César Leite de Carvalho, 5.4.2018 (Informativo Nº 175)

E. INCORRETA.

Tanto na de conhecimento, quanto na de execução.

- *LETRA D*

39. De acordo com jurisprudência do TST, assinale certo ou errado:

A concessão de diferenças salariais referentes à distorção apurada em razão do reajuste geral anual através de pagamento de abonos em valores fixos vai de encontro ao que prega a Súmula Vinculante 37, segundo a qual *"não cabe ao Poder Judiciário, que não tem função legislativa, aumentar vencimentos de servidores públicos sob o fundamento de isonomia"*.

COMENTÁRIO

O deferimento de diferenças salariais correspondentes à distorção apurada em razão da concessão de reajuste geral anual realizado por meio de pagamento de abonos em valores fixos, fundado na inobservância do art. 37, X, parte final, da CF, esbarra no óbice previsto na Súmula Vinculante 37, segundo a qual *"não cabe ao Poder Judiciário, que não tem função legislativa, aumentar vencimentos de servidores públicos sob o fundamento de isonomia"*.

(FONTE: Informativo do TST Nº 180)

- *CERTO*

40. De acordo com jurisprudência do TST, assinale certo ou errado:

Apesar da Justiça do Trabalho ser competente para julgar Indenizatória Moral e Material proposta por herdeiros de trabalhador falecido em razão de doença ocupacional adquirida no curso do contrato de emprego, tal direito é eminentemente civil, submetendo-se, pois, à prescrição do art. 206, § 3º, do Código Civil.

COMENTÁRIO

A ação em que viúva e filhos de empregado falecido pleiteiam, em nome próprio, o pagamento de indenização por danos morais e materiais decorrentes da morte de seu ente familiar por suposta doença ocupacional adquirida no curso do contrato de emprego se submete à prescrição prevista no art. 206, § 3º, do Código Civil. Ainda que a competência para o julgamento da ação seja da Justiça do Trabalho, nos termos do art. 114, VI, da CF e da Súmula nº 392 do TST, trata-se de direito personalíssimo e autônomo dos familiares da vítima, de natureza eminentemente civil, e que se distingue do dano sofrido pelo próprio trabalhador.

(FONTE: Informativo do TST Nº 180)

- *CERTO*

41. De acordo com jurisprudência do TST, assinale a alternativa correta:

a) É vedada a pretensão de equiparação salarial entre servidores públicos pertencentes aos quadros da Administração direta, autárquica ou fundacional, inclusive quando contratados pelo regime celetista.

b) É possível a equiparação salarial entre servidores públicos pertencentes aos quadros da Administração direta, autárquica ou fundacional, salvo quando contratados pelo regime celetista.

c) É vedada a pretensão de equiparação salarial entre servidores públicos pertencentes aos quadros da Administração direta, autárquica ou fundacional, salvo quando contratados pelo regime celetista.

d) É possível a equiparação salarial entre servidores públicos pertencentes aos quadros da Administração direta, autárquica ou fundacional, inclusive quando contratados pelo regime celetista.

e) Sempre será possível a pretensão de equiparação salarial entre servidores públicos pertencentes aos quadros da Administração direta, autárquica ou fundacional.

COMENTÁRIO

A. CORRETA.

Fundação de Atendimento Sócio-Educativo do Rio Grande do Sul – FASE. Reajuste de 11,84% concedido apenas a alguns empregados. Equiparação salarial. Impossibilidade. Orientação Jurisprudencial nº 297 da SBDI-I.

Da diretriz firmada no art. 37, XIII, da CF, extrai-se que é vedada a pretensão de equiparação salarial entre servidores públicos pertencentes aos quadros da Administração direta, autárquica ou fundacional, inclusive quando contratados pelo regime celetista. O objetivo da norma é assegurar e conformar a atuação da Administração Pública ao regime jurídico-administrativo a que está submetida, em especial, ao princípio da legalidade. Sob esse entendimento, e afastando a alegada contrariedade à Orientação Jurisprudencial nº 297 da SBDI-I, a referida Subseção, por unanimidade, não conheceu do recurso de embargos interpostos pela reclamante contra a decisão que dera provimento ao recurso de revista da Fundação de Atendimento Sócio-Educativo do Rio Grande do Sul – FASE para restabelecer a sentença que julgou improcedente o pedido de diferenças relativas ao reajuste salarial de 11,84% aplicado a outros empregados de mesmo cargo e função, formulado com base no princípio da isonomia. TST-E-ED-RR-20098-28.2014.5.04.0018, SBDI-I, rel. Min. Cláudio Mascarenhas Brandão, 3.5.2018 (Informativo Nº 177)

B. INCORRETA.

É vedada a pretensão de equiparação salarial entre servidores públicos pertencentes aos quadros da Administração direta, autárquica ou fundacional, inclusive quando contratados pelo regime celetista.

C. INCORRETA.

É vedada a pretensão de equiparação salarial entre servidores públicos pertencentes aos quadros da Administração direta, autárquica ou fundacional, inclusive quando contratados pelo regime celetista.

D. INCORRETA.

É vedada a pretensão de equiparação salarial entre servidores públicos pertencentes aos quadros da Administração direta, autárquica ou fundacional, inclusive quando contratados pelo regime celetista.

E. INCORRETA.

É vedada a pretensão de equiparação salarial entre servidores públicos pertencentes aos quadros da Administração direta, autárquica ou fundacional, inclusive quando contratados pelo regime celetista.

- *LETRA A*

42. De acordo com jurisprudência do TST, assinale a alternativa correta:

a) A exigência a respeito de o preposto ser empregado da empresa não se justifica no caso de audiência única.

b) No caso de fracionamento da audiência, não há que falar em irregularidade de representação quando a reclamada se faz substituir por preposto que não seja seu empregado apenas na audiência inaugural, em que não se colhe o depoimento das partes litigantes.

c) No caso de fracionamento da audiência, haverá irregularidade de representação quando a reclamada se faz substituir por preposto que não seja seu empregado, mesmo que seja apenas na audiência inaugural, em que não se colhe o depoimento das partes litigantes.

d) A exigência a respeito de o preposto ser empregado da empresa se justifica no caso de audiência única e também de fracionada.

e) No caso de fracionamento da audiência, não há falar em irregularidade de representação quando a reclamada se faz substituir por preposto que não seja seu empregado na audiência inaugural, bem como naquela em que se colhe o depoimento das partes litigantes.

COMENTÁRIO

A. INCORRETA.

A exigência a respeito de o preposto ser empregado da empresa somente se justifica no caso de audiência única, ou seja, aquela que não foi fracionada.

B. CORRETA.

Preposto. Condição de empregado. Inobservância apenas na audiência inaugural. Irregularidade de representação. Configuração. Súmula nº 377 do TST.

Contraria a Súmula nº 377 do TST a decisão turmária que afasta a aplicação da referida súmula ao fundamento de que a exigência a respeito de o preposto ser empregado da empresa somente se justifica no caso de audiência única, ou seja, aquela que não foi fracionada. Na hipótese, a Turma, mantendo o acórdão do Tribunal Regional, entendeu que, no caso de fracionamento da audiência, não há falar em irregularidade de representação quando a reclamada se faz substituir por preposto que não seja seu empregado apenas na audiência inaugural, em que não se colhe o depoimento das partes litigantes. Tal interpretação, todavia, extrapola os limites da súmula em análise, pois a audiência é una (art. 849 da CLT), e ainda que o fracionamento seja permitido, ele não retira a obrigação de a reclamada estar regularmente representada. Assim, sendo incontroverso, no caso em apreço, que o preposto que compareceu à sessão inaugural da audiência não era empregado da empresa, o que equivale à sua ausência por irregularidade de representação, a SBDI-I, por maioria, conheceu dos embargos por contrariedade à Súmula nº 377 do TST, e, no mérito, deu-lhes provimento para determinar o retorno dos autos à Vara de origem, a fim de que julgue os pedidos da inicial, desconsiderando a defesa escrita da empresa e levando em conta os efeitos da revelia e a consequente confissão ficta quanto às matérias de fato. Vencido o Ministro Walmir Oliveira da Costa. TST-E-ED-RR-41900-77.2006.5.23.0004, SBDI-I, rel. Min. Walmir Oliveira da Costa, red. p/ acórdão Min. Cláudio Mascarenhas Brandão, 7.6.2018 (Informativo Nº 180)

C. INCORRETA.

No caso de fracionamento da audiência, não há falar em irregularidade de representação quando a reclamada se faz substituir por preposto que não seja seu empregado apenas na audiência inaugural, em que não se colhe o depoimento das partes litigantes.

D. INCORRETA.

A exigência a respeito de o preposto ser empregado da empresa somente se justifica no caso de audiência única, ou seja, aquela que não foi fracionada.

E. INCORRETA.

No caso de fracionamento da audiência, não há falar em irregularidade de representação quando a reclamada se faz substituir por preposto que não seja seu empregado apenas na audiência inaugural, em que não se colhe o depoimento das partes litigantes.

- *LETRA B*

43. De acordo com jurisprudência do TST, assinale certo ou errado:

A cláusula de convenção coletiva que autoriza o pagamento dos salários até o dia dez do mês seguinte ao trabalhado não viola o art. 459, § 1º, da CLT, pois a vontade negocial das partes é absoluta.

COMENTÁRIO

A cláusula de convenção coletiva que autoriza o pagamento dos salários até o dia dez do mês seguinte ao trabalhado viola frontalmente o art. 459, § 1º, da CLT. A vontade negocial das partes não é absoluta, uma vez que deve se submeter ao princípio da reserva legal. Assim, não se pode conferir validade à cláusula que autoriza o pagamento de salários em data posterior àquela expressamente prevista em lei.

(FONTE: Informativo do TST Nº 182)

- *ERRADO*

44. De acordo com jurisprudência do TST, assinale certo ou errado:

Quando acolhida a preliminar de negativa de prestação jurisdicional, com determinação de retorno dos autos ao Regional e prejudicialidade dos temas remanescentes, pode a parte recorrente apenas ratificar as razões recursais anteriores, mesmo que não observado o prazo recursal e tenha havido alteração da situação jurídica.

COMENTÁRIO

Quando acolhida a preliminar de negativa de prestação jurisdicional, com determinação de retorno dos autos ao Regional e prejudicialidade dos temas remanescentes, pode a parte recorrente apenas ratificar as razões recursais anteriores, desde que observado o prazo recursal e não tenha havido alteração da situação jurídica.

(FONTE: Informativo do TST Nº 183)

- *ERRADO*

45. De acordo com jurisprudência do TST, assinale a alternativa correta:

a) A Súmula nº 28 do TST, que, no caso de conversão da reintegração em indenização dobrada, garante o direito aos salários até a data da primeira decisão que determinou a referida conversão, não se aplica à hipótese de rompimento da relação de trabalho por ato discriminatório, a que se refere o art. 4º da Lei nº 9.029/1995.

b) Quando de rompimento da relação de trabalho por ato discriminatório, não se aplicará a súmula nº 28 do TST.

c) A Súmula nº 28 do TST somente se aplica à hipótese de conversão da reintegração em indenização dobrada.

d) A Súmula nº 28 do TST, que, no caso de conversão da reintegração em indenização dobrada, garante o direito aos salários até a data da primeira decisão que determinou a referida conversão, aplica-se também à hipótese de rompimento da relação de trabalho por ato discriminatório, a que se refere o art. 4º da Lei nº 9.029/1995.

e) Nenhuma das alternativas anteriores está correta.

COMENTÁRIO

A. INCORRETA.

A Súmula nº 28 do TST, que, no caso de conversão da reintegração em indenização dobrada, garante o direito aos salários até a data da primeira decisão que determinou a referida conversão, aplica-se também à hipótese de rompimento da relação de trabalho por ato discriminatório, a que se refere o art. 4º da Lei nº 9.029/1995.

B. INCORRETA.

A Súmula nº 28 do TST também se aplica à hipótese de rompimento da relação de trabalho por ato discriminatório, a que se refere o art. 4º da Lei nº 9.029/1995.

C. INCORRETA.

A Súmula nº 28 do TST também se aplica à hipótese de rompimento da relação de trabalho por ato discriminatório, a que se refere o art. 4º da Lei nº 9.029/1995.

D. CORRETA.

Dispensa discriminatória. Conversão da readmissão em indenização dobrada. Art. 4º, II, da Lei nº 9.029/1995. Incidência da Súmula nº 28 do TST.

A Súmula nº 28 do TST, que, no caso de conversão da reintegração em indenização dobrada, garante o direito aos salários até a data da primeira decisão que determinou a referida conversão, aplica-se também à hipótese de rompimento da relação de trabalho por ato discriminatório, a que se refere o art. 4º da Lei nº 9.029/1995. A tese consagrada na referida súmula diz respeito aos efeitos concretos da conversão de qualquer reintegração em indenização, independentemente de seus motivos determinantes, pois o fato jurídico relevante, que delimita o marco temporal para o pagamento do salário, é a inexistência da relação de emprego e da contraprestação de serviços, o que ocorreu, no caso, com a prolação da sentença condenatória que deferiu a indenização substitutiva da readmissão (inciso II do art. 4º da Lei nº 9.029/1995). Sob esse entendimento, a SBDI-I, por unanimidade, conheceu dos embargos, no tópico, por divergência jurisprudencial, e, no mérito, por maioria, negou-lhes provimento. Vencidos os Ministros José Roberto Freire Pimenta, Augusto César Leite de Carvalho, Renato de Lacerda Paiva e Cláudio Mascarenhas Brandão. TST- E-ED-RR-941-95.2010.5.01.0017, SBDI-I, rel. Min. Aloysio Corrêa da Veiga, 7.6.2018 (Informativo Nº 180)

E. INCORRETA.

A D está correta.

- *LETRA D*

46. De acordo com jurisprudência do TST, assinale a alternativa correta:

a) O marco divisor para afastar a controvérsia a respeito da interpretação de norma infraconstitucional é o fato de a matéria estar pacificada na SBDI-I e nas oito Turmas do TST, no momento do trânsito em julgado da decisão rescindenda, desde que editada súmula ou orientação jurisprudencial a respeito do tema.

b) O marco divisor para afastar a controvérsia a respeito da interpretação de norma infraconstitucional é o fato de a matéria não estar pacificada na SBDI-I e nas oito Turmas do TST, no momento do trânsito em julgado da decisão rescindenda, mesmo que não editada súmula ou orientação jurisprudencial a respeito do tema.

c) O marco divisor para afastar a controvérsia a respeito da interpretação de norma infraconstitucional é o fato de a matéria estar pacificada na SBDI-I e nas oito Turmas do TST, no momento do trânsito em julgado da decisão rescindenda, mesmo que não editada súmula ou orientação jurisprudencial a respeito do tema.

d) O marco divisor para afastar a controvérsia a respeito da interpretação de norma infraconstitucional é o fato de a matéria estar pacificada na SBDI-I, mas não nas oito Turmas do TST, antes do trânsito em julgado da decisão rescindenda, mesmo que não editada súmula ou orientação jurisprudencial a respeito do tema.

e) O marco divisor para afastar a controvérsia a respeito da interpretação de norma infraconstitucional é o fato de a matéria estar pacificada na SBDI-I e nas oito Turmas do TST, antes do trânsito em julgado da decisão rescindenda, desde que editada súmula ou orientação jurisprudencial a respeito do tema.

COMENTÁRIO

A. INCORRETA.

O marco divisor para afastar a controvérsia a respeito da interpretação de norma infraconstitucional é o fato de a matéria estar pacificada na SBDI-I e nas oito Turmas do TST, no momento do trânsito em julgado da decisão rescindenda, mesmo que não editada súmula ou orientação jurisprudencial a respeito do tema.

B. INCORRETA.

O marco divisor para afastar a controvérsia a respeito da interpretação de norma infraconstitucional é o fato de a matéria estar pacificada na SBDI-I e nas oito Turmas do TST, no momento do trânsito em julgado da decisão rescindenda, mesmo que não editada súmula ou orientação jurisprudencial a respeito do tema.

C. CORRETA.

> Ação rescisória. Matéria controvertida. Ausência de jurisprudência pacífica no âmbito da SBDI- I e de todas as Turmas do TST. Súmula nº 83 do TST. Incidência.
>
> O TST, flexibilizando os comandos da Súmula nº 83 da Corte, firmou o entendimento de que o marco divisor para afastar a controvérsia a respeito da interpretação de norma infraconstitucional é o fato de a matéria estar pacificada na SBDI-I e nas oito Turmas

do TST, no momento do trânsito em julgado da decisão rescindenda, mesmo que não editada súmula ou orientação jurisprudencial a respeito do tema. Na hipótese, todavia, à época em que proferido o acórdão rescindendo, a tese acerca da necessidade, ou não, de comprovação da inexequibilidade da devedora principal, para os fins de redirecionamento da execução para a responsável subsidiária nos casos de falência da responsável principal, não estava pacificada, pois ausentes precedentes da SBDI-I e da 3ª Turma acerca do mérito da questão, além de também haver controvérsia no âmbito dos Tribunais Regionais. Assim, ante o óbice da Súmula nº 83 do TST, a SBDI-II, por unanimidade, conheceu do recurso ordinário, e, no mérito, por maioria, deu-lhe provimento para julgar improcedente a ação rescisória. Vencidos os Ministros Douglas Alencar Rodrigues, relator, Maria Helena Mallmann, Delaíde Miranda Arantes e Alexandre Agra Belmonte. TST-RO-8573-11.2011.5.04.0000, SBDI-II, rel. Min. Douglas Alencar Rodrigues, red. p/ acórdão Min. Renato de Lacerda Paiva, 12.6.2018 (Informativo Nº 180)

D. INCORRETA.

O marco divisor para afastar a controvérsia a respeito da interpretação de norma infraconstitucional é o fato de a matéria estar pacificada na SBDI-I e nas oito Turmas do TST, no momento do trânsito em julgado da decisão rescindenda, mesmo que não editada súmula ou orientação jurisprudencial a respeito do tema.

E. INCORRETA.

O marco divisor para afastar a controvérsia a respeito da interpretação de norma infraconstitucional é o fato de a matéria estar pacificada na SBDI-I e nas oito Turmas do TST, no momento do trânsito em julgado da decisão rescindenda, mesmo que não editada súmula ou orientação jurisprudencial a respeito do tema.

- *LETRA C*

47. De acordo com jurisprudência do STF, assinale a alternativa correta sobre o levantamento de valores de conta de FGTS previsto na Lei 8.036/1990:

a) É legítima a exigência de comparecimento pessoal do titular da conta de FGTS para levantamento de valores.

b) No que se refere ao § 18 do art. 20 da Lei 8.036/1990, o Tribunal reputou ilegítima a exigência de comparecimento pessoal do titular da conta de FGTS para levantamento de valores.

c) A exigência de comparecimento pessoal do titular da conta de FGTS para levantamento de valores elimina as hipóteses de saque anteriormente previstas.

d) A exigência de comparecimento pessoal do titular da conta de FGTS para levantamento de valores veda a possibilidade de os sindicatos ou os advogados atuarem na defesa e representação dos seus filiados ou clientes.

e) Nenhuma das alternativas anteriores está correta.

COMENTÁRIO

A. CORRETA.

No que se refere ao § 18 do art. 20 da Lei 8.036/1990, o Tribunal reputou legítima a exigência de comparecimento pessoal do titular da conta de FGTS para levantamento de valores. Trata-se, tão somente, de condição procedimental para pagamento, a qual não eliminou nenhuma das hipóteses de saque anteriormente previstas, nem vedou a possibilidade de os sindicatos ou os advogados atuarem na defesa e representação dos seus filiados ou clientes.

(Informativo nº 894 do STF)

B. INCORRETA.

No que se refere ao § 18 do art. 20 da Lei 8.036/1990, o Tribunal reputou legítima a exigência de comparecimento pessoal do titular da conta de FGTS para levantamento de valores.

C. INCORRETA.

Trata-se, tão somente, de condição procedimental para pagamento, a qual não eliminou nenhuma das hipóteses de saque anteriormente previstas.

D. INCORRETA.

Trata-se, tão somente, de condição procedimental para pagamento, a qual não vedou a possibilidade de os sindicatos ou os advogados atuarem na defesa e representação dos seus filiados ou clientes.

E. INCORRETA.

A letra A está correta.

- *LETRA A*

48. De acordo com jurisprudência do STJ, assinale a alternativa correta:

a) A nomeação tardia de candidatos aprovados em concurso público gera direito à indenização, ainda que a demora tenha origem em erro reconhecido pela própria Administração Pública.

b) A nomeação tardia de candidatos aprovados em concurso público não gera direito à indenização, ainda que a demora tenha origem em erro reconhecido pela própria Administração Pública.

c) A nomeação tardia de candidatos aprovados em concurso público não gera direito à indenização, salvo se a demora tenha origem em erro reconhecido pela própria Administração Pública.

d) A nomeação tardia de candidatos aprovados em concurso público gera direito à indenização, salvo se a demora tenha origem em erro reconhecido pela própria Administração Pública.

e) Nenhuma das alternativas anteriores está correta.

COMENTÁRIO

A. INCORRETA.

A nomeação tardia de candidatos aprovados em concurso público não gera direito à indenização, ainda que a demora tenha origem em erro reconhecido pela própria Administração Pública.

B. CORRETA.

A nomeação tardia de candidatos aprovados em concurso público não gera direito à indenização, ainda que a demora tenha origem em erro reconhecido pela própria Administração Pública.

(Informativo nº 617 do STJ)

C. INCORRETA.

A nomeação tardia de candidatos aprovados em concurso público não gera direito à indenização, ainda que a demora tenha origem em erro reconhecido pela própria Administração Pública.

D. INCORRETA.

A nomeação tardia de candidatos aprovados em concurso público não gera direito à indenização, ainda que a demora tenha origem em erro reconhecido pela própria Administração Pública.

E. INCORRETA.

A B está correta.

- *LETRA B*

49. De acordo com a jurisprudência do TST, julgue o item abaixo:

Imagine que determinada categoria profissional deflagre movimento grevista contra a privatização das empresas que compõem certo sistema de uma Entidade.

Nesse caso, ainda que o movimento grevista tenha se dado por motivação eminentemente política, não existe abusividade.

COMENTÁRIO

"É abusivo o movimento grevista deflagrado pela categoria profissional contra a privatização das empresas que compõem o sistema Eletrobras, pois não se verifica dissídio trabalhista, ou seja, conflito entre empresa e trabalhadores.

A política de privatização do setor elétrico não é de autoria da Eletrobras, nem das empresas estatais, mas do poder público, de modo que as reivindicações dos trabalhadores não podem ser negociadas pelas empresas.

Assim, vislumbrando a ocorrência de greve com motivação estritamente política, a SDC, por maioria, julgou procedente o pedido de abusividade do movimento, vencidos os Ministros Mauricio Godinho Delgado, relator, e Kátia Magalhães Arruda."

TST-DCG-1000418-66.2018.5.00.0000, SDC, rel. Min. Mauricio Godinho Delgado, red. p/ acórdão Min. Ives Gandra da Silva Martins Filho, 11.2.2019

- *ERRADO*

50. De acordo com a jurisprudência do TST, julgue o item abaixo:

O afastamento do empregado de suas funções, sem caráter punitivo e sem redução de proventos, tem a mesma natureza preventiva da suspensão que diz respeito à instauração do inquérito para apuração de falta grave contra empregado.

COMENTÁRIO

"O afastamento do empregado de suas funções, sem caráter punitivo e sem redução de proventos, tem a mesma natureza preventiva da suspensão a que alude o art. 853 da CLT.

Portanto, o prazo decadencial de trinta dias para a instauração do inquérito para apuração de falta grave contra empregado garantido com estabilidade (representante sindical) deve ser contado a partir do afastamento de suas funções, independentemente do pagamento dos salários do período, e não a partir do momento em que houve suspensão sem pagamento de salário.

Sob esse fundamento, a SBDI-II, por unanimidade, conheceu do recurso ordinário e, no mérito, negou-lhe provimento para manter o acórdão do Tribunal Regional que concedeu a segurança para determinar a reintegração imediata do empregado nas condições vigentes quando de sua suspensão, visto que o inquérito judicial fora instaurado quando já extrapolados tanto o prazo da CLT, quanto o prazo previsto na norma interna do empregador. Vencidos os Ministros Douglas Alencar Rodrigues, Alexandre Agra Belmonte, Luiz José Dezena da Silva e Renato de Lacerda Paiva." TST-RO-10811-88.2015.5.03.0000, SBDI-II, rel. Min. Delaíde Miranda Arantes, 12.2.2019

CLT. Art. 853 - Para a instauração do inquérito para apuração de falta grave contra empregado garantido com estabilidade, o empregador apresentará reclamação por escrito à Junta ou Juízo de Direito, dentro de 30 (trinta) dias, contados da data da suspensão do empregado.

- *CERTO*

51. De acordo com a jurisprudência do TST, julgue o item abaixo:

É válida a cláusula de norma coletiva que condiciona a validade de atestados médicos e odontológicos apresentados pelos empregados à indicação do código referente à Classificação Internacional de Doenças - CID.

COMENTÁRIO

"É nula cláusula de norma coletiva que condiciona a validade de atestados médicos e odontológicos apresentados pelos empregados à indicação do código referente à Classificação Internacional de Doenças - CID.

Tal exigência obriga o trabalhador a divulgar informações acerca de seu estado de saúde para exercer seu direito de justificar a ausência ao trabalho por motivo de doença, em afronta às regulamentações do Conselho Federal de Medicina e às garantias constitucionais de inviolabilidade da intimidade, da vida privada, da honra e da imagem (art. 5º, X, da CF).

Sob esses fundamentos, a SDC, por unanimidade, conheceu do recurso ordinário, e, por maioria, negou-lhe provimento para manter a decisão do Tribunal Regional que declarara nula a cláusula em apreço. Vencidos os Ministros Ives Gandra Martins Filho, Dora Maria da Costa e Guilherme Augusto Caputo Bastos." TST-RO-213-66.2017.5.08.0000, SDC, rel. Min. Kátia Magalhães Arruda, 19.2.2019. (*Cf. Informativos TST nºs 114 e 126)

- *ERRADO*

52. De acordo com a jurisprudência do TST, julgue o item abaixo:

Os empregados públicos contratados sem concurso público, sob o regime da CLT, para o exercício de cargo em comissão, de livre nomeação e exoneração, não têm direito ao pagamento das verbas rescisórias decorrentes da dispensa imotivada.

COMENTÁRIO

"Conforme a jurisprudência pacífica da SBDI-I e das Turmas do TST, os empregados públicos contratados sem concurso público, sob o regime da CLT, para o exercício de cargo em comissão, de livre nomeação e exoneração, não têm direito ao pagamento das verbas rescisórias decorrentes da dispensa imotivada.

Sob esse entendimento, a SBDI-I, em sua composição plena, por maioria, não conheceu do recurso de embargos em que empregada da Companhia Paulista de Trens Metropolitanos - CPTM, sociedade de economia mista, admitida para o exercício de cargo em comissão, sem concurso, pleiteava o recebimento da indenização de 40% do FGTS e do aviso-prévio indenizado em decorrência de sua demissão sem justa causa.

Vencidos os Ministros Luiz Philippe de Mello Filho, relator, Walmir Oliveira da Costa, Augusto César Leite de Carvalho e José Roberto Freire Pimenta, os quais conheciam e davam provimento ao recurso para restabelecer a decisão do TRT que mantivera a sentença quanto ao direito da reclamante ao pagamento das verbas rescisórias pleiteadas, visto que os empregados em comissão das estatais são regidos pela CLT (art. 173, § 1º, II, da CF) e não houve derrogação expressa ou implícita dos direitos trabalhistas mínimos ali previstos." TST-E-ARR-1642-58.2015.5.02.0080, SBDI-I, rel. Min. Luiz Philippe Vieira de Mello Filho, red. p/ acórdão Min. Maria Cristina Irigoyen Peduzzi, 21.2.2019

- *CERTO*

53. De acordo com a jurisprudência do TST, julgue o item abaixo:

A redução eventual e ínfima do intervalo intrajornada, assim considerada aquela de até 5 minutos no total, somados os do início e término do intervalo, decorrentes de pequenas variações de sua marcação nos controles de ponto, atrai a incidência do art. 71, § 4º, da CLT, que prevê a indenização, apenas do período suprimido, com acréscimo de 50% sobre o valor da remuneração da hora normal de trabalho, quando da não concessão ou a concessão parcial do intervalo intrajornada mínimo, para repouso e alimentação, a empregados urbanos e rurais.

COMENTÁRIO

"O Tribunal Pleno, por maioria, definiu a seguinte tese jurídica para o Tema Repetitivo nº 0014 - DIREITO AO PAGAMENTO DO INTERVALO INTRAJORNADA. CONCESSÃO PARCIAL. APLICAÇÃO ANALÓGICA DO ARTIGO 58, § 1º, DA CLT (casos anteriores à Lei nº 13.467/2017): a redução eventual e ínfima do intervalo intrajornada, assim considerada aquela de até 5 (cinco) minutos no total, somados os do início e término do intervalo, decorrentes de pequenas variações de sua marcação nos controles de ponto, não atrai a incidência do art. 71, § 4º, da CLT.

A extrapolação desse limite acarreta as consequências jurídicas previstas na lei e na jurisprudência.

Vencidos os Ministros Ives Gandra Martins Filho, Maria Cristina Irigoyen Peduzzi, Renato de Lacerda Paiva, Emmanoel Pereira, Dora Maria da Costa, Guilherme Augusto Caputo Bastos, Walmir Oliveira da Costa, Douglas Alencar Rodrigues e Breno Medeiros." TST-IRR-1384-61.2012.5.04.0512, Tribunal Pleno, rel. Min. Kátia Magalhães Arruda, 25.3.2019

CLT. Art. 71, § 4º A não concessão ou a concessão parcial do intervalo intrajornada mínimo, para repouso e alimentação, a empregados urbanos e rurais, implica o pagamento, de natureza indenizatória, apenas do período suprimido, com acréscimo de 50% (cinquenta por cento) sobre o valor da remuneração da hora normal de trabalho. (Redação dada pela Lei nº 13.467, de 2017) (Vigência)

- *ERRADO*

54. De acordo com a jurisprudência do TST, julgue o item abaixo:

Imagine que os advogados empregados do Banco do Brasil não tenham recebido a cota parte dos honorários sucumbenciais que lhe cabiam – não repassada pela entidade responsável por gerir o fundo comum de tais verbas – quando estiveram em gozo de licença-saúde.

Nesse caso, a competência para julgar tal controvérsia é da Justiça do Trabalho.

COMENTÁRIO

"A Justiça do Trabalho é competente para processar e julgar ação em que advogados empregados do Banco do Brasil S.A. pleiteiam a cota parte dos honorários sucumbenciais relativa ao período em que estiveram em gozo de licença-saúde, não repassada pela entidade responsável por gerir o fundo comum dos honorários sucumbenciais recebidos pelo banco empregador (Associação dos Advogados do Banco do Brasil – Asabb).

Na hipótese, prevaleceu o entendimento de que, independentemente de ter havido intermediação da Associação, a competência é da Justiça do Trabalho porque a controvérsia em torno do direito ou não ao recebimento da verba pleiteada está alicerçada na situação funcional dos reclamantes perante o Banco, que é o responsável pelo repasse dos recursos a serem geridos pela Asabb, e concede as informações a respeito do desempenho dos associados em seus respectivos contratos de trabalho.

Sob esse fundamento, a SBDI-I, por unanimidade, conheceu dos embargos, por divergência jurisprudencial, e, no mérito, por maioria, deu-lhes provimento para firmar a competência da Justiça do Trabalho. Vencidos os Ministros Guilherme Augusto Caputo Bastos, relator, Márcio Eurico Vitral Amaro, Hugo Carlos Scheuermann, Breno Medeiros, Maria Cristina Irigoyen Peduzzi e Brito Pereira." TST-E-RR-159700-88.2010.5.16.0002, SBDI-I, rel. Min. Guilherme Augusto Caputo Bastos, red. p/ acórdão Min. Augusto César Leite de Carvalho, 28.3.2019

- *CERTO*

55. De acordo com a jurisprudência do TST, julgue o item abaixo:

É válida cláusula constante de acordo coletivo de trabalho que estabelece sistema de controle de jornada por exceção, no qual o empregado anota no registro de ponto somente situações excepcionais, como faltas, saídas antecipadas, atrasos, licenças e horas extras.

COMENTÁRIO

"A SDC, por maioria, deu provimento a recurso ordinário para considerar válida cláusula constante de acordo coletivo de trabalho que estabeleceu sistema de controle de jornada por exceção, no qual o empregado anota no registro de ponto somente situações excepcionais, como faltas, saídas antecipadas, atrasos, licenças e horas extras.

Prevaleceu o entendimento de que o art. 74, §2º, da CLT, ao atribuir ao empregador a obrigação de formar prova pré-constituída a respeito da jornada de trabalho de seus empregados, possui natureza eminentemente processual.

Não se trata, portanto, de matéria de ordem pública, que asseguraria ao trabalhador determinado regime de marcação de ponto. Assim, não há óbice a que os sujeitos coletivos negociem a forma pela qual o controle será realizado, desde que garantida aos empregados a verificação dos dados inseridos no sistema. Vencidos os Ministros Mauricio Godinho Delgado, relator, e Aloysio Corrêa da Veiga." TST-AIRO-277-95.2015.5.17.0000, SDC, rel. Min. Mauricio Godinho Delgado, red. p/ acórdão Min. Ives Gandra da Silva Martins Filho, 8.4.2019

- *CERTO*

56. De acordo com a jurisprudência do TST, julgue o item abaixo:

Presume-se discriminatória e arbitrária a dispensa sem justa causa de empregado portador de neoplasia maligna. No entanto, não é obrigação do empregador a demonstração de que a dispensa do empregado não teve causa, ainda que indireta, com a respectiva enfermidade.

COMENTÁRIO

"Presume-se discriminatória e arbitrária a dispensa sem justa causa de empregado portador de neoplasia de próstata, nos termos da Súmula nº 443 do TST, pois o câncer é doença grave comumente associada a estigmas.

Assim, cabe ao empregador o ônus de demonstrar que a dispensa do empregado não teve causa, ainda que indireta, com a respectiva enfermidade.

Na espécie, não houve a comprovação de que a demissão se deu por motivos outros que não o fato de o reclamante ser acometido de neoplasia prostática, pois argumentos tais como o corte de gastos e o aumento dos índices de lucro da empresa não se sobrepõem aos princípios enumerados no art. 170 da CF, a exemplo da valorização do trabalho humano, da existência digna e da função social da empresa.

Ademais, restou consignado nos autos que à época da prestação dos serviços a empresa alcançou recordes de produção e de crescimento, tendo o reclamante contribuído de maneira relevante para o sucesso do empreendimento. Sob esses fundamentos, a SBDI-I, em sua composição plena, por unanimidade, conheceu dos embargos por divergência jurisprudencial e, no mérito, por maioria, negou-lhes provimento.

Vencidos os Ministros Márcio Eurico Vitral Amaro, relator, Breno Medeiros e Alexandre Luiz Ramos, os quais davam provimento ao recurso para restabelecer o acórdão do Regional que entendera não configurada a dispensa discriminatória, ao fundamento de que o câncer de próstata, embora grave, não se insere no conceito de doença que suscita estigma ou preconceito." TST-E-ED-RR-68-29.2014.5.09.0245, SBDI-I, rel. Min.Márcio Eurico Vitral Amaro, red. p/ acórdão Min. Cláudio Mascarenhas Brandão, 4.4.2019

- *ERRADO*

57. De acordo com a jurisprudência do TST, julgue o item abaixo:

A sistemática inobservância de normas trabalhistas, advinda de irregularidades praticadas pelo empregador, transgride valores fundamentais à própria coletividade, dando ensejo à reparação por dano moral coletivo, desde que demonstrado efetivamente a ocorrência do dano.

COMENTÁRIO

"A sistemática inobservância de normas trabalhistas, oriunda de irregularidades praticadas pelo empregador, transgride valores fundamentais à própria coletividade, dando ensejo à reparação por dano moral coletivo, independentemente da demonstração efetiva do dano.

No caso, entendeu-se que a conduta ilícita praticada pelas empresas rés (não recolhimento do FGTS, ausência de assinatura da CTPS, contratos de experiência por prazo superior ao legal e pagamento de salários de forma complessiva) transcendeu a esfera individual dos empregados prejudicados, uma vez que não só fragilizou a proteção constitucional dada à dignidade da pessoa humana e ao valor social do trabalho, mas também fomentou uma lógica perversa em que os bons empregadores se sentem compelidos a depreciar as condições de trabalho de seus empregados como forma de se manterem competitivos no mercado.

Sob esses fundamentos, a SBDI-I, por maioria, conheceu do recurso de embargos, por divergência jurisprudencial, e, no mérito, deu-lhes provimento para condenar as rés ao pagamento de indenização por dano moral coletivo, no valor de R$ 200.000,00 (duzentos mil reais), revertida ao Fundo de Amparo ao Trabalhador (FAT). Vencidos os Ministros Breno Medeiros, Alexandre Luiz Ramos e Maria Cristina Irigoyen Peduzzi." TST-E-ED-ED-ARR-3224600-55.2006.5.11.0019, SBDI-I, rel. Min. Alberto Luiz Bresciani de Fontan Pereira, 9.5.2019

- *ERRADO*

58. De acordo com a jurisprudência do TST, julgue o item abaixo:

O recolhimento de lixo das unidades de condomínio residencial não enseja o pagamento do adicional de insalubridade.

COMENTÁRIO

"Não enseja o pagamento do adicional de insalubridade o recolhimento de lixo das unidades de condomínio residencial, por não se tratar de hipótese contemplada no Anexo 14 da NR 15 de Portaria nº 3.214/78 do Ministério do Trabalho.

Para fins de deferimento do referido adicional deve-se considerar não o volume de lixo recolhido, mas a sua natureza ou origem.

Assim, o lixo oriundo de apartamentos ou casas de condomínio residencial, ainda que em grande quantidade, não se equipara ao lixo urbano produzido em banheiros em que há grande circulação de pessoas, pois não intensifica a exposição do empregado a agentes infecciosos.

Inaplicável, portanto, o item II da Súmula nº 448 do TST. Sob esses fundamentos, a SBDI-I, por unanimidade, conheceu dos embargos, por divergência jurisprudencial, e, no mérito, por maioria, deu-lhes provimento para restabelecer a decisão do TRT que excluíra da condenação o pagamento do adicional de insalubridade e reflexos. Vencidos os Ministros Cláudio Mascarenhas Brandão e Alberto Luiz Bresciani de Fontan Pereira." TST-E-RR-635-17.2012.5.15.0131, SBDI-I, rel. Min. José Roberto Freire Pimenta, 23.5.2019

- *CERTO*

59. De acordo com a jurisprudência do TST, julgue o item abaixo:

Na hipótese de ter havido vários interditos proibitórios por diversas instituições financeiras, para resguardar o livre acesso, no interior das agências bancárias, de clientes e empregados não integrantes do movimento paredista, configura, por si só, dano moral coletivo.

COMENTÁRIO

"O mero ajuizamento simultâneo de vários interditos proibitórios por diversas instituições financeiras não configura, por si só, dano moral coletivo.

No caso, não restou evidenciado exercício abusivo do direito de ação e, consequentemente, conduta antissindical.

Conforme registrado pelo acórdão do Tribunal Regional, o objetivo das ações consistiu unicamente em resguardar o livre acesso, no interior das agências bancárias, de clientes e empregados não integrantes do movimento paredista, inserindo-se, portanto, na prerrogativa de livre uso e gozo da posse, de modo que o ajuizamento dos interditos proibitórios pode ser considerado plenamente legítimo.

Ademais, não se vislumbra abusividade no ajuizamento de vinte e um interditos se considerada a amplitude da base territorial do sindicato autor da ação civil pública (quase duas mil agências bancárias em Belo Horizonte e região) e o número de instituições financeiras que se utilizaram da ação possessória (seis bancos).

Por fim, reforça a ausência de conduta abusiva o fato de o TRT também ter registrado que oito liminares foram concedidas no bojo das ações possessórias ajuizadas.

Sob esses fundamentos, a SBDI-I, por maioria, conheceu do recurso de embargos, por divergência jurisprudencial, e, no mérito, também por maioria, deu-lhes provimento para restabelecer o acórdão do Tribunal Regional que julgara improcedente o pedido de indenização por dano moral coletivo. Vencidos, no conhecimento, os Ministros Augusto César Leite de Carvalho, relator, Hugo Carlos Scheuermann e Cláudio Mascarenhas Brandão; e, no mérito, os Ministros Augusto César Leite de Carvalho, relator, José Roberto Freire Pimenta, Hugo Carlos Scheuermann, Cláudio Mascarenhas Brandão e Luiz Philippe Vieira de Mello Filho." TST-E-ED-ED-RR-253840-90.2006.5.03.0140, SBDI-I, rel. Min. Augusto César Leite de Carvalho, red. p/ acórdão Min. Ives Gandra da Silva Martins Filho, 23.5.2019

- *ERRADO*

60. De acordo com a jurisprudência do TST, julgue o item abaixo:

Pode-se afirmar que é lícita a terceirização de toda e qualquer atividade, meio ou fim, não se configurando relação de emprego entre a contratante e o empregado da contratada.

COMENTÁRIO

"RECURSO DE REVISTA. ACÓRDÃO PUBLICADO ANTERIORMENTE À LEI 13.015/14. TERCEIRIZAÇÃO DE SERVIÇOS. ATIVIDADE-FIM. BANCO E EMPRESA DE TELECOMUNICAÇÕES. VÍNCULO EMPREGATÍCIO DIRETAMENTE COM OS TOMADORES DOS SERVIÇOS NÃO CONFIGURADO. ADEQUAÇÃO AO ENTENDIMENTO CONSAGRADO PELO C. STF - TEMAS 725 E 739 DE REPERCUSSÃO GERAL NO C. STF - ADPF 324, RE 958.252 E ARE 791.932. 1. Há muito prevaleceu no âmbito desta Corte Superior o entendimento de que é ilícita a terceirização de serviços especializados, ligados à atividade-fim do tomador dos serviços, identificada no objeto social do contrato social das empresas envolvidas. Nessa linha de argumentação, entendia-se que a contratação de trabalhadores por empresa interposta seria ilegal, formando-se o vínculo empregatício diretamente entre o empregado contratado e a empresa tomadora dos serviços. Inteligência da Súmula nº 331 do c.TST.

2. Revisitando posicionamento consagrado pelo c. TST, em 30/8/2018, a Suprema Corte, nos autos da ADPF 324/DF e do RE 958.252, submetido à sistemática da repercussão geral - Tema nº 725 –, tendo em conta os princípios constitucionais da livre iniciativa (art. 170) e da livre concorrência (art. 170, IV), a dignidade da pessoa humana (art. 1º), os direitos trabalhistas assegurados pela Constituição Federal (art. 7º), o direito de acesso do trabalhador à previdência social, à proteção à saúde e à segurança no trabalho, declarou a inconstitucionalidade da Súmula nº 331, I, do c. TST, reconhecendo a licitude da terceirização em todas as etapas do processo produtivo, seja meio ou fim. Ao examinar o Tema nº 725 da Tabela de Repercussão Geral, no RE nº 958.252, fixou a seguinte tese jurídica: "É lícita a terceirização ou qualquer outra forma de divisão do trabalho entre pessoas jurídicas distintas, independentemente do objeto social das empresas envolvidas, mantida a responsabilidade subsidiária da empresa contratante". Na mesma oportunidade, ao julgar a ADPF nº 324, firmou a seguinte tese, com efeito vinculante para todo o Poder Judiciário: "1. É lícita a terceirização de toda e qualquer atividade, meio ou fim, não se configurando relação de emprego entre a contratante e o empregado da contratada. 2. Na terceirização, compete à contratante: i) verificar a idoneidade e a capacidade econômica da terceirizada; e ii) responder subsidiariamente pelo descumprimento das normas trabalhistas, bem como por obrigações previdenciárias, na forma do art. 31 da Lei 8.212/1993".

3. A jurisprudência então caminhava no sentido de que a previsão do art. 94, II, da Lei 9.472/97, segundo o qual, "no cumprimento de seus deveres, a concessionária poderá, observadas as condições e limites estabelecidos pela Agência: (...) contratar com terceiros o desenvolvimento de atividades inerentes, acessórias ou complementares ao serviço, bem como a implementação de projetos associados", não se traduzia em autorização para a contratação pela tomadora dos serviços de trabalhadores para exercer tarefas ligadas à sua atividade-fim, sob pena de caracterização de terceirização ilícita de mão-de-obra.

4. Em 11.10.2018, entretanto, o c. STF, examinando o Tema nº 739 da Tabela de Repercussão Geral - possibilidade de recusa de aplicação do art. 94, II, da Lei 9.472/1997, em razão dos termos da Súmula 331/TST, sem observância da regra de reserva de plenário –, nos autos do ARE nº 791.932, fixou a seguinte tese: "É nula a decisão de órgão fracionário que se recusa a aplicar o art. 94, II, da Lei 9.472/1997, sem observar a cláusula de reserva de Plenário (CF, art. 97), observado o artigo 949 do CPC."

5. Em suma, o c. STF reconheceu a legalidade irrestrita da terceirização de serviços, podendo a contratação de trabalhadores se dar de forma direta ou por empresa interposta

e para exercer indiscriminadamente atividades ligadas à área fim ou meio das empresas, não se configurando em tais circunstâncias relação de emprego entre a contratante e o empregado da contratada, remanescendo, contudo, a responsabilidade subsidiária do tomador dos serviços no caso de descumprimento das obrigações trabalhistas assumidas pela empresa contratada, bem como pelas obrigações previdenciárias, na forma do art. 31 da Lei 8.212/1993, além de firmar que é plenamente possível a terceirização de atividades precípuas das concessionárias de serviços de telecomunicações.

6. Na hipótese dos autos, o eg. Tribunal Regional concluiu que a terceirização de serviços se deu de forma lícita, de modo que não reconheceu o vínculo empregatício diretamente com os tomadores de serviços, em total conformidade com a atual jurisprudência do c. STF e do c. TST. Óbice da Súmula nº 333 do c. TST e do artigo 896, § 7º, da CLT. 7. Recurso de revista não conhecido." (TST-RR-1169-88.2011.5.03.0014, 3ª Turma, rel. Min. Alexandre Agra Belmonte, julgado em 22.5.2019)

- *CERTO*

61. De acordo com a jurisprudência do TST, julgue o item abaixo:

Ainda que haja licitude nas etapas do processo produtivo da terceirização, se houver descumprimento das obrigações trabalhistas por parte da empresa contratada, a empresa tomadora dos serviços será responsabilizada de forma subsidiária pelo pagamento da remuneração e das demais verbas trabalhistas devidas.

COMENTÁRIO

"Terceirização. Instituição financeira. Call center. Atividade-fim. Licitude da terceirização em todas as etapas do processo produtivo. Entendimento consagrado pelo STF em sede de repercussão geral.

(...) B) RECURSO DE REVISTA INTERPOSTO PELA PRIMEIRA RECLAMADA, ATENTO BRASIL. 1. QUESTÃO PRELIMINAR: PEDIDO DE RENÚNCIA AO DIREITO EM QUE SE FUNDA A AÇÃO EM RELAÇÃO À PRIMEIRA RECLAMADA (ATENTO BRASIL) APRESENTADO PELA RECLAMANTE. IMPOSSIBILIDADE DE HOMOLOGAÇÃO. NATUREZA DA RELAÇÃO CONTROVERTIDA. LITISCONSÓRCIO NECESSÁRIO UNITÁRIO. VEDAÇÃO À INTERPRETAÇÃO AMPLIATIVA DA RENÚNCIA. 1.1. Trata-se de pedido de renúncia formulado pela reclamante ao direito em que se funda a ação exclusivamente em relação à primeira reclamada, Atento Brasil, ora recorrente, com a consequente perda do objeto do recurso e baixa imediata dos autos para o prosseguimento da execução contra o segundo reclamado.

1.2. Considerando que a pretensão gira em torno de um direito disponível, seria imperativa a mera homologação do pedido formulado pela reclamante de renúncia ao direito em que se funda a ação.

1.3. Contudo, a natureza da relação jurídica controvertida evidencia a existência de litisconsórcio necessário unitário entre os reclamados, de modo que a homologação da renúncia ao direito material em que se funda a ação aproveitaria a todos os litisconsortes, porquanto a decisão proferida nos autos deve ser uniforme em relação às referidas partes.

1.4. Dessa forma, considerando que o pedido de renúncia foi direcionado apenas à primeira reclamada e sendo vedada a interpretação ampliativa da renúncia, por força do art.

114 do Código Civil, fica inviabilizada a homologação do pedido de renúncia formulado pela reclamante. Pedido não homologado.

2. LICITUDE DA TERCEIRIZAÇÃO. RECONHECIMENTO PELO SUPREMO TRIBUNAL FEDERAL. ADPF 324 E RE 958252. REPERCUSSÃO GERAL.

2.1. O Supremo Tribunal Federal, no último dia 30/8/2018, ao julgar a Arguição de Descumprimento de Preceito Fundamental nº 324 e o Recurso Extraordinário nº 958252, com repercussão geral reconhecida, decidiu que é lícita a terceirização em todas as etapas do processo produtivo, seja meio ou fim.

2.2. A tese de repercussão geral aprovada no recurso extraordinário foi a de que "é licita a terceirização ou qualquer outra forma de divisão do trabalho entre pessoas jurídicas distintas, independentemente do objeto social das empresas envolvidas, mantida a responsabilidade subsidiária da empresa contratante".

2.3. Como se observa, nos moldes do entendimento exarado pelo Supremo Tribunal Federal, é licita a terceirização ou qualquer outra forma de divisão do trabalho entre pessoas jurídicas distintas, independentemente do objeto social das empresas envolvidas, razão pela qual, a liberdade de contratar é conciliável com a terceirização, mormente diante da ausência de legislação que impeça as empresas de contratarem mão de obra, bem como da inexistência de dispositivo legal que defina o que é atividade fim e/ou atividade meio.

2.4. Logo, e em face dos princípios constitucionais da livre iniciativa (CF, art. 170) e da livre concorrência (CF, art. 170, IV), tem-se por lícita qualquer forma de terceirização, sobretudo porque a terceirização aquece o mercado de trabalho e gera maior produtividade.

2.5. Entretanto, não obstante a licitude da terceirização em todas as etapas do processo produtivo, seja meio ou fim, por certo que na hipótese de descumprimento das obrigações trabalhistas por parte da empresa contratada, a empresa tomadora dos serviços será responsabilizada de forma subsidiária pelo pagamento da remuneração e das demais verbas trabalhistas devidas, sendo certo, ainda, que a conclusão do Supremo Tribunal Federal de licitude da terceirização não impede que eventuais abusos decorrentes da referida terceirização sejam apreciados e decididos pelo Poder Judiciário, de modo a garantir os direitos trabalhistas dos trabalhadores terceirizados, pois o remate da licitude da terceirização não pode resultar na precarização das relações de trabalho, tampouco na desproteção do trabalhador. Recurso de revista conhecido e provido." (TST-RR-357-35.2015.5.05.0019, 8ª Turma, rel. Min. Dora Maria da Costa, julgado em 22.5.2019)

- *CERTO*

62. De acordo com a jurisprudência do TST, julgue o item abaixo:

Na terceirização, mais importante para a configuração do vínculo de emprego com a tomadora de serviços é o fato do labor do trabalhador se dar em atividade-fim, em detrimento do preenchimento dos requisitos para a caracterização da relação de emprego.

COMENTÁRIO

"RECURSO DE REVISTA. RECURSO EXTRAORDINÁRIO. REPERCUSSÃO GERAL. RETRATAÇÃO. ART. 1.039 DO CPC. TERCEIRIZAÇÃO. TÉCNICO EM COMUTAÇÃO. EMPRESA DE TELEFONIA. TESE FIXADA PELO SUPREMO TRIBUNAL

FEDERAL. ADPF 324, RE 928.252 E RE 791.932. DISTINGUISHING. SUBORDINAÇÃO DIRETA AO TOMADOR DOS SERVIÇOS. VÍNCULO DE EMPREGO CARACTERIZADO. JUÍZO DE RETRATAÇÃO NÃO EXERCIDO.

1. Em que pese o posicionamento firmado pelo Supremo Tribunal Federal no julgamento da ADPF 324 e do RE 958.252 e do RE 791.932, de repercussão geral, no sentido de que "é lícita a terceirização ou qualquer outra forma de divisão do trabalho entre pessoas jurídicas distintas, independentemente do objeto social das empresas envolvidas, mantida a responsabilidade subsidiária da empresa contratante", no caso, verifica-se distinção fático-jurídica (distinguishing) em relação à tese ali fixada, uma vez que o reconhecimento do vínculo de emprego não resultou apenas do labor do autor em atividade-fim da tomadora dos serviços, mas da constatação da "presença de subordinação do autor em face da primeira ré, para quem prestava serviços diretamente, utilizando-se do espaço e equipamentos desta, nos mesmos moldes que antes fazia, quando era diretamente contratado pela primeira ré até o ano de 1999".

2. Verifica-se, assim, que o caso dos autos não se amolda à hipótese dirimida pelo STF, razão pela qual não há retratação a ser feita nos moldes do art. 1039 do CPC/2015 (art. 543-B, § 3º, CPC/73).

3. Impõe-se, nesse contexto, a manutenção do acórdão em que não conhecido o recurso de revista da primeira reclamada. Acórdão mantido." (TST-RR-62900-79.2007.5.09.0072, 1ª Turma, rel. Min. Hugo Carlos Scheuermann, julgado em 5.6.2019)

- *ERRADO*

63. De acordo com a jurisprudência do TST, julgue o item abaixo:

A dicção do art. 899, § 10, da CLT, que autoriza a isenção do depósito recursal em relação às empresas em recuperação judicial, somente se aplica na fase de cognição processual.

COMENTÁRIO

"(...) B) RECURSO DE REVISTA. EXECUÇÃO. EMPRESA EM RECUPERAÇÃO JUDICIAL. DESERÇÃO. AUSÊNCIA DE GARANTIA DO JUÍZO. RECURSO INTERPOSTO APÓS A VIGÊNCIA DA LEI Nº 13.467/17. Com efeito, o art. 47 da Lei nº 11.101/2005 preceitua que a recuperação judicial de uma empresa é um meio utilizado para evitar sua falência, tratando-se de uma tentativa para recuperar aquela atividade evitando o fechamento e as consequentes demissões e não pagamento dos credores, a evidenciar que se encontra financeiramente incapaz de arcar com as despesas do processo. In casu, o Tribunal Regional entendeu que a dicção do art. 899, § 10, da CLT, que autoriza a isenção do depósito recursal em relação às empresas em recuperação judicial, somente se aplica na fase de cognição processual, de modo que não conheceu do agravo de petição interposto pela executada, por ausência de garantia do juízo, nos termos do art. 884 da CLT.

Entretanto, tem-se que a executada não possui recursos para a garantia do juízo, tendo em vista o deferimento da recuperação judicial, não havendo dúvidas, outrossim, que os pagamentos dos débitos da empresa são realizados mediante habilitação no juízo da recuperação judicial. Por conseguinte, exigir da executada a garantia do juízo resultaria no comprometimento do próprio plano de recuperação judicial, o qual tem a finalidade de viabilizar o soerguimento da empresa.

Dessa forma, observa-se que a decisão recorrida foi de encontro aos princípios do contraditório e da ampla defesa, insculpidos no inciso LV do art. 5° da CF, mormente diante dos termos dos arts. 47, 49 e 52, III, da Lei nº 11.101/2005 e 899, § 10, da CLT, e tendo em vista que, antes da expedição da certidão de crédito, para habilitação no juízo universal, é preciso enfrentar as impugnações apresentadas a fim de que haja o acerto dos cálculos de liquidação. Recurso de revista conhecido e provido." (TST-RR-10193-45.2017.5.03.0107, 8ª Turma, rel. Min. Dora Maria da Costa, julgado em 5.6.2019)

- *CERTO*

64. De acordo com a jurisprudência do TST, julgue o item abaixo:

A fiscalização e a eventual autuação da empresa, e, por conseguinte, a aplicação de multa em razão do descumprimento de normas de segurança e medicina do trabalho, são de competência exclusiva dos auditores fiscais do trabalho.

COMENTÁRIO

"(A) RECURSO DE REVISTA INTERPOSTO PELO MUNICÍPIO DE JUNDIAÍ. AÇÃO ANULATÓRIA DE AUTO DE INFRAÇÃO. COMPETÊNCIA DO CENTRO DE REFERÊNCIA EM SAÚDE DO TRABALHADOR (CEREST) PARA AUTUAÇÃO E APLICAÇÃO DE PENALIDADE. A Constituição Federal, em seu art. 21, XXIV, disciplina que compete à União "organizar, manter e executar a inspeção do trabalho", e o art. 14, XIX, "c", da Lei n° 9.649/1998 determina que compete ao Ministério do Trabalho e Emprego a fiscalização do trabalho, bem como a aplicação das sanções previstas em normas legais ou coletivas. Nesse sentido, os arts. 626 a 634 da CLT disciplinam o procedimento de fiscalização do trabalho, bem como a autuação e imposição de multas.

Dessa forma, nos moldes dos preceitos acima mencionados, a fiscalização e a eventual autuação da empresa, e, por conseguinte, a aplicação de multa em razão do descumprimento de normas de segurança e medicina do trabalho, são de competência exclusiva dos auditores fiscais do trabalho.

Não obstante seja garantia constitucional inserta no art. 7º, XXII, da CF, a redução dos riscos inerentes ao trabalho, por meio de normas de saúde, higiene e segurança, além de a Constituição Federal assegurar um meio ambiente de trabalho saudável, é certo que as disposições constitucionais e legais mencionadas pelo Município de Jundiaí não conferem competência ao Centro de Referência em Saúde do Trabalhador – CEREST, órgão municipal vinculado à Secretaria de Saúde, para fiscalizar as empresas, lavrar auto de infração, assim como aplicar a multa cabível quando constatado que não foram observadas as normas relativas à segurança, saúde e medicina do trabalho.

Nesse contexto, revela-se acertada a decisão do Tribunal Regional que declarou a nulidade do auto de infração, tendo em vista a incompetência do seu emissor, e, por conseguinte, concluiu que a multa dele derivada perdeu o seu valor impositivo. (...)" (TST-RR-10420-06.2015.5.15.0096, 8ª Turma, rel. Min. Dora Maria da Costa, julgado em 5.6.2019)

- *CERTO*

65. De acordo com a jurisprudência do TST, julgue o item abaixo:

Qualquer contato do trabalhador com raios ionizantes é potencialmente prejudicial à saúde. Dessa forma, ante o risco potencial, há o direito ao adicional de periculosidade a que se refere a Orientação Jurisprudencial nº 345 da SBDI-I.

COMENTÁRIO

"O Quadro de Atividades e Operações Perigosas, aprovado pela Comissão Nacional de Energia Nuclear - CNEN, adotado pela Portaria nº 518/2003 do Ministério do Trabalho, considera atividade de risco não apenas aquela que importa a operação direta de equipamentos emissores de radiação, como também a simples exposição, ainda que por tempo reduzido.

Nos termos da referida portaria, não há níveis seguros de exposição à radiação, de modo que qualquer contato do trabalhador com raios ionizantes é potencialmente prejudicial à saúde. Assim, ante o risco potencial, médica radiologista contratada para trabalhar no setor de radiologia do hospital tem direito ao adicional de periculosidade a que se refere a Orientação Jurisprudencial nº 345 da SBDI-I, ainda que adentrasse apenas de forma eventual nas salas de irradiação.

Sob esse entendimento, a SBDI-I, por unanimidade, conheceu dos embargos, por divergência jurisprudencial, e, no mérito, negou-lhes provimento, mantendo, portanto, a condenação da reclamada ao pagamento de adicional de periculosidade no montante de 30% sobre o salário-base da autora, com reflexos.

Vencidos os Ministros Guilherme Augusto Caputo Bastos e Maria Cristina Irigoyen Peduzzi." TST-E-ED-ED-RR-61400-27.2006.5.05.0006, SBDI-I, Rel. Min. José Roberto Freire Pimenta, 13.6.2019

- *CERTO*

66. De acordo com a jurisprudência do TST, julgue o item abaixo:

Imagine que um empregador tenha colocado instalação de câmeras nos vestiários dos empregados.

Nesse caso, existe dano moral presumido ao empregado, vez que quando necessitar utilizar o vestiário, haverá inequívoco constrangimento e intimidação.

COMENTÁRIO

"(...)INDENIZAÇÃO POR DANOS MORAIS. MONITORAMENTO POR CÂMERA NO VESTIÁRIO. ABUSO DO PODER DE DIREÇÃO DA EMPREGADORA. Trata-se de pedido de indenização por dano moral, sob a alegação de violação da privacidade da empregada por monitoramento do vestiário por meio de câmera.

O direito à privacidade configura um poder jurídico fundamental do cidadão, possuindo status constitucional, insculpido no artigo 5º, inciso X, da Constituição Federal. Representa, na verdade, uma grande conquista do indivíduo, frente ao Estado, constituindo um direito subjetivo oponível erga omnes, de forma que exija uma omissão social, a fim de que a vida privada do ser humano não sofra violações.

Esse direito alberga todas as manifestações da esfera íntima, privada e da personalidade. Segundo Matos Pereira, constitui "o conjunto de informação acerca do indivíduo que ele pode decidir manter sob seu exclusivo controle, ou comunicar, decidindo a quem, quando, onde e em que condições, sem a isso poder ser legalmente sujeito" (apud, SILVA, José Afonso da, Curso de Direito Constitucional Positivo, 33ª edição, editora Malheiros, 2009, p. 206). O ordenamento jurídico pátrio, com vistas a conferir efetividade a esse direito, estabeleceu diversos dispositivos cujo escopo é garantir-lhe a inviolabilidade e, em caso de violação, a efetiva reparação ao lesado e punição do algoz.

No caso dos autos, consta da decisão recorrida que houve a instalação de câmeras nos vestiários dos empregados. O dano, nesses casos, é in re ipsa, ou seja, advém do simples fato de violar a privacidade da reclamante no momento em que necessita utilizar o vestiário, causando-lhe, inequivocamente, constrangimento e intimidação, e ferindo o seu direito constitucionalmente garantido. Não há perquirir acerca de prejuízos ou mesmo de comprovação para configurar dano moral, derivando a lesão, inexoravelmente, do próprio fato ofensivo.

Presente, pois, o dano moral, consistente na violação da privacidade da autora, causando-lhe constrangimento e intimidação ao utilizar o vestiário sob a supervisão de câmeras de filmagem. Por outro lado, a conduta da empregadora revela-se abusiva, pois o seu poder diretivo não autoriza a instalação de câmera de segurança no vestiário dos empregados. Verifica-se, então, que a reclamada, ao instalar câmera de segurança no vestiário dos empregados, agiu com abuso do seu poder diretivo, configurando essa conduta um ato ilícito, nos termos do disposto no artigo 187 do Código Civil.

Na hipótese em que o dano advém de abuso de direito, é despicienda a configuração da culpa lato sensu ou culpa stricto sensu ou dolo, havendo ato ilícito, suficiente para ensejar o pagamento de indenização por dano moral, independentemente do elemento subjetivo da conduta. Nesse contexto, demonstrada a existência da conduta patronal comissiva, do dano sofrido pela empregada e do nexo de causalidade entre eles, exsurge a responsabilidade civil da reclamada oriunda do abuso do seu poder diretivo. Recurso de revista conhecido e provido." (TST-RR-24457-06.2017.5.24.0003, 2ª Turma, rel. Min. José Roberto Freire Pimenta, julgado em 23.10.2019)

- *CERTO*

67. De acordo com a jurisprudência do TST, julgue o item abaixo:

É competente a Justiça do Trabalho para julgar ação civil pública com a finalidade de impor obrigação de não-fazer consistente na vedação ao Estado de firmar contrato de cogestão do sistema prisional estadual com empresa privada.

COMENTÁRIO

"RECURSO DE REVISTA INTERPOSTO SOB A ÉGIDE DA LEI Nº 13.015/2014 E DO NCPC - AÇÃO CIVIL PÚBLICA - INCOMPETÊNCIA DA JUSTIÇA DO TRABALHO - CONTRATO DE COGESTÃO DE ADMINISTRAÇÃO PRISIONAL - VALIDADE Cuida-se de Ação Civil Pública proposta com o intuito de impor obrigação de não-fazer consistente na vedação ao Estado de firmar contrato de cogestão do sistema prisional estadual com empresa privada.

Diante da natureza administrativa do contrato, não há como reconhecer a competência desta Justiça Especializada para o julgamento da matéria. Recurso de Revista não conhecido." (TST-RR-969-80.2010.5.20.0002, 8ª Turma, rel. Min. Maria Cristina Irigoyen Peduzzi, julgado em 23.10.2019)

- *ERRADO*

68. De acordo com a jurisprudência do TST, julgue o item abaixo:

É imprescindível que as empresas públicas e as sociedades de economia mista possuam expressa autorização de lei para admitir trabalhadores em empregos em comissão (chefia, assessoramento e direção), sob o regime da CLT.

COMENTÁRIO

"As empresas públicas e as sociedades de economia mista prescindem de expressa autorização de lei para admitir trabalhadores em empregos em comissão (chefia, assessoramento e direção), sob o regime da CLT.

Tais entidades submetem-se a um regime jurídico híbrido, caracterizado pela dinamicidade que necessitam para o desenvolvimento de suas atividades (regime próprio das empresas privadas) e pela observância das normas de Direito Público naquilo em que a Constituição expressamente determine.

Assim, a própria Carta Magna, ao dispor sobre a investidura em cargo ou emprego público mediante prévia aprovação em concurso, ressalvou as nomeações para cargo em comissão de livre nomeação e exoneração (art. 37, II, da CF), além de limitar a exigência de necessidade de lei para a criação de cargos, funções e empregos públicos à Administração direta e autárquica (art. 61, § 1°, II, "a", da CF), não alcançando, portanto, os entes empresariais estatais.

Sob esses fundamentos, a SBDI-I, por unanimidade, conheceu do recurso de embargos, por divergência jurisprudencial, e, no mérito, negou-lhe provimento, mantendo, portanto, o acórdão turmário que conhecera do recurso de revista da União, por violação do art. 173, § 1°, II, da CF, e no mérito, dera-lhe provimento para afastar a ilegalidade reconhecida pelo TRT quanto à criação de empregos em comissão no âmbito da Companhia de Pesquisa de Recursos Minerais - CPRM, sem amparo em lei." TST-E-RR-567-67.2013.5.10.0003,SBDI-I, rel. Min. Augusto César Leite de Carvalho, 7.11.2019

- *ERRADO*

69. De acordo com a jurisprudência do TST, julgue o item abaixo:

Sabe-se que o Sindicato, na qualidade de substituto processual, possui legitimidade extraordinária ampla para defesa dos direitos coletivos ou individuais da categoria. Logo, os substituídos não possuem a prerrogativa de desistirem da ação se assim lhes aprouver, necessitando para tanto da anuência do Sindicato-autor.

COMENTÁRIO

"AÇÃO COLETIVA - PEDIDO DE DESISTÊNCIA DOS SUBSTITUÍDOS - POSSIBILIDADE. TRANSCENDÊNCIA.

O processamento do recurso de revista na vigência da Lei 13.467/2017 exige que a causa ofereça transcendência com relação aos reflexos gerais de natureza econômica, política, social ou jurídica, a qual deve ser analisada de ofício e previamente pelo Relator (artigos 896-A, da CLT, 246 e 247 do RITST). A causa apresenta transcendência jurídica, nos termos art. 896-A, § 1º, IV, da CLT, uma vez que se discute a possibilidade de desistência, por parte dos substituídos, em ação coletiva ajuizado pelo Sindicato, em relação a qual é escassa a jurisprudência desta Corte Superior, traduzindo novidade para o fim de elevar o seu exame em torno da interpretação da legislação trabalhista. Constatada a transcendência jurídica da causa e demonstrada divergência jurisprudencial, deve ser processado o recurso de revista. Agravo de instrumento de que se conhece e a que se dá provimento.

RECURSO DE REVISTA. LEI 13.467/2017. AÇÃO COLETIVA - PEDIDO DE DESISTÊNCIA DE PARTE DOS SUBSTITUÍDOS - POSSIBILIDADE. TRANSCENDÊNCIA.

O Sindicato, na qualidade de substituto processual, possui legitimidade extraordinária ampla para defesa dos direitos coletivos ou individuais da categoria (art. 8º, III, da CF). Contudo, não obstante o Sindicato figure como parte no processo, os substituídos permanecem titulares do direito material e, portanto, possuem a prerrogativa de desistirem da ação se assim lhes aprouver sem a necessidade de anuência do Sindicato-autor.

De outro lado, não há na decisão regional prova ou indício de que as declarações de desistência apresentadas pela empresa tenham decorrido de pressão da reclamada que acarretassem o reconhecimento de vício de consentimento. Transcendência reconhecida, recurso de revista de que se conhece e a que se dá provimento."

(TST-ARR-10795-82.2015.5.03.0179, 6ª Turma, rel. Des. Conv. Cilene Ferreira Amaro Santos, julgado em 26.6.2019)

- *ERRADO*

70. De acordo com a jurisprudência do TST, julgue o item abaixo:

Sabendo que a comissão eleitoral é integrada por trabalhadores indicados pelos empregados e pelo empregador e o seu âmbito de atuação é o próprio ambiente de trabalho, pode-se dizer que a conduta patronal de demitir empregado, logo após a anulação da eleição e antes mesmo que o processo eleitoral pudesse ser retomado, não configura prática obstativa de aquisição de direito.

COMENTÁRIO

"(...) RECURSO INTERPOSTO SOB A ÉGIDE DO CPC/73 E ANTERIORMENTE À ENTRADA EM VIGOR DA LEI Nº 13.015/2014 - ESTABILIDADE PROVISÓRIA - EMPREGADO DEMITIDO APÓS O REGISTRO DE SUA CANDIDATURA PARA A CIPA MAS ANTERIORMENTE À ELEIÇÃO EM VIRTUDE DE ANULAÇÃO DA ELEIÇÃO - CONDUTA OBSTATIVA DE DIREITO.

1. É incontroverso nos autos que a reclamante candidatou-se a integrar a CIPA e que a eleição realizada em 16/6/2009 foi anulada por decisão da comissão eleitoral em virtude de irregularidades havidas no dia da eleição, como, por exemplo, a ausência do quórum de 50% dos empregados da reclamada, além da denúncia de que as urnas teriam ficado desguarnecidas de supervisão e controle, permitindo-se que os empregados votassem quantas vezes quisessem. É incontroverso, ainda, que a reclamante foi demitida sem justa causa em 11/9/2009 e que a nova eleição para a CIPA ocorreu em junho de 2010.

2. A reclamante, ao registrar sua candidatura a membro da CIPA, tinha a legítima expectativa de participar do processo eleitoral até o seu desfecho. Surgidas intercorrências no curso do processo eleitoral – o que é natural e previsível – deveriam elas ter sido superadas pela comissão eleitoral a fim de que o processo eleitoral tivesse seguimento e chegasse a bom termo.

Registre-se que a comissão eleitoral é integrada por trabalhadores indicados pelos empregados e pelo empregador e o seu âmbito de atuação é o próprio ambiente de trabalho. Neste contexto, a conduta patronal de demitir a reclamante, logo após a anulação da eleição e antes mesmo que o processo eleitoral pudesse ser retomado, configurou prática obstativa de aquisição de direito, conforme previsto no art. 129 do Código Civil.

Trata-se, ainda, de inequívoco rompimento da boa-fé objetiva, pois a expectativa despertada na reclamante, de participar do processo eleitoral a membro da CIPA até a proclamação do resultado, encontra respaldo no art. 422 do Código Civil, que prevê o dever de as partes contratantes agirem umas com as outras com lealdade e transparência, respeitando os legítimos interesses e expectativas que naturalmente defluem das várias situações surgidas no curso das relações contratuais mantidas entre as partes. Registre-se que a lentidão da comissão eleitoral em definir os rumos do processo eleitoral não pode afetar os direitos da reclamante. Recurso de revista conhecido e provido."

(TST-RR-1351-89.2010.5.02.0482, 7ª Turma, rel. Min. Luiz Philippe Vieira de Mello Filho, julgado em 26.6.2019)

- *ERRADO*

71. De acordo com a jurisprudência do TST, julgue o item abaixo:

A Justiça do trabalho não tem competência para processar e julgar as ações de cobrança de imposto sindical quando deflagradas entre sindicatos profissionais de servidores estatutários e o respectivo ente público patronal.

COMENTÁRIO

"(...) II. RECURSO DE REVISTA INTERPOSTO EM FACE DE DECISÃO PUBLICADA NA VIGÊNCIA DA LEI 13.015/2014. 1. SERVIDORES ESTATUTÁRIOS. CONTRIBUIÇÕES SINDICAIS OBRIGATÓRIAS. Na esteira dos mais recentes precedentes desta Corte Superior, é da Justiça Comum a competência para processar e julgar as ações de cobrança de imposto sindical quando deflagradas entre sindicatos profissionais de servidores estatutários e o respectivo ente público patronal.

Ofensa ao art. 114, I, da Constituição Federal configurada. Recurso de revista conhecido e provido." (TST-RR-463-71.2015.5.22.0003, 5ª Turma, red. p/ acórdão Min. Emmanoel Pereira, julgado em 30.10.2019)

- *CERTO*

72. De acordo com a jurisprudência do TST, julgue o item abaixo:

O entendimento desta Corte se apresenta no sentido de que as horas *in itinere* são computadas na jornada de trabalho do empregado para fins de aferir o atendimento do art. 66 da CLT, relativo ao intervalo interjornada.

COMENTÁRIO

"(...)RECURSO DE REVISTA. INTERVALO INTERJORNADA. CÔMPUTO DAS HORAS IN ITINERE NA JORNADA DE TRABALHO. APELO SOB A ÉGIDE DA LEI 13.015/2014 E DO CÓDIGO DE PROCESSO CIVIL. REQUISITOS DO ART. 896, § 1º-A, DA CLT, ATENDIDOS. O entendimento desta Corte se apresenta no sentido de que as horas in itinere computam-se na jornada de trabalho do empregado para fins de aferir o atendimento do art. 66 da CLT, relativo ao intervalo interjornada. Precedentes. Recurso de revista conhecido e provido.(...)" (TST-RR-1619-87.2017.5.12.0008, 6ª Turma, rel. Min. Augusto César Leite de Carvalho, julgado em 30.10.2019)

- *CERTO*

73. De acordo com a jurisprudência do TST, julgue o item abaixo:

O fato de haver apenas lesão a um único trabalhador desnatura o caráter coletivo de ação civil pública ajuizada pelo Ministério Público do Trabalho em que se pleiteia a abstenção da empresa empregadora de exigir o cumprimento de jornada além do limite legal e a concessão regular do intervalo entre duas jornadas previsto no art. 66 da CLT, pois fica evidente que se busca tão somente o ressarcimento daquele empregado.

COMENTÁRIO

"O Ministério Público do Trabalho tem legitimidade para ajuizar ação civil pública pleiteando a abstenção da empresa empregadora de exigir o cumprimento de jornada além do limite legal e a concessão regular do intervalo entre duas jornadas previsto no art. 66 da CLT, mesmo na hipótese em que a ação esteja fundada apenas em três autos de infração, dois deles referindo-se aos direitos discutidos, mas limitados a uma única empregada.

O fato de haver a comprovação de lesão a apenas uma trabalhadora não desnatura o caráter coletivo da demanda, pois o que se busca não é o ressarcimento da empregada, mas a observância das normas relativas à duração do trabalho e dos respectivos intervalos interjornadas, em defesa do ordenamento jurídico e, de forma secundária, do conjunto de empregados da reclamada.

Sob esse entendimento, a SBDI-I, por maioria, conheceu dos embargos, por divergência jurisprudencial, vencidos os Ministros Augusto César Leite de Carvalho, Luiz Philippe Vieira de Mello Filho, Walmir Oliveira da Costa, José Roberto Freire Pimenta, Hugo Carlos Scheuermann e Cláudio Mascarenhas Brandão.

No mérito, também por maioria, a Subseção negou provimento ao recurso para manter a decisão turmária que reconhecera a legitimidade ativa do MPT para ajuizar a presente ação, vencidos os Ministros Maria Cristina Irigoyen Peduzzi, relatora, Guilherme Augusto Caputo Bastos, Márcio Eurico Vitral Amaro e Breno Medeiros."

TST-E-RR-2713-60.2011.5.02.0040, SBDI-I, rel. Min. Maria Cristina Irigoyen Peduzzi, red. p/ acórdão Min. José Roberto Freire Pimenta 8.8.2019

- *ERRADO*

74. De acordo com a jurisprudência do TST, julgue o item abaixo:

No que concerne ao recolhimento da contribuição sindical, é necessária prévia e expressa autorização individualizada do trabalhador para que haja os referidos descontos.

COMENTÁRIO

"Com o advento da reforma trabalhista (Lei nº 13.467/2017), tornou-se facultativo o recolhimento da contribuição sindical, cujos descontos dependem de prévia e expressa autorização do trabalhador.

Muito embora o art. 579 da CLT, alterado pela reforma trabalhista, não tenha, inicialmente, feito referência expressa à necessidade de a autorização ser dada de forma individualizada, tal interpretação se coaduna com o espírito da lei, que, ao transformar a contribuição sindical em facultativa, dependente de autorização prévia e expressa, pretendeu resguardar o princípio constitucional da liberdade de associação sindical, preconizado nos arts. 5º, XX, 8º, V, da Constituição Federal e que, inclusive, já norteava as questões atinentes à cobrança de contribuição assistencial e confederativa em face de empregados não sindicalizados.

Portanto, a autorização coletiva, ainda que aprovada em assembleia geral, não supre a autorização individual prévia e expressa de cada empregado. Recurso de revista conhecido e não provido."

(TST-RR-373-97.2018.5.07.0028, 5ª Turma, rel. Min. Breno Medeiros, julgado em 7.8.2019)

- *CERTO*

75. De acordo com a jurisprudência do TST, julgue o item abaixo:

No caso de haver prestação laboral de apenado, a Justiça do Trabalho terá competência para julgar feitos que versem sobre pedidos relativos aos serviços prestados.

COMENTÁRIO

"(...) III. RECURSO DE REVISTA INTERPOSTO NA VIGÊNCIA DA LEI 13.015/2014. JUSTIÇA DO TRABALHO. INCOMPETÊNCIA PARA PROCESSAR E JULGAR AÇÕES QUE VERSAM SOBRE O LABOR REALIZADO PELO PRESIDIÁRIO NO CUMPRIMENTO DA PENA. RELAÇÃO JURÍDICA REGIDA PELA LEI Nº 7.214/84 (LEI DE EXECUÇÃO PENAL). ADI-MC 3684/STF.

1. O Tribunal Regional reformou a sentença para reconhecer a competência desta Justiça Especializada para processar e julgar ações que versem acerca do trabalho realizado pelo presidiário durante o cumprimento da pena.

2. A Lei 7.210/84 (Lei de Execução Penal – LEP), que trata sobre a execução da pena do condenado e do internado e da sua reintegração à sociedade, dispõe acerca do trabalho – interno ou externo –, realizado pelo presidiário, registrando que possui finalidade educativa, produtiva e de integração à sociedade. Prevê, ainda, que, além de constituir direito e dever do preso, o trabalho integra a própria pena, estabelecendo, de forma criteriosa, questões relativas à remuneração, indenizações, jornada de trabalho, segurança e higiene do ambiente laboral, dentre outras, e discorrendo, também, que ao trabalho do presidiário não se aplica a Consolidação das Leis do Trabalho.

3. De fato, toda relação estabelecida entre o presidiário e o Estado – estabelecimento prisional ou empresa privada autorizada pelo Estado – está regida pela Lei de Execução Penal, ainda que decorra da prestação laboral, não competindo a esta Justiça Especializada, portanto, processar e julgar feitos que versem acerca de pedidos relativos aos serviços prestados pelo apenado.

4. Aliás, o excelso Supremo Tribunal Federal, no julgamento da ADI 3684 MC, em 01/02/2007, reconheceu a incompetência da Justiça do Trabalho para processar e julgar ações de natureza penal, firmando que "O disposto no artigo 114, incs. I, IV e IX, da Constituição da República, acrescidos pela Emenda Constitucional nº 45, não atribui à Justiça do Trabalho competência para processar e julgar ações penais" (STF, ADI 3684 MC / DF, Tribunal Pleno, Relator Ministro Cezar Peluso, DJ 03/08/2007).

5. Refoge, portanto, à competência da Justiça do Trabalho processar e julgar as ações penais e, por conseguinte, as questões alusivas aos efeitos da pena, dentre elas, os pedidos decorrentes do trabalho do presidiário, devidamente regulado pela Lei 7.210/84 (Lei de Execução Penal - LEP). Julgados desta Corte. Recurso de revista conhecido e provido."

(TST-RR-1009-10.2011.5.09.0010, 5ª Turma, rel. Min. Douglas Alencar Rodrigues, julgado em 7.8.2019)

- *ERRADO*

76. De acordo com a jurisprudência do TST, julgue o item abaixo:

Aplica-se ao regime de trabalho temporário a garantia de estabilidade provisória à empregada gestante, prevista no art. 10, II, b, do Ato das Disposições Constitucionais Transitórias.

COMENTÁRIO

"O Tribunal Pleno, por maioria, definiu a seguinte tese jurídica para o Tema de Incidente de Assunção de Competência nº 0002 – GESTANTE. TRABALHO TEMPORÁRIO. LEI Nº 6.019/74. GARANTIA PROVISÓRIA DO EMPREGO. SÚMULA Nº 244, III, DO TST: é inaplicável ao regime de trabalho temporário, disciplinado pela Lei n.º 6.019/74, a garantia de estabilidade provisória à empregada gestante, prevista no art. 10, II, b, do Ato das Disposições Constitucionais Transitórias.

Vencidos os Ministros Luiz Philippe Vieira de Mello Filho, relator, Alberto Luiz Bresciani de Fontan Pereira, revisor, Lelio Bentes Corrêa, Mauricio Godinho Delgado, Kátia Magalhães Arruda, Augusto César Leite de Carvalho, José Roberto Freire Pimenta, Cláudio Mascarenhas Brandão e Maria Helena Mallmann. Também por maioria, o Tribunal Pleno rejeitou a questão de ordem suscitada pelo Ministro Cláudio Mascarenhas Brandão quanto à modulação dos efeitos da decisão. Vencidos, nesse ponto, os Ministros Luiz Philippe Vieira de Mello Filho, Alberto Luiz Bresciani de Fontan Pereira, Mauricio Godinho Delgado, Kátia Magalhães Arruda, José Roberto Freire Pimenta, Cláudio Mascarenhas Brandão e Maria Helena Mallmann." TST-IAC-5639-31.2013.5.12.0051, Tribunal Pleno, rel. Min. Luiz Philippe Vieira de Mello Filho, red. p/ acórdão Min. Maria Cristina Irigoyen Peduzzi, 18.11.2019

- *ERRADO*

77. De acordo com a jurisprudência do TST, julgue o item abaixo:

A gratificação de função instituída por lei posteriormente declarada inconstitucional se incorpora à remuneração.

COMENTÁRIO

"A gratificação de função instituída por lei posteriormente declarada inconstitucional não se incorpora à remuneração, ainda que percebida por mais de dez anos. Tal entendimento não viola a estabilidade financeira objetivada na Súmula nº 372, I, do TST, uma vez que observa o princípio da legalidade.

No caso, a Corte de origem declarou a inconstitucionalidade das normas estaduais que instituíram a gratificação de função percebida pela autora durante mais de dezesseis anos, inviabilizando, portanto, o pleito de incorporação.

No TST, o recurso de revista não foi conhecido e os embargos não admitidos tendo em vista a aplicação da Súmula nº 296, I, do TST, e a ausência de contrariedade à Súmula nº 372 do TST, que não versa sobre os casos em que há declaração de inconstitucionalidade da norma instituidora da gratificação percebida por mais de dez anos. Sob esses fundamentos, a SBDI-I, por unanimidade, conheceu do agravo regimental interposto pela reclamante e, no mérito, negou-lhe provimento, mantendo, assim, a decisão que negara seguimento aos embargos." TST-Ag-E-ED-RR-898-95.2011.5.05.0023, SBDI-I, rel. Min. Maria Cristina Irigoyen Peduzzi, 21.11.2019

- *ERRADO*

78. De acordo com a jurisprudência do TST, julgue o item abaixo:

A Justiça do Trabalho é competente para julgar a abusividade de greve de servidores públicos celetistas da administração direta, autarquias e fundações de direito público.

COMENTÁRIO

"Conforme decidido pelo STF, em sede de repercussão geral, "a Justiça Comum Federal ou Estadual é competente para julgar a abusividade de greve de servidores públicos celetistas da administração direta, autarquias e fundações de direito público" (Tema 544 – RE nº 846854/SP).

Assim, a Justiça do Trabalho é incompetente para apreciar dissídio coletivo de greve em que se discute a abusividade do movimento paredista deflagrado por servidores celetistas do Hospital das Clínicas da Faculdade de Medicina de Ribeirão Preto da Universidade de São Paulo, autarquia estadual.

No caso, registrou-se que, embora a decisão recorrida seja anterior à publicação do acórdão da repercussão geral, a tese fixada é aplicável ex tunc porque não houve modulação dos efeitos. Sob esses fundamentos, a SDC, por maioria, acolheu a preliminar de incompetência absoluta da Justiça do Trabalho e determinou a remessa dos autos à Justiça Comum Estadual. Vencidos os Ministros Mauricio Godinho Delgado e Lelio Bentes Corrêa." TST-ReeNec e RO-6371-79.2016.5.15.0000, SDC, rel. Min. Ives Gandra da Silva Martins Filho, 12.8.2019

- *ERRADO*

79. De acordo com a jurisprudência do TST, julgue o item abaixo:

Imagine que houve terceirização ilícita de empregados em detrimento de candidatos aprovados por meio de concurso público, dentro do prazo de validade do certame.

Neste caso, configura-se desvio de finalidade do ato administrativo e a consequente preterição do reclamante, o que é suficiente para ensejar a reparação civil por dano moral presumido.

COMENTÁRIO

"(...) II-RECURSO DE REVISTA. RECLAMANTE. LEIS NOS 13.015/2014 E 13.467/2017. DANOS MORAIS. APROVAÇÃO EM CONCURSO PÚBLICO. CONTRATAÇÃO PRECÁRIA DE PESSOAL PARA EXERCÍCIO DAS MESMAS ATRIBUIÇÕES DO CARGO PARA O QUAL FOI REALIZADO O CERTAME. PRETERIÇÃO DOS CANDIDATOS APROVADOS. TRANSCENDÊNCIA

1 - Há transcendência política quando se verifica em exame preliminar o desrespeito à jurisprudência do TST quanto ao tema decidido no acordão recorrido.

2 - Havendo transcendência, segue-se na análise dos demais pressupostos de admissibilidade, quanto ao tema transcendente.

3 - O TRT, a partir do fato incontroverso de que houve preterição de candidato aprovado em concurso público para cadastro de reserva, concluiu que essa conduta da empresa é reprovável, mas não configuraria dano moral.

4 - A jurisprudência majoritária desta Corte já se posicionou no sentido de que, no prazo de validade do concurso público, o candidato aprovado em cadastro de reserva é detentor de mera expectativa de direito à nomeação, ressalvadas as hipóteses de haver preterição na ordem de classificação no certame ou de ser identificada a contratação de pessoal terceirizado para executar as mesmas atividades do cargo descritas no edital, casos nos quais fica demonstrado o desvio de finalidade e converte-se a expectativa de direito em direito subjetivo à nomeação, ainda que o candidato tenha sido aprovado fora do número de vagas.

5 - Extrai-se do trecho do acórdão recorrido indicado pela parte no recurso de revista que o TRT negou provimento ao recurso ordinário do reclamante, no que se refere aos danos morais oriundos de sua indevida preterição, ao argumento de ser necessária prova do dano para amparar a indenização postulada.

6- No entanto, a indenização por dano moral tem sido admitida não apenas em casos de ofensa à honra objetiva (que diz respeito à consideração perante terceiros), mas também de afronta à honra subjetiva (sentimento da própria dignidade moral), a qual se presume.

7 - De acordo com a jurisprudência pacífica, o que se exige é a prova dos fatos que ensejam o pedido de indenização por danos morais (art. 818 da CLT e 373, I, do CPC), e não a prova dos danos imateriais, esta, de resto, impossível. Portanto, o dano moral verifica-se in re ipsa (a coisa fala por si).

8 - Desse modo, diante da patente terceirização ilícita de empregados em detrimento de candidatos aprovados, dentro do prazo de validade do certame, resta configurado o desvio de finalidade do ato administrativo e a consequente preterição do reclamante, suficiente a ensejar a reparação civil.

9 - Assim, o TRT, ao indeferir o pedido de indenização por danos morais ao reclamante, sob o fundamento de ser imprescindível a prova do dano sofrido pelo empregado, decidiu em desacordo com a jurisprudência desta Corte Superior, estando evidenciado o dano moral in re ipsa (a coisa fala por si).

10. Na hipótese, considerando a gravidade e extensão do dano, a culpa da reclamada e o caráter pedagógico da condenação, conclui-se que a fixação do quantum debeatur em R$ 10.000,00 (dez mil reais) mostra-se justa e razoável.

11. Recurso de revista a que se dá provimento." (TST-RR-1746-53.2015.5.10.0007, 6ª Turma, rel. Min. Kátia Magalhães Arruda, julgado em 14.8.2019)

- *CERTO*

80. De acordo com a jurisprudência do TST, julgue o item abaixo:

O pedido de reconhecimento de vínculo de emprego diretamente com o tomador dos serviços, por alegada intermediação ilícita de mão de obra, exige a integração da prestadora de serviços na lide para o desenvolvimento válido e regular do processo.

COMENTÁRIO

"RECURSO DE REVISTA INTERPOSTO SOB A ÉGIDE DA LEI N° 13.015/2014 - CHAMAMENTO AO PROCESSO - LITISCONSÓRCIO PASSIVO NECESSÁRIO - AUSÊNCIA Esta Eg. Corte firmou o entendimento de que o pedido de reconhecimento de vínculo de emprego diretamente com o tomador dos serviços, por alegada intermediação ilícita de mão de obra, não exige a integração da prestadora de serviços na lide para o desenvolvimento válido e regular do processo. Julgados. (...)". (TST-RR-785-03.2013.5.04.0023, 8ª Turma, rel. Min. Maria Cristina Irigoyen Peduzzi, julgado em 14.8.2019)

- *ERRADO*

81. De acordo com a jurisprudência do TST, julgue o item abaixo:

É justificável que haja um prazo maior para a apuração da conduta faltosa para a aplicação da dispensa por justa causa quando a reclamada for empresa de grande porte e tenha uma complexa estrutura organizacional, especialmente se o empregador for ente ou órgão da Administração Pública Indireta, de quem se exige procedimento administrativo formal para a dispensa de empregados.

COMENTÁRIO

"O requisito da imediaticidade para a aplicação da dispensa por justa causa pode ser mitigado quando a reclamada for empresa de grande porte e tenha uma complexa estrutura organizacional.

Neste caso, justifica-se o prazo maior para a apuração da conduta faltosa, especialmente se o empregador for ente ou órgão da Administração Pública Indireta, de quem se exige procedimento administrativo formal para a dispensa de empregados.

Na espécie, a conduta improba do empregado do Banco do Brasil S.A. foi detectada em 15/7/2005, o procedimento interno foi concluído em 3/11/2005 e encaminhado ao Gerente de Divisão em Brasília/DF em 14/11/2005, que aplicou a penalidade da dispensa por justa causa em 14/8/2006.

A dilatação razoável do prazo para a aplicação da penalidade não pode ser tida como perdão tácito, pois este ocorreria apenas se o empregador, ciente do ato faltoso, não demonstrasse interesse em apurá-lo, e não quando, cautelosamente, instaura processo para embasar a formação do convencimento sobre a medida mais correta e justa a ser tomada.

Sob esses fundamentos, a SBDI-I, por unanimidade, conheceu dos embargos interpostos pelo reclamado, por divergência jurisprudencial, e, no mérito, deu-lhes provimento para julgar improcedentes os pedidos de nulidade da dispensa por justa causa e de pagamento das verbas rescisórias correlatas." TST-E-ED-ARR-92100-41.2008.5.09.0026, SBDI-I, rel. Min. José Roberto Freire Pimenta, 29.8.2019

- *CERTO*

82. De acordo com a jurisprudência do TST, julgue o item abaixo:

A União é parte legítima para figurar no polo passivo de ação rescisória para desconstituir capítulo atinente às custas processuais do processo matriz do qual não fizera parte.

COMENTÁRIO

"A União é parte ilegítima para figurar no polo passivo de ação rescisória cujo propósito é desconstituir capítulo atinente às custas processuais do processo matriz do qual não fizera parte.

O argumento de que haveria legitimidade do ente público em razão de ser o destinatário das custas processuais não prevalece, pois o interesse, no caso, é meramente econômico.

Se assim não fosse, a União teria que integrar obrigatoriamente todas as ações rescisórias, ainda que não se discutisse o capítulo referentes às custas, e todas as demais ações, simplesmente pela razão de ser a detentora das custas processuais e de elas serem arbitradas, por força de lei, em praticamente todos os processos.

Sob esse entendimento, a SBDI-II, por unanimidade, conheceu do recurso ordinário e, por maioria, de ofício, declarou extinto o processo sem resolução de mérito em relação à União, por ilegitimidade passiva. Vencidos os Ministros Douglas Alencar Rodrigues, Evandro Valadão e Renato de Lacerda Paiva." TST-RO-10196-96.2013.5.02.0000, SBDI-II, rel. Min. Maria Helena Mallmann, 27.8.2019

- *ERRADO*

83. De acordo com a jurisprudência do TST, julgue o item abaixo:

O termo inicial do prazo decadencial para ajuizamento da ação rescisória coincide com a data da ciência da fraude pelo órgão legitimado para a propositura da aludida ação.

COMENTÁRIO

"O termo inicial do prazo decadencial para ajuizamento da ação rescisória coincide com a data da ciência da fraude pelo órgão legitimado para a propositura da aludida ação.

Assim, não prospera a alegação de que, tendo em conta os princípios da unidade e da indivisibilidade do Ministério Público (art. 127 da CF), o prazo do art. 495 do CPC de 1973 deveria ser contado a partir da data da audiência em ação penal em que, na presença do Ministério Público Federal (MPF), foi mencionada a existência de reclamação trabalhista com reconhecimento de vínculo entre as partes. Embora o MPF e o Ministério Público do Trabalho (MPT) integrem o Ministério Público da União (MPU), possuem atribuições e âmbitos de atuação distintos, de modo que o MPF não tem legitimidade para propor ação rescisória perante a Justiça do Trabalho.

Desse modo, tendo em conta que o Ministério Público do Trabalho teve ciência da fraude apenas quando do recebimento do ofício da 1ª Vara Federal Tributária de Porto Alegre/RS, em 16.5.2008, e ajuizou a ação rescisória em 13.5.2010, não há falar em decadência. Sob esse fundamento, a SBDI-II, por unanimidade, conheceu do recurso ordinário e, no mérito, negou-lhe provimento para manter a decisão recorrida que afastou a arguição de decadência." TST-RO-7939-06.2010.5.02.0000, SBDI-II, rel. Min. Douglas Alencar Rodrigues, 26.11.2019

- *CERTO*

84. De acordo com a jurisprudência do TST, julgue o item abaixo:

No que diz respeito ao TST, somente será admissível dissídio jurisprudencial por meio de acórdãos exarados pela Seção de Dissídios Individuais.

COMENTÁRIO

"AGRAVO EM AGRAVO DE INSTRUMENTO EM RECURSO DE REVISTA - CPC/2015 - INSTRUÇÃO NORMATIVA Nº 40 DO TST - ANTERIOR À VIGÊNCIA DA LEI Nº 13.467/2017 - DIVERGÊNCIA JURISPRUDENCIAL - ARESTO ORIUNDO DE TURMA DO TST - IMPRESTABILIDADE - PRINCÍPIOS DA DEVOLUTIVIDADE E DA DELIMITAÇÃO RECURSAL - NÃO OBSERVAÇÃO.

1. O art. 896 da CLT é claro quanto à admissibilidade do recurso de revista por divergência jurisprudencial e dispõe expressamente na alínea "a" que o dissídio deve ser suscitado em relação a outro Tribunal Regional do Trabalho, no seu Pleno ou Turma, ou à Seção de Dissídios Individuais do Tribunal Superior do Trabalho.

2. Em relação ao TST, portanto, somente é admissível dissídio jurisprudencial por meio de acórdãos exarados pela Seção de Dissídios Individuais.

3. Acrescento que a 7ª Turma, na sua composição atual, fixou entendimento no sentido de que o agravo de instrumento tem por finalidade precípua impugnar os fundamentos da decisão agravada, por se tratar de recurso vinculado àquele que se pretende destrancar.

4. Nesse diapasão, embora não seja necessário repisar no agravo de instrumento todas as alegadas violações de texto legal apresentadas no recurso de revista, se o agravante menciona apenas alguns dos dispositivos legais acaba por limitar, no agravo de instrumento, as impugnações apresentadas, de forma mais ampla, no recurso de revista.

5. No caso concreto, a parte sequer renovou a violação do art. 7º, XXIX, da Constituição Federal nas razões de agravo de instrumento, razão pela qual não se tem por atendidas a devolutividade e a delimitação recursal. Agravo desprovido." (TST-AIRR-11218-06.2015.5.15.0083, 7ª Turma, rel. Min. Luiz Philippe Vieira de Mello Filho, julgado em 27.11.2019)

- *CERTO*

85. De acordo com a jurisprudência do TST, julgue o item abaixo:

O contrato de trabalho do empregado que preste serviço em local destinado a atividade clandestina de bingo, não realizando atividade diretamente vinculada à contravenção legal, não será válido.

COMENTÁRIO

"(...) SEGURANÇA DE ESTABELECIMENTO QUE EXPLORA ATIVIDADE CLANDESTINA DE BINGO. RECONHECIMENTO DO CONTRATO DE TRABALHO. Cinge-se a controvérsia sobre o reconhecimento do vínculo de emprego do trabalhador que exerce o cargo de segurança em local que explora atividade clandestina de bingo.

Em controvérsia semelhante a respeito do "jogo do bicho", o Tribunal Pleno desta Corte Superior, reunido no dia 7/12/2006, julgou o Incidente de Uniformização Jurisprudencial (IUJ), suscitado nos autos do processo nº TST-E-RR-621145/2000, tendo decidido manter o entendimento consubstanciado na Orientação Jurisprudencial nº 199 da Subseção I Especializada em Dissídios Individuais, no sentido de que não há contrato de trabalho, ante a ilicitude do objeto. Há, porém, que se identificar, primeiramente, se a atividade do tomador de serviços é ilícita e o serviço é igualmente ilícito, porque inerente à atividade, logo, o objeto do contrato é ilícito, recaindo no art. 166 do CCB.

Existem casos em que a atividade é ilegal ou ilícita, mas o serviço prestado não diz respeito diretamente ao seu desenvolvimento, cuida-se, não de trabalho ilícito, mas sim de trabalho vulgarmente chamado de proibido, são serviços como segurança, faxineiros, garçons, ou seja, de pessoas que casualmente estão trabalhando em estabelecimento ilegal, mas que poderiam perfeitamente executar o mesmo trabalho em locais lícitos.

Negar a proteção do direito a esses trabalhadores seria injusto perante a ordem jurídica, porque corresponderia a beneficiar o empresário que atua ilegalmente, sonegando ao trabalhador honesto seus direitos trabalhistas.

Assim, há de se reconhecer a validade do contrato de trabalho do empregado que, a despeito de prestar serviço em local destinado a atividade ilícita, não realiza atividade diretamente vinculada à contravenção legal, como é o caso dos autos, em que o autor exercia a atividade de segurança. Nesse esteio, estando o trabalho do reclamante em conformidade com a lei, dissociado da atividade fim do bingo, é certo que o recorrente não pode se favorecer da própria torpeza para não arcar com as obrigações trabalhistas. Portanto, correta a decisão do Regional que reconheceu o vínculo de emprego. Agravo de instrumento conhecido e desprovido." (TST-AIRR-1021-85.2016.5.11.0012, 3ª Turma, rel. Min. Alexandre Agra Belmonte, julgado em 28.8.2019)

- *ERRADO*

86. De acordo com a jurisprudência do TST, julgue o item abaixo:

Não é competente a Justiça do Trabalho para julgar ação civil pública ajuizada pelo Ministério Público do Trabalho que objetiva a imposição de realização de políticas públicas por determinado município, com o intuito de erradicar o trabalho infantil.

COMENTÁRIO

"(...) AÇÃO CIVIL PÚBLICA. INCOMPETÊNCIA DA JUSTIÇA DO TRABALHO. IMPLEMENTAÇÃO DE POLÍTICAS PÚBLICAS. ERRADICAÇÃO DO TRABALHO INFANTIL. Cinge-se a controvérsia acerca da competência desta Justiça Especializada para apreciar Ação Civil Pública ajuizada pelo Ministério Público do Trabalho que objetiva a imposição de realização de políticas públicas pelo Município do Recife, com vistas a erradicar o trabalho infantil.

É certo que à luz do artigo 1º, III e IV, da Constituição, a dignidade da pessoa humana e os valores sociais do trabalho constituem direitos fundamentais. E, com base na preservação desses direitos o Ministério Público, como representante da sociedade, no desempenho de sua função, pretende a adoção de medidas tendentes à erradicação do trabalho infantil (art. 7º, XXXIII, da CF).

De outro lado, não se pode olvidar que, não obstante a Emenda Constitucional nº 45 de 2004 tenha ampliado significativamente a competência da Justiça do Trabalho, passando a estabelecer em seu artigo 114, I e IX, a competência para processar e julgar ações oriundas da relação de trabalho e outras controvérsias dela decorrentes, a matéria objeto de debate não se caracteriza como derivada de relação de trabalho.

Isso porque o objeto da presente ação possui nítido conteúdo social, consistente tanto na prevenção e erradicação do trabalho infantil, como na redução das desigualdades e a profissionalização de adolescentes e jovens, cabendo ao Município, que detém autonomia político-administrativa, a realização de medidas administrativas, tais como: a garantia de verba suficiente para implementação adequada do programa de erradicação do trabalho infantil, a fiscalização e a regularização do trabalho, a promoção de parcerias permanentes com outras entidades, bem como encaminhamento de projetos de lei, questões que não se confundem na competência material da Justiça do Trabalho. Precedentes. Recurso de revista conhecido e provido." (TST-RR-44-21.2013.5.06.0018, 5ª Turma, rel. Min. Breno Medeiros, julgado em 21.8.2019)

- *CERTO*

87. De acordo com a jurisprudência do TST, julgue o item abaixo:

Para a caracterização de grupo econômico entre empresas não é necessária a existência de controle e fiscalização por uma empresa líder, sendo suficiente a mera ocorrência de sócios em comum ou a relação de coordenação entre as pessoas jurídicas.

COMENTÁRIO

"(...) II - RECURSO DE REVISTA SUBMETIDO À LEI Nº 13.467/2017. TRANSCENDÊNCIA POLÍTICA. EXISTÊNCIA. PROCEDIMENTO SUMARÍSSIMO. GRUPO ECONÔMICO. IMPOSSIBILIDADE DE RECONHECIMENTO COM BASE APENAS NA EXISTÊNCIA DE RELAÇÃO DE COORDENAÇÃO ENTRE AS EMPRESAS. Na esteira do atual entendimento da Subseção I Especializada em Dissídios Individuais do TST, a formação de grupo econômico entre empresas pressupõe a existência de controle e fiscalização por uma empresa líder, não sendo suficiente a mera ocorrência de sócios em comum ou a relação de coordenação entre as pessoas jurídicas.

O Tribunal Regional, ao manter a responsabilidade solidária da recorrente com base no artigo 2º, § 2º, da CLT, ao fundamento de que estaria presente a coordenação entre as empresas, incorreu em violação do princípio da legalidade, na medida em que instituída obrigação sem previsão legal. Precedente da SBDI-1 reconhecendo a violação do artigo 5º, inciso II, da Constituição Federal. Recurso de revista conhecido e provido." (TST-RR-10338-24.2017.5.03.0165, 5ª Turma, rel. Min. Emmanoel Pereira, julgado em 21.8.2019)

- *ERRADO*

88. De acordo com a jurisprudência do TST, julgue o item abaixo:

É possível a configuração de grupo econômico "por coordenação", mesmo diante da ausência de hierarquia entre as empresas integrantes do grupo, desde que comunguem dos mesmos interesses.

COMENTÁRIO

"AGRAVOS EM RECURSO DE REVISTA COM AGRAVOS INTERPOSTOS DE DECISÃO PUBLICADA NA VIGÊNCIA DA LEI Nº 13.015/2014. EXECUÇÃO. GRUPO ECONÔMICO POR COORDENAÇÃO. CARACTERIZAÇÃO. POSSIBILIDADE. NULIDADE DO ACÓRDÃO RECORRIDO. NEGATIVA DE PRESTAÇÃO JURISDICIONAL. NÃO CONFIGURAÇÃO. As agravantes não logram afastar os fundamentos da decisão agravada.

Em relação ao reconhecimento de grupo econômico, esta Corte uniformizadora de jurisprudência vem firmando entendimento no sentido da possibilidade da configuração de grupo econômico "por coordenação", mesmo diante da ausência de hierarquia entre as empresas integrantes do grupo, desde que comunguem dos mesmos interesses. Assim, não se cogita em afronta ao artigo 2º, §2º, do Texto Consolidado, o qual disciplina apenas uma das modalidades de formação do grupo econômico, não impedindo que sua configuração possa se estabelecer por outros critérios, razão pela qual, na espécie, as empresas integrantes do grupo econômico devem responder solidariamente pelo adimplemento dos débitos trabalhistas. Precedentes do TST nesse sentido, alguns proferidos em execuções contra as ora agravantes.

No que tange à pretensa nulidade do julgado por incompleta prestação jurisdicional, o exame dos autos revela que a Corte a quo proferiu decisão completa, válida e devidamente fundamentada, não prosperando a arguição de nulidade, assomando-se constituir mero inconformismo contra decisão desfavorável à parte. Não se divisa, portanto, violação direta e literal aos artigos 5º, II, XXXV, LIV e LV, e 93, IX, da Constituição Federal, na forma imposta pelo §2º do artigo 896 da CLT e a Súmula nº 266 do TST. Agravos conhecidos e não providos." (TST-Ag-ARR-206-03.2013.5.03.0114, 7ª Turma, rel. Min. Cláudio Mascarenhas Brandão, julgado em 21.8.2019)

- *CERTO*

89. De acordo com a jurisprudência do TST, julgue o item abaixo:

A Justiça do Trabalho é competente para examinar Ação Civil Pública que tem por objeto a proteção ampla dos direitos constitucionais pertinentes às relações do trabalho firmadas por instituição privada (OSCIP), desde que suas atividades não se desenvolvam a partir de relações jurídico-administrativas (termo de parceria) estabelecidas entre o ente público e a Associação-Ré.

COMENTÁRIO

"(...) COMPETÊNCIA DA JUSTIÇA DO TRABALHO - AÇÃO CIVIL PÚBLICA - DISCUSSÃO SOBRE RELAÇÃO DE TRABALHO FUNDADA EM TERMO DE PARCERIA ENTRE ESTADO E ASSOCIAÇÃO (OSCIP) A Justiça do Trabalho é competente para examinar Ação Civil Pública que tem por objeto a proteção ampla dos direitos constitucionais pertinentes às relações do trabalho firmadas por instituição privada (OSCIP), ainda que suas atividades se desenvolvam a partir de relações jurídico-administrativas (termo de parceria) estabelecidas entre o ente público e a Associação-Ré.

(...)III - RECURSOS DE REVISTA DAS RECLAMADAS INTERPOSTOS SOB A ÉGIDE DA LEI Nº 13.467/2017 - EXAME CONJUNTO - DANO MORAL COLETIVO - CARACTERIZAÇÃO E VALOR DA INDENIZAÇÃO - TERCEIRIZAÇÃO DE ATIVIDADE-FIM - SERVIÇOS DE SAÚDE - PARCERIA ENTRE ORGANIZAÇÃO DA SOCIEDADE CIVIL DE INTERESSE PÚBLICO (OSCIP) E ESTADO - VALIDADE

1. A assistência à saúde é um dever do Estado, podendo ser prestada tanto diretamente quanto por meio de terceiros. Nesse sentido, os arts. 197 e 199, § 1º, do texto constitucional, autorizam a prestação de "ações e serviços de saúde" por pessoas físicas ou pessoas jurídicas de direito privado.

2. Em sintonia com a estrutura institucional adotada pela Constituição da República, a legislação federal autoriza a prestação de serviços públicos na área de saúde por meio de Organizações da Sociedade Civil de Interesse Público (OSCIP). Nesse sentido, o art. 3º da Lei nº 9.790/1999, ao instituir os objetivos sociais exigidos para a qualificação das pessoas jurídicas de direito privado como OSCIP, expressamente incluiu a prestação de serviços gratuitos de saúde.

3. Diante desse cenário normativo, não se pode presumir a ilicitude do termo de parceria firmado entre o Estado e instituição privada já qualificada como OSCIP para a administração de hospital público.

4. A autorização de que a pessoa jurídica de direito privado contrate empregados pelo regime da CLT para a execução de atividades finalísticas do Estado não se traduz em fraude à legislação, mormente quando a própria Constituição da República autoriza a prestação complementar de serviços de saúde por instituições privadas sem fins lucrativos, como na hipótese. 5. Reconhecendo-se a validade das relações de trabalho fundadas no termo de parceria e discutidas nos presentes autos, impõe-se a improcedência dos pedidos deduzidos na Ação Civil Pública. Recursos de Revista conhecidos e providos." (TST-ARR-10060-45.2014.5.14.0416, 8ª Turma, rel. Min. Maria Cristina Irigoyen Peduzzi, julgado em 20.11.2019)

- *ERRADO*

90. De acordo com a jurisprudência do TST, julgue o item abaixo:

Imagine que Calos seja motorista profissional empregado da Empresa Alfa e tenha cometido infração de trânsito ao dirigir sob a influência de álcool, que gerou a suspensão do seu direito de dirigir pelo período de 1 ano.

Nesse caso, a Empresa Alfa poderá dispensá-lo por justa causa.

COMENTÁRIO

"RECURSO DE REVISTA. LEI Nº 13.015/2014. CPC/2015. INSTRUÇÃO NORMATIVA Nº 40 DO TST. JUSTA CAUSA/FALTA GRAVE. MOTORISTA PROFISSIONAL QUE TEVE O DIREITO DE DIRIGIR SUSPENSO NO CURSO DO CONTRATO DE TRABALHO. Embora atos de indisciplina estejam comumente relacionados às regras gerais de conduta emanadas pelo empregador, seu conceito é mais amplo e abrange também outras normas, inclusive leis.

Além disso, o ato deve ser dotado de tamanha gravidade que incompatibilize a relação com o empregador e prejudique o bom andamento da produção. Deve, portanto, repercutir no contrato de trabalho a ponto de causar prejuízo às atividades da empresa.

No presente caso, o autor, contratado como motorista profissional, cometeu infração de trânsito ao dirigir sob a influência de álcool, que gerou a suspensão do seu direito de dirigir pelo período de 1 ano. Assim, ao ter suspenso requisito indispensável para o exercício de sua profissão, comprometeu de forma grave o desempenho de suas atividades na empresa, o que valida a dispensa por justa causa. Recurso de revista conhecido e provido." (TST-RR-287-93.2016.5.09.0658, 7ª Turma, rel. Cláudio Mascarenhas Brandão, julgado em 5.2.2020)

- *CERTO*

91. De acordo com a jurisprudência do TST, julgue o item abaixo:

Ainda que o movimento seja conduzido por pequeno grupo de trabalhadores e sem repercussão significativa, caracteriza-se a greve.

COMENTÁRIO

"Movimento conduzido por pequeno grupo de trabalhadores e sem repercussão significativa não caracteriza greve.

No caso vertente, houve uma pequena paralisação das atividades de uma das concessionárias de transporte público de Manaus, especificamente nos terminais situados nos bairros de Vila Marinho e Augusto Montenegro.

O Tribunal Regional, após análise das provas, entendeu inexistente a greve, por se tratar de um evento que ocorreu de maneira espontânea e imprevista, oriundo de reivindicações pontuais (falta de pagamento de horas extras e supostas perseguições a obreiros), com participação de pouquíssimos trabalhadores e curta duração (cerca de 30 minutos). Concluiu-se, portanto, não estar configurada uma efetiva greve, mas sim uma manifestação isolada, com repercussão mínima.

Sob esses fundamentos, a SDC, por unanimidade, decidiu negar provimento ao recurso ordinário, neste tópico, e manter a decisão recorrida." TST-RO-386-09.2017.5.11.0000, SDC, rel. Min. Maurício Godinho Delgado, 9.3.2020.

- *ERRADO*

92. De acordo com a jurisprudência do TST, julgue o item abaixo:

Na hipótese de a empresa deixar de providenciar aos trabalhadores ativados na coleta de lixo acesso a condições laborais mínimas para o atendimento das necessidades fisiológicas e de higiene pessoal, há a configuração de dano moral.

COMENTÁRIO

"A Norma Regulamentar nº 24 do antigo Ministério do Trabalho, que garante condições sanitárias e de alimentação minimamente razoáveis, é aplicável aos trabalhadores que realizam atividade externa de limpeza urbana.

Ademais, é do empregador o risco do empreendimento (art. 2º, caput, da CLT), razão pela qual cabe a ele arcar com os custos inerentes à atividade empresarial, incluindo aqueles relativos ao dever de manter um meio ambiente de trabalho saudável e higiênico, em atenção à dignidade dos seus empregados.

Assim, resta configurado o dano moral quando a empresa reclamada deixa de providenciar aos trabalhadores ativados na coleta de lixo acesso a condições laborais mínimas para o atendimento das necessidades fisiológicas e de higiene pessoal.

No caso, restou consignado que, antes da empresa adquirir um ônibus para as refeições, os trabalhadores levavam marmitas as quais eram acondicionadas sobre os pneus do caminhão, esquentadas em lata contendo álcool e consumidas na rua.

As necessidades fisiológicas eram feitas em árvores e terrenos baldios, as mãos podiam ser lavadas em um galão com água que ficava no caminhão, mas sem toalhas ou sabonetes, e não havia água potável e fresca em quantidade suficiente para a equipe.

Sob esse entendimento, a SBDI-I, por unanimidade, conheceu do recurso de embargos, por divergência jurisprudencial, e, no mérito, por maioria, negou-lhe provimento para manter a condenação da reclamada ao pagamento de indenização por danos morais. Vencidos os Ministros Breno Medeiros, Alexandre Luiz Ramos e Renato de Lacerda Paiva." TST-E-RR-1438-04.2011.5.09.0195, SBDI-I, rel. Min. José Roberto Freire Pimenta, 5.9.2019

- *CERTO*

93. De acordo com a jurisprudência do TST, julgue o item abaixo:

O contrato personalíssimo que versar sobre o direito de imagem de atleta profissional não possui natureza salarial, tampouco configura contrato de trabalho, salvo nas hipóteses em que restar configurada a intenção de fraude à legislação trabalhista.

COMENTÁRIO

"O direito de imagem do atleta profissional pode ser explorado mediante contrato personalíssimo de natureza civil, desde que fixado sob condições que sejam inconfundíveis com as do contrato especial de trabalho desportivo, nos termos do art. 87-A da Lei nº 9.615/1998.

Portanto, tal ajuste não possui natureza salarial, tampouco configura contrato de trabalho, salvo nas hipóteses em que restar configurada a intenção de fraude à legislação trabalhista (art. 9º da CLT).

No caso, o TRT concluiu que houve intenção fraudulenta não apenas pelo fato de o pagamento da contraprestação ter ocorrido habitualmente em quantias mensais fixas (motivo que, por si só, não seria suficiente para o reconhecimento da natureza salarial da parcela paga), mas também pela inexistência de correlação entre o pagamento e o uso efetivo da imagem do atleta, e pela manifesta desproporcionalidade quanto ao valor contratado, que correspondia a 400% do salário anotado na CTPS.

Sob esses fundamentos, a SBDI-I, por unanimidade, conheceu do recurso de embargos, por divergência jurisprudencial, e, no mérito, por maioria, negou-lhe provimento para manter a conclusão do TRT e da Turma quanto à configuração de fraude, uma vez que o pagamento efetuado a título de direito de imagem tinha por objetivo desvirtuar a aplicação da legislação trabalhista. Vencidos os Ministros Márcio Eurico Vitral Amaro, Guilherme Augusto Caputo Bastos, Walmir Oliveira da Costa e Breno Medeiros." TST-E--RR-358-48.2014.5.12.0055, SBDI-I, rel. Min. Alberto Luiz Bresciani de Fontan Pereira, 5.9.2019

- *CERTO*

94. De acordo com a jurisprudência do TST, julgue o item abaixo:

A assinatura do advogado em acordo celebrado e homologado judicialmente entre as partes, no qual se limitou o pagamento dos honorários advocatícios à modalidade contratual, não poderá comprovar a sua aquiescência quanto à exclusão dos honorários sucumbenciais fixados em sentença transitada em julgado, anterior ao aludido acordo.

COMENTÁRIO

"A assinatura do advogado em acordo celebrado e homologado judicialmente entre as partes, no qual se limitou o pagamento dos honorários advocatícios à modalidade contratual, comprova a sua aquiescência quanto à exclusão dos honorários sucumbenciais fixados em sentença transitada em julgado, anterior ao aludido acordo.

Com esse entendimento, a SBDI-I, por unanimidade, conheceu do recurso de embargos por divergência jurisprudencial, e, no mérito, por maioria, negou-lhe provimento, vencido o Ministro Augusto César Leite de Carvalho, Relator." TST-E-ED--RR-225340-83.1998.5.07.0010, SBDI-I, rel. Min. Augusto César Leite de Carvalho, red. p/ acórdão Min. Breno Medeiros, 13.2.2020.

- *ERRADO*

95. De acordo com a jurisprudência do TST, julgue o item abaixo:

Tem-se que as entidades que compõem os serviços sociais autônomos, apesar de possuírem natureza jurídica de direito privado e não integrarem a administração direta e indireta, devem motivar a dispensa de seus empregados.

COMENTÁRIO

"AGRAVO INTERNO. AGRAVO DE INSTRUMENTO EM RECURSO DE REVISTA. DECISÃO MONOCRÁTICA. APEX. SERVIÇO SOCIAL AUTÔNOMO. DESPEDIDA IMOTIVADA. A decisão monocrática proferida nestes autos merece ser mantida. No tocante à despedida imotivada, a reclamada APEX (Agência Brasileira de Promoção de Exportações e Investimentos), conforme seu estatuto, é de uma associação civil, sem fins lucrativos, de direito privado, instituída na forma de serviço social autônomo.

Nesses termos, o posicionamento adotado pelo TRT foi no sentido de que a ré se trata de entidade paraestatal, e que, portanto, a dispensa de seus empregados não precisa ser motivada. Conforme a jurisprudência emanada do STF, no âmbito do Recurso Extraordinário (RE) 789874, as entidades que compõem os serviços sociais autônomos, por possuírem natureza jurídica de direito privado e não integrarem a administração direta e indireta, não estão sujeitas à regra prevista no artigo 37, II, da Constituição Federal, mesmo que desempenhem atividades de interesse público em cooperação com o Estado. Precedentes.

Agravo interno a que se nega provimento." (TST-Ag-AIRR-179-66.2015.5.10.0013, 5ª Turma, rel. Min. Emmanoel Pereira, julgado em 4.9.2019)

- *ERRADO*

96. De acordo com a jurisprudência do TST, julgue o item abaixo:

É possível a correção de erros de cálculo a qualquer tempo pelo juiz, tanto de ofício como a requerimento, o que não viola a coisa julgada e não está sujeita ao regime da preclusão.

COMENTÁRIO

"(...) DIFERENÇAS NA INDENIZAÇÃO DO PDI - VALOR DE REFERÊNCIA NÃO IMPUGNADO NOS PRIMEIROS CÁLCULOS HOMOLOGADOS - PRECLUSÃO. Com fundamento no art. 463, I, do CPC de 1973 (494, I, do CPC de 2015), é possível a correção de erros de cálculo a qualquer tempo pelo juiz, de ofício ou a requerimento, providência que não viola a coisa julgada e não está sujeita ao regime da preclusão. Julgados do Eg. STJ. Recurso de Revista conhecido parcialmente e provido." (TST-ARR-1571600-76.2004.5.09.0006, 8ª Turma, rel. Min. Maria Cristina Irigoyen Peduzzi, julgado em 12.2.2020)

- *CERTO*

97. De acordo com a jurisprudência do TST, julgue o item abaixo:

O agravo de petição, que é manejado na fase executória da demanda, não precisa observar o princípio devolutivo em profundidade de que trata o artigo 1.013, § 1º, do CPC de 2015.

COMENTÁRIO

"(...) EXECUÇÃO. NÃO CONHECIMENTO DO AGRAVO DE PETIÇÃO. PRETENSA AUSÊNCIA DE IMPUGNAÇÃO DOS FUNDAMENTOS DA SENTENÇA DE LIQUIDAÇÃO. EFEITO DEVOLUTIVO EM PROFUNDIDADE. SÚMULAS Nos 393, ITEM I, E 422, ITEM III, DO TST. O artigo 1.013, § 1º, do CPC de 2015 traz o princípio do efeito devolutivo em profundidade, do qual é dotado o recurso ordinário, por aplicação do artigo 769 da CLT: "§ 1º Serão, porém, objeto de apreciação e julgamento pelo tribunal todas as questões suscitadas e discutidas no processo, ainda que a sentença não as tenha julgado por inteiro".

Nesse mesmo sentido é o entendimento firmado no item I da Súmula nº 393 do TST, *in verbis*: "I – O efeito devolutivo em profundidade do recurso ordinário, que se extrai do § 1º do art. 1.013 do CPC de 2015 (art. 515, §1º, do CPC de 1973), transfere ao Tribunal a apreciação dos fundamentos da inicial ou da defesa, não examinados pela sentença, ainda que não renovados em contrarrazões, desde que relativos ao capítulo impugnado". Considerando que o efeito devolutivo em profundidade "transfere ao Tribunal a apreciação dos fundamentos da inicial ou da defesa (...) desde que relativos ao capítulo impugnado", cabia à Corte regional julgar o apelo da reclamada, nos temas objetos dos capítulos por ela impugnado.

Ademais, o entendimento desta Corte superior é de que o item I da Súmula nº 422 do TST tem aplicabilidade restrita aos recursos de natureza extraordinária, endereçados à esta Corte superior, podendo apenas ser aplicado, em caráter de exceção, aos recursos ordinários, somente na hipótese "de recurso cuja motivação é inteiramente dissociada dos fundamentos da sentença", não sendo essa a hipótese destes autos. Neste sentido é a redação do item III da Súmula nº 422 do TST: "III – Inaplicável a exigência do item I relativamente ao recurso ordinário da competência de Tribunal Regional do Trabalho, exceto em caso de recurso cuja motivação é inteiramente dissociada dos fundamentos da sentença".

Observa-se, ainda, que, ao contrário do entendimento adotado pela Corte regional, não há falar em restrição de aplicabilidade do entendimento firmado no mencionado verbete sumular aos recursos ordinários da fase cognitiva.

Isso porque o agravo de petição, embora seja manejado na fase executória da demanda, também deve observar o princípio devolutivo em profundidade de que trata o artigo 1.013, § 1º, do CPC de 2015, sob pena de implicar violação do direito da ampla defesa da parte, assegurado no artigo 5º, inciso LV, da Constituição Federal.

Precedentes. Assim, a Corte regional, ao não conhecer do agravo de petição interposto pela reclamada, proferiu decisão em violação do artigo 5º, inciso LV, da Constituição Federal. Recurso de revista conhecido e provido."

(TST-RR-184400-65.1999.5.01.0024, 2ª Turma, rel. Min. José Roberto Freire Pimenta, julgado em 11.9.2019)

- *ERRADO*

98. De acordo com a jurisprudência do TST, julgue o item abaixo:

Basta a simples afirmação do reclamante de que não tem condições financeiras de arcar com as despesas do processo para que se autorize a concessão da Justiça gratuita à pessoa natural.

COMENTÁRIO

"RECURSO DE REVISTA INTERPOSTO NA VIGÊNCIA DAS LEIS Nº 13.015/2014 E 13.467/2017. BENEFÍCIOS DA JUSTIÇA GRATUITA. COMPROVAÇÃO. AÇÃO AJUIZADA NA VIGÊNCIA DA LEI Nº 13.467/2017. DECLARAÇÃO PROFERIDA POR PESSOA NATURAL.

Cinge-se a controvérsia a decidir se apenas a declaração de pobreza é suficiente para a comprovação do estado de miserabilidade do reclamante, para fins de deferimento dos benefícios da Justiça gratuita, em ação ajuizada após a vigência da Lei nº 13.467/2017. No caso, as instâncias ordinárias, aplicando o artigo 99, § 3º, do CPC/2015, entenderam que a declaração de pobreza apresentada pelo reclamante é suficiente para caracterizar a presunção relativa de veracidade desse fato.

Com efeito, para o Regional, o reclamante conseguiu comprovar a sua hipossuficiência econômica, uma vez que "a declaração de pobreza apresentada pelo interessado em audiência é prova bastante de sua hipossuficiência econômica, a teor do artigo 99, §3º, do Código de Processo Civil: "Presume-se verdadeira a alegação de insuficiência deduzida exclusivamente por pessoa natura".

A Lei nº 13.467/2017, que entrou em vigor em 11/11/2017, inseriu o parágrafo 4º ao artigo 790 da CLT, que assim dispõe: "Art. 790. (...) § 4º O benefício da justiça gratuita será concedido à parte que comprovar insuficiência de recursos para o pagamento das custas do processo".

Dessa forma, considerando que esta ação foi ajuizada na vigência da reforma trabalhista, ela submete-se ao que dispõe o § 4º do artigo 790 da CLT, que exige a comprovação da insuficiência de recursos para a concessão dos benefícios da Justiça gratuita à parte requerente. Com efeito, nos termos do item I da Súmula nº 463 do TST, basta a simples afirmação do declarante ou de seu advogado para se considerar configurada a sua situação econômica: "I – A partir de 26.06.2017, para a concessão da assistência judiciária gratuita à pessoa natural, basta a declaração de hipossuficiência econômica firmada pela parte ou por seu advogado, desde que munido de procuração com poderes específicos para esse fim (art. 105 do CPC de 2015)".

Ressalta-se que a nova redação do § 4º do artigo 790 da CLT não é incompatível com a redação do artigo 99, § 3º, do CPC/2015, razão pela qual as duas normas legais podem e devem ser aplicadas conjuntamente, por força dos artigos 15 e 769 da CLT. Conclui-se, portanto, que a comprovação a que alude o § 4º do artigo 790 da CLT pode ser feita mediante declaração de miserabilidade da parte.

Nesse contexto, a simples afirmação do reclamante de que não tem condições financeiras de arcar com as despesas do processo autoriza a concessão da Justiça gratuita à pessoa natural. Enfatiza-se, por fim, que o banco recorrente nada provou em sentido contrário, ficando na cômoda posição de negar validade à declaração de pobreza feita pelo reclamante, sem nada alegar de substancial contra ela e seu conteúdo.

Não cabe, portanto, a esta Corte de natureza extraordinária afastar, sem nenhum elemento concreto em contrário, a conclusão de ambas as instâncias ordinárias sobre o fato de ser o reclamante pobre em sentido legal. Recurso de revista conhecido e desprovido." (TST-RR-340-21.2018.5.06.0001, 2ª Turma, rel. Min. José Roberto Freire Pimenta, julgado em 19.2.2020)

- *CERTO*

99. De acordo com a jurisprudência do TST, julgue o item abaixo:

A dispensa imotivada de um determinado empregado encontra respaldo no poder diretivo do empregador, razão pela qual, por si só, em regra, não gera direito ao pagamento de compensação por dano moral nem direito à reintegração ao emprego.

No entanto, o TST já entendeu que a depressão é uma doença grave que gera estigma e preconceito, constituindo uma exceção ao postulado supramencionado em analogia ao teor da súmula 443, cujo teor preconiza que a despedida de empregado portador do vírus HIV ou de outra doença grave que suscite estigma ou preconceito acarretaria a presunção de discriminação e, por conseguinte, daria o direito ao empregado de reintegração no emprego.

COMENTÁRIO

"(...) DEPRESSÃO. DISPENSA DISCRIMINATÓRIA. NÃO CONFIGURAÇÃO. DOENÇA QUE NÃO GERA PRESUNÇÃO DE ESTIGMA OU PRECONCEITO.

INAPLICABILIDADE DA SÚMULA Nº 443. CONHECIMENTO. NÃO PROVIMENTO.

Segundo o entendimento consolidado nesta colenda Corte Superior, a dispensa imotivada de um determinado empregado encontra respaldo no poder diretivo do empregador, razão pela qual, por si só, não gera direito ao pagamento de compensação por dano moral nem direito à reintegração ao emprego. Ocorre, todavia, que devem ser consideradas algumas exceções, como aquelas previstas na Súmula nº 443, cujo teor preconiza que a despedida de empregado portador do vírus HIV ou de outra doença grave que suscite estigma ou preconceito acarretaria a presunção de discriminação e, por conseguinte, daria o direito ao empregado de reintegração no emprego.

Na hipótese vertente, depreende-se da leitura do v. acórdão recorrido que, embora o reclamante apresentasse um quadro clínico diagnosticado como depressão, a reclamada o despediu imotivadamente.

Conquanto a depressão seja uma doença considerada grave, apta a limitar as condições físicas, emocionais e psicológicas de uma pessoa, não é possível enquadrá-la como uma patologia que gera estigma ou preconceito.

Logo, se não há elementos probatórios que ratifiquem a conduta discriminatória do empregador, o empregado não tem direito à reintegração ao emprego. Recurso de revista de que se conhece por divergência jurisprudencial e ao qual se nega provimento." (TST-RR-1535-46.2015.5.02.0037, 4ª Turma, rel. Min. Guilherme Augusto Caputo Bastos, julgado em 18.9.2019)

- *ERRADO*

100. De acordo com a jurisprudência do TST, julgue o item abaixo:

É possível ser reconhecido o vínculo de emprego de motorista de Uber, mesmo porque quando ele fica 'off line', sem delimitação de tempo, essa circunstância não indica a ausência completa e voluntária da prestação dos serviços em exame, já que ocorre em ambiente virtual.

COMENTÁRIO

"RECURSO DE REVISTA. ACÓRDÃO PUBLICADO NA VIGÊNCIA DA LEI Nº 13.015/2014. VÍNCULO DE EMPREGO. MOTORISTA. UBER. AUSÊNCIA DE SUBORDINAÇÃO. TRANSCENDÊNCIA JURÍDICA RECONHECIDA.

Destaque-se, de início, que o reexame do caso não demanda o revolvimento de fatos e provas dos autos, isso porque a transcrição do depoimento pessoal do autor no acórdão recorrido contempla elemento fático hábil ao reconhecimento da confissão quanto à autonomia na prestação de serviços.

Com efeito, o reclamante admite expressamente a possibilidade de ficar 'off line', sem delimitação de tempo, circunstância que indica a ausência completa e voluntária da prestação dos serviços em exame, que só ocorre em ambiente virtual. Tal fato traduz, na prática, a ampla flexibilidade do autor em determinar sua rotina, seus horários de trabalho, locais que deseja atuar e quantidade de clientes que pretende atender por dia.

Tal auto-determinação é incompatível com o reconhecimento da relação de emprego, que tem como pressuposto básico a subordinação, elemento no qual se funda a distinção com o trabalho autônomo. Não bastasse a confissão do reclamante quanto à autonomia para o desempenho de suas atividades, é fato incontroverso nos autos que o reclamante aderiu aos serviços de intermediação digital prestados pela reclamada, utilizando-se de aplicativo que oferece interface entre motoristas previamente cadastrados e usuários dos serviços.

Dentre os termos e condições relacionados aos referidos serviços, está a reserva ao motorista do equivalente a 75% a 80% do valor pago pelo usuário, conforme consignado pelo e. TRT.

O referido percentual revela-se superior ao que esta Corte vem admitindo como bastante à caracterização da relação de parceria entre os envolvidos, uma vez que o rateio do valor do serviço em alto percentual a uma das partes evidencia vantagem remuneratória não condizente com o liame de emprego. Precedentes. Recurso de revista conhecido e provido." (TST-RR-1000123-89.2017.5.02.0038, 5ª Turma, rel. Min. Breno Medeiros, julgado em 5.2.2020)

- *ERRADO*

101. De acordo com a jurisprudência do TST, julgue o item abaixo:

A data do ajuizamento da ação coletiva anterior interrompe os prazos prescricionais bienal e quinquenal, iniciando-se o prazo da prescrição para o ajuizamento da ação individual seguinte na data em que a decisão da ação anterior transita em julgado, de modo que, observados todos esses prazos prescricionais, o período imprescrito retroage ao quinquênio que antecede a propositura da ação anterior.

COMENTÁRIO

"(...) RECURSO DE REVISTA DO RECLAMANTE. PROGRESSÕES FUNCIONAIS - CONTRATO DE TRABALHO NÃO EXTINTO - AÇÃO COLETIVA AJUIZADA ANTERIORMENTE PELO SINDICATO - INTERRUPÇÃO DA PRESCRIÇÃO - DEFINIÇÃO DO CÔMPUTO DO PRAZO PRESCRICIONAL EM RELAÇÃO À AÇÃO INDIVIDUAL POSTERIOR COM O MESMO OBJETO DAQUELA COLETIVA - OBSERVÂNCIA DA DATA DO TRÂNSITO EM JULGADO DA AÇÃO ANTERIOR PARA EFEITO DO INÍCIO DO PRAZO PRESCRICIONAL DO DIREITO DE AÇÃO POSTERIOR E DA DATA DO AJUIZAMENTO DA AÇÃO ANTERIOR PARA EFEITO DO CÔMPUTO DO PERÍODO IMPRESCRITO. Discute-se na hipótese qual o período prescricional a ser considerado em face de ação coletiva anterior que interrompeu a prescrição com relação ao mesmo objeto da presente ação individual, que discute o direito às progressões funcionais não concedidas pela Reclamada.

O eg. TRT limitou o período imprescrito apenas de 2010 a 2015 sob o fundamento de que a ação coletiva anterior, que transitou em julgado em 2012, interrompeu a prescrição na data em que fora proposta, 2009, de modo que apresentada esta ação em 2015, mais de seis anos da data do ajuizamento da anterior, a prescrição alcança os cinco anos anteriores ao ajuizamento desta ação individual.

No entanto, a jurisprudência desta c. Corte Superior firmou o entendimento de que a data do ajuizamento da ação anterior interrompe os prazos prescricionais bienal e quinquenal, iniciando-se o prazo da prescrição para o ajuizamento da ação seguinte na data em que a decisão da ação anterior transita em julgado, de modo que, observados todos esses prazos prescricionais, como ocorreu no presente caso, o período imprescrito retroage ao quinquênio que antecede a propositura da ação anterior, e seu marco inicial é o dia 12/06/2004. Recurso de revista de que se conhece e a que se dá provimento."

(TST-ARR-1060-88.2015.5.20.0005, 6ª Turma, rel. Des. Conv. Cilene Ferreira Amaro Santos, julgado em 18.9.2019)

- *CERTO*

102. De acordo com a jurisprudência do TST, julgue o item abaixo:

A celebração de acordo sem ressalvas – sem manifestação expressa no que concerne ao interesse no exame da legalidade da greve – com o fim de encerrar movimento paredista, afasta o interesse processual, em dissídio coletivo, de ver declarada a abusividade da greve, devendo o processo ser extinto com resolução de mérito.

COMENTÁRIO

"A celebração de acordo sem ressalvas, com o fim de encerrar movimento paredista, afasta o interesse processual, em dissídio coletivo, de ver declarada a abusividade da greve, configurando a hipótese do art. 485, VI, do CPC/2015.

Assim, não havendo, no acordo entabulado, manifestação expressa quanto ao interesse no exame da legalidade da greve, o processo deve ser extinto sem resolução de mérito. Com base nesse entendimento, a SDC, por maioria, ao analisar questão preliminar, decidiu pela extinção do processo, sem resolução de mérito, ante a incompatibilidade da pretensão de declaração de abusividade da greve com a celebração de acordo entre as partes.

Vencidos os Ministros Mauricio Godinho Delgado, relator, Lelio Bentes Corrêa, Guilherme Augusto Caputo Bastos e Kátia Magalhães Arruda, os quais entendiam que, por ser o movimento grevista capaz de causar repercussões em relações da empresa empregadora com outras entidades, subsistia o interesse de agir, devendo a matéria ser apreciada pelo Poder Judiciário."

TST-RO-240-16.2017.5.20.0000, SDC, rel. Min. Mauricio Godinho Delgado, red. p/ acórdão Min. Aloysio Corrêa da Veiga, 9.3.2020.

- *ERRADO*

103. De acordo com a jurisprudência do TST, julgue o item abaixo:

É possível a cumulação dos adicionais de insalubridade e de periculosidade, desde que decorrentes de fatos geradores distintos e autônomos.

COMENTÁRIO

"A SBDI-I, em sua composição plena, por maioria, definiu a seguinte tese jurídica para o Tema Repetitivo nº 0017 – CUMULAÇÃO DE ADICIONAIS DE PERICULOSIDADE E DE INSALUBRIDADE AMPARADOS EM FATOS GERADORES DISTINTOS E AUTÔNOMOS: o art. 193, § 2º, da CLT foi recepcionado pela Constituição Federal e veda a cumulação dos adicionais de insalubridade e de periculosidade, ainda que decorrentes de fatos geradores distintos e autônomos.

Vencidos os Ministros Luiz Philippe Vieira de Mello Filho, relator, Augusto César Leite de Carvalho, José Roberto Freire Pimenta, Hugo Carlos Scheuermann, Cláudio Mascarenhas Brandão e Lelio Bentes Corrêa." TST-IRR-239-55.2011.5.02.0319, SBDI-I, rel. Min. Luiz Philippe Vieira de Mello Filho, red. p/ acórdão Min. Alberto Luiz Bresciani de Fontan Pereira, 26.9.2019

- *ERRADO*

104. De acordo com a jurisprudência do TST, julgue o item abaixo:

Faz coisa julgada material a conclusão extraída de perícia técnica realizada em processo anterior, na qual se decidiu pela improcedência de pedido de reintegração do empregado, mesmo que ausente o nexo de causalidade entre a doença e as tarefas por ele desempenhadas.

COMENTÁRIO

"Não faz coisa julgada material a conclusão extraída de perícia técnica realizada em processo anterior, na qual se decidiu pela improcedência de pedido de reintegração do empregado, ante a ausência de nexo de causalidade entre a doença e as tarefas por ele desempenhadas.

No caso concreto, foram ajuizadas duas reclamações trabalhistas distintas, com mesma causa de pedir, mas pedidos diversos.

Com base no acometimento de doença ocupacional decorrente das atividades desempenhadas na empresa reclamada, a reclamante postulou a reintegração (na primeira ação) e indenização por danos morais (na segunda ação).

O TRT entendeu prejudicado o exame da segunda reclamatória, tendo em vista a prova técnica produzida na primeira reclamação ter concluído pela inexistência de doença ocupacional.

Consignou tratar-se de questão prejudicial ao exame da pretensão à indenização por danos morais.

Todavia, na hipótese, não restaram preenchidos os requisitos necessários à configuração da coisa julgada de questão prejudicial a que se refere o art. 470 do CPC de 1973 (aplicável aos processos ajuizados antes da vigência do CPC de 2015), nem se levou em conta o laudo pericial favorável à autora produzido em momento posterior à primeira ação.

Assim, entendendo possível o exame do pedido de indenização por danos morais, a SBDI-I, por unanimidade, conheceu dos embargos, por divergência jurisprudencial, e, no mérito, por maioria, deu-lhes provimento para, afastada a coisa julgada, determinar o retorno dos autos à Vara do Trabalho de origem para que prossiga no exame da matéria como entender de direito. Vencidos os Ministros Renato de Lacerda Paiva, Hugo Carlos Scheuermann, Breno Medeiros e Alexandre Luiz Ramos." TST-E-RR-26900-75.2006.5.15.0031, SBDI-I, rel. Min. Alberto Luiz Bresciani de Fontan Pereira, 26.9.2019

- *ERRADO*

105. De acordo com a jurisprudência do TST, julgue o item abaixo:

A dispensa discriminatória do reclamante, em razão do ajuizamento da reclamação trabalhista, enseja o direito a sua reintegração.

COMENTÁRIO

"(...) RECURSO DE REVISTA DO RECLAMANTE. DISPENSA ARBITRÁRIA. DISCRIMINAÇÃO EM RAZÃO DO AJUIZAMENTO DE RECLAMATÓRIA TRABALHISTA. ABUSO DE DIREITO. PEDIDO DE REINTEGRAÇÃO.

1. Na hipótese, o Colegiado local consignou que "Não obstante a manifesta retaliação do empregador, não há falar no presente caso em práticas discriminatórias por motivo de sexo, origem, raça, cor, estado civil, situação familiar ou idade, para efeitos admissionais ou de permanência da relação jurídica de trabalho previsto na lei 9.029/95". Neste sentido, rejeitou o pedido de reintegração. Entendeu que a conduta tida por discriminatória - dispensa em razão do ajuizamento de reclamação trabalhista - não está elencada no art. 1º da Lei nº 9.029/95, em sua redação anterior ao advento da Lei 13.146/2015 ("É proibida a adoção de qualquer prática discriminatória e limitativa para efeito de acesso à relação de trabalho, ou de sua manutenção, por motivo de sexo, origem, raça, cor, estado civil, situação familiar, deficiência, reabilitação profissional, idade, entre outros, ressalvadas, nesse caso, as hipóteses de proteção à criança e ao adolescente previstas no inciso XXXIII do art. 7º da Constituição Federal").

2. À luz da jurisprudência desta Corte, o rol contido no art. 1º da Lei nº 9.029/95 não é taxativo, podendo ser aplicadas as disposições contidas na referida lei a outras hipóteses em que ficar comprovada a dispensa discriminatória. 3. Assim, a dispensa discriminatória do reclamante, em razão do ajuizamento da reclamação trabalhista, enseja o direito a sua reintegração. Recurso de revista conhecido e provido." (TST-Ag-RR-21276-77.2013.5.04.0331, 1ª Turma, rel. Min. Hugo Carlos Scheuermann, julgado em 25.9.2019)

- *CERTO*

106. De acordo com a jurisprudência do TST, julgue o item abaixo:

O trabalho durante as férias torna irregular a sua concessão, frustrando a finalidade do instituto, devendo o trabalhador recebê-las integralmente em dobro, e não apenas dos dias trabalhados.

COMENTÁRIO

"(...) 1 - FÉRIAS INTERROMPIDAS. PAGAMENTO EM DOBRO DO PERÍODO INTEGRAL E NÃO APENAS DOS DIAS TRABALHADOS. No caso concreto, restou demonstrado que a reclamante foi chamada para trabalhar por três dias nas férias. Todavia, a Corte de origem manteve a condenação da reclamada ao pagamento em dobro apenas dos três dias trabalhados.

O trabalho durante as férias torna irregular a sua concessão, porquanto frustra a finalidade do instituto, gerando, assim, o direito de o trabalhador recebê-las integralmente em dobro, e não apenas dos dias trabalhados, nos termos do artigo 137 da CLT. Precedente. Recurso de revista conhecido e provido. (...)" (TST-RR-684-94.2012.5.04.0024, 2ª Turma, rel. Min. Delaíde Miranda Arantes, julgado em 2.10.2019)

- *CERTO*

107. De acordo com a jurisprudência do TST, julgue o item abaixo:

É assegurado aos empregados que trabalham em ambiente artificialmente frio, ainda que de forma intermitente, o direito ao intervalo de 20 minutos previsto no artigo 253 da CLT, sendo suficiente a exposição do trabalhador à variação de temperatura decorrente da movimentação de um ambiente (quente/normal) para o outro (frio) durante esse período.

COMENTÁRIO

"A concessão do intervalo de 20 minutos previsto no artigo 253 da CLT prescinde do labor contínuo, por 1 hora e 40 minutos, no interior de câmara frigorífica, sendo suficiente a exposição do trabalhador à variação de temperatura decorrente da movimentação de um ambiente (quente/normal) para o outro (frio) durante esse período.

A continuidade de que tratam o art. 253 da CLT e a Súmula 438 do TST se refere apenas ao tempo a ser considerado para a concessão do intervalo para recuperação térmica, não sendo necessário, para esse fim, que o empregado trabalhe 1 hora e 40 minutos em exposição contínua ao agente frio.

Dessa forma, assegura-se aos empregados que trabalham em ambiente artificialmente frio, ainda que de forma intermitente, o direito ao referido intervalo. Sob esse fundamento, a SBDI-I, por unanimidade, conheceu do agravo, e, no mérito, por maioria, negou-lhe provimento, ficando mantida a condenação da reclamada ao pagamento de vinte minutos a cada uma hora e quarenta minutos trabalhados, a serem pagos com o percentual de 50% previsto no § 4º do art. 71 da CLT. Vencidos os Ministros Breno Medeiros e Alexandre Luiz Ramos."

TST-Ag-E-RR-10257-87.2015.5.01.0040, SBDI-I, rel. Min. Hugo Carlos Scheuermann, 12.3.2020.

- *CERTO*

108. De acordo com a jurisprudência do TST, julgue o item abaixo:

É ofensiva a liberdade de associação sindical a cláusula constante de acordo, convenção coletiva ou sentença normativa estabelecendo contribuição em favor de entidade sindical a título de taxa para custeio do sistema confederativo, assistencial, revigoramento ou fortalecimento sindical e outras da mesma espécie, obrigando trabalhadores não sindicalizados.

COMENTÁRIO

"RECURSO DE REVISTA. CONTRIBUIÇÃO ASSISTENCIAL. PREVISÃO EM NORMA COLETIVA. DEVOLUÇÃO DOS DESCONTOS EFETUADOS PELO EMPREGADOR. '

A Constituição da República, em seus arts. 5º, XX, e 8º, V, assegura o direito de livre associação e sindicalização. É ofensiva a essa modalidade de liberdade cláusula constante de acordo, convenção coletiva ou sentença normativa estabelecendo contribuição em favor de entidade sindical a título de taxa para custeio do sistema confederativo, assistencial, revigoramento ou fortalecimento sindical e outras da mesma espécie, obrigando trabalhadores não sindicalizados.

Sendo nulas as estipulações que inobservem tal restrição, tornam-se passíveis de devolução os valores irregularmente descontados' (Precedente normativo nº 119 da SDC/TST). Recurso de revista conhecido e provido."

(TST-RR-1002380-35.2017.5.02.0605, 3ª Turma, rel. Min. Alberto Luiz Bresciani de Fontan Pereira, julgado em 24.3.20)

- *CERTO*

109. De acordo com a jurisprudência do TST, julgue o item abaixo:

A despedida da empregada gestante, no curso da estabilidade provisória, por si só, caracteriza dano moral passível de indenização.

COMENTÁRIO

"(...)DISPENSA DA EMPREGADA GESTANTE DURANTE O PERÍODO DE ESTABILIDADE. DANOS MORAIS. NÃO CABIMENTO. O entendimento desta Corte firmou-se no sentido de que a despedida da empregada gestante, no curso da estabilidade provisória, por si só, não caracteriza dano moral passível de indenização.

No caso dos autos, o Tribunal Regional concluiu que a reclamante não fazia jus à indenização por danos morais em razão de não ter ficado demonstrada a ocorrência de qualquer fato concreto, além da despedida, que causou dano ao patrimônio subjetivo da reclamante, razão pela qual se entende indevido o deferimento da indenização. Precedentes. Recurso de revista não conhecido. (...)" (TST-RR-1000407-58.2018.5.02.0072, 2ª Turma, rel. Min. José Roberto Freire Pimenta, julgado em 9.10.2019)

- *ERRADO*

110. De acordo com a jurisprudência do TST, julgue o item abaixo:

É certo que, durante o período de suspensão do contrato de trabalho, é devido o auxílio alimentação e a cesta básica.

COMENTÁRIO

"(...) 2 - SUSPENSÃO DO CONTRATO DE TRABALHO. PAGAMENTO DA CESTA BÁSICA. INDEVIDO. O afastamento do trabalho, pelo empregado, por motivo de auxílio-doença comum é, por si só, causa suspensiva do contrato de trabalho, na forma do que dispõe o artigo 476 da CLT. Assim, no período de suspensão do contrato de trabalho, a jurisprudência do TST firmou entendimento de que não é devido o auxílio alimentação e a cesta básica. Recurso de revista conhecido e provido." (ARR-1815-57.2013.5.09.0242, 2ª Turma, rel. Min. Delaíde Miranda Arantes, julgado em 24.3.2020)

- *ERRADO*

111. De acordo com a jurisprudência do TST, julgue o item abaixo:

O redirecionamento da execução contra sócio da empresa submetida à recuperação judicial não extrapola a competência constitucional da Justiça do Trabalho.

COMENTÁRIO

"(...) 2. COMPETÊNCIA DA JUSTIÇA DO TRABALHO. DEVEDOR PRINCIPAL SUBMETIDO À RECUPERAÇÃO JUDICIAL. REDIRECIONAMENTO DE EXECUÇÃO CONTRA OS SÓCIOS. O redirecionamento da execução contra sócio da empresa submetida à recuperação judicial não extrapola a competência constitucional desta Justiça Especializada. Precedentes. Agravo de instrumento conhecido e desprovido." (TST-AIRR-3-47.2017.5.02.0011, 3ª Turma, rel. Min. Alberto Luiz Bresciani de Fontan Pereira, julgado em 16.10.2019)

- *CERTO*

112. De acordo com a jurisprudência do TST, julgue o item abaixo:

No que concerne ao benefício da justiça gratuita, tem-se que a juntada de pesquisa feita junto ao SERASA apenas revela a existência de pendências financeiras, não se prestando a demonstrar, de forma inequívoca, a alegada fragilidade econômica para tanto.

COMENTÁRIO

"(...) ENTIDADE FILANTRÓPICA. JUSTIÇA GRATUITA. ART. 790, § 4º, DA CLT. ISENÇÃO DE CUSTAS PROCESSUAIS. COMPROVAÇÃO. Dispõe o art. 899, § 10, da CLT, incluído pela Lei nº 13.467/2017, serem "isentos do depósito recursal os beneficiários da justiça gratuita, as entidades filantrópicas e as empresas em recuperação judicial".

Cuida, portanto, exclusivamente da questão atinente à isenção de depósito recursal. No que diz respeito particularmente às custas processuais, o art. 790, § 4º, da CLT, também incluído pela Lei nº 13.467/2017, passou a admitir a concessão dos benefícios da Justiça Gratuita "à parte que comprovar insuficiência de recursos para o pagamento das custas do processo".

Tal benefício inequivocamente estende-se à pessoa jurídica, tenha ela ou não fins lucrativos. Não obstante, pressupõe comprovação cabal da insuficiência econômica, de conformidade com o entendimento sufragado na Súmula nº 463, II, do TST. Precedentes. No caso concreto, em que pese haja reconhecido à Reclamada o direito à isenção do pagamento de depósito recursal, com fulcro no art. 899, § 10, da CLT, o Tribunal Regional não conheceu do recurso ordinário da parte, por deserção, tendo em vista a ausência de recolhimento das custas processuais mesmo após intimada para tanto.

Asseverou o TRT de origem, que, conquanto formulado o requerimento de Justiça Gratuita, a Reclamada não faz jus ao benefício em apreço, pois não apresentou qualquer documento apto a "comprovar, de forma convincente, a noticiada fragilidade financeira". Frisou que "a pesquisa no SERASA juntada (ID 8972a24) apenas comprova a condição de inadimplência da ré, não sendo apta a demonstrar que se encontra em estado de hipossuficiência econômica, o que poderia ser feito com a apresentação do seu balanço patrimonial".

Em casos que tais, entende esta Corte Superior que a juntada de pesquisa feita junto ao SERASA apenas revela a existência de pendências financeiras, não se prestando a demonstrar, de forma inequívoca, a alegada fragilidade econômica da Reclamada.

Precedentes. Nesse contexto, encontrando-se a decisão regional em harmonia com o entendimento jurisprudencial deste Tribunal Superior do Trabalho, não se divisa violação dos arts. 5º, LXXIV, da Constituição Federal e 98 e 99 do CPC, tampouco contrariedade à Súmula nº e 463 do TST. Recurso de revista não conhecido."

(TST-RR-1000558-91.2017.5.02.0255, 3ª Turma, rel. Min. Alexandre de Souza Agra Belmonte, julgado em 24.3.20)

- *CERTO*

113. De acordo com a jurisprudência do TST, julgue o item abaixo:

O direito à estabilidade da gestante não está condicionado à prova do nascimento da criança.

COMENTÁRIO

"RECURSO DE REVISTA. REGIDO LEI 13.467/2017. ESTABILIDADE PROVISÓRIA. GESTANTE. CERTIDÃO DE NASCIMENTO DA CRIANÇA. DESNECESSIDADE. TRANSCENDÊNCIA POLÍTICA CARACTERIZADA

1. De acordo com o artigo 896-A da CLT, o Tribunal Superior do Trabalho, no recurso de revista, deve examinar previamente se a causa oferece transcendência com relação aos reflexos gerais de natureza econômica, política, social ou jurídica.

2. No Presente caso o Tribunal Regional consignou que a Autora encontrava-se grávida por ocasião da rescisão contratual, contudo, manteve o indeferimento da estabilidade gestante, ao fundamento de que não houve apresentação da certidão de nascimento da criança.

A estabilidade conferida à gestante pela Constituição Federal objetiva amparar o nascituro, a partir da preservação das condições econômicas mínimas necessárias à tutela de sua saúde e de seu bem-estar. Essa proteção constitui garantia constitucional a todas as trabalhadoras que mantêm vínculo de emprego, sendo certo que os dispositivos que a asseguram – artigos 7º, XVIII, da Constituição Federal e 10, II, b, do ADCT – estabelecem como único requisito ao direito à estabilidade que a empregada esteja gestante no momento da dispensa imotivada. Logo, é inexigível a juntada da certidão de nascimento da criança para fins de concessão da estabilidade da empregada doméstica. Julgados.

Nesse cenário, a decisão regional no sentido de condicionar a estabilidade gestante à comprovação do nascimento da criança, mostra-se em dissonância com a atual e notória jurisprudência desta Corte Superior, bem como evidencia violação ao artigo 10, II, "b", do ADCT, restando, consequentemente, divisada a transcendência política do debate proposto. Recurso de revista conhecido e provido."

(TST-RR-100896-70.2016.5.01.0282, 5ª Turma, rel. Min. Douglas Alencar Rodrigues, julgado em 1º/4/2020.)

- *CERTO*

114. De acordo com a jurisprudência do TST, julgue o item abaixo:

Imagine a situação: Maria foi nomeada para cargo em comissão em determinado município, sob o regime da CLT.

Nesse caso, a Justiça do Trabalho não terá competência para apreciar possível causa em que Maria reclama ao Município determinado direito trabalhista.

COMENTÁRIO

"RECURSO DE REVISTA. LEI Nº 13.015/2014. CPC/2015. INSTRUÇÃO NORMATIVA Nº 40 DO TST. LEI 13.467/2017. ADMINISTRAÇÃO PÚBLICA DIRETA. MUNICÍPIO. CONTRATAÇÃO DE EMPREGADO PARA CARGO EM COMISSÃO DE LIVRE NOMEAÇÃO E EXONERAÇÃO. RELAÇÃO REGIDA PELA CLT. COMPETÊNCIA DA JUSTIÇA DO TRABALHO. TRANSCENDÊNCIA JURÍDICA CONSTATADA.

O Supremo Tribunal Federal, por ocasião do julgamento da ADI nº 3.395/DF, firmou entendimento de que se insere na competência da Justiça Comum o exame da existência, validade e eficácia das relações entre servidores e o poder público fundadas em vínculo jurídico-administrativo.

Não se pode olvidar, contudo, que a Excelsa Corte no referido julgamento se restringiu à análise de típica relação de ordem estatutária, ou seja, de caráter jurídico-administrativo, que se estabelece entre os entes da Administração Pública Direta, suas autarquias e fundações públicas e seus respectivos servidores.

Tal pronunciamento, portanto, não abrange a situação delineada nestes autos, em que a parte autora foi nomeada para o exercício do cargo em comissão de diretor do departamento de cultura do município, sob o regime da CLT, como disposto na Lei Municipal n.º 731/90. Recurso de revista conhecido e provido."

(TST-RR-201-78.2018.5.12.0041, 7ª Turma, rel. Min. Cláudio Mascarenhas Brandão, julgado em 15/4/2020.)

- *ERRADO*

115. De acordo com a jurisprudência do TST, julgue o item abaixo:

O sindicato de categoria profissional tem legitimidade para pleitear direitos individuais homogêneos, não havendo a necessidade de que haja homogeneidade entre todos os substituídos, tampouco se exigindo que a decisão seja uniforme para todas as funções.

COMENTÁRIO

"RECURSO DE REVISTA DO SINDICATO-AUTOR. LEI 13.467/2017. LEGITIMIDADE ATIVA DO SINDICATO DA CATEGORIA PROFISSIONAL. SUBSTITUIÇÃO PROCESSUAL. DIREITOS INDIVIDUAIS. TRANSCENDÊNCIA POLÍTICA CONSTATADA.

O reconhecimento da legitimidade ativa do sindicato da categoria profissional para pleitear direitos individuais homogêneos guarda sintonia com a jurisprudência desta Corte Superior e do Supremo Tribunal Federal. O artigo 8º, inciso III, da Constituição Federal assegura aos sindicatos a possibilidade de substituição processual ampla e irrestrita para agir no interesse de toda a categoria.

A presente demanda é originada de direito de natureza individual homogênea, definido no art. 81, parágrafo único, III, do CDC (Lei nº 8.078/90), pois decorrente de origem comum (Plano de Cargos e Salários do banco reclamado), hipótese em que é autorizada a defesa coletiva em Juízo.

A existência de eventual distinção entre as atribuições previstas para as funções ocupadas pelos substituídos, em relação às quais se questiona o enquadramento no artigo 224, § 2º, da CLT, não é suficiente para afastar a legitimidade do sindicato, considerando a possibilidade de procedência parcial, caso se constate a fidúcia especial apenas em 1 ou 2 delas, e não nas demais.

Não há, portanto, a necessidade de que haja homogeneidade entre todos os substituídos, tampouco se exige que a decisão seja uniforme para todas as funções. Recurso de revista conhecido e provido."

(TST-RR-1878-59.2014.5.10.0003, 7ª Turma, rel. Min. Cláudio Mascarenhas Brandão, julgado em 22/4/2020.)

- *CERTO*

116. De acordo com a jurisprudência do TST, julgue o item abaixo:

Conquanto o mero inadimplemento das obrigações trabalhistas por parte do prestador de serviços não atribua automaticamente ao ente público tomador de serviços a responsabilidade subsidiária pelo pagamento do respectivo débito, subsiste a possibilidade de a Administração Pública ser responsabilizada quando se verificar a conduta culposa do tomador de serviços na fiscalização do correto cumprimento da legislação trabalhista e previdenciária na vigência do contrato administrativo.

COMENTÁRIO

Nos termos da decisão do TST:

Ente público. Terceirização. Responsabilidade subsidiária. Culpa in vigilando. Configuração. Conquanto o mero inadimplemento das obrigações trabalhistas por parte do prestador de serviços não atribua automaticamente ao ente público tomador de serviços a responsabilidade subsidiária pelo pagamento do respectivo débito, subsiste a possibilidade de a Administração Pública ser responsabilizada quando se verificar a conduta culposa do tomador de serviços na fiscalização do correto cumprimento da legislação trabalhista e previdenciária na vigência do contrato administrativo. Esse foi o entendimento esposado pelo Supremo Tribunal Federal no julgamento da ADC nº 16, ao declarar a constitucionalidade do art. 71, § 1º, da Lei nº 8.666/1993. No presente caso, ficou demonstrada a culpa in vigilando da tomadora de serviços, porquanto constatado o descumprimento das obrigações regulares do contrato de trabalho durante sua execução. Sob esse entendimento, a SBDI-1, em composição plena, por maioria, deu provimento aos embargos para restabelecer o acórdão proferido pelo Tribunal Regional na parte em que manteve a responsabilidade subsidiária da União. Vencidos os Ministros Alexandre Luiz Ramos, Hugo Carlos Scheuermann, Breno Medeiros, Aloysio Corrêa da Veiga, Walmir Oliveira da Costa e Maria Cristina Irigoyen Peduzzi.

TST-E-RR-992-25.2014.5.04.0101, SBDI-1, rel. Min. Augusto César Leite de Carvalho, 4/6/2020.

- *CERTO*

117. De acordo com a jurisprudência do TST, julgue o item abaixo:

As empresas prestadoras de serviço público essencial em regime de monopólio, ainda que sem fins lucrativos, não gozam das prerrogativas da Fazenda Pública.

COMENTÁRIO

Segundo entendimento dos Tribunais Superiores:

"AGRAVO. RECURSO DE REVISTA. ACÓRDÃO PUBLICADO NA VIGÊNCIA DA LEI Nº 13.015/2014. CAGEPA. SOCIEDADE DE ECONOMIA MISTA. PRIVILÉGIOS E ISENÇÕES. FORMA DE EXECUÇÃO. TRANSCENDÊNCIA JURÍDICA. A decisão agravada, aplicando a jurisprudência desta Corte, cristalizada na Súmula nº 170 do TST, foi no sentido de que a reclamada, na condição de sociedade de economia mista, não dispõe das prerrogativas concedidas à Fazenda Pública previstas no Decreto-Lei nº 779/69. No entanto, muito embora não se desconheça a firme jurisprudência desta Corte, fato é que o Supremo Tribunal Federal vem se posicionando em sentido diverso, firmando entendimento de que as empresas prestadoras de serviço público essencial em regime de monopólio sem fins lucrativos gozam das prerrogativas da fazenda pública. Julgados do STF. Assim, deve ser reformada a decisão agravada para restabelecer o v. acórdão regional, no aspecto. Agravo provido."

(TST-Ag-RR-1572-32.2017.5.13.0026, 5ª Turma, rel. Min. Breno Medeiros, julgado em 3/6/2020.)

- *ERRADO*

118. De acordo com a jurisprudência do TST, julgue o item abaixo:

A pretensão da ECT em obter o ressarcimento de quantia relativa à diferença de caixa, por se tratar de demanda que tem por objeto a aplicação da Lei de Improbidade Administrativa, é imprescritível.

COMENTÁRIO

O item está em desacordo com o entendimento do TST:

Pretensão de ressarcimento de dano ao erário. Prescrição. Empresa Brasileira de Correios e Telégrafos – ECT. Diferença de quantia de caixa. Interpretação do art. 37, § 5º, da Constituição Federal. Imprescritibilidade restrita a atos dolosos tipificados na Lei nº 8.429/1992 (Lei de Improbidade Administrativa). Resta pacificado o entendimento de que a ECT goza dos mesmos privilégios conferidos à Fazenda Pública, nos termos do art. 12 do Decreto-lei n.º 509/69, regra recepcionada pela Constituição Federal, consoante entendimento firmado pelo STF (RE 220.906). Nesse contexto, aplica-se à ECT a disposição contida no parágrafo 5.º do art. 37 da Carta Política. Segundo a jurisprudência do Supremo Tribunal Federal acerca do referido dispositivo constitucional, a ideia de imprescritibilidade, que se extrai da leitura de tal preceito, foi devidamente talhada para se aplicar aos casos de maior gravidade do ilícito praticado contra o Poder Público, entre eles os atos de improbidade administrativa dolosos, tipificados na Lei nº 8.429/92. No caso, a pretensão da ECT consiste em obter o ressarcimento de quantia relativa à diferença de caixa, não se tratando, portanto, de demanda que tenha por objeto a aplicação da Lei de Improbidade Administrativa, razão por que não há como se entender imprescritível a referida pretensão. Sob esse fundamento, a SBDI-2, por unanimidade, conheceu do Recurso Ordinário e, no mérito, negou-lhe provimento.

TST-RO-1384-62.2011.5.19.0000, SBDI-2, rel. Min. Luiz José Dezena da Silva, 16/6/2020.

- *ERRADO*

119. De acordo com a jurisprudência do TST, julgue o item abaixo:

A decisão que, antes de conceder prazo para regularização do depósito prévio, indefere a petição inicial e extingue a ação rescisória, sem resolução de mérito, está em desacordo com o princípio da primazia da resolução do mérito.

COMENTÁRIO

Assim decidiu o TST:

> Ação rescisória. Irregularidade no depósito prévio. Saneamento do vício de forma espontânea, logo após o ajuizamento da ação. Extinção do processo, sem resolução do mérito. Impossibilidade. Direito à emenda ou complementação da petição inicial previsto no CPC de 2015. Princípio da primazia da resolução do mérito. A decisão que, antes de conceder prazo para regularização do depósito prévio, indefere a petição inicial e extingue a ação rescisória, sem resolução de mérito, está em desacordo com o princípio da primazia da resolução do mérito e com o que preceitua o art. 321 do CPC, o qual é aplicável à ação rescisória em virtude do parágrafo único do art. 318 do CPC. Na espécie, a despeito de a autora ter regularizado, espontaneamente, o depósito prévio um dia após o ajuizamento da ação rescisória, o julgador extinguiu a ação, sem qualquer concessão de prazo para que o vício fosse sanado. Ocorre que, se a ausência de recolhimento do depósito prévio reclama a concessão de prazo para saneamento do vício, antes de se cogitar do indeferimento da exordial, a sua realização espontânea pela parte, ainda que em data diversa do protocolo da petição inicial, demonstra o pleno atendimento dos pressupostos processuais para a regular tramitação do feito. Sob esse entendimento, a SBDI-II, por unanimidade, conheceu do recurso ordinário e, no mérito, deu-lhe provimento para afastar a extinção do processo, sem resolução do mérito, e determinar o retorno dos autos ao Tribunal Regional para prosseguimento dos trâmites ulteriores, com prolação de nova decisão, como entender de direito.
>
> TST-RO-107-24.2016.5.23.0000, SBDI-II, rel. Min. Luiz José Dezena da Silva, 23/6/2020.

- *CERTO*

120. De acordo com a jurisprudência do STF, julgue o item abaixo:

É inconstitucional a expressão "quando apresentar atestado de saúde, emitido por médico de confiança da mulher, que recomende o afastamento", contida nos incisos II e III do art. 394-A da CLT, porquanto, sob essa ótica, é imprescindível a máxima eficácia do direito social instrumental protetivo da mulher e da criança, não sendo possível que seja afastado pelo desconhecimento, pela impossibilidade decorrente da distância de centros médicos ou pela própria negligência da gestante ou lactante em apresentar atestado médico, sob pena de prejudicá-la e de prejudicar o recém-nascido.

COMENTÁRIO

> "O Plenário, por maioria, confirmou medida cautelar deferida pelo ministro Alexandre de Moraes (relator) em decisão monocrática e julgou parcialmente procedente pedido formulado em ação direta para declarar a inconstitucionalidade da expressão "quando apresentar atestado de saúde, emitido por médico de confiança da mulher, que recomende o afastamento", contida nos incisos II e III do art. 394-A da Consolidação das Leis do Trabalho (CLT), inseridos pelo art. 1º da Lei 13.467/2017.

O colegiado registrou que, na redação anterior, o preceito estabelecia que a empregada gestante ou lactante seria afastada, enquanto durasse a gestação e a lactação, de quaisquer atividades, operações ou locais insalubres e deveria exercer suas atividades em local salubre.

Com a alteração implementada pela Lei 13.467/2017, que promoveu a "Reforma Trabalhista" de 2017, o art. 394-A passou a permitir que a mulher gestante continuasse a realizar suas atividades mesmo em condições insalubres em grau mínimo ou médio. Ainda mais grave, no caso da lactação, que ela permanecesse a desempenhá-las inclusive em grau máximo de insalubridade. Ademais, criou o ônus à gestante ou à lactante da apresentação de atestado de saúde, emitido por médico de sua confiança, que certificasse a necessidade do afastamento. Essa mudança trouxe a exposição dessas trabalhadoras a atividades insalubres.

(...)

Sob essa ótica, a proteção da mulher grávida ou lactante contra o trabalho insalubre caracteriza-se como importante direito social instrumental protetivo tanto da mulher quanto da criança. Trata-se de normas de salvaguarda dos direitos sociais da mulher e de efetivação de integral proteção ao recém-nascido, possibilitando sua convivência com a mãe, nos primeiros meses de vida, de maneira harmônica e segura, sem os perigos de um ambiente insalubre. A imprescindibilidade da máxima eficácia desse direito social também decorre da absoluta prioridade que o art. 227 do texto constitucional estabelece à integral proteção à criança, inclusive ao nascituro e ao recém-nascido lactente.

Há, na hipótese, direito de dupla titularidade. A proteção à maternidade e a integral proteção à criança são direitos irrenunciáveis e não podem ser afastados pelo desconhecimento, pela impossibilidade decorrente da distância de centros médicos ou pela própria negligência da gestante ou lactante em apresentar atestado médico, sob pena de prejudicá-la e de prejudicar o recém-nascido. Outras razões poderiam levar a mulher a não apresentar o documento, como, por exemplo, o medo de vir a ser demitida posteriormente ou a pressão para não entregar o atestado.

(...)"

(STF. Plenário. ADI 5938/DF, Rel. Min. Alexandre de Moraes, julgado em 29/5/2019 – Info 942).

- *CERTO*

121. De acordo com a jurisprudência do STF, julgue o item abaixo:

As atividades de conteúdo econômico e as passíveis de delegação, quando definidas como objetos de dada fundação, quando essa for instituída ou mantida pelo poder público, não podem se submeter ao regime jurídico de direito privado.

COMENTÁRIO

"A qualificação de uma fundação instituída pelo Estado como sujeita ao regime público ou privado depende (i) do estatuto de sua criação ou autorização e (ii) das atividades por ela prestadas. As atividades de conteúdo econômico e as passíveis de delegação, quando definidas como objetos de dada fundação, ainda que essa seja instituída ou mantida pelo poder público, podem se submeter ao regime jurídico de direito privado.

A estabilidade especial do art. 19 do Ato das Disposições Constitucionais Transitórias (ADCT) (1) não se estende aos empregados das fundações públicas de direito privado, aplicando-se tão somente aos servidores das pessoas jurídicas de direito público.

Com essas teses de repercussão geral (Tema 545), o Plenário, por maioria e em conclusão de julgamento, deu provimento a recurso extraordinário para reconhecer a legalidade da demissão sem justa causa do recorrido e afastar a decisão que determinara sua reintegração (Informativo 761).

No caso, o empregado, ora recorrido, ingressou, em 1981, na Fundação Padre Anchieta – Centro Paulista de Rádio e TV Educativas (FPA), onde permaneceu trabalhando de forma ininterrupta, mesmo após se aposentar espontaneamente em 1995, até ser despedido sem justa causa em 2005. Em virtude disso, pleiteou sua reintegração, que foi negada pelo juízo de primeira instância e por tribunal regional, ambos sob o fundamento de que a aposentadoria espontânea extinguiria o contrato de trabalho. Na sequência, o Tribunal Superior do Trabalho (TST) proveu recurso de revista, para afastar a tese da extinção automática do contrato de trabalho e reconhecer a estabilidade do art. 19 do ADCT.

Inicialmente, o colegiado rememorou entendimento do Supremo Tribunal Federal (STF) no sentido de que a aposentadoria espontânea somente dá causa à extinção do contrato de trabalho se ocorrer o encerramento da relação empregatícia. No ponto, o acórdão impugnado está de acordo com a orientação jurisprudencial.

(...)

A FPA sujeita-se ao regime de direito privado, cuja conformação se assemelha mais à das empresas públicas e das sociedades de economia mista do que à das autarquias. Não foi por outra razão que a lei autorizou a sua instituição e definiu o regime de pessoal como celetista.

(...)

Portanto, o termo "fundações públicas", constante do art. 19, deve ser compreendido como fundações autárquicas, sujeitas ao regime jurídico de direito público. O preceito não incide em relação aos empregados das fundações públicas de direito privado. Como o recorrido não se beneficiou da estabilidade, era possível sua demissão sem justa causa, sem incorrer em afronta ao art. 7º, I, da CF (2).

(...)"

(STF. Plenário.RE 716378/SP, Rel. Min. Dias Toffoli, julgado em 1º e 7/8/2019. Repercussão geral - Info 946)

- *ERRADO*

122. De acordo com a jurisprudência do STF, julgue o item abaixo:

É da competência da Justiça do Trabalho o julgamento de demanda que envolva servidor público municipal admitido mediante concurso, sob o regime da CLT.

COMENTÁRIO

"O Plenário, por maioria, conheceu de conflito de competência firmado entre a justiça do trabalho e a justiça comum e declarou a competência da justiça comum para processar e julgar a causa. A demanda envolve servidor público municipal, admitido mediante concurso, sob o regime da Consolidação das Leis do Trabalho (CLT).

O colegiado entendeu que o vínculo do servidor com a municipalidade tem natureza jurídico-administrativa. Trata-se, portanto, de servidor público estatutário, de modo que a justiça competente para processar e julgar a causa é a comum.

Vencidos os ministros Marco Aurélio (relator), Edson Fachin, Rosa Weber e Dias Toffoli, que consideraram competente a justiça do trabalho para julgar o pleito, uma vez que a relação jurídica é regida pela CLT."

STF. Plenário. CC 8018/PI, rel. orig. Min. Marco Aurélio, red. p/ o ac. Min. Alexandre de Moraes, julgado em 19/12/2019 (Info 964).

- *ERRADO*

123. De acordo com a jurisprudência do STF, julgue o item abaixo:

A Justiça do Trabalho é competente para executar, de ofício, as contribuições previstas no artigo 195, incisos I, alínea a, e II, da Carta da República, relativamente a títulos executivos judiciais por si formalizados em data anterior à promulgação da Emenda Constitucional nº 20/1998.

COMENTÁRIO

De acordo com o STF:

A Justiça do Trabalho é competente para executar, de ofício, as contribuições previstas no artigo 195, incisos I, alínea a, e II, da Carta da República, relativamente a títulos executivos judiciais por si formalizados em data anterior à promulgação da Emenda Constitucional nº 20/1998.

RECURSO EXTRAORDINÁRIO 595.326. RELATOR: MIN. MARCO AURÉLIO, julgamento em 24/08/2020 (Repercussão Geral - Tema 505).

- *CERTO*

124. De acordo com a jurisprudência do STF, julgue o item abaixo:

A alteração de regência constitucional do salário-família deve repercutir nas relações jurídicas existentes na data em que promulgada a Emenda Constitucional nº 20/1998.

COMENTÁRIO

O Plenário do Supremo Tribunal Federal (STF), por maioria, decidiu que os trabalhadores, incluindo os servidores públicos, que recebiam o salário-família até a promulgação da Emenda Constitucional (EC) 20/1998 continuam tendo direito ao benefício. A decisão se deu, em sessão virtual, no julgamento do Recurso Extraordinário (RE) 657989, com repercussão geral reconhecida (Tema 543).

A redação originária do inciso XII do artigo 7º da Constituição Federal (CF) previa que todos os trabalhadores urbanos e rurais e os servidores públicos tinham direito ao salário-família para os seus dependentes. A EC 20/1998 restringiu o benefício aos trabalhadores de baixa renda.

No RE 657989, uma servidora pública municipal questionava decisão do Tribunal de Justiça do Rio Grande do Sul (TJ-RS) que havia afastado o direito ao recebimento da parcela desde 1/1/1999, em razão da alteração promovida pela EC 20/1998. Segundo o Tribunal estadual, não há direito adquirido ao auxílio, pois a servidora se submete a regime estatutário próprio, nem obstáculo à mudança de situação jurídica anteriormente em vigor.

No julgamento do RE, prevaleceu o entendimento do relator, ministro Marco Aurélio, de que situações consolidadas não podem ser atingidas, por força da garantia do direito adquirido. Segundo ele, as novas regras instituídas pela EC 20/1998 não se aplicam a quem, na data da publicação da emenda, já estava em gozo do benefício.

O ministro destacou ainda que o STF decidiu, no julgamento do RE 379199, que o salário-família é direito incorporado ao patrimônio do servidor público. "O salário-família integrava a remuneração da servidora até dezembro de 1998, quando inexistentes condicionantes ao recebimento. A sociedade não pode viver aos sobressaltos, aos solavancos", afirmou.

A tese de repercussão geral firmada no julgamento foi a seguinte:

> A alteração de regência constitucional do salário-família não repercute nas relações jurídicas existentes na data em que promulgada a Emenda Constitucional nº 20/1998.
>
> RECURSO EXTRAORDINÁRIO 657.989. RELATOR: MIN. MARCO AURÉLIO, julgamento em 16/06/2020 (Repercussão Geral - Tema 543).

- *ERRADO*

125. De acordo com a jurisprudência do STF, julgue o item abaixo:

A expressão "relação do trabalho" deve excluir os vínculos de natureza jurídico-estatutária, em razão do que a competência da Justiça do Trabalho não alcançar as ações judiciais entre o Poder Público e seus servidores.

COMENTÁRIO

O item está de acordo com o entendimento do STF:

> O disposto no inciso I do art. 114 da Constituição Federal não abrange causas ajuizadas para discussão de relação jurídico-estatutária entre o Poder Público dos Entes da Federação e seus Servidores.
>
> A interpretação adequadamente constitucional da expressão "relação do trabalho" deve excluir os vínculos de natureza jurídico-estatutária, em razão do que a competência da Justiça do Trabalho não alcança as ações judiciais entre o Poder Público e seus servidores.
>
> ADI 3.395. RELATOR: MIN. ALEXANDRE DE MORAES, julgamento em 15/04/2020.

- *CERTO*

126. De acordo com a jurisprudência do STF, julgue o item abaixo:

Eventual legislação que disponha que casos de contaminação pelo coronavírus (Covid-19) não serão considerados ocupacionais, exceto mediante comprovação do nexo causal, será inconstitucional.

COMENTÁRIO

O item está de acordo com a decisão tomada pelo STF:

> É inconstitucional art. 29 da MP 927/2020 que prevê que casos de contaminação pelo coronavírus (covid-19) não serão considerados ocupacionais, exceto mediante comprovação

do nexo causal. Não se pode admitir que o citado dispositivo exclua da consideração da contaminação por coronavírus como ocupacional, de uma maneira tão ampla.

É extremamente ofensivo relativamente aos inúmeros trabalhadores de atividades essenciais que continuam expostos aos riscos, como médicos e enfermeiros, para os quais a demonstração do nexo causal pode ser mais fácil, mas, também, relativamente aos funcionários de farmácias, de supermercados e aos motoboys que trazem e levam entregas de alimentos. Quanto a estes últimos, o ministro salientou a sua dificuldade em comprovar eventual nexo causal, o que iria de encontro, ademais, ao recente entendimento firmado pela Corte, no RE 828.040, no sentido de reconhecer a responsabilidade objetiva em alguns casos em que o risco é maior.

ADI 6342 Ref-MC/DF, rel. Min. Marco Aurélio, red. p/ o ac. Min. Alexandre de Moraes, julgamento em 29.4.2020. (ADI-6342)

ADI 6344 Ref-MC/DF, rel. Min. Marco Aurélio, red. p/ o ac. Min. Alexandre de Moraes, julgamento em 29.4.2020. (ADI-6344)

ADI 6346 Ref-MC/DF, rel. Min. Marco Aurélio, red. p/ o ac. Min. Alexandre de Moraes, julgamento em 29.4.2020. (ADI-6346)

ADI 6348 Ref-MC/DF, rel. Min. Marco Aurélio, red. p/ o ac. Min. Alexandre de Moraes, julgamento em 29.4.2020. (ADI-6348)

ADI 6349 Ref-MC/DF, rel. Min. Marco Aurélio, red. p/ o ac. Min. Alexandre de Moraes, julgamento em 29.4.2020. (ADI-6349)

ADI 6352 Ref-MC/DF, rel. Min. Marco Aurélio, red. p/ o ac. Min. Alexandre de Moraes, julgamento em 29.4.2020.(ADI-6352)

ADI 6354 Ref-MC/DF, rel. Min. Marco Aurélio, red. p/ o ac. Min. Alexandre de Moraes, julgamento em 29.4.2020. (ADI-6354)

OBS.: Apesar de a MP estar com a vigência encerrada, a decisão é de extrema relevância no âmbito do Direito do Trabalho e pode constar em provas de concursos na forma dessa questão.

- *CERTO*

127. De acordo com a jurisprudência do STF, julgue o item abaixo:

Foi julgada constitucional a Medida Provisória 936/2020, convertida na Lei n. 14.020/20, que autoriza a redução da jornada de trabalho e do salário ou a suspensão temporária do contrato de trabalho por meio de acordos individuais em razão da pandemia do novo coronavírus, independentemente de anuência sindical.

COMENTÁRIO

O item está de acordo com a decisão do STF:

É constitucional a Medida Provisória 936/2020 que autoriza a redução da jornada de trabalho e do salário ou a suspensão temporária do contrato de trabalho por meio de acordos individuais em razão da pandemia do novo coronavírus, independentemente de anuência sindical.

ADI 6363 MC-Ref/DF, rel. orig. Min. Ricardo Lewandowski, red. p/ o ac. Min. Alexandre de Moraes, julgamento em 16 e 17.4.2020. (ADI-6363)

- *CERTO*

128. De acordo com a jurisprudência do STF, julgue o item abaixo:

É inconstitucional a aplicação do art. 927, parágrafo único, do Código Civil (CC), que considera responsabilização objetiva do empregador por danos decorrentes de acidentes de trabalho, nos casos especificados em lei ou quando a atividade normalmente desenvolvida, por sua natureza, apresentar exposição habitual a risco especial, com potencialidade lesiva.

COMENTÁRIO

Segundo entendimento do STF:

> O art. 927, parágrafo único, do Código Civil (CC) é compatível com o art. 7º, XXVIII, da Constituição Federal (CF), sendo constitucional a responsabilização objetiva do empregador por danos decorrentes de acidentes de trabalho nos casos especificados em lei ou quando a atividade normalmente desenvolvida, por sua natureza, apresentar exposição habitual a risco especial, com potencialidade lesiva, e implicar ao trabalhador ônus maior do que aos demais membros da coletividade.
>
> 828040/DF, rel. Min. Alexandre de Moraes, julgamento em 12.3.2020. (RE-828040)

- *ERRADO*

129. De acordo com a Jurisprudência do TST, assinale a alternativa correta.

Paula ajuizou Reclamação contra o Banco X para que fossem pagas diferenças salariais decorrentes da promoção por mérito dentro "sistema de grades" adotado pelo Empregador, vez que o seu cumprimento não estaria ocorrendo da maneira correta.

Diante dos fatos alegados, o Banco empregador deixou de apresentar documentação para comprovar o correto funcionamento do "sistema de grades".

Nesse caso:

a) Deverá ser concedido o pagamento de diferenças salariais, já que o reclamado não apresentou os documentos que poderiam comprovar o correto cumprimento do sistema de grades previsto no regulamento empresarial.

b) Deve ser aplicado o entendimento pacificado pelo TST, segundo o qual, dado o caráter eminentemente subjetivo da apuração da progressão por mérito, eventual omissão do empregador quanto à implementação desse procedimento não garante a promoção do empregado, por não ser possível afirmar que ele teria obtido êxito caso tivesse sido avaliado.

c) Deverá ser concedido o pagamento de diferenças salariais, independente da apresentação pelo reclamado de documentos que poderiam comprovar o correto cumprimento do sistema de grades previsto no regulamento empresarial.

d) A jurisprudência do TST é pacífica ao não admitir qualquer pedido de diferenças salariais decorrente do "sistema de grades", já que inconstitucional.

e) Ainda que o reclamado tivesse comprovado o correto cumprimento do sistema de grades, Paula teria direito a tais diferenças salariais, já que direito potestativo.

COMENTÁRIO

A. CORRETA.

"Embargos. Recurso de Revista. Diferenças salariais. Promoção por merecimento. Política de grades. Ausência de juntada dos documentos referentes à avaliação de desempenho realizada pelo empregado. Inércia do Banco reclamado. Distinguishing Possibilidade de reconhecimento do direito às promoções. A matéria relativa a promoções por merecimento encontra-se pacificada pela jurisprudência da SBDI-1 desta Corte, no sentido de que, dado o caráter eminentemente subjetivo da apuração da progressão por mérito, eventual omissão do empregador quanto à implementação desse procedimento não garante a promoção do empregado, por não se poder afirmar que ele teria obtido êxito, caso tivesse sido avaliado. Contudo, a hipótese de ausência de juntada da documentação solicitada pelo perito, relativa às avaliações de desempenho realizadas pelo empregado, imprescindíveis à aferição da correta movimentação do trabalhador no sistema de grades adotado pelo banco, acaba por caracterizar distinção em face da jurisprudência da SDI quanto à impossibilidade de reconhecimento do direito às promoções por mérito. A jurisprudência desta Corte Superior vem se manifestando no sentido de que os empregados fazem jus ao pagamento de diferenças salariais, quando o réu, Banco Santander, não apresenta os documentos que poderiam comprovar o correto cumprimento do sistema de grades previsto no regulamento empresarial. Com esse entendimento, a SBDI-I, por maioria, conheceu dos embargos por divergência jurisprudencial, quanto ao tema "Política salarial de grades. Promoções por merecimento", vencidos os Ministros Breno Medeiros, Alexandre Luiz Ramos, Hugo Carlos Scheuermann e a Ministra Dora Maria da Costa, e no mérito, ainda por maioria, deu-lhes provimento para determinar o retorno dos autos à Turma de origem, a fim de que prossiga no exame do recurso adesivo da autora, vencidos os Ministros Breno Medeiros, Alexandre Luiz Ramos e a Ministra Dora Maria da Costa." (TST-E-EDARR-532-29.2014.5.03.0016, SBDI-I, rel. Min. Breno Medeiros, red. p/ acórdão Min. Cláudio Mascarenhas Brandão, 20/5/2021. - Informativo nº 238)

B. INCORRETA.

Vide letra A.

C. INCORRETA.

Vide letra A.

D. INCORRETA.

Vide letra A.

E. INCORRETA.

Vide letra A.

- *LETRA A*

130. De acordo com a Jurisprudência do TST, assinale a alternativa correta:

a) Incidem o imposto de renda e a contribuição previdenciária sobre o valor fixado a título de compensação por danos morais e materiais quando decorrentes de acidente do trabalho.

b) A data do trânsito em julgado da sentença rescindenda define o regramento processual a ser aplicado, não podendo ser atribuído efeito retroativo à nova lei processual, em observância ao princípio de direito intertemporal tempus regit actum.

c) Ainda que a greve seja motivada pela conduta ilícita do empregador de atrasar o pagamento dos salários, será exigido o cumprimento dos requisitos previstos na Lei nº 7.783/1989.

d) A legitimidade ativa de pessoa jurídica de direito privado integrante da Administração Pública Indireta para apresentar pedido de suspensão de liminar e de sentença não se restringe às hipóteses em que atua na defesa de interesse público primário.

e) Ao advogado empregado contratado, aplica-se o entendimento de que a previsão da jornada de oito horas de trabalho no edital do concurso não equivale ao regime de dedicação exclusiva.

COMENTÁRIO

A. INCORRETA.

"Embargos em Recurso de Revista. Acidente do trabalho. Indenização por danos morais e materiais. Descontos fiscais e previdenciários indevidos. Não incidem o imposto de renda e a contribuição previdenciária sobre o valor fixado a título de compensação por danos morais e materiais quando decorrentes de acidente do trabalho. A compensação por dano moral e material não se enquadra no conceito de rendimento, mas sim em reparação pelos danos ocasionados pela doença profissional, não fazendo parte, portanto, do salário de contribuição, conforme estabelecido no artigo 28, I, da Lei nº 8.212/91. No mesmo sentido, o art. 6º, IV, da Lei nº 7.713/88, que alterou a legislação do imposto sobre a renda, bem como o inciso XVII do art. 39 do Decreto nº 3.000/99, que cuida da tributação, fiscalização, arrecadação e administração do referido imposto, preveem a proibição de tributação no caso de indenização decorrente de acidente de trabalho, seja decorrente de dano moral ou patrimonial, seja o pagamento Informativo TST – nº 238 Período: 17 a 31 de maio de 2021. 2 realizado de qualquer forma, parcela única ou pensionamento. Sob esses fundamentos, a SBDI-I, por unanimidade, conheceu dos embargos quanto ao tema "Indenização por danos morais e materiais decorrentes de acidente do trabalho – Descontos fiscais e previdenciários", por divergência jurisprudencial, e, no mérito, deu-lhes provimento, para excluir a incidência de descontos fiscais e previdenciários decorrentes das indenizações por danos morais e materiais deferidas em face do acidente do trabalho." (TST-E-ED-RR-346000-68.2005.5.15.0130, SBDI-I, rel. Min. Breno Medeiros, 27/5/2021. – Informativo nº 238)

B. CORRETA.

"Ação rescisória ajuizada na vigência do CPC de 2015. Sentença rescindenda transitada em julgado sob a égide do CPC de 1973. Pretensão desconstitutiva fundada em prova nova. Decadência. Inaplicabilidade do art. 975, § 2º, do CPC de 2015. Irretroatividade da lei processual. O prazo para ajuizamento da ação rescisória é estabelecido pela data do trânsito em julgado da decisão rescindenda, de modo que não se aplica a regra contida no art. 975, § 2º, do CPC de 2015, acerca da contagem do prazo decadencial em ação rescisória fundada em prova nova, à coisa julgada constituída antes de sua vigência. No caso, destacou-se que a sentença rescindenda, que julgara improcedente o pedido da reclamante de indenização por dano moral e material decorrente de moléstia profissional, transitou em julgado em 2012, não havendo possibilidade de se alterar o início da contagem do prazo decadencial para momento diverso, em razão de a ação rescisória ter sido ajuizada em 2017, muito além do prazo previsto no art. 495 do CPC de 1973. Com efeito, a Subseção já se manifestou no sentido de que a data do trânsito em julgado da sentença rescindenda define o regramento processual a ser aplicado, não podendo ser atribuído efeito retroativo à nova lei processual, em observância ao princípio de direito intertemporal tempus regit actum. Sob esse fundamento, a SBDI-II, por unanimidade, conheceu do recurso ordinário da autora e, no mérito, negou-lhe provimento, mantendo o acórdão prolatado pelo Tribunal Regional que pronunciou a decadência e extinguiu o feito com resolução do mérito." (TST-ROT-7994-47.2017.5.15.0000, SBDIII, rel. Min. Alexandre de Souza Agra Belmonte, 18/5/2021 – Informativo nº 238)

C. INCORRETA.

"Dissídio coletivo de greve. Mora salarial. Não exigência da observância dos parâmetros legais para deflagração da greve. Não abusividade do movimento paredista e não autorização de desconto dos dias parados. A jurisprudência majoritária da Seção de Dissídios Coletivos do TST segue no sentido de que a greve motivada por mora salarial, mesmo que não observe as exigências legais para sua deflagração, não pode ser considerada abusiva, nem autoriza o desconto dos dias parados. No caso, houve paralisação de parte da frota de transporte coletivo – cerca de 394 ônibus – ao longo do Terminal 1, no Centro de Manaus/AM, no dia 21/11/2018, das 15h15 às 17h20, pelos empregados que protestavam contra atrasos salariais. O TRT da 11ª Região julgou abusiva a greve, autorizando o desconto das horas paradas em relação aos trabalhadores que efetivamente participaram da paralisação, porquanto não cumpridos os requisitos legais obrigatórios dispostos na Lei nº 7.783/89 para a deflagração do movimento grevista. No entanto, conforme a jurisprudência majoritária da SDC, não se exige o cumprimento dos requisitos previstos na Lei nº 7.783/1989 quando a greve é motivada pela conduta ilícita do empregador de atrasar o pagamento dos salários, bem como a participação em greve deflagrada nessa situação não autoriza a realização do desconto dos salários, sendo devido seu pagamento. Sob esses fundamentos, a SDC, por unanimidade, deu provimento ao recurso ordinário do sindicato dos trabalhadores para, declarando a não abusividade da greve e afastando a autorização de desconto salarial das horas paralisadas, julgar improcedentes os pedidos deduzidos na petição inicial." (TST-RO-451-67.2018.5.11.0000, SDC, rel. Min. Ives Gandra da Silva Martins Filho, 14/6/2021 – Informativo nº 239)

D. INCORRETA.

"*Agravo interno. Pedido de suspensão de liminar e de sentença. Pessoa jurídica de direito privado integrante da Administração Pública Indireta. Ilegitimidade ativa por não resultar configurada atuação na defesa de interesse público primário, mas interesse meramente patrimonial.*

Com fulcro na jurisprudência deste colendo Tribunal Superior do Trabalho e do egrégio Superior Tribunal de Justiça, no sentido de que a legitimidade ativa de pessoa jurídica de direito privado integrante da Administração Pública Indireta para apresentar pedido de suspensão de liminar e de sentença restringe-se às hipóteses em que atua na defesa de interesse público primário, o Órgão Especial, por unanimidade, manteve a decisão agravada que reconheceu não configurada a legitimidade excepcional da requerente, uma vez que as alegações veiculadas pelo pedido de suspensão não evidenciam a necessidade de tutela da economia e da ordem públicas, mas sim estão relacionadas ao exercício de atividade econômica pela requerente, revelando a defesa de interesse estritamente patrimonial. Nesse contexto, resultou mantida a decisão que julgou extinto o processo sem resolução do mérito, com espeque no art. 485, VI, do CPC de 2015, por ilegitimidade ativa." (TST-OE-SLS-1001214-86.2020.5.00.0000, Órgão Especial, rel. Min. Maria Cristina Irigoyen Peduzzi, 9/8/2021 – Informativo nº 241)

E. INCORRETA.

"*Embargos. Jornada de trabalho do advogado. Admissão mediante concurso público. Observância do princípio da vinculação às regras do edital. Previsão de jornada de oito horas diárias. Equivalência ao ajuste contratual de dedicação exclusiva. Acórdão em consonância com a jurisprudência do TST.*

Conforme jurisprudência consolidada nesta Corte, em relação à jornada de trabalho de advogado empregado contratado mediante concurso público, após o advento da Lei 8.906/94, aplica-se o princípio da vinculação às regras do edital do concurso público, concluindo-se que a previsão da jornada de oito horas de trabalho no edital do concurso equivale ao regime de dedicação exclusiva. No caso em exame, restou "*incontroverso que no edital do concurso público ao qual o Reclamante se submeteu havia a previsão expressa da jornada de 8 (oito) horas para os advogados*". Evidenciada, portanto, a consonância do acórdão turmário com julgados da SBDI-I e de todas as Turmas do Tribunal Superior do Trabalho, mostrou-se inviável o conhecimento do recurso de embargos, nos termos do art. 894, § 2º, da CLT, sendo certo que a função uniformizadora do Colegiado já fora cumprida. Sob esse fundamento, a SBDI-I, por unanimidade, não conheceu dos embargos." (TST-E-ED-ARR-1554-10.2012.5.22.0002, SBDI-I, rel. Min. Augusto César Leite de Carvalho, 12/8/2021- Informativo nº 241)

- *LETRA B*

131. De acordo com a Jurisprudência do TST, assinale a alternativa correta a respeito do MPT.

Diante de reclamação trabalhista julgada improcedente com fundamento em laudo oficial fraudulento produzido por perito judicial investigado pelo Ministério Público Federal na "Operação Hipócritas", em que inúmeros trabalhadores foram criminosamente prejudicados com a produção e utilização de laudos periciais viciados, tem-se que:

a) O MPT não tem legitimidade ativa para propor Ação Rescisória nesse caso.

b) O MPT tem legitimidade para propor ação rescisória, com fundamento no art. 966, III e V, do CPC/2015, ainda que não tenha sido parte no processo originário, em face de decisão que julgou improcedente reclamação trabalhista com fundamento em laudo oficial fraudulento produzido por perito judicial investigado pelo Ministério Público Federal na "Operação Hipócritas", inclusive nas hipóteses em que a reclamação trabalhista for extinta por acordo.

c) Apesar de inúmeros trabalhadores terem sido criminosamente prejudicados com a produção e utilização de laudos periciais viciados, fala-se em lesão a direitos puramente individuais e disponíveis, não cabendo a atuação do MPT.

d) A fraude perpetrada na produção de laudos periciais oficiais não atinge a dignidade da Justiça do Trabalho, não cabendo proposição de Ação Rescisória pelo MPT.

e) Se houver acordo, o MPT não terá legitimidade ativa para propor Ação Rescisória, ainda que haja fraude em laudo oficial, sendo privilegiada a autonomia da vontade.

COMENTÁRIO

A. INCORRETA. Vide letra E.

A SDI-II reconheceu a legitimidade do Ministério Público do Trabalho para ajuizar ação rescisória em casos nos quais foram julgadas improcedentes reclamações trabalhistas com fundamento em laudo fraudulento.

B. INCORRETA. Vide letra E.

A SDI-II do TST reconheceu a legitimidade ativa do Ministério Público do Trabalho para propor ação rescisória, com fundamento no art. 966, III e V, do CPC/2015, ainda que não tenha sido parte no processo originário, em face de decisão que julgou improcedente reclamação trabalhista com fundamento em laudo oficial fraudulento produzido por perito judicial investigado pelo Ministério Público Federal na "Operação Hipócritas", exceto nas hipóteses em que a reclamação trabalhista for extinta por acordo.

C. INCORRETA. Vide letra E.

Na hipótese, como inúmeros trabalhadores foram criminosamente prejudicados com a produção e utilização de laudos periciais viciados, não se pode falar em lesão a direitos puramente individuais e disponíveis, mas, sim, de interesses transindividuais, visto que ligados por circunstância comum que os privou de uma sentença proferida com base no devido processo legal, cuja proteção é conferida expressamente ao MPT.

D. INCORRETA. Vide letra E.

No caso, a legitimidade do MPT decorre também do fato de a fraude perpetrada na produção de laudos periciais oficiais ter atingido a dignidade da Justiça do Trabalho.

E - CORRETA.

> "SUBSEÇÃO II ESPECIALIZADA EM DISSÍDIOS INDIVIDUAIS Ação rescisória. Art. 966, incisos III e V, do CPC/15. Legitimidade ativa do Ministério Público do Trabalho. Laudo pericial produzido por profissional investigado pelo Ministério Público Federal na "Operação Hipócritas". Lesão de origem comum a diversos trabalhadores. Interesse transindividual. Incidência da Súmula nº 407 do TST. Exceção nas hipóteses de processo extinto por acordo. O Ministério Público do Trabalho possui legitimidade ativa para propor ação rescisória, com fundamento no art. 966, III e V, do CPC/2015, ainda que não tenha sido parte no processo originário, em face de decisão que julgou improcedente reclamação trabalhista com fundamento em laudo oficial fraudulento produzido por perito judicial investigado pelo Ministério Público Federal na "Operação Hipócritas", exceto nas hipóteses em que a reclamação trabalhista for extinta por acordo. Com esse entendimento, a SDI-2, na mesma sessão, por maioria, concluiu o julgamento dos recursos ordinários em ação rescisória RO-6784-24.2018.5.15.0000 e RO-6789-46.2018.5.15.0000. No tocante ao primeiro processo, em que se reconheceu a legitimidade ativa do MPT, consignou-se que, nos termos da Súmula nº 407 do TST, a legitimidade ad causam do Ministério Público para propor ação rescisória, ainda que não tenha sido parte no processo que deu origem à decisão rescindenda, não está limitada às alíneas "a" e "b" do inciso III do art. 967 do CPC de 2015 e que, na hipótese em que inúmeros trabalhadores foram criminosamente prejudicados com a produção e utilização de laudos periciais viciados, não se pode falar em lesão a direitos puramente individuais e disponíveis, mas, sim, de interesses transindividuais, visto que ligados por circunstância comum que os privou de uma sentença proferida com base no devido processo legal, cuja proteção é conferida expressamente ao MPT, a teor dos artigos 127 da Constituição Federal e 5º, inciso I, 6º, incisos XII e XIV, alínea "a", e 83, inciso III, da Lei Complementar nº 75/1993. Além disso, destacou-se que a legitimidade do MPT decorre também do fato de a fraude perpetrada na produção de laudos periciais oficiais ter atingido a dignidade da Justiça do Trabalho. Assim, a SDI-2 deu provimento ao RO-6784-24.2018.5.15.0000, para, afastando o óbice da ilegitimidade ativa do MPT imposto na origem, determinar o retorno dos autos ao Tribunal Regional, a fim de que prossiga na análise da ação rescisória, como entender de direito, vencidos os Ministros

Renato de Lacerda Paiva, Douglas Alencar Rodrigues, Alexandre de Souza Agra Belmonte e Luiz José Dezena da Silva. Diferentemente, ao apreciar o RO-6789-46.2018.5.15.0000, a SDI-2 manteve a decisão de origem em que se declarou a ilegitimidade ativa do MPT para propor ação rescisória em processo no qual também foi produzido laudo viciado por perito judicial investigado pelo Ministério Público Federal na "Operação Hipócritas", mas cuja extinção decorreu de acordo. Para a maioria dos ministros, prevaleceu o entendimento de que, nas hipóteses em que a pretensão desconstitutiva dirige-se contra sentença homologatória de acordo, a decisão fundamenta-se apenas na autonomia da vontade, razão pela qual a conclusão do laudo médico pericial, ainda que viciado, não seria capaz de influenciar a vontade do reclamante, não se configurando, portanto, o ataque à dignidade da Justiça do Trabalho capaz de amparar a legitimidade do MPT. Assim, a SDI-2, também por maioria, negou provimento ao RO-6789-46.2018.5.15.0000, vencidos os Ministros Luiz Philippe Vieira de Mello Filho e Evandro Pereira Valadão Lopes e as Ministras Delaíde Miranda Arantes e Maria Helena Mallmann." (TST-RO-6784-24.2018.5.15.0000, rel. Min. Maria Helena Mallmann, e TST-RO-6789- 46.2018.5.15.0000, rel. Min. Alexandre de Souza Agra Belmonte, SBDI-II, 20/4/2021. TST-RO6784-24.2018.5.15.0000, rel. Min. Maria Helena Mallmann, e TST-RO-6789-46.2018.5.15.0000, rel. Min. Alexandre de Souza Agra Belmonte, SBDI-II, 20/4/2021 – Informativo 236)

- *LETRA E*

132. De acordo com a Jurisprudência do TST, julgue os itens abaixo:

I. O empregado exercente de cargo de confiança previsto no art. 62, II, da CLT tem direito a horas de sobreaviso.

II. É inaplicável o efeito interruptivo do prazo recursal aos embargos de declaração que não foram conhecidos, por ausência de pressuposto extrínseco de admissibilidade.

III. Não configura mandato tácito a realização de sustentação oral por advogado, sem procuração válida.

Assinale a alternativa correta:

a) Somente I está correto.

b) Somente II e III estão corretos.

c) Somente II está correto.

d) Somente I e III estão corretos.

e) Todos estão corretos.

COMENTÁRIO

I. INCORRETO.

"Embargos. Horas de sobreaviso. Exercente de cargo de confiança. Art. 62, II, da CLT. Incompatibilidade.

O empregado exercente de cargo de confiança previsto no art. 62, II, da CLT não tem direito a horas de sobreaviso, haja vista a necessidade de um controle dos horários de trabalho para sua concessão e a incompatibilidade entre a sistemática do controle de jornada e a atividade exercida pelo trabalhador inserido no referido dispositivo. Sob esses fundamentos, a SBDI-I, por maioria, conheceu do recurso de embargos, por divergência jurisprudencial, vencido o Ministro Breno Medeiros, e, no mérito, por maioria, negou-lhe provimento, vencidos os Ministros Renato de Lacerda Paiva, Lelio Bentes Corrêa, Augusto César Leite de Carvalho, José Roberto Freire Pimenta e Cláudio Mascarenhas Brandão." (TST-E-RR-10070-04.2015.5.01.0065, SBDI-I, rel. Min. Hugo Carlos Scheuermann, 5/8/2021 – Informativo nº 241)

II. CORRETO.

"Intempestividade do recurso de embargos. Interposição contra embargos de declaração não conhecidos. Irregularidade de representação. Inexistência de mandato tácito. Inaplicabilidade do efeito interruptivo. A jurisprudência do TST é firme no sentido de que não configura mandato tácito a realização de sustentação oral por advogado, sem procuração válida. Ademais, nos termos da Orientação Jurisprudencial 200 da SBDI-I do TST, "É inválido o substabelecimento de advogado investido de mandato tácito". Nesse contexto, não é possível afastar a irregularidade de representação constatada em recurso cujo subscritor recebeu substabelecimento de advogado sem poder nos autos. Ressalte-se ainda que, antes mesmo da modificação do art. 897-A, § 3º, da CLT, o entendimento desta Corte já era no sentido de ser inaplicável o efeito interruptivo do prazo recursal, quando da interposição de embargos de declaração sequer conhecidos, por ausência de pressuposto extrínseco de admissibilidade, tal como a regularidade de representação. Ante o exposto, configura-se intempestivo o recurso de embargos interposto em 09/03/2011, quando o acórdão que não conheceu parcialmente do recurso de revista foi publicado em 21/10/2010 e contra o referido acórdão tenham sido opostos embargos de declaração que não ultrapassaram a barreira do conhecimento. Sob esses fundamentos, a SBDI-I, por unanimidade, não conheceu do recurso de embargos." (TST-E-ED-RR16400-08.2008.5.13.0007, SBDI-I, rel. Min. Renato de Lacerda Paiva, 13/5/2021 – INFORMATIVO 237)

III. CORRETO.

"Intempestividade do recurso de embargos. Interposição contra embargos de declaração não conhecidos. Irregularidade de representação. Inexistência de mandato tácito. Inaplicabilidade do efeito interruptivo. A jurisprudência do TST é firme no sentido de que não configura mandato tácito a realização de sustentação oral por advogado, sem procuração válida. Ademais, nos termos da Orientação Jurisprudencial 200 da SBDI-I do TST, "É inválido o substabelecimento de advogado investido de mandato tácito". Nesse contexto, não é possível afastar a irregularidade de representação constatada em recurso cujo subscritor recebeu substabelecimento de advogado sem poder nos autos. Ressalte-se ainda que, antes mesmo da modificação do art. 897-A, § 3º, da CLT, o entendimento desta Corte já era no sentido de ser inaplicável o efeito interruptivo do prazo recursal, quando da interposição de embargos de declaração sequer conhecidos, por ausência de pressuposto extrínseco de admissibilidade, tal como a regularidade de representação. Ante o exposto, configura-se intempestivo o recurso de embargos interposto em 09/03/2011, quando o acórdão que não conheceu parcialmente do recurso de revista foi publicado em 21/10/2010 e contra o referido acórdão tenham sido opostos embargos de declaração que não ultrapassaram a barreira do conhecimento. Sob esses fundamentos, a SBDI-I, por unanimidade, não conheceu do recurso de embargos." (TST-E-ED-RR16400-08.2008.5.13.0007, SBDI-I, rel. Min. Renato de Lacerda Paiva, 13/5/2021 – INFORMATIVO 237)

- *LETRA B*

133. De acordo com a Jurisprudência do TST, julgue os itens a seguir:

I. Estatal que preste relevante serviço público, ainda que atue em regime não concorrencial e sem distribuição de lucros, não terá a prerrogativa da Fazenda Pública quanto à dispensa de pagamento de custas e depósito recursal.

II. Na hipótese de ampliação da condenação no processo matriz, a verba advocatícia deferida na ação rescisória deve ter como base a condenação, e não o valor da causa.

III. Os empregados farão jus ao pagamento de diferenças salariais quando o empregador deixar de comprovar o correto cumprimento do "sistema de grades".

Assinale a alternativa correta:

a) Somente II está correto.

b) Somente I está correto.

c) Somente I e III estão corretos.

d) Somente II e III estão corretos.

e) Todos estão corretos.

COMENTÁRIO

I. INCORRETO.

"Embargos em recurso de revista. Companhia de Água e Esgotos da Paraíba - CAGEPA. Sociedade de economia mista. Serviço público essencial, em regime não concorrencial e sem distribuição de lucros. Ausência de recolhimento de custas processuais e de depósito recursal referentes ao recurso ordinário. Deserção não configurada. Jurisprudência do STF. Nos termos do art. 173, § 1º, II, e § 2º da CF e da Súmula 170 do TST, as sociedades de economia mista estão sujeitas ao regime jurídico próprio das empresas privadas, inclusive quanto aos direitos e obrigações civis, comerciais, trabalhistas e tributários e não poderão gozar de privilégios fiscais não extensivos às do setor privado, razão pela qual a reclamada não estaria dispensada do pagamento de custas processuais e do recolhimento do depósito recursal. Não obstante, o STF tem estendido algumas prerrogativas da Fazenda Pública a determinadas empresas estatais prestadoras de relevantes serviços públicos, quando não atuam em regime de concorrência e não há comprovação de acúmulo ou distribuição de lucros, tais como a Empresa Brasileira de Correios e Telégrafos - ECT, Infraero e diversas companhias estaduais de saneamento básico (Rcl 33893 MC/PB, relator Min. Roberto Barroso, julgamento em 28/3/2019). Sob esse fundamento, a SBDI-I, por unanimidade, conheceu dos embargos interpostos pelo reclamante, por divergência jurisprudencial, e, no mérito, por maioria, negou-lhes provimento, mantendo a decisão turmária que, no caso específico da CAGEPA, em razão da aplicação das prerrogativas inerentes à Fazenda Pública, entendeu desnecessário o pagamento do depósito recursal e das custas processuais para interposição do recurso ordinário e demais recursos, ante a isenção do preparo. Vencidos os Exmos. Ministros Luiz Philippe Vieira de Mello Filho, Augusto César Leite de Carvalho, José Roberto Freire Pimenta, Hugo Carlos Scheuermann e Cláudio Mascarenhas Brandão. O acórdão será assinado pela Exma. Ministra Presidente Maria Cristina Irigoyen Peduzzi, nos termos do art. 165, parágrafo único, do RITST." (TST-E-ED-ARR-1609-56.2016.5.13.0006, SBDI-I, rel. Min. Márcio Eurico Vitral Amaro, 13/5/2021 - Informativo 237)"

II. CORRETO.

"Ação rescisória. Honorários advocatícios sucumbenciais. Base de cálculo. Valor da condenação. Art. 85, § 2º, do CPC de 2015. A base de cálculo dos honorários advocatícios sucumbenciais na ação rescisória deve observar os parâmetros definidos no art. 85, § 2º, do CPC de 2015. Destarte, na hipótese de ampliação da condenação no processo matriz, decorrente do acolhimento do pedido de corte rescisório, a verba advocatícia deferida na ação rescisória não pode ter como base o valor da causa, cujo emprego é autorizado somente quando não é possível a utilização do valor da condenação ou do proveito econômico obtido com a ação. Sob esses fundamentos, a SBDI-II, por unanimidade, deu parcial provimento ao recurso ordinário do autor, a fim de deferir os honorários advocatícios sucumbenciais no importe de 15% sobre o valor da condenação." (TST-RO-202-55.2016.5.05.0000, SBDI-II, rel. Min. Luiz José Dezena da Silva, 11/5/2021 Informativo 237)

III. CORRETO.

"Embargos. Recurso de Revista. Diferenças salariais. Promoção por merecimento. Política de grades. Ausência de juntada dos documentos referentes à avaliação de desempenho realizada pelo empregado. Inércia do Banco reclamado. Distinguishing Possibilidade de reconhecimento do direito às promoções. A matéria relativa a promoções por merecimento encontra-se pacificada pela jurisprudência da SBDI-1 desta Corte, no sentido de que, dado o caráter eminentemente subjetivo da apuração da progressão por mérito, eventual omissão do empregador quanto à implementação desse procedimento não garante a promoção do empregado, por não se poder afirmar que ele teria obtido êxito, caso tivesse sido avaliado. Contudo, a hipótese de ausência de juntada da documentação solicitada pelo perito, relativa às avaliações de desempenho realizadas pelo empregado, imprescindíveis à aferição da correta movimentação do trabalhador no sistema de grades adotado pelo banco, acaba por caracterizar distinção em face da jurisprudência da SDI quanto à impossibilidade de reconhecimento do direito às promoções por mérito. A jurisprudência desta Corte Superior vem se manifestando no sentido de que os empregados fazem jus ao pagamento de diferenças salariais, quando o réu, Banco Santander, não apresenta os documentos que poderiam comprovar o correto cumprimento do sistema de grades previsto no regulamento empresarial. Com esse entendimento, a SBDI-I, por maioria, conheceu dos embargos por divergência jurisprudencial, quanto ao tema "Política salarial de grades. Promoções por merecimento", vencidos os Ministros Breno Medeiros, Alexandre Luiz Ramos, Hugo Carlos Scheuermann e a Ministra Dora Maria da Costa, e no mérito, ainda por maioria, deu-lhes provimento para determinar o retorno dos autos à Turma de origem, a fim de que prossiga no exame do recurso adesivo da autora, vencidos os Ministros Breno Medeiros, Alexandre Luiz Ramos e a Ministra Dora Maria da Costa." (TST-E-EDARR-532-29.2014.5.03.0016, SBDI-I, rel. Min. Breno Medeiros, red. p/ acórdão Min. Cláudio Mascarenhas Brandão, 20/5/2021.)

- *LETRA D*

134. De acordo com a Jurisprudência do TST, julgue os itens a seguir:

I. O MPT terá legitimidade ativa para propor Ação Rescisória, com fundamento no art. 966, III e V, do CPC/2015, ainda que não tenha sido parte no processo originário, em face de decisão que julgou improcedente reclamação trabalhista com fundamento em laudo oficial fraudulento produzido por perito judicial investigado pelo Ministério Público Federal em determinada operação em que houve inúmeros trabalhadores criminosamente prejudicados, exceto nas hipóteses em que a reclamação trabalhista for extinta por acordo.

II. Não incidem o imposto de renda e a contribuição previdenciária sobre o valor fixado a título de compensação por danos morais e materiais quando decorrentes de acidente do trabalho.

III. A data do trânsito em julgado da sentença rescindenda não interfere no regramento processual a ser aplicado, podendo ser atribuído efeito retroativo à nova lei processual.

Assinale a alternativa correta:

a) Somente I e II estão corretos.

b) Somente III está correto.

c) Somente II e III estão corretos.

d) Somente I está correto.

e) Todos estão corretos.

COMENTÁRIO

I. CORRETO.

"SUBSEÇÃO II ESPECIALIZADA EM DISSÍDIOS INDIVIDUAIS Ação rescisória. Art. 966, incisos III e V, do CPC/15. Legitimidade ativa do Ministério Público do Trabalho. Laudo pericial produzido por profissional investigado pelo Ministério Público Federal na "Operação Hipócritas". Lesão de origem comum a diversos trabalhadores. Interesse transindividual. Incidência da Súmula nº 407 do TST. Exceção nas hipóteses de processo extinto por acordo. O Ministério Público do Trabalho possui legitimidade ativa para propor ação rescisória, com fundamento no art. 966, III e V, do CPC/2015, ainda que não tenha sido parte no processo originário, em face de decisão que julgou improcedente reclamação trabalhista com fundamento em laudo oficial fraudulento produzido por perito judicial investigado pelo Ministério Público Federal na "Operação Hipócritas", exceto nas hipóteses em que a reclamação trabalhista for extinta por acordo. Com esse entendimento, a SDI-2, na mesma sessão, por maioria, concluiu o julgamento dos recursos ordinários em ação rescisória RO-6784-24.2018.5.15.0000 e RO-6789-46.2018.5.15.0000. No tocante ao primeiro processo, em que se reconheceu a legitimidade ativa do MPT, consignou-se que, nos termos da Súmula nº 407 do TST, a legitimidade ad causam do Ministério Público para propor ação rescisória, ainda que não tenha sido parte no processo que deu origem à decisão rescindenda, não está limitada às alíneas "a" e "b" do inciso III do art. 967 do CPC de 2015 e que, na hipótese em que inúmeros trabalhadores foram criminosamente prejudicados com a produção e utilização de laudos periciais viciados, não se pode falar em lesão a direitos puramente individuais e disponíveis, mas, sim, de interesses transindividuais, visto que ligados por circunstância comum que os privou de uma sentença proferida com base no devido processo legal, cuja proteção é conferida expressamente ao MPT, a teor dos artigos 127 da Constituição Federal e 5º, inciso I, 6º, incisos XII e XIV, alínea "a", e 83, inciso III, da Lei Complementar nº 75/1993. Além disso, destacou-se que a legitimidade do MPT decorre também do fato de a fraude perpetrada na produção de laudos periciais oficiais ter atingido a dignidade da Justiça do Trabalho. Assim, a SDI-2 deu provimento ao RO-6784-24.2018.5.15.0000, para, afastando o óbice da ilegitimidade ativa do MPT imposto na origem, determinar o retorno dos autos ao Tribunal Regional, a fim de que prossiga na análise da ação rescisória, como entender de direito, vencidos os Ministros Renato de Lacerda Paiva, Douglas Alencar Rodrigues, Alexandre de Souza Agra Belmonte e Luiz José Dezena da Silva. Diferentemente, ao apreciar o RO-6789-46.2018.5.15.0000, a SDI-2 manteve a decisão de origem em que se declarou a ilegitimidade ativa do MPT para propor ação rescisória em processo no qual também foi produzido laudo viciado por perito judicial investigado pelo Ministério Público Federal na "Operação Hipócritas", mas cuja extinção decorreu de acordo. Para a maioria dos ministros, prevaleceu o entendimento de que, nas hipóteses em que a pretensão desconstitutiva dirige-se contra sentença homologatória de acordo, a decisão fundamenta-se apenas na autonomia da vontade, razão pela qual a conclusão do laudo médico pericial, ainda que viciado, não seria capaz de influenciar a vontade do reclamante, não se configurando, portanto, o ataque à dignidade da Justiça do Trabalho capaz de amparar a legitimidade do MPT. Assim, a SDI-2, também por maioria, negou provimento ao RO-6789-46.2018.5.15.0000, vencidos os Ministros Luiz Philippe Vieira de Mello Filho e Evandro Pereira Valadão Lopes e as Ministras Delaíde Miranda Arantes e Maria Helena Mallmann." (TST-RO-6784-24.2018.5.15.0000, rel. Min. Maria Helena Mallmann, e TST-RO-6789- 46.2018.5.15.0000, rel. Min. Alexandre de Souza Agra Belmonte, SBDI-II, 20/4/2021. TST-RO6784-24.2018.5.15.0000, rel. Min. Maria Helena Mallmann, e TST-RO-6789-46.2018.5.15.0000, rel. Min. Alexandre de Souza Agra Belmonte, SBDI-II, 20/4/2021 – Informativo 236)

II. CORRETO.

"Embargos em Recurso de Revista. Acidente do trabalho. Indenização por danos morais e materiais. Descontos fiscais e previdenciários indevidos. Não incidem o imposto de renda e a contribuição previdenciária sobre o valor fixado a título de compensação por danos morais e materiais quando decorrentes de acidente do trabalho. A compensação por dano moral e material não se enquadra no conceito de rendimento, mas sim em reparação pelos danos ocasionados pela doença profissional, não fazendo parte, portanto, do salário de contribuição, conforme estabelecido no artigo 28, I, da Lei nº 8.212/91. No mesmo sentido, o art. 6º, IV, da Lei nº 7.713/88, que alterou a legislação do imposto sobre a renda, bem como o inciso XVII do art. 39 do Decreto nº 3.000/99, que cuida da tributação, fiscalização, arrecadação e administração do referido imposto, preveem a proibição de tributação no caso de indenização decorrente de acidente de trabalho, seja decorrente de dano moral ou patrimonial, seja o pagamento Informativo TST – nº 238 Período: 17 a 31 de maio de 2021. 2 realizado de qualquer forma, parcela única ou pensionamento. Sob esses fundamentos, a SBDI-I, por unanimidade, conheceu dos embargos quanto ao tema "Indenização por danos morais e materiais decorrentes de acidente do trabalho – Descontos fiscais e previdenciários", por divergência jurisprudencial, e, no mérito, deu-lhes provimento, para excluir a incidência de descontos fiscais e previdenciários decorrentes das indenizações por danos morais e materiais deferidas em face do acidente do trabalho." (TST-E-ED-RR-346000-68.2005.5.15.0130, SBDI-I, rel. Min. Breno Medeiros, 27/5/2021 – Informativo 238)

III. INCORRETO.

"Ação rescisória ajuizada na vigência do CPC de 2015. Sentença rescindenda transitada em julgado sob a égide do CPC de 1973. Pretensão desconstitutiva fundada em prova nova. Decadência. Inaplicabilidade do art. 975, § 2º, do CPC de 2015. Irretroatividade da lei processual. O prazo para ajuizamento da ação rescisória é estabelecido pela data do trânsito em julgado da decisão rescindenda, de modo que não se aplica a regra contida no art. 975, § 2º, do CPC de 2015, acerca da contagem do prazo decadencial em ação rescisória fundada em prova nova, à coisa julgada constituída antes de sua vigência. No caso, destacou-se que a sentença rescindenda, que julgara improcedente o pedido da reclamante de indenização por dano moral e material decorrente de moléstia profissional, transitou em julgado em 2012, não havendo possibilidade de se alterar o início da contagem do prazo decadencial para momento diverso, em razão de a ação rescisória ter sido ajuizada em 2017, muito além do prazo previsto no art. 495 do CPC de 1973. Com efeito, a Subseção já se manifestou no sentido de que a data do trânsito em julgado da sentença rescindenda define o regramento processual a ser aplicado, não podendo ser atribuído efeito retroativo à nova lei processual, em observância ao princípio de direito intertemporal tempus regit actum. Sob esse fundamento, a SBDI-II, por unanimidade, conheceu do recurso ordinário da autora e, no mérito, negou-lhe provimento, mantendo o acórdão prolatado pelo Tribunal Regional que pronunciou a decadência e extinguiu o feito com resolução do mérito." (TST-ROT-7994-47.2017.5.15.0000, SBDIII, rel. Min. Alexandre de Souza Agra Belmonte, 18/5/2021 - Informativo nº 238)

- *LETRA A*

135. De acordo com a Jurisprudência do TST, julgue os itens a seguir:

I. A greve motivada por mora salarial, mesmo que não observe as exigências legais para sua deflagração, não pode ser considerada abusiva, nem autoriza o desconto dos dias parados.

II. Em relação à jornada de trabalho de advogado empregado contratado mediante concurso público, após o advento da Lei 8.906/94, aplica-se o princípio da vinculação às regras do edital do concurso público, concluindo-se que a previsão da jornada de oito horas de trabalho no edital do concurso equivale ao regime de dedicação exclusiva.

III. A legitimidade ativa de pessoa jurídica de direito privado integrante da Administração Pública Indireta para apresentar pedido de suspensão de liminar e de sentença restringe-se às hipóteses em que atua na defesa de interesse público primário.

Assinale a alternativa correta:

a) Somente I e II estão corretos.

b) Somente II está correto.

c) Somente III está correto.

d) Somente II e III estão corretos.

e) Todos estão corretos.

COMENTÁRIO

I. CORRETO.

"Dissídio coletivo de greve. Mora salarial. Não exigência da observância dos parâmetros legais para deflagração da greve. Não abusividade do movimento paredista e não autorização de desconto dos dias parados. A jurisprudência majoritária da Seção de Dissídios

Coletivos do TST segue no sentido de que a greve motivada por mora salarial, mesmo que não observe as exigências legais para sua deflagração, não pode ser considerada abusiva, nem autoriza o desconto dos dias parados. No caso, houve paralisação de parte da frota de transporte coletivo – cerca de 394 ônibus – ao longo do Terminal 1, no Centro de Manaus/AM, no dia 21/11/2018, das 15h15 às 17h20, pelos empregados que protestavam contra atrasos salariais. O TRT da 11ª Região julgou abusiva a greve, autorizando o desconto das horas paradas em relação aos trabalhadores que efetivamente participaram da paralisação, porquanto não cumpridos os requisitos legais obrigatórios dispostos na Lei nº 7.783/89 para a deflagração do movimento grevista. No entanto, conforme a jurisprudência majoritária da SDC, não se exige o cumprimento dos requisitos previstos na Lei nº 7.783/1989 quando a greve é motivada pela conduta ilícita do empregador de atrasar o pagamento dos salários, bem como a participação em greve deflagrada nessa situação não autoriza a realização do desconto dos salários, sendo devido seu pagamento. Sob esses fundamentos, a SDC, por unanimidade, deu provimento ao recurso ordinário do sindicato dos trabalhadores para, declarando a não abusividade da greve e afastando a autorização de desconto salarial das horas paralisadas, julgar improcedentes os pedidos deduzidos na petição inicial." (TST-RO-451-67.2018.5.11.0000, SDC, rel. Min. Ives Gandra da Silva Martins Filho, 14/6/2021 – Informativo nº 239)

II. CORRETO.

"*Embargos. Jornada de trabalho do advogado. Admissão mediante concurso público. Observância do princípio da vinculação às regras do edital. Previsão de jornada de oito horas diárias. Equivalência ao ajuste contratual de dedicação exclusiva. Acórdão em consonância com a jurisprudência do TST.*

Conforme jurisprudência consolidada nesta Corte, em relação à jornada de trabalho de advogado empregado contratado mediante concurso público, após o advento da Lei 8.906/94, aplica-se o princípio da vinculação às regras do edital do concurso público, concluindo-se que a previsão da jornada de oito horas de trabalho no edital do concurso equivale ao regime de dedicação exclusiva. No caso em exame, restou "*incontroverso que no edital do concurso público ao qual o Reclamante se submeteu havia a previsão expressa da jornada de 8 (oito) horas para os advogados*". Evidenciada, portanto, a consonância do acórdão turmário com julgados da SBDI-I e de todas as Turmas do Tribunal Superior do Trabalho, mostrou-se inviável o conhecimento do recurso de embargos, nos termos do art. 894, § 2º, da CLT, sendo certo que a função uniformizadora do Colegiado já fora cumprida. Sob esse fundamento, a SBDI-I, por unanimidade, não conheceu dos embargos." (TST-E-ED-ARR-1554-10.2012.5.22.0002, SBDI-I, rel. Min. Augusto César Leite de Carvalho, 12/8/2021- Informativo nº 241)

III. CORRETO.

"*Agravo interno. Pedido de suspensão de liminar e de sentença. Pessoa jurídica de direito privado integrante da Administração Pública Indireta. Ilegitimidade ativa por não resultar configurada atuação na defesa de interesse público primário, mas interesse meramente patrimonial.*

Com fulcro na jurisprudência deste colendo Tribunal Superior do Trabalho e do egrégio Superior Tribunal de Justiça, no sentido de que a legitimidade ativa de pessoa jurídica de direito privado integrante da Administração Pública Indireta para apresentar pedido de suspensão de liminar e de sentença restringe-se às hipóteses em que atua na defesa de interesse público primário, o Órgão Especial, por unanimidade, manteve a decisão agravada que reconheceu não configurada a legitimidade excepcional da requerente, uma vez que as alegações veiculadas pelo pedido de suspensão não evidenciam a necessidade de tutela da economia e da ordem públicas, mas sim estão relacionadas ao exercício de atividade econômica pela requerente, revelando a defesa de interesse estritamente patrimonial. Nesse contexto, resultou mantida a decisão que julgou extinto o processo sem resolução do mérito, com espeque no art. 485, VI, do CPC de 2015, por ilegitimidade ativa." (TST-OE-SLS-1001214-86.2020.5.00.0000, Órgão Especial, rel. Min. Maria Cristina Irigoyen Peduzzi, 9/8/2021 – Informativo nº 241)

- *LETRA E*

136. De acordo com a Jurisprudência do TST, assinale a alternativa incorreta:

a) O empregado exercente de cargo de confiança previsto no art. 62, II, da CLT não tem direito a horas de sobreaviso, haja vista a necessidade de um controle dos horários de trabalho para sua concessão e a incompatibilidade entre a sistemática do controle de jornada e a atividade exercida pelo trabalhador inserido no referido dispositivo.

b) A legitimidade ativa de pessoa jurídica de direito privado integrante da Administração Pública Indireta para apresentar pedido de suspensão de liminar e de sentença restringe-se às hipóteses em que atua na defesa de interesse público primário.

c) Não se exige o cumprimento dos requisitos previstos na Lei nº 7.783/1989 quando a greve é motivada pela conduta ilícita do empregador de atrasar o pagamento dos salários, bem como a participação em greve deflagrada nessa situação não autoriza a realização do desconto dos salários, sendo devido seu pagamento.

d) Os empregados fazem jus ao pagamento de diferenças salariais, quando o réu não apresenta os documentos que poderiam comprovar o correto cumprimento do sistema de grades previsto no regulamento empresarial.

e) Incidem o imposto de renda e a contribuição previdenciária sobre o valor fixado a título de compensação por danos morais e materiais quando decorrentes de acidente do trabalho.

COMENTÁRIO

A. CORRETA.

"*Embargos. Horas de sobreaviso. Exercente de cargo de confiança. Art. 62, II, da CLT. Incompatibilidade.*

O empregado exercente de cargo de confiança previsto no art. 62, II, da CLT não tem direito a horas de sobreaviso, haja vista a necessidade de um controle dos horários de trabalho para sua concessão e a incompatibilidade entre a sistemática do controle de jornada e a atividade exercida pelo trabalhador inserido no referido dispositivo. Sob esses fundamentos, a SBDI-I, por maioria, conheceu do recurso de embargos, por divergência jurisprudencial, vencido o Ministro Breno Medeiros, e, no mérito, por maioria, negou-lhe provimento, vencidos os Ministros Renato de Lacerda Paiva, Lelio Bentes Corrêa, Augusto César Leite de Carvalho, José Roberto Freire Pimenta e Cláudio Mascarenhas Brandão." (TST-E-RR-10070-04.2015.5.01.0065, SBDI-I, rel. Min. Hugo Carlos Scheuermann, 5/8/2021 – Informativo 241)

B. CORRETA.

"*Agravo interno. Pedido de suspensão de liminar e de sentença. Pessoa jurídica de direito privado integrante da Administração Pública Indireta. Ilegitimidade ativa por não resultar configurada atuação na defesa de interesse público primário, mas interesse meramente patrimonial.*

Com fulcro na jurisprudência deste colendo Tribunal Superior do Trabalho e do egrégio Superior Tribunal de Justiça, no sentido de que a legitimidade ativa de pessoa jurídica de direito privado integrante da Administração Pública Indireta para apresentar pedido de suspensão de liminar e de sentença restringe-se às hipóteses em que atua na defesa de interesse público primário, o Órgão Especial, por unanimidade, manteve a decisão agravada que reconheceu não configurada a legitimidade excepcional da requerente, uma vez que as alegações veiculadas pelo pedido de suspensão não evidenciam a necessidade de tutela da economia e da ordem públicas, mas sim estão relacionadas ao exercício de atividade econômica pela requerente, revelando a defesa de interesse estritamente patrimonial. Nesse contexto, resultou mantida a decisão que julgou extinto o processo sem resolução do mérito, com espeque no art. 485, VI, do CPC de 2015, por ilegitimidade ativa." (TST-OE-SLS-1001214-86.2020.5.00.0000, Órgão Especial, rel. Min. Maria Cristina Irigoyen Peduzzi, 9/8/2021 – Informativo 241)

C. CORRETA.

"Dissídio coletivo de greve. Mora salarial. Não exigência da observância dos parâmetros legais para deflagração da greve. Não abusividade do movimento paredista e não autorização de desconto dos dias parados. A jurisprudência majoritária da Seção de Dissídios Coletivos do TST segue no sentido de que a greve motivada por mora salarial, mesmo que não observe as exigências legais para sua deflagração, não pode ser considerada abusiva, nem autoriza o desconto dos dias parados. No caso, houve paralisação de parte da frota de transporte coletivo – cerca de 394 ônibus – ao longo do Terminal 1, no Centro de Manaus/AM, no dia 21/11/2018, das 15h15 às 17h20, pelos empregados que protestavam contra atrasos salariais. O TRT da 11ª Região julgou abusiva a greve, autorizando o desconto das horas paradas em relação aos trabalhadores que efetivamente participaram da paralisação, porquanto não cumpridos os requisitos legais obrigatórios dispostos na Lei nº 7.783/89 para a deflagração do movimento grevista. No entanto, conforme a jurisprudência majoritária da SDC, não se exige o cumprimento dos requisitos previstos na Lei nº 7.783/1989 quando a greve é motivada pela conduta ilícita do empregador de atrasar o pagamento dos salários, bem como a participação em greve deflagrada nessa situação não autoriza a realização do desconto dos salários, sendo devido seu pagamento. Sob esses fundamentos, a SDC, por unanimidade, deu provimento ao recurso ordinário do sindicato dos trabalhadores para, declarando a não abusividade da greve e afastando a autorização de desconto salarial das horas paralisadas, julgar improcedentes os pedidos deduzidos na petição inicial." (TST-RO-451-67.2018.5.11.0000, SDC, rel. Min. Ives Gandra da Silva Martins Filho, 14/6/2021 – Informativo 239)

D. CORRETA.

"Embargos. Recurso de Revista. Diferenças salariais. Promoção por merecimento. Política de grades. Ausência de juntada dos documentos referentes à avaliação de desempenho realizada pelo empregado. Inércia do Banco reclamado. Distinguishing Possibilidade de reconhecimento do direito às promoções. A matéria relativa a promoções por merecimento encontra-se pacificada pela jurisprudência da SBDI-1 desta Corte, no sentido de que, dado o caráter eminentemente subjetivo da apuração da progressão por mérito, eventual omissão do empregador quanto à implementação desse procedimento não garante a promoção do empregado, por não se poder afirmar que ele teria obtido êxito, caso tivesse sido avaliado. Contudo, a hipótese de ausência de juntada da documentação solicitada pelo perito, relativa às avaliações de desempenho realizadas pelo empregado, imprescindíveis à aferição da correta movimentação do trabalhador no sistema de grades adotado pelo banco, acaba por caracterizar distinção em face da jurisprudência da SDI quanto à impossibilidade de reconhecimento do direito às promoções por mérito. A jurisprudência desta Corte Superior vem se manifestando no sentido de que os empregados fazem jus ao pagamento de diferenças salariais, quando o réu, Banco Santander, não apresenta os documentos que poderiam comprovar o correto cumprimento do sistema de grades previsto no regulamento empresarial. Com esse entendimento, a SBDI-I, por maioria, conheceu dos embargos por divergência jurisprudencial, quanto ao tema "Política salarial de grades. Promoções por merecimento", vencidos os Ministros Breno Medeiros, Alexandre Luiz Ramos, Hugo Carlos Scheuermann e a Ministra Dora Maria da Costa, e no mérito, ainda por maioria, deu-lhes provimento para determinar o retorno dos autos à Turma de origem, a fim de que prossiga no exame do recurso adesivo da autora, vencidos os Ministros Breno Medeiros, Alexandre Luiz Ramos e a Ministra Dora Maria da Costa." (TST-E-EDARR-532-29.2014.5.03.0016, SBDI-I, rel. Min. Breno Medeiros, red. p/ acórdão Min. Cláudio Mascarenhas Brandão, 20/5/2021 - Informativo 238)

E. INCORRETA.

"Embargos em Recurso de Revista. Acidente do trabalho. Indenização por danos morais e materiais. Descontos fiscais e previdenciários indevidos. Não incidem o imposto de renda e a contribuição previdenciária sobre o valor fixado a título de compensação por danos morais e materiais quando decorrentes de acidente do trabalho. A compensação por dano moral e material não se enquadra no conceito de rendimento, mas sim em reparação pelos danos ocasionados pela doença profissional, não fazendo parte, portanto, do salário de contribuição, conforme estabelecido no artigo 28, I, da Lei nº 8.212/91. No mesmo sentido, o art. 6º, IV, da Lei nº 7.713/88, que alterou a legislação do imposto sobre a renda, bem como o inciso XVII do art. 39 do Decreto nº 3.000/99, que cuida da tributação, fiscalização, arrecadação e administração do referido imposto, preveem a proibição de tributação no caso de indenização decorrente de acidente de trabalho, seja decorrente de dano moral ou patrimonial, seja o pagamento Informativo TST – nº 238 Período: 17 a 31 de maio de 2021. 2 realizado de qualquer forma, parcela única ou pensionamento. Sob esses fundamentos, a SBDI-I, por unanimidade, conheceu dos embargos quanto ao tema "Indenização por danos morais e materiais decorrentes de acidente do trabalho - Descontos fiscais e previdenciários", por divergência jurisprudencial, e, no mérito, deu-lhes provimento, para excluir a incidência de descontos fiscais e previdenciários decorrentes das indenizações por danos morais e materiais deferidas em face do acidente do trabalho." (TST-E-ED-RR-346000-68.2005.5.15.0130, SBDI-I, rel. Min. Breno Medeiros, 27/5/2021 - Informativo 238)

- *LETRA E*

137. De acordo com a Jurisprudência do TST, assinale a alternativa incorreta:

a) A data do trânsito em julgado da sentença rescindenda define o regramento processual a ser aplicado, não podendo ser atribuído efeito retroativo à nova lei processual, em observância ao princípio de direito intertemporal tempus regit actum.

b) Não configura mandato tácito a realização de sustentação oral por advogado, sem procuração válida.

c) É inaplicável o efeito interruptivo do prazo recursal, quando da interposição de embargos de declaração sequer conhecidos, por ausência de pressuposto extrínseco de admissibilidade, tal como a regularidade de representação.

d) Sociedade de Economia Mista prestadora de relevante serviço público, que atue em regime não concorrencial, sem distribuição de lucros, continua se sujeitando ao regime próprio das empresas privadas, tendo, inclusive, que pagar custas e preparo de recursos.

e) A base de cálculo dos honorários advocatícios sucumbenciais na ação rescisória deve observar os parâmetros definidos no art. 85, § 2º, do CPC de 2015.

COMENTÁRIO

A. CORRETA.

"Ação rescisória ajuizada na vigência do CPC de 2015. Sentença rescindenda transitada em julgado sob a égide do CPC de 1973. Pretensão desconstitutiva fundada em prova nova. Decadência. Inaplicabilidade do art. 975, § 2º, do CPC de 2015. Irretroatividade da lei processual. O prazo para ajuizamento da ação rescisória é estabelecido pela data do trânsito em julgado da decisão rescindenda, de modo que não se aplica a regra contida no art. 975, § 2º, do CPC de 2015, acerca da contagem do prazo decadencial em ação rescisória fundada em prova nova, à coisa julgada constituída antes de sua vigência. No caso, destacou-se que a sentença rescindenda, que julgara improcedente o pedido da reclamante de indenização por dano moral e material decorrente de moléstia profissional, transitou em julgado em 2012, não havendo possibilidade de se alterar o início da contagem do prazo decadencial para momento diverso, em razão de a ação rescisória ter sido ajuizada em 2017, muito além do prazo previsto no art. 495 do CPC de 1973. Com efeito, a Subseção já se manifestou no sentido de que a data do trânsito em julgado da sentença rescindenda define o regramento processual a ser aplicado, não podendo ser atribuído efeito retroativo à nova lei processual, em observância ao princípio de direito intertemporal tempus regit actum. Sob esse fundamento, a SBDI-II, por unanimidade, conheceu do recurso ordinário da autora e, no mérito, negou-lhe provimento, mantendo o acórdão prolatado pelo Tribunal Regional que pronunciou a decadência e extinguiu o feito com resolução do mérito." (TST-ROT-7994-47.2017.5.15.0000, SBDIII, rel. Min. Alexandre de Souza Agra Belmonte, 18/5/2021 Informativo 238)

B. CORRETA.

"Intempestividade do recurso de embargos. Interposição contra embargos de declaração não conhecidos. Irregularidade de representação. Inexistência de mandato tácito. Inaplicabilidade do efeito interruptivo. A jurisprudência do TST é firme no sentido de que não configura mandato tácito a realização de sustentação oral por advogado, sem procuração válida. Ademais, nos termos da Orientação Jurisprudencial 200 da SBDI-I do TST, "É inválido o substabelecimento de advogado investido de mandato tácito". Nesse contexto, não é possível afastar a irregularidade de representação constatada em recurso cujo subscritor recebeu substabelecimento de advogado sem poder nos autos. Ressalte-se ainda que, antes mesmo da modificação do art. 897-A, § 3º, da CLT, o entendimento desta Corte já era no sentido de ser inaplicável o efeito interruptivo do prazo recursal, quando da interposição de embargos de declaração sequer conhecidos, por ausência de pressuposto extrínseco de admissibilidade, tal como a regularidade de representação. Ante o exposto, configura-se intempestivo o recurso de embargos interposto em 09/03/2011, quando o acórdão que não conheceu parcialmente do recurso de revista foi publicado em 21/10/2010 e contra o referido acórdão tenham sido opostos embargos de declaração que não ultrapassaram a barreira do conhecimento. Sob esses fundamentos, a SBDI-I, por unanimidade, não conheceu do recurso de embargos." (TST-E-ED-RR16400-08.2008.5.13.0007, SBDI-I, rel. Min. Renato de Lacerda Paiva, 13/5/2021 – Informativo 237)

C. CORRETA.

"Intempestividade do recurso de embargos. Interposição contra embargos de declaração não conhecidos. Irregularidade de representação. Inexistência de mandato tácito. Inaplicabilidade do efeito interruptivo. A jurisprudência do TST é firme no sentido de que não configura mandato tácito a realização de sustentação oral por advogado, sem procuração válida. Ademais, nos termos da Orientação Jurisprudencial 200 da SBDI-I do TST, "É inválido o substabelecimento de advogado investido de mandato tácito". Nesse contexto, não é possível afastar a irregularidade de representação constatada em recurso cujo subscritor recebeu substabelecimento de advogado sem poder nos autos. Ressalte-se ainda que, antes mesmo da modificação do art. 897-A, § 3º, da CLT, o entendimento desta Corte já era no sentido de ser inaplicável o efeito interruptivo do prazo recursal, quando da interposição de embargos de declaração sequer conhecidos, por ausência de pressuposto extrínseco de admissibilidade, tal como a regularidade de representação. Ante o exposto, configura-se intempestivo o recurso de embargos interposto em 09/03/2011, quando o acórdão que não conheceu parcialmente do recurso de revista foi publicado em 21/10/2010 e contra o referido acórdão tenham sido opostos embargos de declaração que não ultrapassaram a barreira do conhecimento. Sob esses fundamentos, a SBDI-I, por unanimidade, não conheceu do recurso de embargos." (TST-E-ED-RR16400-08.2008.5.13.0007, SBDI-I, rel. Min. Renato de Lacerda Paiva, 13/5/2021 – Informativo 237)

D. INCORRETA.

"Embargos em recurso de revista. Companhia de Água e Esgotos da Paraíba – CAGEPA. Sociedade de economia mista. Serviço público essencial, em regime não concorrencial e sem distribuição de lucros. Ausência de recolhimento de custas processuais e de depósito recursal referentes ao recurso ordinário. Deserção não configurada. Jurisprudência do STF. Nos termos do art. 173, § 1º, II, e § 2º da CF e da Súmula 170 do TST, as sociedades de economia mista estão sujeitas ao regime jurídico próprio das empresas privadas, inclusive quanto aos direitos e obrigações civis, comerciais, trabalhistas e tributários e não poderão gozar de privilégios fiscais não extensivos às do setor privado, razão pela qual a reclamada não estaria dispensada do pagamento de custas processuais e do recolhimento do depósito recursal. Não obstante, o STF tem estendido algumas prerrogativas da Fazenda Pública a determinadas empresas estatais prestadoras de relevantes serviços públicos, quando não atuam em regime de concorrência e não há comprovação de acúmulo ou distribuição de lucros, tais como a Empresa Brasileira de Correios e Telégrafos – ECT, Infraero e diversas companhias estaduais de saneamento básico (Rcl 33893 MC/PB, relator Min. Roberto Barroso, julgamento em 28/3/2019). Sob esse fundamento, a SBDI-I, por unanimidade, conheceu dos embargos interpostos pelo reclamante, por divergência jurisprudencial, e, no mérito, por maioria, negou-lhes provimento, mantendo a decisão turmária que, no caso específico da CAGEPA, em razão da aplicação das prerrogativas inerentes à Fazenda Pública, entendeu desnecessário o pagamento do depósito recursal e das custas processuais para interposição do recurso ordinário e demais recursos, ante a isenção do preparo. Vencidos os Exmos. Ministros Luiz Philippe Vieira de Mello Filho, Augusto César Leite de Carvalho, José Roberto Freire Pimenta, Hugo Carlos Scheuermann e Cláudio Mascarenhas Brandão. O acórdão será assinado pela Exma. Ministra Presidente Maria Cristina Irigoyen Peduzzi, nos termos do art. 165, parágrafo único, do RITST." (TST-E-ED-ARR-1609-56.2016.5.13.0006, SBDI-I, rel. Min. Márcio Eurico Vitral Amaro, 13/5/2021 - Informativo 237)

E. CORRETA.

"Ação rescisória. Honorários advocatícios sucumbenciais. Base de cálculo. Valor da condenação. Art. 85, § 2º, do CPC de 2015. A base de cálculo dos honorários advocatícios sucumbenciais na ação rescisória deve observar os parâmetros definidos no art. 85, § 2º, do CPC de 2015. Destarte, na hipótese de ampliação da condenação no processo matriz, decorrente do acolhimento do pedido de corte rescisório, a verba advocatícia deferida na ação rescisória não pode ter como base o valor da causa, cujo emprego é autorizado somente quando não é possível a utilização do valor da condenação ou do proveito econômico obtido com a ação. Sob esses fundamentos, a SBDI-II, por unanimidade, deu parcial provimento ao recurso ordinário do autor, a fim de deferir os honorários advocatícios sucumbenciais no importe de 15% sobre o valor da condenação. TST-RO-202-55.2016.5.05.0000, SBDI-II, rel. Min. Luiz José Dezena da Silva, 11/5/2021 - Informativo 237)

- *LETRA D*

138. De acordo com a Jurisprudência do TST, assinale a alternativa incorreta:

a) O MPT não tem legitimidade ativa para propor Ação Rescisória – já que não foi parte no processo originário – no caso de determinada reclamação ter sido julgada improcedente, tendo em vista a prática fraude em laudo oficial produzido por perito investigado pelo MPF, que culminou com a ocorrência de lesão a inúmeros trabalhadores.

b) O TST admite, excepcionalmente, a legitimidade de pessoas jurídicas de Direito Privado para postular medidas de contracautela, sendo que essa não se evidencia pela mera natureza da Requerente de integrante da Administração Pública ou pela condição de existência de qualquer tipo de interesse público suscitado no pedido de suspensão.

c) Não configura mandato tácito a realização de sustentação oral por advogado, sem procuração válida.

d) Não se exige o cumprimento dos requisitos previstos na Lei nº 7.783/1989 quando a greve é motivada pela conduta ilícita do empregador de atrasar o pagamento dos salários, bem como a participação em greve deflagrada nessa situação não autoriza a realização do desconto dos salários, sendo devido seu pagamento.

e) A data do trânsito em julgado da sentença rescindenda define o regramento processual a ser aplicado, não podendo ser atribuído efeito retroativo à nova lei processual, em observância ao princípio de direito intertemporal tempus regit actum.

COMENTÁRIO

A. INCORRETA.

"SUBSEÇÃO II ESPECIALIZADA EM DISSÍDIOS INDIVIDUAIS Ação rescisória. Art. 966, incisos III e V, do CPC/15. Legitimidade ativa do Ministério Público do Trabalho. Laudo pericial produzido por profissional investigado pelo Ministério Público Federal na "Operação Hipócritas". Lesão de origem comum a diversos trabalhadores. Interesse transindividual. Incidência da Súmula nº 407 do TST. Exceção nas hipóteses de processo extinto por acordo. O Ministério Público do Trabalho possui legitimidade ativa para propor ação rescisória, com fundamento no art. 966, III e V, do CPC/2015, ainda que não tenha sido parte no processo originário, em face de decisão que julgou improcedente reclamação trabalhista com fundamento em laudo oficial fraudulento produzido por perito judicial investigado pelo Ministério Público Federal na "Operação Hipócritas", exceto nas hipóteses em que a reclamação trabalhista for extinta por acordo. Com esse entendimento, a SDI-2, na mesma sessão, por maioria, concluiu o julgamento dos recursos ordinários em ação rescisória RO-6784-24.2018.5.15.0000 e RO-6789-46.2018.5.15.0000. No tocante ao primeiro processo, em que se reconheceu a legitimidade ativa do MPT, consignou-se que, nos termos da Súmula nº 407 do TST, a legitimidade ad causam do Ministério Público para propor ação rescisória, ainda que não tenha sido parte no processo que deu origem à decisão rescindenda, não está limitada às alíneas "a" e "b" do inciso III do art. 967 do CPC de 2015 e que, na hipótese em que inúmeros trabalhadores foram criminosamente prejudicados com a produção e utilização de laudos periciais viciados, não se pode falar em lesão a direitos puramente individuais e disponíveis, mas, sim, de interesses transindividuais, visto que ligados por circunstância comum que os privou de uma sentença proferida com base no devido processo legal, cuja proteção é conferida expressamente ao MPT, a teor dos artigos 127 da Constituição Federal e 5º, inciso I, 6º, incisos XII e XIV, alínea "a", e 83, inciso III, da Lei Complementar nº 75/1993. Além disso, destacou-se que a legitimidade do MPT decorre também do fato de a fraude perpetrada na produção de laudos periciais oficiais ter atingido a dignidade da Justiça do Trabalho. Assim, a SDI-2 deu provimento ao RO-6784-24.2018.5.15.0000, para, afastando o óbice da ilegitimidade ativa do MPT imposto na origem, determinar o retorno dos autos ao Tribunal Regional, a fim de que prossiga na análise da ação rescisória, como entender de direito, vencidos os Ministros Renato de Lacerda Paiva, Douglas Alencar Rodrigues, Alexandre de Souza Agra Belmonte e Luiz José Dezena da Silva. Diferentemente, ao apreciar o RO-6789-46.2018.5.15.0000, a SDI-2 manteve a decisão de origem em que se declarou a ilegitimidade ativa do MPT para propor ação rescisória em processo no qual também foi produzido laudo viciado por perito judicial investigado pelo Ministério Público Federal na "Operação Hipócritas", mas cuja extinção decorreu de acordo. Para a maioria dos ministros, prevaleceu o entendimento de que, nas hipóteses em que a pretensão desconstitutiva dirige-se contra sentença homologatória de acordo, a decisão fundamenta-se apenas na autonomia da vontade, razão pela qual a conclusão do laudo médico pericial, ainda que viciado, não seria capaz de influenciar a vontade do reclamante, não se configurando, portanto, o ataque à dignidade da Justiça do Trabalho capaz de amparar a legitimidade do MPT. Assim, a SDI-2, também por maioria, negou provimento ao RO-6789-46.2018.5.15.0000, vencidos os Ministros Luiz Philippe Vieira de Mello Filho e Evandro Pereira Valadão Lopes e as Ministras Delaíde Miranda Arantes e Maria Helena Mallmann." (TST-RO-6784-24.2018.5.15.0000, rel. Min. Maria Helena Mallmann, e TST-RO-6789- 46.2018.5.15.0000, rel. Min. Alexandre de Souza Agra

Belmonte, SBDI-II, 20/4/2021. TST-RO6784-24.2018.5.15.0000, rel. Min. Maria Helena Mallmann, e TST-RO-6789-46.2018.5.15.0000, rel. Min. Alexandre de Souza Agra Belmonte, SBDI-II, 20/4/2021 – Informativo 236)

B. CORRETA.

"*Agravo interno. Pedido de suspensão de liminar e de sentença. Pessoa jurídica de direito privado integrante da Administração Pública Indireta. Ilegitimidade ativa por não resultar configurada atuação na defesa de interesse público primário, mas interesse meramente patrimonial.*

Com fulcro na jurisprudência deste colendo Tribunal Superior do Trabalho e do egrégio Superior Tribunal de Justiça, no sentido de que a legitimidade ativa de pessoa jurídica de direito privado integrante da Administração Pública Indireta para apresentar pedido de suspensão de liminar e de sentença restringe-se às hipóteses em que atua na defesa de interesse público primário, o Órgão Especial, por unanimidade, manteve a decisão agravada que reconheceu não configurada a legitimidade excepcional da requerente, uma vez que as alegações veiculadas pelo pedido de suspensão não evidenciam a necessidade de tutela da economia e da ordem públicas, mas sim estão relacionadas ao exercício de atividade econômica pela requerente, revelando a defesa de interesse estritamente patrimonial. Nesse contexto, resultou mantida a decisão que julgou extinto o processo sem resolução do mérito, com espeque no art. 485, VI, do CPC de 2015, por ilegitimidade ativa." (TST-OE-SLS-1001214-86.2020.5.00.0000, Órgão Especial, rel. Min. Maria Cristina Irigoyen Peduzzi, 9/8/2021 – Informativo 241)

C. CORRETA.

"Intempestividade do recurso de embargos. Interposição contra embargos de declaração não conhecidos. Irregularidade de representação. Inexistência de mandato tácito. Inaplicabilidade do efeito interruptivo. A jurisprudência do TST é firme no sentido de que não configura mandato tácito a realização de sustentação oral por advogado, sem procuração válida. Ademais, nos termos da Orientação Jurisprudencial 200 da SBDI-I do TST, "É inválido o substabelecimento de advogado investido de mandato tácito". Nesse contexto, não é possível afastar a irregularidade de representação constatada em recurso cujo subscritor recebeu substabelecimento de advogado sem poder nos autos. Ressalte-se ainda que, antes mesmo da modificação do art. 897-A, § 3º, da CLT, o entendimento desta Corte já era no sentido de ser inaplicável o efeito interruptivo do prazo recursal, quando da interposição de embargos de declaração sequer conhecidos, por ausência de pressuposto extrínseco de admissibilidade, tal como a regularidade de representação. Ante o exposto, configura-se intempestivo o recurso de embargos interposto em 09/03/2011, quando o acórdão que não conheceu parcialmente do recurso de revista foi publicado em 21/10/2010 e contra o referido acórdão tenham sido opostos embargos de declaração que não ultrapassaram a barreira do conhecimento. Sob esses fundamentos, a SBDI-I, por unanimidade, não conheceu do recurso de embargos." (TST-E-ED-RR16400-08.2008.5.13.0007, SBDI-I, rel. Min. Renato de Lacerda Paiva, 13/5/2021 – Informativo 237)

D. CORRETA.

"Dissídio coletivo de greve. Mora salarial. Não exigência da observância dos parâmetros legais para deflagração da greve. Não abusividade do movimento paredista e não autorização de desconto dos dias parados. A jurisprudência majoritária da Seção de Dissídios Coletivos do TST segue no sentido de que a greve motivada por mora salarial, mesmo que não observe as exigências legais para sua deflagração, não pode ser considerada abusiva, nem autoriza o desconto dos dias parados. No caso, houve paralisação de parte da frota de transporte coletivo – cerca de 394 ônibus – ao longo do Terminal 1, no Centro de Manaus/AM, no dia 21/11/2018, das 15h15 às 17h20, pelos empregados que protestavam contra atrasos salariais. O TRT da 11ª Região julgou abusiva a greve, autorizando o desconto das horas paradas em relação aos trabalhadores que efetivamente participaram da paralisação, porquanto não cumpridos os requisitos legais obrigatórios dispostos na Lei nº 7.783/89 para a deflagração do movimento grevista. No entanto, conforme a jurisprudência majoritária da SDC, não se exige o cumprimento dos requisitos previstos na Lei nº 7.783/1989 quando a greve é motivada pela conduta ilícita do empregador de atrasar o pagamento dos salários, bem como a participação em greve deflagrada nessa situação não autoriza a realização do desconto dos salários, sendo devido seu pagamento. Sob esses fundamentos, a SDC, por unanimidade, deu provimento ao recurso ordinário do sindicato dos trabalhadores para, declarando a não abusividade da greve e afastando a autorização de desconto salarial das horas paralisadas, julgar improcedentes os pedidos deduzidos na petição inicial." (TST-RO-451-67.2018.5.11.0000, SDC, rel. Min. Ives Gandra da Silva Martins Filho, 14/6/2021 - Informativo 239)

E. CORRETA.

"Ação rescisória ajuizada na vigência do CPC de 2015. Sentença rescindenda transitada em julgado sob a égide do CPC de 1973. Pretensão desconstitutiva fundada em prova nova. Decadência. Inaplicabilidade do art. 975, § 2º, do CPC de 2015. Irretroatividade da lei processual. O prazo para ajuizamento da ação rescisória é estabelecido pela data do trânsito em julgado da decisão rescindenda, de modo que não se aplica a regra contida no art. 975, § 2º, do CPC de 2015, acerca da contagem do prazo decadencial em ação rescisória fundada em prova nova, à coisa julgada constituída antes de sua vigência. No caso, destacou-se que a sentença rescindenda, que julgara improcedente o pedido da reclamante de indenização por dano moral e material decorrente de moléstia profissional, transitou em julgado em 2012, não havendo possibilidade de se alterar o início da contagem do prazo decadencial para momento diverso, em razão de a ação rescisória ter sido ajuizada em 2017, muito além do prazo previsto no art. 495 do CPC de 1973. Com efeito, a Subseção já se manifestou no sentido de que a data do trânsito em julgado da sentença rescindenda define o regramento processual a ser aplicado, não podendo ser atribuído efeito retroativo à nova lei processual, em observância ao princípio de direito intertemporal tempus regit actum. Sob esse fundamento, a SBDI-II, por unanimidade, conheceu do recurso ordinário da autora e, no mérito, negou-lhe provimento, mantendo o acórdão prolatado pelo Tribunal Regional que pronunciou a decadência e extinguiu o feito com resolução do mérito." (TST-ROT-7994-47.2017.5.15.0000, SBDIII, rel. Min. Alexandre de Souza Agra Belmonte, 18/5/2021 - Informativo 238)

- *LETRA A*

139. De acordo com jurisprudência do TST, assinale certo ou errado:

Imagine que tenha havido operação do MPF investigando profissional por produzir laudo fraudulento que acabou por embasar a improcedência de reclamação na Justiça do Trabalho, prejudicando diversos trabalhadores.

Nessa situação, ainda que o MPT não tenha sido parte no processo, terá legitimidade ativa para propor ação rescisória.

COMENTÁRIO

"SUBSEÇÃO II ESPECIALIZADA EM DISSÍDIOS INDIVIDUAIS Ação rescisória. Art. 966, incisos III e V, do CPC/15. Legitimidade ativa do Ministério Público do Trabalho.

Laudo pericial produzido por profissional investigado pelo Ministério Público Federal na "Operação Hipócritas". Lesão de origem comum a diversos trabalhadores. Interesse transindividual. Incidência da Súmula nº 407 do TST. Exceção nas hipóteses de processo extinto por acordo. O Ministério Público do Trabalho possui legitimidade ativa para propor ação rescisória, com fundamento no art. 966, III e V, do CPC/2015, ainda que não tenha sido parte no processo originário, em face de decisão que julgou improcedente reclamação trabalhista com fundamento em laudo oficial fraudulento produzido por perito judicial investigado pelo Ministério Público Federal na "Operação Hipócritas", exceto nas hipóteses em que a reclamação trabalhista for extinta por acordo. Com esse entendimento, a SDI-2, na mesma sessão, por maioria, concluiu o julgamento dos recursos ordinários em ação rescisória RO-6784-24.2018.5.15.0000 e RO-6789-46.2018.5.15.0000. No tocante ao primeiro processo, em que se reconheceu a legitimidade ativa do MPT, consignou-se que, nos termos da Súmula nº 407 do TST, a legitimidade ad causam do Ministério Público para propor ação rescisória, ainda que não tenha sido parte no processo que deu origem à decisão rescindenda, não está limitada às alíneas "a" e "b" do inciso III do art. 967 do CPC de 2015 e que, na hipótese em que inúmeros trabalhadores foram criminosamente prejudicados com a produção e utilização de laudos periciais viciados, não se pode falar em lesão a direitos puramente individuais e disponíveis, mas, sim, de interesses transindividuais, visto que ligados por circunstância comum que os privou de uma sentença proferida com base no devido processo legal, cuja proteção é conferida expressamente ao MPT, a teor dos artigos 127 da Constituição Federal e 5º, inciso I, 6º, incisos XII e XIV, alínea "a", e 83, inciso III, da Lei Complementar nº 75/1993. Além disso, destacou-se que a legitimidade do MPT decorre também do fato de a fraude perpetrada na produção de laudos periciais oficiais ter atingido a dignidade da Justiça do Trabalho. Assim, a SDI-2 deu provimento ao RO-6784-24.2018.5.15.0000, para, afastando o óbice da ilegitimidade ativa do MPT imposto na origem, determinar o retorno dos autos ao Tribunal Regional, a fim de que prossiga na análise da ação rescisória, como entender de direito, vencidos os Ministros Renato de Lacerda Paiva, Douglas Alencar Rodrigues, Alexandre de Souza Agra Belmonte e Luiz José Dezena da Silva. Diferentemente, ao apreciar o RO-6789-46.2018.5.15.0000, a SDI-2 manteve a decisão de origem em que se declarou a ilegitimidade ativa do MPT para propor ação rescisória em processo no qual também foi produzido laudo viciado por perito judicial investigado pelo Ministério Público Federal na "Operação Hipócritas", mas cuja extinção decorreu de acordo. Para a maioria dos ministros, prevaleceu o entendimento de que, nas hipóteses em que a pretensão desconstitutiva dirige-se contra sentença homologatória de acordo, a decisão fundamenta-se apenas na autonomia da vontade, razão pela qual a conclusão do laudo médico pericial, ainda que viciado, não seria capaz de influenciar a vontade do reclamante, não se configurando, portanto, o ataque à dignidade da Justiça do Trabalho capaz de amparar a legitimidade do MPT. Assim, a SDI-2, também por maioria, negou provimento ao RO-6789-46.2018.5.15.0000, vencidos os Ministros Luiz Philippe Vieira de Mello Filho e Evandro Pereira Valadão Lopes e as Ministras Delaíde Miranda Arantes e Maria Helena Mallmann." (TST-RO-6784-24.2018.5.15.0000, rel. Min. Maria Helena Mallmann, e TST-RO-6789- 46.2018.5.15.0000, rel. Min. Alexandre de Souza Agra Belmonte, SBDI-II, 20/4/2021. TST-RO6784-24.2018.5.15.0000, rel. Min. Maria Helena Mallmann, e TST-RO-6789-46.2018.5.15.0000, rel. Min. Alexandre de Souza Agra Belmonte, SBDI-II, 20/4/2021 – Informativo 236)

- *CERTO*

140. De acordo com jurisprudência do TST, assinale certo ou errado:

Imagine que tenha havido operação do MPF investigando profissional por produzir laudo fraudulento que acabou por embasar a improcedência de reclamação na Justiça do Trabalho, prejudicando diversos trabalhadores.

Nessa situação, o MPT terá legitimidade ativa para propor ação rescisória, ainda que tenha havido acordo entre as partes.

COMENTÁRIO

"SUBSEÇÃO II ESPECIALIZADA EM DISSÍDIOS INDIVIDUAIS Ação rescisória. Art. 966, incisos III e V, do CPC/15. Legitimidade ativa do Ministério Público do Trabalho. Laudo pericial produzido por profissional investigado pelo Ministério Público Federal na "Operação Hipócritas". Lesão de origem comum a diversos trabalhadores. Interesse transindividual. Incidência da Súmula nº 407 do TST. Exceção nas hipóteses de processo extinto por acordo. O Ministério Público do Trabalho possui legitimidade ativa para propor ação rescisória, com fundamento no art. 966, III e V, do CPC/2015, ainda que não tenha sido parte no processo originário, em face de decisão que julgou improcedente reclamação trabalhista com fundamento em laudo oficial fraudulento produzido por perito judicial investigado pelo Ministério Público Federal na "Operação Hipócritas", exceto nas hipóteses em que a reclamação trabalhista for extinta por acordo. Com esse entendimento, a SDI-2, na mesma sessão, por maioria, concluiu o julgamento dos recursos ordinários em ação rescisória RO-6784-24.2018.5.15.0000 e RO-6789-46.2018.5.15.0000. No tocante ao primeiro processo, em que se reconheceu a legitimidade ativa do MPT, consignou-se que, nos termos da Súmula nº 407 do TST, a legitimidade ad causam do Ministério Público para propor ação rescisória, ainda que não tenha sido parte no processo que deu origem à decisão rescindenda, não está limitada às alíneas "a" e "b" do inciso III do art. 967 do CPC de 2015 e que, na hipótese em que inúmeros trabalhadores foram criminosamente prejudicados com a produção e utilização de laudos periciais viciados, não se pode falar em lesão a direitos puramente individuais e disponíveis, mas, sim, de interesses transindividuais, visto que ligados por circunstância comum que os privou de uma sentença proferida com base no devido processo legal, cuja proteção é conferida expressamente ao MPT, a teor dos artigos 127 da Constituição Federal e 5º, inciso I, 6º, incisos XII e XIV, alínea "a", e 83, inciso III, da Lei Complementar nº 75/1993. Além disso, destacou-se que a legitimidade do MPT decorre também do fato de a fraude perpetrada na produção de laudos periciais oficiais ter atingido a dignidade da Justiça do Trabalho. Assim, a SDI-2 deu provimento ao RO-6784-24.2018.5.15.0000, para, afastando o óbice da ilegitimidade ativa do MPT imposto na origem, determinar o retorno dos autos ao Tribunal Regional, a fim de que prossiga na análise da ação rescisória, como entender de direito, vencidos os Ministros Renato de Lacerda Paiva, Douglas Alencar Rodrigues, Alexandre de Souza Agra Belmonte e Luiz José Dezena da Silva. Diferentemente, ao apreciar o RO-6789-46.2018.5.15.0000, a SDI-2 manteve a decisão de origem em que se declarou a ilegitimidade ativa do MPT para propor ação rescisória em processo no qual também foi produzido laudo viciado por perito judicial investigado pelo Ministério Público Federal na "Operação Hipócritas", mas cuja extinção decorreu de acordo. Para a maioria dos ministros, prevaleceu o entendimento de que, nas hipóteses em que a pretensão desconstitutiva dirige-se contra sentença homologatória de acordo, a decisão fundamenta-se apenas na autonomia da vontade, razão pela qual a conclusão do laudo médico pericial, ainda que viciado, não seria capaz de influenciar a vontade do reclamante, não se configurando, portanto, o ataque à dignidade da Justiça do Trabalho capaz de amparar a legitimidade do MPT. Assim, a SDI-2, também por maioria, negou provimento ao RO-6789-46.2018.5.15.0000, vencidos os Ministros Luiz Philippe Vieira de Mello Filho e Evandro Pereira Valadão Lopes e as Ministras Delaíde Miranda Arantes e Maria Helena Mallmann." (TST-RO-6784-24.2018.5.15.0000, rel. Min. Maria Helena Mallmann, e TST-RO-6789- 46.2018.5.15.0000, rel. Min. Alexandre de Souza Agra Belmonte, SBDI-II, 20/4/2021. TST-RO6784-24.2018.5.15.0000, rel. Min. Maria Helena Mallmann, e TST-RO-6789-46.2018.5.15.0000, rel. Min. Alexandre de Souza Agra Belmonte, SBDI-II, 20/4/2021 – Informativo 236)

- *ERRADO*

141. De acordo com jurisprudência do TST, assinale certo ou errado:

Configura mandato tácito a realização de sustentação oral por advogado, sem procuração válida.

COMENTÁRIO

"Intempestividade do recurso de embargos. Interposição contra embargos de declaração não conhecidos. Irregularidade de representação. Inexistência de mandato tácito. Inaplicabilidade do efeito interruptivo. A jurisprudência do TST é firme no sentido de que não configura mandato tácito a realização de sustentação oral por advogado, sem procuração válida. Ademais, nos termos da Orientação Jurisprudencial 200 da SBDI-I do TST, "É inválido o substabelecimento de advogado investido de mandato tácito". Nesse contexto, não é possível afastar a irregularidade de representação constatada em recurso cujo subscritor recebeu substabelecimento de advogado sem poder nos autos. Ressalte-se ainda que, antes mesmo da modificação do art. 897-A, § 3º, da CLT, o entendimento desta Corte já era no sentido de ser inaplicável o efeito interruptivo do prazo recursal, quando da interposição de embargos de declaração sequer conhecidos, por ausência de pressuposto extrínseco de admissibilidade, tal como a regularidade de representação. Ante o exposto, configura-se intempestivo o recurso de embargos interposto em 09/03/2011, quando o acórdão que não conheceu parcialmente do recurso de revista foi publicado em 21/10/2010 e contra o referido acórdão tenham sido opostos embargos de declaração que não ultrapassaram a barreira do conhecimento. Sob esses fundamentos, a SBDI-I, por unanimidade, não conheceu do recurso de embargos." (TST-E-ED-RR16400-08.2008.5.13.0007, SBDI-I, rel. Min. Renato de Lacerda Paiva, 13/5/2021 – Informativo 237)

- *ERRADO*

142. De acordo com jurisprudência do TST, assinale certo ou errado:

É aplicável o efeito interruptivo do prazo recursal, quando da interposição de embargos de declaração sequer conhecidos, por ausência de pressuposto extrínseco de admissibilidade, tal como a regularidade de representação.

COMENTÁRIO

"Intempestividade do recurso de embargos. Interposição contra embargos de declaração não conhecidos. Irregularidade de representação. Inexistência de mandato tácito. Inaplicabilidade do efeito interruptivo. A jurisprudência do TST é firme no sentido de que não configura mandato tácito a realização de sustentação oral por advogado, sem procuração válida. Ademais, nos termos da Orientação Jurisprudencial 200 da SBDI-I do TST, "É inválido o substabelecimento de advogado investido de mandato tácito". Nesse contexto, não é possível afastar a irregularidade de representação constatada em recurso cujo subscritor recebeu substabelecimento de advogado sem poder nos autos. Ressalte-se ainda que, antes mesmo da modificação do art. 897-A, § 3º, da CLT, o entendimento desta Corte já era no sentido de ser inaplicável o efeito interruptivo do prazo recursal, quando da interposição de embargos de declaração sequer conhecidos, por ausência de pressuposto extrínseco de admissibilidade, tal como a regularidade de representação. Ante o exposto, configura-se intempestivo o recurso de embargos interposto em 09/03/2011, quando o acórdão que não conheceu parcialmente do recurso de revista foi publicado em 21/10/2010 e contra o referido acórdão tenham sido opostos embargos de declaração que não ultrapassaram a barreira do conhecimento. Sob esses fundamentos, a SBDI-I, por unanimidade, não conheceu do recurso de embargos." (TST-E-ED-RR16400-08.2008.5.13.0007, SBDI-I, rel. Min. Renato de Lacerda Paiva, 13/5/2021 – Informativo 237)

- *ERRADO*

143. De acordo com jurisprudência do TST, assinale certo ou errado:

Em regra, as sociedades de economia mista estão sujeitas ao regime jurídico próprio das empresas privadas, inclusive quanto aos direitos e obrigações civis, comerciais, trabalhistas e tributários e não poderão gozar de privilégios fiscais não extensivos às do setor privado, razão pela qual não estão dispensadas do pagamento de custas processuais e do recolhimento do depósito recursal.

COMENTÁRIO

"Embargos em recurso de revista. Companhia de Água e Esgotos da Paraíba – CAGEPA. Sociedade de economia mista. Serviço público essencial, em regime não concorrencial e sem distribuição de lucros. Ausência de recolhimento de custas processuais e de depósito recursal referentes ao recurso ordinário. Deserção não configurada. Jurisprudência do STF. Nos termos do art. 173, § 1º, II, e § 2º da CF e da Súmula 170 do TST, as sociedades de economia mista estão sujeitas ao regime jurídico próprio das empresas privadas, inclusive quanto aos direitos e obrigações civis, comerciais, trabalhistas e tributários e não poderão gozar de privilégios fiscais não extensivos às do setor privado, razão pela qual a reclamada não estaria dispensada do pagamento de custas processuais e do recolhimento do depósito recursal. Não obstante, o STF tem estendido algumas prerrogativas da Fazenda Pública a determinadas empresas estatais prestadoras de relevantes serviços públicos, quando não atuam em regime de concorrência e não há comprovação de acúmulo ou distribuição de lucros, tais como a Empresa Brasileira de Correios e Telégrafos – ECT, Infraero e diversas companhias estaduais de saneamento básico (Rcl 33893 MC/PB, relator Min. Roberto Barroso, julgamento em 28/3/2019). Sob esse fundamento, a SBDI-I, por unanimidade, conheceu dos embargos interpostos pelo reclamante, por divergência jurisprudencial, e, no mérito, por maioria, negou-lhes provimento, mantendo a decisão turmária que, no caso específico da CAGEPA, em razão da aplicação das prerrogativas inerentes à Fazenda Pública, entendeu desnecessário o pagamento do depósito recursal e das custas processuais para interposição do recurso ordinário e demais recursos, ante a isenção do preparo. Vencidos os Exmos. Ministros Luiz Philippe Vieira de Mello Filho, Augusto César Leite de Carvalho, José Roberto

Freire Pimenta, Hugo Carlos Scheuermann e Cláudio Mascarenhas Brandão. O acórdão será assinado pela Exma. Ministra Presidente Maria Cristina Irigoyen Peduzzi, nos termos do art. 165, parágrafo único, do RITST." (TST-E-ED-ARR-1609-56.2016.5.13.0006, SBDI-I, rel. Min. Márcio Eurico Vitral Amaro, 13/5/2021 – Informativo 237)

- *CERTO*

144. De acordo com jurisprudência do TST, assinale certo ou errado:

Não está isenta do preparo de recurso e do pagamento de custas a Estatal que preste serviço público essencial, ainda que em regime não concorrencial sem a distribuição de lucros.

COMENTÁRIO

"Embargos em recurso de revista. Companhia de Água e Esgotos da Paraíba – CAGEPA. Sociedade de economia mista. Serviço público essencial, em regime não concorrencial e sem distribuição de lucros. Ausência de recolhimento de custas processuais e de depósito recursal referentes ao recurso ordinário. Deserção não configurada. Jurisprudência do STF. Nos termos do art. 173, § 1º, II, e § 2º da CF e da Súmula 170 do TST, as sociedades de economia mista estão sujeitas ao regime jurídico próprio das empresas privadas, inclusive quanto aos direitos e obrigações civis, comerciais, trabalhistas e tributários e não poderão gozar de privilégios fiscais não extensivos às do setor privado, razão pela qual a reclamada não estaria dispensada do pagamento de custas processuais e do recolhimento do depósito recursal. Não obstante, o STF tem estendido algumas prerrogativas da Fazenda Pública a determinadas empresas estatais prestadoras de relevantes serviços públicos, quando não atuam em regime de concorrência e não há comprovação de acúmulo ou distribuição de lucros, tais como a Empresa Brasileira de Correios e Telégrafos – ECT, Infraero e diversas companhias estaduais de saneamento básico (Rcl 33893 MC/PB, relator Min. Roberto Barroso, julgamento em 28/3/2019). Sob esse fundamento, a SBDI-I, por unanimidade, conheceu dos embargos interpostos pelo reclamante, por divergência jurisprudencial, e, no mérito, por maioria, negou-lhes provimento, mantendo a decisão turmária que, no caso específico da CAGEPA, em razão da aplicação das prerrogativas inerentes à Fazenda Pública, entendeu desnecessário o pagamento do depósito recursal e das custas processuais para interposição do recurso ordinário e demais recursos, ante a isenção do preparo. Vencidos os Exmos. Ministros Luiz Philippe Vieira de Mello Filho, Augusto César Leite de Carvalho, José Roberto Freire Pimenta, Hugo Carlos Scheuermann e Cláudio Mascarenhas Brandão. O acórdão será assinado pela Exma. Ministra Presidente Maria Cristina Irigoyen Peduzzi, nos termos do art. 165, parágrafo único, do RITST." (TST-E-ED-ARR-1609-56.2016.5.13.0006, SBDI-I, rel. Min. Márcio Eurico Vitral Amaro, 13/5/2021 – Informativo 237)

- *ERRADO*

145. De acordo com jurisprudência do TST, assinale certo ou errado:

Na hipótese de ampliação da condenação no processo matriz, decorrente do acolhimento do pedido de corte rescisório, a verba advocatícia deferida na ação rescisória não pode ter como base o valor da causa, cujo emprego é autorizado somente quando não é possível a utilização do valor da condenação ou do proveito econômico obtido com a ação.

COMENTÁRIO

"Ação rescisória. Honorários advocatícios sucumbenciais. Base de cálculo. Valor da condenação. Art. 85, § 2º, do CPC de 2015. A base de cálculo dos honorários advocatícios sucumbenciais na ação rescisória deve observar os parâmetros definidos no art. 85, § 2º, do CPC de 2015. Destarte, na hipótese de ampliação da condenação no processo matriz, decorrente do acolhimento do pedido de corte rescisório, a verba advocatícia deferida na ação rescisória não pode ter como base o valor da causa, cujo emprego é autorizado somente quando não é possível a utilização do valor da condenação ou do proveito econômico obtido com a ação. Sob esses fundamentos, a SBDI-II, por unanimidade, deu parcial provimento ao recurso ordinário do autor, a fim de deferir os honorários advocatícios sucumbenciais no importe de 15% sobre o valor da condenação." (TST-RO-202-55.2016.5.05.0000, SBDI-II, rel. Min. Luiz José Dezena da Silva, 11/5/2021 – Informativo 237)

- *CERTO*

146. De acordo com jurisprudência do TST, assinale certo ou errado:
No que se refere a promoções por merecimento, tem-se que, dado o caráter eminentemente subjetivo da apuração da progressão por mérito, eventual omissão do empregador quanto à implementação desse procedimento não garante a promoção do empregado, por não se poder afirmar que ele teria obtido êxito, caso tivesse sido avaliado.

COMENTÁRIO

"Embargos. Recurso de Revista. Diferenças salariais. Promoção por merecimento. Política de grades. Ausência de juntada dos documentos referentes à avaliação de desempenho realizada pelo empregado. Inércia do Banco reclamado. Distinguishing Possibilidade de reconhecimento do direito às promoções. A matéria relativa a promoções por merecimento encontra-se pacificada pela jurisprudência da SBDI-1 desta Corte, no sentido de que, dado o caráter eminentemente subjetivo da apuração da progressão por mérito, eventual omissão do empregador quanto à implementação desse procedimento não garante a promoção do empregado, por não se poder afirmar que ele teria obtido êxito, caso tivesse sido avaliado. Contudo, a hipótese de ausência de juntada da documentação solicitada pelo perito, relativa às avaliações de desempenho realizadas pelo empregado, imprescindíveis à aferição da correta movimentação do trabalhador no sistema de grades adotado pelo banco, acaba por caracterizar distinção em face da jurisprudência da SDI quanto à impossibilidade de reconhecimento do direito às promoções por mérito. A jurisprudência desta Corte Superior vem se manifestando no sentido de que os empregados fazem jus ao pagamento de diferenças salariais, quando o réu, Banco Santander, não apresenta os documentos que poderiam comprovar o correto cumprimento do sistema de grades previsto no regulamento empresarial. Com esse entendimento, a SBDI-I, por maioria, conheceu dos embargos por divergência jurisprudencial, quanto ao tema "Política salarial de grades. Promoções por merecimento", vencidos os Ministros Breno Medeiros, Alexandre Luiz Ramos, Hugo Carlos Scheuermann e a Ministra Dora Maria da Costa, e no mérito, ainda por maioria, deu-lhes provimento para determinar o retorno dos autos à Turma de origem, a fim de que prossiga no exame do recurso adesivo da autora, vencidos os Ministros Breno Medeiros, Alexandre Luiz Ramos e a Ministra Dora Maria da Costa." (TST-E-EDARR-532-29.2014.5.03.0016, SBDI-I, rel. Min. Breno Medeiros, red. p/ acórdão Min. Cláudio Mascarenhas Brandão, 20/5/2021 – Informativo 238)

- *CERTO*

147. De acordo com jurisprudência do TST, assinale certo ou errado:

Quando da utilização do "sistema de grades" para a promoção por mérito de empregado, no caso de haver eventual reclamação trabalhista requerendo pagamento por diferenças salariais, se o empregador deixar de comprovar o correto cumprimento daquele sistema previsto no regulamento empresarial, o empregado fará jus a tal parcela, haja vista à inércia do reclamado.

COMENTÁRIO

"Embargos. Recurso de Revista. Diferenças salariais. Promoção por merecimento. Política de grades. Ausência de juntada dos documentos referentes à avaliação de desempenho realizada pelo empregado. Inércia do Banco reclamado. Distinguishing Possibilidade de reconhecimento do direito às promoções. A matéria relativa a promoções por merecimento encontra-se pacificada pela jurisprudência da SBDI-1 desta Corte, no sentido de que, dado o caráter eminentemente subjetivo da apuração da progressão por mérito, eventual omissão do empregador quanto à implementação desse procedimento não garante a promoção do empregado, por não se poder afirmar que ele teria obtido êxito, caso tivesse sido avaliado. Contudo, a hipótese de ausência de juntada da documentação solicitada pelo perito, relativa às avaliações de desempenho realizadas pelo empregado, imprescindíveis à aferição da correta movimentação do trabalhador no sistema de grades adotado pelo banco, acaba por caracterizar distinção em face da jurisprudência da SDI quanto à impossibilidade de reconhecimento do direito às promoções por mérito. A jurisprudência desta Corte Superior vem se manifestando no sentido de que os empregados fazem jus ao pagamento de diferenças salariais, quando o réu, Banco Santander, não apresenta os documentos que poderiam comprovar o correto cumprimento do sistema de grades previsto no regulamento empresarial. Com esse entendimento, a SBDI-I, por maioria, conheceu dos embargos por divergência jurisprudencial, quanto ao tema "Política salarial de grades. Promoções por merecimento", vencidos os Ministros Breno Medeiros, Alexandre Luiz Ramos, Hugo Carlos Scheuermann e a Ministra Dora Maria da Costa, e no mérito, ainda por maioria, deu-lhes provimento para determinar o retorno dos autos à Turma de origem, a fim de que prossiga no exame do recurso adesivo da autora, vencidos os Ministros Breno Medeiros, Alexandre Luiz Ramos e a Ministra Dora Maria da Costa." (TST-E-EDARR-532-29.2014.5.03.0016, SBDI-I, rel. Min. Breno Medeiros, red. p/ acórdão Min. Cláudio Mascarenhas Brandão, 20/5/2021 – Informativo 238)

- *CERTO*

148. De acordo com jurisprudência do TST, assinale certo ou errado:

Incidem o imposto de renda e a contribuição previdenciária sobre o valor fixado a título de compensação por danos morais e materiais quando decorrentes de acidente do trabalho, já que essa compensação se enquadra no conceito de rendimento, fazendo parte, portanto, do salário de contribuição.

COMENTÁRIO

"Embargos em Recurso de Revista. Acidente do trabalho. Indenização por danos morais e materiais. Descontos fiscais e previdenciários indevidos. Não incidem o imposto de renda e a contribuição previdenciária sobre o valor fixado a título de compensação por danos morais e materiais quando decorrentes de acidente do trabalho. A compensação por dano moral e material não se enquadra no conceito de rendimento, mas sim em reparação pelos danos ocasionados pela doença profissional, não fazendo parte, portanto, do salário de contribuição, conforme estabelecido no artigo 28, I, da Lei nº 8.212/91. No mesmo sentido, o art. 6º, IV, da Lei nº 7.713/88, que alterou a legislação do imposto sobre a renda, bem como o inciso XVII do art. 39 do Decreto nº 3.000/99, que cuida da tributação, fiscalização, arrecadação e administração do referido imposto, preveem a proibição de tributação no caso de indenização decorrente de acidente de trabalho, seja decorrente de dano moral ou patrimonial, seja o pagamento Informativo TST – nº 238 Período: 17 a 31 de maio de 2021. 2 realizado de qualquer forma, parcela única ou pensionamento. Sob esses fundamentos, a SBDI-I, por unanimidade, conheceu dos embargos quanto ao tema "Indenização por danos morais e materiais decorrentes de acidente do trabalho – Descontos fiscais e previdenciários", por divergência jurisprudencial, e, no mérito, deu-lhes provimento, para excluir a incidência de descontos fiscais e previdenciários decorrentes das indenizações por danos morais e materiais deferidas em face do acidente do trabalho." (TST-E-ED-RR-346000-68.2005.5.15.0130, SBDI-I, rel. Min. Breno Medeiros, 27/5/2021 – Informativo 238)

- *ERRADO*

149. De acordo com jurisprudência do TST, assinale certo ou errado:

O prazo para ajuizamento da ação rescisória é estabelecido pela data do trânsito em julgado da decisão rescindenda, de modo que não se aplica a regra contida no art. 975, § 2º, do CPC de 2015, acerca da contagem do prazo decadencial em ação rescisória fundada em prova nova, à coisa julgada constituída antes de sua vigência.

COMENTÁRIO

"Ação rescisória ajuizada na vigência do CPC de 2015. Sentença rescindenda transitada em julgado sob a égide do CPC de 1973. Pretensão desconstitutiva fundada em prova nova. Decadência. Inaplicabilidade do art. 975, § 2º, do CPC de 2015. Irretroatividade da lei processual. O prazo para ajuizamento da ação rescisória é estabelecido pela data do trânsito em julgado da decisão rescindenda, de modo que não se aplica a regra contida no art. 975, § 2º, do CPC de 2015, acerca da contagem do prazo decadencial em ação rescisória fundada em prova nova, à coisa julgada constituída antes de sua vigência. No caso, destacou-se que a sentença rescindenda, que julgara improcedente o pedido da reclamante de indenização por dano moral e material decorrente de moléstia profissional, transitou em julgado em 2012, não havendo possibilidade de se alterar o início da contagem do prazo decadencial para momento diverso, em razão de a ação rescisória ter sido ajuizada em 2017, muito além do prazo previsto no art. 495 do CPC de 1973. Com efeito, a Subseção já se manifestou no sentido de que a data do trânsito em julgado da sentença rescindenda define o regramento processual a ser aplicado, não podendo ser atribuído efeito retroativo à nova lei processual, em observância ao princípio de direito intertemporal tempus regit actum. Sob esse fundamento, a SBDI-II, por unanimidade, conheceu do recurso ordinário da autora e, no mérito, negou-lhe provimento, mantendo o acórdão prolatado pelo Tribunal Regional que pronunciou a decadência e extinguiu o feito com resolução do mérito." (TST-ROT-7994-47.2017.5.15.0000, SBDIII, rel. Min. Alexandre de Souza Agra Belmonte, 18/5/2021 – Informativo 238)

- *CERTO*

150. De acordo com jurisprudência do TST, assinale certo ou errado:

A greve motivada por mora salarial, mesmo que não observe as exigências legais para sua deflagração, não pode ser considerada abusiva, nem autoriza o desconto dos dias parados.

COMENTÁRIO

"Dissídio coletivo de greve. Mora salarial. Não exigência da observância dos parâmetros legais para deflagração da greve. Não abusividade do movimento paredista e não autorização de desconto dos dias parados. A jurisprudência majoritária da Seção de Dissídios Coletivos do TST segue no sentido de que a greve motivada por mora salarial, mesmo que não observe as exigências legais para sua deflagração, não pode ser considerada abusiva, nem autoriza o desconto dos dias parados. No caso, houve paralisação de parte da frota de transporte coletivo – cerca de 394 ônibus – ao longo do Terminal 1, no Centro de Manaus/AM, no dia 21/11/2018, das 15h15 às 17h20, pelos empregados que protestavam contra atrasos salariais. O TRT da 11ª Região julgou abusiva a greve, autorizando o desconto das horas paradas em relação aos trabalhadores que efetivamente participaram da paralisação, porquanto não cumpridos os requisitos legais obrigatórios dispostos na Lei nº 7.783/89 para a deflagração do movimento grevista. No entanto, conforme a jurisprudência majoritária da SDC, não se exige o cumprimento dos requisitos previstos na Lei nº 7.783/1989 quando a greve é motivada pela conduta ilícita do empregador de atrasar o pagamento dos salários, bem como a participação em greve deflagrada nessa situação não autoriza a realização do desconto dos salários, sendo devido seu pagamento. Sob esses fundamentos, a SDC, por unanimidade, deu provimento ao recurso ordinário do sindicato dos trabalhadores para, declarando a não abusividade da greve e afastando a autorização de desconto salarial das horas paralisadas, julgar improcedentes os pedidos deduzidos na petição inicial." (TST-RO-451-67.2018.5.11.0000, SDC, rel. Min. Ives Gandra da Silva Martins Filho, 14/6/2021 – Informativo 239)

- *CERTO*

151. De acordo com jurisprudência do TST, assinale certo ou errado:

A legitimidade ativa de pessoa jurídica de direito privado integrante da Administração Pública Indireta para apresentar pedido de suspensão de liminar e de sentença não se limita às hipóteses em que atua na defesa de interesse público primário.

COMENTÁRIO

"*Agravo interno. Pedido de suspensão de liminar e de sentença. Pessoa jurídica de direito privado integrante da Administração Pública Indireta. Ilegitimidade ativa por não resultar configurada atuação na defesa de interesse público primário, mas interesse meramente patrimonial.*

Com fulcro na jurisprudência deste colendo Tribunal Superior do Trabalho e do egrégio Superior Tribunal de Justiça, no sentido de que a legitimidade ativa de pessoa jurídica de direito privado integrante da Administração Pública Indireta para apresentar pedido de suspensão de liminar e de sentença restringe-se às hipóteses em que atua na defesa de interesse público primário, o Órgão Especial, por unanimidade, manteve a decisão agravada que reconheceu não configurada a legitimidade excepcional da requerente, uma vez que as alegações veiculadas pelo pedido de suspensão não evidenciam a necessidade de tutela da economia e da ordem públicas, mas sim estão relacionadas ao exercício de atividade econômica pela requerente, revelando a defesa de interesse estritamente patrimonial. Nesse contexto, resultou mantida a decisão que julgou extinto o processo sem resolução do mérito, com espeque no art. 485, VI, do CPC de 2015, por ilegitimidade ativa." (TST-OE-SLS-1001214-86.2020.5.00.0000, Órgão Especial, rel. Min. Maria Cristina Irigoyen Peduzzi, 9/8/2021 – Informativo 241)

- *ERRADO*

152. De acordo com jurisprudência do TST, assinale certo ou errado:

A previsão no edital do concurso público da jornada de 8 horas para os advogados equivale ao ajuste contratual expresso do regime de dedicação exclusiva, tendo em vista o princípio geral de vinculação das partes às regras do edital, que aderem ao contrato individual de trabalho.

COMENTÁRIO

"*Embargos. Jornada de trabalho do advogado. Admissão mediante concurso público. Observância do princípio da vinculação às regras do edital. Previsão de jornada de oito horas diárias. Equivalência ao ajuste contratual de dedicação exclusiva. Acórdão em consonância com a jurisprudência do TST.*

Conforme jurisprudência consolidada nesta Corte, em relação à jornada de trabalho de advogado empregado contratado mediante concurso público, após o advento da Lei 8.906/94, aplica-se o princípio da vinculação às regras do edital do concurso público, concluindo-se que a previsão da jornada de oito horas de trabalho no edital do concurso equivale ao regime de dedicação exclusiva. No caso em exame, restou "*incontroverso que no edital do concurso público ao qual o Reclamante se submeteu havia a previsão expressa da jornada de 8 (oito) horas para os advogados*". Evidenciada, portanto, a consonância do acórdão turmário com julgados da SBDI-I e de todas as Turmas do Tribunal Superior do Trabalho, mostrou-se inviável o conhecimento do recurso de embargos, nos termos do art. 894, § 2º, da CLT, sendo certo que a função uniformizadora do Colegiado já fora cumprida. Sob esse fundamento, a SBDI-I, por unanimidade, não conheceu dos embargos." (TST-E-ED-ARR-1554-10.2012.5.22.0002, SBDI-I, rel. Min. Augusto César Leite de Carvalho, 12/8/2021 – Informativo 241)

- *CERTO*

153. De acordo com jurisprudência do TST, assinale certo ou errado:

O empregado exercente de cargo de confiança previsto no art. 62, II, da CLT tem direito a horas de sobreaviso.

COMENTÁRIO

"*Embargos. Horas de sobreaviso. Exercente de cargo de confiança. Art. 62, II, da CLT. Incompatibilidade.*

O empregado exercente de cargo de confiança previsto no art. 62, II, da CLT não tem direito a horas de sobreaviso, haja vista a necessidade de um controle dos horários de trabalho para sua concessão e a incompatibilidade entre a sistemática do controle de jornada e a atividade exercida pelo trabalhador inserido no referido dispositivo. Sob esses fundamentos, a SBDI-I, por maioria, conheceu do recurso de embargos, por divergência jurisprudencial, vencido o Ministro Breno Medeiros, e, no mérito, por maioria, negou-lhe provimento, vencidos os Ministros Renato de Lacerda Paiva, Lelio Bentes Corrêa, Augusto César Leite de Carvalho, José Roberto Freire Pimenta e Cláudio Mascarenhas Brandão." (TST-E-RR-10070-04.2015.5.01.0065, SBDI-I, rel. Min. Hugo Carlos Scheuermann, 5/8/2021 – Informativo 241)

- *ERRADO*

INFORMATIVO 244

154. Segundo o TST, a excepcionalidade da pandemia de COVID-19 justifica a utilização de dissídio coletivo de natureza jurídica para a imposição de obrigações às empresas e empregadores além daquelas já previstas em lei.

COMENTÁRIO

Segundo o art. 241 do Regimento Interno do TST, os dissídios coletivos de natureza jurídica se prestam à interpretação de cláusulas de sentenças normativas, de instrumentos de negociação coletiva, acordos e convenções coletivas, de disposições legais particulares de categoria profissional ou econômica e de atos normativos. Esse instrumento tem escopo reduzido: a interpretação de determinadas normas.

Por essa razão, a SDC do TST rejeitou a sua utilização para pleito de natureza exclusivamente cominatória (suspensão das atividades presenciais durante a pandemia de Covid-19).

A excepcionalidade da pandemia de COVID-19 não justifica a utilização de dissídio coletivo de natureza jurídica para a imposição de obrigações às empresas e empregadores além daquelas já previstas em lei. Considerou-se a via eleita inadequada. (ROT-10443-06.2020.5.03.0000, SDC, rel. Min. Ives Gandra da Silva Martins Filho, 20/9/2021).

- *ERRADO*

155. É ilícita a extinção unilateral pela empresa da comissão de fábrica prevista em regulamento interno desde 1992, sem qualquer vinculação a um número mínimo de empregados e com nítido intuito continuativo, ainda que reduzido o quadro de funcionários para menos de 200 empregados.

COMENTÁRIO

O art. 11 CF/88:

> Art. 11. Nas empresas de mais de duzentos empregados, é assegurada a eleição de um representante destes com a finalidade exclusiva de promover-lhes o entendimento direto com os empregadores.

Regulamentando o dispositivo em questão, o art. 510 da CLT estabelece:

> Art. 510-A. Nas empresas com mais de duzentos empregados, é assegurada a eleição de uma comissão para representá-los, com a finalidade de promover-lhes o entendimento direto com os empregadores.

No caso em questão, a empresa já possuía essa comissão desde 1992 (lembramos que o art. 510-A foi inserido na CLT pela Lei nº 13.467/2017), conforme previsto em seu regulamento interno.

Posteriormente, houve a redução do número de empregados, passando a empresa a contar com menos de 200 funcionários. Ela poderia extinguir a comissão?

Segundo o TST, não.

Conforme decidido, o direito à existência da comissão incorporou-se às relações jurídicas como condição mais favorável, independentemente do critério quantitativo fixado na lei. Neste sentido, por se tratar de vantagem de natureza coletiva, prevista em regulamento empresarial, não poderia ser extirpada unilateralmente do patrimônio jurídico dos trabalhadores, sob pena de desrespeito aos princípios da inalterabilidade contratual lesiva, da incorporação da norma mais favorável, bem como da lealdade e transparência nas relações coletivas de trabalho. (TST-ROT-1002264-93.2020.5.02.0000, SDC, red. p/ acórdão Min. Mauricio Godinho Delgado, 20/9/2021).

- *CERTO*

156. Não atrai a incidência, por interpretação extensiva, da Orientação Jurisprudencial nº 401 da SBDI-I, a hipótese em que a pretensão do direito material de nova reclamação trabalhista não depende de resolução de relação jurídica examinada sob a ótica de ação ajuizada anteriormente.

COMENTÁRIO

A Orientação Jurisprudencial nº 401 da SDI-I do TST estabelece o seguinte:

> OJ 401, SDI-I. O marco inicial da contagem do prazo prescricional para o ajuizamento de ação condenatória, quando advém a dispensa do empregado no curso de ação declaratória que possua a mesma causa de pedir remota, é o trânsito em julgado da decisão proferida na ação declaratória e não a data da extinção do contrato de trabalho.

Vejamos, assim, que, havendo certa relação de prejudicialidade entre as demandas, o prazo prescricional de uma começa do trânsito em julgado da outra.

No caso em tela, o Sindicato ajuizou duas ações: uma para reconhecimento da jornada de trabalho de 6 seis horas a seus substituídos, por trabalho em turnos ininterruptos de revezamento, e outra para o pagamento de horas extras no patamar estabelecido em norma coletiva da categoria.

A agremiação buscou a aplicação analógica da OJ 401 da SDI-I, ou seja, que o prazo prescricional da segunda ação fosse contado apenas do trânsito em julgado da primeira.

A SDI-I do TST não concordou com o pleito, consignando que, quando ajuizada a primeira ação, já se encontrava em pleno vigor a norma coletiva invocada, ou seja, era viável que o sindicato cumulasse os pedidos de reconhecimento das horas extras vindicadas com o adicional que entendia correto. Assim, pronunciou a incidência da prescrição total em relação aos substituídos com contratos de trabalho findos há mais de dois anos do ajuizamento da segunda reclamação trabalhista (TST-E-ED-RR-91500-61.2009.5.03.0055, SBDI-I, rel. Min. Lelio Bentes Corrêa, 23/9/2021).

- *CERTO*

157. Nos termos do artigo 114, I, da Constituição Federal, é competente a Justiça do Trabalho para o processamento e o julgamento de lides que envolvam relação jurídica-administrativa

COMENTÁRIO

O pleito em tela versava sobre a cobrança de honorários advocatícios de defensor dativo em face da União.

Segundo a SDI-I, a demanda deve ser ajuizada na Justiça Comum, e não na Justiça do Trabalho.

Isso porque o advogado dativo atua como um colaborador do Estado, exercendo, transitoriamente, suas funções sem qualquer vínculo com o Poder Público. Cuida-se, desse modo, do exercício de um encargo público que não decorre de relação de trabalho, mas sim de relação jurídico-administrativa.

Assim, em suma é incompetente a Justiça do Trabalho para o processamento e o julgamento de ação de cobrança de honorários advocatícios ajuizada por defensor dativo em face da Administração Pública (TST-E-RR-209000-38.2009.5.04.0018, SBDI-I, rel. Min. José Roberto Freire Pimenta, 23/9/2021).

- *ERRADO*

158. É lícita a penhora de vencimentos determinada na vigência do CPC de 2015, para pagamento de prestação alimentícia e em percentual inferior ao limite estabelecido no art. 529, § 3º, do referido diploma legal.

COMENTÁRIO

O art. 529, §3º, do TST estabelece o seguinte:

> Art. 529. Quando o executado for funcionário público, militar, diretor ou gerente de empresa ou empregado sujeito à legislação do trabalho, o exequente poderá requerer o desconto em folha de pagamento da importância da prestação alimentícia.
>
> (...)
>
> § 3º Sem prejuízo do pagamento dos alimentos vincendos, o débito objeto de execução pode ser descontado dos rendimentos ou rendas do executado, de forma parcelada, nos termos do caput deste artigo, contanto que, somado à parcela devida, não ultrapasse cinquenta por cento de seus ganhos líquidos. (destacou-se)

No caso em tela, a SDI-II do TST reconheceu a validade de penhora realizada em vencimentos, no patamar de 20%.

Segundo a Corte, os requisitos para que isso seja válido são:

a) determinação na vigência do CPC de 2015;

b) imposição para pagamento de créditos reconhecidos pela Justiça do Trabalho, dado seu caráter alimentar;

c) fixação em percentual condizente com o que preceitua o art. 529, § 3º, do CPC de 2015.

(TST-ROT-100876-81.2018.5.01.0000, SBDI-II, rel. Min. Luiz José Dezena da Silva, 21/9/2021.)

- *CERTO*

159. Segundo o TST, havendo o deferimento da recuperação judicial ou a decretação da falência da empresa executada, o crédito relativo à execução fiscal deve ser habilitado no juízo falimentar.

COMENTÁRIO

Na espécie, a 2ª Turma do TST reconheceu que a Corte tem decidido, reiteradamente, no sentido de que, havendo o deferimento da recuperação judicial ou a decretação da falência da empresa executada, o crédito relativo à execução fiscal deve ser habilitado no juízo falimentar.

No entanto, considerou que esse posicionamento foi afetado pela superveniência da lei nº 14.112/2020. Segundo ela, ainda que haja a decretação da falência ou o deferimento do processamento da recuperação judicial, as execuções fiscais decorrentes de penalidades administrativas impostas aos empregadores pelos órgãos de fiscalização das relações de trabalho e as execuções de ofício das contribuições à seguridade social decorrentes das condenações trabalhistas devem ser processadas na Justiça do Trabalho.

Assim, realizou uma distinção do caso em relação aos precedentes anteriores, devido à superveniência da lei, e determinou retorno dos autos à Vara do Trabalho de origem para que prossiga na execução do crédito. (TST-RR-10366-92.2015.5.15.0014, 2ª Turma, rel. Des. Conv. Marcelo Lamego Pertence, julgado em 15/9/2021.)

- *CERTO*

160. Para as situações consolidadas antes da entrada em vigor da Lei nº 13.467/2017, há de permanecer inalterada a aplicação dos termos da referida Súmula nº 372, I, tal como redigida. Por outro lado, para as situações que vierem a se configurar após o aludido diploma legal, há que se aplicar a nova diretriz do artigo 468, § 2º, da CLT.

COMENTÁRIO

A Súmula nº 372, I do TST estabelece o seguinte:

> Súmula nº 372 do TST
>
> I - Percebida a gratificação de função por dez ou mais anos pelo empregado, se o empregador, sem justo motivo, revertê-lo a seu cargo efetivo, não poderá retirar-lhe a gratificação tendo em vista o princípio da estabilidade financeira. (ex-OJ nº 45 da SBDI-1 - inserida em 25.11.1996)
>
> Não obstante formalmente em vigor, essa foi materialmente derrogada pela nova redação do art. 468, §2º da CLT, trazida pela Lei nº 13.467/2017:

> Art. 468 - Nos contratos individuais de trabalho só é lícita a alteração das respectivas condições por mútuo consentimento, e ainda assim desde que não resultem, direta ou indiretamente, prejuízos ao empregado, sob pena de nulidade da cláusula infringente desta garantia.
>
> (...)
>
> § 2º A alteração de que trata o § 1o deste artigo, com ou sem justo motivo, não assegura ao empregado o direito à manutenção do pagamento da gratificação correspondente, que não será incorporada, independentemente do tempo de exercício da respectiva função. (Incluído pela Lei nº 13.467, de 2017)

O caso em tela, todavia, era dotado de uma peculiaridade: o reclamante havia completado dez anos na função gratificada antes da Reforma Trabalhista (na espécie, em 2013). Assim, ele incorporou o direito à manutenção da gratificação ou a nova redação do texto consolidada também se aplica às situações aperfeiçoadas anteriormente?

Segundo decidiu a 4ª Turma, para as situações consolidadas antes da entrada em vigor da Lei nº 13.467/2017, há de permanecer inalterada a aplicação dos termos da referida Súmula nº 372, I, tal como redigida. Por outro lado, para as situações que vierem a se configurar após o aludido diploma legal, há que se aplicar a nova diretriz do artigo 468, § 2º, da CLT. (TST-RR-1234-15.2013.5.03.0014, 4ª Turma, rel. Min. Guilherme Augusto Caputo Bastos, julgado em 21/9/2021.)

- *CERTO*

161. TST que não seria possível decidir com base no PPRA e nos laudos periciais produzidos em processos anteriores envolvendo a mesma reclamada, valorando-os para o fim de concluir se a atividade exercida era insalubre ou não.

COMENTÁRIO

Como se sabe, são condições para a percepção do adicional de insalubridade a realização de perícia técnica, bem como a classificação da atividade insalubre na relação oficial elaborada pelo Ministério do Trabalho.

No caso em tela, houve perícia nas instâncias ordinárias, mas essa concluiu pela inexistência de insalubridade, pois os produtos manuseados pelo reclamante não constariam do rol de substâncias previstas na NR-15.

No entanto, o próprio PPRA (Programa de Prevenção de Riscos Ambientais) da empresa considerava o produto em questão nocivo.

Diante disso, decidiu a 6ª Turma do TST que seria possível decidir com base no PPRA e nos laudos periciais produzidos em processos anteriores envolvendo a mesma reclamada, valorando-os para o fim de concluir se a atividade exercida era insalubre ou não.

E, doutra ponta, não constituiria óbice o fato de o produto não constas da NR-15, vez que, quando a própria empresa, por meio de profissionais por ela escolhidos, reconhece a insalubridade em grau médio em PPRA, constitui-se condição mais favorável ao trabalhador.

Assim, a empresa foi condenada ao pagamento de adicional de insalubridade. (TST-Ag--AIRR-21017-54.2017.5.04.0101, 6ª Turma, rel. Min. Katia Magalhães Arruda, julgado em 15/9/2021).

- *ERRADO*

162. Considerando o princípio da informalidade e da simplicidade que reveste o processo trabalhista, ao redigir a petição inicial, não basta ao autor expor rapidamente os fatos a fim de proporcionar a sua compreensão e a respectiva consequência jurídica, contida no pedido.

COMENTÁRIO

Neste julgado, que versa sobre terceirização ilícita de serviços, o reclamante requereu o reconhecimento do vínculo empregatício com a empresa tomadora de serviços, por fraude, mas deixou de apresentar pedido de condenação solidária da prestadora.

Não obstante não tenha havido pedido nesse sentido, a empresa prestadora foi condenada solidariamente ao pagamento das verbas reconhecidas em juízo.

Segundo a 6ª Turma do TST, a decisão foi válida.

Conforme decidido, considerando o princípio da informalidade e da simplicidade que reveste o processo trabalhista, ao redigir a petição inicial, basta ao autor expor rapidamente os fatos a fim de proporcionar a sua compreensão e a respectiva consequência jurídica, contida no pedido.

Desse modo, quando o reclamante coloca no rol dos pedidos a responsabilidade solidária das demais empresas, não afasta, por si só, a responsabilidade principal da prestadora, outrora empresa empregadora. (TST-RR-11429-50.2015.5.01.0077, 6ª Turma, rel. Augusto César Leite de Carvalho, julgado em 22/9/2021).

- *ERRADO*

163. Se uma empresa, ao invés de contratar empregados, escolhe desempenhar sua atividade-fim por meio de outra pessoa jurídica do grupo econômico que integra, certamente o faz com o intuito de baratear a mão de obra, mascarar a real categoria profissional dos trabalhadores e sonegar-lhes direitos.

COMENTÁRIO

O STF já decidiu pela validade da terceirização de atividade-fim.

O processo em questão, todavia, versava sobre uma situação peculiar: empresa prestadora e empresa tomadora pertenciam ao mesmo grupo econômico.

Diante disso, decidiu a 7ª Turma que se uma empresa, ao invés de contratar empregados, escolhe desempenhar sua atividade-fim por meio de outra pessoa jurídica do grupo econômico que integra, certamente o faz com o intuito de baratear a mão de obra, mascarar a real categoria profissional dos trabalhadores e sonegar-lhes direitos.

Com bases nesses fundamentos, reconheceu a fraude perpetrada entre as rés, deferiu à parte autora os pedidos calcados na condição de empregada direta da tomadora e declarou a responsabilidade solidária das empresas.

- *CERTO*

INFORMATIVO 245

164. Diante das naturezas jurídicas diversas do Adicional de Atividade de Distribuição e/ou Coleta Externa - AADC previsto no PCCS/2008 da ECT e do Adicional de Periculosidade estatuído pelo § 4° do art. 193 da CLT, define-se que, para os empregados da ECT que se enquadram nas hipóteses de pagamento dos referidos adicionais, o AADC e o adicional de periculosidade, percebido por carteiro motorizado que faz uso de motocicleta, podem ser recebidos cumulativamente.

COMENTÁRIO

Aos empregados da Empresa Brasileira de Correios e Telégrafos que satisfizerem as condições é devido o Adicional de Atividade de Distribuição e/ou Coleta Externa - AADC, previsto em seu PCCS.

No entanto, referidos empregados também podem laborar em situações que ensejem direito à percepção do adicional de periculosidade.

É possível cumular referidos adicionais?

Segundo a SDI-I, sim.

Conforme tese fixada:

> Diante das naturezas jurídicas diversas do Adicional de Atividade de Distribuição e/ou Coleta Externa - AADC previsto no PCCS/2008 da ECT e do Adicional de Periculosidade estatuído pelo § 4° do art. 193 da CLT, define-se que, para os empregados da ECT que se enquadram nas hipóteses de pagamento dos referidos adicionais, o AADC e o adicional de periculosidade, percebido por carteiro motorizado que faz uso de motocicleta, podem ser recebidos cumulativamente. (TST-IRR-1757-68.2015.5.06.0371, SBDI-I, Rel. Min. Alberto Luiz Bresciani de Fontan Pereira, 14/10/2021).

- *CERTO*

165. O Agente de Apoio Socioeducativo (nomenclatura que, a partir do Decreto nº 54.873 do Governo do Estado de São Paulo, de 06.10.2009, abarca os antigos cargos de Agente de Apoio Técnico e de Agente de Segurança) não faz jus à percepção de adicional de periculosidade, considerado o exercício de atividades e operações perigosas, que implicam risco acentuado em virtude de exposição permanente a violência física no desempenho das atribuições profissionais de segurança pessoal e patrimonial em fundação pública estadual.

COMENTÁRIO

O art. 193, II, da CLT prevê o seguinte:

> Art. 193. São consideradas atividades ou operações perigosas, na forma da regulamentação aprovada pelo Ministério do Trabalho e Emprego, aquelas que, por sua natureza ou métodos de trabalho, impliquem risco acentuado em virtude de exposição permanente do trabalhador a:
>
> (...)

II - roubos ou outras espécies de violência física nas atividades profissionais de segurança pessoal ou patrimonial.

A Fundação CASA é a antiga Fundação Estadual do Bem-Estar do Menor - FEBEM-SP. Essa instituição se destinar a aplicar em todo território do Estado de São Paulo as diretrizes e normas da política nacional do bem-estar do menor, em harmonia, com a legislação federal.

No caso em tela, arguiu-se se os seus agentes de apoio socioeducativo (o regime de contratação da Fundação é celetista) fariam jus ao adicional de periculosidade, nos termos do art. 193, II, CLT.

Segundo a SDI-I, sim, eles fazem jus ao respectivo adicional.

Conforme a tese fixada:

> O Agente de Apoio Socioeducativo (nomenclatura que, a partir do Decreto nº 54.873 do Governo do Estado de São Paulo, de 06.10.2009, abarca os antigos cargos de Agente de Apoio Técnico e de Agente de Segurança) faz jus à percepção de adicional de periculosidade, considerado o exercício de atividades e operações perigosas, que implicam risco acentuado em virtude de exposição permanente a violência física no desempenho das atribuições profissionais de segurança pessoal e patrimonial em fundação pública estadual. (TST-IRR-1001796-60.2014.5.02.0382, SBDI-I, rel. Min. Hugo Carlos Scheuermann, 14/10/2021).

- *ERRADO*

166. A SBDI-II concluiu que o cabimento do habeas corpus se restringe aos atos praticados por autoridade ou agentes públicos, podendo também ser impetrado contra ato de particular.

COMENTÁRIO

O julgado analisado versa sobre o habeas corpus impetrado sob a alegação de constrangimento ao direito de locomoção em decorrência de atos supostamente praticados por sindicato durante o exercício do direito de greve.

A SBDI-II reconheceu que o cabimento do *habeas corpus* não se restringe aos atos praticados por autoridade ou agentes públicos, podendo também ser impetrado contra ato de particular.

Ainda, fixou que é da Justiça do Trabalho a competência para processar e julgar os habeas corpus contra atos vinculados ao exercício do direito de greve.

Por derradeiro, ressalvou que a competência funcional para apreciar e julgar habeas corpus impetrado contra ato praticado por particular é da Vara do Trabalho, e não do TRT. (TST-RO-1023-93.2015.5.05.0000, SBDI-II, rel. Min. Luiz José Dezena da Silva, 28/9/2021).

- *ERRADO*

167. Caso o executado deseje garantir a execução com seguro garantia judicial, deve fazê-lo com um acréscimo de 30%, o que não foi feito no caso em tela, razão pela qual a segurança foi denegada. Ainda, como a insuficiência do valor segurado foi considerada óbice intransponível, não foi franqueado prazo para complementação, nos termos do § 2º do art. 1.007 do CPC.

COMENTÁRIO

Na execução trabalhista, caso o executado deseje embargar a execução, ele deverá garantir o juízo no prazo de 48 horas.

No caso, aceitou-se que o reclamado o fizesse por meio de seguro garantia judicial. No entanto, para isso, uma diretriz deveria ser observada. Trata-se do art. 835, §2º do CPC:

> Art. 835. A penhora observará, preferencialmente, a seguinte ordem:
>
> I - dinheiro, em espécie ou em depósito ou aplicação em instituição financeira;
>
> II - títulos da dívida pública da União, dos Estados e do Distrito Federal com cotação em mercado;
>
> III - títulos e valores mobiliários com cotação em mercado;
>
> IV - veículos de via terrestre;
>
> V - bens imóveis;
>
> VI - bens móveis em geral;
>
> VII - semoventes;
>
> VIII - navios e aeronaves;
>
> IX - ações e quotas de sociedades simples e empresárias;
>
> X - percentual do faturamento de empresa devedora;
>
> XI - pedras e metais preciosos;
>
> XII - direitos aquisitivos derivados de promessa de compra e venda e de alienação fiduciária em garantia;
>
> XIII - outros direitos.
>
> (...)
>
> § 2º Para fins de substituição da penhora, equiparam-se a dinheiro a fiança bancária e o seguro garantia judicial, desde que em valor não inferior ao do débito constante da inicial, acrescido de trinta por cento.

Ou seja, caso o executado deseje garantir a execução com seguro garantia judicial, deve fazê-lo com um acréscimo de 30%, o que não foi feito no caso em tela, razão pela qual a segurança foi denegada. Ainda, como a insuficiência do valor segurado foi considerada óbice intransponível, não foi franqueado prazo para complementação, nos termos do § 2º do art. 1.007 do CPC. (TST-RO-1000279-26.2019.5.02.0000, SBDI-II, rel. Min. Amaury Rodrigues Pinto Junior, 5/10/2021).

- *CERTO*

168. Os direitos previstos em norma coletiva só atingirão os empregados com o contrato suspenso por aposentadoria por invalidez mediante previsão expressa em norma coletiva.

COMENTÁRIO

À categoria considerada na decisão analisada atendiam as parcelas "Participação nos Resultados (PR) e gratificação de permanência em área remota", inclusive para os empregados afastados em razão de acidente do trabalho.

O autor da demanda, todavia, estava aposentado por invalidez e pleiteou a extensão dos referidos benefícios.

O pleito foi negado pela 3ª Turma, pois conforme jurisprudência da Corte, os direitos previstos em norma coletiva só atingirão os empregados com o contrato suspenso por aposentadoria por invalidez mediante previsão expressa em norma coletiva, o que não se observou nos autos. (TST-RR-1276-24.2017.5.08.0131, 3ª Turma, rel. Min. Alexandre de Souza Agra Belmonte, julgado em 29/9/2021.)

- *CERTO*

169. Nas reclamações trabalhistas propostas após a entrada em vigor da Lei nº 13.467/2017, deve-se seguir o determinado no §1º do art. 840 da CLT, e a expressão "com indicação de seu valor" não limita a condenação do pedido ao valor atribuído na petição inicial. Ou seja, a condenação não deve se limitar aos valores apontados na petição inicial, sob pena de ser considerada ultra petita.

COMENTÁRIO

O § 1º do art. 840 da CLT foi alterado pela Lei nº 13.467/2017 para estabelecer o seguinte:

Art. 840 - A reclamação poderá ser escrita ou verbal.

> (...)
>
> § 1º Sendo escrita, a reclamação deverá conter a designação do juízo, a qualificação das partes, a breve exposição dos fatos de que resulte o dissídio, o pedido, que deverá ser certo, determinado e com indicação de seu valor, a data e a assinatura do reclamante ou de seu representante.

Diante da nova redação, fixou a 4ª Turma que, nas reclamações trabalhistas propostas após a entrada em vigor da Lei nº 13.467/2017, deve-se seguir o determinado no §1º do art. 840 da CLT, e a expressão "com indicação de seu valor" limita a condenação do pedido ao valor atribuído na petição inicial. Ou seja, a condenação deve se limitar aos valores apontados na petição inicial, sob pena de ser considerada ultra petita. (TST-ARR-991-36.2018.5.09.0594, 4ª Turma, rel. Min. Alexandre Luiz Ramos, julgado em 28/9/2021.)

- *ERRADO*

INFORMATIVO 246

170. No que tange aos trabalhadores avulsos portuários, a intermediação de mão de obra deve ser feita apenas pelo OGMO.

COMENTÁRIO

Segundo afirmado pela SDC, o Órgão Gestor de Mão de Obra - OGMO detém competência exclusiva para gerir e intermediar o fornecimento de mão de obra de trabalhador avulso.

Incumbe aos entes sindicais portuários tão somente compor a estrutura tripartite do OGMO, na defesa dos interesses e direitos individuais, plúrimos e coletivos dos trabalhadores.

Dessa maneira, no que tange aos trabalhadores avulsos portuários, a intermediação de mão de obra deve ser feita apenas pelo OGMO. (TST-SDC-1000360-97.2017.5.00.0000, SDC, rel. Min. Kátia Magalhães Arruda, 18/10/2021).

- *CERTO*

171. A contratação precária no decorrer do prazo de validade de concurso público com cadastro de reserva para as mesmas atribuições do cargo para o qual fora realizado o certame não configura preterição dos candidatos aprovados, em ofensa ao art. 37, II, da Constituição Federal, ainda que fora das vagas previstas no edital ou não comprovada a efetiva existência de cargo oficialmente vago.

COMENTÁRIO

No julgado em análise, a SDI-I do TST reconheceu que a contratação de terceirizados durante a validade do certame representaria a preterição dos candidatos aprovados.

No caso, o ente reclamado contratou 768 trabalhadores temporários, durante a validade do concurso no qual o reclamante obteve aprovação, para exercer as mesmas atribuições previstas no edital, abrindo, ainda, novo edital para formação de cadastro reserva durante o prazo de validade do concurso referido.

Destacou-se que, se há necessidade de contratação de pessoal terceirizado durante a vigência do certame, não se justifica a não nomeação dos candidatos constantes do cadastro de reserva para suprir essa demanda já que o concurso público foi realizado com a finalidade de atender necessidades futuras do órgão

Assim, decidiu o Colegiado que a contratação precária no decorrer do prazo de validade de concurso público com cadastro de reserva para as mesmas atribuições do cargo para o qual fora realizado o certame configura preterição dos candidatos aprovados, em ofensa ao art. 37, II, da Constituição Federal, ainda que fora das vagas previstas no edital ou não comprovada a efetiva existência de cargo oficialmente vago. (TST-ED-E-RR-854-95.2016.5.10.0012, SBDI-I, rel. Min. José Roberto Freire Pimenta, 21/10/2021).

- *ERRADO*

172. O encargo relativo à entrega do perfil profissiográfico previdenciário constitui obrigação de fazer personalíssima do empregador, extensível ao tomador de serviços, em decorrência da responsabilidade subsidiária a ele atribuída.

COMENTÁRIO

Em casos de terceirização de serviços, o encargo relativo à entrega do perfil profissiográfico previdenciário constitui obrigação de fazer personalíssima do empregador, não extensível ao tomador de serviços, em decorrência da responsabilidade subsidiária a ele atribuída.

- *ERRADO*

173. Tem prevalecido, no âmbito do TST, entendimento no sentido da possibilidade de substituição do depósito recursal por fiança bancária ou pelo seguro garantia judicial.

COMENTÁRIO

O TST tem admitido de substituição do depósito recursal por fiança bancária ou pelo seguro garantia judicial.

Ressaltou-se ainda que não existe previsão legal de que a carta de fiança bancária ou o seguro garantia judicial tenham prazo de validade indeterminado, ou condicionado até a solução final do litígio.

Caso seja extinta e não renovada a garantia, a parte arcará com tal incúria, como em qualquer hipótese da sua perda superveniente. (TST-E-AIRR-1154-45.2013.5.04.0007, SBDI-I, rel. Min. Cláudio Mascarenhas Brandão, 28/10/2021).

- *CERTO*

174. A SBDI-2 vem mitigando a aplicação da Orientação Jurisprudencial nº 92 da SBDI-2 desta Corte nos casos em que há criação de embaraços não previstos em lei capazes de inviabilizar o livre exercício do direito constitucional de ação.

COMENTÁRIO

O art. 840, §1º da CLT dispõe o seguinte:

> Art. 840, § 1º. Sendo escrita, a reclamação deverá conter a designação do juízo, a qualificação das partes, a breve exposição dos fatos de que resulte o dissídio, o pedido, que deverá ser certo, determinado e com indicação de seu valor, a data e a assinatura do reclamante ou de seu representante.

No caso julgado, apesar de a parte ter formulado, na petição inicial da reclamação trabalhista, pedidos certos e determinados, indicando, inclusive, valores que se entendiam devidos, o magistrado determinou a emenda da inicial, exigindo uma liquidação pormenorizada das verbas referentes a cada pedido.

A SDI-II, todavia, considerou que tal exigência seria medida que, além de extrapolar o comando previsto no art. 840, § 1º, da CLT, impôs restrição indevida de acesso ao Judiciário, visto que, por vezes, seria necessária a contratação de profissional contabilista pelo reclamante – em muitos casos, beneficiário da justiça gratuita – para apresentação de cálculos de maior complexidade.

Desse modo, julgou que a decisão que exige uma descrição pormenorizada do valor de cada pedido descrito na inicial representa um óbice injustificado ao direito de ação.

- *CERTO*

175. Tratando-se a discussão acerca de jornada considerada inverossímil, em face da confissão ficta e da ausência de apresentação dos registros de jornada, cumpre ao magistrado não excluir as horas extras, mas arbitrá-las segundo critérios de razoabilidade. Recurso de revista conhecido e parcialmente provido.

COMENTÁRIO

A Súmula nº 338 do TST estabelece o seguinte:

> Súmula nº 338 do TST

I - É ônus do empregador que conta com mais de 10 (dez) empregados (leia-se: 20) o registro da jornada de trabalho na forma do art. 74, § 2º, da CLT. A não-apresentação injustificada dos controles de freqüência gera presunção relativa de veracidade da jornada de trabalho, a qual pode ser elidida por prova em contrário.

II - A presunção de veracidade da jornada de trabalho, ainda que prevista em instrumento normativo, pode ser elidida por prova em contrário.

III - Os cartões de ponto que demonstram horários de entrada e saída uniformes são inválidos como meio de prova, invertendo-se o ônus da prova, relativo às horas extras, que passa a ser do empregador, prevalecendo a jornada da inicial se dele não se desincumbir.

Dessa maneira, não apresentados os cartões de ponto, presume-se verdadeira a jornada alegada na petição inicial (no caso analisado, houve também a revelia e confissão ficta da reclamada).

No entanto, o julgador não está adstrito a qualquer jornada alegada, sobretudo quando esta se mostrar inverossímil.

Sendo assim, considerada inverossímil, o magistrado não deve excluir as horas extras, mas pode arbitrá-las segundo critérios de razoabilidade.

- *CERTO*

176. A conduta da empresa, que utilizava os atestados médicos apresentados pelos empregados para comprometer as suas avaliações e com isso puni-los com a supressão das folgas aos sábados, vai além dos limites do diretivo, na medida em que impede seus empregados de usufruírem seus direitos e expõe a saúde.

COMENTÁRIO

Na hipótese, verificou-se que a empresa reclamada realizava corriqueiramente a penalização dos empregados pela apresentação de atestados médicos, por meio da supressão de folga aos sábados.

A 3ª Turma reconheceu que essa questão configuraria dano in re ipsa (presumido), decorrente da situação vivenciada, de modo a não se fazer necessária prova cabal para demonstrar o abalo sofrido pelo empregado. Em conclusão, considerou comprovado o ato ilícito da empresa, fazendo jus a empregada a indenização por danos morais, nos termos do artigo 927 do CC.

- *CERTO*

177. A jurisprudência do TST entende pela existência de sucessão trabalhista e de qualquer responsabilidade das empresas arrematantes da Unidade Produtiva Varig (UPV).

COMENTÁRIO

O art. 141, II, da Lei nº 11.101/2005 dispõe que:

> Art. 141. Na alienação conjunta ou separada de ativos, inclusive da empresa ou de suas filiais, promovida sob qualquer das modalidades de que trata o art. 142:
>
> (...)

II – o objeto da alienação estará livre de qualquer ônus e não haverá sucessão do arrematante nas obrigações do devedor, inclusive as de natureza tributária, as derivadas da legislação do trabalho e as decorrentes de acidentes de trabalho.

O dispositivo em questão foi julgado constitucional pelo STF.

Dessa maneira, a 6ª Turma decidiu pela inexistência de sucessão trabalhista e de qualquer responsabilidade das empresas arrematantes da Unidade Produtiva Varig (UPV), empresa que se encontra na situação prevista na hipótese da norma.

- *ERRADO*

INFORMATIVO 247

178. Se o trabalhador que goza de estabilidade provisória em razão de doença ocupacional for reintegrado no emprego, não pode cumular a remuneração do período correspondente com a pensão.

COMENTÁRIO

Basicamente, no caso em tela, a SD-I reconheceu a possibilidade de cumulação de salário e de indenização por danos materiais (pensão mensal) para trabalhador reintegrado por força de decisão judicial.

Admitiu-se essa possibilidade, pois os salários do período de reintegração e a pensão mensal possuem natureza jurídica e fatos geradores distintos. Esta, baseia-se no instituto da responsabilidade civil (artigos 186 e 927 do CC), ao passo que a remuneração percebida pelo empregado reintegrado tem natureza trabalhista e decorre diretamente da prestação de serviços em benefício da reclamada.

Assim, se o trabalhador que goza de estabilidade provisória em razão de doença ocupacional for reintegrado no emprego, pode cumular a remuneração do período correspondente com a pensão.

- *ERRADO*

179. A atividade de cobrador de ônibus de transporte coletivo urbano é caracterizada como de risco especial, com potencialidade lesiva superior e imposição de maior ônus ao trabalhador do que aos demais membros da sociedade, atraindo a responsabilidade civil objetiva do empregador pelos danos decorrentes de acidente do trabalho.

COMENTÁRIO

No processo em epígrafe, a SDI-I aplicou a teoria da responsabilidade objetiva ao caso de cobrador de ônibus vítima fatal acidente de trabalho.

Segundo os ministros, a atividade de cobrador de ônibus de transporte coletivo urbano é caracterizada como de risco especial, com potencialidade lesiva superior e imposição de maior ônus ao trabalhador do que aos demais membros da sociedade, atraindo a responsabilidade civil objetiva do empregador pelos danos decorrentes de acidente do trabalho.

- *CERTO*

180. A limitação de 50% (cinquenta por cento), prevista no art. 529, § 3°, do CPC/2015, não incide sobre a totalidade dos rendimentos auferidos pela parte executada, não se limitando a um rendimento individualizado.

COMENTÁRIO

Na vigência do CPC/2015, o TST vem admitindo a penhora de salários para o pagamento de débitos trabalhistas, aplicando o art. 529, §3º desse diploma, que limita essa constrição a 50%. Vejamos:

> Art. 529. Quando o executado for funcionário público, militar, diretor ou gerente de empresa ou empregado sujeito à legislação do trabalho, o exequente poderá requerer o desconto em folha de pagamento da importância da prestação alimentícia.
>
> (...)
>
> § 3º Sem prejuízo do pagamento dos alimentos vincendos, o débito objeto de execução pode ser descontado dos rendimentos ou rendas do executado, de forma parcelada, nos termos do caput deste artigo, contanto que, somado à parcela devida, não ultrapasse cinquenta por cento de seus ganhos líquidos.

Neste caso, pontuou que limitação de 50% (cinquenta por cento), prevista no art. 529, § 3°, do CPC/2015, incide sobre a totalidade dos rendimentos auferidos pela parte executada, não se limitando a um rendimento individualizado. Não obstante, no caso em espécie, limitou a 30% dos rendimentos líquidos do impetrante.

- *ERRADO*

181. A existência de decisões em reclamações constitucionais que indiquem mudança de entendimento firmado em tema de repercussão geral autoriza a utilização da ação rescisória para desconstituir decisão proferida em harmonia com o entendimento firmado, à época, pelo Plenário do STF, ante o óbice da Súmula nº 343 do STF e da tese fixada no Tema nº 136 de Repercussão Geral.

COMENTÁRIO

O STF, em sede de repercussão geral, fixou a seguinte tese:

> 928 - Compete à Justiça do Trabalho processar e julgar ações relativas às verbas trabalhistas referentes ao período em que o servidor mantinha vínculo celetista com a Administração, antes da transposição para o regime estatutário.

No entanto, em alguns julgados posteriores, trouxe a Suprema Corte decisões divergentes, as quais, ressalvamos, apenas aparentam ter mudado a sua jurisprudência, representando, todavia, decisões isoladas, decorrentes de momentos em que o colegiado estava com sua formação incompleta.

Em razão dessas, foram intentadas ações rescisórias para desconstituir decisão firmada com base em posicionamento supostamente modificado.

O TST decidiu que isso seria inviável, ante a Súmula nº 343 do STF e tese nº 136 de repercussão geral:

> Súmula 343 do STF. Não cabe ação rescisória por ofensa a literal disposição de lei, quando a decisão rescindenda se tiver baseado em texto legal de interpretação controvertida nos tribunais.

136 - Não cabe ação rescisória quando o julgado estiver em harmonia com o entendimento firmado pelo Plenário do Supremo à época da formalização do acórdão rescindendo, ainda que ocorra posterior superação do precedente.

- *ERRADO*

182. O art. 11, § 3º, da CLT, introduzido pela Lei nº 13.467/2017, ao estabelecer que a interrupção da prescrição somente ocorrerá pelo ajuizamento de reclamação trabalhista, deve ser interpretado de forma sistemática com a disciplina legal a respeito das causas interruptivas de prescrição, de modo que remanesce aplicável o protesto judicial ao processo do trabalho.

COMENTÁRIO

É comum a utilização do protesto judicial na Justiça do Trabalho para fins de evitar a prescrição. A parte apresenta apenas protestos, indicando que ajuizará uma ação em breve.

No julgado em tela, a 3ª Turma do TST reconheceu que essa prática remanesce possível, não obstante o artigo 11, §3º da CLT disponha que somente o efetivo ajuizamento de reclamação trabalhista interrompe a prescrição.

- *CERTO*

183. Segundo a 8ª Turma, não se aplica a teoria da reponsabilidade objetiva quando a atividade desenvolvida pelo empregador envolver a existência de risco potencial à integridade física e psíquica do trabalhador, seja pelas condições adversas do campo, seja pela lida com os animais, tanto que o reclamante, no exercício da função de trabalhador rural, foi vítima de acidente de trabalho em razão da queda do animal de montaria utilizado no manejo do gado.

COMENTÁRIO

Em informativo anterior, vimos a aplicação de teoria objetiva da responsabilidade objetiva a caso de acidente com cobrador de ônibus.

Neste, observamos a aplicação da mesma tese para empregado que trabalhava com manejo de gado.

Segundo a 8ª Turma, aplica-se a teoria da reponsabilidade objetiva quando a atividade desenvolvida pelo empregador envolver a existência de risco potencial à integridade física e psíquica do trabalhador, seja pelas condições adversas do campo, seja pela lida com os animais, tanto que o reclamante, no exercício da função de trabalhador rural, foi vítima de acidente de trabalho em razão da queda do animal de montaria utilizado no manejo do gado.

- *ERRADO*

INFORMATIVO 248

184. Os prazos indicados no PJE têm o condão de suplantar a disposição legal expressa acerca da prevalência da publicação no diário eletrônico como critério de contagem dos prazos processuais.

COMENTÁRIO

No caso, a SDI-I firmou que, em se tratando de Processo Judicial Eletrônico (PJE), para efeitos de contagem de prazo processual, a intimação operada no Diário Eletrônico da Justiça do Trabalho (DEJT) tem prevalência sobre a intimação pelo sistema PJE.

Desse modo, os prazos indicados no PJE não têm o condão de suplantar a disposição legal expressa acerca da prevalência da publicação no diário eletrônico como critério de contagem dos prazos processuais.

- *ERRADO*

185. Não se conhece dos embargos à SBDI-I quando a parte se limita a alegar a inconstitucionalidade do art. 896-A, § 5º da CLT, sem transcrever arestos para demonstrar dissenso jurisprudencial ou apontar contrariedade a Súmula, Orientação Jurisprudencial do TST ou Súmula vinculante do STF, revelando-se desfundamentado o recurso, uma vez que não observados os requisitos do art. 894, II, da CLT.

COMENTÁRIO

Conforme registrado no Informativo nº 228, o TST declarou inconstitucional o § 5º do art. 896-A da CLT, que dispõe ser "irrecorrível a decisão monocrática do relator que, em agravo de instrumento em recurso de revista, considerar ausente a transcendência da matéria".

Neste caso, o recorrente interpôs embargos de divergência (embargos à SDI), tendo em vista suposta contrariedade a essa decisão.

> Lembramos que tal recurso tem o fito de ajudar a uniformizar a jurisprudência do TST e tem cabimento face às decisões das Turmas que divergirem entre si ou das decisões proferidas pela Seção de Dissídios Individuais, ou contrárias a súmula ou orientação jurisprudencial do Tribunal Superior do Trabalho ou súmula vinculante do Supremo Tribunal Federal.

Conforme ensina Elisson Miessa , os embargos de divergência têm natureza extraordinária, de modo que "também se submetem a prequestionamento, possuindo as mesmas diretrizes já estudadas no recurso de revista".

No caso em tela, todavia, o recurso não foi conhecido, pois a parte se limitou a alegar a inconstitucionalidade do art. 896-A, § 5º da CLT, sem transcrever arestos para demonstrar dissenso jurisprudencial ou apontar contrariedade a Súmula, Orientação Jurisprudencial do TST ou Súmula vinculante do STF.

- *CERTO*

186. A alegação genérica de contrariedade a súmulas viabiliza o conhecimento do recurso de embargos.

COMENTÁRIO

Neste julgado, a SDI-I analisou a interposição de embargos sob o fundamento de violação a Súmula Vinculante.

O que é preciso guardar do acórdão é o fato de que referidas impugnações devem vir acompanhadas de algum fundamento para a admissibilidade do recurso, não bastando a alegação genérica de afronta ao enunciado.

- *ERRADO*

187. O arbitramento só deve ocorrer caso haja dados complementares que possam justificá-lo (por exemplo, o reclamante tinha dois empregos, o que tornaria impossível trabalhar na sobrejornada alegada). Não havendo esses elementos, todavia, deve ser aceita a jornada declinada na inicial.

COMENTÁRIO

Segundo a Súmula nº 338 do TST, é ônus do empregador que conta com mais de vinte empregados (interpretação conforme a Lei nº 13.874, de 2019) o registro da jornada de trabalho na forma do art. 74, § 2º, da CLT.

A não apresentação injustificada dos controles de frequência gera presunção relativa de veracidade da jornada de trabalho, a qual pode ser elidida por prova em contrário.

Doutra ponta, caso a jornada alegada na inicial se mostre inverossímil, é comum que os tribunais arbitrem seus valores num patamar razoável.

Neste caso, a SDI-II decidiu que a adoção do critério equitativo de arbitramento para o deferimento do pedido de horas extras, pela só consideração de que a jornada inicial indicada pelo reclamante na petição inicial pareceu excessiva ao órgão julgador, sem qualquer outro dado objetivo ou razão adicional que justifique a conclusão, fere os artigos art. 140, parágrafo único, do CPC e 818, inc. II, da CLT.

Dessa maneira, o arbitramento só deve ocorrer caso haja dados complementares que possam justificá-lo (por exemplo, o reclamante tinha dois empregos, o que tornaria impossível trabalhar na sobrejornada alegada). Não havendo esses elementos, todavia, deve ser aceita a jornada declinada na inicial.

- *CERTO*

188. O posicionamento que vem se formando até o momento é de aplicação do IPCA a partir de 2009 e Selic desse a EC 113/2021.

COMENTÁRIO

Neste julgado, a 4ª Turma do TST reconheceu a aplicação do Tema 810 do Supremo Tribunal Federal.

Expliquemos.

Basicamente, nas ADC's 58 e 59 e ADIs 5.867 e 6.021, o STF declarou a inconstitucionalidade da TR como índice de atualização monetária. Diante disso, decidiu que, para os litigantes em geral, na fase prejudicial, deve ser utilizado o IPCA e, a partir da citação, a SELIC.

A Fazenda Pública, todavia, foi excluída do âmbito de incidência desses julgados. Não obstante, como a TR foi declarada inconstitucional, definiu-se que o índice a ser utilizado para fins de correção monetária em processos nos quais conste a Fazenda Pública é o IPCA, desde o ano de 2009 (ano da Lei n° 11.960/2009), inclusive depois da citação.

Assim, também na Justiça do Trabalho deve ser adotado referido índice (IPCA) quando constar a Fazenda Pública do polo passivo.

No entanto, um acréscimo merece ser feito: em 08 de dezembro de 2021, foi promulgada a Emenda Constitucional nº 113/2021 (não referenciada no julgado em tela, de modo que a trazemos para fins de complementação), a qual modificou o texto constitucional para inserir o seguinte:

> Art. 3º Nas discussões e nas condenações que envolvam a Fazenda Pública, independentemente de sua natureza e para fins de atualização monetária, de remuneração do capital e de compensação da mora, inclusive do precatório, haverá a incidência, uma única vez, até o efetivo pagamento, do índice da taxa referencial do Sistema Especial de Liquidação e de Custódia (Selic), acumulado mensalmente.

Ou seja, a emenda em questão determinou a aplicação da taxa Selic às atualizações monetárias referentes aos débitos da Fazenda Pública. Lembramos que a Selic é uma taxa composta, que já engloba juros e correção monetária, de maneira que é defensável ser esse o índice aplicável a ambos quando atinentes às condenações impostas à Administração Pública.

Assim, o posicionamento que vem se formando até o momento é de aplicação do IPCA a partir de 2009 e Selic desse a EC 113/2021.

- *CERTO*

189. Segundo o TST, foi correta a decisão do TRT que reconheceu o direito de pagamento de adicional de periculosidade ao reclamante na qualidade de vigia, uma vez que demonstrado nos autos, inclusive por meio de perícia técnica, que o empregado trabalhava exposto a roubos e a outras espécies de violência física.

COMENTÁRIO

No julgado sob análise, foi mantida a determinação de pagamento de adicional de periculosidade a empregado contratado por Município, que fazia a segurança de uma praça pública, afastando bêbados e outras pessoas inadequadas do local.

A condenação foi fulcrada no art. 193, II da CLT, que assim dispõe:

> Art. 193. São consideradas atividades ou operações perigosas, na forma da regulamentação aprovada pelo Ministério do Trabalho e Emprego, aquelas que, por sua natureza ou métodos de trabalho, impliquem risco acentuado em virtude de exposição permanente do trabalhador a:
>
> II - roubos ou outras espécies de violência física nas atividades profissionais de segurança pessoal ou patrimonial.

Esse dispositivo é regulamentado pelo anexo 3 da Portaria nº 1885/2013 do MTE. Vejamos:

> 2. São considerados profissionais de segurança pessoal ou patrimonial os trabalhadores que atendam a uma das seguintes condições:
>
> (...)
>
> b) empregados que exercem a atividade de segurança patrimonial ou pessoal em instalações metroviárias, ferroviárias, portuárias, rodoviárias, aeroportuárias e de bens públicos, contratados diretamente pela administração pública direta ou indireta.

Assim, observa-se que a norma se aplica também aos empregados contratados pela Administração Pública, desde que atendam aos requisitos do Ordenamento Jurídico, o que foi o caso.

Por fim, registramos consideração trazida nos autos, no sentido de que o fato de o trabalhador não portar arma de fogo nem possuir habilitação e treinamento para exercer esta função, não exclui o risco à exposição a perigo.

- *CERTO*

INFORMATIVO 249

190. Conforme jurisprudência firmada no TST, as informações de cadastro de serviços de proteção ao crédito podem ser exigidas de empregados e candidatos a emprego, por caracterizar vedada discriminação.

COMENTÁRIO

As informações de cadastro de serviços de proteção ao crédito não podem ser exigidas de empregados e candidatos a emprego, por caracterizar vedada discriminação (art. 1º da Lei 9.029/95).

No caso em tela, a SDI-I pontuou que há disposição legal específica em relação aos motoristas de transporte de cargas, consoante o disposto no art. 13-A da Lei nº 11.442/07 (incluído pela Lei nº 13.103/15), segundo o qual "é vedada a utilização de informações de bancos de dados de proteção ao crédito como mecanismo de vedação de contrato com o TAC [transportador autônomo de cargas] e a ETC [empresa de transporte rodoviário de cargas] devidamente regulares para o exercício da atividade do Transporte Rodoviário de Cargas".

A controvérsia analisada girou em torno da possibilidade de uma empresa de gerenciamento de riscos, com atuação na área de transporte rodoviário de cargas, alimentar seu banco de dados com informações sobre restrições creditícias de motoristas profissionais, que sejam potenciais candidatos a empregos ou ao trabalho regulado pela Lei nº 11.442/07, e repassá-las às empresas contratantes.

Concluiu-se pela ilicitude desta conduta a partir da vigência da Lei nº 13.709/18 (agosto de 2020), cabendo reparação por dano moral coletivo.

Consignou-se que tal prática atenta contra os direitos da personalidade do empregado, como privacidade, isonomia, não discriminação e pleno acesso ao emprego, não havendo se falar em prevalência do direito fundamental à livre iniciativa.

- *ERRADO*

191. O art. 386 da CLT, regra de proteção do trabalho da mulher, e que estabelece escala de revezamento quinzenal quando houver trabalho aos domingos, deve prevalecer, por ser mais específico, sobre o disposto no parágrafo único do art. 6º da Lei nº 10.101/2000, com redação dada pela Lei nº 11.603/2007.

COMENTÁRIO

Às mulheres que trabalham no comércio é aplicável a escala de revezamento quinzenal para o trabalho aos domingos.

O art. 386 da CLT, situado no Capítulo III (DA PROTEÇÃO DO TRABALHO DA MULHER), estabelece o seguinte:

> Art. 386 - Havendo trabalho aos domingos, será organizada uma escala de revezamento quinzenal, que favoreça o repouso dominical.

Já o art. 6º da Lei nº 11.101/2000 determina o seguinte:

> Art. 6º Fica autorizado o trabalho aos domingos nas atividades do comércio em geral, observada a legislação municipal, nos termos do art. 30, inciso I, da Constituição. (Redação dada pela Lei nº 11.603, de 2007)
>
> Parágrafo único. O repouso semanal remunerado deverá coincidir, pelo menos uma vez no período máximo de três semanas, com o domingo, respeitadas as demais normas de proteção ao trabalho e outras a serem estipuladas em negociação coletiva.

A dúvida que a SDI respondeu foi: às mulheres que trabalham no comércio aplica-se a regra do art. 386 da CLT ou a regra da Lei nº 10.101/2000?

Segundo decidido, aplica-se a regra da CLT. Asseverou-se que o art. 386 da CLT, regra de proteção do trabalho da mulher, e que estabelece escala de revezamento quinzenal quando houver trabalho aos domingos, deve prevalecer, por ser mais específico, sobre o disposto no parágrafo único do art. 6º da Lei nº 10.101/2000, com redação dada pela Lei nº 11.603/2007.

O art. 6º da Lei nº 10.101/2000 tem como destinatários todos os trabalhadores do comércio, e, dentre estes, destacam-se as mulheres trabalhadoras no comércio em geral – tuteladas, com maior especificidade, pelo art. 386 da CLT.

Do contrário, a proteção de outros grupos vulneráveis potencialmente ativados no comércio - como crianças, adolescentes, idosos, pessoas com deficiência ou povos originários - estaria inviabilizada ante a predominância da regra consagrada, para todos, e todos indistintamente, na Lei nº 10.101/2000.

- *CERTO*

INFORMATIVO 250

192. Nos casos de lides decorrentes da alegação de fraude, sob o fundamento de ilicitude da terceirização de atividade-fim, o litisconsórcio passivo é necessário e unitário. Necessário, porque é manifesto o interesse jurídico da empresa de terceirização em compor essas lides e defender seus interesses e posições, entre os quais a validade dos contratos de prestação de serviços terceirizados e, por conseguinte, dos próprios contratos de trabalho celebrados; Unitário, pois o juiz terá que resolver a lide de maneira uniforme para ambas as empresas, pois incindíveis, para efeito de análise de sua validade jurídica, os vínculos materiais constituídos entre os atores da relação triangular de terceirização.

COMENTÁRIO

O tema ora tratado no presente julgado e de extrema relevância para os concursos de advocacia pública, pois trata de matéria recorrente no âmbito da atuação do profissional: a terceirização de atividades.

A matéria debatida cuida Incidente de Recurso Repetitivo instaurado em reclamação trabalhista na qual o reclamante, contratado por uma empresa prestadora de serviços, sustenta a tese da ocorrência de terceirização ilícita. Este incidente foi instaurado a partir de deliberação da E. SDI-I e teve por objetivo decidir a respeito das seguintes questões:

1º) Nos contratos de terceirização de serviços, qual a natureza jurídica do litisconsórcio formado: facultativo ou necessário? Simples ou unitário?

2º) Quais os efeitos produzidos nos autos que resultam da renúncia do autor ao direito em que se funda a ação em relação a apenas uma das empresas, especialmente a prestadora de serviços?;

3º) Nos casos de terceirização de serviços, há legitimidade recursal da empresa que não integrou a lide?;

4º) Nos processos examinados em juízo de retratação, quais os efeitos produzidos quando apenas uma das rés interpôs o recurso extraordinário?

Pois bem.

Litisconsórcio é o compartilhamento, entre duas ou mais pessoas, do mesmo polo de uma demanda jurídica, em virtude da comunhão de direitos e obrigações, conexão com o pedido ou afinidade de demandas. De acordo com o artigo 113 do Código de Processo Civil, podem litigar em conjunto duas ou mais pessoas, no mesmo processo, quando:

I - entre elas houver comunhão de direitos ou de obrigações relativamente à lide;

II - entre as causas houver conexão pelo pedido ou pela causa de pedir;

III - ocorrer afinidade de questões por ponto comum de fato ou de direito.

No caso em análise, a discussão se dá sobre a definição da espécie e dos efeitos do litisconsórcio passivo nos casos de terceirização ilícita.

Para o Pleno do TST, o litisconsórcio formado na lide em que se discute fraude à legislação trabalhista causada pela terceirização ilícita é do tipo necessário e unitário. Litisconsórcio é necessário quando, por lei, é obrigatória sua formação. E unitário quando a decisão é aplicada de maneira uniforme aos demandantes.

A partir dessa definição, o TST fixou as seguintes teses, aqui compiladas:

1 - Nos casos de lides decorrentes da alegação de fraude, sob o fundamento de ilicitude da terceirização de atividade-fim, o litisconsórcio passivo é necessário e unitário;

2 - A renúncia à pretensão formulada na ação não depende de anuência da parte contrária e pode ser requerida a qualquer tempo e grau de jurisdição;

2.1 A causa de pedir e a terceirização ilícita e Depois da homologação, parte autora não poderá deduzir pretensão contra quaisquer das empresas - prestadora-contratada e tomadora-contratante - com suporte na ilicitude da terceirização da atividade-fim.

2.2 - O ato homologatório, uma vez praticado, acarreta a extinção do processo e, por ficção legal, resolve o mérito da causa;

3- A empresa prestadora que, apesar de figurar no polo passivo, não sofreu condenação, possui interesse em recorrer da decisão que reconheceu o vínculo de emprego entre a parte autora e a empresa tomadora dos serviços;

4 - A decisão obrigatoriamente produzirá idênticos efeitos para as empresas prestadora e tomadora dos serviços no plano do direito material, ainda que o Recurso seja interposto por apenas uma das empresas

Para a Corte Superior, estas são as consequências da adoção do regime de litisconsórcio passivo necessário e unitário em questões que tratem da ilicitude da terceirização.

- *CERTO*

TURMAS

193. Para o TST, demanda que tenha por objeto direito relativo ao período em que o servidor público figurou como "cedido" para empresa pública não é de competência da Justiça do Trabalho.

COMENTÁRIO

O julgado ora tratado versa sobre a competência da Justiça do Trabalho para julgar causa relacionada a servidor estatutário cedido para empresa pública. No caso, o reclamante pretendia o levantamento de depósitos de FGTS pelo período em que figurou como cedido para a ECT.

Como bem sabemos, a Justiça do Trabalho não tem Competência para processar e julgar causas instauradas entre o Poder Público e o servidor que a ele seja vinculado por relação jurídico-administrativa. Esse e o entendimento do STF desde a MC – ADIN 3395, hoje já definitivamente julgada. As relações de trabalho previstas no art. 114, I da CF não alcançam os servidores cujo vinculo seja jurídico administrativo. Tal diretriz alcança mesmo as questões atinentes à existência, a validade e a eficácia das relações entre servidores e o poder público fundadas em vínculo jurídico-administrativo.

No entanto, para a 3ª Turma do TST, no caso em tela não se discutia nenhuma espécie de vício ou direito relacionado ao vinculo jurídico administrativo, e sim o pedido de levantamento de depósitos de FGTS realizados no período em que o servidor figurou como "cedido" para a ECT.

Para a Corte, cessão do servidor não transmuda o vínculo administrativo. No entanto, a pretensão deduzida teve origem no liame havido entre o Reclamante e a empresa cessionária, circunstância que atrai a competência material da Justiça do Trabalho.

Vale dizer que o STJ, em sede de conflito de competência, já entendia dessa forma. Vejamos:

> CONFLITO DE COMPETÊNCIA. SERVIDOR PÚBLICO DA ADMINISTRAÇÃO DIRETA CEDIDO TEMPORARIAMENTE A SOCIEDADE DE ECONOMIA MISTA. COMPLEMENTAÇÃO SALARIAL REFERENTE AO PERÍODO DA CESSÃO. 1. Servidores públicos cedidos temporariamente pela Administração Direta a empresa pública ou sociedade de economia mista, cumulam seus direitos estatutários da pessoa jurídica cedente, com os trabalhistas da pessoa jurídica cessionária, enquanto durar a cessão. 2. Buscando a ação tão-somente o reconhecimento do direito à equiparação salarial com os funcionários da CASAN, sociedade de economia mista estadual, com idênticas

> atribuições funcionais, durante o período da cessão, é a Justiça do Trabalho competente para processar e julgá-la. 3. Conflito conhecido para declarar competente o Tribunal Regional do Trabalho da 12ª Região, o suscitado. (CC 23.561/SC, Rel. Ministro EDSON VIDIGAL, TERCEIRA SEÇÃO, julgado em 22/11/2000, DJ 11/12/2000, p. 170)

Dessa forma, para o TST, demanda que tenha por objeto direito relativo ao período em que o servidor público figurou como "cedido" para empresa publica e de competência da Justiça do Trabalho.

- *ERRADO*

194. "O TRT de origem entendeu pela aplicação analógica do art. 98, §§ 2º e 3º da Lei 8.112/90 para o caso concreto. Entendeu o Regional que há diversos dispositivos constitucionais e legais que buscam resguardar o bem-estar e desenvolvimento da criança, tais como o art. 196 da CF e art. 3º do ECA. Dessa forma, deferiu a redução de jornada em 50%, sem redução salarial ou compensação de jornada."
Nesse caso, a 8ª Turma do TST confirmou o Acórdão regional e entendeu possível a aplicação, por analogia, do art. 98, §§ 2º e 3º da Lei 8.112/90 à empregada pública.

COMENTÁRIO

O julgado ora tratado versa sobre o pedido de redução de jornada de trabalho feito por empregada da ECT cujo dependente possui transtorno do espectro autista. O julgado é interessante pois traz integração normativa de preceito previsto na Lei 8.112/90, além de questões relacionadas à ponderação de princípios.

O art. 98, §§ 2º e 3º da Lei 8.112/90 traz disposição acerca da concessão de horário especial ao servidor deficiente ou cujo dependente seja deficiente. Vejamos:

> Art. 98. Será concedido horário especial ao servidor estudante, quando comprovada a incompatibilidade entre o horário escolar e o da repartição, sem prejuízo do exercício do cargo.
>
> (...)
>
> § 2º Também será concedido horário especial ao servidor portador de deficiência, quando comprovada a necessidade por junta médica oficial, independentemente de compensação de horário.
>
> (...)
>
> § 3º As disposições constantes do § 2º são extensivas ao servidor que tenha cônjuge, filho ou dependente com deficiência.

Para a 8ª turma do TST, embora a CLT e o regramento de pessoal dos Correios não possuam previsão de redução de carga horária para empregado que tenha dependente com necessidades especiais, há diversos dispositivos constitucionais que resguardam o bem-estar e desenvolvimento da criança.

Para Tartuce, integração de norma jurídica é a utilização de uma das ferramentas de correção do sistema previstas no art. 4º da Lei de Introdução (analogia, costumes ou princípios gerais do direito).

No caso em tela, o TRT de origem entendeu pela aplicação analógica do art. 98, §§ 2º e 3º da Lei 8.112/90 para o caso concreto. Entendeu o Regional que há diversos dispositivos constitucionais e legais que buscam resguardar o bem-estar e desenvolvimento da criança, tais como o art. 196 da CF e art. 3º do ECA. Dessa forma, deferiu a redução de jornada em 50%, sem redução salarial ou compensação de jornada.

A 8ª Turma do TST confirmou o Acórdão regional e entendeu possível a aplicação, por analogia, do art. 98, §§ 2º e 3º da Lei 8.112/90 à empregada pública.

- *CERTO*

INFORMATIVO 250

195. Considerando que os serviços notariais e de registro são exercidos em caráter privado, sob a forma de delegação (art. 236 da CF), é possível se falar em responsabilização do Estado pelo inadimplemento das obrigações trabalhistas decorrentes dos contratos de trabalho firmados pelos titulares de Cartórios.

COMENTÁRIO

A questão trata da responsabilidade do Estado frente ao inadimplemento trabalhista por parte de Tabelionato.

De acordo com o art. 236 da CF, os serviços notariais são privados, prestados em caráter de delegação. A Lei nº 8.935/1994, que regulamenta os serviços notariais e de registro, atribuiu ao titular do respectivo serviço notarial e de registro a competência para o gerenciamento do pessoal. Ou seja, incumbe somente a este o pagamento das verbas trabalhistas devidas a seus contratados, como se demonstra:

> Art. 20. Os notários e os oficiais de registro poderão, para o desempenho de suas funções, contratar escreventes, dentre eles escolhendo os substitutos, e auxiliares como empregados, com remuneração livremente ajustada e sob o regime da legislação do trabalho.
>
> Art. 21. O gerenciamento administrativo e financeiro dos serviços notariais e de registro é da responsabilidade exclusiva do respectivo titular, inclusive no que diz respeito às despesas de custeio, investimento e pessoal, cabendo-lhe estabelecer normas, condições e obrigações relativas à atribuição de funções e de remuneração de seus prepostos de modo a obter a melhor qualidade na prestação dos serviços.

Pois bem.

No caso em tela, a 5ª Turma do TST registra que, a priori, não há falar em responsabilização do Estado pelo inadimplemento das obrigações trabalhistas decorrentes dos contratos de trabalho firmados pelos titulares de Cartórios. No entanto, o caso apresenta uma peculiaridade que levou à condenação do Estado.

Quando ocorreu a vacância da titularidade do cartório, o serviço então prestado retornou à responsabilidade estatal. Dessa forma, durante o período de vacância de titular, e enquanto os serviços eram de responsabilidade estatal, a 8ª Turma reconheceu a responsabilidade integral e exclusiva do Estado pelo serviço notarial no período após a extinção da delegação até o fim do contrato laboral.

Dessa forma, enquanto a vacância não for preenchia e os serviços forem de responsabilidade estatal, deve o Estado responder pelo inadimplemento contratual trabalhista.

- *ERRADO*

INFORMATIVO 252

196. A edição de normas internas, pelo empregador, que estabelecem critérios e procedimentos para a dispensa dos trabalhadores, por serem mais benéficas, aderem ao contrato de trabalho e vinculam a atuação do empregador.

COMENTÁRIO

Como já afirmado em outros julgados sobre o tema, os entes do Sistema S fazem parte do chamado 3º setor. Tal setor é integrado por pessoas de direito privado que podem atuar por meio de delegação do Estado, mediante fomento público. Esse setor não faz parte do Estado e não integra a Administração Pública, estando as entidades que o integram submetias essencialmente as normas de direito privado.

Diante dessas considerações, são aplicáveis aos empregados de entidades do terceiro setor a legislação celetista, bem como eles se valem de toda a construção teórica e jurisprudencial em torno das relações trabalhistas.

A demissão sem justo motivo é inerente ao poder potestativo do empregador, que, no caso de entidade do Sistema "S", não compõe a Administração Pública e possui natureza jurídica de direito privado, conforme tese firmada pelo Supremo Tribunal Federal, ao apreciar recurso extraordinário com repercussão geral (RE 789.874).

Ocorre que quando há norma interna estabelecendo limites de observância obrigatória na condução do processo de dispensa dos trabalhadores, por serem mais benéficas a estes, aderem ao contrato de trabalho de cada empregado, vinculando a atuação do empregador que o criou.

Isso se dá porque as cláusulas de regulamento interno aderem ao contrato de trabalho. Para Leandro do Amaral Dorneles de Dorneles, a criação de regulamentos empresariais é unilateral, sendo o empregado apenas parte aderente ao conteúdo do regulamento, no entanto, quando existentes esses regulamentos, incorporam-se aos contratos individuais de trabalho, gerando deveres e direitos às partes.

Vide que a adesão de normas internas ao contrato de trabalho possui previsão na Sumula 51 do TST. Vejamos:

> Súmula nº 51 do TST
>
> NORMA REGULAMENTAR. VANTAGENS E OPÇÃO PELO NOVO REGULAMENTO. ART. 468 DA CLT (incorporada a Orientação Jurisprudencial nº 163 da SBDI-1) - Res. 129/2005, DJ 20, 22 e 25.04.2005
>
> I - As cláusulas regulamentares, que revoguem ou alterem vantagens deferidas anteriormente, só atingirão os trabalhadores admitidos após a revogação ou alteração do regulamento. (ex-Súmula nº 51 - RA 41/1973, DJ 14.06.1973)
>
> II - Havendo a coexistência de dois regulamentos da empresa, a opção do empregado por um deles tem efeito jurídico de renúncia às regras do sistema do outro. (ex-OJ nº 163 da SBDI-1 - inserida em 26.03.1999)

- *CERTO*

Informativo nº 253:

Mandado de segurança. Concurso público para provimento de cargos dos quadros do TRT da 15ª Região. Indeferimento de inclusão de candidato nas vagas reservadas a candidatos pretos e pardos por decisão administrativa suficientemente fundamentada. Observância dos princípios do contraditório e da ampla defesa. Ausência de violação a direito líquido e certo.

O Órgão Especial, por maioria, negou provimento ao recurso ordinário em mandado de segurança impetrado em face de decisão administrativa por meio da qual o impetrante, após análise de critérios de fenotipia por comissão instituída para tal fim, foi excluído das vagas destinadas a candidatos pretos e pardos em concurso público realizado pelo Tribunal Regional do Trabalho da 15ª Região. No caso, não se divisou ofensa à garantia do exercício do contraditório e da ampla defesa, pois houve apresentação de recurso contra a decisão que indeferiu o enquadramento do candidato na condição de pardo, cuja resposta foi suficientemente fundamentada no sentido de que a comissão avaliadora do recurso se baseou na preservação dos traços fenotípicos que, na hipótese, não se confirmaram. Registrou-se, ainda, a inaptidão da ação mandamental instruída apenas com fotografias do candidato para afastar as conclusões de comissão de certame público extraídas do exame presencial do candidato que se autodeclara negro ou pardo. Desse modo, concluiu-se pela inexistência de direito líquido e certo a ser assegurado. Vencida a Ministra Maria Helena Mallmann, relatora. TST-ROT-6380-36.2019.5.15.0000, Órgão Especial, red. p/ acórdão Min. Breno Medeiros, julgado em 4/4/2022.

BREVE COMENTÁRIO:

TST confirma a exclusão de candidato que pretendia ingressar nas vagas destinadas a candidatos pretos e pardos em concurso público.

No caso, após análise de critérios de fenotipia por comissão instituída para tal fim, o candidato foi excluído das vagas destinadas a candidatos pretos e pardos em concurso público realizado pelo Tribunal Regional do Trabalho da 15ª Região.

Segundo o Órgão Especial do TST, não se verificou ofensa à garantia do exercício do contraditório e da ampla defesa, pois houve apresentação de recurso contra a decisão que indeferiu o enquadramento do candidato na condição de pardo, cuja resposta foi suficientemente fundamentada no sentido de que a comissão avaliadora do recurso se baseou na preservação dos traços fenotípicos que, na hipótese, não se confirmaram.

Registrou-se, ainda, a inaptidão da ação mandamental instruída apenas com fotografias do candidato para afastar as conclusões de comissão de certame público extraídas do exame presencial do candidato que se autodeclara negro ou pardo.

TST-ROT-6380-36.2019.5.15.0000, Órgão Especial, red. p/ acórdão Min. Breno Medeiros, julgado em 4/4/2022.

Arguição de inconstitucionalidade. Art. 702, I, alínea "f", e § 3°, da CLT. Dispositivos que disciplinam exigências para o estabelecimento e alteração de súmulas e outros enunciados de jurisprudência uniforme. Declaração de inconstitucionalidade. Violação ao princípio da separação dos Poderes. Afronta à autonomia administrativa dos tribunais.

É inconstitucional o art. 702, I, alínea "f" e § 3º da CLT, pois o estabelecimento de exigências legais, por parte do Poder Legislativo, acerca da forma e dos requisitos para a edição e alteração de súmulas e outros enunciados de jurisprudência uniforme no âmbito da Justiça do Trabalho, importa em violação ao princípio da separação dos Poderes (art. 2º da CF) e afronta a autonomia administrativa dos tribunais (art. 96, I, e 99, "caput", da CF). Sob esse fundamento, o Tribunal Pleno decidiu: I - por unanimidade, admitir o Incidente de Arguição de Inconstitucionalidade em relação ao art. 702, I, alínea "f", e § 3º, da CLT; II - por maioria, não admitir o Incidente de Arguição de Inconstitucionalidade em relação ao § 4° do art. 702 da CLT, vencidos os Ministros Renato de Lacerda Paiva, Dora Maria da Costa, Kátia Magalhães Arruda, José Roberto Freire Pimenta, Hugo Carlos Scheuermann, Alexandre de Souza Agra Belmonte, Maria Helena Mallmann, Alexandre Luiz Ramos e Alberto Bastos Balazeiro; III - no mérito, por maioria, julgar procedente a arguição para declarar a inconstitucionalidade do art. 702, I, alínea "f", e § 3º, da CLT, vencidos os Ministros Ives Gandra da Silva Martins Filho e Breno Medeiros, que votaram no sentido da constitucionalidade do art. 702, I, alínea "f", e §§ 3º e 4º; IV - por maioria, não prosseguir na apreciação da Súmula n° 254 do TST, vencidos os Ministros Aloysio Silva Corrêa da Veiga e Alexandre de Souza Agra Belmonte; V - por unanimidade, determinar o encaminhamento de cópia do acórdão à Comissão de Regimento Interno, para que avalie a conveniência e oportunidade de elaborar Proposta de Emenda Regimental (RITST, 58 c/c 352, I) a ser deliberada pelo Tribunal Pleno (RITST, 68, §1º), a respeito da edição e revogação de súmulas e orientações jurisprudenciais. TST-ArgInc-696-25.2012.5.05.0463, Tribunal Pleno, rel. Ministro Amaury Rodrigues Pinto Junior, 16/5/2022.

BREVE COMENTÁRIO:

A Lei nº 13.467/2017 (Reforma Trabalhista) alterou a CLT para estabelecer critérios legais necessários à edição ou alteração de Súmulas e outros enunciados pelo TST.

O TST se debruçou sobre algumas dessas alterações, declarando inconstitucional o 702, I, alínea "f", e § 3º, da CLT.

O dispositivo estabelece o seguinte:

> Art. 702 - Ao Tribunal Pleno compete:
>
> I - em única instância:
>
> (...)
>
> f) estabelecer ou alterar súmulas e outros enunciados de jurisprudência uniforme, pelo voto de pelo menos dois terços de seus membros, caso a mesma matéria já tenha sido decidida de forma idêntica por unanimidade em, no mínimo, dois terços das turmas em pelo menos dez sessões diferentes em cada uma

> delas, podendo, ainda, por maioria de dois terços de seus membros, restringir os efeitos daquela declaração ou decidir que ela só tenha eficácia a partir de sua publicação no Diário Oficial; (Redação dada pela Lei nº 13.467, de 2017)
>
> (...)
>
> § 3º As sessões de julgamento sobre estabelecimento ou alteração de súmulas e outros enunciados de jurisprudência deverão ser públicas, divulgadas com, no mínimo, trinta dias de antecedência, e deverão possibilitar a sustentação oral pelo Procurador-Geral do Trabalho, pelo Conselho Federal da Ordem dos Advogados do Brasil, pelo Advogado-Geral da União e por confederações sindicais ou entidades de classe de âmbito nacional. (Incluído dada pela Lei nº 13.467, de 2017)

Como se vê, foi estabelecido um critério específico em lei, diferente daquele adotado anteriormente.

A redação anterior apenas remetia a matéria ao Regimento Interno do TST, o qual, por sua vez, impunha a necessidade de aprovação pela maioria absoluta dos membros da Corte.

Conforme dito acima, a alteração legislativa foi julgada inconstitucional.

Segundo o TST, o estabelecimento de exigências legais, por parte do Poder Legislativo, acerca da forma e dos requisitos para a edição e alteração de súmulas e outros enunciados de jurisprudência uniforme no âmbito da Justiça do Trabalho, importa violação ao princípio da separação dos Poderes (art. 2º da CF) e afronta a autonomia administrativa dos tribunais.

Índice Remissivo

FONTES E PRINCÍPIOS

RELAÇÃO DE TRABALHO E RELAÇÃO DE EMPREGO

SUJEITOS DO CONTRATO DE TRABALHO

CONTRATO INDIVIDUAL DE TRABALHO

CONCURSO PÚBLICO

EXTINÇÃO DO CONTRATO DE TRABALHO

ESTABILIDADE

ACIDENTE DE TRABALHO

DURAÇÃO DO TRABALHO E FÉRIAS

SALÁRIO E REMUNERAÇÃO

EQUIPARAÇÃO SALARIAL E DESVIO DE FUNÇÃO

TERCEIRIZAÇÃO DE SERVIÇOS

PRESCRIÇÃO E DECADÊNCIA

GREVE

HONORÁRIOS ADVOCATÍCIOS

COMPETÊNCIA

PARTES E PROCURADORES

ATOS, PRAZOS E TERMOS PROCESSUAIS

DISSÍDIO INDIVIDUAL

PROVAS

RECURSOS

LIQUIDAÇÃO DE SENTENÇA E EXECUÇÃO

DECADÊNCIA E PRESCRIÇÃO

INCIDENTES PROCESSUAIS

AÇÃO RESCISÓRIA

MINISTÉRIO PUBLICO

MANDADO DE SEGURANÇA

DIREITO COLETIVO

PEDIDO DE SUSPENSÃO

MEIO AMBIENTE DO TRABALHO

ANOTAÇÕES

ANOTAÇÕES

ANOTAÇÕES

ANOTAÇÕES

ANOTAÇÕES

ANOTAÇÕES

ANOTAÇÕES

ANOTAÇÕES

ANOTAÇÕES

ANOTAÇÕES

EDITORA
*Jus*PODIVM
www.editorajuspodivm.com.br

Impresso por:

Docuprint
CNPJ 01.036.332/0001-99